KB264969

인 류 의 위 대 한 지 적 유 산

라다크리슈난

인도철학사 Ⅲ

이거룡 옮김

한길사

Sarvepalli Radhakrishnan

Indian Philosophy Ⅲ

Translated by
Lee Geo-lyong

13세기 북인도의 박티 부흥운동을 주도했던 비슈누교 성자 차이탄야.
이슬람교도뿐만 아니라 불촉천민들도 자유롭게 그의 제자가 될 수 있게 했다.
그의 철학은 신과 인간의 관계를 사랑하는 남녀의 관계로 이해하는 측면이 강하다.

라마누자의 유신론적 베단타를 계승하면서도 독자적으로 이원론적인 베단타 철학을 확립한 마드와.
그의 철학은 브라흐만과 동일시되는 신과 인간의 불이(不二)보다는 그 둘의 차이에 강조점을 두었다.

길 위의 힌두교도들.
진리 추구의 열망은 외양의 남루함으로 가려지지 않는다. 인도인들에게 삶은 곧 종교요 구도의 길이다.

힌두교의 대표적인 태양신 수리야.
아루나가 태양신 수리야의 오두(五頭) 마차를 몰고 있다.

아침나절 강가에서 흔히 볼 수 있는 명상에 든 힌두교도.
명상은 내면으로의 침잠인 동시에 우주로의 확산이다.

경전을 독송하고 있는 산야신.
힌두교인들이 추구하는 이상적인 삶은 세속의 삶에 충실하는 학생기와 가주기를 거쳐,
숲에 은거하며 명상에 몰입하는 임서기를 보내고, 마침내 탁발로 세상을 주유하며
운수(雲水)하는 산야신(遊行者)이 되는 것이다.

인도인들의 소 숭배.
힌두교 신화에 따르면, 쇠똥에는 여신 락슈미가 살고 있고, 가슴에는 스칸다 신이, 이마에는 쉬바 신이,
혀에는 사라스와티 신이, 등에는 야마 신이, 우유 속에는 강가 여신이, 그리고 '음매' 하는 울음 소리에는
베다의 네 여신들이 살고 있다고 한다.

링가라자 사원.
북인도 사원양식의 전형을 보여주는 쉬바교 사원으로, 오직 힌두교도에게만 출입이 허용된다.

쉬바가 타고 다닌다는 성우(聖牛) 난디.
보통 쉬바교 사원 입구나 경내 본전(本殿) 앞에 안치된다.

진리의 상징인 차크라(수레바퀴).
윤회의 차안에서 해탈의 피안으로 인도하는 수레의 바퀴라는 의미에서 그것은 진리의 상징이다.
불교에서 사용되는 卍자 상징은 차크라의 변형이다.

갠지스 강가의 화장터.
힌두교도는 누구나 살아서 갠지스 강에 몸 한 번 담그기를 소원하며,
죽어서는 제 몸을 태워 갠지스 강에 뿌려지기를 원한다.

옮긴이 **이거룡**(李巨龍)은 동국대학교 대학원 인도철학과를 졸업하였으며, 인도 마드라스대학 라다크리슈난연구소(Radhakrishnan Institute for Advanced Study in Philosophy)에서 철학석사 학위를 받은 뒤 인도 델리대학 철학과에서 박사 학위를 받았다.

현재 선문대학교 통합의학대학원장으로 있다.

저서로는 『두려워하면 갇혀버린다』와 공저인 『논쟁으로 보는 불교철학』 『몸 또는 욕망의 사다리』 『구도자의 나라』 등이 있다.

주요 논문으로는 「라마누자에 있어서 박티에 관한 연구」 「라마누자의 범재신론에 있어서 신과 세계의 존재론적 연속성과 신의 유한화 문제」 「업설과 은총의 양립 문제」 「인도 육파철학의 인과론에 대한 고찰」 「The Theory of Creation in the Philosophy of Viśiṣṭādvaita—A Critical Study」 「God, World and the Individual: A Comparative Study of Ramanuja and Whitehead」 등이 있다.

GB
한길그레이트북스

인류의 위대한 지적유산

라다크리슈난

인도철학사 Ⅲ

이거룡 옮김

한길사

인도철학사 Ⅲ

차례

제3장 바이세쉬카의 원자적 다원론   265

제5장 파탄잘리의 요가 철학 ——————————— 479

●육파철학의 성립과 발전

이거룡(동국대 강사·인도철학)

1. 인도사상의 전통적인 두 구분

전통적으로 인도사상은 정통사상(āstika, 有派)과 외도사상(nāstika, 無派)으로 분류된다. 이 둘을 구분하는 기준은 베다의 권위를 받아들이느냐의 여부에 달려 있다. 즉 베다의 권위를 받아들이는 사상을 정통이라 하고, 그것을 부정하는 사상을 외도라고 한다. 또한 인격신 이슈와라(Īśvara)와 내세의 존재를 믿는 사상을 정통이라 하고 그렇지 않은 사상을 외도라 하기도 하지만, 항상 타당한 기준으로 받아들이기는 어렵다. 왜냐하면 정통사상 중에도 무신론적인 사상이 있는가 하면, 외도사상으로 분류되지만 내세를 믿는 사상도 있기 때문이다.

물론 이 분류는 자신을 정통이라 일컫는 사람들이 그 외의 다른 사상들을 외도라고 지칭한 데서 시작된 것이며, 따지고 보면 정통과 외도라는 말은 상대적이다. 한편에서 정통인 것이 다른 한편에서는 외도일 수 있기 때문이다. 심지어 정통과 외도 사이의 구분은 단지 명목적인 구분에 불과한 측면도 없지 않다. 사실상 베다와 거의 무관한 정통 사상도 있으며, 오히려 베다의 사상을 강하게 반영하고 있는 외도사상 도 있다.

정통사상에 속하는 학파로는 대개 상키야와 요가, 니야야와 바이셰쉬 카, 미망사와 베단타의 여섯 학파가 거론되며, 흔히 이들을 총칭하여 '육파철학'(ṣaḍ-darśana)이라 한다. 이미 말한 것처럼, 이 학파들이 정 통사상으로 간주되는 것은 이들이 베다의 권위를 받아들이기 때문이다. 물론 육파철학이 정통사상의 전부는 아니다. 그들은 단지 정통사상 중 에서 거의 같은 시기에 생겨난, 큰 비중을 차지하는 학파들일 뿐이다. 마 다바(Mādhava)의 『사르바다르샤나상그라하』(*Sarvadarśanasaṁgra-ha*, 全哲學綱要)에서도 논의되는 것처럼, 육파철학 외에도 문법학파나 의약학파 등과 같은 정통사상도 있었다.

외도에 속하는 사상으로는 불교와 자이나교 그리고 유물론자들(Cār-vākas)의 사상을 들 수 있다. 이들은 신의 실재를 받아들이지 않는다 는 의미에서 무신론자들이다. 그러나 이들이 외도로 분류되는 것은 무 신론자들이기 때문이 아니라, 베다의 권위를 부정하기 때문이다. 같은 외도사상으로 분류되지만, 유물론자들은 흔히 인도사상의 대표적인 예 외로 취급되는 반면에, 불교와 자이나교는 인도사상에서 큰 비중을 차 지하며, 성격에서도 극단적인 대조를 이룬다.

외도사상의 시원에 대해서는 여러 견해들이 있지만, 그것이 아리아 인들 중심의 정통사상과는 달리 토착적인 배경을 지닌다는 것은 분명 하다. 이것은 외도사상의 가장 중요한 특징 가운데 하나가 베다의 제식 주의에 대한 반대라는 점에서도 분명하다. 베다에도 이미 이들에 대한 언급이 있는 것처럼, 붓다(Buddha)와 마하비라(Mahāvira) 이전에도 이미 외도사상이 있었지만, 그것은 초기 서사시 시대 이후 불교와 자이 나교의 흥기와 함께 철학체계로 확립되었으며, 그 후 수세기 동안의 인 도사상사는 이들 외도사상과 정통사상 간의 견제와 균형을 통한 변증 법적 발전이라 할 만하다.

2. 육파철학의 성립

육파철학(六派哲學)의 정확한 성립 연대나 순서는 단정하기 어렵다. 이에 대한 몇몇 견해들이 제시되고 있는 것은 사실이지만, 추측의 범위를 넘어서지 못한다. 이러한 철학적 전통들은 한 사상가 혹은 한 세대의 산물이 아니라, 여러 세대를 거치면서 일련의 사상가들에 의하여 형성된 것이다. 대개 기원전 5세기로부터 기원후 5세기까지 약 1000년 동안 형성되었다고 보면 무리가 없을 것이다.

이와 같이 각 학파들의 기원에 대하여 분명한 시기를 말하기 어렵고, 또한 형성기간을 턱없이 길게 잡을 수밖에 없는 것은 단지 이들이 정확한 역사적 기록을 지니지 않았기 때문만은 아니다. 이른바 정통철학은 모두 베다에 닿아 있고, 이런 점에서 이들 학파의 기원은 모두 베다 시대라고 볼 수 있다. 그리고 그 후 수세기를 통하여 각 학파들에서 나란히 발달했기 때문에, 육파철학의 형성기간이 길 수밖에 없으며, 이 학파들의 선후 관계를 따지는 것도 어렵다. 어떤 의미에서 육파철학은 지금도 완성되지 않은, ‘형성 도상의 철학’이다. 이것은 인도철학이 그 방법에서 주석적인 방법을 사용하고 있다는 특징과도 관련이 있다. 육파철학의 발전은 지금도 계속되고 있으며, 이것은 잇따라 일어나는 주석가들과 반대자들의 공격과 방어를 통하여 이루어지고 있다.

이미 베다와 우파니샤드에서 시작되는 철학적 사유의 맹아가 이 시기에 육파철학으로 자리잡게 되는 것은 무엇보다도 외도사상의 흥기에서 그 원인을 추적해볼 수 있을 것이다. 기원전 6세기경 갠지스 강 동북부지역에서 불교와 자이나교 그리고 유물론자들을 중심으로 흥기한 외도사상은 베다의 권위를 받아들이지 않을 뿐만 아니라, 당시 바라문교 신앙의 핵심에 있었던 희생제의를 거부했다. 이들의 사상운동은 당시의 일반 대중들에게 큰 호응을 얻었으며, 이러한 일련의 움직임은 기존의 정통사상에 대단한 위협으로 인식되었다. 외도사상의 흥기는 결과적으로 정통사상에서도 자체의 전통에 대한 자기 반성과 이를 통한 사상체계의 재정립을 촉구하는 계기가 되었다. 특히 불교의 발흥과 함께 대두된 무아설(無我說)은 힌두교의 아트만(Ātman)에 대한 교의를 자극했다.

이미 언급한 것처럼, 정통사상과 외도사상의 관계는 '비판과 대립'으로 요약할 수 있지만, 이 두 전통 사이에는 서로 영향을 주고 받았다는 흔적도 다수 보인다. 불교의 현상론에 대한 비판 의식에서 비롯된 샹카라의 철학이 결과적으로 나가르주나(Nāgārjuna, 龍樹)의 진속이제설(眞俗二諦說)을 닮은 사상을 펼친 것은 그 대표적인 예라 할 것이다. 물론 상키야나 바이셰쉬카처럼, 처음부터 불교와 친화성을 보이는 정통사상들도 있다.

각 학파의 형성과정은 곧 다른 학파들과의 논쟁의 역사라고 해도 과언이 아니다. 정통학파와 불교의 관계뿐만 아니라, 정통학파 사이의 관계 또한 비판과 대립의 연속이었다. 주석의 주요 부분은 우선 반대 학파들에 대한 비판을 먼저 하고 나서 자신의 견해를 밝히는 것이 일반화된 관행이었다. 그만큼 철학에서 비판은 중요한 의미를 지니는 것이었다.

그럼에도 불구하고 정통사상을 대변하는 이 여섯 학파들은 어떤 공통점을 지닌다. 우선 이들은 힌두교도들이 정통의 필수조건이라고 여기는 신앙의 근거와 최종 규범을 베다에 두고 있다는 점에서 서로 일치한다. 이미 언급한 것처럼 각 학파의 사상은 오랜 세월에 걸쳐 다수의 학자들에 의하여 체계화되었지만, 특정 인물을 학파의 개조(開祖)로 인정하고 있는 점도 동일하다. 그리고 각 학파는 '수트라'(sūtra)라는 근본 경전을 갖고 있으며, 이에 절대적인 권위를 부여한다. 또한 각 학파는 우파니샤드에서 언급된 업과 윤회사상을 중심으로 하여 윤회로부터의 해탈을 궁극적인 목표로 삼고 있다는 점에서 공통된다.

3. 수트라의 형성

육파철학의 각 사상들은 실제로 긴 세월에 걸쳐 다수의 학자들에 의하여 점차로 체계화된 것이지만, 그럼에도 불구하고 특정 인물이 개조로 일컬어지는 것은 그가 '수트라'라는 근본 경전을 저술했다고 보기 때문이다. 그러나 엄격한 의미에서 이들은 철학파의 창시자 혹은 개조가 아니라, 다만 수트라를 편찬한 사람에 불과하다고 보아야 한다. 왜냐하면 수트라가 형성되기 훨씬 이전에 이미 각 사상체계들이 상당할 정도로 확립되어 있었기 때문이다. 이 사실은 철학적 수트라들에 나타나는 상호 참조를 통해서도 분명하게 알 수 있다. 여러 철학체계들은 수트라가 형성되기 전부터 상호 영향을 주고 받으면서 나란히 성장해왔다.

각 학파들의 정확한 시원을 단정하기 어려운 것과 마찬가지로, 각 학파의 수트라가 형성된 정확한 연대 또한 알려지지 않으며, 창시자로 일컬어지는 인물들 또한 신화적인 색채를 띠는 경우가 많다. 수트라는 배태기간과 형성기간을 전제로 하기 때문에, 우리가 그 기원을 추적하는 것은 어렵다. 그럼에도 불구하고 각 수트라들이 여러 세대에 걸친 노력의 산물이며, 이른바 개조로 일컬어지는 사람들에 의하여 정리되고 체계화되었다는 것은 분명하다. 수트라들의 전체적인 경향과 양식은 이들이 거의 동시대에 속한다는 것을 시사하고 있다.

수트라는 각 철학체계의 주요 교의들을 간결한 경구(警句, sūtra) 형태로 언급하고 있다. 논의의 주제를 상세하게 풀어서 나열하고 있는 것이 아니라, 단지 독자들에게 정교하고 조직적인 논고에 대한 어떤 기억의 실마리를 제시하고 있을 뿐이다. 다시 말하여 수트라는 초심자를 위한 것이 아니라, 이미 그 주제에 대하여 정통한 사람들을 위하여 만들어진 강의 노트 같은 것이었다. 이 경구들은 가능한 한 말을 아낀다. "문법학자는 하나의 짧은 반모음을 아꼈을 때, 아들이 하나 태어나는 것처럼 즐거워한다"는 말이 있을 정도다. 따라서 수트라의 각 구절들이 지니는 정확한 의미를 추측하고, 그 본래의 진의에 접근하는 것은 매우 어려울 수밖에 없다.

이와 같이 수트라 경구들의 극단적인 간결성은 우리가 주석서 없이 수트라를 이해하는 것을 어렵게 만들며, 이것은 각 수트라에 대한 수많은 주석서들이 저술되는 결과를 낳았다. 필요에 따라서는 어구 주석, 해설, 요약 등의 형태로 보조 문헌들도 만들어졌다. 대개 주석은 대론(對論)의 형태로 이루어지는데, 이것은 복합적인 주제의 해설에 가장 적합한 형태로서 우파니샤드 시대로부터 전승되어왔다. 대론을 통하여 자기가 주장하고자 하는 견해와 반대자들——때로는 가상적인 반대자들——에 의하여 제시되는 여러 가지 생각의 관계를 보여줄 수 있다. 그런 후에 결론이 내려지고, 다른 개념들에 대한 자기 학설의 우위가 확립된다.

또한 수트라의 간결성은 그것이 여러 가지로 해석될 수 있는 가능성을 열어놓았다. 예를 들어 바다라야나(Bādarāyaṇa)의 『브라흐마 수트라』(*Brahma Sūtra*)에 대하여 여섯 가지 이상의 주석들이 있으며, 각 주석은 자신만이 그 본래 의미에 가장 충실하다고 주장한다. 주석을 통한 철학적 견해의 차이도 상당하며, 절대적 불이론(不二論)과 라마누자의 한정불이론, 마드와의 이원론에 이르기까지 다양하다. 어떤 점에서 수트라의 구절들은 주석자의 필요에 따라 인용되고 있다고 볼 수 있다.

사실상 수트라들은 후대 주석가들의 손을 통하여 그 내용이 확대 수정된다. 주석가들은 그야말로 단지 텍스트를 해석하는 자로 표명되지만, 사실 텍스트를 해석하고자 하는 시도를 통하여 그들은 텍스트 자체의 의미를 발전시킨다. 이들은 주석을 통하여 자신이 서 있는 전통적인 견해들을 설명하고 해석하며, 다른 라이벌 학파들의 공격에 대하여 방어하는 동시에, 다른 한편으로는 새로운 '관념의 모험'을 시도했다. 이런 점에서 인도철학의 주석적인 방법은 반드시 과거지향적인 성격으로 규정될 필요는 없다. 오히려 미래를 향하여 열려 있는 가능성이라 할 수 있다. 샹카라는 『브라흐마 수트라』, 우파니샤드, 그리고 『바가바드 기타』에 대한 주석을 쓰는 일에 일생을 바쳤지만, 그럼에도 불구하고 그가 붓다 이후 인도사상사를 통하여 가장 위대한 사상가 중의 한 사람으로 자리매김될 수 있었던 것도 바로 이런 이유 때문이다.

수트라들과 이들에 대한 주석 외에도 카리카(kārikā)라고 불리는 운문 형태의 독자적인 문헌들이 있다. 이 문헌들은 간결한 형태로 어떤 철학체계의 주요 주제들을 요약하고자 한다. 『상키야 카리카』(*Sāṁkhya Kārikā*)는 이와 같은 형태의 대표적인 문헌이라 할 수 있다. 또한 바룻티카(vārttika)라고 불리는 문헌들이 있다. 이 문헌들은 어떤 철학체계에 대한 긴 논의, 주석, 혹은 일반적인 고찰을 운문 형태로 담고 있다. 쿠마릴라(Kumārila)의 『슐로카바룻티카』(*Ślokavārttika*)나 수레슈와라(Sureśvara)의 『바룻티카』(*Vārttika*)는 이 유형에 대한 전형적인 예라고 할 수 있다.

이 외에도 어떤 철학체계에 대하여 산문 형태로 씌어진 논서들이 있다. 이러한 문헌들의 저자들은 소의 경전에서 임의적으로 발췌한 몇몇 구절들에 대해 명목상 논의를 전개하거나 이러한 구절들과 무관하게 독자적으로 논의를 전개하는 방식을 취한다. 전자의 예로는 자얀타(Jayanta)의 『니야야만자리』(*Nyāyamañjari*)를 들 수 있으며, 후자의 예로는 『프라샤스타파다 바쉬야』(*Praśastapāda bhāṣya*), 마두수다나 사라스와티(Madhusūdana Sarasvatī)의 『아드와이타싯디』(*Advaitasiddhi*), 나르마라자(Dharmarāja)의 『베단타파리바샤』(*Vedāntaparibhāṣā*)를 들 수 있다. 이러한 유형의 논서들은 저자들의 대가다운 역량과 천재성을 바탕으로 매우 힘있고 논리적인 특성을 강하게 나타낸다.

4. 육파철학에 대한 전통적인 논의 순서

이미 말한 것처럼, 육파철학의 연대기적 순서에 대해서 이견이 없는 것은 아니지만, 니야야, 바이셰쉬카, 상키야, 요가, 미망사, 베단타의 순서로 논의하는 것이 인도의 전통이며, 라다크리슈난도 이 순서에 따라서 논의를 전개한다. 이 순서는 비록 연대기적 순서와 일치한다고 볼 수는 없다 할지라도, 적어도 인간 사유의 논리적인 추이에 충실한 것이라고 할 수 있다. 다시 말해 인간의 철학적 사유는 다원론에서 이원론으로, 그리고 최종적으로는 일원론으로 귀착된다고 볼 때, 니야야 바이세쉬카에서 시작하여, 그 다음으로 상키야와 요가를 살펴보고, 마지막으로 미망사와 베단타를 논의하는 것이 무난하다.

우리나라와 일본 학자들은 인도의 전통적인 논의 순서보다는 오히려 연대기적인 순서에 보다 큰 중점을 두어 육파철학을 논의하는 경향이 있다. 즉 상키야와 요가를 먼저 논의한 다음에 니야야와 바이세쉬카를 논의하고, 그런 다음에 미망사와 베단타를 논의하는 것이 일반적이다. 여기서는 라다크리슈난의 순서에 따라 먼저 니야야와 바이세쉬카의 사상을 간단히 살펴본 후에 상키야와 요가의 사상을 약술하고자 한다. 미망사와 베단타는 『인도철학사 IV』의 해제에서 별도로 논의한다.

5. 니야야와 바이세쉬카

육파철학 중에서 니야야와 바이세쉬카는 아주 초기부터 깊은 관련 속에 발전해왔으며, 나중에 그 둘은 거의 동일한 학파로 간주되기에 이른다. 니야야는 근본적으로 논리학과 인식론을 주된 관심사로 하는 학파이며, 논리적인 분석이야말로 종교적인 진리에 도달하는 가장 본질적인 방법이라고 주장한다. 확실히 니야야는 육파철학의 다른 학파들에 비하여 분석적인 경향을 보인다. 니야야 학자들은 엄격한 실재론자들이며, 개개의 용어들은 현실 세계에서 실체들을 가리킨다고 믿는다. 이 견해는 이들이 자주 사용하는 '존재하는 것은 알 수 있으며 또한 정의할 수 있다'는 말로 요약할 수 있다.

이 학파는 아크샤파다 가우타마(Akṣapāda Gautama)로부터 시작된다고 주장되며, 그는 전통적으로 기원전 3세기의 인물로 전해진다. 그러나 그의 것으로 전해지는 『니야야 수트라』(*Nyāya Sūtra*)는 1세기 이전으로 거슬러 올라갈 수 없으며, 『바이셰쉬카 수트라』보다 나중에 만들어진 것이다. 사실 『니야야 수트라』에서 보이는 두 측면, 즉 논리적인 분석체계와 자연철학(바이셰쉬카에서 현저한)은 상당히 후기까지 서로 독립적으로 전해오던 것이 나중에 결합된 흔적이 있다. 『니야야 수트라』에 대한 현존하는 가장 오래된 주석은 바트시야야나(Vātsyā-yana)의 주석이다. 이것은 4세기경의 저술로, 경전에 대한 상세한 설명을 담고 있을 뿐만 아니라, 수트라의 다양한 부분들로부터 어떤 일관된 체계를 모색하고 있다.

처음부터 이 학파는 불교 인식론과 상당한 갈등 상태에 있었던 것으로 보인다. 니야야의 수많은 논사들이 불교 논리학자들을 공격하였으며, 또한 공격을 받았다. 6세기 후반에 웃디요타카라(Uddyotakara)는 불교도 디그나가(Dignāga, 陳那)의 논리학 이론을 비판하며 니야야의 실재론을 옹호했다. 이에 대하여 7세기에 불교 논사 다르마키르티(Dharmakīrti, 法稱)는 니야야의 이슈와라(Īśvara)에 대한 이론을 공격했다. 그는 니야야의 신존재 증명이 논리적인 오류를 범하고 있다고 주장했다. 다르마키르티의 비판은 니야야가 이 문제에 대해서 자신들의 논증을 집중하게 하는 결과를 가져왔으며, 결국 우다야나(Udayana)의 출현으로 귀결되었다. 그의 『쿠수만잘리』(*Kusumāñjali*)는 니야야의 유신론에 대한 최초의 체계적인 설명을 담고 있으며, 철학적 논증을 통하여 이슈와라의 존재를 증명하려고 시도한다. 이로써 원래 종교에 대해 아주 적은 관심밖에 없었던 니야야는 외부의 영향에 의하여 정통 힌두교의 선봉으로 변모했다.

논리학 분야에서 주요 주제 가운데 하나는 바른 지식 수단(pra-māṇa)에 관한 것이다. 니야야는 지각, 추론, 비교, 경전의 증언을 바른 지식의 수단으로 받아들인다. 지각은 원래 감각적인 지각만을 의미했으나, 나중에는 고행이나 요가를 통한 직관을 포함하는 모든 형태의 직접적 파악을 아우르는 넓은 의미로 확장되었다. 지각에 대한 초기의 정의는 니야야의 실재론적 입장, 즉 지각자에 대하여 외적인 대상들의 존재에 대한 강조와 잘 부합된다. 추론은 '불변적 수반관계'(vyāpti)에 대한 논리적인 파악에 달려 있다. 세 종류의 추론들이 구분되었으며, 다섯 구성지로 된 논법의 한 형태가 추론의 전형으로 사용되었다. 아리스토텔레스의 삼단논법에 비하여 상대적으로 세 가지 구성지가 많은 니야야의 논법은 현실적인 논쟁에서 주장을 강화하는 데 도움이 되는 것으로 평가된다.

비교는 한 대상을 파악하는 겨우 이미 잘 알려진 다른 어떤 대상과 그것의 유사성으로부터 지식을 얻는 것이며, 이것은 사실상 증거가 박약한 추론의 일종이다. 경전의 증언은 우리 자신이 직접 경험하지 않은 것들을 다른 사람(것)들의 권위에 의거하여 받아들이는 것을 의미한다. 니야야에 의하면 이 네 가지 지식 수단의 타당성의 정도는 지각, 추론, 비교, 증언의 순서로 차츰 약해진다.

13세기에 이르러 강게샤(Gaṅgeśa)를 중심으로 신(新) 니야야(Navya Nyāya)가 일어났으며, 이들은 바이셰쉬카의 많은 교의들을 수용하는 한편 네 가지 지식 수단 중에서 특히 추론에 모든 관심을 기울이는 경향을 띠게 된다. 15세기에 신 니야야의 새로운 국면을 주도했던 라구나타(Raghunātha)는 실재론적 관점에서 현학적인 형식 논리학을 발전시켰으며, 이것은 인도에서 철학이 종교의 울타리를 벗어난 보기 드문 예로 평가된다.

니야야가 논리학에 관심을 집중하는 데 비하여, 바이셰쉬카는 자연 철학에 보다 큰 관심을 보였다. 최초의 경전은 울루카 카나다(Ulūka Kaṇāda)의 『바이셰쉬카 수트라』이다. 『바이셰쉬카 수트라』는 비록 『니야야 수트라』보다 오래된 것이라 할지라도, 상키야와 미망사 철학들의 어떤 개념들을 전제로 한다. 몇몇 초기 불전에 이 학파의 개념들이 시사되고 있는 점으로 미루어보아 불교 전통 자체는 바이셰쉬카를 보다 고대의 학파로 간주했을 가능성이 짙다. 바이셰쉬카를 불교 이후로 보는 견해도 있다. 예를 들어 『바이셰쉬카 철학』(*The Vaiśeṣika*

Philosophy)의 저자 위(H. Ui)는 이 학파의 철학적 출발이 불교의 현
상론에 대한 비판의식에서 비롯된다고 말한다. 기원전 1세기경의 작품
으로 추정되는 『밀린다 팡하』(*Milinda Pañha*)에는 이 학파에 대한 직
접적인 언급이 있으며, 『아비다르마마하비바샤샤스트라』(*Abhidharma-
mahāvibhāṣāśāstra*)에는 행위에 대한 바이셰쉬카의 5종 구분이 언급
된다.

바이셰쉬카 철학은 세계가 극미의 원자로 이루어져 있다는 전제로부
터 출발한다. 원자론은 불교, 자이나교, 아지바카(Ājīvaka)의 가르침에
서도 다소 다른 형태로 나타난다. 하나의 개별 원자는 속성들을 지니지
않지만, 그 가능성들을 지닌다. 원자들은 영원하고, 더 이상 나누어질
수 없으며, 브라흐마에 의한 세계의 창조 혹은 재창조는 개별적인 모든
원자들이 요소들로 조합되는 데 있다.

『바이셰쉬카 수트라』는 해탈이 여섯 범주들—모든 것은 이 범주들
에 포함된다—에 대한 명료한 지식에 달려 있다는 선언으로 시작한
다. 여섯 범주는 실체, 속성, 운동, 보편, 특수, 그리고 내속(內屬)이다.
실체는 9종으로 분류된다. 이 중에서 에테르, 시간, 공간은 단일체이며,
아트만을 포함한 나머지는 복수이다. 자아들이 다수라는 것은 그들이
지니는 지위의 차이에 의하여 입증되며, 각 아트만은 자신의 특징적인
개별성을 지닌다. 이슈와라를 아트만의 일종으로 보아야 하는가 아니
면 다른 종류의 실체로 보아야 하는가에 대하여 바이셰쉬카 학자들 사
이에 이견이 있지만, 대체로 이슈와라는 비록 일반적인 아트만과는 다
르다 할지라도 아트만의 범주에 속하는 것으로 간주된다. 카나다는 17
종의 속성을 거론하고 있으며, 후대의 저자들은 24종의 속성을 말한다.
속성들과 운동은 모두 실체들에 속한다. 다른 세 범주들, 즉 보편과 특
수 그리고 내속은 지각되기보다는 논리적으로 추론되는 것이며, 이 학
파의 초기부터 있었던 것은 아닌 것으로 보인다.

바이셰쉬카 철학의 두번째로 중요한 문헌은 프라샤스타파다(Pra-
śastapāda)의 『파다르타다르마상그라하』(*Padārthadharmasaṁgraha*)

이다. 이 문헌은 비록 『바이셰쉬카 수트라』에 의거한다 할지라도, 그것에 대한 주석이라기보다는 바이셰쉬카 철학의 근본적인 견해들에 대한 독자적인 설명으로 보는 것이 타당하다. 여기서 프라샤스타파다는 불교의 개념들을 고려하고 있으며, 이 과정에서 그는 바이셰쉬카 철학을 다소 수정했다는 평가를 받는다. 예를 들어, 그가 바이셰쉬카의 지각론에 비한정적 지각과 한정적 지각의 구분을 도입한 것은 디그나가의 영향을 받은 것이다. 카나다의 범주론에 의하면, 지각은 언제나 본유적인 속성들에 의하여 규정되는 대상에 대한 지각인 한정적 지각일 뿐이다. 그러나 프라샤스타파다는 한정적인 지각이 일어나기 이전에 단순히 대상 그 자체에 대한 최초의 지각에 대한 이론을 확립했다. 추론에 대한 그의 이론 또한 디그나가의 영향을 반영하고 있다. 프라샤스타파다는 카나다의 원자론을 더욱 정교한 이론으로 발전시킨 인물로 평가된다.

우다야나가 니야야와 바이셰쉬카를 하나의 체계로 종합하는 저술을 쓸 때까지, 우리는 후기의 저술들에서 이 두 전통에 대한 점진적인 혼융을 발견할 수 있다. 10세기에 들어 바이셰쉬카는 신의 존재뿐만 아니라, 비존재의 범주를 받아들였다. 바이셰쉬카의 원자론은 현대의 양자 물리학과 어떤 유사성을 지니는 것으로 평가되지만, 후자와 달리 전자는 결코 경험적인 검증을 통한 이론은 아니었다. 이 점에서는 그리스의 원자론도 마찬가지다.

6. 상키야와 요가

흔히 육파철학 가운데 가장 초기 형태로 일컬어지는 상키야 사상의 단초는 이미 우파니샤드와 서사시에서 볼 수 있다. 그러나 상키야가 하나의 일관된 철학체계로 자리잡게 되는 것은 불교 이후로 보아야 할 것이며, 이미 언급한 것처럼, 불교와의 상호 관계를 통한 발전도 엿보인다. 독립적인 학파로서 상키야의 현존하는 가장 오래된 문헌은 예외적이게도 수트라가 아니다. 개조 카필라(Kapila)의 것으로 전해지는『상키야프라바차나 수트라』(Sāṃkhyapravacana Sūtra)가 있지만, 사실상 이것은 매우 후기, 아마 14세기경의 작품일 것이다. 현존하는 최고(最古)의 문헌은 약 4세기경 이슈와라크리슈나(Īśvarakṛṣṇa)의『상키야 카리카』(Sāṃkhya Kārikā)이다. 그럼에도 불구하고, 특히『마하바라타』의 증거로 볼 때,『상키야 카리카』를 저술한 이슈와라크리슈나 이전에 이미 여러 스승들이 있었다는 것은 분명하다.

『상키야 카리카』는 금방 유명해졌다. 이에 대한 최초의 주석은 가우다파다의 것으로 추정되며, 그의 주석은 6세기 중엽 불교 승려에 의하여 한역되었다.『상키야 카리카』는 그 출발점으로 인간 실존의 고통을 주목하고 있는데, 그것은 지각에 의해서나 경전에 의해서 제거될 수 없으며 오직 현현된 세계와 미현현자, 그리고 이들을 아는 자에 대한 분별을 통하여 제거될 수 있다고 주장한다. 이에『상키야 카리카』는 우선 전개 상태 및 미전개 상태의 프라크리티(prakṛti, 근본물질)와 푸루샤(puruṣa, 순수정신)라는 두 가지 근본개념을 전제하는 이원론의 입장에서서, 프라크리티를 정점으로 하는 23요소의 전개를 가르친다. 세계 전개에 대한 상키야의 이론은 다른 학파들에서도 널리 받아들여졌으며, 그것은 인도사상사를 통하여 세계전개설의 전형으로 자리잡는다.

세계의 전개는 단지 푸루샤의 관조가 원인이 되는, 프라크리티 내의 균형이 깨지면서 시작된다. 프라크리티의 첫 산물은 붓디(buddhi, 통각기능)이며, 우주적인 측면에서 붓디는 마하트(大)라고 불린다. 붓디로부터 아함카라(ahaṃkāra, 我慢)가 나온다. 아함카라로부터 한편으로는 미세한 5요소(tanmātra, 五唯)들과 조대한 5요소(mahābhūta, 五大)들이 나오며, 다른 한편으로는 5지각기관(jñānendriya)과 5행동기관(karmendriya) 및 의근(manas)이 나온다.

푸루샤는 프라크리티와 본질적으로 다르며, 그것은 세계와 아무런 관련도 지니지 않지만, 그럼에도 불구하고 어떤 방식으로 연루된다. 다수의 푸루샤들이 있으며, 이들은 프라크리티 및 그 산물들과 그들 자신의 본질적인 차이를 자각함으로써 해탈을 성취한다. 비록 세계는 결코 푸루샤로부터 나온 것은 아니지만, 푸루샤를 위하여 기능하는 것으로 간주된다. 『상키야 카리카』는 의식 없는 프라크리티가 의식적인 푸루샤에게 봉사하는 방식을 여러 가지 비유로 설명한다. 예를 들어, 그것은 관객을 위하여 춤추는 무희와 같다.

세계 전개가 근본물질인 프라크리티를 정점으로 이루어진다는 설명에서도 짐작할 수 있는 것처럼, 상키야는 물질에 대한 비중을 높게 잡고 있음에도 불구하고, 그 형이상학의 전체적인 기조는 세계에 대한 부정적인 평가를 보인다. 궁극적으로 프라크리티는 의식이 없으며, 세계 그 자체는 푸루샤가 마침내 떨쳐버려야 하는 대상에 불과할 뿐이다. 이것은 상키야가 프라크리티를 단지 관객을 위한 무희로 비유하는 데서도 극명하게 드러난다. 즉 무대 위의 사건들은 단지 관객들에게 즐거움을 제공한다는 사실에서 의미를 지닐 뿐이다. 무희의 춤이 진행되는 동안 관객들은 무희에게 몰입하며, 무희가 곧 자신인 양 착각에 빠지기도 하지만, 춤이 끝나는 순간에 이 모든 것이 그릇된 것임을 깨닫는다. 이것이 곧 해탈이다.

상키야의 이원론은 푸루샤와 프라크리티의 관련에 대해 설명하기 어려운 난점을 안고 있으며, 이 문제는 다른 학파들에 의하여 끊임없이 비판된다. 상키야 자체 내에서도 이 문제를 설명하기 위하여 고심하며, 나중에는 극단적인 이원론이 유신론적인 경향에 부합하여 수정되기도 한다. 이러한 경향은 이미 『마하바라타』에서 발견되지만, 10세기경에 이르러서는 보다 체계화된 형태로 나타나며, 고전 상키야에서 비활동적인 원리로 규정되는 푸루샤가 마침내 프라크리티에게 동력을 부여하는 자로 해석되기에 이른다.

다른 학파들에서도 널리 받아들여진 상키야의 또 다른 한 측면은 3구나(guṇa), 즉 삿트와(sattva), 라자스(rajas), 타마스(tamas)의 개념이다. 3구나는 프라크리티의 구성 요소일 뿐만 아니라, 붓디 이하의 현현된 세계 전반에 존재한다. 이 세 구나들이 지니는 특징은 본래 인간의 심리상태와 관련하여 규정된 것이지만, 차츰 그 의미가 확장되어 세계 전개 및 전개된 세계의 다양성을 설명하는 원리로 발전한다. 이미 말한 것처럼, 세계 전개는 프라크리티를 구성하는 3구나의 균형이 무너지면서 시작되며, 전개된 세계가 다양하게 나타나는 것은 전개 과정에서 3구나의 혼합비율의 차이에 기인한다. 예를 들어, 삿트와가 현저한 아함카라는 마나스와 감관들로 전개되며, 타마스가 현저한 아함카라는 미세한 요소들과 조대한 요소들이 된다.

삿트와 구나는 선한 것, 즐거운 것, 참된 것과 관련된다. 라자스는 역동적인 것 혹은 열정적인 것과 관련되며, 타마스는 어둡고 굼뜬 것과 관련된다. 대체로 삿트와는 타마스와 반대되는 특징을 지닌다. 흔히 삿트와, 라자스, 타마스는 각기 백색, 적색, 흑색과 관련되는 것으로 설명되며, 또한 삿트와는 신들의 세계에 현저하고, 타마스는 하등 피조세계에 현저하며, 라자스는 그 중간, 즉 인간계에 현저하다고 말해진다.

상키야와 긴밀한 관계를 지니는 요가 철학은 파탄잘리(Patañjali)의 『요가 수트라』(*Yoga Sūtra*)에서 처음으로 상세히 설명된다. 이 문헌의 저자와 문법학자 파탄잘리가 동일인이라는 근거에서, 가끔 그것은 기원전 2세기경의 작품으로 주장되기도 한다. 그러나 현재 형태의 『요가 수트라』는 이보다 상당히 후기에 만들어졌디. 그것은 전부 네 부분, 즉 요가를 '심작용(心作用)의 지멸(止滅)'로 정의하며 요가의 본질과 목표 및 방법에 관한 일반적 서설을 담고 있는 삼매품(三昧品), 고통과 그 원인을 분석하고 나아가서 그것을 제거하는 방법에 관하여 상세하게 논의하는 실수품(實修品), 수행과정에서 나타날 수 있는 초능력과 요가심리학을 다루는 신통품(神通品), 그리고 해탈과 자아의 실재가 주된 논의의 대상이 되는 독존품(獨尊品)으로 이루어져 있다. 이와 같은 체계는 일시에 이루어진 것이 아니라, 여러 전통들이 흘러드는 과정을 통하여 차츰 일관된 양식으로 확립된 것이다. 이 과정에서 요가는 상키야의 우주론을 대부분 흡수했으며, 따라서 요가 수행자들은 상키야에서 상세하게 설명되는 전개의 과정을 거슬러 올라가서 마침내 미

전개의 본체로 돌아가는 것을 이상으로 삼는다.

『요가 수트라』의 실수품(ii.28~iii.55)은 요가의 기법을 8지(枝) 혹은 8단계로 구분한다. 첫번째 단계는 제계(制戒, yama)이다. 이것은 요가 수행자의 외적인 행위를 통제하는 것이며, 불살생, 불망어, 불사음, 불투도, 무소유의 다섯 가지로 구성된다. 두번째 단계인 내제(內制, niyama)는 내외의 청정, 만족, 고행, 경전의 학습, 최고신에 대한 헌신이다. 최고신에 대한 헌신은 『요가 수트라』의 다른 곳(i.23~51)에서 언급된다 할지라도, 여기서 이슈와라는 활동적이거나 창조적인 신이 아니다. 따라서 그는 유신론 종교에서와 동일한 의미의 신으로 보기 어려우며, 성음(聖音) '옴'과 동일시될 수 있고 또한 서로 대체될 수도 있는, 명상의 보조 수단에 불과하다.

세번째 단계는 좌법(坐法, āsana), 즉 어떤 특정한 자세를 유지하는 것이다. 후기 문헌들에서는 수많은 자세들을 거론하고 있으며, 이러한 자세들은 보통 사람들이 따라하기 어려운, 오랜 기간의 수행을 통해서나 가능한 것들이 대부분이다. 그러나 『요가 수트라』에서는 좌법이 상대적으로 적게 강조되는 편이다. 여기서 그것은 단지 적합한 자세를 취하는 문제일 뿐이다. 네번째 단게는 호흡 조절(調息, prāṇāyāma)이다. 무의식적으로 이루어지는 호흡 과정이 의지의 통제 하에 놓이며, 인위적으로 제어된다. 다섯번째 단계는 오관을 대상들로부터 거두어들이는 것(制感, pratyāhāra)이다. 제감의 한 방법은 다른 모든 것들이 의식에서 사라질 때까지 한 점에 집중하는 것, 그런 다음에 관심을 외적인 어떤 대상으로부터 정신적인 이미지로 전이하는 것이다.

나머지 세 단계들은 이른바 라자 요가(raja-yoga)에 해당하며, 심리 요소의 제어와 직접적인 관련을 지닌다. 여섯번째 단계는 한정된 심적 영역(집중의 대상)에 마음을 고정시키는 응념(凝念, dhāraṇa)이다. 일곱번째 단계인 선정(禪定, dhyāna)은 푸루샤가 한 점에 확고하게 향한 채로 있을 때 도달된다. 마지막 단계인 삼매(samādhi)는 우리가 더 이상 명상조차도 의식하지 않고 다만 명상의 대상에만 의식이 있는 단계이다. 사실상 그것은 말로 표현할 수 없지만, 카이발야(kaivalya, 獨尊)의 획득에 이르는 초월적 지복의 상태이다. 그러나 삼매는 요가의 궁극적인 목적이 아니다. 그것은 단지 해탈의 상태인 독존의 문을 여는 단계일 뿐이다.

요가 수행자가 이 8단계를 통하여 나아갈 때, 성공의 표식들이 나타나기 시작한다. 이것은 심지어 앞의 두 단계에서도 나타난다. 예를 들어 첫단계에서 강조되는 아힘사의 실천은 요가 수행자에 대한 다른 사람 혹은 동물들의 적개심이 사라지게 하는 결과로 나타나며, 그 이후의 단계들에서는 성공의 표식으로 공중 부양 등과 같은 여러 가지 초자연적 현상들이 나타날 수도 있다. 이러한 징후들은 성공적인 요가 수행의 지표로서 요가 수행에 절대 필요한 부분이지만, 또한 요가 수행자들이 해탈을 얻는다는 자신의 진정한 목표에서 벗어나게 하는 유혹으로 작용할 수도 있다.

『요가 수트라』에 대한 현존 주석서들은 대개 7세기에서 11세기에 속한다. 비야사(Vyāsa)의 주석은 요가 수행에 관한 표준적인 설명을 담고 있으며, 9세기경의 바차스파티(Vācaspati)는 비야사의 주석에 대한 어구 주석을 썼다. 보자(Bhoja)의 『라자마르탄다』(*Rājamārtaṇḍa*)는 이미 요가 수행 과정에서 성공의 징후로 나타나는 초자연력과 그것을 얻는 기법들에 보다 큰 관심을 보이고 있다. 보자는 성공의 표식으로 무한히 축소되거나 확장될 수 있는 능력, 가벼워지거나 무거워지는 능력(이를 통하여 우리는 공중 부양하거나 물질에 침투할 수 있다), 저항할 수 없는 의지, 지고함, 본능의 억제, 욕망의 실현 등의 8가지를 들고 있다. 이와 같이 요가 수행을 통하여 얻게 되는 신비한 힘 혹은 제어 능력에 대한 강조는 12세기에 이르러 보다 적극적으로 나타난다. 이 과정에서 '하타 요가'(hatha yoga, 신체 요가)와 '만트라 요가'(mantra yoga, 주문 요가)가 발전하며, 이로 인하여 요가는 자연스럽게 탄트라교와 연합하게 된다.

7. 『인도철학사 Ⅲ』에 대하여

『인도철학사 Ⅲ』은 S. 라다크리슈난의 *Indian Philosophy* 제2권 (제3부)의 전반부에 대한 우리말 번역을 담고 있으며, 내용으로 보면 육파철학 가운데 니야야와 바이셰쉬카, 그리고 상키야와 요가가 논의 의 대상이다. 나머지 두 학파, 즉 미망사와 베단타는 『인도철학사 Ⅳ』 에서 다루어진다. 이처럼 원저의 제3부를 옮긴이가 두 부분으로 나눈 것은 우선 우리말 번역으로 한 권에 담기에는 분량이 너무 많다는 이 유 때문이지만, 엄밀히 따져보면 내용에서도 그 둘을 나눌 만한 근거가 있다. 다시 말해 『인도철학사 Ⅲ』에서 다루는 네 학파들은 육파철학 중에서도 비교적 간접적으로 베다에 의거하고 있거나, 사실상 베다의 사상과 무관한 학파들인 반면에, 『인도철학사 Ⅳ』에서 논의되는 두 학 파는 베다에 직접적인 근거를 두고 있는 학파들이다.

제1장

서론

1. 육파철학의 형성

붓다의 시대는 인도에서 철학적 정신의 위대한 봄을 나타낸다.[역주1] 일반적으로 철학의 발달은 역사적 전통에 대한 강력한 도전에 기인한다. 이때 사람들은 자기의 지난 전통에 대하여 회의를 품지 않을 수 없다고 생각하며, 선조들이 결론지었던 근본적인 물음들을 보다 고대의 체계를 통하여 다시 한번 되묻게 된다. 이런 점에서 불교와 자이나교의 반발은 인도사상사에 일획을 긋는다. 왜냐하면 그것은 결국 독단주의의 방법을

[역주1] 붓다의 시대는 야스퍼스가 말한 이른바 인류 정신사의 축의 시대(Axial Era, B.C. 800~B.C. 300)에 속하는 시기로, 인류가 그리스와 중국, 그리고 인도에서 동시적으로, 그러나 독자적으로 전통적인 삶의 양식에 대하여 의문을 제기하고 인류의 새로운 정신적 기틀을 다진 시기였다. K. Jaspers, *The Origin and Goal of History*, London : Routledge, 1953, pp.1~2 및 S. Radhakrishnan, *The Principal Upaniṣads*, p.22를 보라.

44

허물고 비판적인 관점이 일어날 수 있도록 했기 때문이다.[역주2] 위대한 불교 사상가들에게 논리학은 보편적이고 파괴적인 비판의 무기가 벼려서 만들어지는 주요 병기창이었다. 불교는 지난 시대의 온갖 그릇된 정신적 유산들을 청산하는 데 기여했다.

왜곡되지 않은 회의는 믿음을 그 본래의 토대 위에 재확립하도록 돕는다. 보다 견고한 토대를 마련하고자 하는 필요는 육파철학을 낳는 위대한 철학 운동으로 귀결되었으며, 이로써 이전 시대의 시가와 종교는 냉정한 비판과 분석으로 대체된다. 정통 학파들은 자신의 견해를 성문화(成文化)하고 논리적인 방어를 해야 할 필요를 느낄 수밖에 없었다. 철학의 비판적 측면이 사색적인 측면과 마찬가지로 중요해졌다. 체계적인 철학 이전 시대의 사상적인 단초들은 우주 전체의 본질에 관한 어떤 보편적인 성찰을 보이고 있기는 하지만, 비판적인 지식론이 어떤 결실있는 사색의 필수적인 토대라는 것을 인식하지 못했다.

비판가들은 그들의 반대자들이 스스로의 사색체계를 방어하는 데 어떤 초자연적인 계시가 아니라 삶과 경험에 부합하는 본래적인 방법을 도입하도록 압력을 가했다. 지식에 대한 우리의 기준은 단지 자신이 견지하는 믿음에 의거하는 낮은 차원에 머물러 있을 수 없게 되있다. 자아에 대한 지식(ātmavidyā), 즉 철학은 이제 논리학(ānvīkṣikī)에 의하여 뒷받침된다.[원주1] 각 철학파들의 논리적인 방어는 보수적인 사람들에

[역주2] 불교의 흥기가 당시 정통 힌두교 학파들의 철학적인 탐구를 자극했다는 것은 주지의 사실이다(S. Das Gupta, *A History of Indian Philosophy*, vol.i, p.78). 힌두교 사상의 근본 전제라 할 수 있는 자아에 대한 체계적인 사색은 불교의 무아설에 대한 방어에서 비롯되었다고 해도 무방할 것이며, 또한 역으로 불교의 무아설은 힌두교 학파들의 비판을 통하여 더욱 정교해졌다고 볼 수 있다.

[원주1] 『니야야 바쉬야』(*Nyāya Bhāṣya*), i.1.1. 카우틸리야*(Kauṭilya, 기원전 300년경)는 논리학이 다른 세 가지(trayī), 즉 베다(Veda), 바르타(Vārtā, 商學), 단다니티(Daṇḍanīti, 정치학)와는 전혀 다른 학문 영역이라고 주장한다(i.2). 논리학이 하나의 특수한 학문으로 인정되었던 기원전 6세기는 인도에서 체계적인 철학의 단초로 특징지어지며, 기원전 1세기 무렵에는 '안비크쉬키'라는 말이 '다르샤나' (darśana)라는 말로 대체된다(『마하바라타』의 「샨티파르바」, 10.45 ;『바가바타 푸라

게 그다지 친근감을 줄 수 없었을 것이다.[원주2] 헌신자들에게는 직관이
비판적 이성에 압도당한 이래로 삶의 숨결이 끊어지고 만 것처럼 보였
을 것이다.

우리가 우파니샤드에서 발견하게 되는 삶과 경험으로부터 직접 일어
나는 사고력, 또는 『바가바드기타』(*Bhagavadgītā*)에서처럼 신의 현현
을 직관하고 노래하는 서사시적 영혼의 위대함은 보다 엄격한 철학적
설명으로 대체된다. 또한 이성에 대한 의존이 허용될 때, 우리는 사유
의 결과들을 확신할 수 없다. 비판적인 철학은 반드시 이전의 소중한
전통들과 일치할 필요가 없기 때문이다.

당시의 시대 정신은 이성에 의거한 모든 사유체계가 하나의 철학(dar-
śana)으로 인정되어야 한다는 것을 요청하고 있었다. 무질서하게 부유
하는 개념들을 몇몇 보편적인 관념들로 묶으려는 모든 논리적 시도들
은 다르샤나로 인정되었다.[원주3] 그 모든 시도들은 우리가 진리의 어떤
측면을 볼 수 있도록 한다. 이러한 개념은 외견상 분리되고 독자적인
것으로 보이는 철학체계들이 실상은 보다 광대한 역사적 청사진의 구
성 요소들이었다는 개념으로 귀결된다. 각 철학체계는 그것이 역사적
인 상호 관련 속에서 자리매김되지 않고 단지 독자적인 것으로 간주되

나』, viii.14.10을 보라). 모든 탐구는 의문으로 시작하여 어떤 필요를 충족시킨다.
Jijñāsayā saṁdchaprayojane sūcayati(『바마디』(*Bhāmati*), i.1.1)를 참조하라.
  * 카우틸리야에 대해서는 『인도철학사 I』, p.45의 [역주2]를 보라(옮긴이).

[원주2] 『라마야나』(*Rāmāyaṇa*)에서 논리학자들은 다르마샤스트라(dharmaśāstra, ii.100.
36)의 명령과는 동떨어진 주요 인물들로 비난된다(「샨티 파르바」, 180.47~49 ;
246~248). 『마누법전』은 논리학(hetuśāstra)에 의하여 오도되어 베다와 『다르마
수트라』(*Dharma Sūtra*)를 무시하는 사람들은 추방되어야 마땅하다고 주장한다
(ii.11). 그럼에도 불구하고 가우타마(Gautama)와 마누는 각각 『다르마 수트라』
(xi)와 『마누법전』(vii.43)에서 왕들의 경우에는 논리학 과정이 필요한 것으로 규
정하고 있다. 논리학자들은 입법 회의에 포함되었다. 논리학이 경전을 지지할 때,
그것은 권장된다. 비야사(Vyāsa)는 논리학으로 베다를 편집했다고 말한다(『니야
야수트라브릿티』(*Nyāyasūtravṛtti*), i.1.1).

[원주3] 마다바(Mādhava), 『사르바다르샤나상그라하』(全哲學綱要, *Sarvadarśanasaṁ-
graha*).

는 한 그 본래의 모습이 완전하게 이해될 수 없다.

2. 베다와의 관계

비판적인 방법의 도입은 불확실한 상상의 조급함을 완화하는 데 이바지했으며, 겉치레만의 철학이 그것을 가르치는 사람들이 생각하는 것처럼 확고하게 견지되지 않는다는 사실을 보여주는 데 기여했다. 유물론자들, 회의론자들, 그리고 몇몇 불교도들에 의하여 시도된 인습 타파의 열정은 당시의 믿음에 대한 모든 토대를 뿌리째 흔들어버리는 것 같았다.

그러나 힌두교 사상가들은 이와 같은 부정적인 결과를 심각하게 생각하지 않았다. 인간은 의혹으로 삶을 영위할 수 없다고 보았기 때문이다. 지적인 주먹싸움은 그 자체로 충분할 수 없다. 싸움의 풍미가 인간의 영혼을 먹여살릴 수는 없는 것이다. 만일 우리가 논리를 통하여 어떤 것에 대한 진실을 확립할 수 없다면, 그것은 그만큼 도리어 나쁜 결과가 될 것이다. 우파니샤드의 리쉬(ṛṣi, 賢者)와 같은 진지한 영혼들의 바람과 영감이 돌이킬 수 없는 파멸로 운명지어질 리는 없다. 수세기에 걸친 노력과 사색이 사람들로 하여금 문제의 해결을 향하여 나아갈 수 없게 한다는 것은 있을 수 없다.

절망은 유일한 대안일 수 없다. 이성—그 자체로는 끝없는 논쟁으로 귀결될 수밖에 없는—은 믿음 안에서 피난처를 구할 수 있었다. 우파니샤드의 현자들은 거룩한 지혜의 학파에서 위대한 스승들이다. 그들은 우리에게 신과 영적인 삶에 대한 지식을 가르친다. 만일 독자적인 이성이 단지 사색만으로 실재에 대한 어떤 파악을 실현할 수 없다면, 영적인 확신을 얻었다고 선언하는 현자들의 위대한 저술들에서 도움을 구할 수밖에 없을 것이다. 이에 믿음이 무비판적으로 받아들인 것을 이성으로 정당화하려는 불굴의 시도들이 행해졌다. 이것은 비합리적인 자세가 아니다. 왜냐하면 철학은 단지 인류의 폭넓은 경험을 해석하는 노력이기 때문이다. 단지 우리가 피해야 하는 하나의 위험이 있다면, 그것은 믿음이 철학에 어떤 단정적인 결론을 강요하지 않게 하는 것뿐이다.

여러 철학체계 혹은 다르샤나 가운데 여섯 가지, 즉 가우타마(Gautama)의 니야야(Nyāya), 카나다(Kaṇāda)의 바이셰쉬카(Vaiśeṣika), 카필라(Kapila)의 상키야(Sāṃkhya), 파탄잘리(Patañjali)의 요가(Yoga), 자이미니(Jaimini)의 푸르바 미망사(Pūrva, 前Mīmāṃsā), 그리고 바다라야나(Bādarāyaṇa)의 웃타라 미망사(Uttara, 後Mīmāṃsā) 혹은 베단타(Vedānta)가 다른 철학체계들에 비하여 보다 수승한 것으로 알려졌다.[원주4]

이 여섯 학파는 베다의 권위를 받아들이기 때문에 유파(有派, āstika)라고 한다. 반면에 베다의 권위를 부정하는 다른 학파들은 무파(無派, nāstika)라고 한다.[역주3] 어떤 학파가 정통 혹은 외도로 규정되는 것은 궁극적 영혼에 대한 그 학파의 긍정적 혹은 부정적 결론에 달려 있다기보다는, 베다의 권위를 수용하는가의 여부에 달려 있다.[원주5]

불교의 여러 학파들은 베다의 권위를 받아들이지 않기 때문에 정통으로 간주되지 않는다 할지라도, 심지어 이 학파들도 우파니샤드에 그 기원이 있다. 이러한 문제들에 대한 권위자인 쿠마릴라(Kumārila)는 불교의 철학파들이 우파니샤드에서 영감을 받았다고 말하며, 우파니샤드의 가르침들이 불교에서는 감각적 대상들에 대한 지나친 탐착을 억제할 목적으로 설해졌다고 주장한다. 그럼에도 불구하고 그는 또한 이

[원주4] 하리바드라(Haribhadra)는 『샤드다르샤나사뭇차야』(Saḍdarśanasamuccaya)에서 불교, 니야야, 상키야, 자이나교, 바이셰쉬카, 그리고 자이미니의 철학체계를 논의한다. 지나닷타(Jinadatta)와 라자셰카라(Rājaśekhara)는 이 견해에 동의한다.

[역주3] 흔히 유파를 정통, 무파를 외도(外道)라고 부르기도 하지만, 이때 무파 혹은 외도라는 말이 이른바 이단(異端)을 의미하지는 않는다.

[원주5] Prāmāṇyabuddhir vedeṣu. 『마누법전』(ii.11)에서는 외도란 베다를 무시하는 자(Nāstiko vedanindakaḥ)라고 말한다. 『마하바라타』, xii.270.67을 보라.

모든 학파들이 권위있는 사상체계라고 말한다.[원주6]

 베다의 권위를 수용한다는 것은 실제적인 성격을 지닌다. 다시 말하여 그것은 이와 같은 문제들에서 영성에 입각한 체험이 지적인 이성보다 더욱 위대한 빛이라는 것을 받아들이는 것을 의미한다. 그것은 베다의 모든 교의에 대한 전적인 동의를 의미하거나 신의 존재에 대한 어떤 믿음의 수용을 의미하지도 않는다. 그것은 단지 존재에 대한 궁극적인 신비를 풀고자 하는 진지한 시도를 의미할 뿐이다. 왜냐하면 심지어 베다의 무오성(無誤性)도 그 학파들에 의하여 똑같은 의미로 받아들여지지 않기 때문이다.

 앞으로 우리가 보게 되는 것처럼, 바이셰쉬카와 니야야 철학은 추론의 결과로서 신을 받아들인다. 상키야 철학은 신의 존재를 인정하지 않는다. 요가 철학은 사실 베다와 무관하다. 두 미망사 철학은 보다 직접적으로 베다에 의거한다.[역주4] 푸르바 미망사 철학은 베다로부터 신에 대한 일반적인 개념을 도출하지만, 지고한 영혼에 대해서는 무관심하다. 웃타라 미망사 철학은 경전——추론에 의한 검증을 필요로 하는——에 의거하여 신을 받아들이지만, 신을 실현하는 것은 명상과 지식(jñāna)을 통하여 가능하다고 본다. 후대의 유신론적 경향의 사상가들은 상키야 철학을 정통 철학의 범주에 포함시키는 것을 거부했다.[원주7]

 각 학파들의 철학적 특성은 베다의 수용 때문에 크게 손상되는 것은 아니다.[원주8] 천계서(天啓書, śruti)와 성전서(聖傳書, smṛti)의 구분은

[원주6] 『탄트라바룻티카』(*Tantravārttika*), i.3.2, p.81.

[역주4] S. Chatterjee와 D. M. Datta, *An Introduction to Indian Philosophy*, p.7 을 보라.

[원주7] 비마차리야(Bhīmācārya)의 『니야야코샤』(*Nyāyakośa*)에서 유파는 paralokā-dyastitvavādi라고 말해지며, 무파는 vedamārgam ananurundhānaḥ로 말해진다. 그는 상키야 철학과 아드와이타 베단타(Advaita Vedānta) 철학을 후자에 포함시킨다. 'Māyāvādivedānty api nāstika eva paryavasāne saṃpadyate.' 쿠마릴라는 상키야, 요가, 판차라트라(Pañcarātra), 파슈파타(Pāśupata) 철학파들을 불교와 똑같이 베다에 역행하는 것으로 간주한다(『탄트라바룻티카』, i.3.4).

[원주8] 키스(Keith)가 니야야와 바이셰쉬카에 대하여 말한 것은 다른 철학파들에 대

널리 알려져 있으며, 그 둘의 입장이 서로 일치하지 않을 경우에는 당연히 전자가 우선한다. 천계서는 상히타(Saṁhitā, 本集) 및 브라흐마나(Brāhmaṇa, 祭儀書)로 구성되는 행위편(karmakaṇḍa)과 흔히 우파니샤드라고 불리는 지식편(jñānakāṇḍa)으로 나누어진다. 이 중에서 지식편이 행위편보다 중요하다. 그러나 지식편 중에는 다수의 무의미한 언급들이 있다는 것도 사실이다.

이 모든 구분들은 우리가 베다의 증언들을 자유로운 입장에서 다룰 수 있게 한다. 베다 본문에 대한 해석은 해석자의 철학적 성향에 달려 있다 해도 과언이 아니다. 어떤 해석자가 논리적인 방법을 택하여 이성에 부합하는 진리에 도달한다 해도, 그는 여전히 자신과 고대의 경전 사이에 연속성을 유지하려고 애쓴다. 해석자들은 스스로가 완전히 새로운 어떤 것을 선언하는 것으로 간주되는 것을 원하지 않았다.[역주5] 이러한 입장은 자신에 대한 어떤 솔직함을 포기하는 행위로 볼 수 있지만, 그럼에도 불구하고 그것은 이들 자신이 진리로 간주하는 것이 많은 사람들에게 전해지는 데 이바지했던 것은 사실이다.[원주9]

다양한 학파의 비판가와 주석가들은 자기의 견해가 베다의 입장에 일치한다고 주장하며, 또한 그것을 입증하기 위하여 온 힘을 쏟았다. 후대

해서도 마찬가지로 타당하다. "그 학파들은 실로 정통이며 거룩한 경전들이 권위를 인정한다. 그러나 그들은 실재에 관한 문제들을 인간적인 도구로 접근하며, 경전은 단지 그것 없이도 성취될 수 있는 결과들에 신성을 더하기 위한 실천적인 목적에 기여할 뿐이다"(*Indian Logic and Idealism*, p.3).

[역주5] 독창성보다는 전통에 대한 충실성이 오히려 높은 가치를 지니는 것이 인도철학의 오랜 전통이다. 이 점은 인도철학이 주석적인 특징을 지니게 되는 것과 같은 맥락에서 이해될 수 있다.

[원주9] 괴테는 다음과 같이 말한다. "매우 지적이고 재기가 뛰어난 어떤 사람들은, 마치 번데기상태를 완전히 망각하고 자기가 성장해온 껍질을 벗어 던져버리는 나비처럼 나타났다. 한편 보다 신심이 깊고 겸손한 사람들은 꽃에 비유될 수 있을 것이다. 꽃은 비록 뿌리와 줄기에서 자라 아름다운 꽃이 되지만, 그것은 뿌리를 떠나지 않을 뿐만 아니라 원줄기와 관계를 끊지 않으며, 오히려 이 관계를 통하여 열매를 맺고자 하는 희망을 결실한다"(Merz, *European Thought in the Nineteenth Century*, vol.iv, p.134, fn.1에서 인용).

의 여러 논쟁으로 미루어보건대, 그들은 자신들이 거의 아무것도 알지 못하는 문제들에 대한 견해들을 베다의 언어로 해석했다. 사실 베다의 일반적인 개념들은 명확하지도 않을 뿐더러 자세하지도 않았다. 따라서 그 개념들은 다양한 철학파들에 의해서 여러 가지 방법으로 해석될 수 있는 여지가 있었다. 또한 베다는 지극히 방대하기 때문에, 해석자들이 자기의 입장에 맞는 어떤 부분만을 자의적으로 선택할 수 있다.

당시의 철학체계들에 나타나는 잡다한 성격은 철학적 사색에 내포된 종교적인 동기에 그 원인이 있다. 예를 들어, 소리의 영원성에 대한 교의는 베다의 무오성 교의와 관련된 것이며, 그것은 철학적인 문제라기보다는 신학적인 문제라고 보아야 한다. 당시의 모든 철학체계는 논리학, 심리학, 형이상학, 그리고 종교의 혼합이라고 볼 수 있다.

3. 경전

베다 문헌이 점차 다루기 힘들어지고, 베다 사상가들이 자신의 견해를 체계화하지 않을 수 없게 되자, 이 결과로 수트라(Sūtra, 經) 문헌이 만들어졌다.[역주6] 각 철학체계의 주요 교의들은 간결한 경구(警句, sūtra) 형태로 언급된다. 이 경구들은 가능한 한 짧게, 그러면서도 의심의 여지가 없도록, 그리고 본질적인 의미가 전달되어 모든 의혹이 일소될 수 있도록 의도된다.[원주10] 또한 이 경구들은 모든 불필요한 반복

[역주6] 고대 인도철학의 연대를 매기는 것은 어렵다. 저자들이 연대기적인 기록에 무관심했을 뿐만 아니라, 또한 후대에 여러 차례의 개찬(改纂)이 있었기 때문이다. 수트라의 성립 시기에 대해서도 어떤 단정을 내리기가 어려운 것은 마찬가지지만, 대체로 2세기경부터 수트라들이 만들어지기 시작했다는 견해가 받아들여진다. 인도철학의 시대 구분에 대해서는 『인도철학사 I』, pp.87~93을 보라. 한편 라주(P. T. Raju)는 수트라 시대의 시작을 4세기경으로 잡고 있다(*The Philosophical Traditions of India*, London : George Allen & Unwin Ltd., 1971, p.36).

[원주10] Alpākṣaram asaṁdigdhaṁ sāravad viśvatomukham, Astobham ana-

을 피하며, 지극히 말을 아낀다.[원주11] 고대의 필자들은 당시의 문헌에 의거하기보다는 기억에 의존해야 했기 때문에, 상세한 언급을 피하고 자 했다. 이와 같은 극단적인 간결성은 우리가 주석서 없이 수트라를 이해하는 것을 어렵게 만든다.[역주7]

여러 철학체계들이 다양한 사상적 전통을 형성하면서 발달했다. 철학적 견해들은 심지어 그것이 수트라 형태로 집약되기 이전에도 여러 세대를 통하여 성장해왔다. 이러한 철학적 전통들은 한 사상가 혹은 한 세대의 산물이 아니라, 수많은 세대를 거치는 일련의 사상가들에 의하여 형성된 것이다. 수트라는 배태 기간과 형성 기간을 전제로 하기 때문에, 우리가 그 기원을 추적하는 것은 어렵다. 정신적인 소산에 어떤 절대적인 시작이란 있을 수 없다. 수트라는 계속되어온 지난 시대의 모든 노력의 산물이며, "한편으로 여러 세대에 걸친 일련의 초기 문헌들을 집약하고, 다른 한편으로는 후대의 독자적인 저술가들뿐만 아니라 주석가들의 끊임없는 확장의 원천이 되는 매우 중요한 위치에 있다."[원주12]

철학체계들은 수트라가 씌어지기 훨씬 이전에 이미 형성되었다고 보아도 무방하다. 철학적인 수트라들의 전체적인 경향과 양식은 이들이 거의 동시대에 속한다는 것을 시사한다.[원주13] 수트라의 저자들은 철학

---

vadyaṁ ca sūtraṁ sūtravido viduḥ(『브라흐마 수트라』, i.1.1에 대한 마드와의 주석을 볼 것). 자야티르타(Jayatīrtha)의 『니야야수다』(*Nyāyasudhā*), i.1.1 ; 『바마티』(*Bhāmatī*), i.1.1을 보라.

[원주11] "문법학자는 하나의 짧은 반모음을 아꼈을 때, 아들이 하나 태어나는 것처럼 즐거워한다"는 언급은 말의 절제에 대한 이상을 잘 나타내고 있다.

[역주7] 라다크리슈난은 철학적인 수트라 성립 시대와 주석서 시대, 즉 주석을 통한 체계적인 학문의 시대가 겹쳐지는 것으로 간주한다. 이것은 수트라가 이에 대한 주석서 없이 이해되기 어렵다는 것을 의미한다(김형준, 「인도 정통 사상과 불교의 대립」, 『논쟁으로 보는 불교철학』, p.22).

[원주12] 티보(Thibaut), 『브라흐마 수트라』에 대한 샹카라의 주석, 서론, p.xii.

[원주13] 어떤 형태로든 다양한 철학체계들이 이미 서력 기원 이전에 존재했다는 것은 의심의 여지가 없다. 자이나교의 초기 경전은 바이셰쉬카, 불교, 상키야, 로카야타(Lokāyata), 그리고 샤슈티탄트라(Ṣaṣṭitantra) 철학에 대하여 언급하고 있다

파의 창시자 혹은 개조가 아니라, 다만 수트라를 편찬한 사람에 불과하다고 보아야 할 것이다. 이 사실은 철학적 수트라들에 나타나는 상호 참조를 통해서도 분명하게 알 수 있다. 여러 철학체계들은 수트라가 형성되기 이전에 상호 영향을 주고받으면서 나란히 성장해왔다. 복합적인 여러 사유 형태들이 다양한 철학체계로 구체화되는 것은 붓다 이후 서력 기원 이전의 여러 세기 동안의 일이다. 문헌이 아니라 구전(口傳)이 철학적 견해들의 창고였다. 짐작하건대 여러 세대에 걸친 구전의 경과로 다수의 중요한 철학적 사색들이 사라졌을 것이며, 또한 더러는 우리에게 잘못 전해졌을 수도 있을 것이다. 다수의 철학적 문헌들뿐만 아니라, 『브리하스파티 수트라』(*Bṛhaspati Sūtra*), 『바이카나사 수트라』(*Vaikhānasa Sūtra*), 『비크슈 수트라』(*Bhikṣu Sūtra*) 등과 같은 초기의 몇몇 중요한 수트라들은 소실되어 전해지지 않는다.

막스 뮐러(Max Müller)는 수트라의 점진적인 형성을 붓다로부터 아쇼카(Aśoka) 왕[역주8]까지의 시대에 귀속시키면서도, 베단타 철학과 상키야 및 요가 철학의 경우에는 그 이전에 오랜 기간 동안의 발전이 있었다는 것을 인정한다. 이 견해는 카우틸리야(Kauṭilya)[역주9]의 『아르타샤스트라』(*Arthaśāstra*)에서 확인된다. 그때까지 정통 논리철학은 대개 푸르바 미망사 학파와 상키야 학파로 양분되어 있었다. 불교 문헌의 언급들은 매우 불분명하다 할지라도, 불교 수트라들은 정통 육파철학의 지식을 상정하고 있다고 말할 수 있을 것이다. 붓다 이후 수세기

(Weber, *Sanskrit Literature*, p.236, n.249). 『랄리타비스타라』(*Lalitavistara*), xii ; 『차라카상히타』(*Carakasaṁhitā*) ; 『마하바라타』의 「나라야니야」(Nārāyaṇī-ya) 부분을 보라.

[역주8] 마우리야(Maurya) 왕조의 제3대 왕인 아쇼카 왕(B.C. 273~232)은 인도에서 불교의 흥기에 결정적인 역할을 한 인물로 알려진다. 그는 불교를 인도 전역뿐만 아니라, 중앙아시아와 서아시아, 그리고 스리랑카에까지 전파시켰고, 이것은 불교가 세계적인 종교로 성장하는 계기가 되었다.

[역주9] 카우틸리야는 찬드라굽타(Candragupta) 왕의 친구이자 고문이며, 재상이었다. 『아르타샤스트라』에서 그는 세 베다 앞에 안비크쉬키(ānvīkṣikī, 논리학)를 놓고 있으며, 안비크쉬키는 또한 요가를 의미하기도 한다.

동안의 생생한 지적인 삶은 상호 공존하고 있던 여러 경향들 속에 흐르고 있었다.

한편 이와 같은 경향들을 성문화하려는 충동은 대립적인 사상들에 대한 반작용 때문이었다. 이러한 철학체계들은 후대 주석가들의 손을 통하여 변형을 겪는다. 그럼에도 불구하고 변화의 결과로 생겨나는 철학체계는 여전히 원래 체계화한 사람을 개조로 인정한다. 베단타 철학은 샹카라(Śaṃkara)와 라마누자(Rāmānuja) 그리고 그 밖의 수많은 주석가들에 의하여 체계 자체의 중요한 변화를 가져왔지만, 그것은 비야사(Vyāsa)[역주10]의 것으로 일컬어진다. 인도의 위대한 사상가들은 단순히 주석가로 표명되지만, 사실 텍스트를 해석하고자 하는 시도를 통하여 그들은 텍스트 자체의 의미를 발전시킨다. 각 철학체계는 그것이 주목하는 다른 철학체계들과의 관계 속에서 발전한다. 육파철학의 발전은 지금까지도 계속되고 있으며, 이것은 잇따라 일어나는 주석가들과 반대자들의 공격과 방어를 통하여 이루어지고 있다.

모든 철학체계에서 우리는 우선 철학적인 혼란기를 보게 되며, 그것은 나중에 특정 단계에서 수트라 형태로 집약된다. 이것은 경(經)에 대한 주석을 쓰는 단계로 이어지며, 나아가서는 어구 주석, 해설, 요약 등을 통하여 원래의 교의가 수정 확대된다. 주석은 대론(對論)의 형태로 이루어지는데, 이것은 복합적인 주제의 해설에 가장 적합한 형태로서 우파니샤드 시대로부터 전승되어왔다. 대론을 통하여 자기가 주장하고자 하는 견해와 반대자들에 의하여 제시되는 여러 생각의 관계를 보여

[역주10] 원래 비야사(vyāsa)는 '배열자'(arranger)라는 의미의 보통명사로, 고대 저술들의 저자와 편집자에게 주어진 식함이었다. 푸라나(Purāṇa) 문헌들은 거의 30명에 달하는 비야사들을 언급하고 있다.

한편 비야사는 특히 베다를 편집하고 『마하바라타』를 저술한 것으로 전해지는 어떤 현자를 가리키는 이름으로 사용되며, 『베단타 수트라』(Vedānta Sūtra)의 저자인 바다라야나(Bādarāyaṇa)의 별명으로 알려지기도 한다. 그러나 이 문헌들을 동일인의 작품으로 보는 것은 불가능하다. 왜냐하면 베다와 『베단타 수트라』의 연대 사이에는 적어도 1500년 이상의 차이가 있기 때문이다.

줄 수 있다. 그런 후에 결론이 내려지고, 다른 개념들에 대한 그것의 우위가 확립된다.

4. 공통 관념들

이른바 정통 육파철학은 어떤 본질적인 점에서 일치한다.[원주14] 베다의 수용은 이 모든 학파들이 공통적인 사상의 원천에서 연원되었다는 것을 의미한다. 힌두교의 스승들은 자기의 견해가 쉽게 이해될 수 있게 하기 위하여, 과거로부터 물려받은 유산을 사용하지 않을 수 없었다. 아비디아(avidyā, 無知), 마야(māyā, 幻影), 지바(jīva, 個我)라는 용어의 사용은 사색에서의 특정 용어들이 여러 학파들에 공통적이라는 것을 보여준다. 한편 이 학파들은 이 용어들에 부여하는 다양한 의미에 의해서 차별화된다. 동일한 용어와 어구가 학파에 따라서 본질적으로 다른 의미로 사용되는 것은 철학사를 통하여 흔히 있는 일이다. 각 학파는 최고 차원의 종교적 사색에 통용되는 언어를 사용함으로써 자기의 독자적인 교의를 확립한다. 물론 이때 사용되는 언어가 필수적인 변형을 겪게 되는 것은 당연하다.

체계화되는 과정에서 철학은 자의식적으로 된다. 베다에 기록된 정신적 체험들은 논리적인 비판을 겪는다. 지식의 타당성과 방법에 대한 문제는 각 철학체계의 중요한 부분을 형성한다. 각 학파는 자체의 독자적인 지식론을 지니며, 그것은 각 학파의 형이상학에 절대 필요한 부분

[원주14] "여러 철학체계들을 공부하면 할수록, 나는 비갸나비크슈(Vijñānabhikṣu)나 다른 철학자들에 의하여 받아들여졌던 견해와 마찬가지로 여섯 철학파들의 다양성 뒤에는 민족적 철학 혹은 대중적 철학이라고 부를 수 있는 공동의 토대가 있다는 인상을 받았다. 그 토대는 인도의 최북단과 먼 과거에 걸치는 철학적 사유의 대양이며, 각각의 사상가는 이로부터 자신의 목적에 맞는 것을 끌어내 쓸 수 있었다"(Max Müller, *Six Systems of Indian Philosophy*, p.xvii).

이거나 그것의 필연적인 귀결이다. 직관, 추론, 그리고 베다가 여러 학파들에 의하여 지식의 바른 수단으로 받아들여지며, 이성은 직관에 종속된다. 삶은 논리적인 이성으로 완전하게 이해될 수 없다는 것이다.

자아 의식은 우주의 궁극적인 카테고리가 아니다. 자아에 대한 의식을 초월하는 어떤 것이 있으며, 이에 대해서는 직관, 계시, 우주의식 등과 같은 여러 이름이 주어진다. 우리는 그것을 알맞게 묘사할 수 없으므로, 그것을 다만 초의식(super-consciousness)이라고 부른다. 우리가 가끔 이 고차원의 형상을 힐끗 바라보게 될 때, 우리는 그것이 지극히 순수한 광채를 띠는 무한이라는 것을 느낀다. 단순한 의식과 자의식의 차이가 동물과 인간 사이에 놓인 심연을 이루는 것과 마찬가지로, 자의식과 초의식의 차이는 현존의 인간과 완성되어야 할 인간 사이의 모든 차이를 구성한다. 인도철학은 단순한 논리 이상의 영성에 토대를 두며, 단순한 논리 혹은 과학 위에 세워진 문화가 효과적일 수 있을지는 몰라도 영감의 원천일 수는 없다고 주장한다.

육파철학은 하나같이 불교의 회의주의에 반대하며, 끊임없이 변화하는 흐름에 반하는 객관적인 실재와 진리의 기준을 확립한다.[역주11] 세계 과정은 영겁으로부터 흘러왔으며, 이 흐름은 정신적일 뿐만 아니라 또한 객관적이다. 세계 과정은 영원한 프라크리티(prakṛti), 마야(māyā), 혹은 원자들에 그 원천이 있다. "이름과 형태로 차별화되지 않은 세계가 그 안에 머무는 것, 그것을 어떤 사람들은 프라크리티, 어떤 사람들은 마야, 또 어떤 사람들은 원자들이라고 부른다."[원주15] 시작이 있는 모든 것은 끝이 있다는 것이 전제된다. 부분들로 만들어진 모든 것은 영

[역주11] 힌두교와 불교는 모두 업과 윤회에 대한 교의를 받아들인다는 점에서 공통되지만, 전자는 고정 불변의 실체를 인정하는 아설(我說)의 입장에 서는 반면에 후자는 무아설(無我說)을 주장한다는 점에서 근본적인 차이점을 보인다.

[원주15] Nāmarūpavinirmuktaṁ yasmin samtiṣṭhate jagat, Tam āhuḥ prakṛtiṁ kecin māyām anye pare tv aṇūn(비갸나비크슈는 이 구절을 자기의 『요가바룻티카』(*Yogavārttika*)에서 『브리하드와쉬슈타』(*Bṛhadvāśiṣṭha*)로부터 인용하고 있다).

원할 수 없으며, 자존적일 수도 없다. 참된 개체는 더 이상 나누어질 수 없다. 실재는 시공간에 펼쳐진 세계가 아니다. 왜냐하면 세계의 본질은 생성(becoming)이며 존재(being)가 아니기 때문이다. 이보다 더 심원한 어떤 것, 즉 원자와 영혼들, 푸루샤와 프라크리티, 혹은 브라흐만이 있다.

육파철학은 모두 거대한 우주 리듬의 교의를 받아들인다. 창조, 유지, 파괴의 광대한 기간들이 잇달아 끝없이 흐른다.[역주12] 이 이론은 발전에 대한 믿음과 모순되지 않는다. 왜냐하면 그것은 무수히 그 끝점에 도달하여, 다시 그 출발점으로 돌아갈 수밖에 없는 세계의 운동에 관한 문제가 아니기 때문이다. 창조와 파괴는 우주의 새로운 생성과 완전한 파괴를 의미하지 않는다. 새로운 우주는 우주 역사의 다음 단계를 형성하며, 이로써 아직 없어지지 않은 선악의 잠재력은 그 결과를 완전히 발현하여 소멸되는 기회를 얻게 된다. 그것은 인류가 자아 실현을 향한 상승의 길을 걷고 있다는 것을 의미한다. 이와 같은 세계 과정의 끊임없는 연속은 시작이 없다.

대체로 보아 육파철학 가운데 푸르바 미망사를 제외한 다른 철학파들은 해탈이라는 실천적인 목표를 지향한다고 말할 수 있을 것이다. 이 학파들에서 해탈(mokṣa)이라는 말은 영혼이 그 본래의 완전을 회복하는 것을 의미한다. 이 모든 학파들은 완전한 부동심, 부조화와 불안으로부터의 자유, 어떤 의혹도 일어나지 않으며 재생이 없는 절대 적정을 그 이상으로 추구한다. 생해탈(生解脫, jīvanmukti)의 개념은 여러 학파들에서 인정된다.[역주13]

[역주12] 힌두교의 순환론적인 시간관에서 보면 기독교적인 의미의 '태초'나 '무(無)로부터의 창조'는 무의미하며, 다만 '한 처음'이 있을 뿐이다. 또한 힌두교의 경우에는 '유(有)로부터의 창조(sṛṣṭi)'가 기본적인 입장이라 할 수 있다. 이 문제에 대하여는 이거룡, "The Theory of Creation in the Philosophy of Viśiṣṭādvaita— A Critical Study"(마드라스대학교 철학석사 학위논문, 1991)를 보라.

[역주13] 베단타 학파의 경우 상카라는 생해탈의 개념을 인정하고 있지만, 라마누자는 그것을 부정한다.

우주는 철두철미하게 법칙에 따라 운행되지만, 그럼에도 불구하고
인간은 스스로의 운명을 형성할 수 있는 자유의지를 지닌다는 것이 인
도 사람들의 근본적인 믿음이다.

우리의 온갖 행위는 멀리서 끊임없이 우리를 따라오며
우리가 행했던 것이 현재의 우리를 만든다.

여섯 철학파들은 모두 재생과 전생을 믿는다. 우리의 삶은 길 위의
한 걸음이며, 그 방향과 목적지는 무한자 속에 녹아드는 것이다. 이 길
위에서 죽음이란 결코 끝이거나 막다른 골목이 아니며, 단지 새로운 걸
음의 시작에 불과하다. 우리의 영혼은 거듭하여 일어나는 죽음의 세례
를 통하여 끊임없이 새로운 단계로 뛰어드는 가운데 새로운 차원으로
나아간다.

철학은 약속된 땅의 관문으로 우리를 데려간다. 그러나 우리를 그
안으로 들어가게 하지는 못한다. 우리가 그곳으로 들어가기 위해서는
통찰 혹은 깨달음이 필수적이다. 우리는 윤회의 어둠 속에서 길을 잃은
어린아이처럼, 우리의 참된 본질에 대하여 무지하며, 우리를 에워싸고
있는 암흑 속에서 두려움에 떨며 희망에 집착하는 경향이 있다. 그러므
로 빛이 필요하다. 그 빛은 우리를 격정의 영역에서 벗어나게 하며, 우
리에게 실재를 보여줄 것이다. 이와 같은 유형의 통찰은 해탈에 이르게
하는 유일한 수단으로 받아들여진다. 물론 통찰의 대상에 대해서는 차
이가 있을 수 있다.[원주16] 속박의 원인은 무지이다. 따라서 해탈은 진리
에 대한 직관적인 통찰에 의하여 실현될 수 있다.

철학의 이상은 단지 윤리적인 차원을 초월하는 것이다. 거룩한 사람
은 진흙에 더럽혀지지 않는 깨끗한 연꽃에 비유된다. 그의 경우에 선

[원주16] 불교 사상가인 다르마키르티(Dharmakīrti)도 자신의 『니야야빈두』(*Nyāya-
bindu*) 서두에서 다음과 같이 말한다. "인간 욕망의 완수는 바른 지식에 선행한
다"(Samyagjñānapūrvikā sarvapuruṣārthasiddhiḥ).

(善)은 애써 성취해야 하는 목표가 아니라 하나의 이루어진 사실이다. 윤리적으로 선한 행위나 악한 행위는 아무튼 윤회의 순환 속에서 선하거나 악한 삶으로 귀결될 것이다. 한편 우리는 윤리적 개인주의를 초월함으로써 윤회에서 벗어날 수 있다. 모든 정통 철학파들은 이기적이 아닌, 사랑과 사심없는 행위를 필수적인 것으로 인정하며, 마음의 정화(cittaśuddhi)를 모든 도덕적 수양에서 본질적인 측면이라고 주장한다. 정통 학파들은 카스트의 규범(varṇa)과 인생의 단계(aśrama)[역주14]에 따른 의무 규정을 받아들이지만, 그 정도는 학파에 따라서 다소 차이가 있다.

서론[원주17]에서 언급한 것처럼, 인도철학의 역사에 대한 접근은 온갖 어려움으로 에워싸여 있다. 주요 사상가들과 그 작품들의 연대는 불분명하며, 어떤 경우에는 유명한 저자들의 역사적인 확실성이 논란의 대상이 되기도 한다. 관련 저술들 가운데 다수는 손에 넣을 수 없으며, 출판된 극소수의 저술도 전혀 비판적으로 검토되지 않았다.

인도철학에 대한 역사적인 접근은 지금까지 위대한 인도 사상가 자신들에 의하여 시도된 적이 없다. 마다바(Mādhava)는 자신의 『사르바다르샤나상그라하』(Sarvadarśanasaṁgraha)에서 16종의 철학체계(darśana)들을 다루고 있다. 제1권[역주15]에서 우리는 유물론, 불교, 자이나교의 견해들을 다루었다. 이 책에서는 니야야, 바이셰쉬카, 상키야, 요가, 푸르바 미망사, 그리고 베단타의 다르샤나들을 다루고자 한다.

쉬바교의 네 학파와 라마누자의 학파들, 그리고 푸르나프라갸(Pūrṇaprajña) 학파는 『베단타 수트라』에 의거하고 있으며, 그것을 각자 다른 방식으로 해석하고자 한다. 파니니(Pāṇini)[역주16]의 이론은 거의

[역주14] 『인도철학사 I』, pp.189~190을 보라.
[원주17] 『인도철학사 I』.
[역주15] 우리말 번역의 경우에는 『인도철학사 II』에 해당한다.
[역주16] 최초의 표준 범어문법서인 『아슈타디야이』(Aṣṭādhyāyī)의 저자이다. 머니어 윌리엄스(Monier Williams)는 이 문법서를 구성의 독창성이나 분석의 정교함에서 세계 최고의 수준이라고 평가한다(Indian Wisdom, p.172). 파니니의 연대에

철학적인 중요성을 지니지 않는다. 그는 소리의 영원성에 대한 미망사 학파의 견해를 받아들여서 스포타(sphoṭa)의 이론을 발전시킨다. 스포타는 모든 말 속에 잠재해 있는 더 이상 나눌 수 없는 단위 요소로서, 그 말의 의미를 실어나르는 수레와 같은 것이다.[역주17]

육파철학 가운데서 바이세쉬카는 그다지 높은 평가를 받지 않는다. 이에 비하여 니야야는 그 논리적인 측면에서 널리 받아들여지고 있으며, 특히 벵골 지방에 다수의 추종자들이 있다. 실천 수행의 체계로서 요가는 소수에 의하여 실행되며, 푸르바 미망사는 힌두교의 규범과 밀접하게 관련되어 있다. 상키야는 살아 있는 믿음이 아니다. 이에 비하여 다양한 형태의 베단타는 사회 전반에 널리 퍼져 있다. 힌두교 사상의 여섯 학파들을 다루는 데 우리는 이 학파들의 수트라와 이에 대한 주요 주석서들에 관심을 국한시킬 것이다.

예외는 있지만 대부분의 근대 사상가들에 관해서는, 그들의 형이상학적인 공헌이 충분할 만큼 인상적이지는 못한 것 같다. 그들의 학식은 엄청나다. 그러나 그들은 논평과 개작이 창조와 건설을 부단히 대체하는 쇠퇴의 기간에 속한다. 이들은 도그마에 대하여 지나치게 관대하며, 명백한 것에 대해서도 신비적으로 설명하려고 애쓴다. 이렇듯 이들의 신학적인 편견과 형이상학적인 빈곤은 우리에게 어떤 관심도 불러일으키지 못한다.

전통적인 방식에 따라 우리는 니야야와 바이세쉬카의 이론—우리

대해서는 기원전 7세기부터 기원전 4세기까지 다양한 견해가 있다.

[역주17] 인도 전통에서 소리(śabda)는 고대로부터 중요한 연구대상의 하나였으며, 특히 사만(sāman)을 영창하는 우드가타르(Udgātar) 사제들에게 중요한 의미를 지닌다. 순수한 음조의 소리는 희생제의를 사악한 기운으로부터 보호해줄 뿐만 아니라, 희생제의를 드리는 사람까지도 청정하게 만든다고 보는 것이 일반적이다. 소리는 다음과 같이 구분된다. 1) 자존 영원한 요소로서 지각의 범위 밖에 있는 스포타, 2) 오직 신의 영감을 받은 시인 혹은 현자에게 지각되는 나다(nāda), 3) 생각과 같이 잠재적으로 존재하지만 표현되지 않은 아나하타(anāhata), 4) 인간 혹은 동물의 지각의 범위 안에 있는 어떤 종류의 소리인 아하타(āhata).

에게 경험 세계에 대한 분석을 제공하는——으로 논의를 시작하여, 대 담무쌍한 사색적인 모험으로 인간의 경험을 설명하고자 하는 상키야와 요가로 넘어간다. 그런 다음에 두 미망사 학파들에 대한 논의로 결말짓고자 한다. 이 두 학파들은 천계서(天啓書, śruti)의 계시들이 철학의 결론들과 서로 조화될 수 있다는 것을 보여주고자 노력한다. 이와 같은 논의의 순서는 비록 완벽하게 연대기적인 것은 아니라 할지라도, 적어도 인간 사유의 논리적인 추이에 충실한 것이라고 할 수 있다.[역주18]

[역주18] 육파철학의 성립 연대는 불확실하지만, 대개 붓다에서 아쇼카 왕 시대 사이, 다시 말하여 기원전 6세기에서 기원전 3세기 사이에 성립된 것으로 본다. 이 학파들의 연대기적인 순서에 대해서 여러 이견이 없는 것은 아니지만, 상키야, 요가, 미망사, 베단타, 바이셰쉬카, 니야야의 순서로 성립되었다고 보는 것이 일반적이다. Benjamin Walker, *Hindu World*, vol.ii, p.204를 참조하라.

　한편, 라다크리슈난의 경우처럼, 인도의 학자들은 육파철학 가운데 니야야와 바이셰쉬카를 가장 먼저 논의하는 것이 일반적이지만, 우리나라와 일본에서는 상키야와 요가를 먼저 다루는 경향이 있다.

제2장

니야야의 논리적 실재론

1. 니야야와 바이셰쉬카

인도사상의 다른 학파들은 세계를 하나의 전체로 다룬다는 의미에서 대개 사변적인 반면에, 니야야와 바이셰쉬카는 분석적인 유형의 철학을 대변하며, 사회 일반의 통념과 과학을 '대중의 어리석음에 기인하는 희미한 달빛'으로 간주하는 것이 아니라, 오히려 그것을 지지한다.

이 두 학파에 특징적인 점은 여태까지 다른 방식으로 취급되어온 물질에 그들이 과학의 방법이라고 생각하는 어떤 방법을 적용하는 것이다. 논리적인 탐구와 비판의 방법을 적용하는 데서, 그들은 이러한 방법이 불교 사상가들이 이로부터 도출하는 결론들을 담보하지 않으며, 논리학이 우리로 하여금 삶의 통일성과 양식을 단지 사라져가는 순간들로 흩뜨려버리도록 만들지 않는다는 것을 보여주기 위하여 노력한다. 그들의 주요 관심사는 외부의 실재를 마음의 관념으로 환원시키는 불교 현상론의 회의적인 결과들을 돌이키는 데 있다.

그들은 전통적으로 인정되어온 실체들, 즉 내면의 영혼과 외부 세계를 회복하고자 하지만, 단지 전통적인 권위에 기대어서 그렇게 하는 것은 아니다. 믿음의 성채가 감각의 증거와 이성의 결론으로 무장한 외도 사상가들에 의하여 공격받을 때, 홍수처럼 밀어닥치는 전반적인 회의주의는 단순히 믿음에 호소하는 것으로 저지될 수 없었다. 오직 바른 지식의 양태와 원천에 대한 철저한 검토만이 삶과 종교의 목적이 참으로 실현될 수 있게 한다. 안비크쉬키(ānvīkṣikī)라는 말의 문자적인 의미가 시사하는 것처럼, 경전 혹은 감각의 증거로 우리에게 주어지는 것은 반드시 비판적인 검토 과정을 거쳐야 한다.[원주1]

니야야 학자들은 이성에 의하여 확립된 것은 무엇이든 진실로 받아들인다.[원주2] 바트시야야나(Vātsyāyana)[역주1]와 웃디요타카라(Uddyotakara)는 만일 니야야 철학이 단지 영혼의 본질과 그것의 해탈 상태만을 다룬다면 이와 똑같은 문제를 다루고 있는 우파니샤드와 그다지 큰 차이가 없을 것이라고 역설한다. 니야야를 특징짓는 것은 형이상학적인 문제들에 대한 비판적인 논의에 있다. 바차스파티(Vācaspati)는 논증의 잣대로 지식의 대상을 비판적으로 검토하는 것이 니야야의 목적이라고 단언한다.[원주3]

니야야와 바이셰쉬카는 공간, 시간, 인과율, 물질, 마음, 영혼, 지식과 같은 전통 철학의 기존 개념들을 주제로 하여, 경험에 대한 그 개념들의 의미를 탐구하며, 세계에 대한 이론의 형태로 그 결과들을 설명한

[원주1] Pratyakṣāgamābhyām ākṣiptasya anvīkṣā tayā vartata ity ānvīkṣikī(『니야야 바쉬야』(Nyāya Bhāṣya), i.1.1). 또한 "그것은 조사(anvīkṣā)라고 불린다. 왜냐하면 그것은 지각과 증언에 의하여 이전에 파악된(īkṣita) 어떤 것에 대한 재조사(anu-īkṣaṇa)에 있기 때문이다(『니야야 바쉬야』, i.1.1). 논리학은 제2차 개념이다. 다시 말하여 그것은 본질적으로 지식 자체에 대한 지식의 반성이다.
[원주2] Buddhyā yad upapannaṁ tat sarvaṁ nyāyamatam.
[역주1] 5세기경에 활동했던 논사로서 흔히 인도의 플라톤으로 통한다. 가우타마의 『니야야 수트라』에 대한 고전적인 주석서를 썼다.
[원주3] Pramāṇair arthaparīkṣaṇam(『니야야 바쉬야』와 『니야야바룻티카타트파라야티카』(Nyāyavārttikatātprayaṭīkā), i.1.1)을 참조하라.

다. 논리적인 부문과 물리적인 부문은 이 두 철학 전통의 현저한 측면
이 된다. 니야야와 바이셰쉬카는 각각 내면의 세계와 외부 세계를 연구
의 과제로 삼는다. 니야야는 지식의 메커니즘을 설명하는 데 상당 부분
을 할애하며, 모든 것이 불확실하다고 주장하는 회의주의를 강력하게
비판한다. 바이셰쉬카의 주요 목적은 경험의 분석에 있다. 그것은 감관
이나 추론 혹은 증언을 통하여 알려진 대상들에 적용하는 일반 개념들
을 공식화한다. 이와 같은 입장을 지니기 때문에 니야야와 바이셰쉬카
철학이 전체 세계와 상호 작용하는 실체적인 존재로서 개별적인 영혼
들에 대한 믿음을 옹호하는 것은 매우 자연스럽고 당연한 일이다.

　니야야와 바이셰쉬카는 오랫동안 한 전체의 두 부분으로 다루어진
적이 있다. 때로는 이 두 학파가 알려지는 대상과 지식의 수단들에 관
한 것을 다루었던 동일한 원천에서 갈라진 두 흐름이라고 주장되기도
한다. 그러나 이 점에 대해서 단언하기는 어렵다. 후대의 어떤 문헌들
은 이 두 학파를 한 가지 학문 분야의 부분들을 형성하는 것으로 간주
한다.[원주4] 심지어 바트시야야나의 『니야야 바쉬야』(*Nyāya Bhāṣya,*
正理疏)에서도 이 두 학파는 구분되지 않는다. 바이셰쉬카는 니야야에
부수적인 것으로 다루어진다.[원주5] 웃디요타카라의 『니야야바룻티카』
(*Nyāyavārttika,* 正理評釋)는 바이셰쉬카의 교의들을 사용한다.

[원주4] 바라다라자(Varadarāja)의 『타르키카라크샤』(*Tārkikarakṣā*), 케샤바 미슈라
(Keśava Miśra)의 『타르카바샤』(*Tarkabhāṣā*), 쉬바디티야(Śivāditya)의 『사프타
파다르티』(*Saptapadārthī*), 비슈와나타(Viśvanātha)의 『바샤파릿체다』(*Bhāṣāpa-
riccheda*) 및 『싯단타무크타발리』(*Siddhāntamuktāvali*), 안남 밧타(Annam Bhaṭ-
ṭa)의 『타르카상그라하』(*Tarkasaṁgraha*) 및 『디피카』(*Dīpikā*), 자가디샤(Jaga-
diśa)의 『타르카므리타』(*Tarkāmṛta*), 그리고 라우가크쉬 바스카라(Laugākṣi Bhās-
kara)의 『타르카카우무디』(*Tarkakaumudī*)를 보라. 아리야데바(Āryadeva)나 하
리바르만(Harivarman)과 같은 불교 사상가들은 니야야를 바이셰쉬카에 대한 독
자적인 사상체계로 보지 않았다(Ui, *Vaiśeṣika Philosophy*, p.54, p.56).
[원주5] 『니야야 바쉬야』, i.1.4. 바트시야야나는 『니야야 바쉬야』, ii.2.34에서 『바이셰
쉬카 수트라』, iii.1.16을 인용하고 있으며, 『니야야 바쉬야』, iii.1.33과 iii.1.67에서
는 『바이셰쉬카 수트라』, iv.1.6을 인용하고 있다.

야코비(Jacobi)는 "이 두 학파의 연합은 일찍부터 시작되었으며, 『니야야바룻티카』가 씌어질 무렵에 완전하게 된 것으로 보인다"[원주6] 고 말한다. 『니야야 수트라』는 여러 점에서 바이셰쉬카의 교의를 전제로 하고 있다. 니야야와 바이셰쉬카는 둘 다 다수의 영혼과 인격신, 원자적인 우주를 믿으며 여러 논거를 함께 사용하고 있기 때문에, 연합된 철학체계(samānatantra)들이라고 불린다.[역주2] 이 두 학파가 아주 초기부터 밀접한 관련을 맺고 있었다는 것은 의심의 여지가 없지만, 그럼에도 불구하고 하나는 논리적인 측면에, 다른 하나는 물리적인 측면에 강조점을 둔다는 점에서 서로 구분된다.[원주7] 니야야는 우리에게 대상에 대한 합리적인 지식의 과정과 그 방법에 관한 설명을 주는 반면에, 바이셰쉬카는 니야야가 큰 논쟁 없이 받아들이는 사물들의 원자적인 구성을 전개한다.[원주8]

[원주6] *Encyclopaedia of Religion and Ethics*, vol.ii, p.201 b.

[역주2] 그러나 니야야와 바이셰쉬카 사이에 중요한 차이점도 있다. 1) 후자는 7범주를 인정하지만, 전자는 16범주를 인정하고 이 가운데 두번째인 인식의 대상(pra-meya)에 후자의 7범주를 포함시킨다. 2) 후자는 바른 인식의 방법으로 지각과 추론의 두 가지를 인정하는 데 비하여, 전자는 지각, 추론, 비교, 증언의 네 가지를 받아들인다. C. D. Sharma, *A Critical Survey of Indian Philosophy*, pp.191~192를 보라.

[원주7] 웃디요타카라는 다음과 같이 말한다. "다른 학문들은 (바른 지식을 얻는 수단에 대한) 주제들을 다루려고 하지 않는다. 그들은 단지 그 수단들에 의하여 알려진 것들을 다룰 뿐이다"(『니야야바룻티카』, i.1.1).

[원주8] 가르베(Garbe)는 바이셰쉬카를 니야야보다 앞서는 것으로 보지만(*Encyclopaedia of Religion and Ethics*, vol.xii, p.569 ; *Philosophy of Ancient India*, p.20 ; Jacobi, *Journal of the American Oriental Society*, vol.xxxi을 보라), 이에 비하여 골드스터커(Goldstucker)는 바이셰쉬카를 니야야의 한 분파로 간주한다. 키스(Keith)는 가르베의 견해에 동조적이다(*Indian Logic and Atomism*, pp.21~22). 가르베의 견해가 보다 논리적이다. 왜냐하면 비판적인 검토는 도그마적인 형이상학에 후속하는 것이기 때문이다. 『니야야 수트라』의 보다 체계적인 성격이나, 여기에 나타나는 소리의 영원성과 자아의 본질 및 추론의 과정에 대한 큰 관심은 키스의 견해를 뒷받침한다. 『니야야 수트라』, iv.1.19에서 이슈와라(Īś-vara)에 대한 명백한 언급은 바이셰쉬카가 이 문제에 대하여 말해야 하는 것 이

　　니야야 철학은 아주 오래 전부터 대단한 권위를 인정받아왔다. 『마누』(*Manu*)는 그것을 천계서(śruti)의 범주에 포함시킨다. 야갸발키야(Yājñavalkya)는 그것을 네 베다 가운데 하나로 간주한다.[원주9] 힌두교인들의 고전적인 학문 분야는 문학(kāvya), 드라마(nāṭaka), 수사학(alaṁkāra), 논리학(tarka), 문법학(vyākaraṇa) 다섯 가지이다. 어떤 학자가 차츰 여러 특정 학문 분야로 자기의 영역을 넓혀갈 때, 그 전제가 되는 과정은 반드시 논리학을 포함하고 있으며, 이런 점에서 논리학은 모든 학문의 토대이다. 힌두교 사상의 모든 철학체계는 니야야 논리학의 근본 원리들을 수용하고 있으며, 니야야의 용어와 논리를 사용한다. 니야야는 체계적인 모든 철학에 대한 입문의 역할을 한다.[원주10]

　　상이다. 신체적인 행위들로부터 자아의 존재를 증명해 보이려는 바이셰쉬카의 입장은, 자아를 정신적 현상의 토대로 보는 니야야의 견해보다 조야하다. 『브라흐마 수트라』(*Brahma Sūtra*)에 니야야에 대한 직접적인 언급이 없는 반면에, 바이셰쉬카의 이론에 대한 비판(ii.2.12~17)이 있다는 것은 후자가 전자보다 오래되었다는 것을 말한다. 만일 프라티탄트라싯단타(pratitantrasiddhānta)*에 대한 니야야의 언급이 바이셰쉬카에 대한 암시로 받아들여진다면, 니야야가 바이셰쉬카보다 앞선다는 입장은 보나 확실하게 될 것이다. 『바이셰쉬카 수트라』에 나타나는 추론의 근거에 대한 보다 상세한 설명과 오류에 대한 단순한 이론체계는 연대의 문제에 큰 영향을 미치지 못한다. 우리는 『니야야 수트라』와 『바이셰쉬카 수트라』 사이에 수많은 일치를 발견한다. 『니야야 수트라』, iii.1.36 ; ii.1.54 ; i.1.10 ; iii.1.28 ; iii.1.35 ; iii.1.63 ; iii.1.71 ; iii.2.63을 『바이셰쉬카 수트라』, iv.1.8 ; vii.2.20 ; iii.2.4 ; iv.2.3 ; iv.1.6~13 ; vii.2.4~5 ; viii.2.5 ; vii.1.23과 각각 비교하라. 만일 『바이셰쉬카 수트라』의 어떤 부분이 니야야의 견해에 대한 보다 상세한 설명으로 보인다면, 그것은 단지 그 구절들이 『니야야 수트라』보다 나중에 편집되었다는 것을 보여줄 뿐이다. 따라서 이로 인하여 『바이셰쉬카 수트라』 대부분의 선재성이 영향받지는 않는다.

　　＊다른 학파들에 의하여 부정되지만, 한 학파 혹은 유사 학파들에 의해서 주장되는 확립된 결론(옮긴이).

[원주9] 『야갸발키야 스므리티』(*Yājñavalkya Smṛti*), i.3. 『아트모파니샤드』(*Ātmo-panisad*), ii ; 『비슈누 푸라나』(*Viṣṇu Purāṇa*), iii.6을 참조하라.

[원주10] 『니야야 바쉬야』, i.1.1에 인용된 카우틸리야(i.2)를 참조하라.

2. 니야야 학파의 성립

앞에서 이미 언급한 것처럼, 논리학(ānvīkṣikī)은 영혼의 궁극적인 문제들을 비판적인 자세로 다루는 것이며, 그것은 철학의 문제들을 해결하고자 하는 체계적인 모든 시도들, 즉 상키야, 요가, 로카야타(Lokāyata)[역주3]를 포함하는 포괄적인 의미로 사용되었다. 그러자 이러한 여러 사상 학파들에 의해서 공통으로 사용되는 논리의 절차와 비판의 본질에 관심이 쏠리게 되었다. 모든 과학은 하나의 니야야(nyāya, 正理)이며, 그것은 사실상 개개의 모든 과학이 분석적인 연구의 학문으로 정착된다는 것을 의미한다. 비판적인 탐구의 전체적인 구성과 방법을 연구하는 니야야 철학은 과학들의 과학(science of sciences)이라고 말할 수 있을 것이다. 이와 같이 순수하게 논리적인 연구들은 미망사 학자들에 의하여 고무되었다. 그들은 경전 해석자일 뿐만 아니라 또한 논리학자였다. 제의 종교의 필요, 특히 제의식의 절차와 규범 및 이에 따른 결과에 관한 베다 문헌을 바르게 해석하기 위하여 논리학이 성행하게 된 것은 당연하다 할 것이며, 따라서 미망사 학파를 확립한 사상가들이 논리학의 발달을 도왔다는 것도 당연하다고 볼 수 있다.[원주11] 가우타마(Gautama)가 다른 사상가들에 비하여 논리적인 측면을 보다 진지하게 표명했을 때, 그의 견해는 안비크쉬키와 동일한 것으로 간주되었다. 그래서 오랫동안 체계적인 철학이라는 의미로 사용되어오던

[역주3] 기원전 6세기 혹은 그 이전에 활동했던 인도 유물론자들(Cārvākas)에 대한 별칭이다. 이들은 내세를 인정하지 않으며, 행위의 과보를 부정하고 현세의 쾌락 지상주의를 지향한다. 『인도철학사 II』, pp.48~58을 보라.

[원주11] 마다바(Mādhava)의 『니야야말라비스타라』(Nyāyamālavistara), 파르타사라티 미슈라(Pārthasārathi Miśra)의 『니야야라트나카라』(Nyāyaratnākara), 아파데바(Āpadeva)의 『니야야프라카샤』(Nyāyaprakāśa) 등과 같은 미망사 문헌들의 이름으로 볼 때, 니야야라는 말이 미망사라는 말과 동의어로 사용되었다는 것은 분명하다. 또한 아파스탐바(Āpastamba)의 『다르마 수트라』(Dharma Sūtra), ii. 4.8.23 ; ii.6.14.3을 보라.

어떤 말이 그의 사상에 국한된 의미를 지니게 되었다.[원주12]

니야야 철학이 하나의 체계적인 사상으로 자리잡게 되는 일련의 오랜 과정에서, 변증법적인 논쟁은 중요한 위치를 차지한다고 해야 할 것이다.[원주13] 니야야 철학은 가끔 논쟁의 과학(tarkavidyā) 혹은 논의의 과학(vādavidyā)이라고 불리기도 한다. 논의는 지적인 삶의 호흡이며 생명이다. 우리는 진리를 추구하는 데 논의의 방법을 사용하지 않을 수 없다. 논의는 본질적으로 복합적이며, 오직 여러 사람들의 협동에 따라 그 결론에 도달할 뿐이다.[원주14]

우파니샤드는 철학적인 논쟁이 수행되었던 학구적인 모임(pariṣad)에 관하여 언급한다.[원주15] 그리스 논리학은 변증법이라 불리는 토론의 방

[원주12] 또한 『마누』(*Manu*), vii.43 ; 가우타마의 『다르마 수트라』, xi ; 『라마야나』(*Rā-māyaṇa*), 「아요디야칸다」(Ayodhyākāṇda), 100.36 ; 『마하바라타』(*Mahābharata*), 「샨티파르바」(Śāntiparva), 180.47을 보라.

[원주13] 『니야야 수트라』의 첫 구절은 이 사상에서 고려되는 주제들을 열거하고 있는데, 그것은 다음과 같다. 1) 지식의 바른 수단, 즉 인식방법(pramāṇa), 2) 지식의 대상(prameya), 3) 의심(saṁśaya), 4) 목적(prayojana), 5) 실제적인 예(dṛṣṭānta), 6) 정설(定說, siddhānta), 7) 논증요소(avayava), 8) 간접적인 논증(tarka), 9) 결정(nirṇaya), 10) 논의(vāda), 11) 논쟁(jalpa), 12) 논파(vitaṇḍā), 13) 그릇된 이유(hetvābhāsa), 14) 궤변(chala), 15) 그릇된 논박(jāti), 16) 논쟁이 패하는 근거(nigrahasthāna). 이 중에서 앞이 아홉 가지는 엄격하게 논리적인 반면에, 뒤의 일곱 가지는 다만 그릇된 지식을 방지하기 위한 소극적인 기능을 지니는 것이다. 따라서 후자는 진리를 확립하기 위한 것이라기보다는 오류를 깨부수기 위한 여분의 무기들이라고 할 수 있다.

[원주14] 소크라테스는 대론(對論)을 실천했다. 플라톤의 저술들은 진리에 도달하는 데 있어 그것의 가치를 설명하고 있다. 아리스토텔레스는 말한다. "어떤 사람들은 사물의 어떤 한 측면을 보며, 또 어떤 사람들은 그것의 다른 한 측면을 본다. 그러나 모두는 함께 모든 측면들을 볼 수 있다"(*Politics*). 밀턴의 『아레오파기티카』(*Areopagitika*)와 밀(Mill)의 『자유에 대한 소론』(*Essay on Liberty*)은 자유로운 토론의 방법을 높이 평가한다.

[원주15] 『찬도기야 우파니샤드』(*Chāndogya Upaniṣad*), v.3.1 ; 『브리하드아란야카 우파니샤드』(*Bṛhadāraṇyaka Upaniṣad*), vi.2.1 ; 『프라슈나 우파니샤드』(*Praśna Upaniṣad*), i.6을 보라. 또한 『마누』, vi.50 ; viii.269 ; xii.106 ; 『마하바라타』, 「샨티파르바」, 180.47 ; 246.18을 보라. 『마누』, xii.110~111, 『파라샤라』(*Parāśara*),

법을 채택했던 소피스트(Sophist)들의 활동에 힘입은 바가 크다. 토론술을 실행하는 데 소피스트들은 추론의 원리들을 확립했을 뿐만 아니라 논쟁과 궤변의 속임수도 고안해냈다. 플라톤의『대화』(*Dialogues*)를 통해서 볼 때, 우리는 소크라테스가 진리를 끌어내기 위해서 토론술을 사용했다는 것을 알 수 있다. 비록 아리스토텔레스는 논리학과 수사학을 구분하며, 또한 추론의 원리와 논쟁의 규정이 다르다는 것을 인정한다 할지라도, 그는 자신의 논문 가운데『주제들』(*Topics*)과『궤변적 논쟁들』(*Sophistical Refutations*)을 질의 응답자뿐만 아니라 논쟁자들에 대한 안내에 할애하고 있다.

가우타마의 논리학이 변증법적 논쟁에서 확립되었다는 것은 의심의 여지가 없다. 논쟁을 조정하고자 하는 시도는 논리학 이론의 발달로 귀결되었다. 아리스토텔레스와 마찬가지로, 가우타마는 거짓에서 참을 구별하는 원리들을 체계화했으며, 여러 형태의 궤변과 논쟁상의 속임수에 관한 상세한 설명을 했다.『니야야 수트라』의 첫 구절에 언급된 16가지 주제는 바른 지식에 이르기 위한 변증법적 논쟁에서 대표적인 단계들로 간주될 수 있을 것이다.[원주16] 논리학에 관한 후대의 여러 저작들은 논쟁의 정칙들을 논의하고 있는데,[원주17] 이 모든 것들은 변증법적 문제들과 관련을 지니는 것이다.[원주18]

자얀타(Jayanta)의 주장에 의하면, 가우타마의 저작이 논리학이라는 주제에 관한 가장 만족스러운 설명을 제공하고 있는 것이 사실이라 할

---

viii.19,『야갸발키야』(*Yājñavalkya*), i.9, 그리고 비나야 피타카(Vinaya Piṭaka, 律藏)의『파리바라』(*Parivāra*, 附隨)에는 이 학구적인 모임에 관한 상세한 언급이 있다.

[원주16] 또한『니야야 바쉬야』, i.1.1을 보라.

[원주17]『타르키카라크샤』(*Tārkikarakṣā*).

[원주18] 카우틸리야는 탄트라유크티(tantrayukti)라 불리는 22종의 기술적인 용어들을 언급하고 있으며, 이 목록은『차라카상히타』(*Carakasaṁhitā*)의「싯디스타나」(Siddhisthāna), xii와『수슈루타상히타』(*Suśrutasaṁhitā*)의「웃타라탄트라」(Uttaratantra), lxv에서도 발견된다. 차라카(Caraka)의 저술 중에서 안비크쉬키(Ānvīkṣikī) 부분은 토론의 정칙에 관해 광범위하게 다루고 있다(Vimānasthāna, viii).

지라도, 가우타마 이전에 이미 논리학은 있었다. 이것은 자이미니 (Jaimini) 이전에 미망사가 있었고 파니니(Pāṇini) 이전에 문법학이 있었던 것과 마찬가지이다.[원주19] 『찬도기야 우파니샤드』에는[원주20] 샹카라 (Śaṃkara)가 추론의 학문(tarkaśāstra)으로 해석하는 논리학(vāko-vākya)에 대한 언급이 있다.[원주21] 『마하바라타』는 타르카샤스트라[역주4] 와 안비크쉬키를 언급하고 있으며,[원주22] 나라다(Nārada)[역주5]가 결합과

[원주19] 비디야부샨(Vidyābhūṣaṇ) 박사는 수많은 저자들이 『니야야 수트라』의 저자 이전에 인도 논리학에 기여했다고 본다. 그는 이러한 예로서 닷타트레야(Dattā-treya), 푸나르바수 아트레야(Punarvasu Ātreya), 여자 수행자인 술라바(Sula-bhā), 아슈타바크라(Aṣṭāvakra) 등의 이름을 든다.

[원주20] vii.1.2.

[원주21] 또한 『수발라 우파니샤드』(Subāla Upaniṣad), ii를 보라. 몇몇 후기 우파니샤드들은 프라마나(pramāṇa, 인식방법)라는 말을 기술적인 의미로 사용한다.『마이트리 우파니샤드』(Maitrī Upaniṣad), vi.6, 24 ;『느리싱홋타라타파니』(Nṛsiṃ-hottaratāpaṇi), viii ;『사르보파니샤트사라』(Sarvopaniṣatsāra), iv ;『칼라그니루드로파니샤드』(Kālāgnirudropaniṣad), vii ;『무크티코파니샤드』(Muktikopaniṣad), ii 를 보라. 『타잇티리야 아란야카』(Taittirīya Āraṇyaka)는 바른 지식의 네 가지 원천으로서 경전(smṛti), 지각(pratyakṣa), 전통(aitihya), 추론(anumāna)을 든다. 또한 『라마야나』, v.87.23 ;『마누』, xii.105를 보라. '타르카'(tarka, 논증—『카타 우파니샤드』, ii.9 ;『마누』, xii.106 ;『마하바라타』, ii.153), '바다'(vāda, 논의—『마누』, vi.50 ;『라마야나』, i.13~23 ; vii.53~60), '유크티'(yukti, 지속적인 수장—『아이타레야 브라흐마나』, vi.23 ;『라마야나』, ii.1.13), '잘파'(jalpa, 쟁론—『마하바라타』, xiii.4322), '비탄다'(vitaṇḍā, 논피 『미히비라다』, ii.1310 ; vii. 3022 ;『파니니』, iv.4.102), '찰라'(chala, 궤변—『마누』, viii.49 ;『라마야나』, iv. 57.10), '니르나야'(nirṇaya, 결정—『마하바라타』, xiii.7553, 7535), '프라요자나' (prayojana, 목적—『마누』, vii.100 ;『마하바라타』, i.5805), '프라마나'(pra-māṇa, 인식수단—『마누』, ii.13 ;『라마야나』, ii.37.21 ;『마하바라타』, xiii.5572), '프라메야'(prameya, 인식대상—『라마야나』, i.52.13 ;『마하바라타』, i.157 ; vii. 1419) 등과 같은 다수의 니야야 용어들은 이전의 문헌들에서도 찾아볼 수 있다. Vidyābhūṣaṇ, *History of Indian Logic*, p.23을 보라.

[역주4] 이 말은 니야야 학파에 대한 별칭으로도 쓰인다.

[원주22] 『마하바라타』, i.70.42 ; xii.210.22.

[역주5] 『아타르바 베다』, v.19.9 ; xii.4.16 등에 나오는 신화적인 현자의 이름이다. 그 후의 수세기에 걸치는 기간 동안에 씌어진 다른 문헌들에서도 스승의 이름으로 혹은 사제의 이름으로 자주 등장한다.『마하바라타』에서 그는 브라흐마(Brahmā)

내속에 관한 바이셰쉬카의 원리뿐만 아니라 니야야의 연역법에 대해서도 잘 알고 있었다고 말한다. 비슈와나타(Viśvanātha)는 니야야가 베다의 보조 부분(upāṅga) 가운데 하나로 간주된다는 취지로 어떤 푸라나에서 한 구절을 인용한다.[원주23]

붓다의 사상체계가 비록 탁월하게 합리적이었다 할지라도, 우리는 초기 불전에서 논리학 이론에 대한 어떤 체계적인 접근을 찾아보기 어렵다. 그러나 논리학에 정통한 사람들에 대한 언급들이 있다. 「브라흐마잘라 숫타」(Brahmajāla Sutta)는 탁키(Takki, 궤변가)와 비망시(Vīmaṁsi, 決疑論者)를 언급한다.[원주24] 『맛지마 니카야』(*Majjhima Nikāya*, 中部)의 「아누마나 숫타」(Anumāna Sutta)라는 명칭은 추론이라는 의미에서 '아누마나'라는 말의 사용을 시사하고 있다. 『카타밧투』(*Kathāvattu*, 論事)는 파틴냐(patiññā), 우파나야(upanaya, 포섭적인 상호 관계), 닛가하(niggaha) 등과 같은 용어들을 기술적인 의미로 사용한다.[원주25] 『야마카』(*Yamaka*, 雙論)는 용어의 분류 및 환위법(換位法)에 대하여 숙지하고 있다. 『넷티파카라나』(*Nettipakaraṇa*)는 논리적 이론에 대하여 높은 평가를 보여준다. 짐작건대, 『밀린다 왕의 질문』(*Questions of King Milinda*)에서 니야야 철학은 니티(Nīti)라는 이름으로 언급되는 것 같다.[원주26] 『랄리타비스타라』(*Lalitavistara*)는 헤투비디야(hetuvidyā)라는 명칭으로 논리학을 가리킨다.

자이나교 경전들은 인도 논리학의 고대성을 입증해주고 있다. 1세기

신의 목구멍 혹은 이마에서 태어난 자로 말해지며, 카쉬야파(Kaśyapa)의 아들 혹은 비슈와미트라(Viśvāmitra)의 아들로 언급되기도 한다. 『비슈누 푸라나』(*Viṣ-ṇu Purāṇa*, v.1)에서 나라다는 크리슈나의 손에 죽은 캄사(Kaṁsa) 왕과 관련된 이야기에 등장한다. 그는 또한 음악에 관한 몇몇 문헌들의 저자로 알려지며, 남인도 음악의 대표적인 악기라 할 수 있는 비나(vīṇā)를 만든 자로 알려진다. Margaret and James Stulty, *A Dictionary of Hinduism*, p.204 참조.

[원주23] 『니야야수트라브릿티』(*Nyāyasūtravṛtti*), i.1.1.
[원주24] 또한 『우다나』(*Udāna*), vi.10을 보라.
[원주25] 또한 『비방가』(*Vibhaṅga*, 分別論), pp.293 ff를 보라.
[원주26] The Sacred Books of the East, pp.6~7.

경에 살았던 아리야라크쉬타(Āryarakṣita)의 『아누요가드와라』(*Anu-yogadvāra*)는 가우타마의 『니야야 수트라』와 마찬가지로 추론을 원인으로부터 결과의 추론(pūrvavat), 결과로부터 원인의 추론(śeṣavat), 비인과적 일정 불변에 의거한 추론(sāmānyatodṛṣṭa)으로 나눈다. 아리야라크쉬타는 단지 『바가바티 수트라』(*Bhagavatī Sūtra*)에 언급된 초기 저작들을 편집한 사람에 불과했던 것으로 보인다. 『바가바티 수트라』는 기원전 3세기 초 파탈리푸트라(Pāṭaliputra) 회의에서 확정된 자이나 경전의 보조 문헌 가운데 하나이다. 아마 3종의 추론에 관한 교의가 확립된 것은 기원전 3세기 이전일 것이다.

니야야 논리학에 대한 과학적인 접근은 초기 불교 시대에 시도되었다 할지라도, 그것의 여러 단초들은 불교 이전 시대에 속하며, 주요 원리들은 기원전 3세기 이전에 상당할 정도로 확립되어 있었다. 우리는 『니야야 수트라』의 성립 이전에 있었던 니야야 사상의 역사적인 발전 과정에 대해서는 거의 알지 못한다.

3. 문헌과 역사

니야야 문헌의 역사는 2천 년에 이른다. 가우타마의 『니야야 수트라』는 니야야 학파의 근본 경전이다. 전5권으로 이루어져 있으며, 각 권은 2부로 되어 있다. 바트시야야나에 의하면 이 문헌은 언명, 정의, 비판적인 검토의 방식에 따라 논의를 전개하고 있다. 제1권은 이어지는 네 권에서 논의되는 16가지 주제를 개괄적으로 서술한다. 제2권은 의심의 본질과 인식방법 및 그 타당성을 다루고 있으며, 제3권은 자아, 육신, 감관, 감관의 대상, 그리고 인식과 마음을 논의한다. 제4권은 의지, 슬픔, 고통과 해방을 다루며, 부수적으로 오류에 관한 이론과 전체와 부분의 관계에 대하여 언급한다. 끝으로 제5권은 그릇된 논박과 논쟁이 패배하는 근거에 대하여 논의한다. 『니야야 수트라』는 논리학 분야에서 바라문교 사상의 성과를 그들의 종교 철학적인 도그마와 결합하려는 시도를 보인다. 이의 결과로 우리는 유신론적 실재론의 논리적인 방어를 본다.[역주6] 『니야야 수트라』 내용의 일부는 분명히 서력 기원 이후에 속한다 할지라도, 이 문헌 자체는 기원전 3세기에 속한다.[원주27]

[역주6] 신에 대한 『니야야 수트라』의 입장은 분명하지 않다. 그러나 이를 주석한 바트시야야나는 신의 존재를 인정하고 있으며, 신은 특수한 성질을 지니는 아트만— 다른 아트만과 마찬가지로 신은 업을 지니지만, 신의 업은 모두 선업(善業)이다 — 이다. 10세기의 우다야나는 신의 존재를 적극적으로 증명해 보이려고 시도한다. 이 학파는 쉬바교 계통에 속하는 것으로 전해진다.

[원주27] 야코비의 견해에 의하면, 『니야야 수트라』와 『니야야 바쉬야』는 아마 잘해야 한 세대 정도의 차이가 있을 수 있는, 거의 동시대에 속한다. 그는 이 두 문헌을 공설(空說, śūnyavāda)이 발달하는 2세기와 유식설(唯識說, vijñānavāda)이 체계화되는 5세기 사이에 둔다(*Journal of the American Oriental Society*, xxxi, 1911, p.2, p.13을 보라). 그의 주장에 의하면, 『니야야 수트라』에서 비판되는 불교의 견해는 4세기 중엽 아상가(Asaṅga, 無着)와 바수반두(Vasubandhu, 世親)의 유식설이 아니라, 3세기경 나가르주나(Nāgārjuna, 龍樹)에 의하여 설해진 공설이었다.

그러나 이 견해를 받아들이기는 어렵다. 바트시야야나와 바차스파티는 모두 『니야야 수트라』, iv.2.26이 유식설에 대한 것이라고 주장한다. 우리는 공설이 『니야야 수트라』에서 비판된다는 것을 부인할 필요가 없다(『니야야 수트라』, iv.1.40 및 iv.1.48을 『마디야미카 카리카』(*Mādhyamika kārikā*, 中論), xv.6 및 vii.20과 각각 비교해보라. 또한 『니야야 수트라』, iv.1.34~35를 찬드라키르티(Candrakīrti, 月稱)의 『브릿티』(*Vṛtti*), pp.64~71과 비교하라). 그러나 공설은 니야야의 용어에 익숙하고 원자설을 부정하는 나가르주나보다 앞선다(『니야야 수트라』, iv.2.18~24 및 31~32를 『마디야미카 카리카』, vii.34와 비교하라. 또한 『니야야 수트라』, iii.2.11과 iv.1.64를 참조하라). 우리가 말할 수 있는 것은 『니야야 수트라』가 마디야미카 전통보다는 후기에 속한다 할지라도, 나가르주나보다는 앞선 시대의 산물이라는 것이다(또한 『인도철학사 Ⅱ』, pp.523~524의 [원주84] 및 Ui, *Vaiśeṣika Philosophy*, p.85를 보라). 『랑카바타라 수트라』(*Lankāvatāra Sūtra*)는 타르키카(Tārkika)들과 나이야이카(Naiyāyika)들을 언급하고 있으며, 만일 우리가 『니야야 수트라』에서 논박되는 몇몇 우주론적 견해들이 초기 불교만큼이나 오래된 것임을 기억한다면, 『니야야 수트라』의 연대를 300년 혹은 350년에 두는 야코비의 연대는 너무 늦은 것으로 보일 것이다(Ui, 같은 책, p.16을 보라).

가르베는 『니야야 수트라』가 1세기에 속한다고 보는 경향이 있다. 왜냐하면 이 문헌은 이미 판차쉬카(Pañcaśikha)에게 알려져 있었기 때문이다. 판차쉬카는 100

년에서 300년 사이에 살았던 샤바라(Śabara)와 동시대인이었던 것으로 전해진다. 가우타마는 『브라흐마 수트라』의 용어들에 익숙하며(『니야야 수트라』, iii.2.14~16과 『브라흐마 수트라』, ii.1.24를 비교하라), 자이미니의 푸르바 미망사도 잘 알고 있다(『니야야 수트라』, ii.1.61, 67과 『타르카상그라하』의 서론을 보라). 보다스(Bodas)는 『바이셰쉬카 수트라』, iv.1.4~5가 원자론에 대한 바다라야나(Bādarā-yaṇa)의 비판을 염두에 두고 있다고 믿으며, 또한 그는 『바이셰쉬카 수트라』, iii.2.9(또한 『니야야 수트라』, iii.1.28~30 참조)가 참된 자아에 대한 지식이란 오직 천계서(śruti)를 통해서만 가능하다는 베단타의 견해를 겨냥한 것이라고 본다. 마찬가지로 『바이셰쉬카 수트라』, iv.2.2~3은 육신이 5요소 혹은 3요소의 결합의 결과라는 『브라흐마 수트라』, ii.2.21~22의 견해를 논박한다.

가우타마는 여러 곳에서 바다라야나와 매우 유사한 견해들을 설한다. 『니야야 수트라』, iv.1.64 및 iii.2.14~16을 보라. 때로는 『브라흐마 수트라』와 『미망사 수트라』에는 니야야에 대한 직접적인 언급이 있다는 것이 강조되기도 한다. 가우타마의 제자로 알려지는 비야사(Vyāsa)가 니야야 철학에 대한 비판에 그다지 관심을 보이지 않은 것은, 그것이 이슈와라(Īśvara, 自在神)를 부정한다고 생각하지 않았기 때문일 것이다. 또한 때로는 『브라흐마 수트라』, ii.1.11~13이 추론을 통하여 신을 긍정하려 하는 니야야의 견해를 비난하기 위한 시도라고 주장되기도 한다. 원자론과 인중무과론(因中無果論, asatkāryavāda)은 『브라흐마 수트라』, ii.2.10~16 및 ii.1.15~20에서 비판적으로 검토된다.

초기 불교 문헌들은 『니야야 수트라』의 연대를 추정하는 데 도움이 되는 어떤 정보를 담고 있지 않다. 카티야야나(Kātyāyana, 기원전 4세기경)와 파탄잘리(Patañjali, 그의 위대한 저작은 기원전 140년경에 씌어졌다)는 니야야 철학을 알고 있었다. 골드스디기(Goldstucker)의 *Pāṇini*를 보라. 샤비리기 비기반 우파바르샤(Bhagavān Upavarṣa)——푸르바 미망사와 베단타에 대한 주석을 남긴 것으로 전해지는——로부터 인용하고 있다는 사실은, 우파바르샤가 니야야의 견해에 매우 친근하다는 것을 시사한다. 하리바르만(Harivarman, 기원후 260년)은 니야야의 16가지 주제에 관하여 알고 있다. 아슈와고샤(Aśvaghoṣa)는 다섯 구성지(五分作法)의 추론을 사용한다. Ui, 같은 책, p.56 및 p.81을 보라. 그러므로 우리는 『니야야 수트라』가 비록 현재의 형태는 아니라 할지라고 기원전 4세기경에 있었다고 결론지을 수 있을 것이다.

하라프라사드(M. M. Haraprasād)는 말한다. "나는 『니야야 수트라』가 현재의 형태를 띠기 전에 여러 차례의 편집과정을 겪지 않았다고 확신할 수 없다"(*J.A.S. of Bengal*, 1905, p.178 ; 또한 pp.245 ff.를 보라). 바차스파티는 자신의 『니야야 수치』(*Nyāyasūcī*)와 『니야야수트롯다라』(*Nyāyasūtroddhāra*)에서 『니야야 수트라』를 편집하려는 두 번의 시도를 보이는데, 이것은 그가 『니야야 수트라』 자체의 권위에 대하여 의문을 지니고 있다는 것을 시사하는 대목이다. 비디야부샨

(Vidyābhūṣaṇ) 박사에 의하면, 가우타마는 단지 『니야야 수트라』의 제1장과 관련이 있을 뿐이며, 그는 붓다와 동시대인일 뿐만 아니라, 기원전 6세기경에 미틸라(Mithilā)에 살았던 『다르마 수트라』의 저자와 동일인이다(Sacred Books of the Hindus ; 『니야야 수트라』, pp.v~viii, 그리고 *Bhāndārkar Commemoration Volume*, pp.161~162를 보라). 비디야부샨 박사의 견해로는 가우타마의 원래 견해들은 『차라카상히타』(*Carakasaṁhitā*, Vimānasthāna, viii)에 담겨 있는 것들이다. 『니야야 수트라』와 『차라카상히타』는 상당한 공통점을 지닌다. 그러나 "니야야의 원리들과 바이셰쉬카의 범주들에 대한 차라카의 언급들은 『니야야 수트라』의 연대를 추정하는 데 거의 아무런 가치도 지니지 못한다. 왜냐하면 『차라카상히타』는 상당할 정도로 개조되었으며, 그 자체의 연대 또한 불확실하기 때문이다"(Keith, *Indian Logic and Atomism*, p.13).

심지어는 『니야야 수트라』가 과연 가우타마의 저작인가에 대한 의문이 제기되기도 한다. 바트시야야나, 웃디요타카라, 그리고 마다바(Mādhava)는 『니야야 수트라』가 아크샤파다(Akṣapāda)의 저작이라고 보며, 바차스파티와 자얀타 또한 이 견해를 지지한다. 『파드마 푸라나』(*Padma Purāṇa*)의 「웃타라칸다」(Uttara-khaṇḍa, 263)와 『스칸다 푸라나』(*Skanda Purāṇa*)의 「칼리카칸다」(Kālika Khaṇḍa, xvii)에 따르면, 가우타마가 『니야야 수트라』의 저자이며, 비슈와나타(Viśvanātha)는 이 견해에 동의한다. 힌두교 전통은 그 둘을 동일시하며, 가우타마가 곧 아크샤파다, 즉 발에 눈이 있는 자로 불린다고 주장한다. 가우타마가 명상에 들어 우물에 빠졌을 때, 신이 자비로운 마음에서 더 이상의 불상사를 방지하기 위하여 그의 발에 시력을 부여했다는 이야기가 전해진다.

비디야부샨 박사가 다음과 같이 말할 때, 그는 확립된 전통에 역행하고 있다. "가우타마와 아크샤파다는 둘 다 『니야야 수트라』의 형성에 공헌했던 것으로 보인다. 『니야야 수트라』는 주로 다섯 가지 주제, 즉 1)바른 지식을 얻는 방법(pramāṇa), 2)바른 지식의 대상(prameya), 3)논의(vāda), 4)논증요소(avayava), 그리고 5)현행의 철학적인 교의들에 대한 검토(anyamataparīkṣā)를 다룬다. 두번째 및 세번째 주제 그리고 어쩌면 거친 형태의 첫번째 주제 역시 가우타마에 의하여 다루어졌을 가능성이 매우 높다. 그의 논리학 지식(Ānvīkṣikīvidyā)은 이러한 주제들로 구성되었다. 네번째와 다섯번째 주제 그리고 아마 체계화된 형태의 첫번째 주제는 아크샤파다에 의하여 논리학 지식에 도입되었으며, 최종 형태의 안비크쉬키비디야는 『니야야 수트라』라고 명명되었다. 그러므로 아크샤파다가 『니야야 수트라』의 저자라고 해야 한다. 그렇다고 하여 『니야야 수트라』의 모태가 되는 상당 부분이 가우타마의 안비크쉬키비디야에서 온 것이라는 사실을 부인하는 것은 아니다"(*History of Indian Logic*, pp.49~50). 이 견해는 부정도 방어도 불가능한, 단지 추측일 뿐이다. 가우타마는 『다르마 수트라』의 저자와 동일시될 뿐만 아니라, 아할리야(Ahalyā)의 에피소드와 관련하여 발미키(Vālmīki)의 『라마야나』에 바트시야야나의 『니야야 바쉬야』는 『니야야 수트라』에 대한 고전적인 주석이다. 분명히 바트시야야나는 가우타마의 직속 후계자는 아니다. 왜냐하면 그의 저작은 가우타마 학파에서 수행된 논의의 결과들을 함축된 형태로 말하는 운문 주석(vārttika) 성격의 구절들을 담고 있기 때문이다. 바트시야야나는 어떤 구절들에 대한 다양한 주석들을 제시하고 있는데, 이것은 그 구절들에 대한 주석에 완전히 동의하지 않는 그 이전의 주석가들이 있었다는 것을 가리킨다.[원주28] 그 밖에도 바트시야야나는 가우타마를 먼 옛날의 현자로 말하고 있으며, 파탄잘리[역주7]의 『마하바쉬야』(Mahābhāṣya)와 카우틸리야의 『아르타샤스트라』(Artha-śāstra, 實利論)로부터 인용한다.[원주29] 또한 『바이셰쉬카 수트라』로부터 인용하기도 한다.[원주30] 『우파야카우샬리야』(Upāyakauśalya)와 『비그라하비야바르타니』(Vigrahavyāvartanī)의 저자인 나가르주나가 바트시야야나 이전의 인물이라는 것은, 후자가 전자의 견해에 대하여 논쟁을 시도하고 있다는 사실에서 분명하게 드러난다. 디그나가(Dignā-ga, 陳那)는 불교의 관점에서 바트시야야나의 해석을 비판했다. 이 모

언급되는 그 이름의 현자와 동일인으로 간주된다. 『마하바라타』의 「샨티파르바」(265.45)에 따르면 메다티티(Medhātithi)는 가우다마의 다른 이름이다. 바사(Bhāsa)는 자신의 『프라티마나타카』(Pratimānāṭaka)에서 메다티티를 니야야 철학의 창시자로 언급한다. "Mānavīyaṁ dharmaśāstram, māheśvaraṁ yogaśās-tram, bārhaspatyam arthaśāstram, medhātither nyāyaśāstram"(Act v). 또한 History of Indian Logic, p.766을 보라.

[원주28] 『니야야 바쉬야』, i.1.5, i.2.9. 바트시야야나는 『니야야 바쉬야』, i.1.32에서 다른 주석가들에 대하여 언급하고 있다. 『마하바라타』, 「아디파르바」(Ādiparva), 42~44를 보라.

[역주7] 여기서 말하는 파탄잘리는 『요가 수트라』의 저자와는 다른, 문법학자 파탄잘리를 말한다. 그의 『마하바쉬야』는 파니니(Pāṇini)의 문법에 대한 주석서이다. 이 두 사람을 동일인으로 보는 견해도 있다. T. M. P. Mahadevan, *Invitation to Indian Philosophy*, New Delhi : Arnold Heinemann, 1982, p.224를 보라.

[원주29] 『니야야 바쉬야』, i.1.1과 『아르타샤스트라』, 11 ; 『니야야 바쉬야』, v.1.10과 『마하바쉬야』, i.1.3.

[원주30] 『바이셰쉬카 수트라』, iv.1.6과 『니야야 바쉬야』, iii.1.33, iii.1.67을 비교하라. 또한 『바이셰쉬카 수트라』, iii.1.16과 『니야야 바쉬야』, ii.2.34를 비교하라.

든 것으로 보아 우리는 바트시야야나가 기원후 400년 이전의 인물이라
는 것을 짐작할 수 있을 것이다.[원주31]

티베트어 번역으로 남아 있는 디그나가의 저작들은 저자 자신의 주
석이 붙은 『프라마나사뭇차야』(*Pramāṇasamuccaya*), 『니야야프라베
샤』(*Nyāyapraveśa*), 『헤투차크라하마루』(*Hetucakrahamaru*), 『알람바
나파리크샤』(*Ālambanaparīkṣā*), 『프라마나샤스트라프라베샤』(*Pramā-
ṇaśāstrapraveśa*) 등이며, 이 문헌들은 일본에서 인기가 있다고 한
다.[원주32] 디그나가는 5세기에 속한다.[원주33] 프라샤스타파다에 의하여
논리학적인 교의에 도입된 다수의 중요한 변화는 디그나가에서 그 원
천을 찾아볼 수 있다. 그러나 만일 프라샤스타파다가 디그나가의 선배
라는 것이 판명된다면, 디그나가의 독창성은 심하게 손상될 것이다.

웃디요타카라의 『니야야바룻티카』(6세기)[원주34]는 디그나가의 공격

[원주31] 비디야부샨 박사는 바트시야야나가 4세기 중엽에 활동했던 남인도 사람이라
고 믿는다(*History of Indian Logic*, p.42, pp.116~117). 키스(*Indian Logic
and Atomism*, p.28)와 보다스(『타르카상그라하』에 대한 서론)는 이 견해에 동의
히는 반면에, 야코비와 수일리(Suali)는 그의 연대를 6세기 초엽 혹은 그보다 다
소 앞선 시대로 잡는 경향이 있다. 하라프라사드 샤스트리는 바트시야야나를 나가
르주나와 아리야데바(Āryadeva)의 후계자로 생각한다. 왜냐하면 바트시야야나는
찰나설, 공설, 개별성 등과 같은 대승 교의에 정통하기 때문이다. *J.A.S. of
Bengal*, 1905, pp.178~179를 보라.
[원주32] 이 문헌들의 내용에 대한 어떤 관념은 비디야부샨의 *History of Indian
Logic*, pp.276~299와 『니야야바룻티카』에서 디그나가의 견해에 대한 웃디요타
카라의 언급들로부터 얻어질 수 있을 것이다.
[원주33] 타라나타(Tāranātha)의 *History of Buddhism*에 의하면, 디그나가는 콘지
바람(Conjeevaram) 출신의 바라문의 아들이었으나, 그는 곧 소승불교의 가르침
에 정통하게 되었으며, 나중에는 바수반두의 대승불교를 받아들였다. 현장의 증언
에 따르면, 바수반두는 불교도가 되기 전에 불교의 18부파뿐만 아니라 힌두교의
여섯 학파의 사상에도 정통했다. 바수반두는 4세기 초엽의 인물로 추정되며, 디그
나가는 400년 이전 어느 때에 활동했을 가능성이 높다. 『메가두타』(*Meghadūta*)
에서 디그나가에 대한 칼리다사(Kālidāsa)의 시사적인 언급은 이 견해를 뒷받침
한다. 왜냐하면 칼리다사는 동시대에 속하기 때문이다(Keith, *Classical Sanskrit
Literature*, pp.31~32를 보라).

에 대한 바트시야야나의 방어이다.[역주8] 다르마키르티의 『니야야빈두』
는 웃디요타카라의 비판에 대한 디그나가의 방어이다. 만일 우리가 웃
디요타카라에 의하여 언급되는 『바다비디』(*Vādavidhi*)[원주35]가 다르마
키르티의 『바다니야야』(*Vādanyāya*)의 다른 이름이며, 다르마키르티
의 『니야야빈두』[원주36]에서 언급되는 샤스트라(śāstra, 經典)가 웃디요
타카라의 『니야야바룻티카』라고 본다면, 이 두 저자는 동일한 시대에
속한다고 말할 수 있을 것이다. 그러나 다르마키르티의 연대에 대한 하
한은 7세기 초엽이다.[원주37] 9세기에 다르못타라(Dharmottara, 法上)는
자신의 『니야야빈두티카』(*Nyāyabinduṭīkā*)에서 디그나가와 다르마키
르티의 법통을 계승했다.

9세기 초반에 이르러 바차스파티는 자신의 『니야야바룻티카타트파
리야티카』(*Nyāyavārttikatātparyaṭīkā*)에서 니야야의 정통적인 견해를
재건했다. 그는 또한 『니야야슈치니반다』(*Nyāyasūcīnibandha*) 같은
소책자를 집필하기도 했다. 『니야야수트롯다라』(*Nyāyasūtroddhāra*)
또한 그의 작품으로 알려진다.[원주38] 그는 다재다능한 천재였으며, 아드

[원주34] 수반두(Subandhu)의 『바사바닷타』(*Vāsavadattā*)는 웃디요타카라가 니야야
　　　를 구출한 자라고 말한다(Hall's Edition, p.235를 보라). 하르샤(Harṣa) 왕 시대
　　　에 완성된 비나(Bāṇa)의 『하르샤차리타』(*Harṣacarita*)는 웃디요타카라에 대한
　　　언급이 있는 『바사바닷타』(i)를 말한다. 하르샤 왕은 하여튼 629~644년 사이에
　　　타네스와르(Thanesvar)를 통치했던 왕이다. 그러므로 웃디요타카라의 연대를 6
　　　세기로 잡는 것에는 무리가 없다. 웃디요타카라는 바라드와자(Bhāradvāja) 가문
　　　에 속하는, 파슈파타(Pāśupata) 종파의 사람이었다.
[역주8] 바트시야야나 이후 웃디요타카라까지 약 200여 년 동안 정통 힌두교의 학파들
　　　에서는 주목할 만한 논리학 문헌이 저술되지 않는다. 이것은 이 시기에 논리학의
　　　주도권이 정통 힌두교가 아닌 자이나교와 불교에 있었다는 것을 의미한다(S. Das
　　　Gupta, *A History of Indian Philosophy*, vol.i, p.309).
[원주35] 『니야야바룻티카』, i.33.
[원주36] 『니야야빈두』, iii, Peterson's Edition, pp.110~111.
[원주37] I-tsing은 그를 언급하고 있다. Takakusu, *I-tsing*, p.lviii를 보라.
[원주38] 바차스파티는 자신의 『니야야수치』가 898년에 저술된 것이라고 말하는데, 이
　　　연대는 비크라마(Vikrama) 시대를 가리키는 것이 거의 확실하며, 우리가 주장하
　　　는 841년에 해당한다. 그가 불교 논사 라트나키르티(Ratnakīrti, A.D. 1000)보다

와이타(Advaita, 不二論) 베단타에 관한 『바마티』(*Bhāmatī*), 상키야에 대한 『상키야탓트와카우무디』(*Sāṁkhyatattvakaumudī*) 같은, 다른 사상들에 대한 권위있는 저술들을 남겼다. 따라서 그는 모든 철학을 섭렵한 자, 또는 육파철학에 정통한 자로 일컬어진다.

우다야나(Udayana, A.D. 984)의 『타트파리야파리슛디』(*Tātparya-pariśuddhi*)는 바차스파티의 저술에 대한 가치있는 주석이다. 그의 『아트마탓트와비베카』(*Ātmatattvaviveka*)는 영원한 자아 이론을 옹호하며, 아리야키르티(Āryakīrti) 등과 같은 불교 사상가들을 비판한다. 그의 『쿠수만잘리』(*Kusumāñjali*)는 니야야의 유신론에 대한 최초의 체계적인 설명이다.[원주39] 그의 다른 저작으로는 『키라나발리』(*Kiraṇāvali*), 『니야야파리쉬슈타』(*Nyāyapariśiṣṭa*) 등이 있다.

자얀타의 『니야야만자리』(*Nyāyamañjari*)는 『니야야 수트라』에 대한 독자적인 주석이다. 바차스파티를 인용하는가 하면 라트나프라바(Ratnaprabhā)에 의하여 인용되기도 하는 자얀타는 10세기에 속하는 인물이다.[원주40] 바사르바갸(Bhāsarvajña)의 『니야야사라』(*Nyāyasāra*)는 책이름이 암시하듯이 니야야 철학에 대한 개괄적인 서술이다. 그는 지각, 추론, 증언 등의 세 가지 증명 방법을 인정하며, 독자적인 증명 방법으로서의 비교는 부정한다. 그는 쉬바교도—아마 카슈미르(Kashmir) 종파—이며 10세기경의 인물이다. 바르다마나(Vardhamāna)의 『니야야니반다프라카샤』(*Nyāyanibandhaprakāśa*, A.D. 1225)는 우다야나의 『니야야타트파리야파리슛디』(*Nyāyatātparyapariśuddhi*)에 대한 주석이다. 루치닷타(Rucidatta)의 『마카란다』(*Makaranda*, A.D. 1275)

이전 인물이었다는 것은 의심의 여지가 없다.

[원주39] 유신론에 대한 우다나야의 공헌에도 불구하고 신이 그에게 어떤 자비를 보여주지 않는다고 느꼈을 때, 그는 신에게 다음과 같이 말했다고 전해진다. "당신의 용맹에 득의 양양한 나머지, 불교도들이 세력을 휘두를 때 당신의 존재가 달려 있는 나를 경멸하십니다"(Aiśvaryamadamatto 'śi mām avajñāya vartase, Parākrānteṣu bauddheṣu madadhīnā tava sthitiḥ).

[원주40] *History of Indian Logic*, p.147 및 *Indian Logic and Atomism*, p.33을 보라.

는 바르다마나의 견해를 보다 심도있게 전개하고 있다.[원주41]

후기 니야야 문헌들은 바이셰쉬카의 범주들을 공공연하게 받아들이고 있으며, 이 범주들은 니야야의 두번째 주제인 인식대상 혹은 12종의 인식대상 가운데 하나인 아르타(artha)에 포함된다. 바라다라자(Varadarāja)의 『타르키카라크샤』(*Tārkikarakṣā*, 12세기)는 니야야와 바이셰쉬카의 혼합을 시도하는 학파의 중요한 논서이다. 그는 니야야의 12대상과 바이셰쉬카의 6범주를 인식대상에 포함시킨다. 케샤바 미슈라(Keśava Miśra)의 『타르카바샤』(*Tarkabhāṣā*, 13세기 말)는 니야야와 바이셰쉬카의 견해를 결합한다.[원주42]

자이나교의 주요 논리학 저서로는 바드라바후(Bhadrabāhu)의 『다샤바이칼리카니리유크티』(*Daśavaikālikaniryukti*, 기원전 357년경), 싯다세나 디바카라(Siddhasena Divākara)의 『니야야바타라』(*Nyāyāvatāra*, 6세기), 마니키야난디(Māṇikyanandi)의 『파리크샤무카수트라』(*Parīkṣāmukhasūtra*, 800년), 데바수리(Devasūri)의 『프라마나나야탓트와로칼람카라』(*Pramāṇanayatattvālokālaṁkāra*, 12세기), 그리고 프라바찬드라(Prabhācandra)의 『프라메야카말라마르탄다』(*Prameyakamalamārtāṇḍa*) 등을 들 수 있다. 자이나교 사상가들과 불교 논사들은 논리적인 탐구를 종교 및 형이상학의 탐구와 구별했다. 이에 비하여 힌두교 사상가늘은 이 두 가지를 혼합적으로 논의한다. 후대의 니야야 문헌들은 지식의 본질과 한계에 관한 논리학적인 문제뿐만 아니라, 원자와 그 속성, 영혼과 재생, 신과 세계에 대해서도 논의한다. 불교와 자이나교 사상가들은 고대 니야야 철학의 형이상학적인 내용에 대해서는 전혀 관심이 없으며, 단지 순수하게 논리적인 측면에만 관심을 보일 뿐이다. 이로써 그들은 순수하게 논리적이고 변증법적인 신 니야야의 기틀을 마련했다.

[원주41] 그것은 바르다마나의 『프라카샤』 혹은 우다야나의 『쿠수만잘리』에 대한 주석이다.

[원주42] Jhā의 *Indian Thought*, vol.ii는 『타르카바샤』에 대한 영어 번역이다.

80

강게샤(Gaṅgeśa)의 『탓트와친타마니』(*Tattvacintāmaṇi*)는 신 니
야야(新因明) 학파의 표준적인 저술이다.[원주43] 강게샤의 아들 바르다마
나는 자신의 저술을 통하여 이 전통을 계승하였다. 자야데바(Jaya-
deva)는 『탓트와친타마니』에 대한 주석으로 『알로카』(*Āloka*, 13세기)
를 저술했다. 바수데바 사르바바우마(Vāsudeva Sārvabhauma)[역주9]
의 『탓트와친타마니비야키야』(*Tattvacintāmaṇivyākhyā*)[원주44]는 나바드
위파(Navadvīpa) 혹은 눗데아(Nuddea) 학파[역주10]의 최고 저술로 간
주되며, 15세기 말 또는 16세기 초에 속하는 저술이다. 그의 문하에는
훌륭한 제자들이 많았다. 유명한 바이슈나바 개혁자 차이탄야(Caitan-
ya), 『디디티』(*Dīdhiti*) 및 『파다르타칸다나』(*Padārthakhaṇḍana*)[원주45]

[원주43] 이 저술에 대한 요약은 비디야부샨의 *History of Indian Logic*, pp.407~453
　　에 있다. 강게샤는 12세기 후반 미틸라(Mithilā)에서 살았다. 이것은 그가 우다야
　　나의 저술들에 친근감을 보이고 있는 점이나, 쉬바디티야(Śivāditya)와 하르샤
　　(Harṣa)의 저술들에서 인용하고 있는 점 등으로 미루어보아 분명하다. 『탓트와친
　　타마니』(ii, p.233)에서는 슈리 하르샤의 견해를 비판하고 있다.

[역주9] 15세기에 미틸라에서 신 니야야(新因明, Navyanyāya) 학파를 이끌었던 파크
　　샤다라(Pakṣadhara, 1400~95)의 제자이다. 전하는 이야기에 의하면, 당시 파크
　　샤다라는 유일하게 강게샤의 『탓트와친타마니』를 지니고 있었으며, 자신만이 신
　　인명을 가르칠 수 있는 고유한 권한을 유지하기 위하여 제자들이 자신의 가르침
　　을 받아적지 못하도록 했다고 한다. 그러나 사르바바우마는 그 논서의 내용뿐 아
　　니라 이에 대한 여러 귀중한 주석들을 모두 기억할 수 있었다. 얼마 후 그는 나바
　　드위파로 가서 그 자신의 신인명을 열었다(Benjamin Walker, *Hindu World*, II,
　　p.356).

[원주44] 『사라발리』(*Sārāvali*)는 이 책의 이름이며, 나는 이 책의 필사본이 Benares
　　Government Sanskrit College Library에 있다고 들었다.

[역주10] 후기 니야야는 처음에 강게샤의 미틸라 학파를 중심으로 발달했으나, 나중에
　　는 바수데바 사르바바우마가 활동했던 벵골 지방의 나바드위파 학파를 중심으로
　　번창하게 된다. 미틸라는 유명한 철인(哲人) 군주 자나카(Janaka)의 왕국(Vide-
　　ha)—우파니샤드의 현자 야갸발키야(Yājñavalkya)가 왕사(王師)로 있던—의 수
　　도이다. 나바드위파 학파는 강게샤가 논의한 4가지 바른 지식수단 가운데 주로 추
　　론에 대한 논의에 주력했으며, 이에 대한 수많은 주석과 복주를 남겼다.

[원주45] 바이셰쉬카 철학에 대한 이 비판은 '파다르타탓트와니루파나'(Padārtha-
　　tattvanirūpaṇa)라는 이름으로 『판디트』(*Pandit*) xxiv 및 xxv에 게재되었다.

의 저자이며 논리학자로 이름이 높았던 라구나타(Raghunātha), 유명한 법학자 라구난다나(Raghunandana), 그리고 탄트라 수행의 권위자 크리슈나난다(Kṛṣṇānanda) 등은 그의 대표적인 제자들이다.

강게샤는 단지 4종의 인식수단에 대하여 논의를 전개했을 뿐, 형이상학적인 문제에 대해서는 직접적인 관심을 보이지 않았지만, 라구나타는 이 학파의 몇몇 다른 학자들과 마찬가지로 형이상학에 대해서도 큰 관심을 보였다.[역주11] 자가디샤(Jagadīśa, 16세기 말)와 가다다라(Gadādhara, 17세기)는 이 학파의 널리 알려진 논사들이다. 안드라(Andhra)의 바라문 안남 밧타(Annaṁ Bhaṭṭa, 17세기)[원주46]는 고대 및 신 니야야와 바이셰쉬카 철학을 바탕으로 하나의 일관된 철학체계를 확립하려고 노력했다. 그러나 그의 견해는 고대 니야야에 쏠려 있다. 그의 『타르카상그라하』(*Tarkasaṁgraha*)와 『디피카』(*Dīpikā*)는 니야야 바이셰쉬카 학파의 대중적인 입문서이다. 발라바(Vallabha)의 『니야야릴라바티』(*Nyāyalīlāvati*)와 비슈와나타(Viśvanātha)의 『니야야수트라브릿티』(*Nyāyasūtravṛtti*, 17세기) 또한 인도 논리학사를 통하여 중요한 저술들이다.[원주47]

인도 논리학의 발달 단계를 구분해볼 수 있다. 우리는 그 첫 단계로 『마하바라타』에서 니야야와 함께 독자적인 지위가 주어지는 안비크쉬키를 본다. 얼마 지나지 않아 그것은 니야야와 혼합되며, 고대 학파의 고전적인 문헌들에서는 논리학 이론에 부가하여 우주 전체에 대한 형이상학적인 견해가 제시된다. 바트시야야나가 말하는 것처럼, "지고선은 오직 우리가 1) 제거해야 하는 것, 즉 무지 형태의 원인 및 그 결과

[역주11] 불교와 자이나교에서는 논리학을 형이상학과 별개로 다루는 것이 일반적인 경향이지만, 정통 힌두교 학파들에서는 그 둘을 별개로 다루지 않는다. 나비야 니야야(新因明)의 시작이라 할 수 있는 강게샤에 이르러 논리학은 독자적인 영역으로 취급된다.

[원주46] *History of Indian Logic*, p.388.

[원주47] 중국과 일본에서 힌두 논리학의 역사에 대해서는 Suguira, *Hindu Logic as Preserved in China and Japan*을 보라.

에 수반하는 고통, 2) 고통을 단멸하는 것, 즉 지식(jñāna), 3) 고통의 제거가 성취되는 수단, 즉 철학적인 논문, 그리고 4) 얻어지는 목표 혹은 지고선의 참된 본질을 바르게 이해할 때 실현된다."[원주48]

고대 니야야는 비록 논리학적인 문제 그 자체를 위한 것은 아니라 할지라도, 이에 관한 논의가 없었던 것은 아니다. 자이나교와 불교 사상가들의 공헌은 논리학 분야의 전체적인 구도에 어떤 변화를 가져왔다. 전적으로 지식론에 몰두하는 신 니야야는 논리학과 삶의 친근한 관계를 잊어버린다. 고대 니야야 학자들은 논리학과 형이상학의 관계에 대한 보다 합당한 개념을 지니고 있었다. 논리학은 오직 사유의 내용과 관련하여 사유의 규범적인 형식을 확인할 수 있을 뿐이다. 신 니야야 학자들은 인식방법과 정의에 관한 이론에 모든 관심을 기울이며,[원주49] 인식대상의 문제에 대해서는 철저하게 무관심하다. 강게샤의 계승자들의 저술에 나타나는 형식적인 세밀한 구분, 논리적인 궤변 등은 대부분의 사람들을 당혹스럽게 하며, 심지어는 그들이 과연 그 개념들을 정확히 이해하기는 했는가 하는 의심마저 들게 한다. 이러한 저술들을 접했던 대다수의 사람들은 그들의 탁월한 변증법의 향연에 깊은 인상을 받게 되지만, 다른 한편으로는 흔히 이 저술들이 명쾌한 깨달음을 주기보다는 오히려 혼란을 준다는 느낌을 떨쳐버릴 수 없는 것이 사실이다.

단순 명료한 문제들이 지나치게 세밀한 분석으로 오히려 모호히게 되어버린다. 세밀한 구분을 탐닉하는 논리적인 정신은 종종 형식에 대한 애착으로 전락하며, 우리의 마음에 아무튼 내용이 빈약한 형식주의라는 인상을 남긴다. 용어를 세밀하고 정교하게 하는 것이 탐구의 중심 주제가 된다. 이러한 용어들이 때로는 어려움을 교묘하게 회피하기 위하여 채택되기도 한다. 적어도 이 저술들 가운데 몇몇은 단지 모르는 것에 대하여 우리가 어떻게 배울 수 있는가를 보여줄 뿐이라고 말할 수 있을 것이다. 심지어 자신의 지력의 방아가 더할 나위 없이 잘게 부

[원주48] 『니야야 바쉬야』, i.1.1.
[원주49] Lakṣaṇapramāṇābhyāṁ vastusiddhiḥ.

순다는 것을 믿는 사람들도 그것이 언제나 흡족한 곡물을 제공하지는 않는다는 것을 받아들이지 않을 수 없다.[원주50] 단지 지적 능력을 위한 훈련장으로서 나비야 니야야(Navya Nyāya, 新正理學)는 결코 높이 평가될 수 있을 것 같지가 않다.

4. 니야야의 범위

니야야라는 말은 문자적으로 마음이 어떤 결론에 이르게 하는 것을 의미한다.[원주51] '니야야'는 논증과 마찬가지의 의미를 지니고, 여타의 철학체계에 비하여 논증을 보다 철저하게 다루는 철학체계는 니야야 철학으로 알려진다. 논증은 타당하거나 그렇지 않을 수도 있다. 일반 대중의 차원에서 사용되는 '니야야'라는 말은 올바름 혹은 정당함을 의미하며, 따라서 니야야 철학은 정리학(正理學)이 된다. 좁은 의미의 '니야야'는 연역적인 추론을 나타내는 반면에,[원주52] 넓은 의미로 사용될 경우에 그것은 증거를 토대로 대상을 검토하는 것을 가리킨다. 이리하

[원주50] Bodas 편역, 『타르카상그라하』, p.xiii ; Keith, *Indian Logic and Atomism*, p.35를 참조하라. 비디야부샨 박사는 니야야 철학의 역사를 1)고대(B.C. 650~A.D. 100), 2)중세(A.D. 1200년까지), 3)근대(A.D. 900년부터)의 세 기간으로 나눈다. 그의 *History of Indian Logic*, p.xiii을 보라. 근대 니야야의 성격에 대해서는 Śaileśvar Sen의 *A Study of Mathurānātha's Tattva cintāmaṇi ruḷusyu*, 1924를 보라.

[원주51] Nīyate anena iti nyāyah.

[원주52] 『니야야 바쉬야』, i.1.1. 바트시야야나는 다섯 구성지로 된 추론에 대하여 '파라마니야야'(paramanyāya)라는 표현을 사용한다. 디그나가는 추론의 구성지를 '니야야바야바'(nyāyāvayava)라고 부른다. 바차스파티의 『니야야수치』에서 삼단논법 부분은 '니야야프라카라나'(Nyāyaprakaraṇa)라고 명명된다. 비슈와나타는 '니야야스와루파'(nyāyasvarūpa)라는 말로 삼단논법의 본질적인 구조를 의미한다. 그의 『니야야수트라브릿티』, i.1.25 ; i.1.31 ; i.1.38 ; i.1.40을 보라. 마다바(『사르바다르샤나상그라하』, xi)는 니야야라는 말을 다른 사람을 위한 추론이라는 의미로 사용한다.

여 니야야는 증명의 학문 혹은 바른 인식방법의 학문(pramāṇaśāstra)이 된다. 모든 지식은 네 가지 조건, 즉 1) 인식주체(pramātṛ) 혹은 인식의 실체적인 토대, 2) 인식의 과정이 향하는 대상(prameya), 3) 인식의 결과 상태(pramiti) 4) 인식방법(pramāṇa)을 포함한다.[원주53] 타당하거나 부당한 모든 인식 행위는 인식하는 주체, 내용 혹은 그 주체가 인식하는 것, 그리고 그 둘 사이의 인식 관계라는 세 가지 요소를 지닌다. 이때 그 둘의 관계는 구별할 수 있으나 분리할 수는 없는 관계이다. 인식의 타당성 유무는 네번째 요소인 인식방법에 달려 있다. 그것은 정상적인 상태에서 타당한 지식의 작용인(operative cause)이다.[원주54]

바트시야야나는 프라마나(pramāṇa)를 지식의 도구 혹은 '인식의 주체가 대상을 인식하는 수단'[원주55]으로 정의하고 있는 데 비하여, 웃디요타카라는 그것을 인식의 원인(upalabdhihetu)이라고 부른다.[원주56] 그는 이 정의가 다소 광범위하다는 것을 인정한다. 왜냐하면 인식주체와 인식대상 또한 인식의 원인이지만, "인식주체와 인식대상은 그 자체 이외의 다른 곳, 즉 그 둘의 역할이 놓여 있는 곳에서 이루어지는 역할을 지니며, 또한 단지 프라마나를 자극하여 그것이 작용하게 한다는 의미에서 인식의 원인으로 간주될 수 있을 뿐이기 때문이다. 이에 비하여 프라마나는 인식 자체를 일으키는 역할 이외의 다른 역할을 지니지 않는다. 그러므로 인식의 진정한 원인으로 간주되는 것은 프라마나이다." 프라마나가 있는 경우에는 어디서나 인식이 일어난다. 그러나 프라마나가 없는 곳에서는 그것 이외의 어떤 무엇이 있다 해도 결코 인식은 일어나지 않는다. 그러므로 프라마나는 인식의 가장 유력한 원인이며, 가장 직접적인 원인이다.[원주57] 쉬바디티야(Śivāditya)가 프라

[원주53] Pramākaraṇam pramāṇam. 또한 『베단타파리바샤』(*Vedāntaparibhāṣā*), i 을 보라.
[원주54] 『니야야바룻티카』, i.1.1.
[원주55] 『니야야 바쉬야』, i.1.1.
[원주56] 또한 『니야야바룻티카타트파리야티카』(*Nyāyavārttikatātparyaṭīkā*), i.1.1을 보라.

마나를 실재에 부합하는 지식(pramā)을 낳는 것으로 정의할 때, 그는 논리적인 함축을 나타낸다.[원주58] 자얀타는 프라마나를 대상에 대한 올바르고 확실한 지식을 생산하는 원인[원주59]으로 본다.

인식의 특정한 형태는 인식방법에 달려 있다. 다른 요소들, 즉 인식주체와 인식대상은 지각과 추론에서 동일할 수 있다. 마찬가지로, 영혼과 의근(意根, manas)의 접촉은 모든 형태의 지식에서 공통된 매개인(mediate cause)이다. 다만 이러한 접촉(saṁyoga)은 여러 종류의 지식에서 다양한 형태를 띤다. 니야야 철학은 인식의 문제를 다룬다 할지라도, 그것은 이른바 인식방법이라고 불리는 인식의 가장 중요한 조건을 집중적으로 다룬다. 그래서 니야야의 철학은 인식방법의 학문이라고 불린다.[원주60] 인식대상의 본질을 탐구하기 전에 우리는 인식도구의 역량을 알지 않으면 안된다. 왜냐하면 "계측되는 사물에 대한 지식은 계측 자체에 대한 지식을 전제로 하기 때문이다."[원주61] 인식방법의 학문은 인식대상에 대한 바른 이해를 가능하게 할 뿐 아니라, 또한 인식

[원주57] 『니야야바룻티카』, i.1.1. 또 다른 하나의 반대 견해, 즉 만일 인식방법이 인식주체와 인식대상에 의하여 존재하게 된다면, 비록 사실상 인식방법이 있기 전에는 우리가 주체 혹은 객체를 인식할 수 없다 할지라도——이 둘은 단지 인식방법이라는 사유작용과 관련하여 의미를 지닌다——우리는 인식주체와 인식대상이 인식방법에 선재한다고 할 수밖에 없다는 견해가 고려된다. 웃디요타카라는 이 모든 것을 받아들이지만, "이 말들이 단지 현재의 행위에 달려 있는 것은 아니다"라고 말한다. 요리사는 그가 현재 요리를 하고 있든 말든 요리사이다. "이와 같은 어법이 가능한 근거는 그 말 자체가 지니는 (표현적인) 힘에 있으며, 그 힘은 언제나 존재한다. 이와 마찬가지로, 인식방법은 인식주체와 인식대상에 의하여 존재하게 된다는 주장에는 아무런 모순도 없다."

[원주58] 『사프타파다르티』(*Saptapadārthī*), sec.144. 또한 『사르바다르샤나상그라하』, xi을 보라.

[원주59] Avyabhicāriṇīm asaṁdigdhām arthopalabdhim(『니야야만자리』, p.12).

[원주60] 인도의 사상가들이 인식방법에 대한 탐구에 부여하는 중요성이 어느 정도인가 하는 것은, 인식방법은 비슈누의 여러 이름 가운데 하나라고 하는 비슈와나타의 언급에서 충분히 짐작할 수 있을 것이다.

[원주61] Mānādhīnā meyasiddhih. 『치트수키』(*Citsukhī*), ii.18.

의 타당성을 검토할 수 있게 한다.[원주62] 그것은 형식적일 뿐만 아니라 구체적이며, 사실 자체를 드러내는 것뿐만 아니라 논리의 전체적인 일관성에도 큰 관심을 기울인다.

니야야 철학은 인간 정신이 우리에게 제공하는 설명이 대체로 신뢰할 만한 설명이라는 가정으로 시작한다. 모든 지식은 실재를 나타내는 것(arthaprakāśa)이다. 우리는 대상을 지각하고 대상 간의 유사성을 파악하며 이를 토대로 추론할 수 있도록 되어 있다. 이러한 정신 기능들은 사고력 있는 모든 사람들에 의하여 수행된다. 물론 사람에 따라 주의력과 정확도에서 다소의 차이는 있을 것이다. 실재에 대한 지식을 얻고자 하는 정신작용이 있을 때마다, 우리에게는 논리적인 탐구에 대한 주제가 있다. 진리 추구는 이미 인간의 행위 속에 내재해 있다. 논리적인 이론이 그것을 창조하는 것은 아니다. 그것은 단지 이미 내재해 있는 요소들을 해석하고 그 본질을 일반적인 원리로 나타내고자 할 뿐이다. 논리학 이론에서 논의되는 문제는 실증적인 어떤 학문에서 논의되는 문제와 그다지 다르지 않다. 생리학자가 개체의 삶이 유지되는 과정을 조사하고 연구하는 것과 마찬가지로, 논리학자는 인식의 과정을 지배하는 정칙들을 말한다. 논리학자가 그것에 대하여 책임지지 않는 것은, 생리학자가 신체기관의 작용에 대하여 책임지지 않는 것과 같다.

니야야 철학은 가치와 사실이 완전히 분리되어 있다거나, 접근방법도 완전히 달라야 한다고 보지 않는다. 가치는 사실에 붙어 있으며, 오직 사실과 관련하여 연구될 수 있다. 우리는 텅 빈 백지상태의 마음으로 시작하지 않는다. 우리는 경험과 전통을 통하여 세계의 본질에 관한 정보를 지닌다. 복합적인 지식체계가 경전을 통하여 전해 내려온다. 니야야는 과학의 귀납적인 방법을 받아들여서 우리의 지식이 얻어지는 다양한 방법들을 분류한다. 바른 지식이 얻어지는 4종의 인식방법은 지각(pratyakṣa),[원주63] 추론(anumāna),[원주64] 비교(upamāna), 그리고

[원주62] 논리학을 '사유에 대한 분석과 비판'(*Logic*, vol.i, p.xiii)으로 정의하는 W. E. Johnson의 입장과 비교하라.

증언(śabda)이다.[원주65] 논리학에 관한 서양의 논문들은 일반적으로 감각적인 지각의 문제를 다루지 않지만,[원주66] 니야야는 그것을 인식의 중요한 원천 가운데 하나로 간주한다.[역주12] 추론은 니야야 철학의 핵심 주제이다. 이런 이유로 니야야 철학은 가끔 '헤투비디야'(hetuvidyā), 즉 추론적인 논증의 타당성이 달려 있는 이성의 학문이라고 말해지기도 한다.[원주67] 이 견해에 따르면 논리학은 추론의 이론(anumānavāda)이다. 직관 혹은 직접지는 논리학의 범위 밖에 있다. 니야야 철학은 이와 같이 한정된 용법을 정당화하지 않는다. 계시 신학의 경우처럼, 경전을 바른 지식의 한 원천으로 받아들이는 것은 니야야의 종교적인 관

[원주63] 감각적인 지각(sense-perception)은 단지 직관 혹은 직접적인 파악의 한 종류일 뿐이다.

[원주64] 아누마나는 문자적으로 어떤 다른 지식에 따른 지식을 의미한다.

[원주65] 『니야야 수트라』, i.1.3. 한편 차라카(Caraka)는 바른 인식방법으로 믿을 만한 주장(āptopadeśa), 지각, 추론, 지속적인 추리(yukti)를 든다. 또한 『스타낭가 수트라』(Sthānāṅga Sūtra)를 보라.

[원주66] 그렇지만 밀(J. S. Mill)은 다음과 같이 말한다. "진리는 우리에게 두 가지 방법, 즉 지각과 추론으로 알려진다"(System of Logic, Introduction, p.4).

[역주12] 서양의 논리학에서는 바른 지식의 원천으로 감각적 지각의 문제가 충분히 논의된 적이 없다. 일반적으로 감관을 통하여 받아들이는 것은 의문의 여지없이 진실이라고 믿기 때문일 것이다. 다시 말하여, 어느 누구도 자기의 감관을 통하여 지각되는 것의 진위에 대하여 의문을 품지 않으며, 따라서 지각의 타당성 여부에 대한 논의는 불필요하다는 것이다. 그러나 인도 사상가들은 서양 사상가들이 추론의 문제를 논의하는 것과 마찬가지로 지각에 대해서도 엄격한 검토를 추구하는 특징을 보인다(S. Chatterjee와 D. M. Datta, An Introduction to Indian Philosophy, pp.173~174).

[원주67] '헤투비디야'라는 말은 『밀린다 팡하』(Milinda Pañha, Sacred Books of the East, vol.xxxv, pp.6~7), 『랄리타비스타라』(Lalitavistara, xii)에 나온다. 그러나 여기서 '헤투'(hetu)는 단지 이성 혹은 토대를 의미할 뿐이다. 자이나교 사상가들은 이 말을 보다 넓은 의미로 사용한다. 또한 『마누』, ii.11 ; 『마하바라타』, 「아디파르바」(Ādiparva), 1~67 ; 「샨티파르바」, 210.22 ; 「아슈와메다파르바」(Aśvamedhaparva), 85.27을 보라. 초기 문법학자들, 파니니, 카티야야나, 파탄잘리는 이 견해를 받아들인다. 또한 『니야야바룻티카』, iv.1.14 ; Indian Logic and Atomism, p.11을 보라.

심을 나타내는 것이다.

　니야야는 우리에게 지식에 대한 이 네 가지 원천의 심리학적인 설명을 준다. 니야야는 논리적인 탐구가 정신적인 내용으로서의 지식이 얻어지는 심리학적 과정과 무관하게 수행될 수 없다는 것을 단언한다. 그것은 인간 정신이 생생한 결과를 낳도록 진척되고 추진되는 방법들을 상세하게 다룬다. 이러한 과정에서 그것은 또한 이러한 방법들의 채택에 따르는 함정을 지적한다. 논리학의 문제는 순수하게 귀납적인 것은 아니다. 우리의 모든 지식은 지식의 네 가지 원천 가운데 어떤 한 가지를 통하여 얻어진다는 단순한 일반화는 지식의 문제를 설명하지 않는다. 일반화는 설명이 아니다.

　니야야는 인간 정신이 지식을 흡수하고 진전시키는 수단과 방법에 대하여 논의할 뿐만 아니라, 그것은 또한 논리적인 사실들을 해석하고 논리적인 정칙으로 그것들을 표현한다. 그러므로 인식방법은 우리 안에 이미 있는 지식을 검토하고 평가하는 지식의 척도나 규범이 된다. 이런 의미에서 볼 때, 논리학은 증명의 과학 혹은 증거에 대한 평가이다. 그것은 인식이란 주어진 토대에 의존적이며 실재와 양립 가능하다는 것을 보여줌으로써, 인식의 타당성을 논의한다. 진리의 문제는 형이상학적 이론과 중요한 관계를 지닌다. 니야야는 인식의 이론일 뿐만 아니라, 실재의 문제를 다루는 형이상학(tattvaśāstra)이다.[원주68] 그러므로 그것은 단지 형식 논리학에 불과한 것이 아니라, 심리학과 논리학, 형이상학과 신학을 아울러 논의하는 완전한 인식론이다.

5. 정의의 본질

　『니야야 수트라』에서 논의되는 여러 주제들은 우선 열거되고, 그런

[원주68] 『니야야 바쉬야』, i.1.1.

다음에 정의되며, 마지막으로 검증된다.[원주69] 정의는 어떤 것의 본질적인 속성을 말하여 그것을 다른 것과 차별하는 것이다. 정의의 기능은 어떤 것을 그것과는 다르지만 그것과 혼동되기 쉬운 모든 것과 구별하는 것이다.[원주70] 우리는 어떤 사물의 본질을 언급하지 않고도 그것을 구별할 수 있다. 독특한 속성(asādhāraṇa dharma) 또한 우리가 구별할 수 있게 하는 요소가 된다.

정의에 부수하는 오류에는 세 가지가 있다. 그 첫번째는 지나치게 넓은 정의에서 일어나는 오류(ativyāpti)이다. 이것은 정의되는 대상에 그 대상이 속해 있는 부류의 범위를 초월하는 속성을 확대 적용하는 것으로, 예를 들어서 우리가 소를 뿔 달린 동물로 정의하는 경우의 오류와 같은 것이다. 두번째는 지나치게 좁은 정의에서 발생하는 오류(avyāpti)이며, 우리가 소를 황갈색 동물로 정의하는 경우처럼, 정의되는 대상에 그것이 속해 있는 부류의 단지 일부에 대한 속성을 부여하는 것이다. 세번째는 우리가 소를 갈라지지 않은 굽을 지닌 동물이라고 정의하는 경우처럼, 정의되는 대상의 어떤 경우에도 발견되지 않는 속성을 말하는 정의(asambhava)이다. 정의는 '정의되는 말에 의하여 가리켜지는 모든 것들에 적용되는 특징적인 표식'[원주71]을 말해야 한다. 이렇게 하기 위하여, 우리는 먼저 유개념으로 시작하여, '—이외의'(itara), '—와 다른'(bhinna)과 같은 말로 가외의 대상들을 명백하게 배제함으로써 그것의 외연을 점차 좁혀갈 수 있을 것이다.[원주72] 이것은 유개념과 차별에 의한 정의이다.

[원주69] 열거(uddeśa), 정의(lakṣaṇa), 그리고 검증(parīkṣā). 『니야야 바쉬야』, i.1.3 을 보라.

[원주70] 『니야야 바쉬야』, i.1.3.

[원주71] Lakṣyatāvacchedakasamaniyatatvam.

[원주72] 지(地)를 '수(水) 등의 8종 실체와는 다른 실체'(jalādy aṣṭadravya bhinnam dravyam pṛthivī)라고 정의하는 것과 비교하라.

6. 지각

　지식의 여러 원천 중에서 지각(pratyakṣa)이 가장 중요하다. 바트시야야나는 말한다. "한 사람이 어떤 것에 대한 지식을 추구할 때, 만일 그가 신뢰할 만한 사람으로부터 그것에 관하여 듣고 이에 대한 증언적인 지식을 지닌다면, 그의 마음속에는 여전히 두드러진 특징을 통한 추론으로 자기의 정보를 확인하고 싶은 욕구가 있을 것이며, 심지어 그가 이와 같은 추론적인 지식을 얻게 된 이후에도 자기의 눈으로 그것을 실제로 보고 싶어하는 욕구가 여전히 남아 있을 것이다. 그러나 그가 일단 그것을 직접적으로 지각할 때, 그의 욕구는 잠잠해지고 더 이상 어떤 다른 종류의 지식을 추구하지 않을 것이다."[원주73] 프라티야크샤라는 말은 애매하다. 왜냐하면 그것은 결과, 즉 진리에 대한 파악에 대해서뿐만 아니라, 결과에 이르는 과정 혹은 작용에 대해서도 사용되기 때문이다. 비록 프라티야크샤는 원래 감각적 지각을 의미했다 할지라도, 곧 그것은 감각과 대상의 접촉에 의하여 생겨난 것인가의 여부에 관계없이 모든 형태의 직접적인 파악을 포함하게 되었다.[원주74]

　강게샤는 프라티야크샤를 직접적인 파악으로 정의한다.[원주75] 그것은 도구적인 원인(instrumental cause)으로 (다른) 지식을 지니지 않는 지식이다.[원주76] 추론, 비교, 그리고 증언에서 우리는 미리 전제, 유사성,

---

[원주73] 『니야야 바쉬야』, i.1.3. 하나의 동일한 대상이 둘 이상의 인식방법으로 인식될 수 있다. 영혼의 존재는 경전, 추리 혹은 정신적인 지각에 의하여 알려질 수 있을 것이며, 불의 존재는 다른 사람이 전하는 정보에 의하여 혹은 실제적인 지각이나 추리에 의하여 알려질 수 있을 것이다. 또한 단지 하나의 인식방법이 통할 수 있는 경우도 있다. 제의식의 수행이 천계에 이르는 수단이 된다는 것은 오직 경전상의 증거를 통해서 알려진다. 웃디요타카라는 "동일한 대상이 여러 인식방법을 통하여 인식될 때, 그것은 다양한 측면에서 인식된다"(『니야야바룻티카』, 서론)고 주장한다.
[원주74] 『니야야빈두티카』, p.7 ; 『인도철학사 II』, pp.72~73.
[원주75] Pratyakṣasya sākṣātkāritvaṁ lakṣaṇam(『탓트와친타마니』, p.552).
[원주76] Jñānākaraṇakaṁ jñānaṁ pratyakṣam. 맥타거트(McTaggart)의 언급과 비

혹은 관례에 대한 지식을 자료로 지닌다. 기억의 경우에 우리는 이전에 파악했던 것에 대한 지식을 지닌다. 프라티야크샤의 경우, 지식은 선재 조건이 아니다. 신의 지식은 직접적이고 즉각적이며 전체적이다. 그것은 어떤 다른 인식에 의하여 매개되지 않는다.

가우타마는 감각에 의한 지각을 '감관과 그 대상의 접촉으로 일어나는, 말로 표현되지 않은 참되고 오류 없는 분명한 인식'[원주77]으로 정의한다. 이 정의는 지각 행위에 관련된 여러 요소들을 언급한다. 1) 감관(indriya), 2) 대상(artha), 3) 감관과 대상의 접촉(sannikarṣa), 4) 이 접촉에 의하여 생겨나는 인식(jñānam). 감관들이 있다는 것은 추론의 문제이다. 만일 시각이 없다면 색에 대한 인식은 불가능하다.[원주78] 감각은 5종으로 말해지며, 이것은 인식의 5종 속성에 따른 시각, 청각, 후각, 미각, 촉각이다.[원주79] 5종의 감각은 각각 눈, 귀, 코, 혀, 피부에 자리하고 있다. 감각이 형성되는 과정(gati), 형태(ākṛti), 내용(jāti)의 여러 성격으로 볼 때, 감각이 5종이라는 것은 분명하다. 눈, 귀, 코, 혀, 피부의 5종 감관은 5요소, 즉 화(火), 공(空), 지(地), 수(水), 풍(風)과

교하라. "직접적으로 지각에 근거한 믿음은……마땅히 궁극적이라고 일컬어진다. 왜냐하면 그것은 비록 어떤 것, 즉 지각에 의거한 것이라 할지라도, 어떤 다른 믿음에 의거한 것은 아니기 때문이다"(*The Nature of Existence*, pp.42~43).

[원주77] 『니야야 수트라』, i.1.4. 한편, 차라카는 지각을 영혼과 마음(manas)의 합일에 의하여, 그리고 감각과 그 대상의 합일에 의하여 생성되는 지식으로 정의하면서, 여러 이유를 들어 가우타마의 정의를 비판하고 있다. 그의 견해에 의하면, 가우타마의 정의는 지나치게 광범위하다. 왜냐하면 모든 인식은 대상과 마음의 접촉으로 일어나며, 마음 또한 감각의 하나이기 때문이다. 또한 그것은 신이 어떤 감각적인 매개 없이 지니는, 모든 것에 대한 직관적인 파악에 대해서는 적용할 수 없다. 무엇이 감관인가 하는 것은 오직 지각에 의하여 규정될 수 있으며, 정의에서 감각이라는 말의 사용은 순환논리의 오류를 담고 있다.

[원주78] 감각은 각기 특정한 속성을 지닌 요소들로 구성되며, 저마다의 대상을 지각할 수 있을 뿐이다. 그러나 감각이 감각 자체를 인식할 수는 없다. 눈은 외부 대상을 보지만, 눈 자체를 보지 못한다. 유일한 예외는 소리이다(『니야야 수트라』, iii.1.68~69, 71).

[원주79] 『니야야 수트라』, iii.1.54.

동일한 본질을 지닌다고 말해진다. 이 요소들이 제각기 지니는 5종의 특수한 속성, 즉 색깔, 소리, 냄새, 맛, 감촉은 5종 감관에 의하여 나타난다.[원주80]

데모크리토스의 입장과 유사하게 모든 감각은 단지 촉각의 변형에 불과하다고 보는 견해[원주81]는, 장님은 색깔을 보지 못한다는 근거에서 비판된다.[원주82] 만일 촉각의 특정 부분들이 감각들의 본질을 띤다면, 감각들이 다수일 것이며, 만일 촉각의 특정 부분들이 감각들의 본질을 띠지 않는다면, 우리는 색깔, 소리 등이 감각들에 의하여 인식되지 않는다는 것을 인정해야 할 것이다.[원주83] 만일 단 하나의 감각이 있다면, 보고, 듣고, 냄새맡는 여러 기능들은 동시적으로 일어날 수 있을 것이다. 그 외에도 촉각은 단지 가까이 있는 것만 지각할 수 있다. 이에 비하여 시각과 청각은 멀리 떨어져 있는 것도 지각할 수 있다. 니야야는 감관의 단일성 이론을 부정하지만, 촉각(tvak)의 특별한 성격을 인정한다. 상대적인 의식(relative consciousness)은 오직 의근(마음)과 촉각의 접촉이 있을 때 가능하며, 의근이 숙면상태(suṣupti)에 있는 경우처럼 그것이 촉각의 영역을 벗어나 있는 경우에는 의식적인 삶의 완전한 정지가 있을 뿐이다.[원주84]

마음은 지각의 필수 조건이다. 우리가 어떤 공부에 깊이 몰두해 있을 때, 우리는 바람 소리를 들을 수 없다. 그렇다고 해서 이때 소리가 청각을 자극하지 않았다거나, 모든 것에 편재하는 자아가 그것을 떠나 있었을 리는 없다. 또한 "두 가지 이상의 감관이 각기 그 대상과 접촉하고 있는 경우라 해도 이 모든 대상들에 대한 동시적인 지각이 있는

[원주80] 비물질적이며 만유에 편재하는 실체를 가로막을 수 있는 것은 아무것도 없다. 눈은 벽과 같은 물질적인 것에 의하여 가로막히기 때문에, 그것 자체가 물질적이다.
[원주81] 이 견해는 『라트나프라바』(*Ratnaprabhā*)와 『바마티』(*Bhāmatī*, ii.2.10)에 의하여 상키야에 귀속된다.
[원주82] 『니야야 수트라』, iii.1.51~52.
[원주83] 『니야야 수트라』, iii.1.53을 보라.
[원주84] 『브리하드아란야카 우파니샤드』, iv.1.19 ; 『타르카상그라하디피카』, 18을 보라.

것은 아니다. 마음과 어떤 하나의 대상 간에 근접 혹은 접촉이 있는 반면에 다른 대상들과는 이러한 접촉이 없기 때문이다. 이것은 마음의 작용이 모든 지각 행위에서 필수적이라는 것을 보여준다.”[원주85] 마음은 자아와 감각을 매개한다. 그것은 둘 이상의 인식 행위가 동시적으로 일어나지 않는 원인이 된다.[원주86]

여러 인상들이 빠르게 연속되는 경우에 그 인상들이 동시발생적인 것처럼 보이는 경우가 있다. 여러 겹의 종이를 송곳으로 뚫을 때, 우리는 그 종이들이 동시에 뚫어진다고 생각하지만, 사실은 한 장씩 연속적으로 뚫어지는 것이다.[원주87] 결론적으로 말하여 만일 마음이 어떤 하나의 감관과 접촉하고 있다면, 그것은 다른 감관들과는 동시적으로 접촉할 수 없다는 것이다. 그러므로 마음은 그 크기에서 원자적이라고 말해진다. 만일 마음이 편재하는 것이라면, 우리는 감각적 경험들의 연속적인 성격을 설명할 수 없게 된다. 감각이 대상에 닿자마자, 마음은 빛과 같은 속도로 그 감각에 가서 닿는다. 그 외에도 두 개의 편재적인 실체들 사이의 접촉은 상상할 수 없다. “기억, 추리, 듣는 행위, 의심, 직관(pratibhā), 꿈, 상상(ūha)은 즐거움에 대한 지각 등과 같이, 마음의 존재를 가리킨다.”[원주88] 영혼이 지니는 인식들 —재인식(anuvyavasāya)을 제외한— 은 자명하지 않다.[원주89] 마음을 통하여 느낌과 욕망을 알게 되는 것과 마찬가지로, 우리는 이러한 인식들을 알게 된다.

바트시야야나는 마음을 감각의 범주에 포함시킨다. 그는 그것을 우리가 내적인 느낌이나 욕망 혹은 인식의 상태를 파악하는 내적 감관이라고 부른다.[역주13] 하늘의 태양이나 책상 위의 잉크병은 내 자신 이외

[원주85] 『니야야 바쉬야』, i.1.4.
[원주86] 『니야야 바쉬야』, i.1.16 ; ii.1.24 ; iii.2.6~7 ;『니야야바릇티카』, i.1.16.
[원주87] 『니야야 바쉬야』, iii.2.58.
[원주88] 『니야야 바쉬야』. i.1.16.
[원주89] 심지어 니야야 학자들도 재인식을 자명한 것으로 본다.
[역주13] 마음을 내적 감관(antarindriya)으로 보는 견해는 바이셰쉬카, 상키야, 미망사 등에서도 받아들여진다. 그러나 일부의 베단타 학자들은 이 견해를 부정한다.

의 다른 세계에 속해 있는 것으로 즉각 경험되지만, 이에 비하여 즐거움과 고통의 느낌이나 희비의 감정 혹은 소망하는 행위들은 즉각적으로 영혼의 속성으로 경험된다. 자아는 도구적인 마음을 통하여 내적인 상태를 지각한다. 이에 비하여 감각들의 협력은 외부의 객관적인 상태들에 대한 파악에 필수적이다.[원주90] 내적인 것과 외적인 것의 구분은 주관적인 것과 객관적인 것의 구분과 일치하지 않는다. 왜냐하면 종이 위에 글을 쓰고 싶은 욕구는 종이 자체와 마찬가지로 직접적인 파악의 대상이기 때문이다. 인식의 관계는 대상이 종이처럼 외적인 것이든 혹은 욕구처럼 내적인 것이든 정확하게 동일하다. 대상은 후자의 경우와 똑같이 전자의 경우에도 직접적이고 즉각적으로 알려진다.[원주91]

바트시야야나는 마음이 눈 등과 마찬가지로 감관이라고 주장한다. 물론 마음과 다른 감관들 사이의 어떤 분명한 차이가 있다는 것을 부정하는 것은 아니다. 외적인 감관들은 물질적 혹은 요소적인 실체들로 구성되며, 단지 소수의 특정 대상들에 대해서만 효과적이다. 또한 오직 파악하는 특정 속성들을 지니는 감관으로만 작용할 수 있다. 이에 비하

[원주90] 로크의 견해와 비교하라. 그는 감각작용(sensation)과 반성(reflection), 우리에게 외부 세계에 대한 지식을 주는 외적 감관과 마음의 작용에 관한 지식을 주는 내적 감관을 구분하고 있다(*Essay on the Human Understanding*, ii.1.4). 웃디요타카라는 즐거움과 즐거움에 대한 인식을 구분한다. 즐거움은 지각되는 대상이며, 즐거움에 대한 인식은 마음이 그 느낌과 접촉하게 될 때 일어난다. 서늘함에 대한 유쾌한 느낌은 서늘한 바람과 피부의 접촉으로 일어나며, 마음이 그것과 접촉할 때 유쾌함에 대한 인식이 일어난다.

[원주91] 그러나 마음은 그 자체의 인식의 도구로 간주될 수 없다. 두 가지 이상의 지각이 동시발생적이 아니라는 것에 대한 인식—이것은 곧 마음의 존재를 가리킨다—이 마음에 의하여 일어날 때, 이렇게 얻어진 마음에 대한 인식은 마음의 있음에 기인한다. 그것은 그 자체에 작용하는 마음의 경우가 아니다. 왜냐하면 마음은 그 자체의 존재 혹은 그 자체에 대한 인식에서 도구가 아니기 때문이다. 마음에 대한 인식에서 그 도구는 그것의 징후에 대한 인식을 동반하는 마음으로 구성된다. 이런 식으로 한정된 마음은 그것만으로 마음이 아니다. 『니야야바룻티카타트파리야티카』, iii.1.17을 보라. 웃디요타카라는 마음이 요가 수행을 통하여 직접 지각될 수 있다고 주장한다(『니야야바룻티카』, iii.1.17).

여 마음은 비물질적이므로 모든 대상들에 작용할 수 있으며, 특정한 어떤 속성을 지니지 않고도 감관으로 작용할 수 있다.[원주92]

웃디요타카라는 이 견해를 전적으로 지지하지는 않는다. 물질성 혹은 그 반대의 문제는 오직 생겨난 산물에 적용될 수 있는데, 마음은 전혀 산물이라고 할 수 없다. 그는 마음이 모든 대상에 작용할 수 있음에 비하여 다른 감관들은 단지 제한된 영역에서만 작용할 수 있다는 것을 인정한다. 이 저자에 의하면, 마음은 유사성의 원인이 되는 접촉의 토대라는 점에서, 또한 즐거움에 대한 인식을 야기하는 그 접촉의 토대로서 자아와 비슷하다.[원주93] 개별 자아는 각기 영원한 —미세하여 크기를 지니지 않지만— 마음을 지닌다. 각 자아 속에 있는 마음은 다수가 아니라 하나뿐이다. 왜냐하면 만일 하나의 자아에 마음이 여럿 있다면, 동일한 자아 속에 다수의 인식이나 욕망이 동시에 나타날 수 있을 것이다. 그러나 이런 경우는 없다.[원주94]

지각은 일종의 지식(jñāna)이기 때문에, 그것은 자아에 속한다. 비록 자아와 마음의 접촉은 어떤 의미에서 영원하다 할지라도, 그것은 개개의 참신한 정신적 행위로 새로워진다고 말할 수 있을 것이다. 니야야는 자아와 대상의 사실적(寫實的)인 관계를 상정한다. 마치 밀랍 위에 도장이 찍히듯이, 외부의 대상은 자아에 인상을 만드는 것으로 간주된다. 니야야의 지각론은 생리학적인 심리학의 중심 문제에 대한 해답을 주지 않는다. 다시 말하여 그것은 감관에 주어지는 외부 대상의 자극 —이것은 기계적인 접촉의 한 형태로 설명된다 —이 어떻게 심리적인 상태로 전환되는가에 대해서는 말하지 않는다. 과학적인 지식의 놀라운 발전을 이룬 오늘날에도 이 문제는 여전히 신비로 남아 있다.

지각이 일어나려면, 반드시 지각하는 자에 대하여 외적인 대상이 있어야 한다. 이와 같은 실재론적인 가정으로 니야야는 주관주의를 모면

[원주92] 『니야야 바쉬야』, i.1.4.
[원주93] 『니야야바룻티카』, i.1.4.
[원주94] 『니야야바룻티카』, iii.2.56.

하게 된다. 주관주의에 따르면, 우리는 단지 순간적인 느낌들을 지닐 뿐이며, 외적 실재에 대한 믿음은 무지한 자의 공상에 불과하다. 감각과 이에 합당한 대상의 접촉은 그 대상이 의식에 직접적으로 표상되는 것으로 귀결된다. 자극하는 요소로서의 대상과 지각으로 나타나는 의식적인 결과의 관계가 고려되고 있으며, 비록 이 문제에 대한 정확한 결과들은 정교한 장치의 부재로 불가능했다 할지라도, '미니머 센시빌리어'(*minima sensibilia*) 등에 대하여 시사하는 바가 적지 않다.

지각에 대한 정의는 모든 인식작용 및 마음과 감각들의 접촉에 나타나는 자아와 마음의 접촉을 상정하며, '감각과 대상의 접촉'을 그것의 특징적인 모습으로 분명히 말한다.[원주95] 지각은 감각과 그 대상의 접촉으로 일어나는 자아의 변형을 동반한다. "만일 감관이 그 대상에 실제로 가서 닿지 않고도 작용한다면, 그것은 벽 뒤에 있는 사물도 지각할 수 있을 것이다."[원주96] 그러나 이러한 현상은 일반적으로 관찰되지 않는다. 웃디요타카라에 의하면, 접촉은 결합을 의미하는 것이 아니라, 단지 감각의 대상이 '되는 것'(becoming) 혹은 감관에 대하여 명백하고 한정된 관계에 돌입하는 것을 의미할 뿐이다.[역주14]

대상에는 여러 종류가 있다. 풀잎은 실체이며, 푸르름은 속성이다. 속성은 실체에 본래부터 포함되어 있는 것이므로, 그것은 실체와 별개

[원주95] ii.1.29.

[원주96] 『니야야칸달리』(*Nyāyakandalī*), p.23 ; 『니야야 바쉬야』, ii.1.19.

[역주14] 지각이 감관과 그 대상의 직접적인 접촉으로 일어난다는 견해는 베단타 학자들에 의하여 비판된다. 후자의 견해에 의하면, 지각은 그 둘의 접촉 없이도 얼마든지 일어날 수 있다. 예를 들어 우리가 어두컴컴한 헛간에 놓인 새끼줄에서 뱀을 볼 때, 우리의 시각과 직접 접촉하는 뱀은 없다. 또한 신은 모든 것을 지각하는 것으로 말해지지만, 그는 어떤 감관도 지니지 않는다. 이런 점에서 베단타 학자들은 감관과 그 대상의 접촉이 지각의 본질적 속성(defining character)은 아니며, 오히려 지각의 본질적 속성은 지식의 직접성(directness) 혹은 즉각성(immediacy)에 있다고 주장한다. 다시 말하여, 만일 우리가 어떤 대상을 이전 경험의 도움이나 어떤 추론 과정의 도움 없이 그것을 직접 알 때, 우리는 그것을 지각한다고 말한다.

로 지각될 수 없다.[원주97] 유개념으로서의 실체와 속성은 독립적인 존재를 지니지 않으며, 오직 그 토대에 대한 지각을 통해서 지각된다. 감관과 실체의 접촉은 결합 관계(saṁyoga)인 반면에, 실체와 속성 혹은 유(類)와 개체의 관계는 내속(內屬)의 관계(samavāya)이다. 예를 들어, 눈은 실체와 직접적으로 결합 관계가 되지만, 그 실체에 내속하는 색깔과는 단지 간접적으로 관계를 지니며, 눈이 결합 관계에 있는 대상의 색깔에 내속하는 유개념과는 더욱 더 간접적인 관계를 지닌다.

감각과 대상의 접촉에는 6종이 있다고 말한다. 첫번째는 우리가 실체인 항아리를 지각할 때와 같은 단순한 결합 관계이다. 두번째는 결합 관계에 있는 것에 내속(saṁyukta-samavāya)으로, 우리가 항아리의 색깔과 같은 실체의 속성 혹은 유개념을 지각하는 경우이다. 세번째는 우리가 실체의 속성의 유개념 혹은 항아리의 색깔의 유개념을 인식하는 경우와 같이, 결합 관계에 있는 것에 내속하는 것에 내속(saṁyukta-samaveta-samavāya)이다. 네번째는 내속이다. 우리가 소리의 속성을 인식하는 것은 이 경우에 해당한다. 이때 청각과 소리의 관계는 내속의 관계이다.[원주98] 다섯번째는 내속하는 것에 내속(samavetasamavāya)으로, 소리의 속성의 유개념과 같이 실체에 독립적인 속성의 유개념을 인식하는 경우를 말한다. 마지막으로 여섯번째는 한정과 피한정의 관계(viśeṣaṇatā)이다. 우리가 항아리의 부재를 지각할 때 이 경우의 예를 본다. 왜냐하면 항아리의 비존재의 한정을 견지하는 땅과 우리의 눈이 집촉하기 때문이다. 접촉은 두 가지 형태로 표현될 수 있을 것이다. 즉 땅은 주어로 그리고 항아리의 부재는 한정으로 사용되어 "땅은 항아리의 부재에 의하여 한정된다"(ghaṭābhāvavad bhūtalam)고 표현되거나, 그 관계를 역으로 하여 "땅 위에는 항아리의

[원주97] 소리의 경우는 예외이다. 그것은 비록 속성이라 할지라도, 그것만으로 지각된다.
[원주98] 청각 기관은 귓구멍 속에 가두어진 에테르(ākāśa, 虛空)이며, 소리(śabda)는 에테르의 속성이다.

98

부재가 있다"(bhūtale ghaṭābhāvo'sti)고 표현될 수 있다. 전자의 경우 부정은 접촉 중에 있는 것, 즉 눈이 닿아 있는 땅에 대한 한정을 형성하며(saṁyukta-viśeṣaṇatā), 후자의 경우 부정은 접촉 중에 있는 것에 의하여 한정된다(saṁyukta-viśeṣyatā).[원주99]

이러한 구분들은 실재의 본질에 관한 니야야의 형이상학적 전제들에 의거한 것이다. 그리고 그 사물들, 속성들, 그리고 관계들은 대상 세계에 속한다. 니야야는 바이셰쉬카와 마찬가지로 실체, 속성, 운동, 보편, 특수, 내속, 비존재가 있다는 것을 상정한다. 크기를 지니는 실체는 그것이 색깔을 띤다는 것을 조건으로 하여 시각에 지각된다.[원주100] 접촉의 형태는 결합 관계이며, 시각과 대상은 실제로 접촉하게 된다고 말한다. 신 니야야에 따르면 촉각 또한 실체를 파악한다. 속성과 운동은 접촉의 두번째 형태에 의하여 지각된다. 보편은 그것이 실체, 속성, 혹은 운동의 보편인가에 따라서 접촉의 두번째 혹은 세번째 형태에 의하여 지각된다. 니야야는 내속 자체가 지각의 문제라고 주장함에 비하여, 바이셰쉬카는 그것을 내속의 대상으로 간주한다. 비존재는 접촉의 여섯번째 형태에 의하여 파악된다.

쿠마릴라(Kumārila)와 베단타의 계승자들은 비지각(非知覺, anu-palabdhi)을 하나의 독자적인 인식방법으로 보는 견해를 채택한다. 쿠마릴라에 의하면, 우리가 항아리의 비존재를 파악할 때, 각기 다른 두 가지 형태의 인식, 즉 항아리가 놓였던 바닥에 대한 긍정적인 인식과 항아리의 부재에 대한 부정적인 인식을 지닌다. 니야야 학자들은 항아리의 비존재가 텅 빈 바닥에 의하여 한정되며, 이와 같이 한정된 바닥이 지각된다고 믿는다. 만일 우리는 오직 감관과 접촉하는 대상만 지각할 수 있으며 사물의 부재와 감관 사이에는 아무런 접촉도 있을 수 없다고 비판한다면, 니야야 학자들은 비판가들이 감관과 대상의 접촉 관계를 단지 결합 관계와 내속의 관계 두 가지에만 국한시키고 있는 잘

[원주99] Keith, *Indian Logic and Atomism*, p.77.
[원주100] 『바이셰쉬카 수트라』, iv.1.6.

못을 범하고 있다고 말할 것이다. 비존재의 경우에는 이 두 가지 관계 모두가 불가능하다. 왜냐하면 결합 관계는 오직 두 실체들 사이에만 가능하며 비존재는 실체가 아니기 때문이다. 또한 비존재는 어떤 것과 불가분적으로 연결되어 있지 않으므로, 내속은 불가능하다.[원주101]

불교 논사들에 따르면, 무(無)에 대한 지각은 무의 존재를 의미하는 것이 아니라, 무의 토대인 '어떤 것'의 존재를 의미할 뿐이다. 항아리가 없는 바닥에 대한 긍정적인 지각은 항아리의 무에 대한 지각과 혼동된다. 그러나 니야야는 긍정적인 사물들에 대한 지각이 부정적인 사물들에 대한 지각과 마찬가지로 하나의 사실이라고 주장한다. 만일 바닥 위의 항아리에 대한 비지각이 항아리 없는 바닥에 대한 지각이라고 말해진다면, 이렇게 물을 것이다. 항아리 없는 이 존재는 바닥과 동일한 것인가 아니면 다른 것인가? 그 둘은 동일할 수 없다. 만일 항아리 있는 바닥과 항아리 없는 바닥 사이에 차이가 있다면, 하나는 다른 하나와 마찬가지로 지각에 의하여 파악될 것이다.[원주102]

[원주101] 한정-피한정의 관계에 대한 니야야의 견해는, 그것이 엄격한 의미에서 관계가 아니라는 이유로 비판된다. 다시 말하여 한정-피한정의 관계는 그것 자체와 구별되는 두 가지 사물에 존재하는 것이 아니라는 것이다. 관계는 관계되는 두 가지 사물과 다르며, 그 둘 사이에 존재하는 어떤 것이다. 결합 관계는 북이나 북채와는 구별되는 것이며, 그 둘 사이에 존재하는 어떤 것이다. 그러나 한정-피한정의 관계는 이러한 성격의 것이 아니다. 나무 막대기를 나르고 있는 어떤 사람의 경우에, 나무 막대기에 속하는 한정성은 나무 막대기 자체와 구별되지 않으며, 그 사람의 피한정성은 그 사람과 구별되지도 않는다. 한정 및 피한정은 나무 막대기 및 사람 자체와 동일하다.

비존재의 경우에 그것은 한정인 동시에 피한정이어야 한다. 왜냐하면 어떤 실체나 속성 혹은 운동이 비존재 속에 존재하는 것은 불가능하기 때문이다. 따라서 비존재에 귀속되는 한정성은 그 자체로 물든 인식을 야기시킬 수 있도록 그 자체의 형태로 있어야 한다. 그러므로 어떤 관계도 불가능한 비존재는 감각에 의하여 지각될 수 없다고 말해진다. 강게샤는 동일한 수단이 어떤 대상의 존재뿐만 아니라 그것의 부재를 지각할 수 있게 만든다는 견해를 채택한다. 비존재는 비지각으로부터 추론의 결과가 아니라, 지각의 한 대상이다.

[원주102] 『니야야빈두』(*Nyāyabindu*), p.11 및 『니야야만자리』, pp.53~57.

불교 논사들은 시각 기관과 청각 기관이 직접 그 대상에 접촉하는 것이 아니라, 어느 정도 떨어진 거리에서 대상을 파악한다고 이해한다. 이 감관들은 대상과 접촉하지 않고 그것을 파악할 수 있다. 니야야 학자들에 의하면, 시각 기관은 눈동자 혹은 동공이 아니다. 눈은 단지 불빛(tejas) 같은 본질을 지니는 시각 기관의 토대(adhiṣṭhāna)일 뿐이며, 시각 기관의 빛은 동공에서 곧장 나아가 대상과 직접 접촉하게 된다. 이런 이유로 우리는 방향, 거리, 위치에 대한 시각적인 지각을 직접적으로 지닐 수 있다.[원주103]

불교 논사들은 다음과 같은 이유로 니야야의 견해를 부정한다. 1) 시각 기관은 우리가 대상을 보는 눈의 동공이며, 동공은 눈에서 떠나 떨어져 있는 대상과 접촉할 수 없다. 2) 시각 기관은 산 등과 같은 그 자체보다 훨씬 큰 대상들을 파악하는데, 만일 시각 기관이 대상과 직접 접촉하여 그것을 파악한다면 이러한 일은 있을 수 없다. 3) 시각 기관은 나무 꼭대기를 보든 달을 보든 동일한 시간을 소요하는데, 이것은 눈이 대상을 향하여 나아갈 필요가 없다는 것을 보여준다. 4) 눈은 대상으로 나아갈 수 없다. 만일 그렇지 않다면, 유리, 운모 등과 같이 투명한 물체 뒤에 있는 대상을 파악하는 것에 대해서는 설명이 불가능하게 된다. 거리와 방향에 대한 시각적인 지각은 직접적인 것이 아니라 후천적인 것이다.[원주104] 우다야나는 자신의 『키라나발리』(*Kiraṇāvali*)[원주105]

[원주103] 『니야야바룻티카』, i.1.4. 시각 기관이 하나인지 혹은 둘인지에 대한 흥미로운 질문이 논의된다. 바트시야야나는 그것이 둘이라고 보며, 우리가 어떤 사물을 우선 한쪽 눈으로 본 다음에 다른 한쪽 눈으로 볼 때, 우리는 그 사물을 이전에 보았던 것과 동일한 것이라는 재인식을 지니게 되는데, 이것은 다만 공통된 지각자가 있다는 것을 보여줄 뿐이다. 웃디요타카라는 이 견해를 받아들이지 않는다(『니야야 바쉬야』 및 『니야야바룻티카』, iii.1.7, 11을 보라).

　데카르트는 우리의 두 눈 혹은 두 귀에 주어지는 두 가지 분리된 인상들이 어떻게 그리고 왜 결합되어 마음에 하나의 감각을 제공하는가에 대하여 고심했다. 그는 이러한 현상이 뇌의 송과선(松果腺)에 있는 하나의 좁은 통로로 설명될 수 있다고 생각했다(『니야야 바쉬야』, iii.1.38~49).

[원주104] 『니야야바룻티카』, i.1.4. 또한 『비바라나프라메야상그라하』(*Vivaraṇapra-*

에서 불교의 비판에 대한 대답을 시도한다. 1) 대상을 파악하거나 드러내는 것은 무엇이나 반드시 그 대상과 접촉하지 않으면 안된다. 등불은 대상과 접촉함으로써 그것을 비춘다. 이와 같이 빛의 본질을 지니는 시각 기관 또한 동공에서 나아가 대상에 닿는다. 2) 동공에서 나오는 빛은 대상에 뻗쳐 그것을 덮으며, 그것은 시야와 동일한 연장을 지니게 된다. 3) 비록 우리가 쉽게 느낄 수는 없지만, 가까이 있는 대상과 멀리 있는 대상을 파악할 때 걸리는 시간은 다르다. 우리가 눈을 뜨는 동시에 멀리 떨어져 있는 달을 볼 수 있는 것은, 빛의 운동이 상상을 초월할 정도로 빠르기 때문이다. 동공에서 나오는 눈빛이 외부의 빛과 섞이게 되어 가깝고 먼 대상들과 동시에 접촉하게 된다는 주장은 받아들일 수 없다. 왜냐하면 만일 이러한 견해가 옳다면 우리는 시야에서 가려진 대상들, 심지어는 등뒤에 있는 대상들도 파악할 수 있어야 하지만, 이것은 현실적으로 불가능하기 때문이다. 4) 유리, 운무 등은 본질적으로 투명하며, 따라서 빛의 통과를 가로막지 않는다.

푸르바 미망사는 모든 감관이 파악하는 대상과 접촉하게 된다(prā-pyakāri)는 니야야의 견해에 동의한다. 청각의 경우에 어떤 장소에서 출발하는 소리는 일련의 음파로 대기를 통하여 이동하며, 청각과 마지막 소리가 만난다. 소리는 그 진원지로부터 연속적으로 전파되는데, 이것은 물결이 퍼져나가는 것 혹은 사방으로 꽃실이 뻗어나가는 것에 비유할 수 있을 것이다.[원주106] 우리가 소리로부터 방향 감각을 지닐 수 있

---

meyasaṁgraha), pp.187 ff를 보라.

[원주105] Bibl. Ind. ed., pp.286 ff.

[원주106] 자야나라야나(Jayanārāyaṇa)의 『비브리티』(Vivṛti), ii.3.7을 보라. 쿠마릴라는 다음과 같은 이유로 이 견해를 비판한다. 아카샤(ākāśa, 虛空)는 하나요 보이지 않는 것이므로 모든 귀는 동일하게 자극받아야 하며 모든 소리는 모두에게 들려야 한다. 또한 만일 한 사람이 귀머거리라면, 모두가 귀머거리여야 할 것이다. 뿐만 아니라, 만일 파동의 전달이 소리에 영향받지 않는 아카샤에서 발생한다면, 바람에 실려오는 소리는 그 반대의 경우보다 훨씬 먼 거리에서도 들리는 것은 설명하기 어렵다.

는 것은, 다양한 원천들이 소리를 한정하여 청각 기관의 특정 부분들이 작용하도록 일깨워지기 때문이다. 후각의 경우에는 대상의 작은 입자들이 공기를 통하여 코에 전해진다. 대상과 감각의 단순한 접촉도 마치 잠자는 사람이 천둥소리를 들을 때처럼 지각을 일깨우기에 충분하다.[원주107]

가우타마에 의하면, 지각적 지식의 본질 가운데 첫번째 특징은 말로 표현되지 않는다는 것이다(avyapadeśyam). 사물은 반드시 이름이 지니는 것으로 지각되는 것은 아니다. 그 이름은 사회적인 통용에 대한 가치를 지니지만, 대상이 지각될 때 반드시 효력을 발휘하는 것은 아니다. 자얀타가 언급하는 한 유명한 스승에 의하면, 지각은 이름이 필수 불가결의 요소로 작용하는 모든 인식을 배제한다.[역주15] 만일 어떤 사람이 과일을 보고 그 본질을 경험한다면, 그것은 하나의 지각이다. 그러나 만일 그가 어떤 다른 사람으로부터 그 과일이 인도빵나무 과일이라고 듣는다면, 그것은 지각이 아니라 언어상의 인식일 뿐이다.[원주108] 바트시야야나의 주장에 의하면, 대상은 그것의 이름에 대한 이해의 유무에 관계없

[원주107] 『니야야 바쉬야』, ii.1.26. 그것은 자아의 노력(prayatna)에 기인하는 것이 아니므로 비자발적인 것이며, 따라서 그것은 불가견력(不可見力, adṛṣṭa)에 그 원천이 있다(『니야야 비쉬야』, ii.1.29).

[역주15] 이 점에서 우리는 지각에 대한 가우타마의 정의가 '지각 그 자체'와 '지각상태에 대한 언어적 표현' 사이의 구분에 세심한 주의를 기울이고 있다는 것을 알 수 있다.

[원주108] 샤브디카(Śābdika)들의 주장에 의하면, 모든 지각의 대상은 대상을 가리키는 말(vāgrūpaṁ tattvam)이라고 주장한다. 자얀타는 이 견해를 비판한다(『니야야만자리』, p.99). 또한 바차스파티는 묻는다. 만일 대상이 이름과 동일하다면, 그것이 영원한 소리와 동일한가 아니면 사회 관습상의 소리와 동일한가? 지각된 대상은 지각되지 않는 소리와 동일할 수 없으며, 또한 이름과 동일할 수도 없다. 왜냐하면 아이들은 이름을 모르고도 대상을 지각하기 때문이다. 이와 같이 말의 의미를 모르는 사람들은 비결정적인 지각을 지닌다. 심지어 그것을 아는 사람들도 처음에는 비결정적인 지각을 지니며, 이것은 이전에 지각된 이름의 무의식적인 인상을 되살아나게 한다. 이로써 비결정적인 지각은 결정적인 것으로 된다(『니야야바룻티카타트파리야티카』, i.1.4).

이 파악될 수 있다. 대상의 이름에 대한 파악이 있는 경우에 우리는 결정적인 지각을 지니며, 그렇지 않은 경우에는 비결정적인 지각을 지닌다.[원주109] 말로 표현되지 않는(avyapadeśya) 것과 정의가 명확한(vyavasāyātmaka) 것의 구별은 비결정적인(nirvikalpaka) 것과 결정적인(savikalpaka) 것의 구별과 동등하다고 생각된다.

바트시야야나와 웃디요타카라는 이 구분에 대해서 언급하지 않으며, 이에 대하여 언급하고 있는 바차스파티는 그것을 자기의 스승 트릴로차나(Trilocana)[원주110]의 것으로 돌린다. 바사르바갸(Bhāsarvajña), 케샤바 미슈라(Keśava Miśra), 안남 밧타, 상키야 및 바이세쉬카의 후계자들 그리고 쿠마릴라 등의 모든 후기 논사들은 그것을 받아들인다. 가우타마의 정의는 모든 지각적 인식을 결정적인 것으로 간주하는 것 같다. 그는 만일 우리가 멀리 떨어져 있는 대상에 대하여 그것이 사람인지 기둥인지 혹은 먼지인지 연기인지 미심쩍어 한다면, 우리는 지각을 지니지 않는다고 말한다. 이와 마찬가지로 모든 지각에서 우리는 지각되는 대상뿐만 아니라 지각하는 주체를 의식한다고 주장하는 자이나교도들은 비결정적인 지각의 가능성을 부정한다.

결정적 지각은 지각된 대상이 속하는 유개념에 대한 인식, 개별 대

[원주109] 『니야야 바쉬야』, i.1.4. 또한 『니야야만자리』, p.99를 보라. 자얀타에 의하면, 비결정적인 지각은 대상을 가리키는 말 혹은 이름을 파악하지 못한다. 말은 시각적인 지각의 대상이 아니며, 만일 부호와 그 부호로 나타내지는 것의 관계가 파악되지 않고 나머지의 흔적이 되살아나지 않는다면 그 말에 대한 파악은 있을 수 없다. 결정적인 지각은 언어적인 이미지들과 혼합되지만, 비결정적인 지각은 그렇지 않으며, 보편·속성 등에 대한 파악에서는 결정적인 지각과 비결정적인 지각 사이에 아무런 차이가 없다. 바르트리하리(Bhartṛhari)는 언어가 없으면 생각도 있을 수 없다고 믿으며, 따라서 그에게는 모든 언어에 독립적이라고 말해지는 비결정적인 지각은 불가능하다(『니야야바룻티카타트파리야티카』, i.1.4).

[원주110] 라트나키르티는 『아포하싯디』(*Apohasiddhi*)와 『크샤나방가싯디』(*Kṣaṇabhaṅgasiddhi*)에서 이 저자를 언급한다. *Six Buddhist Nyāya Tracts*(ed. by M. M. Haraprasād Śāstri)를 보라. 비슈와나타(Viśvanātha)는 비결정적인 것과 결정적인 것의 구분을 양자 택일적인 설명이라고 말한다. 그의 『니야야수트라브릿티』, i.1.4를 보라.

상을 등류(等類)의 다른 것들과 구별하는 특수한 속성에 대한 인식, 그리고 유개념과 특수한 속성의 연합에 대한 인식을 의미한다. 이와 같은 유개념, 차이점, 그리고 그 둘의 연합에 대한 명백한 인식은 비결정적 지각에는 없다.[원주111] 비결정적 지각과 결정적 지각의 구분은, 대상에 대한 막연한 앎과 그것에 대한 지식의 구분 혹은 단순 파악과 개념적 파악의 구분과 대체로 일치한다.

초기 바이셰쉬카에 따르면, 비결정적 지각은 대상의 일반적 속성과 특수한 속성의 차이에 대한 인식없이 그것을 즉각적으로 인식하는 것이다. 결정적 지각에서는 일반적 속성과 특수한 속성의 차이가 파악되며, 대상은 어떤 명확한 범주에 속하는 것으로 지각된다.[원주112] 바차스파티는 비결정적 지각에서 우리가 대상의 속성을 지각하지만, 그것을 주어-술어의 관계(viśeṣaṇa-viśeṣya-bhāva)로 대상과 관련짓는 것은 결정적 지각에서라고 생각한다. 슈리다라(Śrīdhara)는 이 견해에 찬성한다. 프라바카라는 초기 바이셰쉬카의 입장을 지지하여, 비결정적 지각에서는 대상의 단순한 형체(svarūpamātra)가 파악될 뿐이라고 주장한다. 비록 우리가 일반적인 측면과 특수한 측면을 지각한다 할지라도, 우리가 결정적 지각에서 지니는 것과 같은, 그 둘에 대한 차별적 파악은 없다. 강게샤는 비결정적 지각을 상호 무관한 것으로서의 대상과 그 일반적 특성에 대한 지각으로 정의한다. 대상과 감관, 말하자면 항아리와 눈의 접촉 직후에 그 항아리는 항아리의 범주에 속하는 것으로 지각되지 않는다.[원주113] 우리가 결정적 지각을 지닐 때, 대상과 그것이 속

[원주111] 『타르카바샤』에 의하면, 비결정적 지각에서 비록 자아는 마음과 접촉하고, 마음은 감각과 접촉하며, 감각은 대상과 접촉하고 있다 할지라도, 그럼에도 불구하고 대상이라는 최후 요소는 2차적이다. 이에 비하여 결정적 지각의 경우에 그것은 1차적인 것이 된다.

[원주112] 『니야야칸달리』(*Nyāyakandalī*), p.190. 프라바카라(Prabhākara)와 파르타사라티(Pārthasārathi)는 이 견해를 지지한다. 이들에 의하면, 결정적 지각이란 감각 표상과 기억 이미지의 합성이다.

[원주113] Prathamato ghaṭaghaṭatvayor viśiṣṭānavagāhy eva jñānaṃ jāyate, tad

해 있는 유개념의 관계도 파악된다. 안남 밧타에 의하면, 비결정적 지각은 전혀 한정되지 않은 대상에 대한 지각이며, 이에 비하여 결정적 지각은 한정되는 대상과 이름이나 종류 등과 같은 한정사의 관계를 파악하는 것이다.[원주114]

결정적 지각에 대한 이러한 분석은 지각 행위에 개입되는 개념 작용과 판단의 요소를 분명히 한다. 우리는 먼저 지각한 후에 개념 작용을 하고 그런 다음에 판단한다고 보는 심리적인 계단 이론(psychical staircase theory)의 오류는 피해간다.

비결정적 지각에 대한 다소 불만족스러운 다른 견해가 신 니야야에서 모색된다. 의식에 나타나는 것은 결정적 지각이며, 우리는 이로부터 비결정적 지각의 존재를 짐작한다. 대상이 어떤 특성들에 의하여 한정된 것으로 파악되는 결정적 지각은 그러한 특성들에 대한 비결정적 지각을 전제로 한다. 그렇지 않다면 결정적 지각은 불가능하다. 만일 그 특성들에 대한 지각 또한 결정적이라면, 그것은 특성의 특성들에 대한 지각을 의미할 것이며, 이러한 소급은 무한대로 이어질 것이다. 그것을 피하기 위하여 우리는 비결정적 지각을 상정한다.[원주115]

---

eva nirvikalpam. 『싯단타무크타발리』(*Siddhāntamuktāvali*), p.58을 보라.

[원주114] 그는 또한 비결정적 지각을 양태 없는(niṣprakārakam) 것으로, 그리고 결정적 지각을 양태 있는(saprakārakam) 것으로 이해한다. 여기서 양태는 특정한 인식의 특성이며, 그것은 이떤 인식을 여타의 인식과는 다른, 어떤 특정한 대상에 대한 인식으로 차별화한다.

[원주115] *Indian Logic and Atomism*, pp.72~73. 안남 밧타는 『디피카』(*Dīpikā*, 42)에서 말한다. "Viśiṣṭajñānam viśeṣaṇajñānajanyam, viśiṣṭajñānatvāt, daṇḍīti jñānavat. Viśeṣaṇajñānasyāpi, savikalpakatve, anavasthāprasaṅgān nirvikalpakasiddhiḥ." 또한 『싯단타무크타발리』, 58을 보라. '비쉬슈타갸냐'(viśiṣṭajñāna, 限定知)는 속성(viśeṣaṇa)에 의하여 한정된 것으로서의 어떤 실체(viśeṣya)에 대한 판단 혹은 지식이다. 니야야는 그와 같은 지식(이것은 항아리이다, ghaṭo 'yam)이 가능하기 위하여 우선 속성으로 한정되는 실체(항아리, ghaṭa)에 우리의 감관이 접촉해야 할 뿐만 아니라, 그 속성(항아리性, ghaṭatva)에 대한 사전 인식이 우리에게 있어야 한다고 주장한다. 이러한 사전 인식은 기술적으로 비한정적(nirvikalpaka)이라고 불리며, 직접적으로 알려지는 것이 아니라(atīndri-

어떤 니야야 학자들은 비결정적 지각을 추론의 문제로 간주하는 것이 아니라, 우리에게 단지 대상이 존재한다는 것을 전하는 의식의 한 상태로 간주한다.[원주116] 비결정적 지각을 의식의 한 사실로 받아들이는 사람들은 그것으로 어떤 막연한 파악을 의미하며, 이에 비하여 그것을 결정적 의식에서 도출하는 추상으로 간주하는 사람들은 그것을 비결정적이라 불리는 추상적인 속성들에 대한 앎과 동등하다고 생각한다. 왜냐하면 자기 원인적인 재인식(anuvyavasāya)이란 있을 수 없기 때문이다.

그러나 니야야의 주된 경향은 비결정적 지각을 모든 인식의 출발점—비록 그 자체로 인식은 아니라 할지라도—으로 간주하는 것이다. 그것은 대상에 대한 즉각적인 파악이며, 엄격한 의미에서의 인식은 아니다. 그것은 일치와 구분, 분석과 종합의 작용이 없는 무차별적·비관계적 의식의 상태이다. 그것은 막연하고 불분명하며, 언어적인 표상으로 물들지 않은 것으로 간주될 수 있을 것이다. 결정적 지각은 동일화 및 차별화의 결과들로 물든 의식의 매개적·차별적·관계적인 양태이다. 그것은 명료하고 구체적이며 결정적이다. 유적(類的) 특성과 관계들은 결정적 의식에서 현저하고 분명하게 나타나지만, 비결정적 의식에서는 단지 막연하고 불분명하게 나타날 뿐이다. 이 견해는 파르타사라티 미슈라(Pārthasārathi Miśra)에 의하여 지시된다.

비결정적 지각 혹은 감각적 경험과 결정적 지각 혹은 지각적 판단은 본질적으로 동일한 한 과정의 미발달된 유형과 발달된 유형이다. 비결정적 지각은 즉각적이고 막연하며 제임스(William James)의 표현대

---

yam) 추론된다. 푸르바 미망사와 베단타는 속성에 대한 사전 인식의 필요를 부정하며, 감각이 속성과 그 실체 모두에 접촉한다고 주장한다. 심리학에서는 우리가 먼저 순수한 항아리성에 대한 비결정적 지식을 지니게 된다는 것을 인정하지 않는다. 보편 관념들이 의식 속에 먼저 나타나는 것은 아니다. 인식은 비결정적인 것에서 결정적인 것으로 발전한다. 항아리의 개념은 지각적인 판단에 논리적으로 선행할 뿐이며 그렇다고 하여 시간적으로 선행하는 것은 아니다.

[원주116] 『니야야사라』, p.3, p.4, pp.84~86.

로 '언어에 물들지 않은 있는 그대로의 경험'이기 때문에, 참과 거짓에 대한 구별은 그것에 적용되지 않는다.[원주117] 콩디야크(Condillac)의 말대로, "우리가 불빛을 보는 첫 순간에, 그것을 본다기보다 우리는 그것이다"(We *are* it rather than *see* it).[원주118] 그러므로 단순한 파악에서 오류의 가능성은 전혀 없다. 논리적인 문제는 파악되는 실체에 어떤 술어가 주어지는 지각적 판단에서 일어난다. 여기서 우리의 판단은 파악되는 대상에 일치할 수도 있고 일치하지 않을 수도 있을 것이다. 우리가 "저것은 사람이다"라고 말할 때 그것이 '저것'이라고 불리는 한에서는 참이지만, 그것이 '사람'으로 묘사되는 한에서는 참일 수도 있고 거짓일 수도 있다.[원주119]

불교 논사들의 주장에 따르면, 결정적 지각은 선입견에 물든 간접적인 인식이며, 이에 비하여 비결정적 지각은 선입견이 없다(kalpanā-podham).[원주120] 후자는 대상을 한정짓는 요소들, 다시 말하여 유개념,

---

[원주117] 닐라칸타(Nīlakaṇṭha)의 『타르카상그라하디피카프라카샤』(*Tarkasaṁgraha-dīpikāprakāśa*)를 보라.

[원주118] James, *Principles of Psychology*, vol.ii, p.4. 또한 『니야야 바쉬야』, iv.2.37을 보라.

[원주119] 『니야야 바쉬야』, iii.2.37.

[원주120] 다르마키르티에 의하면, 관념 구축(kalpanā)은 대상에 이름을 부여하는 사유 작용이다. Abhilāpasaṁsargayogyapratibhāsapratītiḥ kalpanā. 그것은 대상에 말을 관련지을 수 있는 지식이다. 자얀타는 어떤 대상을 그것에 부속하는 것들, 예컨대 유개념(jāti), 속성(guṇa), 운동(kriyā), 이름(nāma), 실체(dravya) 등과 관련짓는 것이 관념 구축이라고 말한다(『니야야만자리』, p.97). 불교 논사들에 의하면, 개체와 유개념, 특수와 보편, 실체와 속성 간에 아무런 차이도 없다. 우리는 개체인 소와 별개로 소의 유개념을 지각하거나, 소의 속성과는 별개로 그것의 실체를 지각하지 않는다. 운동이 운동자와 별개라고 할 수도 없다. 우리가 어떤 대상에 이름을 부여할 때, 우리는 서로 다른 것들을 동일화한다. 우리가 "이것은 차이트라(Caitra)이다"라고 말할 때, '이것'은 하나의 대상과 언어상의 '차이트라'를 가리키며, 우리의 판단은 그 둘을 동일시한다. 이와 마찬가지로, 실체의 범주는 본질적으로 다른 대상들에게 동일성 혹은 상호 내속성(內屬性)을 부여한다. "이것은 막대기를 지닌 사람이다"라는 판단의 경우에, '사람'과 '막대기'—이 둘은 본질적으로 서로 다르다—는 동일한 토대에 내속하는 것으로 말해지고 있다. 그러므로

실체성, 속성, 운동, 이름 등을 파악하는 것이 아니라, 단지 대상의 개체적인 특수성(svalakṣaṇa)을 감지할 뿐이다.[원주121] 우리가 접촉하는 실재는 말로 표현할 수 없으며, 우리가 표현하는 것은 그 자체의 영역으로 개념들을 지닌다.

다르마키르티는 말한다. "지각의 대상은 그 자체(svalakṣaṇa)와 같은 것이며, 그 반면에 매개적인 인식의 대상은 그것의 유개념(sāmānyalakṣaṇa)의 하나와 같은 것이다. 주어지는 것은 유일·특수하고 찰나적인 것이지만, 알려지는 것은 보편적이며 지속적인 것이다.[원주122] 감지되는 실재에 대하여 어떤 것을 말할 때, 우리는 그것을 그것 이외의 다른 어떤 것과 관련짓고 있으며, 따라서 실재 자체는 지성의 고안물에 가려져 그 본질을 잃어버린다. 다르못타라는 심지어 어머니의 젖가슴에 대한 갓난아이의 두번째 인식도 그 이전의 경험에 의하여 한정되며, 따라서 순수하거나 비결정적인 것이 아니라고 주장한다. 칸트가 말하는 것처럼, 모든 형태의 관계는 우리의 마음이 주어진 요소들을 지식의 대상으로 만들기 위하여 부과하는 형식들이다. 결정적 지각에서 우리는 실재를 그 양태에서 잡아채며, 따라서 그것은 쓸모없는 것으로 말해진다.[원주123]

디그나가는 실체, 속성, 운동에 대한 모든 지식을 거짓으로 간주해버린다.[원주124] 외부의 대상들은 찰나저이며 따라서 알려질 수 없다.[원주125]

이 범주들은 관념으로 만들어진 가상적인 구성물이라고 주장된다(같은 곳).

[원주121] Sajātīyavijātīyaparāvṛttaṁ svalakṣaṇam(『니야야만자리』, p.97).

[원주122] 『샤스트라디피카』(Śāstradīpikā)는 보편이 비실재적인 공상의 산물이라는 견해를 보인다. "보편은 단지 불확실한 가현일 뿐이며, 또한 거짓이다"(Vikalpākāramātraṁ sāmānyam, alīkaṁ vā, p.278).

[원주123] 그러나 칸트는 불교에서 생각하는 것과 같은, 있는 그대로의 순수한 차별이 직관되는 비결정적 지각의 가능성을 부정한다. 이것은 그가 "개념 없는 지각은 맹목이며, 지각 없는 개념은 공허하다"라고 한 점에서 분명하다. 한편, 칸트의 이 입장은 지각의 판단과 경험의 판단을 구별하는 초기 *Prolegomena*(18)의 견해와 모순된다.

[원주124] Ui, *Vaiśeṣika Philosophy*, p.67을 보라.

구성적인 상상은 찰나적인 단계를 과거에 의하여 관통되고 미래로 투사하는 하나의 연속으로 만든다. 비실재(an-artha)는 사유의 세계이다. 완전한 실재(paramārthasat)는 느껴지는 감각이다.[원주126] 전체적인 입장은 이러한 사상가들의 형이상학적인 전제에 의하여 결정된다. 디그나가는 모든 지식을 순전히 정신적인 것으로 보는 주관론자이다. 비록 지각의 사실들은 그로 하여금 우리가 아무리 순간적이지만 어떤 실재와 접촉하게 된다는 것을 인정하도록 강요한다 할지라도, 실재의 본질에 관한 문제는 그의 경우 결정되지 않은 상태로 남는다. 경량부(Sautrāntika, 經量部) 성향의 다르마키르티는 지각에서의 변화를 설명하기 위하여 정신 외적인 실재들을 받아들인다. 그러나 그에게서 이러한 실재들에 대한 인식을 가능하게 하는 것은 바로 그 실재들의 찰나성이다.

니야야 학자들은 불교의 입장에 엄한 비판을 가한다. 웃디요타카라는 본질적으로 특수하고, 그 자체만으로 인식되며, 어떤 이름이나 유개념과도 연합되지 않은 순수 감각적 인식은 불가능하다고 주장한다. 어떤 대상에 대한 우리의 인식은 반드시 유적(類的) 형태를 띤다.[원주127] 오직 특수 개별자들만 존재하므로 모든 보편자들은 상상의 산물이라는 불교의 견해는 니야야 학자들에 의하여 부정된다. 니야야 학자들에 의하면, 보편자는 그것이 내속의 관계로 존속하는 개별자와 마찬가지로 실재적이다. 이 관계는 직접적으로 지각되거나, 우리가 실재적인 등류(等類)를 형성하는 개별자들을 의식한다는 사실로부터 추론된다. 궁극적으로는 그 자체를 우리의 의식 속에 드러내고 또한 우리의 의식을 한정하는 사물의 본질에 호소한다. 관계는 소여에 가탁(假託)되는 것이 아니라, 실재의 본질 안에서 관찰된다. 우리의 오성이 하는 전부는 실재의 충만 속에서 관계를 발견하는 것이다. 만일 실재는 본질적으로

[원주125] Kṣaṇasya (jñānena) prāpayitum aśakyatvāt(『니야야빈두티카』, p.16).
[원주126] 『니야야빈두』, p.103.
[원주127] 『니야야바룻티카』, i.1.4.

모든 관계를 배제하고 지식의 대상은 관계적이라면, 우리는 물(物)자체와 현상에 대한 거짓된 분석을 받아들이게 될 것이다. 알려진 대상은 대상 그 자체가 아니라 매개물에 불과하며, 인식주체와 자극하는 대상 사이에 삽입된 이도 저도 아닌 제3의 것이다.

그러나 앞에서 본 것처럼 니야야는 비결정적 지각을 본질적으로 결정적 지각과 동일한 것으로 간주한다. 관계는 무(無)로부터 돌연 나타나는 것이 아니다. 그것은 비결정적 지각에도 있지만, 다만 우리가 그것의 존재를 의식하게 되는 것이 결정적 지각에서일 뿐이다. 자얀타에 의하면, 결정적 지각의 대상은 비실재적이 아니다. 왜냐하면 그것은 비결정적 지각에서도 또한 파악되기 때문이다. 관념적 요소들이나 기억된 요소들은 감각 작용을 방해하지 않는다. 결정적 지각의 복합성은 논리적인 결함이 아니다. 그것에 포함되는 사고의 훈련은 논리적인 타당성을 강화시킨다. 설사 결정적 지각이 비결정적 지각에서 이미 파악된 것을 파악한다 할지라도, 그것이 곧 결정적 지각이 참이 아니어야 할 이유가 되는 것은 아니다. 진리이기 위하여 새로워야 하는 것은 아니다. 관념적 요소들은 순수한 공상(vikalpa)이 아니다. 직접적 지각의 대상인 보편은 이름뿐인 명칭이 아니다. 왜냐하면 그것은 심지어 이름이 없는 경우에도 파악되기 때문이다. 데칸에서 온 어떤 방문자가 북인도에서 낙타를 볼 때, 그는 설사 그 이름을 모른다 해도 낙타들의 보편성을 파악한다. 우리가 자신의 네 손가락을 지각할 때, 그 차별적인 속성뿐만 아니라 일반적인 측면도 파악한다. 만일 우리가 단지 대상의 특수한 개별성만 이해한다면, 우리는 두번째 단계를 첫번째 단계와 연관지을 수 없어야 할 것이다. 만일 두번째 경우가 지각될 때 첫번째 경우가 기억된다고 주장한다면, 자얀타는 첫번째 경우는 두번째 경우와 관련되어 있지 않으므로 첫번째 경우를 기억함으로써 얻는 것은 아무것도 없다고 말할 것이다. 만일 그것이 첫번째와 두번째 경우가 동일한 종류에 속하므로 두번째의 지각이 첫번째를 은연중에 시사한다는 것을 의미한다면, 첫번째 경우에도 개별성뿐만 아니라 보편성에 대한 인식이 있었다는 것이 명백해질 것이다.

비결정적 지각에는 보편과 특수에 대한 파악이 희미하게 있으며, 결정적 지각에서는 그것이 분명하고 현저하게 된다. 심지어 불교도들도 우리가 개체를 파악할 때 보편성의 개념(anuvṛttijñāna)을 지닌다는 것을 부정하지 않으며, 이러한 인식의 토대에 대하여 그것이 개체인가 아니면 그와는 다른 어떤 것인가, 영원한가 아니면 덧없는 것인가, 지각할 수 있는 것인가 아니면 지각할 수 없는 것인가 하는 문제들이 일어난다. 왜냐하면 만일 인식에 어떤 특성이 있다면, 이 특성에 상응하는 특성이 인식의 대상에도 있어야 하기 때문이다.[원주128] 그러므로 보편은 특수와 다르다. 특수한 개체는 사멸하고 태어나는 반면에 그것은 보편적이므로 영원하며, 지각할 수 있든 추론할 수 있든 실재적이다.[원주129] 결정적 지각은 대상과 감각의 직접적인 접촉에 의존하는 것이 아니라, 그 대상을 가리키는 말에 대한 기억에 의존한다는 주장은, 비록 결정적 지각은 감각 표상과 기억 이미지의 합성이지만 여기서 중요한 요소는 감각적 접촉인 반면에 명칭에 대한 기억은 보조적인 것이라는 근거에서 비판된다. 인식이 지각적인가의 여부는 말초적 자극의 존재 여부에 달려 있는 것이 아니다.[원주130]

[원주128] Viṣayātiśaya vyatirekeṇa, pratyayātiśayānupapatteḥ(『니야야만자리』, p.314).

[원주129] 『니야야만자리』, pp.309~311, pp.313~314를 보라. 니야야의 견해와 Saint Thomas의 견해를 비교하라. 후자에 의하면, 인식의 일차적인 대상은 감각과 오성이 필요 불가결한 역할을 하는 종합적 통일체이다. 개별화 혹은 양적인 특수화는 감각에서 나오며, 이에 비하여 질적인 통일은 오성에서 나온다. 인식의 대상은 그 안에 실체에 대한 직관과 특수한 속성에 대한 감각적 인식을 포함한다. 그것은 데카르트가 생각했던 것처럼 단지 실체에 불과한 것도 아니며, 그렇다고 하여 경험론자들이 믿었던 것처럼 단지 감각적 자료에 불과한 것도 아니다. 우리는 사물을 인식하며, 사물은 형체 없는 실체이거나 주관적인 상상도 아니다. 개체에서 보편을 분리하는 것은 사물에 내재한 그 두 가지의 통일을 놓치는 것이다.

[원주130] 『니야야칸달리』(Nyāyakandalī), p.193을 보라. 파르타사라티 미슈라는 말한다. "지각은 실로 결정적이며, 끊임없는 감각작용의 소산이며, 직접적인 현현성으로부터 생겨나는 것이다"(savikalpam api, anuparatendriyavyāpārasya, jāyamā-

우리는 여기서 불교와 니야야에 의하여 주창된 실재의 개념 간에 근본적인 차이가 있다는 것을 알게 된다. 전자에 의하면, 실재는 단일의 '이것'(this), 시간적인 연속이나 공간적인 연장도 없이 그 자체의 속성 속에 유폐된 찰나적인 단일자이다. "모든 것은 분리되어 있다"(sarvam pṛthak). 모든 유형의 관계는 상상에 의하여 피상적으로 뻗어나온 자의적인 망상(網狀) 조직이다. 한편 니야야 학자들은 존재하는 것은 찰나적인 속성이 아니라, 내부에 내용의 다양성을 지닌 개별자라고 주장한다. 다수성에도 불구하고 그것은 여전히 하나로 남아 있다. 그것은 다자(多者) 속의 일자(一者)이다. 다른 개별자들에 대하여 일자인 한에서 그것은 하나의 특수한 개체이다. 그러나 그것이 자체의 다양성을 통하여 다른 개별자들과 같은 것인 한에서는 보편적이며, 이러한 동일성은 그것을 등류(等類)의 한 구성 요소로 만든다. 모든 개별자는 이 두 측면 혹은 양상을 지닌다. 종착점이 없는 순전한 관계뿐 아니라 모든 차별을 배제하는 원자적 개체 또한 경험에서 검증될 수 없는 미신에 불과하다. 동일과 차별은 하나의 전체 속에 공존하는 구별 가능한 순간들이며, 차별 없는 동일 혹은 동일 없는 차별은 불가능하다. 현대

---

nam aparokṣāvabhāsatvāt, pratyakṣam eva, 『샤스트라디피카』(*Śāstradīpikā*), pp.103~104). 불교도들은 결정적 지각이 직접적(aparokṣa)이 아니거나 혹은 바로 직전의 비결정적 지각과 그것의 연결과는 성격이 다르다(viśada)고 주장한다. 그러나 이것은 하나의 추측이다. 프라바찬드라(Prabhācandra)도 불교의 견해를 비판한다. 희미함은 결정적 지각에 고유한 것이 아니다. 유리 혹은 운모에 가려진 원거리의 대상에 대한 인식은 그것이 결정적이든 비결정적이든 간에 흐릿하기는 마찬가지다. 만일 결정적 지각이 이미 파악된 것에 대한 지각이기 때문에 무가치한 것이라면, 추론 또한 무가치한 것이라고 해야 한다. 왜냐하면 추론은 인(因)과 소증(所證) 사이의 필연·불변적 수반관계에 대한 인식에서 이미 파악된 것을 파악하기 때문이다. 불교의 관점에서 보면 모든 대상은 찰나적이며, 따라서 그 어떤 지각도 가능하지 않다. 심지어 추론에서도 우리는 대상의 특수한 개별성을 파악하지 않지만, 이러한 사실이 추론적인 지식을 무가치한 것으로 전락시키지는 않는다. 언어 혹은 관념적 관계들의 개입은 지식의 타당성과 전혀 무관하다. 오류의 가능성은 결정적 지각과 비결정적 지각 모두에 공통적이며, 실제적인 효과성도 양자 모두에 있다.

심리학은 소여의 내용이 지각 가능한 속성과 관계의 두 측면을 지닌다는 니야야의 입장을 확실하게 한다.

피상적인 견해는 우리가 인식의 원료인 거친 감각적 인상들이 최고의 실재라고 생각하게 만든다. 그러나 인간의 단편적인 인상들이 사물의 여실한 실상이라는 입장은 받아들이기 어렵다. 자갈과 벽돌과 나무토막이 무질서하게 쌓여 있는 것이 집일 수는 없다. 느껴진 인상들은 지식이 아니다. 현재의 순간에 유폐된 유아론(唯我論)은 사색적인 삶을 공상적인 이야기로 전락시킴으로써 우리를 곧장 지적인 자살로 인도한다. 불교도들은 수동적인 자각을 실재에 대한 느낌과 동일시한다. 그들은 우리에게 반성(reflection)의 죄악에서 벗어나라고 촉구한다. 그러나 즉각성에 대한 그들의 희구는 순전한 편견이다. 사실에 대한 충실이 곧 반성으로부터의 자유를 의미하는 것은 아니다. 내가 내 앞에서 보는 것이 오렌지라고 말할 때, 나는 반성이라는 어리석은 행동에 제멋대로 탐닉하지 않는다. 통각작용은 인간 경험의 일상적인 기능이다. 인간의 마음은 감각들이 단순하게 걸어 들어가는 텅 빈 방이 아니다. 개개의 모든 지각은 자극에 대한 능동적인 반응의 결과이다. 우리는 태어날 때부터 사상가들이며, 우리가 받는 것을 해석하지 않을 수 없다. 감각은 우리와 초연하게 일어나지 않는다. 그것은 객관성에 대한 느낌을 가지고 우리에게 일어난다. 그것은 다른 요소들의 복합적인 집적에 의하여 생겨나며, 이러한 집적으로 둘리싸여 있다. 원자적인 '지금'이란 허구이며 존재를 지니지 않는다. 개개의 모든 순간들이 다른 순간들에 흘러들듯이, 공간 속의 개별적인 모든 점들은 그 주변의 다른 점들을 지닌다.

불교의 견해는 감각과 오성을 분리시키며, 그 둘을 전적으로 다른 두 가지 기능으로 만들어버린다. 경험 소여는 여러 형태로 결합되어 인식의 세계를 구축한다. 그것은 우리의 인식이 풀어내는 관계들을 지닌다. 우리는 인식 속에서 실재를 변형시키거나 만들지 않는다. 감각 차원에서 흐릿하게 지각되는 것은 우리가 오성의 차원으로 떠오를 때 명료하게 파악된다. 실재는 관계적이며 합리적이다. 실재의 완전한 본질은 그 자체를 감각에 드러내거나 오성에 드러내는 것이 아니라, 완전한 영혼에 드러낸다.

다르마키르티는 감각적 지각, 정신적 지각(manovijñāna), 자의식, 그리고 요가적 직관의 네 가지 지각을 인정한다. 감각적 지각은 감관에 의하여 매개된다. 정신적 지각은 감각적 지각과 하나의 연쇄에 속하며 감각적 지각의 다음 순간에 일어난다는 점에서 감각적 지각과 비슷한 것으로 말해진다. 그것은 잔상의 일종인 것처럼 보인다. 왜냐하면 다르마키르티는 다음과 같이 말하고 있기 때문이다. "정신적 지각은 시각 기관이 당분간 기능을 끝내지 않는 한 일어날 수 없다. 왜냐하면 만일 시각 기관이 활동적인 상태로 있는 한 우리는 형태에 대한 지각, 시각적이거나 감각적인 지각들을 계속하여 지닐 수밖에 없기 때문이다."[원주131]

즐거움이나 고통에 대한 내적인 지각은 자의식(svasaṁvedanā)이라는 세번째 범주에 든다. 우리는 즐거움이나 고통으로서의 자아의 상태에 대한 지각을 통하여 자아를 지각한다. 그것은 자아가 나타나는 직각(直覺, ātmanah sākṣātkāri)이며, 지적인 장애에서 벗어나 있으므로 오류가 없다. 그것은 모든 정신 현상에 수반된다고 말해진다. 다르못타라는 이 자의식을 모든 지각에 동반하는 친밀감이나 감성적인 따뜻함과

[원주131] Btac ca manovijñānam uparatavyāpāre cakṣusi pratyakṣam iṣyate, vyāpāravati tu cakṣuṣi yad rūpajñānaṁ tat sarvaṁ cakṣurāśritam eva(『니야야빈두티카』, p.13). 리처드 시먼(Richard Semon)의 입장과 비교하라. 그의 견해에 의하면, 우리는 본래적이거나 기억에 의존하는 두 가지 형태의 감각을 경험한다. 본래적인 감각은 자극 혹은 흥분과 동시발생적이며, 이러한 형태의 감각은 자극이 멎을 때 사라진다. 그러나 바다의 폭풍이 멎을 때 그것이 일으켰던 파도가 일시에 멎는 것이 아니라 차츰 잠잠해지는 것처럼, 자극이 끝날 때 감각은 여운을 남기면서 소멸한다. 그것은 시먼이 본래적 감각의 akoluthic 단계라고 부르는 잔상효과이다. 시먼은 본래적 감각이 경우에 따라서는 본래적이 아니라 기억에 의존하는 감각을 일으키는 기억의 흔적을 뒤에 남긴다고 말한다. 시먼의 *Mnemic Psychology*를 보라.

동일시한다. 후기 니야야는 그것을 의식에 부수하는 2차적인 산물로 이해한다. 강게샤에 따르면, 그것은 우리가 "나는 이것이 항아리라는 것을 안다"고 말할 때 일어난다. 결정적 지각(vyavasāya)은 우리에게 대상에 대한 인식을 부여하지만, "나는 그 대상을 안다"는 인식은 반성적 인식(anu-vyavasāya)이라고 불린다. "이것은 항아리이다"는 하나의 인식이며, 이에 비하여 "나는 이것이 항아리라는 것을 안다"[원주132]는 것은 반성적 인식 혹은 대상 자체에 대한 인식 다음에 오는 것이다. 상키야와 베단타는 모든 양태의 의식이 자아를 포함하는 것으로서의 그 자체뿐만 아니라 대상도 드러낸다고 믿는다.[원주133]

[원주132]『디피카』, 34.

[원주133] 니야야 바이셰쉬카의 견해는 쿠마릴라의 견해와 다르다. 쿠마릴라는 인식이 대상의 피인식성(cognizedness)으로부터 추론된다고 주장한다. 자이나교와 베단타, 그리고 소수의 불교도들은 인식이 그 자체에 의하여 인식된다고 믿는다. 니야야 바이셰쉬카에 따르면, 인식은 자기 원인적일 수 없으며 그 자체의 인식대상이 될 수도 없다. 인식은 그 자체가 아니라 타자(他者)를 드러낼 뿐이다. 그것은 다른 인식에 의하여 드러내진다. 왜냐하면 그것은 헝겊과 마찬가지로 지식의 대상이기 때문이다(jñānaṁ jñānāntaravedyam prameyatvāt paṭādivat). 이 견해에 대한 자이나교의 비판은 다음과 같이 요약될 수 있을 것이다. 1) 즐거움이 다른 어떤 것에 의해서가 아니라 그 자체로 지각되듯이, 신의식(divine cognition)이 다른 어떤 것에 의해서가 아니라 그 자체로 인식되듯이, 자아에 대한 모든 인식은 자기 원인적인 것으로 간주되지 않으면 안된다. 만일 그렇지 않다면, 하나의 인식은 다른 하나에 의하여 인식되어야 하고, 그것은 또 다른 하나에 의하여 인식되어야 하며, 결국 이러한 과정은 무한 소급으로 멀어질 수밖에 없을 것이다. 2) 신 안에는 두 가지 형태의 인식, 즉 우주 전체를 파악하는 인식과 이러한 파악을 인식하는 다른 하나의 인식이 있다는 보잘것없는 주장은 쉽게 비판된다. 후자의 인식은 지각되는가 아니면 지각되지 않는가? 만일 지각된다면, 그것은 그 자체에 의하여 지각되는가 아니면 다른 것에 의하여 지각되는가? 만일 그 자체에 의하여 지각된다면, 왜 우리는 그와 같은 능력을 전자의 인식에 허용하지 말아야 하는가? 만일 다른 것에 의하여 인식된다면, 우리는 무한 소급을 받아들이지 않으면 안된다. 만일 우리가 후자의 인식은 전자의 인식에 의하여 파악된다고 말한다면, 우리는 순환논리에 걸려들게 될 것이다. 만일 후자의 인식이 지각되지 않는다면, 만일 후자의 인식이 그 자체는 인식되지 않으면서 전자의 인식을 지각할 수 있다면, 전자의 인식은 그 자체는 인식되지 않으면서 우주 전체를 파악하지 말아야 할 이유가 있는

다르마키르티에 의하면, 우리는 일반적인 인식수단의 범위 밖에 있는 불교의 사성제를 요가적 직관으로 지각한다. 요가 수행에서 오는 직관은 비록 본질적으로 비결정적이기는 하나, 모든 오류와 지적인 오염에서 벗어나 있다.[원주134] 고양이는 완전한 암흑 속에서도 대상을 볼 수 있으며, 독수리는 먼 거리에서도 먹이를 발견해낸다. 끊임없는 명상의 실천으로 인간은 초감각적인 통찰을 얻을 수 있으며, 가깝거나 먼 곳에 있는 대상들, 과거와 미래의 대상들, 격리된 곳에 있거나 가려진 곳에 있는 모든 대상들을 파악할 수 있다.[원주135] 이러한 최고 형태의 통찰은

가? 우리는 신의식이 자기 원인적인 인식이라는 것을 받아들이지 않으면 안된다. 그것은 우주 전체를 파악하는 가운데 또한 그 자체를 파악한다. 이 문제에서는 신의식과 인간의 인식 간에 아무런 차이도 없다. 자기와 타자를 현현하는 속성은 인간 혹은 신 모두에게서 의식의 본질에 속하지만, 전지성은 일반적인 특성이 아니다. 왜냐하면 그것은 오직 신의식에만 속하는 것이기 때문이다. 3) 지각 혹은 추론에 의한 반성적 인식(anuvyavasāya)에 대해서는 아무런 증거도 없다. 반성적 인식에서 자아는 마음(manas)과 접촉하고 있다는 니야야의 견해는 용인되지 않는다. 왜냐하면 마음의 존재는 증명되지 않기 때문이다. 4) 만일 어떤 인식이 다른 하나의 인식에 의하여 지각된다면, 후자는 전자가 존속할 때 일어날 수 없다. 왜냐하면 인식들은 연속적이기 때문이다. 또한 그것은 전자가 사멸할 때 일어날 수도 없다. 왜냐하면 인식될 아무것도 없기 때문이다. 만일 그것이 비존재의 첫번째 인식을 인식한다면, 그것은 마치 두 겹의 달에 대한 인식과 같은 착각이다. 5) 만일 후자의 인식이 지각된다면 그것은 반드시 다른 인식에 의한 것이라 해야 하며, 이 경우에는 무한 소급에 빠지지 않을 수 없다. 만일 후자의 인식이 지각되지 않는다면, 그러면 지각되지 않는 인식이 어떻게 전자의 인식을 지각할 수 있겠는가? 이것은 나의 인식이 나에게 알려지지 않는 다른 사람의 인식에 의하여 지각될 수 있다고 말하는 것과 마찬가지일 것이다. 6) 감관은 대상을 파악하지만, 감관 자체는 파악되지 않는 것과 마찬가지로, 지각되지 않는 후자의 인식이 전자의 인식을 파악할 수 있다는 주장은 강조될 수 없다. 왜냐하면 전자의 인식의 경우에도 그 자체는 지각되지 않지만 외부의 대상에 대한 그것의 인식은 그 대상을 파악한다는 것이 허용되어야 하기 때문이다. 이것은 니야야 바이셰쉬카가 부정하는 견해이다(『프라메야카말라마르탄다』(*Prameyakamalamārtāṇḍa*), pp.34 ff).

[원주134] 또한 『니야야빈두티카』, pp.14~15를 보라. 『바이셰쉬카 수트라』, ix.1.3 ; *Indian Logic and Atomism*, pp.81 ff를 보라.

[원주135] 『니야야만자리』, p.103. 바사르바갸(Bhāsarvajña)는 신의 은총에 의해서도 요가적 능력을 지닐 수 있을 것이라고 주장한다.

직관의 즉각성을 지닌다. 우리에게 기적인 것은 현자들에게는 자연스러운 능력이다. 우리의 어리둥절한 눈에는 지극히 복잡하고 미세한 것처럼 보이는 것도 현자들의 눈에는 지극히 단순하고 명료한 것으로 나타난다. 우리는 가장 낮은 차원에서 구체적인 대상에 대한 감각적 지각의 단순함을 지니며, 최고의 차원에서 요가적 직관을 지닌다. 전자는 보통 사람, 한 번 태어난 자의 단순함이며, 후자는 영성적인 사람, 두 번 태어난 자의 단순함이다. 전자는 자기 발견의 위대한 분투 이전의 상태이며, 후자는 그것이 끝날 때 일어난다. 후자는 많은 학식과 내적인 고뇌에서 나오는 성취이다. 요가적 직관은 완전과 조화 그 자체로서의 실재를 파악한다.[원주136] 요가적 직관은 신의 전지(全知)와 다르다. 전자는 후자 속에서 일어나며, 이에 비하여 후자는 영원하다.[원주137]

강게샤는 일반적인(laukika) 지각과 초월적(alaukika) 지각을 구분한다. 3종의 초월적 접촉(alaukikasannikarṣa)에 의하여 생겨나는 3종의 초월적 지각, 즉 보편에 대한 지각(sāmānyalakṣaṇa), 복합적 연합을 통한 지각(jñānalakṣaṇa), 그리고 요가의 힘을 통한 지각(yoga-jatharma)이 있다.[원주138] 위의 세 가지 중에서 마지막의 것은 요가적 직관이다. 개체들의 일반적 성격을 지각할 때 우리는 보편에 대한 지각을 지닌다. 고대 니야야 학파는 보편에 대한 지각을 인정한다. 우리는 강게샤가 보편자들에 대한 파악에서 지성의 작용에 큰 의미를 부여하고 있는 것을 본다. 개체의 일반적 속성에 대한 인식을 통하여, 언제

[원주136] 현자가 명상의 힘을 통하여 얻는 '아르샤갸나'(ārṣajñāna)는 가끔 '프라티바'(pratibhā)라고 불리기도 한다. 그러나 대체로 후자는 보통 사람들이 간혹 나타내 보이는 직관적 비범함에 적용되는 말이다(프라샤스타파다(Praśastapāda), 『파다르타다르마상그라하』(*Padārthadharmasaṁgraha*), p.258).

[원주137] 프라샤스타파다는 두 종류의 요가적 직관을 구분하고 있다(『파다르타다르마상그라하』, p.187). 『니야야칸달리』, pp.195 ff. 또한 『우파스카라』(*Upaskāra*), ix. 1.11을 보라.

[원주138] 라우가크쉬 바스카라(Laugākṣi Bhāskara)의 『타르카카우무디』(*Tarka-kaumudī*). p.9와 비슈와나타(Viśvanātha)의 『바사파릿체다』(*Bhāṣāpariccheda*), sec.3을 보라.

어디서나 우리는 그와 동일한 속성을 지니는 다른 모든 개별자들을 알 수 있다.[역주16] 모든 경우, 말하자면 연기에 대한 그와 같은 지식은 우리를 전지자로 만드는 것으로 보일 것이라는 반대에 대하여, 비슈와나타는 우리는 단지 모든 개별적인 경우들에 대한 일반적인 성격을 인식할 뿐이며 개별자들의 상호 차이에 대해서 아는 것은 아니라고 대답한다.

보편에 대한 파악은 비감각적인 것으로 말해진다. 왜냐하면 그것은 심지어 우리에게 지각되는 연기에 대한 개별적인 예가 없는 경우에도 얻어질 수 있기 때문이다. 특수와 보편은 직접적으로 파악된다. 보편은 관념의 구성물이 아니라 개별자 속에 있는 실재적인 본질이다. 이러한 본질은 우리에게 그것이 실감되는 모든 개별자들을 상기시킨다. 보편과 특수의 관계는 본질적으로 불가분적이며 유기적인(samavāya) 것으로 말해진다. 보편에 대한 파악은 추론의 과정에 의하여 전제되는 보편적 관계들을 가능하게 한다.[원주139] 복합적 연합을 통한 지각은 단지 우리가 전단향 나무를 볼 뿐이지만 그것의 향기를 지각할 때 일어난다. 우리가 그것을 보기만 할 때, 시각적 표상은 의근이 접촉하게 되는 향기를 회상시킨다. 그것은 간접적 지각이며, 때로는 기억지(記憶知, smṛti jñāna)라고 불리기도 한다.

자이나교 사상가들은 그것이 전단향 나무에 대한 시각적 표상과 향기에 대한 관념이 통합되는, 복합적인 의식상태(samūhālambana-jñānam)라고 생각한다. 『베단타파리바샤』는 하나의 지식이 그 내용에 두 가지 요소, 즉 직접적인 요소와 간접적인 요소를 포함한다고 주장한

[역주16] 예를 들어, 내가 어떤 항아리를 볼 때, 나의 마음은 시각 기관을 통하여 물질적 대상인 항아리(개별자)와 접촉하며, 이때 항아리에 대한 지각은 "저것은 보편적인 항아리성(potness)에 의하여 규정된 어떤 대상이다"라는 형태를 띤다. 이 지각에서 보편, 즉 항아리성 또한 감관에 의하여 지각되며, 마음은 그 보편과도 접촉한다. 이 보편과의 접촉을 통하여 마음은 모든 부류의 항아리들을 안다. 왜냐하면 그 보편은 모든 개체들과 관련되어 있기 때문이다.

[원주139] 『베단타파리바샤』(*Vedāntaparibhāṣa*, i)는 초월적인 지각(alaukikapratyakṣa)의 수용이 추론이나 여타의 인식방법들을 쓸모없게 만든다고 주장한다.

다.[원주140] 자이나교와 불이론자(不二論者, Advaita)들은 초월적 접촉 (alaukikasannikarsa)을 인정하지 않지만, 이에 비하여 니야야 학자들은 그것을 믿는다. 니야야는 복합적인 의식상태를 받아들이지 않는다. 모든 의식상태는 단일하며, 의근의 원자적인 특성은 두 가지의 동시적 의식상태를 불가능하게 한다. 따라서 니야야 학자들은 향기나는 전단향 나무에 대한 시각적인 지각을 단일의 의식상태로 간주하며, 이러한 지각이 일어나기에 앞서 시각적 표상과 향기에 대한 기억이 있다고 본다. 슈리다라와 자얀타는 시각적 지각이 이전에 지각된 향기에 대한 기억에 의하여 한정된다고 생각하며, 향기나는 전단향 나무에 대한 현재의 지각은 시각 기관에 기인한 것이라기보다는 의근의 작용에 더 큰 원인이 있는 것으로 본다.[원주141] 현대 심리학은 관념 연합의 이론(doctrine of the association of ideas)으로 이 현상을 설명한다. 요가의 힘을 통한 지각은 명상으로 생겨나는 것이다.

"이것은 내가 보았던 항아리와 동일하다"는 판단에서 보는 것과 같은 인지(認知, pratyabhijñā) 현상의 본질에 대하여, 그것이 단일적인가 아니면 복합적인가 하는 문제가 니야야 사상가들에 의하여 논의된다. 인지의 상태는 두 가지 인식, 즉 직접적으로 파악된 인식과 기억된 인식의 혼동인가? 다시 말하여 현재 눈으로 지각하는 항아리를 과거에 보았던 항아리와 동일시하는 혼동인가? 프라바카라(Prābhākara)의 생각처럼, 그것은 지각과 기억으로 이루어진 하나의 인식인가? 혹은 순수 기억(smṛti)이거나 순수 지각(anubhūti)인가?

불교도들은 그것을 즉현적(卽現的, presentative) 정신상태와 재현적 (再現的, representative) 정신상태의 기계적인 복합으로 간주한다.[원주142] 그것은 본질적으로 즉현적이거나 재현적인 단일의 의식상태가 아니다.

[원주140] Surabhicandanam ityādi jñānam api candanakhaṇḍāṁśe aparokṣam saurabhāṁśe tu parokṣam(1).
[원주141] 『니야야만자리』, p.461 및 『니야야칸달리』, p.117을 보라.
[원주142] 또한 『칸다나』(Khaṇḍana), i.14를 보라.

왜냐하면 지난 대상과의 감각적 접촉이란 있을 수 없으므로 그것의 원인은 단순한 감각 인상일 수 없으며, 또한 인지의 상태에는 '이것임'(thisness)에 대한 의식이 없으므로 그것을 잔여 흔적(saṁskāra)이라고 할 수도 없기 때문이다. 뿐만 아니라 그것은 감각 인상과 잔여 흔적의 결합도 아니다. 왜냐하면 그 둘은 별개로 작용하며 각각 다른 결과로 나타나기 때문이다. 설사 우리가 인지 현상이 단일의 결과라는 것을 인정한다 할지라도, 그러면 인지 대상의 본질은 무엇인가? 그것은 과거의 사건이라고 할 수 없다. 왜냐하면 그 경우에는 인지가 회상과 다르지 않게 되기 때문이다. 그것이 미래의 사건이라고 할 수도 없다. 왜냐하면 이 경우에는 인지가 구성적인 상상과 같아지기 때문이다. 그것이 단지 현재의 사건이라고 할 수도 없다. 왜냐하면 인지는 현재의 대상을 과거의 대상과 동일하다고 간주하는 것이기 때문이다. 그것은 과거, 현재, 미래에 존재하는 대상을 파악한다고 주장하는 것은 자기 모순이다. 그러므로 니야야 학자들은 인지란 우리에게 과거에 의하여 한정된(qualified) 것으로서의 현재의 대상에 대한 지식을 주는, 일종의 한정된 지각이라고 주장한다.

우리는 어떤 대상을 보고 그것을 과거에 지각된 적이 있는 것으로 인식한다.[원주143] 미망사와 베단타는 이 견해를 지지한다. 이에 비하여 자이나교는 인지의 상태는 비록 단일적인 것이라 할지라도 지각이나 기억과는 다른 성격을 지닌다고 주장한다.[원주144] 모든 지각은 추론의 요소를 지닌다. 우리가 나무를 지각할 때 우리는 사실 그것의 일부(ekadeśa)만을, 그 외형의 한 측면만을 지각할 뿐이다. 우리는 감각 인상을 이미지 혹은 의미와 종합하며, 이리하여 대상을 지각한다.[원주145] 전체에 대한 이

[원주143] 『니야야만자리』, pp.448~459를 보라. 『미타바쉬니』(*Mitabhāṣiṇī*, Vizianagaram Sanskrit series, p.25)는 말한다. "인지란 '그는 이 데바닷타이다'라는 말로 나타나는, 과거와 현재 시간으로 규정되는 대상과 관련된 지식이다"(So 'yaṁ deva-datta ity atītavartamānakālaviśiṣṭaviṣayakaṁ jñānam pratyabhijñā).

[원주144] 『프라메야카말라마르탄다』, pp.97~98.

[원주145] 『니야야 바쉬야』, ii.1.30. 또한 『니야야 바쉬야』, ii.1.31~32를 보라.

전의 지각과, 현재 지각되는 일부로부터 얻어지는 그 전체에 대한 추론이 모든 지각 행위에 포함된다. 회상과 추론의 요소들은 보조적인 것임에 비하여, 감각 표상은 중심 요소이다. 감각 접촉에 의하여 생겨나는 모든 정신상태는, 설사 그것이 기억이나 추론의 요소와 같은 다른 요소들을 포함한다 할지라도, 지각이다.

　지각에 대한 가우타마의 정의는 오류가 없어야 한다는 특징을 포함한다. 모든 지각이 타당한 것은 아니다. 일반적인 지각에서 우리는 1) 지각의 대상, 2) 시각적 지각의 경우 빛과 같은 외적인 매개물, 3) 대상이 파악되는 감관, 4) 감관이 그 대상에 작용하기 위하여 필요불가결한 의근(manas) 혹은 중심 기관, 그리고 5) 자아를 지닌다. 만일 이 요소들 가운데 어떤 하나가 올바르게 기능하지 못한다면, 그릇된 지각이 일어난다. 외부의 대상에 대한 결함은 변화 혹은 유사성 때문일 것이다. 조개껍질은 유사성 때문에 은조각으로 지각된다. 만일 불빛이 희미하다면 우리는 대상을 명료하게 볼 수 없을 것이다. 만일 눈에 병이 있거나 시력이 약하다면 우리의 지각에는 결함이 있을 것이다. 만일 마음이 다른 곳에 가 있다거나, 자아가 감정적으로 흥분상태에 있을 경우에는 환영(幻影)이 일어날 것이다.[원주146] 환영의 원인은 대개 세 가지 범주, 즉 1) 황달에 걸린 눈과 같이 감관에서의 결함(doṣa), 2) 전체가 아닌 일부 또는 한 측면에 대한 표상(saṁprayoga), 3) 정신적인 편견의 교란 혹은 부적절한 기억을 떠올리는 습관(saṁskāra)으로 분류된다. 새끼줄을 보는 경우에 뱀에 대한 착각이 일어난다. 왜냐하면 뱀에 대한 기억들이 일깨워졌기 때문이다.[원주147]

　꿈은 내외의 자극으로 생겨나는, 본질적으로 직각적이다. 그것은 과거의 선행과 과실뿐만 아니라 신체기관의 장애로 야기된 잠재의식적 인상들의 재생으로 생겨난다. 심지어 아리스토텔레스도 인정했던[원주148]

[원주146] 『니야야만자리』, pp.88~89, p.173.
[원주147] 『니야야빈두티카』, p.12.
[원주148] Gomperz, *Greek Thinkers*, vol.iv. p.185.

예언적인 꿈은 영들의 영향에 기인하는 것이라고 말한다.

카나다(Kaṇāda)는 꿈을 과거의 경험에 대한 잠재의식적 인상들에 의하여 도움을 받는 중심 기관인 의근과 자아의 결합 때문이라고 본다.[원주149] 프라샤스타파다는 꿈을 외적 감관들이 잠들어 활동을 멈출 때 의근에 의하여 야기되는 내적 지각으로 간주한다.[원주150] 그것은 이전의 인식들에 의한 잠재인상의 여력과 신체적 기질의 장애 및 보이지 않는 요소들에 그 원인이 있다. 슈리다라는 꿈을 지난 경험의 단순한 재생으로 간주하는 것이 아니라, 그것은 중심 기관인 의근에 의하여 일어난다고 주장한다.[원주151] 우다야나는 다른 견해를 보이고 있으며, 꿈의 상태에서 의근 이외의 말초적인 감관들이 활동을 멈추는 것은 아니라고 말한다. 그는 꿈이 때로는 진실로 나타날 수 있는 가능성을 인정한다.[원주152]

프라바카라는 자신의 전체적인 관점에 일관되게 꿈을 지난 경험의 재생으로 해석한다. 다시 말하여 그에게 꿈은 불명료한 기억(smṛti-pramoṣa) 때문에 과거의 경험이 즉각적인 것처럼 의식에 나타나는 것이다. 파르타사라티는 꿈의 상태를 회상과 동일시한다.[원주153] 프라샤스타파다는 꿈속의 인식을 잠이나 꿈에 가까운 인식(svapnāntika)과 구별한다. 후자는 꿈 자체에서 경험된 것을 회상하는 것이다. 대상적인 요소에 토대를 둔 환영은 대상적 토대가 없는 환각과 구별된다. 슈리다라는 후자에 대한 예로 어떤 여자에게 반해 있는 남자가 어디서나 애인의 모습을 지각하는 경우를 들고 있다.[원주154]

[원주149] 『바이셰쉬카 수트라』, ix.2.6~7

[원주150] 프라샤스타파다, 『파다르타다르마상그라하』, p.183 ; 『우파스카라』(*Upaskā-ra*), ix.2.7.

[원주151] "의근의 요소가 현저한 것이 꿈속의 지각이다"(Manomātraprabhāvaṁ svapnajñānam).

[원주152] Svapnānubhavasyāpi kasyācit satyatvam(『쿠수만잘리』, p.147).

[원주153] Smṛtir eva tāvat svapnajñānam iti niscīyate. 『슐로카바룻티카』(*Śloka-vārttika*)에 대한 『니야야라트나카라』(*Nyāyaratnākara*), p.243.

[원주154] 『니야야칸달리』, p.179.

7. 추론

추론(anumāna)은 문자적으로 어떤 것 이후에 헤아려 판단하는 것을 의미한다. 그것은 다른 인식에 잇따르는 인식이다.[역주17] (어떤 특성을 지니는) 표식(liṅga)에 대한 지식으로부터 우리는 그것을 지닌 대상에 대한 지식을 얻을 수 있다. '아누마나'는 대개 '추론'이라는 말로 번역되지만, 그것은 연역과 귀납 모두를 포함하는 포괄적인 의미로 받아들여져야 한다. 추론은 때때로 지각에 후속하는 인식으로 정의되기도 한다. 바트시야야나는 "지각 없이 일어날 수 있는 추론은 있을 수 없다"고 주장한다. 오직 관찰자가 불과 연기가 서로 관련되어 있다는 것을 지각했을 때, 그는 연기를 지각하는 다른 경우에 불의 존재를 추론할 수 있다.[원주155]

웃디요타카라는 지각 인식과 추리 인식의 차이에 대하여 몇 가지 요점을 언급한다. 1) 만일 우리가 요가적 직관을 예외로 한다면 모든 지각은 한 종류임에 비하여, 추론에는 다양한 종류가 있다. 2) 지각은 현재 감각의 범위 내에 있는 대상에 한정되지만, 추론은 과거, 현재, 미래와 관련을 지닌다. 3) 추론은 불변적 수반관계(vyāpti)에 대한 기억을 필요로 하지만, 지각의 경우는 그렇지 않다.[원주156] 지각이 가능한 경우 추론은 불필요하다.[원주157] 우리의 지각에 나타나는 대상을 알기 위하여 우리는 그다지 고심할 필요가 없다.[원수158] 추론은 "알려지지 않은 것과 관련해서 시도되지 않으며, 의심의 여지없이 명백하게 알려진 것과 관련해서 행해지는 것도 아니다. 그것은 단지 의심스러운 것과

[역주17] '아누마나'(anumāna)를 해자(解字)하면, '아누'(anu)는 '이후'(after) 그리고 '마나'(māna)는 '지식'을 의미한다.

[원주155] 『니야야 바쉬야』, ii.1.31.

[원주156] 『니야야바룻티카』, ii.1.31.

[원주157] Pratyakṣatvād anumānāpravṛtteḥ(샹카라 : Deussen의 *System of the Vedānta*, p.88 n.).

[원주158] Ghaṭo 'yam iti vijñātuṁ niyamaḥ ko nv apekṣate.

124

관련해서 효과를 발휘한다.”[원주159] 그것은 직접적으로 지각된 것이 아닌 실재를 알기 위하여 채택된다. 지각된 것은 그것 이외의 다른 어떤 것을 가리킨다. 여기서 후자는 지각되지 않은 것이며, 지각된 것이 관련된 것이다.

바사르바갸(Bhāsarvajña)는 자신의 『니야야사라』에서 추론이란 감각의 범위 밖에 있는 것을 그 범위 안에 있는 다른 것과 그것의 불가분적 관계를 통하여 아는 수단이라고 정의한다. 쉬바디티야(Śivādi-tya)[원주160]를 계승한 강게샤[원주161]는 추론적 지식을 다른 지식에 의하여 생겨난 지식이라고 정의한다.

가우타마는 추론을 유전비량(有前比量, pūrvavat), 유여비량(有餘比量, śeṣavat), 그리고 평등비량(平等比量, sāmānyato dṛṣṭam)의 3종으로 구분한다.[원주162][역주18] 바트시야야나는 이 구분에 대하여 다소 다른 설명을 붙이고 있으며, 이것은 심지어 바트시야야나 이전에도 『니야야 수트라』에 대한 서로 대립적인 해석들이 있었다는 것을 가리킨다. 추론

[원주159] 『니야야 바쉬야』, i.1.1.

[원주160] 『사프타파다르티』, 146.

[원주161] 『탓트와친타마니』(*Tattvacintāmaṇi*), ii. p.2. 추론에 대한 마니키야난디(Mā-nikyanandi)의 정의와 비교하라. 그는 『파리크샤무카 수트라』(*Parīkṣāmukha Sūtra*)에서 추론을 ‘전제로부터 증명되는 인식’(sādhanāt sādhyavijñānam)이라고 정의한다.

[원주162] 『미망사 수트라』, i.2.19, 22, 23, 29 ; iii.1.2~3 ; iii.2.1과 비교하라. 이 구절들에서 ‘푸르바’(pūrva)와 ‘셰샤’(śeṣa)라는 말은 문장이나 구에서 논리적으로 선행하는 부분과 후속하는 부분을 가리키는 것으로 사용되며, 때로는 금지 명령(vidhi)을 나타내는 부분과 그것을 설명하는 보조 부분(arthavāda)을 가리키기 위하여 사용되기도 한다. ‘푸르바’는 주된 것 혹은 일차적인 것이며, ‘셰샤’는 이차적인 것이다. 분명히 『미망사 수트라』에서 ‘셰샤’로부터의 증명은 보조적인 것으로부터 주된 것을 증명하는 것이다. 짐작하건대 니야야는 주된 것과 보조적인 것 사이의 관계를 원인과 결과의 관계로 해석했던 것으로 보인다. “Trividham Anumānam”(*Proceedings of the Oriental Conference*, Poona, p.265)에 대한 드루바(Dhruva) 교수의 논문을 보라.

[역주18] 이 구분은 추론의 논리적 근거로서 인(因)과 소증(所證) 사이의 불변적 수반 관계(vyāpti)의 종류에 따른 구분이다.

의 과정에서 우리는 지각된 것으로부터 이와 관련된 지각되지 않은 것
으로 나아간다. 그리고 이 관계는 추론되는 요소가 지각된 요소의 원인
인가 혹은 그것의 결과인가, 아니면 그 둘은 그 외의 다른 어떤 것의
공동 결과들인가에 따라서 세 가지로 생각해볼 수 있을 것이다.

　우리가 구름을 보고 비를 예상할 때, 그것은 선행하는 것을 지각하
고 후속되는 것을 추리하는 유전비량의 경우이다. 그러나 그것은 원인
으로부터의 추론뿐만 아니라, 또한 이전의 경험에 의거한 추론을 가리
키기도 한다. 우리가 불어난 강물을 보고 비가 왔다는 것을 추론할 때,
우리는 결과를 지각하고 원인을 추론하는 유여비량을 지닌다. 그것은
또한 한 쌍의 상관물 가운데 하나에 대한 다른 하나로부터의 추론, 혹
은 일부로부터의 추론이나 배제를 통한 추론의 경우를 가리키기 위하
여 사용된다. 속성으로서 소리의 본질에 대한 추론은 배제 혹은 제거
의 원리를 설명하기 위하여 주어진다. 우리는 소리가 보편, 특수, 혹은
내속이 아니며, 심지어 실체이거나 운동이 아니라는 것을 증명하고,
이로써 그것은 속성임에 틀림없다는 결론에 도달한다. 우리가 뿔 달린
동물을 보고 그 동물이 꼬리를 지니고 있을 것이라고 추론하는 것은 평
등비량의 예이다. 그것은 인과관계에 의거한 것이라기보다는 경험의 균
일성에 토대를 둔 추론이다. 웃디요타카라는 이에 동의하며, 그 예로서
왜가리의 출현으로부터 어떤 특정 장소에 물의 존재를 추론하는 것을
들고 있다. 그것은 또한 초감각직 사실들에 대한 추론(sāmānyato'
drsta)을 가리키기 위하여 사용되기도 한다.[원주163] 우리는 비록 태양의
움직임을 볼 수 없지만, 아침저녁으로 달라지는 태양의 여러 위치를
지각하고 그것은 틀림없이 움직이고 있다는 결론을 내린다.[원주164]

[원주163] 키스(Keith)는 이 해석이 불가능한 것이라고 생각한다(*Indian Logic and
　　　Atomism, p.88 n.).
[원주164] 웃디요타카라는 태양이 시간에 따라 다른 장소에 나타난다는 사실로부터 태
　　　양의 운동을 추론한다는 바트시야야나의 예를 비판한다. 웃디요타카라에 의하면,
　　　우리는 태양의 운동이 아니라 단지 태양 궤도의 다른 부분들을 관찰할 뿐이기 때
　　　문에, 이로부터 태양의 운동을 추론하는 것은 부당하다. 웃디요타카라는 푸르바바

이러한 예들은 불변적 수반관계(vyāpti)의 필연성을 나타내기에 충분하다. 개개의 불변적 수반관계는 입증되어야 하는 것(vyāpaka)과 입증 가능하게 하는 것(vyāpya)의 두 요소들을 관련짓는다. 추론은 다른 특성에 의하여 불변적으로 수반되는 어떤 특성을 지니는 주어에 관한 확인된 사실로부터 결론을 도출하는 것이다. 우리는 어떤 산에 연기가 있다는 사실로부터, 그리고 연기는 보편적으로 불에 의하여 수반되므로 그 산은 불타고 있다는 것을 확신한다. 표식(sign, 중명사), 즉 연기에 대한 숙고를 통하여 우리는 연기를 지니는 대상이 또한 불을 지닌다는 것을 추론한다. 웃디요타카라에 의하면, 추론은 기억에 의하여 거들어진 표식[원주165]으로부터의 논증, 혹은 중명사에 대한 지각과 대명사(major term, sādhya)와 중명사(middle term, 囚)의 불변적 수반관계에 대한 기억에 뒤따르는 인식이다. 논리적 추론의 다양한 요소들이 연역법의 형식으로 나타난다.

트(pūrvavat), 세샤바트(śeṣavat), 사마니야토드리슈타(sāmānyatodṛṣṭa)의 구분을 추론의 세 가지 유형으로 간주하는 것이 아니라, 타당한 추론의 세 가지 조건으로 본다. 그에 의하면 1) 푸르바바트는 중명사(middle term, hetu)가 그것에 선행하는(pūrva) 것 혹은 대명사(major term, sādhya)를 불변적으로 수반해야 한다는 것을 의미한다. 2) 세샤바트는 중명사가 다른(śeṣa) 경우들에서도 대명사를 불변적으로 수반하는 것으로 관찰되었어야 한다는 것을 의미한다. 3) 사마니야토드리슈타는 사마니야타하(sāmānyataḥ)와 아드리슈타(adṛṣṭa)로 분석되며, 중명사는 빈사와 빈사의 부재(P와 not P, sādhya와 sādhyābhāva)에 공통이 아니어야 한다는 것, 즉 그것은 지나치게 광범위하지 않아야 한다는 것을 의미한다. 이 세 가지에 더하여 이 구절의 말미에 '그리고'(ca)라는 말로 함축되는 두 가지 다른 조건들이 시사된다. 즉 추론은 지각적 증거와 경전의 증언에 반대되지 않아야 한다는 것이다. 타당한 안바야비야티레키(anvayavyatireki) 추론에서는 이 다섯 가지 조건 모두가 충족되어야 하며, 케발란바이(kevalānvayi) 추론과 케발라비야티레키(kevalavyatireki) 추론에서는 네 가지 조건이 충족되어야 한다.

[원주165] Smṛtyanugṛhīto liṅgaparāmarśo 'numānam(『니야야바룻티카』, i.1.5).

8. 연역법

연역법의 다섯 구성지(構成枝)는 다음과 같다. 1) 주장(pratijñā, 宗) : 저 산이 불타고 있다. 2) 이유(hetu, 因) : 왜냐하면 산에 연기가 피어오르고 있기 때문에. 3) 실례(udāharaṇa, 喩) : 불을 보이는 모든 것은 연기를 보인다. 예를 들면, 아궁이처럼. 4) 적용(upanaya, 合) : 이 산도 그렇다. 5) 결론(nigamana, 結) : 그러므로 저 산은 불타고 있다.[원주166]

주장은 처음에 확립되어야 할 명제를 언명한다. 그것은 문제를 규정하고 물음을 한정짓는다. 확립되어야 할 주장은 처음부터 그 과정을 규제하며, 추리의 행위는 그 주장을 보강하고 강화하려고 노력한다. 주장은 단지 하나의 '제안 혹은 개연성'일 뿐이다.[원주167] 만일 주장 혹은 명제에서 진술되는 제안 혹은 가정에 대하여 보다 더 알고 싶어하지 않는다면 논증은 있을 수 없다.[역주19] 주장은 두 요소, 즉 주어 혹은 서술되는 것과 입증되어야 하는 술어를 지닌다. 주어는 대개 개체 혹은 단일의 대상으로 간주될 수 있는 한 부류이다.[원주168] "저 산이 불타고 있다"에서 '저 산'은 주어, 소명사(小名辭, pakṣa), 다르민(dharmin)이며, '불타고 있다'는 술어, 대명사(大名辭, sādhya), 다르마(dharma) 혹은

[원주166] 『니야야 수트라』, i.1.32. 프라샤스타파다의 『파다르타다르마상그라하』(p.233)에서 제시되는 명칭과 비교하라. 여기서는 니야야의 용어 대신에 pratijñā, apadeśa, nidarśana, anusaṁdhāna, pratyāmnāya라는 다섯 가지 용어가 사용된다. 용어에서 이러한 차이는 바이셰쉬카에서 논리적인 견해들이 독자적으로 발전하고 있었다는 것을 시사한다. 바트시야야나는 연역법이 여러 가지 인식방법들에 의하여 기여된 요소들을 담고 있다는 것을 지적한다. 첫번째는 증언의 성격을 지니며, 두번째는 추론, 세번째는 지각, 네번째는 비교의 성격을 지닌다. 그리고 마지막의 결론은 이 모든 것들이 동일한 문제와 관련되어 있다는 것을 시사한다(『니야야 바쉬야』, i.1.1).

[원주167] 『니야야 바쉬야』, i.1.39.

[역주19] 주장(pratijñā)으로부터 타당한 인식이 일어날 수 있는 조건 혹은 원인 가운데 하나로서의 기대(ākāṅkṣā)를 의미한다.

[원주168] 『니야야 수트라』, ii.2.66.

추론의 대상(anumeya)이다. 주어는 사실의 한 부분에 우리의 관심을 불러일으키며, 술어는 주어가 특성 P를 지니고 있다는 것을 제시함으로써 혹은 주어가 P로 나타내지는 부류의 대상에 속한다는 것을 제시함으로써 주어를 특수화한다.

연역법은 지각에 나타난 주어가 술어에 의하여 서술되는 모습을 지니고 있다는 것을 증명하고자 하는 것이다. 연결하는 말은 부수적인 것이며, 주장의 본질적 부분은 아니다.[원주169] 주장은 직접적 지각 혹은 경전의 증언에 반대되지 않아야 한다. 디그나가에 의하면, 이해할 수 없거나 자기 모순적인 주장이나 자명한 주장은 명제로 소용될 수 없다. 주장은 어떤 생소한 용어를 담고 있지 말아야 하며, 확립된 진리 혹은 자기 자신의 확신에 반대되지 않아야 한다.[원주170] 명제 'S는 P이다'가 참인가의 여부를 알기 위하여 우리는 우선 소명사에 관심을 기울이며, 그것을 자체의 요소들로 분석하여 그 속에서 중명사의 존재를 발견한다. 모든 형태의 추론에서 소명사에 대한 분석은 명제의 언급에 뒤따른다.

연역법의 두번째 구성지는 소명사 속에 이유(hetu), 근거, 능증(能證, sādhana), 증명의 수단, 혹은 표식(liṅga)이라고 불리는 중명사가 있다는 것을 언급한다. 그것은 어떤 특성의 소유를 나타내며, 그와 같은 특성의 소유는 그것을 지니는 것이 결론의 주어라는 것을 보증한다. 저 산은 연기가 나고 있는 것으로 발견된다. 특정 소명사를 택하는 것은 추론의 필요불가결한 조건이다. 모든 산이 소명사는 아니다. 우리가 어떤 산에서 연기를 지각하고, 이러한 사실로부터 그 산이 또한 불을 지니고 있다는 것을 추론하고자 하는 순간에 그 산은 소명사가 된다. 안남 밧타는 소명사(pakṣa)를 술어 혹은 입증될 것이 의문시되는 주어

[원주169] *History of Indian Logic*, p.290을 보라. 또한 프라샤스타파다의 『파다르타다르마상그라하』, p.234 및 『바이셰쉬카 수트라』, iii.1.15를 보라.
[원주170] 또한 프라샤스타파다의 『파다르타다르마상그라하』, p.234 및 『바이셰쉬카 수트라』, iii.1.15를 보라.

라고 정의한다.[원주171] 파크샤는 명사(名辭)라기보다는 명제이다. 우리는 이제 연역적 추론에 필수적인 3명사, 즉 어떤 것이 추론되는 소명사, 소명사에 관하여 추론되는 대명사(sādhya), 대명사가 소명사의 참이라는 것이 추론되는 중명사를 지닌다.

소명사 속에 중명사가 존재한다 할지라도, 만일 그것이 중명사와 대명사의 보편적인 관계와 결합되지 않는다면 그것은 타당한 추론으로 귀결될 수 없다. 세번째 구성지인 실례(udāharaṇa), 즉 "연기나는 것은 무엇이나 불을 지닌다. 마치 아궁이처럼"이라는 예를 드는 것은 우리를 추론의 토대, 즉 대전제로 데려간다. 가우타마에 의하면, 실례는 대명사의 본질적 특성을 지니는 어떤 유사한 경우를 의미한다. 바트시야야나는 이와 동일한 견해를 지녔던 것으로 보인다. 이 두 사상가들이 실례를 어떤 보편적인 법칙에 대한 예증으로 보았다고 할 만한 증거는 거의 없다. 짐작하건대 모든 추론은 특수한 개별자들로부터 특수한 개별자들에 이르는 과정이라는 것이 그들의 생각이었던 것 같다. 어떤 개별자들이 하나의 정해진 속성을 지니며, 또 어떤 개별자 혹은 개별자들은 다른 어떤 속성들에서 전자를 닮아 있다. 그러므로 후자는 정해진 속성에서도 전자를 닮아 있다. 아마 니야야의 연역법은 아리스토텔레스가 인정하는 실례에 의한 논증에서 발전되었을 것이다.[원주172] 이 방법은 흔히 우리가 사용하는 추론의 방법이기는 하지만, 결론이 전제들에 의하여 보증되는 논리적인 추론이 아니라는 것을 곧 알게 되었다. 만일 실례가 보편적인 법칙을 가리키는 것이 아니라면, 이를 바탕으로 한 논증은 타당성을 잃는다. 유사성(sādharmya)은 보편성(sāmānya)을 시사한다. 프라샤스타파다는 수반(隨伴, sāhacarya)의 개념을 잘 알고 있었으며, 그것을 카나다(Kaṇāda)의 개념으로 돌린다.[원주173]

[원주171] Saṁdigdhasādhyavān pakṣaḥ, 『타르카상그라하』, 49 및 51.

[원주172] 아리스토텔레스의 연역법과 비교하라. "아테네와 테베 사람들 간의 전쟁은 불행이었다. 왜냐하면 그것은 이웃 간의 전쟁이었기 때문이다. 마치 테베와 포키 사람들 간의 전쟁처럼."

[원주173] 프라샤스타파다의 『파다르타다르마상그라하』, p.205.

신정리학은 세번째 구성지를 보편적 관계의 진술과 동등하다고 생각한다.[원주174] 부호와 추론되는 특성 간에 불변적 수반관계가 없다면, 결코 추론은 가능할 수 없다. 『베단타파리바샤』는 말한다. "추론의 도구는 보편적 관계에 대한 지식이다."[원주175] 실례를 든다는 것은 추론이 연역적인 동시에 귀납적이라는 것을 의미한다.[역주20] 일반화는 실례들에 토대를 두며, 그것은 우리가 새로운 진실을 연역할 수 있도록 돕는다. 실례의 부수적·비본질적인 성격은 디그나가에 의하여 강조된다. 다르마키르티에 의하면 실례는 불필요한 것이며 단지 듣는 사람에게 도움이 될 수 있도록 삽입되는 것일 뿐이다. 실례는 법칙의 보편성을 확립하는 것이 아니라 예시할 뿐이다. 실(Seal) 박사에 따르면, 세번째 구성지는 "대전제를 이미 관찰된 유사 사례들에 대한 간단한 언급으로 보는 밀(Mill)의 견해와, 그것을 추론의 형식적 토대인 보편 명제로 보는 아리스토텔레스의 견해를 조합한다."[원주176] 실례는 그 유형이 다양할 수 있을 것이다. 아궁이의 경우처럼 입증되는 특성과 근거가 있는 경우에는 동종의 혹은 긍정적인 실례이며, 호수의 경우처럼 입증되는 특성과 근거 모두가 부재하는 경우에는 이질적 혹은 부정적인 실례이다.[원주177] 디그나가는 이 두 유형의 실례에 유추적인(analogical) 실례를 부가한다. 그는 또한 실례와 관련된 10종의 오류에 대하여 언급하고 있다. 반면에 싯다세나 디바카라(Siddhasena Divākara)는 동종의 실례에 관한 6종의 오류와 이종의 실례에 관한 6종의 오류를 제기하

[원주174] Vyāptipratipādakaṁ udāharaṇam(『타르카상그라하 디피카』, 46).
[원주175] Anumitikaraṇam ca vyāptijñānam(ii).
[역주20] 인도 논리학자들이 주로 사용했던 추론의 모델은 순수하게 연역적인 것은 아니었다. 이런 점에서 인도 논리학자들에 의하여 탐구되었던 문제들을 아리스토텔레스의 삼단논법으로 끼워 맞추려는 시도는 위험하다. 인도 논리학의 초기 역사는 연역적인 동시에 비연역적인, 그러면서도 경험적인 추론들을 설명해줄 적합한 모델을 모색하는 과정이었다(B. K. 마티랄, 박태섭 역주, 『고전인도논리철학』, 고려원, 1993, pp.211~213).
[원주176] *The Positive Sciences of the Ancient Hindus*, p.252
[원주177] 『니야야 바쉬야』, i.1.36~37.

고 있다.

중명사가 걸쳐야 하는 범위에 대해서는 다음과 같이 말해진다. 1) "소리는 산물이기 때문에 무상하다"의 예에서처럼, 중명사는 소명사의 전체 외연에 걸쳐야 한다. 여기서 중명사 '산물'은 모든 경우의 소리를 포함한다(모든 S는 M이다). 2) "모든 산물은 무상하다"의 예에서처럼, 중명사로 가리켜지는 모든 것은 대명사로 가리켜지는 것과 동질적이어야 한다(모든 M은 P이다). 그리고 3) "무상하지 않은 모든 것은 산물이 아니다"의 예에서처럼, 대명사와 이질적인 모든 것은 중명사에 포함되지 말아야 한다(P가 아니 모든 것은 M이 아니다). 디그나가는 중명사가 보편적·불변적으로 대명사와 관련되어 있어야 한다고 주장한다. 웃디요타카라는 중명사와 대명사 사이에 보편적 관계, 다시 말하여 대명사가 있는 곳에 반드시 중명사가 있고 대명사가 없는 곳에는 반드시 중명사가 없는 관계가 있어야 한다고 말한다. 프라샤스타파다는 이와 동일한 견해를 지닌다. 이것은 그가 부호(liṅga) 혹은 중명사는 "추론되는 대상과 관련되는 것이며, 그 대상과 연관된 것 속에 존재하는 것으로 알려지며, 그것이 존재하지 않는 곳에는 존재하지 않는다"[원주178]고 한 점에서 분명하다.

바라다라자는 중명사의 특징을 다섯 가지로 말한다. 중명사는 1) 산에 있는 연기처럼, 소명사에 존재하며(pakṣadharmatā), 2) 부엌에 있는 연기처럼, 증명되는 것과 동류의 긍정적인 경우들에 있으며(sapakṣasattva), 3) 호수에 없는 연기처럼, 증명되는 것과 다른 종류의 부정적인 경우들에 존재하지 않으며(vipakṣasattva), 4) 소명사와 양립 불

[원주178] 『파다르타다르마상그라하』, p.200. "Yad anumeyena saṁbaddham pra-siddhaṁ ca tadanvite, Tadabhāve ca nāsty eva tal liṅgam anumāpakam." 다르마키르티는 만일 중명사가 추론되는 것이 존재하는 모든 것들에 나타나지 않고, 또한 중명사가 발견되지 않는 모든 것들에 그것이 부재하지 않는 경우라면, 그 추론의 타당성은 의심스럽다고 생각한다. 싯다세나 디바카라는 중명사를 '대명사와 연관되지 않고는 일어날 수 없는 것'으로 정의한다. 연기는 불 이외의 다른 어떤 것에서 생겨날 수 없다.

가능하지 않으며(abādhitaviṣayatva), 5) 증명하고자 하는 것과 반대되는 결론을 초래하는 힘을 지니지 않는다(asatpratipakṣatva).[원주179] 전적으로 긍정적이거나 전적으로 부정적인 추론의 경우에 중명사는 오직 네 가지 필요 조건만 충족시킨다. 왜냐하면 그것은 부정적이거나 긍정적인 경우들에 머물러 있을 수 없기 때문이다.

안남 밧타는 3종의 추론에 상응하는 3종의 중명사가 있다고 주장한다. 1) 긍정적·부정적인(anvayavyatirekin) 추론에서 중명사는 마치 불을 수반하는 연기처럼 불변적으로 대명사를 수반한다. 부엌에서와 같이 연기가 있는 곳에는 언제나 불이 있으며, 호수와 같이 불이 없는 곳에는 언제나 연기가 없다.[원주180] 2) 순전히 긍정적인(kevalānvayin) 추론에서 우리는 긍정적인 불변적 수반관계만을 지닌다. "알 수 있는 것은 무엇이나 명명할 수 있다"는 추론의 경우처럼 우리는 이 경우에 "명명할 수 없는 것은 알려질 수 없다"는 입장을 예시하는 부정적인 경우를 지닐 수 없다. 3) 순전히 부정적인(kevalavyatirekin) 추론의 경우에는 그것을 설명하는 어떤 적극적인 예도 불가능하다. 동물적 기능을 지니는 모든 존재는 영혼을 지닌다는 추론에서, 우리가 증명할 수 있는 것은 단지 의자와 책상은 동물적 기능을 지니지 않으며 따라서 영혼을 지니지 않는다는 것뿐이며, 그것에 대한 어떤 적극적인 예를 들어 설명할 수 없다. 왜냐하면 영혼과 동물적 기능을 지니는 존재는 그 본질에서 동일한 연장(延長)을 지니기 때문이다.[원주181]

[원주179] 앞의 세 가지는 다르마키르티와 다르못타라에 의하여 언급된다. 『니야야빈두』, p.104와 라우가크쉬 바스카라(Laugākṣi Bhāskara)의 『타르카카우무디』(*Tarkakaumudī*), p.12, Bombay ed.를 보라.

[원주180] 부정적인 불변적 수반관계에서 소명사의 부재는 대명사이며, 대명사의 부재는 소명사가 된다는 점에 유의할 필요가 있다.

[원주181] 『타르카상그라하』, 48. 이 구분은 웃디요타카라와 강게샤에 의하여 인정된다. 이 구분과 자이나교 경전에서 언급되는 추론의 구분을 비교하라. 자이나교는 추론을 다음과 같이 구분한다. 1) 이것은 있다. 왜냐하면 저것이 있으므로. 불이 있다. 왜냐하면 연기가 있으므로. 2) 이것은 없다. 왜냐하면 저것이 없으므로. 춥지 않다. 왜냐하면 불이 있으므로. 3) 이것은 있다. 왜냐하면 저것이 없으므로. 여기는

『베단타파리바샤』에 따르면, 긍정적인 보편자로부터의 추론은 아누마나(anumāna)로 간주되는 반면에, 부정적인 보편자로부터의 추론은 상정(想定, arthāpatti)으로 취급된다.[원주182] 그러나 니야야는 모든 부정은 그것에 반대되는 적극적인 것을 지니며, 따라서 긍정적인 결론들이 부정적인 보편자들로부터 도출될 수 있다고 생각한다.[원주183] 중명사의 중요한 특징은 그것이 모든 제약에서 자유로워야 한다는 것이다. 우리는 A가 B의 다른 아이들처럼 그리고 다른 사람의 아이들과는 달리, 단지 그가 B의 아들이라는 이유만으로 그는 검다고 주장할 수 없다. 실제로 그 결론은 참일 수도 있고 그렇지 않을 수도 있을 것이다. 그러나 그것은 논리적으로 결함이 있다. 왜냐하면 B의 아들됨과 검은 얼굴빛 간에 무조건의 절대적인 관계(anupādhikasaṁbandha)가 없기 때문이다.

적용은 연역법의 네번째 구성지이다. 그것은 소명사에서 제시된 근거의 존재 혹은 부재를 주장한다. 그것은 "이 산도 그렇다," 즉 이 산도 연기가 난다는 예에서처럼 소명사에서 제시된 근거의 존재를 주장하는 경우에서는 긍정적인 적용이며, "이 산은 그렇지 않다," 즉 이 산은 연기가 나지 않는다고 하여 그것의 부재를 주장하는 경우에는 부정적인 적용이다.[원주184]

결론은 주장을 근거 있는 것으로 다시 말한다. "그러므로 저 산은 불타고 있다."[원주185] 첫번째 구성지에서 가설적으로 주장된 것이 결론으

춥다. 왜냐하면 불이 없으므로. 4) 이것은 없다. 왜냐하면 저것이 없으므로. 여기는 망고나무가 없다. 왜냐하면 나무가 전혀 없기 때문이다.

[원주182] ii.

[원주183] 보편적 수반관계(vyāpti)는 긍정적(anvaya)이거나 부정적(vyatireka)일 수 있을 것이며, 전자의 경우에는 두 가지가 있다. 1) 등치(等値)의 보편적 수반관계(samavyāpti) : "모든 산물은 무상하다"의 경우에서처럼 M과 P가 동일한 연장이다. 2) 비등치의 보편적 수반관계(viṣamavyāpti) : M과 P가 동일한 연장이 아니다. 연기가 있는 모든 경우는 불이 있는 경우이지만, 그 역은 아니다.

[원주184] 『니야야 수트라』, i.1.38.

[원주185] 『니야야 수트라』, i.1.39.

로 확립된다.

바트시야야나에 의하면, 어떤 논사들은 연역법을 열 가지 구성지로 이루어지는 것으로 간주했다. 이 경우에는 앞에서 언급한 다섯 가지 외에 아래의 다섯 가지가 포함된다. 1) 주장의 정확한 진상을 알고자 하는 욕망(jijñāsā) : 그 산이 전반적으로 불타고 있는지 아니면 단지 부분적으로 불타고 있을 뿐인지를 정확히 알고자 하는 욕망이다. 2) 이유에 대한 의문(saṁśaya) : 우리가 연기로 간주하는 것이 단지 수증기에 불과한 것이 아닌가 하는 의문이다. 3) 결론을 보증하는 실례의 수용력(śakyaprāpti) : 연기가 언제나 불의 부수물인지 어떤지에 대한 검토가 필요하다. 왜냐하면 그것은 붉게 달구어진 쇠공에는 없기 때문이다. 4) 결론을 도출하는 목적(prayojana). 5) 중명사와 대명사의 관계 및 소명사에 중명사의 존재에 관한 모든 의문의 제거(saṁśayavyudāsa).[원주186] 바트시야야나에 의하면, 이 다섯 가지 부가적인 구성지들은 비록 우리의 인식을 명료하게 하는 데 도움이 되기는 하지만 증명을 위하여 필수적인 것은 아니다. 이 구성지들은 심리학적인 과정을 지

[원주186] 『니야야 바쉬야』, i.1.32. 이것은 연역법의 형식이 토론 기법의 실천과 전통에서 발달했다는 것을 시사한다. 자이나교 논사 바드라바후(Bhadrabāhu)는 위에서 언급한 것과는 다른 열 가지 구성지를 들고 있다. 그의 『다샤바이칼리카니리유크티』(Daśavaikālikaniryukti, p.74, Nirṇayasāgar edition)에 언급된 열 가지 구성지는 다음과 같다. 1) 주장(pratijñā), 2) 주장의 한정(pratijñāvibhakti), 3) 이유(hetu), 4) 이유의 한정(hetuvibhakti), 5) 반대 주장(vipakṣa), 6) 반대 주장에 대한 부정(vipakṣapratiṣedha), 7) 실례(dṛṣṭānta), 8) 실례의 타당성에 대한 의문(ākāṅkṣā), 9) 의문의 해소(ākāṅkṣāpratiṣedha), 10) 결론(nigamana). 여기서 바드라바후는 논증의 이중 기법을 택하고 있다. 소리의 비영원성을 입증하기 위하여 추론이 행해질 때, 이에 반대되는 주장을 말하고 그것을 부정하는 방법을 사용한다. 만일 소리가 영원하다면 그것은 산물이 아닐 것이다. 이와 같은 가정적인 추론은 비록 그 자체는 큰 가치를 지니지 않는다 할지라도, 앞의 추론을 뒷받침하는 의미를 지닌다. 싯다세나 디바카라는 자신의 『니야야바타라』(Nyāyāvatāra)에서 다섯 구성지로 된 연역법을 언급한다. 아난타비리야(Anantavīrya)는 『니야야바타라』, 13을 주석하면서 연역법의 최고 형태는 10구성지로 된 것이며, 5구성지로 된 것은 중간, 그리고 2구성지로 된 것이 최하의 것이라고 말한다.

닌다. 알고자 하는 욕망은 의심의 여지없이 모든 지식의 출발점이다. 그러나 웃디요타카라의 지적처럼, 그것은 추론 혹은 논증의 절대 필요한 요소는 아니다.[원주187]

결론은 첫째 구성지의 반복임에 비하여 네번째 구성지는 두번째 구성지를 다시 말하는 것이라는 사실을 곧 알게 되었다. 엄격히 말하여 모든 연역법은 단지 세 가지 구성지를 지닐 뿐이다. 나가르주나는 자신의 『우파야카우샬리야』(*Upāyakauśalya*)에서 세 구성지로 된 연역법에 대한 견해로 시작하고 있으며, 여기서 그는 결론은 이유와 긍정적 혹은 부정적인 실례를 통하여 확립될 수 있다고 주장한다.[원주188] 때로는 이에 대한 공로가 디그나가에게 돌려지기도 한다.[원주189] 『니야야프라베샤』(*Nyāyapraveśa*)에서 그는 단지 세 가지 구성지—세번째 구성지는 긍정적인 실례와 부정적인 실례 두 가지를 들고 있다 할지라도—만을 언급하고 있다. 1) 이 산은 불타고 있다. 2) 왜냐하면 그것은 연기를 지니고 있으므로. 3) 연기를 지니고 있는 것은 모두 불을 지닌다. 마치 아궁이처럼. 그리고 불타고 있지 않은 것은 연기를 지니지 않는다. 마치 호수처럼. 디그나가에게서 세번째 구성지는 암시적인 실례들을 지니는 보편 법칙이다.

다르마키르티는 심지어 세번째 구성지도 불필요하다고 생각한다. 왜냐하면 보편 명제가 이유에 함축되어 있기 때문이다. 저 산에 연기가 나고 있으므로 그것은 불타고 있다고 말하는 것으로 충분하다. 생략 추론법에 해당하는 이 형식은 힌두교의 철학 논서에서도 자주 사용되는 것을 볼 수 있다. 마니키야난디(Māṇikyanandi)나 데바수리(Devasūri)[원주190] 와 같은 자이나교 논사들은 이와 동일한 입장이다. 미망사와 베단타의 학자들은 오직 세 구성지로 된 연역법을 인정한다. 『베단타파리바샤』

[원주187] 『니야야바룻티카』, i.1.32.
[원주188] *History of Indian Logic*, p.119.
[원주189] Suguira, *Hindu Logic as Preserved in China and Japan* ; Ui, *Vaiśe-ṣika Philosophy*, p.82, n.2.
[원주190] 『프라마나나야탓트와로칼람카라』(*Pramāṇanayatattvālokālaṁkāra*), p.iii.

는 첫 세 구성지 혹은 마지막 세 구성지의 사용을 허용한다.[원주191]

바트시야야나와 웃디요타카라는 다섯 구성지로 된 연역법의 마지막 두 구성지를 없애려 하는 시도에 반대한다.[원주192] 그들은 연역법의 첫 구성지가 결론에서 다시 말해지며, 네번째 구성지는 두번째와 세번째의 조합이라는 것을 인정한다. 비록 세번째와 네번째 구성지는 논리학적인 관점에서 볼 때 불필요한 것이라 할지라도, 논쟁의 목적을 위해서는 유용하다. 왜냐하면 그 둘은 이유를 확인하고 첫번째 구성지에서 가정적으로 말해진 주장을 결정적으로 거듭 주장하기 때문이다. 다른 사람을 설득하는 데 유용한 5구성지 연역법(parārthānumāna)과 자기 자신의 확신에 유용한 3구성지 연역법(svārthānumāna)의 구분이 시도되었다. 후자는 사유 작용의 과정으로서의 추론을 다루며, 따라서 발견의 과학에 속하는 것이라고 할 수 있다. 이에 비하여 전자는 증명을 다룬다. 가우타마와 카나다는 이 문제에 대하여 분명하게 언급하지 않지만, 후대의 논사들은 그것을 받아들이고 있다.[원주193]

프라샤스타파다는 자신을 위한 추론(svaniścitārtha)과 타인을 위한 추론(parārtha)을 구분한다.[원주194] 우리가 어떤 산을 보고 그것이 불타고 있는지 어떤지에 대하여 의문을 지닌다. 그 산에서 피어오르는 연기를 지각할 때 우리는 불과 연기의 관련을 머리에 떠올리며 산에 틀림

[원주191] 바라다라자(Varadarāja)는 자기의 『타르키카라크샤』(*Tārkikarakṣā*, pp.82 ff)에서 3구성지 연역법에 대한 미망사의 견해와 2구성지 연역법에 대한 불교의 견해를 언급한다. 『마타라브릿티』(*Māṭharavṛtti*)는 견해(pakṣa), 이유(hetu), 실례(dṛṣṭānta)의 세 구성지로 된 연역법을 알고 있다.

[원주192] 『니야야 바쉬야』, i.1.39 ; 『니야야바룻티카』, i.1.39.

[원주193] 디그나가, 프라샤스타파다, 다르마키르티, 싯다세나 디바카라, 마니키야난디, 데바수리, 바사르바갸, 강게샤는 이 구분을 받아들인다.

[원주194] 프라샤스타파다의 『파다르타다르마상그라하』, p.231. 다르못타라 및 쉬바디티야의 구분과 비교하라. 전자는 추론을 지식으로 특징지어지는 추론(jñānātmaka)과 성언량으로 특징지어지는 추론(śabdātmaka)으로 구분하고 있으며(『니야야빈두티카』, p.21), 후자는 그것을 개념 형태의 추론(artharūpatva)과 성언량 형태의 추론(śabdarūpatva)으로 구분한다(『사프타파다르티』, 154).

없이 불이 있다고 결론짓는다. 이 정보를 다른 사람에게 전할 때 우리는 5구성지로 된 추론 형식을 사용한다.[원주195]

구성지의 숫자에 대한 견해 차이에도 불구하고, 모든 논사들은 타당한 추론의 본질적인 두 요소가 보편적 수반관계(vyāpti) 혹은 대전제와 표식을 지닌 주어(pakṣadharmatā) 혹은 소전제라는 것에 동의한다. 전자는 특성들의 보편적 관계를 부여하며, 후자는 주어가 보편적 관계의 하나를 지니고 있다는 것을 언급한다.[원주196] 이 두 요소는 밀(J. S. Mill)의 1) 어떤 특징들이 다른 모든 특징들의 표식인가, 2) 어떤 주어진 개별자들이 이러한 표식들을 지니고 있는가를 확인하는 두 단계에 상응한다.

대명사든 소명사든 어느 하나만으로는 결론을 보장할 수 없다. 그 둘의 종합이 필수적이다. 표식(sign)에 대한 고찰(liṅgaparāmarśa)은 추론 과정의 필수적인 요소이다. 강게샤에 따르면 표식 자체는 추론적 인식의 간접적인 원인임에 비하여, 표식에 대한 고찰은 궁극적인 원인(caramakāraṇa) 혹은 중요한 원인(karaṇa)이다.[원주197] 그것은 대명사와 관련된 중명사가 소명사에 들어 있다는 사실을 공관(共觀)하는 것이다.[원주198] 그러나 추론 행위는 필요불가결한 행위이다.

불이론적 베단타 학자들은 중명사에 대한 반성 같은 것은 없다고 주장한다. 보편적 수반관계에 대한 지식은 도구적인 원인이며, 우리는 그것을 기억하고 결론을 도출한다고 본다.[원주199] 이들의 비판은 우리가 먼저 지각의 행위를 지닌 다음에 회상의 행위를 지니며 마지막으로 추

[원주195] 『타르카상그라하』, p.45.
[원주196] 『탓트와친타마니』(*Tattvacintāmaṇi*), ii. p.2 ;『바샤파릿체다』(*Bhāṣāpariccheda*)와 『싯단타무크타발리』(*Siddhāntamuktāvali*), p.66과 p.68.
[원주197] 『탓트와친타마니』, ii. p.2.
[원주198] Vyāptiviśiṣṭapakṣadharmatājñānam(『타르카상그라하』, p.44). 『바샤파릿체다』, p.66 ;『탓트와친타마니』, ii.2 ; 자나키나타(Jānakīnātha)의 『니야야싯단타만자리』(*Nyāyasiddhānthamañjari*), pp.86~87, Paṇḍit ed.을 보라.
[원주199] 『베단타파리바샤』.

론의 행위를 지닌다는 견해에 대한 것이다. 불이론적 베단타 학자들은 추론의 행위가 선후의 두 가지 판단의 종합이 아니라, 지각된 요소(소명사)가 기억된 보편 원리인 대명사와 함께 동시에 작용하는 단일의 과정(vyāpāra)이라는 것을 입증하고자 노력한다. 이 두 요소들은 실재적인 정신상태들이 아니며, 추론 과정에서 구분이 명확한 단계들로 작용하는 것이 아니다. 심리학자라기보다는 논리학자인 니야야 학자들은 종합의 행위가 추론에 필수적이라는 것을 강조한다.

디그나가는 추론되는 대상의 본질에 대한 흥미있는 의문을 제기한다. 우리는 연기로부터 불을 추론하지 않는다. 왜냐하면 그것은 한 조각의 새로운 지식도 아니기 때문이다. 우리는 이미 연기가 불과 관계된다는 것을 알고 있다. 우리는 불과 산의 관계를 추론한다고 말할 수 없다. 왜냐하면 관계는 두 가지 사물을 의미하는데, 추론에서 우리는 불은 지각되지 않으므로 단지 하나, 즉 산을 지닐 뿐이기 때문이다. 추론되는 것은 불도 아니고 산도 아니며, 그것은 불타고 있는 산이다.[원주200] 결론은 판단이다.

니야야 학자들은 중명사가 일어날 수 있는 다양한 국면에 대해서 그다지 큰 중요성을 부여하지 않는다. 그들은 바르바라(Barbara)[역주21]를 모든 연역적 추론의 전형으로 간주했다. 적극적이고 부정적인 예들의 사용은 그들로 하여금 긍정적 보편 명제와 부정적 보편 명제들을 상호 동반적인 것으로 간주하게 했다. 엄격히 말하여 모든 추론은 그 두 측면 모두로부터 뒷받침된다.[원주201] 힌두교 논리학은 실제로 단지 하나의

[원주200] 디그나가, 『니야야바룻티카타트파리야티카』(*Nyāyavārttikatātparyaṭīkā*)에 인용된 『니야야 수트라』, i.1.5. 『베단타파리바샤』(ii)는 산은 지각되고 불은 추론된다고 말한다.

[역주21] 삼단논법의 제1격의 제1식을 말한다. 'barbara celarent……'로 시작되는, 삼단논법의 격과 식의 기억에 도움이 되는 일종의 라틴문(文) 희시(戲詩)의 첫 머리말로 3개의 a를 가지며, 제1격 제1식의 특색을 상기시킨다는 이유로 선택된 것이다.

[원주201] 만일 A가 있다면, 그러면 B가 있다. 만일 B가 없다면, 그러면 A는 없다. 다르마키르티는 모든 주장이 긍정적이거나 부정적인 형식으로 표현될 수 있다는 것

격(格, figure)과 하나의 법(mood)을 지닌다. 주장의 주어가 어떤 특성을 지니며, 그것은 우리가 확립하고자 하는 것의 존재라는 특징을 불변적으로 지닌다는 지식으로부터, 우리는 주어가 당해(當該) 특성을 지닌다는 것을 추론한다. 그 원리는 내포 혹은 함축으로 표현된다. 만일 그것이 유개념으로 전환된다면 우리는 전체와 무로부터 단정(*dictum de omni et nullo*)에 이를 것이다. 등류(等類) 내의 모든 개별자들에 대하여 주장될 수 있는 모든 것은 그 등류에 속하는 어떤 개별자에 대해서도 주장될 수 있다. 논법의 격이나 법에 대한 상세한 구분은 바른 사유의 목적을 위하여 필수적인 것은 아니다. 물론 이러한 구분은 치밀한 사유를 위한 훈련의 장이 된다는 것은 부인할 수 없다.[원주202]

아리스토텔레스는 마지막 세 격은 제1격으로 간단하게 축소될 수 있다는 것을 받아들였다. 니야야는 심지어 제1격에서도 오직 바르바라를 인정한다. 다리(Darii)와 페리오(Ferio)는 니야야에서 사용되지 않는다.

을 동의하지만, 그는 유사성(sādharmya)과 상위(相違, vaidharmya)에 의거할 경우에 어떤 주장들은 자연적으로 후자의 형태가 된다고 생각한다.

지금 여기에 존재하는 모든 대상은 지각된다.
그 항아리는 지각되지 않는다.
그러므로 그 항아리는 지금 여기에 존재하지 않는다.
이것은 Camestre이다.

[원주202] 곰페르츠(Gomperz)는 말한다. "본래 생각에 대한 엄청난 희생의 대가로, 아리스토텔레스는 추론의 여러 형식들을 고안하고 구별하였으며, 그 결과들을 분석하였다. 그런데 자 보시라! 그 당시 접근 가능한 지식의 모든 영역에 걸치는 그의 수많은 저술들을 통하여 그는 삼단논법의 여러 가지 법(mood)과 격(figure)을 사용하지 않는다. 그는 심지어 삼단논법의 이 다양한 형식들이 실제적인 사용에서 아무런 상실 없이 극소수의 근본적인 형식들로 축소될 수 있다는 것을 주저없이 받아들인다. 우리는 그 이후의 연구—주로 논법의 수단적인 면을 발전시키고 정교하게 만들었던—가 그로 하여금 다음과 같은 사실을 확신하도록 만들기에 충분하다고 생각한다. 여러 가지 다양한 격과 법은 골동품 수집으로 남았으며, 학문의 역사로 보존되었지만, 결코 학문 자체에 의하여 실제로 소용된 적은 없었다"(*Greek Thinkers*, vol.iv, pp.44~45). 또한 H. N. Randle, "A Note on the Indian Syllogism," *Mind*, October 1924를 보라.

왜냐하면 결론은 항상 제한된 대상을 가리키며, 보편과 특수의 구분은 일어나지 않기 때문이다. 이 구분은 단지 상대적인 것이다. 다시 말하여 어떤 제한된 범주와 관련하여 보편적인 것이라도 그보다 더 큰 범주와 관련해서는 특수일 수 있다는 것이다. 니야야 연역법에서 소명사는 언제나 하나의 개별 대상 혹은 하나의 등류이며, 따라서 특수한 것이 아니라 보편적인 것이다. 몇몇 경우들에 대한 결론은 우리에게 문제의 개별적인 경우에 대한 어떤 명백한 정보도 제공하지 않는다. 셀라런트(Celarent)는 바르바라로부터 쉽게 도출된다. 아리스토텔레스는 그의 모든 법들이 제1격(Figure I)의 첫 두 가지 법으로 치환될 수 있으며, 만일 우리가 모든 판단이 쌍날의 칼과 같은 것임을 안다면 그 두 가지 법은 상호 교환할 수 있다는 것을 인정했다.

추론 과정에 대한 분석은 아리스토텔레스의 삼단논법의 분석과 상당히 유사하다. 심지어 5구성지 형식의 연역법도 단지 3명사(名辭)만을 지니며, 3구성지의 연역법은 3명제를 지니는데, 이것은 아리스토텔레스의 결론, 소전제, 그리고 대전제와 상응한다. 이와 같이 현저한 유사성을 상호 영향의 이론으로 설명하려는 시도가 있었다. 비디야부샨 박사는 말한다. "아리스토텔레스의 논리학에 대한 지식이 알렉산드리아, 시리아, 그리고 다른 나라들을 통하여 탁실라(Taxila)로 유입되었다는 것은 충분히 가능한 일이다. 나는 연역법이 실제로 인도 논리학에서 추론으로부터 발달했다고 생각하고 싶지 않으며, 힌두교 논사들의 연역법에 대한 관념은 아리스토텔레스의 영향에서 기인하는 것으로 보아야 할 것이다."[원주203] 이 박식한 박사는 연역법의 기법은 '차용된' 것임에 비하여, 추론의 교의는 인도 고유의 토착적인 성장이라고 믿었다.

키스(Keith) 교수는 말한다. "초기 단계의 논리학적인 교의가 그리스에 그 기원이 있는 것이 아닌가 하고 의심을 품을 아무런 이유도 없다. 가우타마와 카나다의 연역법은 명백히 자연발생적인 것이었다. 그

[원주203] *History of Indian Logic*, p.xv.

러나 그것은 미발달상태였다. 유비에 의한 추론 대신에 추론의 근거로
서 불변적 수반관계에 대한 완전한 교의가 나타난 것은 다만 디그나가
에 이르러서이며, 이 경우에 그리스의 영향이 작용했을 것이라고 말하
는 것은 불합리하지 않다.”[원주204] 그는 디그나가보다 거의 두 세기 이전
에 활동했던 아리야데바(Āryadeva)가 그리스 점성학에 대한 지식을
지니고 있었다는 사실을 지적함으로써 자신의 견해를 뒷받침한다. 이
것은 『바라타 샤스트라』(Bharata Śāstra)에서 발견되는 것과 같은 인
도의 희곡 이론에 대한 아리스토텔레스의 명백한 영향과 결부되어, 인
도와 그리스 간에 모종의 문화적인 상호교류가 있었을 것이라는 주장
을 부인할 수 없게 만든다. 때로는 아리스토텔레스가 인도의 이론에 보
다 많은 영향을 받았다고 주장되기도 한다. 인도의 이론은 알렉산드로
스에 의하여 아리스토텔레스에게 전달되었으며, 알렉산드로스는 인도
의 논사들과 대론을 가졌던 것으로 전해진다.

　직접적인 영향을 받았다는 적극적인 증거는 거의 없으며, 우리가 추
론의 연역적 형태는 심지어 아리스토텔레스 이전의 힌두교 혹은 불교
사상가들[원주205]의 저술에서도 발견된다는 것을 상기할 때, 그리스로부
터 차용했다는 이론은 받아들이기 어렵다. 막스 뮐러의 말을 다시 한번
되풀이해도 괜찮을 것이다. “우리는 여기서 또한 우리의 선조들이 하
고 싶어했던 것보다 훨씬 넓은 범위로 비의도적인 일치점들이 있다는
것을 인정하지 않을 수 없다. 우리는 어떤 한 나라에서 가능할 수 있었
던 것이 다른 나라에서도 역시 가능할 수 있었다는 것을 결코 잊지 말
아야 한다.”[원주206] 이 견해는 우리가 그리스와 인도의 연역법 사이에 근
본적인 차이점이 있다는 것을 알게 될 때 더욱 확실해진다. 그리스 논
리학에서는 인도 논리학의 실례에 해당하는 논거에 대한 분석이 거의
없다. 이에 비하여 인도 사상가들은 실례를 보편적 수반관계를 주장하

[원주204] *Indian Logic and Atomism*, p.18.
[원주205] *History of Indian Logic*, p.500, n.1 및 부록 B.
[원주206] S.S., pp.385~386.

는 데 필요불가결한 것으로 간주한다. 추론의 근거가 보편적 수반관계 라는 것은 금방 알 수 있다. 왜냐하면 실례는 단지 그러한 관계에 해당 하는 구체적인 경우에 불과하기 때문이다.

9. 귀납법

추론은 실재의 참됨을 주장하며, 그 주장은 만일 두 전제가 참이 아 닌 한 지탱될 수 없다. 소전제는 지각의 결과이며, 대전제는 우리를 귀 납의 문제로 인도한다.

어떻게 보편적인 명제들이 도달되는가? 니야야 학자들은 다양한 대 답을 제시한다. 그들은 계산, 직관, 그리고 직접적인 증거를 언급한다. 연역법은 법칙과 함께 실례를 든다. 하나의 실례는 하나의 법칙을 예시 하기에 충분하겠지만, 그것은 자체만으로 보편적 관계를 확립할 수는 없다. 아궁이의 불과 그 속의 연기 혹은 제단의 불과 그 안의 연기 사 이에 불변적 수반관계가 있을 것이다. 그러나 이로부터 단지 우리가 산 에서 연기를 지각한다는 이유만으로 산에 불이 있다고 추론할 수는 없 다. 이것은 우리가 모든 경우의 불과 모든 경우의 연기의 불변적 수반 관계를 확립하지 않는 한 불가능하다. 만일 우리가 수많은 경우에서 연 기와 불을 관찰한다면, 우리는 아마 보다 나은 근거를 지닐 수 있을 것 이다. 단 하나의 예외도 없는(avyabhicarita sāhacarya), 경험의 빈번 (bhūyo darśana)은 우리가 일반적인 법칙을 형성하는 데 도움이 될 것이다. 만일 우리가 불이 있는 모든 곳에서 연기를 관찰한다 해도, 그 것만으로는 충분하지 않다. 우리는 또한 불이 없는 곳에는 결코 연기가 없다는 것을 파악하지 않으면 안된다. 존재하는 곳에 존재하고 부재하 는 곳에는 부재하는 것 둘 다 필수적이다.[원주207]

[원주207] 대명사(sādhya)와 인(因, hetu)이 항상 관련을 지닌다는 파악(sāhacarya-

만일 연속된 일치(niyatasāhacarya)가 예외의 부재(avinābhāvarū-pasaṁbandha)로 강화된다면, 우리는 우연한 제한(upādhi)들을 배제하는 무조건적인 수반관계를 얻게 된다.[원주208] 우리는 불을 지니는 모든 곳에서 연기를 지니지는 않는다. 붉게 달구어진 쇠공은 자체에 연기를 지니지 않는다. 단지 젖은 연료로 타는 불이 연기를 불변적으로 수반할 뿐이다. 불에 대한 연기의 관계는 조건적이고 제한적인 것임에 비하여, 연기에 대한 불의 관계는 무조건적인 것이다. "불이 있는 모든 경우는 연기가 있는 경우이다"라는 원리는 인정될 수 없지만, "연기가 있는 모든 경우는 불이 있는 경우이다"라는 원리는 인정될 수 있다. 조건이나 제한이 반드시 결함을 의미하는 것은 아니다. 왜냐하면 그것이 그릇된 이해를 불러일으키는 것은, 단지 그 자체가 인지되지 않는 경우에 한정되기 때문이다. 조건들이 의심쩍게 여겨질 때마다 우리는 그 부대상황을 검토하고 의심쩍은 조건이 부재하는 경우에도 불변적 수반관계가 타당하다는 것을 보여줄 필요가 있다. 적극적인 예들은 조건들에 긍정적인 경우에 대한 반증이 된다. 왜냐하면 이러한 예들은 중명사와 대명사가 존재하는 반면에 그 외의 다른 어떤 것도 지속적으로 존재하지 않는다는 것을 보여주기 때문이다. 부정적인 예들은 심지어 물질적인 다른 상황이 지속적으로 부재하는 때에도 중명사와 대명사가 부재

---

jñāna)과 대명사 없이 인이 있는 경우는 없다는 파악(vyabhicārajñānaviraha, 『타르카상그라하디피카』(*Tarkusuṃgrahadīpikā*), 45).

[원주208] 우다야나는 제한을 자기 자신의 특성을 근접한 곳에 있는 다른 대상에게 부여하는 것(upa samīpavartini, ādadhāti saṁkrāmayati, svīyaṁ dharmam ity upādhiḥ)으로 정의한다. 꽃 위에 수정이 놓여 있을 때, 꽃은 자체의 붉음을 수정에게 부여하여 수정을 마치 붉은 루비처럼 보이게 만드는데, 이때 그 꽃은 하나의 우파디이다. 타당한 보편자는 그 자체에 의하여 의심쩍게 여겨지거나 반대자에 의하여 비판될 수 있는 모든 제한에서 벗어나야(nirupādhikaḥ) 한다. 또한 바차스파티의 『니야야바룻티가타트파리야티카』, i.1.1을 보라. 우다야나에 의하면, 논리학에서 우파디는 1) 끊임없이 중명사를 수반하고, 2) 그것을 동반하는 것이며, 3) 불변적으로 대명사를 수반하지 않는 것이다. 『타르카디피카』에서는 4종의 우파디가 인정된다. Athalye, 『타르카상그라하』, p.317을 보라.

144

한다는 것을 보여줌으로써 그 경우를 뒷받침한다.

후기의 논리학은 부정적인 예들에 큰 강조점을 두며, 의미되는 것(the thing signified)에 대한 부호의 배타적인 적합성을 분명히 하기 위하여 불변적 수반관계(vyāpti)를 정의하고 규정지었다.[원주209] 니야야 학자들은 단련된 정신이 스스로의 공상을 제어하고 사실의 견고한 멍에 아래 고개숙여야 한다는 것을 촉구한다. 실험적인 방법들에 대한 정확한 설명은 단지 경험 과학의 발달과 함께 가능할 수 있으며, 후자가 부재하는 상황에서 과학적 방법에 대한 인도 논리학자의 견해들은 큰 흥미를 불러일으키지 않는다. 니야야 학자들은 귀납법의 일반적인 문제를 인식하고 있었으며, 보편 명제가 도달되는 자연의 사실들에 대한 주의깊은 관찰의 방법을 알고 있었다.

자연은 언제나 우리가 이론을 확립하거나 부정하는 데 도움이 되는 적절한 유형의 적극적인 예나 부정적인 예들을 제공하는 것은 아니다. 니야야 학자들은 우리가 부정적인 증거를 얻기 위하여 간접적 논증(tarka)[역주22]의 방법을 택할 수 있다고 말한다. 만일 연기가 있는 곳에 불이 있다는 보편 명제가 타당하지 않다면, 그 반대의 경우, 즉 "때로는 연기가 불을 수반하지 않을 수도 있다"는 명제는 반드시 참일 것이다. 다시 말하여 불은 연기의 불변적인 선행물이 아니다. 그러나 불이 연기의 원인이라는 것을 부정할 수 없다. 이와 같이 타르카는 지속적인 일치의 적극적인 예들에 의거한 보편 명제를 강화하기 위하여 채택된다. 그것은 또한 가설을 확립하는 한 방법이기도 하다.[원주210] 우리가 떨어지는 불합리를 지적함으로써, 제시된 가정을 부정한다면, 간접적 논

[원주209] 비야프티(vyāpti)에 관한 여러 정의들을 검토한 후에, 강게샤는 다음과 같이 결론짓는다. "불변적 수반관계는 대명사(major term)와 중명사(middle term)의 공존이며, 그것은 중명사와 동일한 곳에 존재하지만, 그 대립물에 관해서는 다른 곳에 존재한다"(『탓트와친타마니』, ii). *History of Indian Logic*, p.424를 보라.
[역주22] 타르카는 우선 반대되는 명제를 참이라고 가정하고, 그 가정의 불합리한 귀결을 밝힘으로써 원래 주장의 참을 간접적으로 증명하는 것이다.
[원주210] 『니야야 수트라』, i.1.31.

증은 그 가정을 확인하는 데 도움이 될 것이다. 그것은 다른 어떤 가정도 그 사실들을 설명할 수 없다는 것을 보여준다.[원주211]

타르카는 단지 경험적인 귀납법에 대한 보완일 뿐이며, 그것이 우리에게 보편 명제를 제공하는 것은 아니다. 설사 우리가 가능한 모든 경우를 관찰하고 간접적 논증의 방법으로 우리의 결론을 강화한다 할지라도, 여전히 우리는 보편 명제에 대한 절대적인 확신에 도달할 수 없다. 그 방법이 제한된 관찰에 의거하는 한 그것은 어떤 필연성도 지니지 않는다. 계수(計數)상의 보편은 단지 있을 법한 것일 뿐이며, 확실한 것은 아니다. 지각할 수 있는 개별자들이 보편자들에 대한 지식을 발생시킨다는 것은 사실이지만, 보편자들에 대한 파악이 지각할 수 있는 개별자들에 의하여 완전하게 설명된다고 말할 수는 없다. 왜냐하면 보편은 어떤 개별자 혹은 모든 개별자들을 초월하기 때문이다.

심지어 집합적인 판단들도 보편에 대한 지식을 전제로 한다. 우리는 모든 경우들이 아니라, 단지 일정한 그룹에 속한다는 표징의 보편적인 속성을 지닌 경우들만 계산에 넣는다. 따라서 열거의 방법도 보편에 대한 파악 없이는 불가능하다. 고대 니야야는 우리가 지각을 통하여 보편들을 식별할 수 있다고 주장한다. 강게샤는 보편들에 대한 파악(sāmānyalakṣaṇa)에 연관되는 비감각적 행위를 인정하는데, 이것은 그가 보편들에 대한 파악을 비감각적 직관의 하나로 간주하는 점에서

[원주211] "정당한 가정은 다음의 조건들을 충족시키지 않으면 안된다. 1) 반느시 사실을 설명해야 한다. 2) 관찰된 사실 혹은 확립된 일반화와 모순되지 않아야 한다. 3) 관찰된 작인(作因)으로 사실을 만족스럽게 설명할 수 있는 경우에는 관찰되지 않은 작인이 상정되어서는 안된다. 4) 상반되는 두 가정이 하나의 영역에 있을 때, 결정적인 사실 혹은 검증이 필수적이다. 이와 같은 검증의 부재는 둘 중의 어느 한 쪽을 확립하는 데 치명적이다. 5) 상반되는 두 가정 가운데서 보다 단순한 것이 선호되어야 한다. 6) 상반되는 두 가정 중에서 주제에 보다 직접적이고 적절한 것이 소원하거나 동떨어진 것보다 선호되어야 한다. 7) 위의 조건들을 충족시키는 가정은 그것이 하나의 이론으로 확립될 수 있기 전에 입증에 필요한 자격을 구비한 것으로 간주될 수 있다"(Seal, *The Positive Sciences of the Ancient Hindus*, p.288).

분명하다.[원주212] 어느 쪽 견해에서도 우리가 실례들을 남김없이 모두 고찰하는 것은 불필요하다. 보편적인 연기성(smokiness)에 대한 지각을 통하여 우리는 모든 경우의 연기를 파악한다. 우리는 근접한 보편에 대한 인식(sāmānyalakṣaṇapratyāsatti)을 통하여 불과 연기의 보편자들을 파악하며, 그 둘 사이의 불변적 수반관계를 인식한다. 이와 같이 하나의 실례에 대한 분석으로 우리는 보편적 관계를 식별할 수 있으며, 그 실례에서 참인 것은 그것이 속한 등류의 다른 모든 구성 요소들에까지 확대 적용될 수 있다. 왜냐하면 이 구성 요소들에는 동일한 속성과 같은 것이 있기 때문이다. 한 번 참인 것은 언제나 참이다. 우리가 '연기'라고 말할 때, 우리는 모든 경우의 연기를 마음속에 지니는 것이 아니라, 우리의 생각 속에 있는 것은 연기에 대한 함축 혹은 내포들이다. 연기와 불의 함축들은 스며드는 대상(vyāpya)과 스며드는 자(vyāpaka)로서 보편적 수반관계(vyāpti)에 관련된다.

다수의 예가 필요한 것은 우리가 이 개별자들로부터 보편적 관계를 추상해야 하기 때문이 아니라, 그 관계가 단일의 예에서는 명료하게 분별되지 않기 때문이다. 예외적인 분별력을 지닌 사람들은 심지어 소수의 예로부터 관계들을 구별해낼 수 있다. 보편적 관계는 새롭게 창조되는 것이 아니라 발견되는 것이다. 단일의 대상에 대하여 행해진 사고작용을 통하여 우리는 보편적 관련을 얻을 수 있다. 만일 보편적 관계가 판단 그 자체에서 우리에게 드러나지 않는다면, 유사한 사건들의 반복이라도 그것에 대하여 우리에게 도움이 될 수 없다. 그것은 인식 주관에 주어지는 것이며 오성에 의하여 구성되는 것이 아니다. 감각적 지각을 초월하는 모든 것이 경험을 초월하는 것은 아니다. 정연한 방식에 따른 관찰과 실험은 가끔 단일의 예로부터 직관된 것을 단지 확인할

[원주212] 보편자의 파악에 관한 아리스토텔레스의 견해와 비교하라. 그는 관련 개별자들에 대한 지각에 잇따르는 지력(nous)에 의하여 그것이 파악된다고 본다. 우리가 문제의 우연성을 초월하지 않는 한 아무리 많은 수의 실례를 나열한다 해도 그것은 절대적인 확실성을 생성시킬 수 없다(Aristotle, An. Post., 1.5).

뿐이다. 세계의 모든 사건들은 그 자체 속에 그것이 일어났던 관계 혹은 법칙을 담고 있다. 우리가 주어진 사건의 본질적인 측면과 그것의 우유적인 부속물을 분별할 수 있게 하는 것은 오직 직관뿐이다. 보편 명제들은 내용의 관련들이다. 만일 다소 시무룩한 모든 동물들이 장수한다면, 그것은 다소 시무룩한 사람, 말, 그리고 노새가 장수하기 때문이 아니라, 다소 시무룩함의 내용과 장수 사이에 필연적인 관련이 있기 때문이다. 니야야 논증의 의미는 만일 그것이 가설적 범주 형식으로 표현된다면 가장 분명하게 드러날 것이다. 만일 A라면, B이다. 그러므로 A는 B이다.

이 견해에 입각해서 귀납적 추론이 어떻게 그것의 전제들에 담겨 있는 것보다 그것의 결론에서 더 많은 것을 줄 수 있는가 하는 문제가 새롭게 조명된다. 보편 법칙은 여러 경우의 결과를 셈하여 나타나는 계수상의 판단이 아니며, 개별자들을 지배하는 관계들은 개별자 자체와 마찬가지로 실재적이다. 우리가 어떤 보편적 판단으로부터 특정한 개별적 진실을 도출할 때, 그 결론은 비록 전제 속에 들어 있다 할지라도, 어떤 의미에서 그것은 전제를 초월한다.

그러나 만일 보편적 관계들이 실재적이며 단지 직관되어야 하는 것이라면, 어떻게 해서 사랑에 빠진 사람들과 미치광이들은 과학자와 철학자들의 눈에는 쉽게 들어오는 그와 같은 보편적 원리들을 놓치고 마는가? 또한 우리가 시도하는 일반화가 때로는 참이 아닐 경우도 있다는 사실을 설명하는 것도 어렵다. 그 관계들은 그릇된 귀납에서는 바르게 파악되지 않는다. 그들은 개별자들의 한없는 충만과 적절하게 구별되지 않는다. 실재의 복합성은 관계들의 구별을 어렵게 만든다. 격정과 편견, 무기력과 부주의 때문에 우리는 참이 아닌 명제들을 참인 것으로 받아들인다. 이런 의미에서는 심지어 개별적인 지각들도 틀릴 수 있을 것이다.

직관된 귀납적 원리들은 새로운 개별자들에 적용될 때, 다시 말하여 우리가 귀납적 단계에서 연역적 단계로 나아갈 때 보다 확실하게 된다.

나중에 논의되겠지만, 보편적 관계들의 타당성은 다른 모든 지식에 대한 타당성과 마찬가지로 다른 형태의 지식에 의하여 확립되어야 한다. 경험적인 검증으로 확인되지 않은 직관은 단지 가정에 불과하다. 단순한 직관은 크게 소용되지 않으며, 경험적 재료들을 하나도 남김 없이 속속들이 규명한다는 것은 실현 불가능한 이상이다. 그 둘은 상호보완적이다. 비록 보편 원리는 오직 경험적 사실의 경우에만 우리에게 파악된다 할지라도, 그것은 그 자체에 관하여 어떤 필연성을 지닌다.

불변적 수반관계에 대한 니야야의 견해는 보편자들이 실재의 요소들이며,[원주213] 보편적 관계들은 실재적이라고 상정한다.[원주214] 유물론자인 차르바카(Cārvāka)들은 보편적 관계들의 가능성을 부정하며, 따라서 추론의 타당성을 비판한다.[역주23] 불교도들은 보편 명제들을 실재하는 관계들이 아니라 관념의 구성물로 간주한다. 보편은 유명무실한 것이며, 일치는 허구이다. 불교 논서 『사만야두샤나디크프라사리타』(*Sāmān-yadūṣaṇadikprasārita*)에서는 우리가 보편자들을 실재하는 것으로 지각한다는 이론이 비판된다. 우리는 손의 다섯 손가락을 보며, 제6의 어떤 보편자를 보는 것이 아니다. 제6의 보편자는 우리의 머리에 달린 뿔과 마찬가지로 비실재적이다.[원주215] 이 견해에 대한 엄격한 해석은 모든 추론을 불가능하게 만든다 해야 하겠지만, 그럼에도 불구하고 불교도들은 현실적인 목적에서 그것의 타당성을 상정하며, 보편적 관계들

[원주213] Sāmānyasya vastubhūtatvāt(『타르카바샤』(*Tarkabhāṣā*), p.31, Poona ed.).

[원주214] Svabhāvikas tu saṁbandho vyāptiḥ(같은 책, p.35).

[역주23] 차르바카들은 바른 지식수단으로 오직 감각적 지각(pratyakṣa)만을 인정한다. 이들에 의하면, 추론의 토대가 되는 불변적 수반관계(vyāpti)는 단지 어림잡기에 불과하다. 그것은 우리의 지각에 의하여 입증되지 않으며, 추론에 의해서도 입증될 수 없다. 추론 자체가 그것을 전제로 하기 때문이다. 증언 또한 그것을 입증할 수 없다. 만일 증언이 그것을 입증한다면, 추론은 증언에 의존한다고 보아야 하며, 그렇다면 어느 누구도 독자적으로 어떤 것을 추론할 수 없을 것이다. 그러므로 추론은 타당한 지식수단이 아니다.

[원주215] Keith, *Buddhist Philosophy*, p.233. *Principles of Human Knowledge*, Introduction, p.13에서 추상적 관념에 대한 버클리의 견해와 비교하라.

의 다양한 종류를 구별한다.

중명사는 동일(svabhāva, tādātmya), 인과(tadutpatti), 부정(anu-palabdhi)에 의하여 대명사와 연관될 수 있을 것이다. 그것은 결국 우리의 추론이 긍정적이거나 부정적이며, 또한 전자는 분석적이거나 종합적이라는 결론이 된다.[원주216] "이것은 나무이다. 왜냐하면 그것은 소나무의 일종이기 때문이다"라고 말할 때, 우리는 동일, 분석, 공존 형식의 추론을 지닌다. "불이 있다. 왜냐하면 연기가 있기 때문이다"라고 말할 때, 우리는 인과, 종합, 혹은 연속 형식의 추론을 지닌다. 지각되지 않음(anupalabdhi)에 의한 추론은, 항아리가 지각되지 않는다는 사실로부터 그것의 비존재를 추론할 때 일어난다. 보편적 관계들은 사실들에 대한 관찰로부터 도출되는 것이 아니라, 본질에서의 동일과 인과적 필연에 대한 선험적 개념들로부터 연역된다. 불교도들은 이와 같은 인과와 동일의 원리들의 보편적 타당성을 상정한다. 왜냐하면 이러한 원리들을 받아들이지 않고서는 우리의 삶이 불가능하기 때문이다. 디그나가에 의하면 지식은 대상적 존재들의 실재적인 관계를 나타내지 않는다. 우리가 결론을 도출하는 내속과 실체의 관계 혹은 속성과 주어의 관계는 모두가 마음에 의하여 거짓 부과된다.[원주217] 관계들은 단지 논리적일 뿐이다.

바차스파티는 불교의 견해에 대하여 철저한 검토를 시도한다. 만일 불에 수반되는 연기를 보이지 않는 악마(piśāca)라는 작인(作因)에 그 원인이 있는 것으로 돌린다면, 불교도들이 생각하는 것처럼 인과율은 충족될 것이다. 또한 동일한 결과가 동일한 원인을 지녀야 하는 어떤 필연성도 없다. 만일 원인이 결과에 선행하는 것이라면, 그것은 결과와 동시적이 아니라는 것은 분명하다. 연기에 대한 지각으로부터 우리는

[원주216] 『니야야빈두』, III.

[원주217] 『니야야칸달리』, p.207. 바차스파티는 디그나가로부터 인용한다. "Sarvo 'yam anumānānumeyabhāvo buddhyārūḍhena, dharmadharmibhāvena na bahissadasattvam apekṣate"(『니야야바룻티카타트파리야티카』, i.1.5).

불의 현재 존재가 아니라 그것의 과거 존재를 추론한다. 만일 그 둘이 동일하다면 하나에 대한 지각은 곧 다른 하나에 대한 지각을 의미할 것이며, 그렇다면 추론의 필요성이 없어진다. 바차스파티와 자얀타는 소나무와 나무의 관계가 동일의 관계는 아니라고 주장한다. 왜냐하면 모든 나무가 소나무는 아니기 때문이다.[원주218] 불교도들은 스스로가 주장하는 인과율과 본질의 동일성에 대한 원리 자체가 어떻게 도출되는가 하는 것을 우리에게 말해주지 않는다. 니야야 학자들은 인과적 연속의 관계나 유(類)와 종(種)의 관계뿐만 아니라, "뿔 달린 모든 동물은 갈라진 굽을 지닌다"에서와 같은 관계까지, 모든 상호 관계를 보편적 수반관계(vyāpti)에 포함시킨다.[원주219]

10. 인과율

　모든 형태의 보편 원리들처럼, 니야야 학자들에게 인과의 법칙은 말하자면 직관적으로 알려지고 경험에 의하여 확증되는 자명한 원리이다. 관찰된 인과 관계들은 모든 탐구가 시작되는 원리를 확립한다. 원인은 불변적으로 결과에 선행하는 것이며, 결과의 생산에서 우유적인 것이 아니라 필수적인 것이다. 그것은 연속적인 현상에서 선재하는 요소이며, 수많은 경우들을 통하여 그 밖에 다른 이전의 시간에 일어난 불변의 사건이다. 그러나 단순한 선재는 충분하지 않다.[원주220] 그것은

[원주218] 『니야야만자리』, p.114 및 『니야야바룻티카타트파리야티카』, i.1.5.
[원주219] 프라샤스타파다는 달이 바다에서 떠올라오는 것이나 수련(水蓮)의 개화를 가리키는 것과 같은 비인과적 공존이 비야프티(vyāpti)에 속한다고 말한다(『파다르타다르마상그라하』, p.205).
[원주220] 글렌도워(Glendower) : 내가 태어나던 그때/천국의 문전은 화염에 싸인 요괴들과/타오르는 기름통으로 가득했으며, 내가 태어나던 그때/땅의 뼈대와 거대한 토대가/겁쟁이처럼 흔들거렸다.
　핫스퍼(Hotspur) : 아니, 비록 당신 자신은 결코 태어나지 않았다 할지라도, 만

필요불가결한 선재자이다.

안야타싯다(anyathāsiddha)는 결과와 인과적으로 연관되지 않은 선재자이다. 비슈와나타는 그와 같은 인과 관계의 다양한 유형들을 언급하고 있다.[원주221] 우리는 자신의 손가락으로 대상의 공간적인 위치를 가리킬 수 있을 것이다. 이와 같이 손가락으로 가리키는 것은 비록 변함없이 존재한다 할지라도 공간적 위치에 대한 지각과 인과적으로 관련되지 않는다. 옹기장이의 몽치는 무조건의 절대적인 선행자임에 비하여, 그 몽치의 색깔은 아무런 관련성이 없는 선행자이다. 몽치의 운동으로 생겨나는 소리는 공동 결과이다. 수시로 도입되거나 취소될 수 없는 영원·편재하는 실체들은 무조건의 절대적인 선행자들이 아니다. 옹기장이의 아버지와 같이, 조건의 조건은 옹기의 생산과 무관하다. 동일한 원인의 공동 결과들은 때로는 원인과 결과로 혼동되기도 한다. 중력이라는 공동 원인은 저울이 올라가고 내려오는 결과들을 낳는다. 이러한 공동 결과들이 연속적일 때, 선행의 공동 결과를 후속하는 공동 결과의 원인으로 오해할 가능성이 짙어진다. 어떤 결과의 생성에 필요불가결하지 않은 모든 것은 그것의 무조건적인 선재자가 아니다. 원인은 부대적인 것, 즉 간접적이고 우유적인 부수물과 혼동되지 말아야 한다.[원주222] 장애 요소가 있을 경우에는 원인이 결과로 나타나지 않을 수도 있다는 것이 인정된다. 따라서 때로는 방해하는 요소의 비존재(pratibandhakābhāva)가 원인에 대한 정의에 부가되기도 한다. 케샤바 미슈라는 원인을 그 밖에 다른 어떤 것의 생성에 소용되지 않는 필요불가결의 선재자로 정의한다. 실은 헝겊의 원인을 구성하지만, 실의 색깔은 그렇지 않다. 왜냐하면 후자는 헝겊 자체가 아니라 헝겊의 색깔을

일 당신 어머니의 고양이가 새끼를 낳았다면, 그것은 똑같은 계절에 그와 같이 했겠습니까?

[원주221] 『싯단타무크타발리』, pp.19~22.

[원주222] Anyathāsiddhaniyatapūrvavṛtti kāraṇam. 『타르카상그라하』, 38 ; 『타르카바샤』, p.11을 보라.

생성시키기 때문이다.

만일 두 사물 간에 원인의 존재는 결과의 존재를 의미하고 원인의 부재는 결과의 부재를 의미하는 것과 같은 긍정-부정(anvaya-vyatireki)의 관계가 없다면, 인과적으로 관련되어 있다고 말할 수 없다. 인과 관계는 상호적이며 가역적이다. 그것은 신비하고 불가사의한 힘이 아니라, 한결같고 예외없는 경험적인 연속물들로부터 확인될 수 있는 것이다.[원주223] 사실들에 대한 주의깊은 관찰이 강조된다. 우다야나는 말한다. "우리는 부단한 한정과 분류를 행함으로써 자기 힘으로 여러 한계들을 처리하고자 부지런히 노력해야 한다."[원주224] 외부의 세계는 우리에게 뒤죽박죽의 복합적인 상황으로 다가오며, 이로부터 우리의 오성은 현실적인 사건들의 흐름을 구성하는 다수의 부적절한 세부 사항들을 무시하면서 연속 관계에 있는 A와 B를 골라낸다. 우리는 결과의 소멸이 잠정적으로 확인된 원인의 소멸에 기인하는 것인지 어떤지를 파악하지 않으면 안된다. 이 모든 조사 탐구에서, 우리는 다른 어떤 조건도 변하지 않도록 주의해야 한다. 선재자의 무조건성 혹은 무제한성은 불교의 판차카라니(pañcakāraṇi, 五因) 교의[원주225]에서 사용되는 이중 차별법(double method of difference)을 채택하지 않고서는 확인될 수 없다.

인과 관계는 선험적으로 혹은 후천적으로 도출되는 것이 아니다. 그것은 나타난 사실이 아니라, 나타난 자료에 의거한 지적인 구성물이다. A는 B의 원인이라고 말하는 것은 감각의 자세한 내용을 초월하는 것이며, 연속의 법칙을 파악하는 것이다. 인과 관계는 단순히 현상적인 연속이 아니라, 요소들의 관련이다. 요소들은 나타나는 반면에 관련은 그렇지 않다.

만일 우리가 다수의 원인을 인정한다면, 인과적 설명에 대한 모든

[원주223] 『바샤파릿체다』, 16.
[원주224] 『쿠수만잘리』, i.6.
[원주225] 『인도철학사 Ⅱ』, pp.282~283.

노력은 쓸모없게 될 것이다. 만일 다수의 원인이 과학적으로 진실이라면, 추론은 지식의 바른 수단이 될 수 없을 것이다.[원주226] 만일 우리가 불어난 강물을 본다 해도, 우리는 그것이 어제의 비 때문이라고 추론할 수 없다. 그것은 부분적으로 제방을 쌓았기 때문일 수도 있을 것이다. 만일 우리가 알을 나르고 있는 개미들을 본다 해도, 그것은 반드시 곧 닥칠 장마 때문이 아니라, 개미집이 손상되었기 때문일 수도 있을 것이다. 우리가 공작의 울음 소리로 간주하는 것이, 구름이 모여들고 있다는 것을 의미할 필요는 없다. 왜냐하면 그것은 결국 공작의 울음 소리를 흉내내는 어떤 사람의 목소리일 수도 있기 때문이다. 니야야는 다수의 원인을 인정하지 않으며, 하나의 결과에 대해서는 오직 하나의 원인이 있다는 것을 믿는다.

다수의 원인이 나타나는 것은 결함 있는 분석 때문이다. 만일 결과가 충분히 한정되고 특화된다면, 다수의 원인은 사라질 것이다. 비로 인한 강물의 수위 상승은 강의 일부를 둑으로 막은 결과로 일어나는 수위 상승과는 다르다. 전자는 빠른 물살과 많은 거품 그리고 다량의 과일이나 나뭇잎을 동반한다. 비가 오기 전에 개미들이 알을 나르는 방식은, 개미집이 무너졌을 때 알을 나르는 방법과 판이하게 다르다. 공작의 울음 소리는 그것을 흉내내는 사람의 목소리와 분명히 구별될 수 있다. 만일 우리가 결과의 특수성(kāryaviśeṣa)으로 그것을 받아들인다면, 그것은 단지 하나의 특정 원인(kāraṇaviśeṣa)을 지니는 것으로 파악될 것이다. 만일 우리가 결과를 추상적으로 받아들인다면, 원인 또한 똑같은 방식으로 받아들일 수밖에 없을 것이다.

바차스파티와 자얀타는 복수성의 출현이 사라질 때 원인들의 완전한 내용을 숙고하라고 촉구한다. 그러나 어떤 논사들은 동일한 결과에 대한 여러 가능한 원인들이 하나의 공통된 힘 혹은 효과성(atiriktaśakti)을 지닌다고 생각한다. 만일 과학적이기를 거부한다면, 우리는 다수의

[원주226] 『니야야 바쉬야』, ii.1.37~38.

원인을 받아들일 수도 있을 것이다. 그 경우에는 후기 니야야가 우리에게 말하는 것처럼, 다수의 원인적 집합이 어떤 하나의 결과에 대하여 상정될 수 있으므로, 후자는 원인적 집합들 가운데 특정한 어떤 하나의 표식 혹은 부호가 아니라, 그 집합들 가운데 불특정한 어느 하나의 표식 혹은 부호이다. 만일 우리가 결과의 부재를 확인하려 한다면, 우리는 어느 특정한 하나의 원인이 아니라 개개의 모든 원인의 부재를 확인하지 않으면 안될 것이다. 이런 의미에서 원인은 결과가 불변적으로 그리고 절대적으로 뒤따르는, 있을 수 있는 선택적인 집합들의 어느 하나이다. 원인의 정의에 필요불가결한 표식(kāraṇatāvacchedaka)은 가능한 원인적 집합들 가운데 어느 하나의 존재이다.

세 종류의 원인이 구분된다.[원주227] 1) 질료인(質料因, upādānakāraṇa)은 결과가 생산되는 재료이다. 예를 들어 실은 헝겊의 질료인이며, 찰흙은 항아리의 질료인이다.[원주228] 2) 비물질적 혹은 비내속적(asamavāyi) 원인은 질료인에 내속하는 것으로 그 효과성이 잘 알려지는 것이다. 실들의 결합(saṁyoga)은 비물질적 원인이다. 만일 실들이 서로 결합되지 않는다면 단지 타래실로 남아 있을 뿐 헝겊을 형성하지는 않을 것이다. 실의 색깔은 비물질적인 원인이다. 왜냐하면 헝겊의 색깔을 생산함에 있어서 그것의 효과성은 잘 알려지기 때문이다. 질료인은 유형의 물질임에 비하여 비물질적 원인은 속성 혹은 행위이다.[원주229]

[원주227] 『바이셰쉬카 수트라』, x.2.1~7 ; 『타르카바샤』, pp.15~25 ; 『바샤파릿체다』, 17~18 ; 『타르카상그라하』, 40.

[원주228] 니야야에 따르면, 결과(kāryam)의 파손은 그것의 물질적 원인의 파손에서 기인되는 것이다. 한 올의 실이 파손될 때, 본래의 헝겊 조각 또한 파손된다고 주장한다. 한 조각의 헝겊이 그것을 다시 한 번 생산하기 위하여 요구되는 직조공이나 북(shuttle) 등도 없이 여전히 남아 있다는 사실은, 원래의 질료인이 완전히 파손되는 것이 아니라 남아 있는 실들 속에 잠재적인 자기 생산적 인상 혹은 기질(sthi-tisthāpakaḥ saṁskāraḥ)로 지속적으로 존재하며, 이렇게 하여 그 실들은 새로운 헝겊을 생산한다고 상정함으로써 설명된다.

[원주229] 이 두번째 유형의 원인은 상키야와 베단타에 의하여 인정되지 않는다. 이 두 학파는 원인과 결과가 동일의 관계로 묶여 있다고 생각한다. 다시 말하여, 그 둘

니야야의 원자론은 물질 세계의 모든 전환과 변화를 입자들의 조합과 분할로 설명한다. 궁극적인 구성 요소들은 사실상 동일하다. 단지 이 요소들이 매 순간 변해가는 노정과 구상이 다를 뿐이다. 동력인(nimittakāraṇa)은 앞의 두 원인들과 구별된다. 그것은 결과가 발생하는 원동력 혹은 그것이 생산되는 수단을 가리킨다. 옹기장이는 옹기의 동력인이다. 이에 비하여 그의 몽치와 도차는 부수적인 것(sahakāri)으로 간주된다.[원주230] 이 3종의 원인은 아리스토텔레스의 질료인, 형상인, 그리고 동력인에 상응한다. 그리고 결과 자체는 아리스토텔레스의 목적인으로 간주될 수 있을 것이다.

때로는 지체없이 직접 결과를 생산하는 원인은 최고의 원인(karaṇa)[역주24]이라고 불리며, 독특한 원인으로 정의된다.[원주231] 케샤바 미슈라에 의하면 그것은 특히 수승한 원인[원주232]이다. 원인들의 집합 중에서 직접 결과를 생산하는 것이 최고의 원인이다.[원주233] 지각 행위에서 비록 최고의 원인은 감각적인 접촉이라 할지라도, 인식자와 인식의 대상 또한 필수적이다. 닐라칸타(Nīlakaṇṭha)는 최고의 원인을 그것 없이는 결코 결과가 생성될 수 없는 원인으로 정의한다.[원주234] 옹기장이

을 결합시키기 위하여 결코 어떤 고리가 필요한 것은 아니다. 내속하는 원인과 내속하지 않는 원인의 구분은 주장될 수 없다. 엄격히 말하여 오직 동력인(efficient cause)이 비내속적일 뿐이다. 상키야와 베단타는 질료인과 동력인을 인정하는 데 비하여, 불교도들은 이러한 구분조차도 받아들이지 않는다. 모든 사건(event)은 찰나적이다. 우유는 매 순간 변하고 있다. 단지 우리는 한 단계에서 그것을 우유라고 부르고 또 다른 한 단계에서는 응유(curd)라고 부를 뿐이다.

[원주230] 동력인들은 다시 보편적인 원인과 특수한 원인으로 구분된다. 전자에는 신, 신의 지식, 욕망, 행위, 선재하는 비존재, 공간, 시간, 공덕과 비공덕 등의 8종이 있다. 때로는 여기에 방해하는 영향력의 부재가 부가되기도 한다(『타르카상그라하』, 207~208).

[역주24] 일반적인 의미에서의 '원인'을 가리키는 '카라나'(kāraṇa)와는 구별되는 말이다.

[원주231] Asādhāraṇaṁ kāraṇaṁ karaṇam(『타르카상그라하』, 37).

[원주232] prakṛṣṭaṁ kāraṇam.

[원주233] Avilambena kāryotpatti.

[원주234] 『타르카상그라하』, 186.

의 몽치는 옹기의 도구인이다. 그러나 숲속에 있는 나무 막대기는 원인이 아니다. 그것은 실제로 옹기의 생산에 동원될 때 원인이 된다. 그래서 특정 기능의 소유(vyāpāravad)라는 조건이 부가된다. 근대 니야야는 한 걸음 더 나아가서 최고의 원인은 특정 기능이 그 안에 머무르고 있는 것이 아니라, 적절한 결과의 근접 원인인 기능 그 자체라고 주장한다.[원주235]

후기 니야야에서 결과는 '전(前)비존재의 대응 실체'(counterentity of its antecedent negation)[원주236]로 정의된다. 그것은 전비존재의 긍정적인 상관물이다. 결과가 전비존재를 지닌다고 말하는 것은 그것이 시작을 지닌다는 것을 받아들이는 것이다. 이것은 원인에 의하여 생성되기 이전의 결과는 존재를 지니지 않는다는 인중무과설(因中無果說, asatkāryavāda)이며, 또한 새로운 시초의 이론(ārambhavāda)으로 알려지기도 한다. 결과는 원인 속에 선재하는 것이 아니라, 새롭게 생겨난다. 그것은 후성설(後成說) 혹은 그 자체에 새로운 측면을 부가해 가는 실재의 창조적인 측면이다.[원주237] 어떤 불교도들은 생성되기 이전의 결과는 존재나 비존재로 설명될 수 없으며, 그렇다고 하여 존재인 동시에 비존재라고 말할 수도 없다고 주장한다. 니야야는 결과란 그것의 원인으로부터 생산되기 이전에는 존재하지 않는다고 주장하며, 이 견해는 전체란 그것을 구성하는 부분과는 다른 어떤 것이라는 니야야의 교의와 일치한다.[원주238]

[원주235] Phalāyogavyavacchinnaṁ kāraṇam.

[원주236] prāgabhāvapratiyogi(『타르카상그라하』, 39).

[원주237] 카나다(Kaṇāda)는 원인과 결과가 아주 다르다는 것을 보여주기 위하여 여러 가지 주장을 한다. 1) 그 둘은 각기 다른 관념의 대상이며, 2) 다른 말의 대상이다. 3) 그 둘은 다른 결과를 생성시키며, 4) 시간적으로 다른 순간에 발생한다. 5) 형태의 차이가 있으며, 6) 실은 다수이고 형겊은 한 장인 것처럼 그 수에서 차이가 있다. 7) 만일 원인과 결과가 동일하다면, 원인으로부터 결과를 도출하려는 어떤 노력도 불필요하게 될 것이다. 또한 『니야야바룻티카타트파리야티카』, iii.2.17을 보라.

[원주238] 『니야야 수트라』, iv.1.48~54.

상키야와 베단타는 결과는 원인 속에 가능태로 존재하던 것이 결과에서 실재화된다고 본다. 상키야에 따르면 동력인은 이러한 실재화 혹은 현현의 과정을 돕는다. 니야야 학자들은 이 견해를 비판한다. 만일 헝겊이 이미 실 속에 있다면, 우리가 그것을 보지 못하는 것은 어떻게 된 것인가? 실은 헝겊이 아니며, 우리는 실을 입을 수는 없다. 헝겊은 현시되지 않는다고 말하는 것은 논거가 될 수 없다. 왜냐하면 미현현이 바로 해명되어야 할 문제이기 때문이다. 만일 현현이 '지각될 수 있고 효과적인 행위를 할 수 있는 그러한 형태의 부재'를 의미한다면, 그것은 원인 작용 이전에 결과의 비존재와 마찬가지의 결과가 된다. 특정 형태로 존재하지 않았던 어떤 것이 원인의 작용에 의하여 존재하게 된다.[원주239] 결과는 형태, 잠재력, 상태에서 원인과 다르다. 게다가 만일 원인과 결과가 다르지 않다는 상키야의 이론이 옳다면, 근본 프라크리티(prakṛti, 純粹物質)의 산물로 간주되는 전체 세계는 프라크리티 자체와 마찬가지로 지각할 수 없는 것이 되고 말 것이다.

만일 결과가 원인과 동일한 공간적인 연장을 차지한다면, 그것은 결과가 원인에 머물러 있거나 근거를 두고 있기 때문일 것이다. 사물들이 새롭게 생성되고 파괴된다는, 자연의 사실들에 의하여 시사되는 견해를 배척해야 할 아무런 이유도 없다.[원주240] 우유가 응유로 바뀔 때 단지 전변(轉變)이 있을 뿐 그 어떤 파괴도 없다는 견해는 타당성이 없다. "새로운 재구성을 통하여 생산되는 새로운 실체를 지각할 때, 우리는 그것으로부터 선재했던 실체의 소멸 혹은 파괴를 추론한다."[원주241] 우유를 구성하는 입자들의 파괴와 재구성은 응유의 존재를 가능하게 한다. 니야야 학자들은 선재하는 실체의 완전한 파괴기 새로운 실체의 형성을 불가능하게 만들고 만다는 것을 인정한다. 그것은 결국 실체가 단지 그것의 이전 상태를 버릴 뿐이라는 결론이 된다. 물론 이러

[원주239] 『니야야바룻티카』, iv.1.49.
[원주240] 『니야야 바쉬야』, iv.1.49.
[원주241] 『니야야 바쉬야』, iii.2.16.

158

한 입장이 니야야 학자들에 의하여 공공연하게 받아들여지는 것은 아니다.

인과 관계에 대한 다양한 이론들을 주장하는 상키야와 베단타의 저술들은 니야야의 견해를 비판한다. 여기서는 『상키야 카리카』(*Saṁ-khya kārikā*)로부터 한 예를 들고자 한다.[원주242] 존재하지 않는 것은 결코 생성될 수 없다. 아무리 애쓴다 할지라도, 우리는 청색을 황색으로 바꿀 수는 없다. 참기름을 머금은 참깨처럼, 질료인은 언제나 결과와 관련하여 발견된다. 존재하지 않는 것과는 어떤 관계도 있을 수 없으므로, 결과는 반드시 원인 속에 존재해야 한다. 원인이 결과와 무관함에도 불구하고, 결과를 생산할 수도 있다고 주장할 수는 없다. 왜냐하면 그 경우에는 어떤 것이 아무데서나 생겨날 수 있으며, 어떤 특정한 결과가 오직 특정한 원인으로부터 생성되어야 할 아무런 필연성도 없을 것이기 때문이다.[원주243]

관계없는 원인이 그 자체의 어떤 고유한 잠재력 때문에 결과를 생산한다고 주장한다면,[원주244] 그러면 만일 그 힘이 결과와 관련되어 있다면 그것은 결과가 원인 속에 선재한다고 말하는 것과 같으며, 만일 그 힘이 결과와 무관하다면 왜 특정한 결과는 특정한 힘으로부터 생산되어야 하는가에 대한 어려움이 해소되지 않는다. 더욱이 원인과 결과는 본질적으로 동일하기 때문에, 만일 하나가 존재한다면 다른 하나

[원주242] 『상키야 카리카』, 9.

[원주243] 이 견해에 입각해서, 심지어 토끼뿔과 같은 불가능한 사물들도 생성될 수 있을 것이라고 말해진다. 이 비판에 대하여 니야야는 생산되는 것은 무엇이나 비존재적이라는 것을 주장할 뿐이며, 비존재적인 어떤 것이 생산될 수 있다고 주장하는 것은 아니라고 말한다(『니야야만자리』, p.494).

[원주244] 만일 결과는 그것이 생성되기 전에는 존재를 지니지 않는다면, 행위자의 행위는 결과 이외의 다른 어떤 곳에 작용한다고 상정되어야 할 것임에 틀림없다. 다시 말하여, 실과 관련된 행위자의 노력이 항아리를 생성시킬 수 있다고 해야 할 것이다. 바이세쉬카는 이 어려움을 극복하기 위하여, 어떤 원인에 적합한 행위는 오직 그러한 결과, 즉 그 원인에 고유한 잠재적인 것을 발생시킨다고 주장한다.

도 반드시 존재하지 않으면 안된다. 상키야와 베단타는 만일 원인과 결과가 전혀 다른 것이라면 그 둘을 관련짓는 어떤 결정 원리가 있을 수 없다고 주장한다. 니야야 학자들은 만일 원인과 결과가 다르지 않다면, 우리는 그 둘을 원인과 결과로 구별할 수 없을 것이라고 말한다. 두 견해는 비록 각기 다른 관점에서이기는 하지만 모두 정당화되었다.[역주25]

이 부분에 대한 논의를 마치기 전에, 니야야의 인과 관계 이론에 대하여 약간의 비판적인 고찰이 요구된다. 니야야 학자들은 선재에 강조점을 두며, 이때 선재는 엄격히 말하여 시간적인 것이 아니라, 논리적인 것이다. 태양은 빛의 원인이며, 그 둘, 즉 원인과 결과는 동시에 존재한다. 실재적인 원인은 결과가 지속하는 한 지속하며, 결과 이전 혹은 이후에 원인의 존재는 불필요하다. 궁극적 진리의 차원은 아니라 할지라도, 현실적인 목적에서 니야야 학자들은 인과 관계에서 선재(pūrvabhāva)의 중요성을 강조한다.[원주245] 선재 조건들과 그 조건들을 결합시켜 원인으로 만들고 마침내는 결과로 나타나도록 하는 변화에 대한 니야야의 분석은 인위적이다. 조건들의 결합이 일어나는 순간에 결과가 나타난다. 만일 조건들의 결합이 일어나지 않는다면, 원인은 영원히 존재하며 결과를 생성하지 않을지도 모른다. 결과를 생성하지 않

[역주25] 인과 관계를 설명함에 있어서 상키야의 인중유과론은 원인과 결과의 연속성 또는 불가분성에 강조섬을 두는 반면에 니야야 바이세쉬카의 인중무과론은 원인으로부터 결과의 분리성을 강조하는 이론이며, 인과 관계는 이 두 측면 모두를 지니고 있다. 가령 불과 연기의 관계에서, 연기(결과)는 불(원인)과 불가분의 관계에 있지만, 그럼에도 불구하고 연기는 또한 불과 떨어져서 존재한다. 그 둘은 공존하는 동시에 선후의 관계에 있다. 그러나 원인을 고정 불변의 실체로 간주하는 한, 공존과 선후의 관계를 동시에 설명할 수 있는 인과론은 불가능하며, 결국 그 둘의 공존 혹은 선후의 관계에 치중된 인과론에 머물 수밖에 없는 한계를 지닌다. 인도 사상에서 인과론의 문제에 대하여는 N. V. Banerjee, *The Spirit of Indian Philosophy*, pp.235~242 및 이거룡, "인도 육파철학의 인과론에 대한 고찰," 『남아시아연구』(제3호), pp.165~181을 참조하라.

[원주245] 『쿠수만잘리』, i.19.

으면서 존재할 수 있는 원인은 결코 없다. 변화의 과정 자체가 결과이며, 그 밖에 어떤 것도 결과라고 불릴 수 없다.

요소들이 자체의 힘으로 차별화되고, 다시 결합되어 결과를 생성한다는 니야야의 입장은 순수하게 관념적인 것이다.[원주246] 선재와 불가분이 동시에 주장될 수 없다는 샹카라의 입장은 타당하다. 만일 원인과 결과가 불가분적인 결합(ayutasiddha)이라면, 원인이 언제나 결과에 선재할 필요는 없다. 원인과 결과는 불가분적으로 결합되어 있는 분리된 두 실체라기보다는, 그 둘은 동일한 실체의 두 가지 양태라고 말하는 것이 보다 더 옳을 것이다.[원주247][역주26] 이 결론은 내속(samavāya)에 대한 니야야의 주장에 의하여 더욱 분명해진다. 만일 원인과 결과가 내속으로 연관되어 있다면, 그 둘을 동일(tādātmya)에 의하여 서로 연관되어 있다고 보는 것이 훨씬 단순 명료할 것이다.

외부 세계의 사실들이 우리가 단지 눈만 뜨고 있으면 저절로 보이는 것과 같이 명백한 방식으로 인과 관계들을 담고 있다고 말할 수 없다. 우리는 A가 B의 원인이라고, 혹은 A는 필연적이고 B는 우연적이라고 말하며, 이런 식으로 우리의 경험을 정리한다. 인과율은 우리의 사고 방식이며 지성의 양태이다. 우주가 법칙으로 지배된다는 것은, 비록 이

[원주246] "인과율은 사실 시간적인 변화의 계속적인 과정에 대한 관념적인 재구성이다. 분리된 조건들의 결합과 그 과정의 시작 사이에는 정지 혹은 간격이 없다. 원인과 결과는 지속 혹은 경과라는 의미에서의 시간으로 나누어지는 것이 아니다. 그 둘은 우리가 불가분적인 과정 사이에 긋는 관념적인 선에 의하여 시간 속에 분리된다. 왜냐하면 만일 원인이 1초의 몇 분의 1 동안 남아 있다면, 그것은 영원한 미래를 통하여 남아 있을 것이기 때문이다"(Bradley, *Logic*, ii. p.539 n.).

　"인과의 연쇄는 하나의 관념적인 통일—우리가 주어지는 것의 흐름(flux) 속에서 발견하고 조합하는—이다. 그러나 그것은 그 흐름 속에 실재하지 않으며, 단지 보편들의 영역 속에 있을 뿐이다"(같은 책, p.540).

[원주247] 『브라흐마 수트라』(*Brahma Sūtra*), ii.2.17에 대한 샹카라의 주석.

[역주26] 유신론적인 입장에서 베단타를 해석하는 라마누자(Rāmānuja)의 양태 전변설(樣態轉變說, avasthāpariṇāmavāda)은 원인과 결과를 동일한 실체의 두 양태로 본다.

것은 형이상학에서 확립되어야 하는 것이라 할지라도, 우리가 논리적으로 받아들이는 공리(公理)이다. 일상적인 삶 속에서 우리는 실재적인 원인 혹은 사건에 대한 설명을 추구하는 것이 아니라, 우리가 소망하는 결과의 생성을 보장해주는 것들에 대한 지식으로 만족한다. 찰흙은 옹기의 원인이다. 이 경우에 자연은 찰흙을 제공하고, 옹기장이는 자기의 목적을 위하여 그것을 사용한다. 우리는 결코 조건들을 하나도 빠짐없이 속속들이 구명할 수 없으며, 따라서 원인에 관한 우리의 모든 서술은 상대적일 수밖에 없다. 이러이러한 조건들이 주어질 때 만일 그 조건들이 방해되지 않는다면 이러이러한 결과들이 뒤따를 것이라고 우리는 말한다. 원인의 원인에 대한 어려움과 이의 결과로 나타나는 무한소급의 딜레마는 니야야 학자들에 의하여 순수 변증법적인 것으로 간단히 처리되어버린다.

비록 우리가 원인과 결과를 자기 동일성을 유지하는 실체로 말하는 경향이 있다 할지라도, 그 둘은 모두 지나가는 사건(event)들에 불과하며, 영원한 사실(fact)이 아니다. 원자 자체는 만일 그것이 원인이라면 실재적일 수 없다. 원인은 변화와 별개로 아무런 의미도 지니지 않으며, 변화하는 모든 것은 지나가는 현상이다. 인과 관계는 분석될 때 무한대로 하나가 다른 하나에 달려 있는 단순한 연속으로 용해되지만, 그럼에도 불구하고 우리는 그것을 마치 타당한 개념인 것처럼 사용하지 않을 수 없다. 그것은 분명히 경험의 영역 내에서는 유용하지만, 우리는 그것을 절대적인 타당성을 지니는 것으로 간주할 수 없다. 인과 관계는 단지 경험의 한 형태[원주248]에 지나지 않는다.

니야야에 의하여 채택된 인중무과(因中無果)의 개념은, 실재를 지각되는 것으로 간주하는 자연주의적 편견에 그 원천이 있다.[원주249] 우리는 사실 저급하고 단순한 것에서 생겨나는 고차원적이고 복합적인 것들을 본다. 그리고 이때 후자는 전자 속에 존재하지 않는 것으로 보인

[원주248] 가현(āropita) 혹은 가상적인 실체(adhyastadharma).
[원주249] 『니야야 바쉬야』, ii.2.18.

다. 오늘날의 많은 과학자들은 실재를 단순한 것에서 복합적인 것으로, 저급한 것에서 고급한 것으로 나아가는 일방 통행적인 연속으로 보는 이 견해를 받아들인다. 그들은 궁극적인 단순 단위와 관련하여 니야야 실재론자들과 차이가 있을 수 있겠지만, 양자에서 설명의 이상적인 목표는 본질적으로 동일하다.

우리가 니야야의 경우처럼 물질적인 원자들로 시작하든, 현대 과학자들처럼 전자(electron)로 시작하든, 혹은 오늘날의 몇몇 실재론자들의 경우처럼 중성적 재료, 감각 여건, 혹은 성장하는 여러 복합물들을 관통하는 시공간으로 시작하든, 우리는 실현 불가능한 설명의 목표를 채택하지 않을 수 없을 것이다. 철학적인 이해 가능성의 첫번째 조건은, 적은 것이 많은 것에서 나올 수 있지만 많은 것이 적은 것에서 나올 수 없다는 것이다. 자연적인 사유 작용은 우리를 그와 같은 결론에 이르게 한다. 개울은 그 원천보다 더 높이 올라갈 수 없다. 만일 이해 가능성의 선험적인 조건들이 그와 같은 어떤 견해에서 깨진다면, 우리가 들는 그 조건들은 반드시 포기되어야 할 것이다.

그러나 우리는 실재론의 뜻대로 우리 마음의 구조를 바꿀 수 없다. 우리의 사고는 함축적인 것 혹은 잠재적인 것을 상정하지 않을 수 없으며, 결과는 함축적으로 혹은 잠재적으로 원인 속에 예표(例表)된다고 주장한다. 엄격한 실재론은 발전을 단순한 가현으로 다루지 않으면 안될 것이다. 만일 그것이 발전을 가현 이상으로 간주한다면, 그것은 그 자체에 충실하지 못한 것이 된다. 알렉산더와 같은 실재론자는 고차원의 속성 혹은 존재의 분발과 발달을 말할 때 시공간 이외에 다른 어떤 원리를 상정한다. 만일 실재론자가 실재를 실제적인 것으로 간주하고 잠재적인 것을 무의미한 표현으로 내던져버린다면, 인과 관계는 불가해한 것이 되고 만다. 니야야 학자들은 우리의 눈에 보이지 않는 원자와 영혼의 실재를 받아들일 때, 사실 자기 자신의 견해를 스스로 위반하고 있다. 우리가 보는 것은 생성·파괴되며, 따라서 영원하지 않다. 영원한 것은 우리에게 보이지 않으며, 그럼에도 불구하고 이러한 것들이 상정된다.

실재론자는 시간의 중요성을 지나치게 강조하도록 강요된다. 귀요(Guyau)는 자신의 『시간』(*Time*)이라는 소책자에서 다음과 같이 말한다. "시간은 우리 현대인들에 의하여 신의 섭리에 대한 고대의 개념을 대체하기 위하여 고안된 일종의 신비적인 실재로 만들어지며, 거의 전능한 것으로 만들어진다."[원주250] 시간의 절대성에 대한 가정에 입각하여 우리는 결코 세계의 목표를 확신할 수 없다. 세계의 목표는 결정되어 있는 것도 아니고 고정되어 있는 것도 아니다. 우리는 변화하는 세계, 무엇이든 무언가에서 생겨날 수 있는 세계에 살고 있다. 만일 우리가 사물들은 보다 높은 차원을 향하여 나아가는 경향이 있으며, 신은 형성 도상에 있다고 상정하지 않는다면, 그와 같은 체계에서는 신의 여지가 없다. 알렉산더 교수는 신이 마음 다음으로 높은 지위를 차지한다고 우리에게 말한다. 우리는 묻지 않을 수 없다. 신에 이어서, 그 다음은 또 무엇인가?

니야야 학자들은 원인과 결과의 연속성을 주장한다. 만일 우리가 니야야의 견해를 현대 과학의 용어로 공식화하고자 한다면, 우리는 니야야가 모든 인과 관계를 에너지의 지출(expenditure of energy)로 간주한다고 말할 수 있을 것이다. 만일 우리가 보이지 않는 공덕 혹은 비공덕(adṛṣṭa)에 대한 니야야의 견해를 당분간 고려하지 않는다면, 니야야는 자연의 메커니즘 속에 어떤 초월적인 힘의 존재를 부정한다. 인과 관계는 단순히 에너지의 재분배일 뿐이다. 원인은 조건들의 총계(kāraṇasāmagri)이며, 결과는 그것으로부터 나오는 것이다.[원주251]

[원주250] *Philosophical Review*, September 1923, p.466에서 재인용

[원주251] 뒤의 제3장에서 논의되는 것처럼, 바이셰쉬카는 원인의 속성들이 결과의 속성들의 원인들이라는 것을 인정한다. 만일 강한 열의 방해하는 힘이 찰흙의 색깔을 바꾸어놓지 않는다면, 찰흙의 검은 색깔은 항아리의 검은 색깔의 원인이다. 바이셰쉬카에서 이에 대한 예외는 원자적인 근본 입자(aṇu)로부터 이합체(二合體)의 생산과 이합체로부터 삼합체(三合體)의 생산이며, 여기서 구성 입자의 수는 차원 혹은 크기(parimāṇa)를 결정한다. 니야야는 복합체에서 속성의 변화를

사물들이 생산되고 파괴된다는, 상식의 명령을 정당하게 취급하고자 하는 열망에서 니야야 학자들은 자연의 연속성을 간과하는 위험을 무릅쓴다. 그들은 존재하지 않는 것으로부터 생겨날 수 있는 것은 아무것도 없다는 대중적인 견해와 사물들이 존재하기 시작한다는 견해를 조화시키고자 한다. 꽃은 식물에서 피어나고 과일은 나무에서 나지만, 그럼에도 불구하고 그들은 식물과 꽃과 과일과 나무가 모두 비실재적이라는 것을 깨닫는다. 니야야는 원인의 본질적인 동일성을 인정하며, 배열이 다르기 때문에 새로운 속성들이 생겨난다고 주장한다. 이에 대한 형이상학적인 물음은 이와 같이 새롭게 생겨나는 속성들이 실재적인지 어떤지 하는 것이다. 결과 상태에서 우리에게 관찰되는 것이 원인 상태에서는 우리에게 관찰되지 않는다는 것은 분명한 사실이다.

그러나 이러한 근거로 우리가 그 속성들은 실재적이라고 추론할 수 있을까? 니야야 학자들이 세계의 변화무쌍한 상태들이 소멸 가능하다는 것을 인정할 때, 그들은 그 상태들이 절대적으로 실재적인 것이 아니라는 것을 받아들인다. 실재는 불변자인 데 비하여 복합체들은 형태를 바꾼다. 우리는 보통 사물들이 생겨나고 소멸한다고 말한다. 사실상 생산될 수도 없고 소멸될 수도 없으며, 증가될 수도 없고 감소될 수도 없는 각기 다른 요소들의 이합집산이 있을 뿐이다. 실재는 지속하지만, 그 상태는 끊임없이 변화한다. 심지어 물질의 영역에서도 항구성의 제1원리가 받아들여진다. 원자들은 영속적인 데 비하여 그것의 우유적인 집합은 생겨나고 소멸한다. 우리가 아직 미발현상태로 존재하는 것이 실제화된다는 것을 상기할 때, 존재하지 않는 것으로부터 어떤 것이 나온다는 말의 역설적인 고리가 사라진다. 하나의 상태를 존재하는 어떤 것과 동일시하고 그것의 선재 상태를 존재하지 않는 무(無)와 동일시하는 것은 언어의 오용이다.

인정한다.

11. 비교[역주27]

비교(upamāna)는 우리가 어떤 것의 다른 어떤 것—이전부터 잘 알고 있는—에 대한 유사성으로부터 그것에 대한 지식을 얻는 방법이다. 야생 황소(gavaya)는 암소처럼 생겼다는 말을 듣고, 우리는 우리가 암소처럼 생겼다는 것을 발견하는 동물이 바로 그 야생 황소라고 추론한다.[원주252] 두 가지 요소, 즉 1) 알려지는 대상에 대한 지식과 2) 유사성의 지각이 비교에 의한 논법에 포함된다. 고대의 니야야 학자들은 전자를 새로운 지식의 주요 원인으로 간주함에 비하여, 신 니야야 학자들은 유사성에 대한 지각[원주253]에 더 큰 중요성을 부여한다. 단순한 유사점은 그것이 완전히 유사하든 상당할 정도로 유사하든 혹은 부분적으로 유사하든 간에, 비교에 의한 논증을 정당화하기에는 충분하지 않다. 첫번째의 완전한 유사 혹은 동일의 경우에는 어떤 새로운 지식도 없다. 우리는 암소가 암소처럼 생겼다고 말하지 않는다. 두번째의 상당한 유사의 경우에는 추론이 반드시 타당할 필요는 없다. 왜냐하면 물소와 암소 사이에 많은 유사점들이 있다 할지라도, 물소는 암소가 아니다. 만일 단지 부분적인 유사성이 있다면, 그 경우는 한층 더 심각하다. 단지 겨자씨와 메루(Meru) 산이 존재의 속성을 나누어 가지기 때문에, 겨자씨가 메루 산인 것은 아니다.

비교를 통한 타당한 논증에서 우리는 유사점들을 숫자로 계산하기(count)보다는 차라리 그들을 저울에 단다(weigh)고 해야 옳을 것이다.[원주254] 유사성은 중요하거나 본질적이어야 하며,[원주255] 인과 관계의

[역주27] 비교는 니야야 외에도 미망사와 아드와이타 베단타에서 바른 지식의 수단으로 인정된다.

[원주252] Prasiddhavastusādharmyād aprasiddhasya sādhanam, Upamānaṁ samā-khyātaṁ yathā gaur gavayas tathā(하리바드라(Haribhadra), 『샤드다르샤나사뭇차야』(Ṣaḍdarśanasamuccaya), 23). 또한 『니야야 수트라』, i.1.6을 보라.

[원주253] Sādṛśyajñānam(『타르카상그라하』, 58).

[원주254] 『니야야 바쉬야』, ii.1.44.

매듭과 관련을 지녀야 한다.[원주256] 비교를 통한 논증은 우리에게 어떤 이름과 그와 같은 이름으로 불리는 것들의 관계[원주257]에 관한 지식을 준다. 그것은 동일시(identification)의 문제와 관계된다. 우리는 특정한 이름 '야생 황소'(gavaya)가 소를 닮은 대상에게 주어진다는 것을 듣는다. 그리고 우리가 그와 같은 대상을 발견하게 될 때 그 이름으로 부른다. 후기 논사들은 이와 같은 간접적인 동일시가 유사점뿐만 아니라 차이점(vaidharmya)에 대한 인식을 통하여 일어난다는 견해를 보인다. 이것은 우리가 소와는 다른 말(馬)을 확인할 때, 그것이 갈라진 굽을 지니고 있지 않다거나 말의 특성을 지니고 있지 않다는 것을 인식함으로써 확인하는 경우나, 긴 목 등과 같은 독특한 특성으로부터 낙타를 확인하는 경우에서 그 예를 볼 수 있다.[원주258] 이런 의미에서 니야야의 비교(upamāna)는 유비(analogy)를 통한 현대의 논증 방식과 일치하지 않는다.

　니야야 이론은 성공적인 행위로 귀결되는 것을 진리로 보는 실용주의적 진리관을 전제로 한다. 이러한 기준은 우리의 경험의 대상들에 적용될 수 있음에 비하여, 초감각적인 것에 관한 진리들은 그것을 초월한다. 니야야 학자들은 비교의 방법을 통하여 이러한 어려움을 극복하고자 한다. 만일 고대의 현자들이 설한 의학 이론이 검토해본 결과 진실인 것으로 밝혀진다면, 그들에 의하여 설해진 정신적인 자유에 관한 학문 또한 진실임에 틀림없다.

　유사점에 대한 지각이 비교에서 중요한 역할을 하기 때문에, 디그나가는 비교를 지각의 한 경우로 간주한다. 바이셰쉬카는 비교를 추론에 포함시킨다. 왜냐하면 비교에서의 논증은 다음과 같은 형식을 띠기 때문이다. "이것은 야생 황소이다. 왜냐하면 그것은 암소를 닮았기 때문

[원주255] Prasiddhasādharmyāt(『니야야 바쉬야』, ii.1.45).
[원주256] Sādhyasādhanabhāva(『니야야 바쉬야』, ii.1.45).
[원주257] Saṁjñāsaṁjñibhāva.
[원주258] 『타르키카라크샤』(*Tārkikarakṣā*), 22.

이다. 그리고 암소를 닮은 것은 무엇이나 야생 황소이다."[원주259] 상키야
는 비교를 하나의 독립된 인식방법으로 인정하지 않는다. 왜냐하면 산
지기의 가르침은 증언적 지식이며, 유사점에 대한 지각은 지각적 지식
의 예이기 때문이다.[원주260] 심지어 바사르바갸(Bhāsarvajña)도 그것을
증언적 지식의 범주에 넣는다. 비교를 통한 논증은 다음과 같은 요소들
을 지니는 복합적인 것이다. 1) 산지기에게서 야생 황소는 암소와 비슷
하다는 것을 듣는 증언적 지식의 요소. 2) 우리가 숲에서 야생 황소를
인지하는 지각의 요소. 3) 기억의 요소, 즉 우리는 야생 황소를 볼 때
산지기의 말을 생각해낸다. 4) 추론의 요소. 우리는 암소와 비슷한 것은
무엇이든지 야생 황소라는 보편 명제를 상정한다. 끝으로 5) 야생 황소
라는 명칭은 이러한 종류의 동물에게 적용 가능하다는 논증적 특성의
지식. 마지막의 것은 다른 형태의 인식방법과 혼동되어서는 안되는—
비록 다른 인식방법들과 비슷한 측면을 지니고 있다 할지라도—비교
를 통한 논증의 독특한 공헌이다.[원주261]

12. 증언

바른 지식의 중요한 원천 중 하나는 신뢰할 만한 사람의 진술이다.
우리는 자신이 관찰하거나 깊이 생각하지 않았던 많은 것들을 다른 사
람의 권위에 의지하여 받아들인다. 우리는 일반적인 증언, 역사적 전통,

[원주259] 『우파스카라』(*Upaskāra*), ix.2.5.
[원주260] 『탓트와카우무디』, 5.
[원주261] 『싯단타무크타발리』 79와 80. 푸르바 미망사와 베단타는 비교를 통한 논증
의 독자성을 인정한다. 그러나 이 두 학파는 니야야와는 다른 방식으로 비교를 정
의한다. 우리가 숲속에서 어떤 야생 황소를 볼 때, 우리는 암소에 대한 야생 황소
의 유사성을 인식할 뿐만 아니라, 야생 황소에 대한 암소의 유사성도 인식한다.
후자는 비교에 기인하는 것이다. 왜냐하면 야생 황소는 지각되는 데 비하여, 암소
는 실제로 지각되지 않기 때문이다.

그리고 경전의 계시를 통하여 많은 것을 알게 된다. 이러한 양태의 지식 획득 방법과 관련된 논리적인 문제들은 증언(śabda)이라는 이름 하에 논의된다.

우리는 소리의 기원과 본질, 단어의 의미와 문장의 구조에 관한 니야야의 견해에 대하여 간단히 언급하고자 한다. 공기가 아니라 모든 공간에 편재하는 아카샤(ākāśa, 에테르)가 소리의 토대이다.[원주262] 소리는 진공 속에서도 만들어질 수 있다. 다만 그것을 나르는 공기가 없기 때문에 우리가 들을 수 없을 뿐이다. 소리의 강약 등은 공기에 의존한다 할지라도, 소리 자체는 공기에 의존하지 않는다.[원주263] 그러나 그것은 단단한 두 실체의 접촉에 의하여 생성된다. 하나의 소리는 다른 하나의 소리를 만들고, 그 소리는 또 다른 하나의 소리를 만드는 일련의 과정이 지속되며, 이 과정은 어떤 장애 때문에 멎을 때까지 계속된다.[원주264] 우리는 소리가 단지 무형의 토대를 지닌다는 이유 때문에 그것이 영원하다고 주장할 수 없다.[원주265]

[원주262] "소리 연속(sound series)은 색깔과 다른 속성들을 지니는 어떤 것에 대한 아무런 지각이 없는 경우에도 지각된다. 이것은 소리가 무형으로 편재하는 어떤 실체를 그 토대로 하고 있다는 것을 보여준다. 그리고 그것은 진동(kaṁpa)과 같은 토대 속에 존재하지 않는다."(『니야야 바쉬야』, ii.2.38).

[원주263] 『바이셰쉬카 수트라』, i.1.6.

[원주264] 『니야야 바쉬야』, ii.2.35~36.

[원주265] 소리의 비영원성을 입증하기 위하여 여러 가지 근거가 제시된다(『니야야 수트라』, ii.2.13~38). 1) 소리는 시작을 지닌다. 왜냐하면 그것은 단단한 두 실체, 말하자면 도끼와 나무의 격돌에서 일어나기 때문이다. 격돌이 소리 자체를 생성시키는 것이 아니라, 단지 그것의 현현을 도울 뿐이라고 말할 수 없다. 왜냐하면 격돌과 소리는 동시 발생적이 아니기 때문이다. 우리는 소리를 야기시킨 충돌이 끝난 후에도 먼 곳에서 소리를 듣는다. 2) 소리는 영원하지 않다. 왜냐하면 그것은 시작과 끝을 지니기 때문이다. 만일 그것이 영원하다면, 그것은 지각 기관에 가까이 있으므로 언제나 들려야 할 것이다. 그러나 실제로는 그렇지 않다. 우리는 또한 소리가 이미 알고 있는 이유 때문에 멎는다는 것을 안다. 우리는 울리고 있는 종을 손으로 잡아 그 소리를 멈출 수 있다(『니야야 수트라』, ii.2.32~36 ; 『바이셰쉬카 수트라』, ii.2.26~37). 바트시야야나는 개개의 모든 소리의 경우에 일련의 소리들이 있으며, 이 연쇄에서 이어지는 소리는 그 직전의 소리를 소멸시키며, 이

하나의 단어는 문자적인 의미(abhidhā) 혹은 함축(lakṣaṇa)을 통하여 어떤 대상을 의미하는 철자들의 결합이다. 모든 말은 의미를 지니며, 어떤 말이 지니는 의미는 일반적으로 말 혹은 부호와 그것이 가리키는 대상의 관계로 간주된다.[원주266]

문법학자들은 의미에 대한 사실을 스포타(sphoṭa)[원주267][역주28] 이론에

가운데 마지막 소리를 소멸시키는 것은 방해하는 실체의 접촉 혹은 충격이다(『니야야 바쉬야』, ii.2.34). 후기 니야야 학자들은 바이셰쉬카 이론에 일치시키기 위하여 이 설명에 수정을 가한다. 바이셰쉬카에 의하면, 속성은 다른 속성에 존재할 수 없으며, 다른 속성과 결합 관계를 지닐 수 없다. 바차스파티는 소리를 소멸시키는 것은 소리에 대한 방해물과의 충돌이 아니라, 소리의 질료인인 아카샤에 대한 방해물과의 충돌이라고 주장한다. 어떤 둔탁한 실체와 아카샤의 충돌은 후자가 더 이상의 소리에 대한 질료인으로 작용하는 것을 불가능하게 만들며, 처음의 소리의 비물질적인 원인, 말하자면 북과 북채의 접촉이 멎을 때, 그 소리의 연쇄를 새롭게 시작하는 것은 아무것도 없으며, 따라서 마지막 소리는 소멸된다. 3) 소리는 연쇄적으로 나아가는 것으로 우리의 감각에 인식된다. 그것은 소리류(genus of soundness)에 속하며, 따라서 비영속적이다(『니야야 수트라』, ii.2.16). 4) 소리는 산물로서의 속성을 지니는 것으로 말해진다. 그것은 둔탁하다든가 날카롭다 등으로 묘사된다. 5) 스승에게 배운 소리를 반복할 수 있다는 사실로부터, 우리는 소리가 영원하다고 주장할 수 없다. 그 소리가 들리지 않을 때, 그것은 존재하지 않으며, 우리는 이제 단지 그것을 재생산할 뿐이다. 설사 동일하지 않은 소리라도 반복될 수 있다고 말할 수 있을 것이다(『니야야 수트라』, ii.2.29). 6) 소리의 무형적인 특성에 입각하여 우리는 그것이 영속적이라고 주장할 수 없다. 운동은 무형적이지만, 그럼에도 불구하고 비영속적이다(『니야야 수트라』, ii.2.22~24).

[원주266] S.S., v.37에 대한 비갸나비크슈(Vijñānabhikṣu)의 주석과 비교하라. 밧토지 디크쉬타(Bhaṭṭoji Dīkṣita)의 『바이야카라나부샤나』(Vaiyākaraṇabhūṣaṇa, p.243)와 나게샤 밧타(Nāgeśa Bhaṭṭa)의 『만주샤』(Mañjūṣā)와 같은 문법학자들의 저술들은 이와 같은 가리키는 힘 혹은 의미하는 힘이 오직 말 속에만 있다고 주장하지만, 이와는 달리 상키야와 베단타는 그것이 대상 속에도 또한 있다고 본다. 『판차다쉬』(Pañcadaśī), viii.4~15 ; 『니야야빈두티카』, pp.10~11을 보라.

[원주267] vi.1.123에서 스포타야나(sphoṭayana)에 대한 파니니(Pāṇini)의 언급은 그 이론이 당시에 널리 알려져 있었다는 것을 가리킨다. 『사르바다르샤나상그라하』에서 파니니다르샤나(Pāṇinidarśana)를 보라.

[역주28] 한 단어를 구성하는 각 철자의 배후에 놓여 있는 힘을 말하며, 이 힘은 그 단어를 듣는 사람 혹은 읽는 사람에게 말의 의미를 나타낸다.

170

입각해서 설명한다. 이 이론에 따르면, 단일의 어떤 철자 c, o, w 혹은 이 철자들을 모두 합한 'cow'는 그 말에 상응하는 것에 대한 지식을 생성시키지 못한다. 왜냐하면 각각의 철자는 그것이 생겨나자마자 소멸하기 때문이다. 설사 선행하는 철자의 인상들이 후속하는 철자들에 부가된다 할지라도, 얼마간의 철자들은 말이 가리키는 것에 대한 인식을 설명할 수 없다. 이러한 지식이 생성되기 위해서는 철자들 이상의 어떤 것이 있음에 틀림없으며, 그것이 바로 스포타, 즉 철자, 말, 혹은 문장에 의하여 드러나는 소리의 본질이다.[원주268] 이와 같은 소리의 본질은 그것이 가리키는 대상에 대한 인식을 생성시킨다. 단일의 철자는 만일 그것이 하나의 완전한 단어가 아니라면 어떤 것을 의미할 수 없다. 파다스포타(padasphoṭa)의 주창자들은 오직 파다, 즉 단어만이 어떤 의미를 나타낼 수 있다고 주장하며, 이에 비하여 바크야스포타(vākyasphoṭa)를 옹호하는 사람들은 오직 바크야, 즉 문장만이 하나의 완전한 의미를 나타낼 수 있다고 주장한다.

스포타는 영원 자존하며, 그것에 의하여 의미되는 것과 영속적인 관계를 지니는 것으로 말해진다. 철자와 단어와 문장은 영원한 의미를 드러낼 뿐이며, 그 자체를 만들어내는 것은 아니다. 니야야 학자들에 의하면, 무엇이든지 의미있는 것은 단어이며,[원주269] 우리는 단어의 마지막 철자를 들을 때 그것의 의미를 인식하게 된다. 마지막 철자 'w'를 들을 때 우리는 그 이전의 두 철자 c와 o를 회상하며 마음으로 전체 단어를 파악한다. 그런 다음에 우리는 그 단어와 대상 사이의 관례적인 연합에 의하여 그 대상을 인식한다.[원주270]

[원주268] 도이센(Deussen)은 스포타와 관념(notion)을 동일시한다. 티보(Thibaut)는 스포타를 문법상의 허구로 간주하며, 그것은 관념일 수 없다고 확신한다. 왜냐하면 그것은 분명히 '어떤 것을 말하는 것'(vācaka) 혹은 '가리키는 것'(abhidhā-yaka)이라고 불리며, 말의 의미에 대한 개념작용의 원인으로 말해지기 때문이다(『브라흐마 수트라』에 대한 샹카라의 주석, ed. Thibaut, p.204 n.). 또한 같은 책, i.3.28을 보라.

[원주269] Śaktam padam(『타르카상그라하』, 59).

단어와 그것의 의미의 관계는 본질에 기인하는 것이 아니라 관례 혹은 약속에 기인하는 것이며, 이 견해는 우리가 지식을 획득하는 방법에 대한 경험을 통하여 확인된다. 우리는 일반적인 어법, 문법, 사전 등을 통하여 단어의 의미를 알게 되며, 베단타는 또한 몸짓도 언급하고 있다.[원주271] 이러이러한 말은 이러이러한 대상을 의미해야 한다는 약정은 신에 의하여 확립된다(Īśvarasaṁketaḥ).[원주272] 후기 니야야는 사람도 말과 그 의미에 대한 약정을 확립할 수 있다(icchāmātraṁ śaktiḥ)는 것을 인정하며,[원주273] 이 경우는 관습적인(pāribhāṣika) 약정이라고 명명된다. 왜냐하면 그것은 사람들에 따라서 다르기 때문이다.

단어의 내적인 의미가 가리키는 것은 개별자(vyakti)인가, 형태(ākṛti)인가, 보편(jāti)인가, 아니면 이 세 가지 모두인가?[원주274] 개별자는 명백한 형태를 지니는 것, 특수한 속성들의 거처가 되는 것이다.[원주275] 그것은 현현되며 지각 가능하다.[원주276] 형태는 고유한 특성이다. 목에 늘어진 가죽의 배열은 암소의 형태이다. 보편은 공통적인 양식 혹은 등류이며, 어떤 등류에 속하는 대상의 근저에 놓인 일반 개념이다. 그것은 우리가 해당 개체와 유사한 것들에 대한 포괄적인 지식을 얻을 수 있게 한다.[원주277] 니야야는 하나의 단어가 비록 정도의 차이는 있다 할지라도

[원주270] 『니야야바룻티카』, ii.2.55.
[원주271] 『싯단타무크타발리』, 81 ; 『니야아만자리』, p.vi.
[원주272] 『니야야 바쉬야』, ii.1.55. 또한 『니야야만자리』, p.243을 보라.
[원주273] 『타르카상그라하』, 59 ; 『싯단타무크타발리』, 81.
[원주274] 『니야야 수트라』, ii.2.56.
[원주275] 『니야야 수트라』, ii.2.64.
[원주276] 『니야야 수트라』, ii.2.65.
[원주277] Samānaprasavātmikā jātiḥ(『니야야 바쉬야』, ii.2.66). 우리는 개별적인 소들에 대한 개념과는 다른 명백한 우성(牛性, cowness)의 개념을 지니므로, 후자에 대한 객관적인 토대가 있음에 틀림없다(『니야야 바쉬야』, ii.2.61과 66). 웃디요타카라는 유적(類的) 속성이 각 개체 속에 내속의 관계(samavāya)로 존재한다고 주장한다. 각 개별자 속에 보편(jāti)이 전체적으로 존재하는지 아니면 부분적으로 존재하는지에 대한 물음은 무의미하다. 왜냐하면 보편은 복합물이 아니며, 전체와 부분의 구분은 그것에 적용될 수 없기 때문이다. 보편 혹은 영원한 본질은 그것이

이 세 가지, 즉 개별자, 형태, 보편 모두를 가리킨다고 주장한다.[원주278] 실제로 우리는 형태를 가리킨다. 우리의 관심이 구분에 있을 때, 단어는 개별자를 가리킨다. 그리고 일반적인 개념을 전하고자 할 경우에 우리는 보편을 가리킨다. 단어는 형태를 시사하고, 개별자를 가리키며, 보편을 함축한다. 순수 비결정적 속성이란 있을 수 없다. 그것은 어떤 식으로든 한정된다(avacchinna). 또한 형태만으로는 충분하지 않다. 찰흙으로 빚은 암소는 비록 암소의 형태를 띠고 있다 할지라도 암소로 간주되지 않는다. 왜냐하면 그것은 유적 속성을 지니고 있지 않기 때문이다. 대중적인 어법은 단어가 개별자를 가리킨다는 이론을 지지한다.[원주279]

불교 사상가들에 의하면 단어는 적극적인 대상을 나타내는 것이 아니라, 단지 그릇되게 우리의 마음에 상기되는 다른 것들을 배제할 뿐이다. 암소라는 말은 말(馬) 등과 같이 암소가 아닌 대상들에 대한 배제 혹은 부정(apoha)을 의미한다. 이와 같은 배제로부터 우리는 암소라는 말이 암소라는 대상을 가리킨다는 것을 추론한다.[원주280] 웃디요타카라는 다음과 같은 이유에서 아포하 이론을 비판한다.[원주281] 만일 우리가

본질인 개별자들과 필연적인 내속의 관계에 있으며, 그 외에 다른 개별자들과는 간접적 혹은 일시적인 관계(kālikasaṁbandha)에 있다고 말해진다.

[원주278] 『니야야 바쉬야』, ii.2.63. Jātiviśiṣṭavyakti.

[원주279] 『니야야 바쉬야』, ii.2.57.

[원주280] 『니야야만자리』, p.303, pp.306~308 및 파르타사라티 미슈라(Pārthasārathi Miśra)의 『니야야라트나카라』(Nyāyaratnākara)를 보라. 초기 불교 문헌들에는 이 견해에 대한 어떤 명백한 언급이 보이지 않는다. 다만 라트나키르티(Ratnakīrti)의 『아포하싯디』(Apohasiddhi)에서 다소 다른 형태로 나타날 뿐이다. 라트나키르티에게 단어는 긍정적인(positive) 대상도 부정적인(negative) 대상도 가리키지 않는다. 긍정적인 의미가 다른 대상들에 대한 배제의 결과가 아닌 것은, 부정적인 의미가 긍정적인 명칭의 결과가 아닌 것과 같다. 의미의 본질은 긍정적인 측면과 부정적인 측면에 대한 동시적인 인식에 놓여 있다. 한정적인 모든 대상들은 다른 것을 배제하는 긍정적인 속성을 지닌다. 이 이론은 불교의 전체적인 형이상학과 조화되기 어려운 점이 없지 않지만, 그 자체만을 놓고 본다면 확실히 보다 만족스러운 견해라 할 수 있다. 또한 힌두교 논리학자들은 그것을 불교의 견해로 받아들이지 않는다.

[원주281] 『니야야바룻티카』, ii.2.65.

긍정적인 명칭을 미리 생각하지 않았다면, 우리는 부정적인 명칭을 생각할 수 없을 것이다. 모든 부정은 긍정적인 토대를 지닌다. 순수 부정이란 무의미하며, 특정한 모든 부정은 긍정적인 함축을 지닌다. 비록 상반되는 두 단어의 경우에 그 중 하나를 가리키는 것은 다른 하나에 대한 배제가 된다 할지라도, 이와 같은 배제는 '모든'과 같은 단어의 경우에는 불가능하다.[원주282] 모든 단어는 그 외에 다른 어떤 것과 그것의 구별에 의해서는 속속들이 규명되지 않는 긍정적인 어떤 것을 가리킨다.[원주283]

단어는 대상과 공존하지 않으며, 그것은 "여기에는 항아리가 없다"는 부정적인 판단에서와 같이 심지어 대상이 존재하지 않는 경우에도 존재하므로, 그것은 대상을 가리키지 않는다고 보는 견해에 대하여 이의가 제기된다.[원주284] 바차스파티는 하나의 단어가 시공간 속에 흩어져 있는 모든 개별자들을 포함하는 보편자를 가리키며, 따라서 과거는 물론 현재의 개별자들도 가리킨다고 말함으로써 이 견해에 맞선다.[원주285] 더욱이 단어는 다양한 대상들의 다양한 측면을 나타낼 수 없으므로, 그것은 단지 추상적인 관념일 뿐이라고 말할 수도 없다. 단어는 차별적인 측면들—이것은 객관적이다—을 가리킨다. 우리는 추상이 아니라 구체적인 경험 속에서 온갖 단어를 사용하며, 이 단어들은 삶에서 성공으로 이끈다. 만일 단어가 외부의 대상이 아니라 단지 정신적인 이미지를 가리키는 것에 불과하다면, 이 모든 것들은 가능할 수 없을 것이다.[원주286]

때로는 단어와 그 대상의 관계를 생각할 수 없다고 주장되기도 한다. 단어는 하나의 속성이며, 그것이 가리키는 대상은 실체이므로, 그

[원주282] 우다야나의 『아트마탓트와비베카』(Ātmatattvaviveka)를 보라.

[원주283] 『니야야만자리』, p.311. 또한 『니야야칸달리』, pp.317~321을 보라.

[원주284] 『프라메야카말라마르탄다』(Prameyakamalamārtāṇḍa), p.124 ; 『바이셰쉬카 수트라』, vii.2.17.

[원주285] 『니야야바룻티카타트파리야티카』, ii.2.63.

[원주286] 『프라메야카말라마르탄다』, p.136 ; 비디야난다(Vidyānanda)의 『아슈타사하스리』(Aṣṭasahasrī), p.249.

둘 사이에 연결 관계(saṁyoga)는 있을 수 없다. 설사 가리키는 대상이 하나의 속성이라 할지라도, 이 관계는 두 속성 사이에 불가능하다.[원주287] 단어는 비활동적이며, 연결은 관계 구성 요소 가운데 하나의 운동에 기인한다. 아카샤(ākāśa)라는 말과 대상으로서의 아카샤는 모두 비활동적이며, 그 둘 사이에는 어떤 연결도 불가능하다. 더욱이 우리는 하나의 단어와 그것의 의미 사이에 내속의 관계가 성립된다고 할 수도 없다. 바트시야야나는 단어와 그 의미의 관계가 생산적인 특성(prāptilakṣaṇa)을 지니지 않는다는 것을 받아들인다. '불'이라는 말은 불이라는 대상을 만들어내지 않는다.[원주288] 언어상의 인식이 감각적 지각보다 덜 명료한 것은 바로 이런 이유 때문이다.[원주289] 그러나 그럼에도 불구하고 그것은 역시 인식이다.

문장(vākya)은 의미있는 소리 혹은 단어들의 집합이다. 우리는 구성 요소인 단어들을 인식하고 그 의미들을 파악한다. 단어들에 대한 인식은 그 뒤에 문장의 끝에서 기억되는 흔적(saṁskāra)을 남기며, 이어서 다양한 의미들이 하나의 문맥 속에 함께 연결된다. 고대 니야야 학자들은 언어상 인식의 주요 수단(mukhya karaṇam)이 언어상의 기억 때문에 일어나는 대상들에 대한 회상이라고 주장하는 반면에, 신 니야야 학자들은 언어상의 기억이 그 주요 원인이라고 말한다. 문장의 의미는 다음의 세 가지 조건에 달려 있다. 첫번째 조건은 단어 사이의 상호 필요 혹은 상호 의존(ākānkṣā)이다. 즉 문장 중의 단어는 다른 단어가 없다면 의도하는 의미를 나타낼 수 없는 상호 의존 관계에 있어야 한다. 두번째 조건은 양립 가능성(yogyatā) 혹은 적합성이다. 즉 문장 내의 각 단어들은 문장의 의미에 부합되어야 하며, 그것을 쓸모없고 무의미한 것으로 만들지 않아야 한다. 그리고 세번째 조건은 단어들 사이의

[원주287] 『바이셰쉬카 수트라』, vii.2.14.
[원주288] 『니야야 바쉬야』와 『니야야바룻티카타트파리야티카』, ii.1.50~51.
[원주289] 『프라메야카말라마르탄다』, pp.128~130 ; 쿠마릴라의 『슐로카바룻티카』, v. 11.6~8 및 10.

근접(sannidhi) 혹은 병치(倂置)이다. 한 단어와 다른 단어 사이에 지나치게 긴 휴지(休止) 없이 빠르고 연속적으로 발음되어야 한다는 것이다. 이 세 가지 조건은 단어들의 문장론적 관련, 논리적인 관련, 음성학적인 관련을 나타낸다.

상호 의존이 없는 단어들의 나열, 즉 사람, 말, 그리고 마을은 아무런 의미도 전하지 못한다. "불에 적시다"(agninā siñcet)와 같은 문장은 어떤 이해 가능한 의미도 전할 수 없다. 마찬가지로 긴 간격으로 발음되는 단어들도 어떤 의미를 전달할 수 없다. 하나의 문장은 상호 의존적이고 양립 가능하며 가깝게 병치된 단어들로 구성된다. 강게샤는 네 번째 조건, 즉 말하는 사람의 의도에 대한 지식을 부가한다. "사인다밤 아나야"(saindhavam ānaya)와 같은 문장은, "말을 몰고 오시오"라는 의미로 해석되거나 또는 "소금을 가져 오시오"라는 의미로도 해석될 수 있을 것이며, 단지 우리가 말하는 사람의 마음을 알게 될 때 그 의미를 확신할 수 있다. 명확한 의미를 나타내는 단어의 적합성 또한 이 필요 조건을 포함한다.[원주290] 적합성은 형식적인 일관성을 요청하는 것임에 비하여, 의도에 대한 지식(tātparyajñāna)은 실질적인 양립 가능성을 의미한다고 말할 수 있을 것이다.[원주291]

명제들은 세 종류, 즉 명령(vidhi), 금지(niṣedha), 설명(arthavāda)으로 구분된다.[원주292] 샤브다(śabda, 소리)는 지식의 원천으로 사용될 때, 신뢰할 만한 사람의 진술(āptopadeśa)을 의미한다.[원주293] 신뢰할 만한 사람(āpta)은 어떤 영역에서 전문가이며, "어떤 문제에 대한 직접

[원주290] 『바샤파릿체다』. 또한 『베단타파리바샤』, iv를 보라.
[원주291] 미망사와 문법학자들은 한 문장의 단어들이 동사를 중심으로 나열되어 있으며, 만일 동사가 없다면 아무런 의미도 전할 수 없다고 주장하는 반면에, 니야야 학자들은 하나의 명제는 단지 얼마간의 의미있는 단어들의 집합이며, 문장에 동사의 유무와 관계없이 그것의 집합적인 의미가 파악된다고 주장한다(『타르카상그라하』, p.59 ; Jhā, *Prabhākara School*, p.63).
[원주292] 『니야야 수트라』, ii.1.63, 그리고 『타르카카우무디』(*Tarkakaumudī*), p.17.
[원주293] 『니야야 수트라』, i.1.7.

적인 증거를 지니고, 그것을 다른 사람들에게 전달하여 그들이 그것을 이해할 수 있도록 하는 사람이다." 그것을 듣는 사람들은 어떤 카스트나 종족에 속하는 이들이거나, "리쉬(ṛṣi, 聖仙), 아리아 사람들(Āryas) 혹은 외국인(mleccha)들"[원주294]일 수도 있을 것이다. 어린아이가 어떤 특정한 강을 걸어서 건널 수 있을지에 대하여 의문이 있을 때, 그 지역에 살고 있는 경험이 많은 노인의 정보, 예를 들어 그 강은 걸어서 건널 수 있다는 말은 신뢰할 만하다.

이와 같이 신뢰할 만한 주장들은 보이는 세계(dṛṣṭārtha) 혹은 보이지 않는 세계(adṛṣṭārtha)와 관련된다. 키니네(quinine)가 열병을 치료하는 것은 전자의 경우이며, 선행을 통하여 천계에 이를 수 있다는 것은 후자의 경우이다. 리쉬들의 말은 후자를 다룬다.[원주295] 그들의 말이 신뢰된다. 왜냐하면 검증 가능한 세계에 대한 그들의 말이 진실로 밝혀지기 때문이다. 저자들은 신뢰할 만한 사람들이다. 왜냐하면 그들은 진리에 대한 직관적 지각을 지녔으며, 인류에 대한 사랑으로 그들의 지식을 전하고자 하는 바람을 지니고 있었기 때문이다.[원주296]

우다야나와 안남 밧타 같은 후기 니야야 학자들과 바이셰쉬카 사상가들은 지고 무상의 이슈와라(Īśvara, 自在神)를 베다의 영원한 저자로 간주한다. 우다야나는 베다의 권위가 그것의 영원성, 오류 없음, 위대한 성자들에 의한 수용으로부터 추론되어야 한다는 견해를 무시한다.[역주29] 새로운 세계가 시작되는 신기원의 단초에는 성자들에 의한 수용은 있을 수 없다. 베다의 영원성에 대한 미망사 학자들의 주장은 우다야나에 의하여 반박된다. 우다야나에 의하면, 영원성을 가리키는 지속적인 전통은 결코 없다. 왜냐하면 그와 같은 전통은 창조에 선행하는 세계 파괴 때 단절될 것임에 틀림없기 때문이다. 그러나 바트시야야나

[원주294] 『니야야 바쉬야』, i.1.7.
[원주295] 『니야야 바쉬야』, i.1.8.
[원주296] 『니야야 바쉬야』, ii.1.68.
[역주29] 베다의 권위에 대해서는 『인도철학사 I』, pp.185~187을 보라.

는 신이 매 신기원의 처음에 베다를 다시 만들고 그 전통을 유지한다는 의미에서 전통의 연속을 인정한다.[원주297] 만일 미망사 학자들이 베다는 영원하며 리쉬는 베다의 저자들이 아니라 단지 베다를 본 자(mantradraṣṭāraḥ)에 불과하다는 자신들의 견해를 뒷받침하기 위하여 이러저러한 경전 구절들을 끌어와 증거로 삼는다면, 다른 경전 구절들은 베다의 기원에 관한 니야야의 견해를 지지하기 위하여 인용된다.[원주298] 게다가 베다는 저자를 암시하는 구절들을 담고 있다.

베다는 거짓이요 모순이며 동어반복에 지나지 않는다는 등,[역주30] 베다의 타당성에 대한 부정은 이치가 닿지 않는 것으로 부정된다.[원주299] 베다의 타당성은 그 내용이 일관된 전체를 이룬다는 근거에서 방어된다. 베다의 권위를 수용한다는 것은 맹목적인 신앙 혹은 계시에 매달린다는 것을 의미하지 않는다.

디그나가는 증언이 지식의 독립된 원천이 아니라고 주장한다. 우리가 신뢰할 만한 진술에 대하여 말할 때, 우리는 화자(話者)가 신뢰할 만하다는 것을 의미하거나 아니면 화자가 말하는 것이 신뢰할 만하다는 사실을 의미한다. 만일 그것이 전자라면 우리는 추론의 경우를 지니며, 만일 그것이 후자라면 우리는 지각의 경우를 지닌다.[원주300] 증언은 부호를 통하여 대상에 대한 지식을 전하므로 추론과 비슷한 측면을 지

[원주297] 『니야야 바쉬야』와 『니야야바룻티카타트파리야티카』, ii.1.68.

[원주298] Idaṁ sarvam asṛjata ṛco yajūṁṣi sāmāni.

[역주30] 예를 들어 차르바가(Carvaka, 유물론자)들은 베다의 구절들이 자기모순이기 때문에 전혀 신뢰할 만한 것이 못 된다고 주장한다. "어떤 경우에는 불살생을 명하는가 하면, 또 어떤 경우에는 신들에게 동물 희생제의를 바치라고 명하기도 한다."

[원주299] 만일 우리가 아들을 얻기 위하여 희생제의를 드렸는데도 아들을 얻지 못한다면, 잘못은 행위에 있는 것이지 베다의 규범에 있는 것은 아니다. "일출 후에 공물을 바쳐라" 혹은 "일출 전에 공물을 바쳐라"와 같은 명령들은 서로 모순되는 것이 아니다. 왜냐하면 이 명령들은 제사 행위의 선택적인 과정들을 언급하고 있기 때문이다. 쓸모없는 동어반복은 결코 없다(『니야야 바쉬야』, ii.1.58~59).

[원주300] 그러나 디그나가는 붓다의 설법을 권위 있는 것으로 받아들인다. 쿠마릴라의 『탄트라바룻티카』(Tantravārttika), pp.169 ff를 보라.

닌다 할지라도, 그럼에도 불구하고 여기서의 부호는 이른바 추론에서의 부호, 즉 말 자체가 신뢰할 만한 사람으로부터 나온 것인지 어떤지를 문제삼는 경우의 부호와는 다르다.[원주301] 추론에서는 부호와 그것이 가리키는 대상의 관계가 자연적이지만, 이에 비하여 증언에서 그 관계는 관습적이다.[원주302]

만일 우리가 언어상의 인식은 단어들의 의미에 대한 기억에 뒤따르며 따라서 그것은 추론적이라고 주장한다면, 심지어 의심스런 인식이나 비교를 통한 인식도 추론으로 간주되어야 할 것이다. 만일 세 단계의 시간과 관련된다는 것이 언어상의 인식을 추론으로 만든다면, 가정적 논증(tarka)과 같은 다른 형태의 논법들도 역시 추론적일 것이다. 만일 언어상의 인식은 '항아리'라는 말이 그 대상에 대한 인식을 의미하며, 그 말이 언급되지 않는 곳에서는 대상에 대한 아무런 인식도 없다는 뜻에서 긍정적·부정적인 수반관계에 의존한다고 주장된다면, 심지어 지각도 추론의 한 경우로 간주되어야 할 것이다. 왜냐하면 항아리가 존재하는 곳에 그것에 대한 지각이 존재하며, 항아리가 없는 곳에서는 항아리에 대한 지각도 없기 때문이다.[원주303] 그러므로 증언을 통하여 도출되는 지식은 지각이나 추론 혹은 비교를 통하여 얻어지는 지식과는 다르다.[원주304]

13. 그 외의 인식방법

니야야에 의하여 인정된 지식의 네 가지 원천에 미망사 학자들은 상정(想定, arthāpatti)을, 그리고 미망사의 밧타(Bhāṭṭa)파[역주31]와 베단

[원주301] 『니야야 바쉬야』, ii.1.52.
[원주302] 『니야야 바쉬야』, ii.1.55.
[원주303] 『니야야바룻티카』, ii.1.49~51.
[원주304] 『니야야 바쉬야』, ii.1.52 ; 『니야야바룻티카』, i.1.7.

타 학자들은 비존재(abhāva)[역주32]를 부가한다. 푸라나 학자(Paurā-ṇika)[역주33]들은 전통과 개연성 또한 타당한 지식의 원천으로 간주한다. 니야야 학자들은 모든 형태의 지식이 4종 인식방법에 의하여 파악된다고 믿는다.[원주305]

전통(aitihya)은 증언(śabda)의 일종으로 포섭된다.[원주306] 만일 소문 혹은 전통이 신뢰할 만한 사람에 의하여 시작된 것이라면, 그것은 증언과 마찬가지로 타당하다. 상정은 다른 사실에 의거하여(arthāt) 새로운 사실에 이르거나 어떤 것을 가정하는 것(āpatti)이다. 상정되는 것은 지각이나 추론을 통하여 파악된 다른 것에 의하여 암시될 뿐이며, 그 자체는 지각되지 않는다. 뚱뚱한 데바닷타(Devadatta)는 낮 동안에 단식을 한다. 이때 우리는 그가 야간에 음식을 먹는다고 상정한다. 왜냐하면 만일 어떤 사람이 밤낮으로 단식을 한다면 그는 뚱뚱해질 수 없기 때문이다. 상정을 하나의 독립된 인식방법으로 인정하는 미망사 학자들은 그것을 특수한 형태의 가설적인 연역법으로 본다.[원주307] 강게샤에 의하면, 그것은 대명사의 부재를 통하여 중명사의 부재를 확립하는 부정적 추론의 한 예이다. 『바샤파릿체다』에 따르면, 상정은 중명사와 대명

[역주31] 자이미니(Jaimini)를 개조로 하는 미망사 학파는 700년을 전후로 쿠마릴라 밧타(Kumārila Bhaṭṭa)를 중심으로 하는 밧타파와 프라바카라 미슈라(Prabhā-kara Miśra)를 중심으로 하는 구루(guru)파로 나누어진다. 아드와이타(Advaita, 不二論) 베단타 학자들은 경험 세계의 제반 문제에 대하여 대체로 밧타파의 견해를 따른다.

[역주32] 인식방법의 하나로서의 비지각(non-cognition, anupalabdhi)을 말한다. 밧타파와 불이론자들에 의하면, 비존재는 비지각을 통하여 알려진다. 다시 말하여, 어떤 대상의 부재는 그것에 대한 비지각으로 인하여 파악된다.

[역주33] 종교상의 비의(秘義) 해석자 전통 가운데 특히 푸라나 문헌에 정통한 사람들을 일컫는 말이며, 이들은 적어도 푸라나 문헌 중에 6종 이상의 푸라나에 대하여 상세한 주석을 할 수 있다고 한다(Benjamin Walker, *Hindu World*, vol.i, p.438).

[원주305] 『니야야 바쉬야』, ii.1.19.

[원주306] 『니야야 바쉬야』, ii.2.2.

[원주307] 또한 『바샤파릿체다』, p.143을 보라.

사의 부정적 관계(vyatirekavyāpti)의 인식을 통하여 이루어진다.[원주308] 우리가 전체로부터 부분을 인식하는 포섭(saṁbhava)은 연역적 추론의 한 예다. 그것은 엄격하게 수치적인 포섭이다.

비존재 혹은 부정은 가끔 독자적인 인식방법의 하나로 언급되기도 한다. 비록 니야야 바이세쉬카 철학은 비존재를 인식대상으로 인정한다 할지라도, 그것은 비존재의 파악을 위하여 어떤 특별한 인식방법이 필수적이라고 믿지는 않는다. 우리는 이미 이른바 피한정—한정의 관계(viśeṣaṇatā)에 의하여 어떻게 존재가 그것의 장소(locus, adhikaraṇa)와 연관되는 지각의 대상인가를 살펴보았다. 존재하지 않는 것은 본질적으로 그것의 장소—이것은 지각된다—와 동일한 차원의 실재이다. 만일 그렇지 않다면 그것의 부재에 대한 지각은 그것의 장소에 대한 지각으로 암시될 수 없을 것이다. 절대적인 부정은 불가해하다. 인식의 대상인 부정은 상대적이다.[원주309]

추론에 의하여 우리는 사물의 비존재를 추론할 수 있다. 비존재는 단순한 부정이 아니라 대조이다. 그것은 존재하는 것과 존재하지 않는 것의 대조이다. 이것은 마치 존재하지 않는 비가 구름과 높은 바람의 관련이 존재한다는 것에 대한 인식을 야기시키는 경우와 같다. 왜냐하면 자체의 중력 때문에 반드시 떨어져야 할 빗방울이 떨어지지 않는

[원주308] 그것은 각기 다른 두 단계로 표현될 수 있을 것이다.

> 전혀 음식을 먹지 않는 사람은 뚱뚱하지 않다.
> 이 사람은 뚱뚱하다.
> 그러므로 이 사람은 전혀 음식을 먹지 않는 사람이 아니다. 즉 그는 음식을 먹는 사람이다.

> 그 다음 단계는 다음과 같다.

> 음식을 먹는 사람은 틀림없이 주간 아니면 야간에 먹을 것이다.
> 그는 낮에 음식을 먹지 않는다.
> 그러므로 그는 밤에 음식을 먹는다.

[원주309] 이에 대한 다른 견해에 대하여, 『샤스트라디피카』(Śāstradīpikā), pp.234 ff ; 『베단타파리바샤』, vi을 보라.

것은 오직 구름과 높은 바람의 관련과 같은 어떤 장애가 있을 경우뿐이기 때문이다.[원주310] 상호 대립적인 두 사실 중에서 하나의 비존재는 다른 하나의 존재를 확립한다. 니야야 논리학은 이분법의 원리에 의거하여 수행된다. 동종의 실례와 이종의 실례의 구분은 이러한 가정에 근거를 두고 있다. 상호 모순적인 두 가지 판단이 모두 거짓이거나 모두 참일 수 없다. A는 B이거나 B 아닌 것(not B)이다. 상호 모순적인 두 가지 판단 가운데 하나 혹은 다른 하나는 반드시 참일 수밖에 없다. 왜냐하면 그 외에 다른 과정은 불가능하기 때문이다.[원주311]

만일 우리가 어떤 것의 존재를 다른 하나의 비존재로부터 추리한다면, 그것 또한 추론의 한 경우이다.[원주312] "존재하는 것이 인식되는 순간에 존재하지 않는 것은 인식되지 않는다. 다시 말하여 존재하는 것에 대한 인식이 있을 때만 존재하지 않는 것에 대한 비지각이 있다. 등불이 밝혀지고 볼 수 있는 어떤 것들이 보이게 될 때, 볼 수 있는 것과 똑같은 방식으로 보이지 않는 것은 존재하지 않는 것으로 간주된다. 이때 우리의 사유 과정은 다음과 같다. "만일 그 사물이 존재한다면, 그것은 보일 것이다. 그런데 그것은 보이지 않으므로 존재하지 않는다고 결론지어야 한다."[원주313] 프라샤스타파다는 이 견해를 지지한다. "결과의 출현이 원인의 존재를 가리키는 것과 마찬가지로, 결과의 나타나지 않음은 원인의 비존재를 가리킨다."[원주314] 심지어 증언에 의해서도 우리는 비존재를 인식할 수 있다.[원수315]

[원주310] 『니야야 바쉬야』, ii.2.1.
[원주311] 왜냐하면 상호 모순되는 것들에는 양태(종류)의 내적 일관성이 없기 때문이다(Parasparavirodhe hi na prakārāntarasthitiḥ, 『쿠수만잘리』, iii.8).
[원주312] 『니야야 바쉬야』, ii.2.2.
[원주313] 『니야야 바쉬야』, 서론.
[원주314] 『파다르타다르마상그라하』, p.225. 또한 『바이셰쉬카 수트라』, ix.2.5 ;『니야야칸달리』(*Nyāyakandalī*), pp.225~226 ;『쿠수만잘리』, iii.20, 22 및 26을 보라.
[원주315] 자얀타는 11종의 비지각(anupalabdhi)을 언급한다. 『니야야만자리』, pp.56~57을 보라.

14. 가설적 논증과 논의

가설적 논증(tarka) 혹은 간접적 논증에서, 우리는 그릇된 가정으로 시작하여 그것이 어떻게 불합리로 귀결되는가를 보여준다. 만일 영혼이 영원하지 않다면, 그것은 자기 행위의 결과를 향수하고, 윤회를 겪으며, 해탈할 수 없을 것이다. 그러므로 그것은 영원하다. 그릇된 소명사의 허용은 그릇된 대명사의 허용을 부득이하게 한다.[원주316] 가설적 논증은 여타의 추론과는 다른 형태의 추론이다. 왜냐하면 그것은 어떤 지각에 의거한 것이 아니기 때문이다. 그것은 간접적으로 바른 지식에 도달하게 만든다.[원주317] 바트시야야나는 그것이 비록 우리에게 제시된 전제에 대한 정반대는 불가능하다는 것을 말해준다 할지라도, 그렇다고 하여 우리에게 결정적 지식을 주는 것은 아니라고 생각한다.[원주318] 웃디요타카라는 영혼에 대한 논증이 우리로 하여금 영혼은 시작이 없다고 말할 수 있게 하는 것이 아니라, 단지 그것은 시작이 없어야 한다는 것을 말할 수 있게 할 뿐이라고 주장한다.[원주319] 가설적 논증은 그 자체만으로 타당한 지식의 원천이 될 수 없으며, 단지 가설을 제시하는 것으로서의 가치를 지닐 뿐이다.

고대 니야야는 11종의 가설적 논증을 인정하며, 나비야 니야야(Navya Nyāyā)는 그것을 다시 5종으로 정리했다. 이 중에서 가장 중요한 것은 우리가 설명했던 귀류법(歸謬法, pramāṇabādhitārthaprasaṅga, *reductio ad absurdum*)이다. 그 외의 네 가지는 논점 상위(相違)의 허위(ātmāśraya, *ignoratio elenchi*), 상호 의존(anyonyāśraya),[역주34] 순환논법(cakrika), 그리고 무한 소급(anavasthā)이다. 심지

[원주316] 『사르바다르샤나상그라하』, xi.
[원주317] Pramānugrāhakas tarkaḥ(『사르바싯단타사라상그라하』, vi.25).
[원주318] 『니야야 바쉬야』, i.1.40.
[원주319] 『니야야바룻티카』, i.1.40.
[역주34] 예를 들어 "A는 B에 달려 있고, B는 A에 달려 있다"고 하는 경우, 이것은 그릇된 추론으로 귀결된다.

어 귀류법도 그릇된 추론의 일례로 간주된다. 왜냐하면 그것은 터무니 없는 결론을 도출하기 때문이다. 그러나 그 오류를 넘어설 때, 우리는 명백한 인식(nirṇaya)에 도달한다.[원주320]

논의(vāda)는 연역법의 자유로운 사용으로 진행되며, 진리의 확인을 목적으로 한다. 그러나 그것은 종종 결과나 승리를 목적으로 하는 단순한 언쟁(jalpa) 혹은 비판을 위한 비판을 즐기는 트집잡기(vitaṇḍā)로 전락된다.[원주321] 이와 같이 무익한 논쟁은 반대자로 하여금 자기의 오류를 깨닫게 하고 패배를 받아들이도록 압력을 가함으로써 종결될 수 있다.[원주322]

15. 기억

모든 지식은 즉현적(卽現的, presentative) 인식(anubhava)과 재현적(再現的, representative) 인식(smṛti)으로 나누어진다. 전자는 이전

[원주320] 『니야야바룻티카』, i.1.41.
[원주321] 『니야야바룻티카』, i.2.1~3.
[원주322] 논쟁이 패배하는 근거(nigrahasthāna)는 1) 확립되어야 하는 명제를 포기하는 것(pratijñāhāni), 2) 새로운 고려 사항의 수용으로 주장을 바꾸는 것(pratijñāntara), 3) 자기 모순(pratijñāvirodha), 4) 반대자의 명제를 듣고 자기 자신의 명제를 비리는 것(pratijñāsannyāsa), 5) 이유를 바꾸는 것(hetvantara), 6) 주제를 바꾸는 것(arthāntara), 7) 지각 없는 발언(nirarthaka), 8) 뜻을 알 수 없는 횡설수설(avijñātārtha), 9) 일관성 없는 발언(apārthaka), 10) 논증의 순서를 무시하는 것(aprāptakāla), 11) 논증의 본질적인 단계들을 누락함(nyūna), 12) 명백한 것을 애써 부연 설명하는 것(adhika), 13) 동어반복(punarukta), 14) 침묵을 지킴(ananubhāṣaṇa), 15) 명제에 대한 무지(ajñāna), 16) 재치있는 대답의 결여(apratibhā), 17) 꾀병 등으로 논의를 회피함(vikṣepa), 18) 그것이 또한 반대자의 견해에도 있다는 것을 지적함으로써 패배를 받아들임(matānujña), 19) 비난해야 할 점을 간과함(paryanuyogyopekṣaṇa), 20) 비난하지 말아야 할 점을 비난함(niranuyogyānuyoga), 21) 이론(異論)이 없는 교의에서 벗어남(apasiddhānta), 그리고 끝으로 22) 이유의 허위(hetvābhāsa) 등의 22종이다.

의 의식상태들에 대한 재생이 아닌 인식이며, 이에 비하여 후자는 과거의 경험들을 의식 속에 다시 불러일으키는 인식이다.[원주323] 만일 우리가 기억 지식을 배제한다면, 전체 과거는 확신의 영역에서 사라질 것이다. 기억 지식은 남아 있는 흔적들에 의거한다(saṁskārajanya). 기억은 "영혼과 의근(manas)의 특수한 접촉과 이전의 경험에 의하여 남겨진 흔적에 기인하는 것"[원주324]으로 정의된다. 그것은 가끔 오직 인상에서 기인되는(saṁskāramātrajanya) 것으로 말해지며, 따라서 인지(認知, pratyabhijñā)와 구별된다. 인상은 회상의 직접적인 원인임에 비하여, 현재의 대상을 다른 어떤 것과 동일시하는 지각은 인지의 원인이다. 니야야는 기억을 독자적인 지식의 원천으로 인정하지 않는다.[역주35] 왜냐하면 우리는 기억을 통하여 대상에 대한 어떤 인식적인 지식이 아니라 과거 경험의 재생산을 지닐 뿐이기 때문이다.[원주325] 기억된 지식의 타당성은 재생된 이전 경험의 타당성에 달려 있다. 어떤 논사들은 타당한 지식이 다른 지식에 의하여 부정되지 않는 지식으로 정의될 때, 기억된 지식을 타당한 지식에 포함시킨다.[원주326] 회상은 동시에 일어나는 것이 아니다. 왜냐하면 주의(praṇidhāna), 부호에 대한 인식 등등(liṅgā-dijñāna)은 동시에 나타나지 않기 때문이다.[원주327]

[원주323] 『타르카상그라하』, 34.

[원주324] 『바이셰쉬카 수트라』, ix.2.6.

[역주35] 자이나교와 바이셰쉬카에 의하면, 기억은 타당한 간접지(間接知)이다. 라마누자의 한정불이론(限定不二論, Viśiṣṭādvaita)은 기억을 타당한 지식수단으로 인정하지만, 그것을 지각에 포함시키며, 그것은 유사성(sādṛśya), 보이지 않는 결과(adṛṣṭa), 깊은 생각(cintā), 연상(sāhacarya)에 기인한다고 말한다. 한편 샹카라의 불이론에 의하면, 기억은 경우에 따라서 타당할 수도 있고 그렇지 않을 수도 있다.

[원주325] 『니야야 수트라 브릿티』, i.1.3.

[원주326] 『타르카카우무디』, p.7.

[원주327] 『니야야 수트라』, iii.2.33 ; 『니야야 바쉬야』, iii.2.25~30 ; 『니야야바룻티카』, iii.2.25~26. 회상의 원인으로는 다음과 같은 것들이 언급된다. 1) 주의(praṇi-dhāna), 2) 연합(nibandha), 3) 반복(abhyāsa), 4) 부호(liṅga), 5) 설명적인 부호(lakṣaṇa), 6) 유사(sādṛśya), 7) 소유자로서의 자격(parigraha), 8) 상관물들의 관

16. 의심

의심은 다음과 같은 원인에서 일어난다. 1) 다수의 대상에 공통된 특성의 인식이 있을 때 의심이 일어난다. 예를 들면, 우리가 어슴푸레한 여명에 어떤 키 큰 대상을 보고 그것이 사람인지 우체통인지 확신할 수 없을 때 일어나는 의심과 같은 것이다. 이 경우에 의심이 일어나는 것은 키가 크다는 특성이 그 둘 모두에 공통적으로 발견되기 때문이다. 2) 어떤 대상들에도 일반적이지 않은 특성의 인식이 있을 때 의심이 일어난다. 소리는 사람이나 짐승과 같은 비영속적인 대상들에서나 원자와 같은 영속적인 것에서도 발견되지 않으므로, 우리는 그것이 영원한지 어떤지를 결정하기 어려우며, 따라서 의심이 일어난다. 3) 두 명의 탁월한 권위자들이 영혼의 본질에 대하여 의견을 달리하는 경우처럼, 상호 모순되는 증언이 있는 경우에도 의심이 일어난다. 4) 일관되지 못한 지각이 있을 경우에 의심이 일어난다. 예를 들어, 우리가 물을 볼 때, 그것이 호수에 있는 경우처럼 실재적인 것인지, 아니면 신기루에서 보는 것처럼 비실재적인 것인지 확신할 수 없을 때 의심이 일어난다. 두 경우 모두 물이 지각되기는 마찬가지다. 5) 앞의 경우와는 반대로, 일관되지 못한 비지각이 있는 경우에도 의심이 일어난다.[원주328] 웃디요타카라에 의하면, 마지막의 두 경우는 만일 믿게 할 만한 것이 못 되는 측면들이 공통적으로 있다는 지각이 없다면, 그 자체만으로는

련(āśrayāśṛtasaṁbandha), 9) 즉각적인 연속(ānantarya), 10) 분리(viyoga), 11) 기능의 동일(ekakārya), 12) 대립(virodha), 13) 우월(atiśaya), 14) 획득(prāpti), 15) 중재(vyavadhāna), 16) 기쁨과 고통(sukhaduḥkha, 17) 욕망과 싫음(icchādveṣa), 18) 공포(bhaya), 19) 필요(arthitva), 20) 행위(kriyā), 21) 사랑(rāga), 22) 공덕(dharma), 23) 비공덕(adharma). 바트시야야나에 의하면, 이러한 것들은 단지 시사적인 것일 뿐이며, 결코 속속들이 구명해내는 것은 아니다(Nidarśanam cedaṁ smṛtihetūnāṁ na parisaṁkhyānam iti, 『니야야 바쉬야』, iii.2.41). 관념들의 연합과 회상에 대한 이 모든 원인들은 세 부류로 묶을 수 있을 것이다.

[원주328] 『타르카상그라하』, 64. 『바이셰쉬카 수트라』, ii.2.17.

의심을 야기시키지 않는다. 지각된 요소가 다수의 대상과 연관되기 때문에, 그것은 두 가지 회로의 관념들을 불러일으키며, 우리의 마음은 그 사이에서 흔들리게 되고 의심이 일어난다.[원주329] 비록 그 둘은 번갈아 제시된다 할지라도, 관념은 지각된 것과 통합되어 하나되지 않는다.[원주330] 의심의 상태는 불유쾌한 색조로 채색되며, 모든 행위를 억제시킨다.[원주331]

만일 양자 택일적인 것 가운데 하나가 억제된다면, 마음은 다른 하나를 지향하게 마련이며, 우리는 잠정적으로 하나의 대안을 수용하는 추측(ūha)의 경우를 지닌다.[원주332] 한쪽 대안에 대한 억제는 다른 한쪽의 강력함에 기인한다. 만일 우리가 논에서 키가 큰 대상을 본다면, 우리는 그것이 키가 큰 우체통이 아니라 키가 큰 사람일 것이라고 추측할 것이다. 왜냐하면 우체통은 논에서 좀처럼 보기 어려운 것이기 때문이다. 의심의 상태에서는 두 가지 대안이 동등한 개연성을 지니지만, 추측의 경우에는 하나가 다른 하나보다 더 큰 개연성을 지닌다.

희미해진 기억 때문에 일어나는 다른 한 종류의 의심, 이른바 명료한 지식의 결여(anadhyavasāya)가 언급된다. 우리가 어떤 나무를 보고 그 이름을 잊어버렸을 때, "저 나무의 이름이 뭐였더라?" 하고 묻게 된다.[원주333] 쉬바디티야(Śivāditya)에 의하면, 우리는 또한 여기서 비록 의식에 나타나지는 않는다 할지라도 두 가지 선택적인 암시를 지닌다.

[원주329] Dolāyamānā pratītiḥ saṁśayaḥ(구나라트나(Guṇaratna)의 『샤드다르샤나사뭇차야브릿티』(Ṣaḍḍarśanasamuccayavṛtti)).

[원주330] 라우가크쉬 바스카라(Laugākṣi Bhāskara)는 의심의 상태를 여러 대립적인 요소들이 번갈아 일어나는 데 놓여 있는 지식(Ekasmin dharmiṇi viruddha-nānākoṭikaṁ jñānam, 『타르카카우무디』, p.7)으로 정의한다. 또한 『타르카상그라하』, 64 ;『바샤파릿체다』, 129~130을 보라.

[원주331] 프라샤스타파다는 내외적인 두 종류의 의심을 구별한다(『파다르타다르마상그라하』, p.174).

[원주332] 『사프타파다르티』(Saptapadārthī), 68.

[원주333] 『사프타파다르티』, 69. 『미타바쉬니』(Mitabhāṣinī), Vizianagram Sanskrit Series, p.26을 참조하라

만일 우리가 그것을 의식하게 되면 우리는 의심을 품게 된다. 프라샤스타파다, 슈리다라, 그리고 우다야나는 각기 다른 설명을 하고 있다. 그것은 방심상태 혹은 더 이상의 지식에 대한 욕구 때문에 일어나는, 친숙하거나 생소한 대상에 대한 불명료한 지각이라고 말한다. 친숙한 대상이 우리 곁을 스쳐 지나가지만 방심이나 부주의 때문에 우리가 그것을 알아채지 못할 때, 우리는 어떤 것이 스쳐 지나갔다는 것을 아는 의심의 일례를 본다. 대상이 생소하고 그것의 이름을 모를 때, 우리는 일상적인 의심과는 다른 불완전한 지식의 상태를 지닌다.[원주334]

의심은 탐구에 대한 자극이다. 왜냐하면 그것은 인식되지 않은 것에 대한 욕구를 유발시키기 때문이다. 그것은 비록 지각이나 증언에 선행하는 것은 아니라 할지라도, 적어도 추론에 선재한다. 의심은 우리의 지식이 명확해질 때 끝난다. 우리가 대상의 본질을 정확히 모른다는 것을 알고 있는 한에서는, 우리는 참된 지식(pratyaya)을 지닌다. 의심은 불완전한 지식임에 비하여, 오류는 그릇된 지식이다.

17. 그릇된 지식

니야야의 논리학은 우리가 지식을 얻는 원리들을 상세히 설명한다. 그것은 자연 과학의 관점을 수용하며, 그것의 정칙들은 행위에 대한 격언이 아니라, 사람이 자기의 지적 욕구를 충속시키는 수단들에 대한 관찰에 의거한 일반적인 진술이다. 정상적인 경우 지식은 타당하지만, 이에 비하여 오류는 우유적이며, 바른 인식이 생성되는 모든 조건들이 구비되지 않을 때 일어난다. 그릇된 지식은 인식 능력의 정상적인 작용이 방해될 때 일어난다. 니야야는 그릇된 지식에 대하여 매우 상세하게 다루고 있는데, 만일 우리가 생각이 오류에 빠질 가능성 때문에 논리학이

[원주334] 『파다르타다르마상그라하』, pp.182~183.

성립하게 되었다는 사실을 기억한다면, 그릇된 지식에 대하여 상세한 설명을 할애하는 니야야의 입장은 전혀 놀라운 것이 아니다.

상당한 관심과 주의가 언어상의 속임수에 주어진다. 왜냐하면 논리학은 궤변가의 억지 논리로부터 우리를 보호하기 위한 것이기 때문이다. 세 종류의 궤변(chala)이 구분된다. 1) 용어 궤변(vākchala). 양의적(兩意的)인 용어가 사용되고, 그것을 듣는 사람은 말하는 사람의 의도와 다른 의미로 그것을 받아들이는 경우이다. 예를 들어 어떤 사람이 "이 소년은 나바캄발라(navakambala)[역주36]이다"라고 하여 그가 한 장의 새 담요를 가지고 있다는 것을 의미할 때, 궤변을 즐기는 사람은 나바캄발라를 다른 의미로 받아들여서, "아니다. 그는 아홉 장의 담요를 가지고 있는 것이 아니라 단지 한 장의 담요를 가지고 있을 뿐이다"라고 대답하는 경우이다. 2) 보편 궤변(sāmānyachala). 특정한 개별자와 관련하여 주어진 언급이 그것이 속한 전체 등류(等類)에 확대되는 경우이다. 우리가 "이 바라문은 학식이 있으며 선행을 한다"고 말할 때, 궤변가는 모든 바라문이 학식이 있고 선행을 하는 것은 아니라고 이의를 제기한다. 3) 비유 궤변(upacārachala). 여기서는 비유적인 표현이 말 그대로의 의미로 받아들여진다. 우리가 "단두대가 울부짖는다"고 말할 때, 궤변가는 단두대와 같이 생명 없는 물건이 울 수 없다고 이의를 제기한다.

그릇된 논박(jāti)과 논쟁이 패배하는 약점(nigrahasthāna)과 같은 오류들은 논리학보다는 변증법과 관련된다. 논리적인 오류는 연역적 논증의 여러 구성지들과 관련하여 발생한다. 소명사의 오류(pakṣa-bhāsa)와 실례의 오류(dṛṣṭāntābhāsa)는 중명사의 오류(hetvābhāsa) 만큼 중요하지 않다. 가우타마는 추론 과정에서 일어나는 오류를 다섯 가지로 나누어 설명한다.[원주335]

[역주36] navakambala에서 '나바'(nava)는 '새로운'이라는 의미뿐만 아니라, 아홉이라는 의미로도 해석이 가능하다.
[원주335] 『니야야 수트라』, i.2.4. 또한 『바이셰쉬카 수트라』, iii.1.15를 보라. 프라샤스

1) 두 가지 이상의 결론으로 귀결되는, 다시 말하여 결정적이 아닌 추론(savyabhicāra). 무형이라는 근거에서 우리는 소리의 영속성 혹은 비영속성을 결론지을 수 있을 것이다. 왜냐하면 영원한 원자들과 비영속적인 인식 모두가 무형이기 때문이다. 중명사는 대명사에 의하여 하나도 남김없이 속속들이 구명되지 않는다. 중명사가 어떤 하나의 결론과 일관된 수반관계로 나타나지 않기 때문에, 그것은 후기 논리학에서 절대적이 아닌 추론(anaikāntika)이라고 불린다. 이것은 다시 a) 중명사의 외연이 지나치게 넓은, 공동적인(sādhāraṇa) 것, b) 그것이 지나치게 좁은, 특수한(asādhāraṇa) 것, 그리고 c) 그것이 검증되지 않는, 불명료한(anupasaṁhārin) 것의 3종으로 구분된다.[원주336]

2) 확립되어야 하는 명제와 모순 대립되는 추론(viruddha).[원주337]

3) 명제와 동등한 추론(prakaraṇasama). 이 경우에는 어떤 결론으로도 귀결되지 않는다. 왜냐하면 그것은 대답하기로 되어 있는 문제를 제기하기 때문이다. 이러한 형태의 추론은 모순 대립되는 두 가지 특성 중에 하나를 강조하며, 이때 그 두 가지는 모두 지각되지 않는 것이다.[원주338] 후기 논리학은 그것을 대항할 수 있는 이유(satpratipakṣa)에 포함시킨다. 그것은 또한 결정적이 아닌 추론과 동일하게 될 경우에는, 대립되는 두 측면 모두를 위하여 이용 가능한 이유(hetu)로 받아들여지기도 한다.[원주339]

디피다는 증명되지 않은 것(asiddha), 대립되는 것(viruddha), 의심스러운 것(saṁdigdha), 확인되지 않은 것(anadhyavasita)의 4종을 말한다(『파다르타다르마상그라하』, pp.239~240). 한편 디그나가는 14종을, 바사르바갸(Bhāsarvajña)는 6종을 들고 있다. 또한 『타르카상그라하』, 52를 보라.

[원주336] 『타르카상그라하』, 53. 또한 비슈와나타(Viśvanātha)의 『니야야 수트라 브릿티』, i.2.46을 보라.

[원주337] 『니야야바룻티카』, i.2.6. 바트시야야나(i.2.6)는 『요가바쉬야』(Yogabhāṣya)로부터 한 예를 제시한다. 이 예는 다음 두 가지 주장과 같은 취지에서 인용된다. 1) 세계는 영원하지 않으므로, 현현을 중지한다. 2) 그것은 파괴될 수 없으므로, 계속하여 존재한다.

[원주338] 『니야야 바쉬야』 및 『니야야바룻티카』, i.2.7.

190

4) 증명되어야 할 것과 다르지 않은 이유(hetu), 다시 말하여 그 자체가 증거를 필요로 하는 이유를 제시하는 추론(sādhyasama).[역주37] 이것은 다시 3종으로 나누어진다. a) 증명사의 본질이 전혀 알려지지 않는 추론(svarūpāsiddhi). 우리가 소리는 볼 수 있기 때문에 영원하다고 말하는 경우, 소리의 가시성(可視性)은 전혀 알려지지 않은 어떤 것이다.[역주38] b) 증명사가 아무런 토대도 지니지 않는(āśrayāsiddhi) 추론. 예를 들어 "신은 몸을 지니지 않으므로, 그는 존재하지 않는다"라는 추론에서, 만일 신이 없다면 몸 없음은 아무런 토대도 지니지 않는다. c) 그 외에 달리 알려지지 않는(anyathāsiddhi) 추론.[원주340]

5) 시기를 놓친 이유를 제시하는 추론(kālātīta). "소리는 색깔과 마찬가지로 결합을 통하여 나타나므로 영속적이다"라는 주장은 이러한 오류의 실례이다. 항아리의 색깔은 항아리가 등불과 결합될 때 나타난다. 그러나 그것은 항아리와 등불의 결합이 일어나기 전에도 있었고 그 결합이 멎은 후에도 계속하여 존재할 것이다. 색깔의 비유에 의거하여, 소리는 북과 북채의 결합이 있기 전에도 존재했고, 그 결합이 멎은 후에도 계속하여 존재할 것이라고 주장하는 것은 오류이다. 이 경우에 예증으로 드는 이유는 시기를 놓친 이유 혹은 시기가 부적절한 이유라고 말해진다. 왜냐하면 소리는 북과 북채의 결합 직후에 생성되지만, 이에 비하여 색깔은 항아리와 색깔의 결합과 동시에 나타나기 때문이다. 이

[원주339] 『타르카상그라하』, 55.

[역주37] 예를 들어, "그림자는 실체이다. 왜냐하면 그것은 움직임으로 특징지어지기 때문이다"라는 추론은 증명되지 않는다. 왜냐하면 움직임으로 특징지어지는 이유는 주어와 똑같이 실체로 증명되지 않기 때문이다. 다시 말하여 이 경우에는 이유와 주어 모두가 증명되지 않으며, 그럼에도 불구하고 그 둘 모두가 증명되어야 하는 그릇된 유형의 추론이다.

[역주38] 가시성은 소리의 술어가 될 수 없다. 소리는 볼 수 없으며 단지 들을 수 있을 뿐이다.

[원주340] 바차스파티는 에카데샤싯디(ekadeśāsiddhi)를 부가하며, 우다야나는 비야피야트와싯디(vyāpyatvāsiddhi)를 부가한다. 후자의 경우 수반관계는 불변적인 것으로 알려지지 않는다.

러한 오류는 부정되는 이유 때문에 야기되는 오류(bādhita)라고 부른
다. 이 경우에 중명사는 다른 증거에 의하여 참인 것으로 확인되는 것
의 반대되는 어떤 것을 주장한다.[역주39] 후기 논리학에서는 오류의 종류
에 대하여 상당히 상세하게 논의된다.

18. 바른 지식

지식론이 출발하는 사실은 우리가 지식을 지닌다는 것이 아니라, 우
리가 그것을 지닌다고 선언하는 것이다. 인식론 학자의 역할은 그 선언
이 어느 정도까지 유지되고 확인될 수 있는가를 탐구하는 것이다. 바른
지식(pramā) 혹은 진리에 관한 이론에서 니야야 학자들은 우리가 암
묵적으로 승인하는 그 선언이 어느 정도까지 정당화될 수 있는가를 묻
는 것으로 시작한다. 그들은 우리가 네 가지 바른 인식방법을 통하여
얻는 지식의 내용이 타당성 혹은 규범적인 필연성을 지닌다는 것을 밝
히려고 노력한다.

니야야의 지식론은 중관학파의 회의론과 갈등하게 된다. 후자에 따
르면, 우리는 사물의 본질을 알 수 없으며, 우리의 생각은 지극히 모순
된 것이어서 실재적인 것으로 간주될 수 없다. 이에 반대하여 바트시야
야나는 만일 중관론자들이 존재하는 것은 아무것도 없다는 것을 확신
한다면, 적어도 그 범위 내에서는 확실한 것이 있을 수 있는 가능성을
허용하는 것이며, 따라서 자기 모순이다. 또한 인식방법의 타당성을 부
정하는 사람은 어떤 인식방법에 의거하여 혹은 아무런 근거 없이 그렇
게 한다. 만일 후자라면 그 주장은 쓸모없는 것이며, 만일 전자라면 적
어도 그 인식방법의 타당성은 인정되어야 할 것이다.

[역주39] 이런 점에서 그것은 직접적인 경험과 모순되는 명제를 증명하려는 논리적인
　　　오류라고 할 수 있다.

극단적인 회의론은 실행이 불가능하다. 사람이라면 누구나 생각하기 시작하는 순간에 인식의 원리들을 받아들이게 마련이다. 또한 사유의 기능을 받아들이는 사람은 또한 반드시 실재의 세계를 받아들인다. 왜냐하면 사유와 실재는 상호 의존적이기 때문이다. 바트시야야나는 말한다. "만일 사유를 통한 사물의 분석이 가능하다면, 사물의 실상이 파악되지 않는다는 것은 거짓이다. 역으로 만일 사물의 실상이 파악되지 않는다면 사유를 통한 사물의 분석이란 결코 있을 수 없다. 따라서 '사유를 통한 사물의 분석이 있으며, 사물의 실상은 파악되지 않는다'고 주장하는 것은 그 자체에 모순을 포함하고 있다."[원주341] 웃디요타카라는 이 구절을 다음과 같이 주석한다. "만일 사유를 통한 사물의 분석이 가능하다면 사물이 존재하지 않을 수 없으며, 만일 사물이 존재하지 않는다면 사유를 통한 사물의 분석은 결코 있을 수 없다."[원주342] 니야야는 지식이 실재에 대한 표현(arthavat)이라는 것을 믿는다.[원주343][역주40]

바트시야야나는 경험의 대상이 단지 관념의 연속에 불과하다고 보

[원주341] 『니야야 바쉬야』, iv.2.27.

[원주342] 『니야야바룻티카』, iv.2.27.

[원주343] 중관학자들은 지각이 감각 대상에 선재하거나 후속할 수도 없으며 동시적일 수도 없다는 근거에서 확실한 지식의 불가능성을 주장한다. 만일 지각이 감각 대상에 선재한다면, 그것은 감각과 그 대상의 접촉에서 생겨나는 결과일 수 없다. 만일 그것이 후속하는 것이라면, 감각의 대상이 지각에 의하여 확립된다고 말할 수 없다. 만일 지각이 그 대상과 동시적이라면, 우리의 인식에서 연속적인 어떤 순서가 있어야 할 필요가 없다. 왜냐하면 지각에 상응하는 대상들에 그와 같은 순서가 있을 수 없기 때문이다. 이런 입장이 옳다면 색깔과 냄새는 동시에 지각될 수 있어야 하지만, 이 입장은 니야야에서도 부정된다. 지각에 대해서 참인 것은 다른 인식방법이나 그 대상(prameya) 그리고 양자의 관계에도 그대로 적용될 수 있다. 따라서 지각을 포함한 모든 인식방법은 타당성이 없으며 또한 불가능하다. 지각적 지식에 대한 이와 같은 비판은 니야야에 의하여 반박된다. 니야야에 따르면, 인식방법은 마치 북이 소리에 선재하는 것처럼 감각 대상에 선재할 수 있으며, 여명에 이어서 솟아오르는 태양처럼 후속할 수도 있으며, 연기가 불과 동시에 일어나는 것처럼 동시적일 수도 있다(『니야야 바쉬야』, ii.1.8~19).

[역주40] 니야야의 이러한 입장을 흔히 진리 대응설(correspondence theory of truth)이라고 말한다. 이 이론에 따르면, 진리란 명제와 실재 사이의 대응이다.

는 유식론자들의 견해를 비판한다. 꿈에 보이는 대상은 비실재적인 것으로 반박된다. 만일 지각 가능한 경험의 세계가 없다면, 꿈의 상태는 존재할 수 없을 것이다. 꿈의 다양성은 그 원인의 다양성에서 추적될 수 있을 것이다.[원주344] 만일 실재하는 현실이 없다면, 진리와 오류의 차이는 무시해도 좋을 것이며, 우리가 자신의 지각을 억제하거나 마음대로 지닐 수 없다는 명백한 사실은 전혀 설명이 불가능하게 될 것이다.[원주345]

니야야 학자들은 찰나적인 대상을 상정하는 견해에 대해서도 만족하지 않는다. 만일 어떤 대상이 인식의 원인이라면, 그것은 반드시 결과에 선재해야 할 것이다. 그러나 찰나설의 입장에서 보면, 지각을 야기했던 대상은 그것이 지각되는 다음 순간에 소멸한다. 그러나 이것은 허용될 수 없다. 왜냐하면 지각은 오직 즉현적일 뿐이며 재현적일 수 없기 때문이다. 대상의 소멸과 지각의 발생이 동시적이라고 주장하는 것은 거의 무의미하다. 왜냐하면 우리는 과거가 아니라 현재로서의 대상을 지각하기 때문이다. 심지어 추론도 불가능할 것이다.[원주346] 또한 포섭자와 포섭되는 것으로 서로 연관되어 있는 원인과 결과는 반드시 동시에 존재해야 할 것이다. 실재로 존재하는 것의 근본적인 속성은, 단지 존재하는 것으로 생각되는 것과는 달리 인식 주관의 경험과 그것의 모든 관계와는 무관하게 발견된다. 하여간 존재하는 것은, 그것이 경험되든 아니든 마찬가지로 존재한다. 경험은 일방적인 의존의 관계이다. 그것이 존재하려면 외부 대상의 존재가 필수적이다. 그러나 외부 대상

[원주344] 『니야야 바쉬야』, iv.2.33~34 및 37.
[원주345] 『니야야 바쉬야』, iv.2.26~37.
[원주346] 『니야야바룻티카』, i.1.37 ; iii.2.14를 보라. 웃디요타카라는 말한다. "'소리는 비영속적이다. 왜냐하면 그것은 항아리와 마찬가지로 산물이기 때문이다'라는 추론에서, 실례로 드는 항아리는 반드시 비영속성과 산물로서의 본질을 지니고 있지 않으면 안된다. 그리고 여기서 전자는 후(後)비존재이며, 후자는 전(前)비존재이다. 만일 항아리가 단지 순간적인 것에 불과하다면, 어떻게 그 둘이 항아리 속에 공존할 수 있겠는가?"

194

이 존재하기 위하여 경험이 반드시 필요한 것은 아니다. 그래서 니야야 학자들은 우리의 관념이 인식 주관의 의지와 목적에 상대적으로 독립된 사실들의 객관적인 규준을 따른다고 결론짓는다.[원주347] 외부 사물의 존재는 인식방법에 의존하지 않는다. 물론 인식 대상으로서 그것의 존재는 전적으로 인식방법의 작용에 달려 있다.

　바른 인식방법(pramāṇa)은 우리에게 바른 지식(pramā)을 주기 때문에 그렇게 불린다.[원주348] 우다야나는 자신의 『타트파리야파리슛디』(Tātparyapariśuddhi)에서 말한다. "사물의 실재적인 본질에 대한 인식이 프라마이며, 그와 같은 지식의 수단은 프라마나이다."[원주349] 사물의 진실한 본질(tattvam)은 무엇인가? "그것은 있는 것의 경우에는 단지 유(有, being) 혹은 존재(existence)일 따름이며, 없는 것의 경우에는 무(無, non-being) 혹은 비존재(non-existence)일 뿐이다.[원주350] 다시 말하여, 있는 어떤 것이 유(有) 혹은 존재하는 것으로 파악될 때, 그것이 상반되는 본질(aviparītam)의 어떤 것이 아니라 있는 그대로(yathābhūtam) 파악되는 한, 그와 같이 파악된 것은 사물의 진실한 본질을 구성한다. 이와 마찬가지로 비실체(nonentity)가 있는 그대로, 즉 존재하지 않는 것 혹은 상반되는 본질의 어떤 것으로 파악될 때, 그와 같이 파악된 것은 그 대상의 진실한 본질을 구성한다."[원주351] 그릇된 인식(apramā), 오류(bhrama), 착각(mithyājñāna)은 대상을 있는 그대로 드러내지 않는 지식이다. 그것은 마치 우리가 조가비를 은조각으로 착각하는 경우처럼, 어떤 것이 그것이 아닌 다른 것으로 파악되는 것이다.[원주352] 그것은 단지 소극적인 의미에서 지식의 결여가 아니라,

---

[원주347] 『니야야 바쉬야』 및 비슈와나타의 『니야야 수트라 브릿티』, iv.2.26 ff.
[원주348] pra는 '근거가 확실한'을 의미하며, mā는 '지식'을 의미한다(『니야야 수트라 브릿티』, iv.2.29).
[원주349] Yathārthānubhavaḥ pramā, tatsādhanaṁ ca pramāṇam.
[원주350] Sataś ca sadbhāvo 'sataś cāsadbhāvaḥ(『니야야 바쉬야』, i.1.1).
[원주351] 『니야야 바쉬야』 및 『니야야바룻티카』, i.1.1.
[원주352] 『니야야 바쉬야』, i.1.4.

적극적인 오류이다.[원주353]

비록 의문, 의심 등과 관련하여 참과 거짓의 문제가 일어나는 것은 아니라 할지라도, 그것은 개인의 지적인 추구 과정에서 나타나는 한 부분이라는 것은 부정할 수 없다. 어떤 내용에 대한 판단이나 주장은 그 주체와는 무관하게 논리학적 진전의 대상이다. 모든 지식은 우리가 주어에서 피한정자(viśeṣya)를, 그리고 술어에서 한정자(viśeṣaṇa)를 지니는 판단의 형식을 띤다. 니야야에서 판단은 주어와 술어로 분석된다기보다는 실명사와 형용사, 특징지어지는 실명사와 특징짓는 형용사로 분석된다.[원주354] 모든 지식은 대상의 본질과 속성을 파악하는 데 놓여 있다. 주어는 우리에게 어떤 대상이 존재한다는 것을 말하며, 술어는 그 대상의 속성을 상술함으로써 주어진 대상의 본질을 더욱 한정시킨다. 이러한 한정이 대상의 본질과 일치하는 경우에 우리는 진리 혹은 있는 그대로의 실재(yathārtha)를 지닌다.[원주355] 모든 실체는 실로 어떤 속성을 지닌다. 사고는 실재를 나타내는 것과 부수적인 것을 구별하며, 그 둘이 실재의 세계에서 결합되어 나타난다고 주장한다. 프라마나는 우리에게 있는 그대로의 대상에 대한 지식을 준다고 말해진다.[원주356]

[원주353] 『니야야 바쉬야』, iv.2.1 ; iv.2.35.

[원주354] "우리는 모든 명제에서 우리가 사고에 주어지는 대상의 특성을 결정하고 있다는 것을 발견한다. 가장 근본적인 의미에서, 우리는 이 과정에 나타나는 피결정자와 결정자를 말할 수 있을 것이다. 피결정자는 사고 혹은 인식에 의하여 결정되기나 특징지어지도록 주어지는 것으로 정의되며, 결정자는 결정되도록 주어지는 것을 특징짓거나 결정하는 것으로 정의된다"(W. E. Johnson, *Logic*, i, p.9).

[원주355] Tadvati tatprakārako'nubhavo yathārthaḥ, tadabhāvavati tatprakārako'nubhavo, 'yathārthaḥ(『타르카상그라하』, 35). 프라가라(prakāra)는 술어에 대한 명칭인 데 비하여, 술어에 의하여 가리켜지는 실재의 속성은 비세샤나(viśeṣaṇa)라고 불린다. 프라카라는 인식과 관련되며, 비세샤나는 대상과 관련된다. 안남 밧타는 "항아리성(jarness)은 항아리에 있다"라는 판단에서 항아리성은 실명사로, 그리고 항아리는 형용사로 간주될 수 있는 것인지 어떤지에 대한 문제를 제기한다. 이에 대하여 그는 술어가 반드시 형용사일 필요는 없으며, 단지 주어와 관련되어 있으면 술어일 수 있다고 말한다. 또한 『니야야바룻티카』, iii.2.42를 보라.

[원주356] Pramāṇasya sakalapadārthavyavasthāpakatvam(비슈와나타의 『니야야

대상과 이에 대한 우리의 지식의 관계는 내속의 관계(samavāya)가 아니다. 왜냐하면 항아리라는 대상과 관련된 지식(ghaṭaviṣayaka-jñāna)은 자아의 속성(guṇa)일 뿐 항아리의 속성이 아니기 때문이다. 또한 그것은 결합 관계(saṁyoga)도 아니다. 왜냐하면 이 관계는 오직 실체들 사이에 있을 수 있는데, 지식은 하나의 속성이기 때문이다. 그럼에도 불구하고 대상과 이에 대한 지식 사이에는 분명히 어떤 관계가 있다. 만일 그렇지 않다면 어떤 대상에 대하여 언제나 이에 상응하는 특정 판단이 나타나는 것은 설명될 수 없다. 그러므로 우리의 판단에서 유일하게 가능한 결정인(niyāmaka)은 항아리 자체의 본질(ghaṭasva-rūpa)이다. 이 관계는 자기 원인적인 관계(svarūpasaṁbandha)라고 불리며, 비마차리야(Bhīmācārya)의 『니야야코샤』(*Nyāyakośa*)에서는 "결정적 지식 혹은 판단(viśiṣṭajñāna)이 어떤 다른 관계(samavāya, saṁyoga)에 의하여 결과될 수 없었던 경우에 존재하는 것으로 주장되는 관계"[원주357]로 정의된다. 그것은 대상과 인식의 독특한(*sui generis*) 관계이다.[원주358]

인식의 행위 혹은 과정과는 구별되는, 인식의 결과는 물질적인 대상 자체도 아니고 단지 정신적 상태도 아니다. 그것은 알려지는 대상의 본질, 본질적 속성 혹은 본바탕이다.[원주359] 만일 외적인 지각에서 인식의

수트라 브릿티』, i.1.1).

[원주357] Saṁbandhāntareṇa viśiṣṭapratītijananāyogyatvam. 이러한 입장은 항아리 자체를 이른바 관계와 관계되는 것의 구분이 말소되는 하나의 관계(saṁbandha)로 치환하는 것이라고 비판될 수 있겠지만, 이 비판은 여기서 말하는 관계가 항아리로서의 항아리가 아니라 단지 지식의 대상으로서의 항아리라는 사실에 의하여 대답된다.

[원주358] 차별성(avacchedakatva)은 자기 원인적인 관계의 일례이다. 어떤 경우에 그것은 존재하지 않는 개별자의 본질을 구성하는 속성이다. 항아리의 비존재(ghaṭābhāva) 혹은 부재의 경우에 항아리성(jarness)은 차별성이다. 단순한 속성과 복합적인 속성 모두가 있을 때, 단순한 속성은 차별성이다. 속성이 실례들과 동연(同延)일 때, 우리는 범위가 동일한 합동(anatiriktavṛttitva)의 경우를 지닌다. 지식과 알려지는 대상의 관계는 비샤야타(viṣayatā)이다.

[원주359] "우리의 지식은 지각되거나 또는 다른 방식으로 알려지는 현존의 특성으로

대상이 물질적인 존재 자체라면, 오류의 가능성은 전혀 없다. 그 대상에 대한 모든 사람들의 설명은 반드시 진실일 것이다. 그것은 우리가 북극을 생각할 때 그것이 실제로 우리의 의식 속으로 들어간다고 주장하는 사실들과는 다르다. 만일 그것이 단지 정신상태에 불과하다면, 우리는 주관론(subjectivism)에 떨어지고 말 것이다. 인식의 대상은 물질적 존재도 아니고 심리상의 존재도 아니며, 단지 대상의 본질 혹은 특성이다. 모든 지식에서 우리는 실재하는 것으로 다가오는 이 '무엇', 본질 혹은 속성을 지닌다. 심지어 꿈에서도 우리는 그 '무엇'을 지닌다. 그러나 우리는 꿈속의 대상들이 실재하지 않는다는 것을 알게 된다. 그러한 대상들의 실재에 대한 액면 그대로의 긍정은 정당화되지 않는다.

모든 지식은 은연중에 대상의 존재성을 맹목적으로 묵인하며, 본질 혹은 속성 복합체(character-complexes)를 드러내는 성격을 지닌다. 이 맹목적인 믿음은 때로는 그릇된 것으로 나타나기도 한다. 알려지는 내용이 그 대상에 속하는 것인지 어떤지는 지식 자체의 작용에 의하여 알려지지 않는다. 다시 말하여 지식의 타당성은 자명한 것(svataḥ-prāmāṇya)이 아니다.[원주360] 니야야는 지식의 타당성은 자명한 것이 아니라, 다른 어떤 것(parataḥ pramāṇa)에 의하여 증명되는 것이라고 주장한다. 상키야는 인식의 타당성과 무효성이 인식 자체에 본유하는 것이라고 본다. 이에 비하여 미망사는 타당성은 인식 그 자체에 기인하는 것이지만,[원주361] 무효성은 외적인 원인들에 기인한다고 믿으며, 따라

불가피하게 받아들여질 수밖에 없는 특성 복합체, 본실, 논리적 실체들일 따름이다"(*Essays in Critical Realism*, p.5).

[원주360] 드레이크(Drake)의 견해를 참조하라. "모든 인식경험들은 알려지는 존재(만일 그것이 어떤 존재라면)의 소유가 아니라, 그것에 대한 지식이다. 따라서 이러한 경험들의 타당성은 그 순간의 직관 이외의 다른 수단에 의하여 검증되어야 한다"(*Critical Realism*, p.32).

[원주361] 미망사에서 베다의 진리는 그 타당성을 입증하기 위하여 어떤 외적인 재가(裁可)를 필요로 하지 않는, 자명한 것이다. 이에 비하여 니야야 학자들에게 베다

서 인식은 그것이 참이 아닌 것으로 입증되지 않는 한 반드시 참인 것으로 받아들여져야 한다고 주장한다. 불교 학자들은 무효성은 모든 인식에 속하며, 타당성은 어떤 다른 방법에 의하여 확립되어야 할 것이라고 주장한다.

이 모든 견해에 반대하여, 니야야 학자들은 타당성과 무효성이 인식 자체와는 별개의 어떤 다른 방법에 의하여 확립되어야 한다고 주장한다. 만일 모든 인식이 자명한 것이라면, 의심의 가능성은 전혀 없을 것이다.[원주362] 그러므로 타당성은 사실들에 의거하여 결정된다. 우리가 어떤 대상을 지각한다고 가정할 때, 우리가 지각하는 대상이 그것이 지니고 있는 것처럼 보이는 것과 동일한 크기와 모양인지에 대하여 즉각 확신하는 것은 불가능하다. 태양은 움직이지 않지만, 우리는 그것이 움직이고 있는 것을 지각한다. 그러므로 대상에 대한 지각 혹은 즉각적인 지식은 그 자체의 타당성에 대한 보증을 수반하지 않는다. 지식의 타당성은 오직 간접적인 반성의 과정에 의하여 도달될 수 있을 뿐이다.[원주363] 지식의 타당성 문제에서 지각에 대하여 참인 것은 다른 인식방법에 의하여 얻어지는 지식에 대해서도 마찬가지로 참이다.

니야야는 이 이론에 대한 여러 가지 비판을 고려하고 있다. 우리에게 대상에 대한 지식을 주는 인식방법이 어떻게 또한 다른 인식방법의

의 권위는 그것이 신의 저작이라는 사실에 달려 있다.

[원주362] 『싯단타무크타발리』, 136. "만일 인식의 타당성이 인식 자체에 의하여 파악되는 것이라면, 실행을 통하여 생겨나는 인식에 관하여 아무런 의심도 없을 것이다. 왜냐하면 만일 이 경우과 같이 인식과 그 타당성이 인식된다면, 어떻게 의심이 있을 수 있겠는가? 다른 한편, 만일 인식이 인식되지 않는다면, 속성을 지니는 어떤 것에 대한 지식이 없는데 어떻게 의심이 있을 수 있겠는가? 따라서 인식의 타당성은 추론의 문제(anumeyam)이다."

[원주363] 『타르카바샤』는 말한다. "인식은 감각적 지각에 의하여 파악된다······. 이에 비하여 그것의 타당성은 추론에 의하여 파악된다. 물을 찾고 있는 사람은 물에 대한 지각을 지닌다. 그가 발휘하는 노력은 실효가 있든가 그렇지 않을 수도 있을 것이다. 인식의 실효성(fruitfulness)으로부터 그것의 타당성이 추론된다. 왜냐하면 타당성이 없는 것은 수확 있는 노력을 발생시키지 않기 때문이다."

대상이 될 수 있는가? 저울은 물건의 무게를 잴 경우에는 도구로 사용되지만, 다른 저울에 그 무게가 측정되는 경우에는 그 대상이 된다. 이와 마찬가지로 지식의 수단은 그것이 대상을 입증할 경우에는 도구이지만, 그 자체가 입증될 경우에는 하나의 대상이다. 바트시야야나는 말한다. "지성(buddhi) 혹은 이해력은 대상을 인식하는 수단이다. 그러나 그것 자체가 인식될 때 그것은 인식의 대상이다."[원주364] 만일 인식방법이 그 자체의 확립을 위하여 다른 하나의 인식방법을 필요로 하는 것이 아니라, 자명한(self-established) 것이라고 주장된다면, 심지어 지식의 대상도 자명할 수 있을 것이며, 따라서 인식방법은 불필요한 것이 되고 말 것이다.

만일 지식의 타당성이 어떤 다른 지식에 의하여 파악되고, 후자의 타당성은 또 다른 어떤 지식에 의하여 파악된다면, 우리는 결국 무한소급의 어려움에 떨어질 것이라는 비판이 제기된다.[원주365] 만일 우리가

[원주364] 『니야야 바쉬야』, ii.1.16. 바트시야야나는 등불의 예를 든다. 등불은 자체뿐만 아니라 주변의 대상을 밝히는 것으로 말해진다. "등불의 경우에, 그것은 자체가 가시적일 뿐만 아니라 우리가 가시적인 다른 대상들을 보게 하는 수단이기도 하다. 이와 같이 그것은 상황에 따라서 대상 혹은 수단으로 불리게 된다"(『니야야 바쉬야』, ii.1.19). 나가르주나(Nāgārjuna)는 이 입장에 반대하여 등불에는 어둠이 없기 때문에 등불이 자체를 비춘다는 것은 불가능하다고 주장한다. 등불은 대상을 덮고 있는 어둠을 제거함으로써 그것을 비춘다(『마디야미카 카리카』(*Mādhya-mika Karikā*), vii). 비트시아야나의 견해는 인식방법의 자명한 본질에 대한 베단타의 견해와 혼동되지 않는다. 동일한 인식방법이 그 자체의 나냥성과 함께 그 대상을 드러내는 것은 아니다. 웃디요타카라의 설명에 따르면, 등불은 대상과 관련하여 인식방법이지만, 그 자체는 시신경과 그것의 접촉을 통한 또 다른 하나의 지각에 의하여 확립된다. 이와 같이 하나의 인식방법은 다른 하나의 인식방법에 의하여 확립될 수 있을 것이다(『니야야바룻티카』, ii.1.19). 또한 『니야야바룻티카타트파리야티카』, ii.1.19를 보라.

[원주365] 이 비판은 『비그라하비야바르타니 카리카』(*Vigrahavyāvartanī Kārikā*)에 언급된 나가르주나의 비판과 동일하다. *History of Indian Logic*, p.257을 보라. 또한 『니야야 바쉬야』, ii.1.17~18을 보라. 슈리 하르샤(Śrī Harṣa)는 "인식이 그 자체에 의하여 직접적으로 인식된다는 것을 받아들이지 않는 사람의 경우에는 대상에 대한 인식이 확립될 수 없다"는 취지로 불교 논사 다르마키르티를 인용한다.

이러한 소급 과정의 중도에서 멈춘다면, 그 인식방법은 입증되지 않을 것이다. 니야야 학자들은 이 비판을 심각한 것으로 간주하지 않는다. 왜냐하면 그것은 단지 이론적인 것일 따름이라고 생각하기 때문이다. 실용적인 목적을 위하여 우리가 인식방법의 타당성을 상정하는 것이며, 하나의 인식방법으로 다른 하나의 타당성을 검증해가는 쓸모없는 무한 소급을 계속해야 할 이유가 없다는 것이다.[원주366] 손바닥 위에 놓인 과일을 볼 때처럼 아주 분명한 인식의 경우에, 우리는 그 인식의 타당성에 대하여 전혀 의심을 품지 않는다. 우리는 하나의 인식을 통하여 대상에 대한 명백한 지식을 지닌다.

의심스런 인식의 경우에 우리는 현재의 인식에 대한 타당성을 결정하기 위하여 다른 인식의 도움을 추구하게 되며, 그러다가 완전히 타당한 인식을 만나게 되면, 더 이상 다른 인식의 도움을 추구하지 않게 된다. 대상을 입증하고 실제적인 행위로 이끌기 위하여 그 자체에 대한 지식을 필요로 하는 어떤 인식방법들이 있는 반면에, 그 자체에 대한 어떤 지식도 없이 대상을 입증하는 다른 인식방법들도 있다. 연기가 불에 대한 지식으로 귀결될 수 있으려면 이에 앞서 반드시 연기 자체가 알려져야 하지만, 감관은 심지어 그 자체가 지각되거나 알려지지 않는 경우에도 우리에게 대상에 대한 지식을 준다. 우리는 다른 인식 수단으로 감관을 알 수 있을 것이다. 그러나 그 지식은 불필요하다.

니야야 학자들의 주장에 의하면, 우리는 자기의 인식이 실재에 상응하는지 어떤지를 즉시 알 수 없다. 우리는 그것이 성공적인 행위로 이끌 수 있는가의 여부에 따라서 이러한 일치 혹은 상응을 추론해야 한다. 모든 지식은 행위를 자극한다. 그것은 우리에게 인식된 대상이 바람직하다거나 탐탁지 않다고, 혹은 이도 저도 아니라고 말한다. 자아는 대상에 대한 단순한 관조에만 흥미를 느끼는 수동적인 순수 방관자가 아니다. 그것은 바람직한 대상을 얻고 그렇지 못한 것을 피하려고 애쓴

『칸다나』(*Khaṇḍana*), i.3을 보라.
[원주366] 『니야야바룻티카타트파리야티카』, ii.1.19.

다. 사유는 삶의 무대에서 단지 에피소드에 지나지 않는다. "지식은 욕
망을 자극하고 행위를 유발하는 파악이다."[원주367] 니야야는 지식이 인
간 본성의 살아 있는 필요에 토대를 두며 나아가서는 의지적인 반작용
으로 귀결된다는 것을 인정하는 점에서 실용주의 학파와 궤를 같이한
다. 우리의 관념과 대상의 일치 여부는 그것이 지니는 긍정적인 힘, 다
시 말하여 성공적인 행위로 귀결될 수 있는 힘(pravṛttisāmarthyam)
을 통하여 확인될 수 있다.[원주368] 그러므로 대상에 대한 관념의 관계는
상응의 관계이며 반드시 유사의 관계일 필요는 없다는 것이 분명하다.
니야야는 관념의 진실성을 사실에 대한 그것의 관계에 의존하게 만들
며, 그 관계는 일치 혹은 상응의 관계라고 주장한다. 그리고 우리는 이
것을 관념의 작용으로부터 추론한다.[원주369]

  엄격히 말하여 관념은 만일 그것이 관념에 의하여 요청되는 지각으
로 이끌어 우리가 그 상황에서 성공적으로 행위할 수 있게 한다면 참
이라고 말해진다. 『탓트와친타마니』(*Tattvacintāmaṇi*)의 타당성 이론
(prāmāṇyavada)에 따르면, 인식의 타당성은 추론을 통하여 확립된다.

[원주367] 『니야야 바쉬야』, i.1.2.
[원주368] 『니야야 수트라』, i.1.17. 또한 『니야야 바쉬야』 및 『니야야바룻티카』, i.1.1과
    『쿠수만잘리』, iii.18을 보라.
[원주369] 맥타거트(McTaggart)의 *The Nature of Existence*에서, 유사(resemblance)와
    상응(correspondence), 진리에 대한 모사(copy) 이론과 사진(picture) 이론의 차이
    를 참조하라. 지식에 대한 분석이 니야야의 분석과 유사한 비판적 실재론자
    (Critical Realist)들이 이러한 난점을 극복하기 위하여 똑같은 장치를 채택하고 있
    다는 사실은 흥미롭다. 우리에게 물질적 대상의 존재를 믿을 만한 어떤 권리가 있
    는지 어떤지에 대한 물음은 다음과 같이 대답된다. "물질 세계에 대한 우리의 본능
    적인 (그리고 사실상 불가피한) 믿음은 실용주의적인 사고 방식으로 정당화될 수
    있다. 상상하건대 이 현상계(즉 나타나는 것, 주어지는 것)는 단지 공허한 세계에서
    마음의 환영(幻影)일 수도 있을 것이다. 그러나 우리는 본능적이고도 맹목적으로
    이러한 외적 양상(appearance)들을 실재적인 대상의 특성을 지니는 것으로 느낀다.
    우리는 이 양상들이 마치 자체의 존재를 지니는 것처럼 반응하며, 심지어는 우리가
    자고 있을 때나 그들을 완전히 잊고 있는 동안에도 마찬가지다. 우리는 이러한 믿
    음, 이러한 반응들이 작용한다는 것을 발견한다"(*Essays in Critical Realism*, p.6).

우리가 말을 볼 때, 우선 그 형태에 대한 지각을 지니며, 이어서 "나는 말을 본 적이 있다"는 희미한 관념이 뒤따른다. 우리가 인식의 타당성을 추론하는 것은 말에게 다가가서 실제로 그것을 지각하는 때이다. 만일 예상된 지각이 일어나지 않는다면 우리는 그 인식이 그릇된 것이라고 추론한다. 우리는 물을 보고 그 가까이에 간다. 그리고 만일 그것이 우리의 필요에 부합한다면 우리는 그것을 타당하다고 일컫는다. 왜냐하면 참이 아닌 것은 성공적인 행위를 유발할 수 없기 때문이다.[원주370] 우리의 욕구가 충족될 때, 우리는 지식의 타당성을 인식하게 된다. 이와 같이 결과로부터 우리는 원인을 추론한다. 진리에 관한 이 이론은 성공적인 동기 유발의 적극적인 경우들에서 타당한 지식을 귀납하고 성공적이지 못한 동기 유발의 부정적인 경우들에서는 무효한 지식을 귀납하는 원리를 따른다.

이와 같은 효과성은 단지 진리의 검증일 뿐이며 그것의 내용이 아니다. 그러나 어떤 실용주의자들은 실제적인 효과가 진리의 전부라고 주장하며, 이것은 또한 불교 논사들의 지지를 받는 한 견해이기도 하다. 다르못타라는 말한다. "바른 지식은 모순되지 않는 지식이다. 우리가 관찰된 대상을 실현할 수 있게 하는 것이 모순되지 않는 지식이다."[원주371] 대상을 실현한다는 것은 그것과 관련하여 성공적으로 행위하고 그것의 본질을 이해한다는 것이다.[원주372] 니야야 학자들에 의하면, 진리는 효과성에 의하여 알려진다 할지라도, 그 자체는 단순한 효과성이 아니다.

[원주370] Pūrvotpannaṁ jalajñānam pramā, saphalapravṛttijanakatvāt ; yan naivaṁ tan naivaṁ yathā apramā(안남 밧타, 『디피카』, 63).

[원주371] "Avisaṁvādakaṁ jñānaṁ samyagjñānam……pradarśitam artham prāpayan saṁvādaka ucyate"(다르못타라, 『니야야빈두티카』, i).

[원주372] Pravartakatvam eva prāpakatvam……prāvartakatvam api pravṛttiviṣayapravartakatvam eva. 다르못타라의 견해에 의하면, 실현되는 대상은 비록 알려지는 대상과 동일한 연속선상에 있다 할지라도, 그 둘이 동일한 것은 아니다. 불교도들은 사실과 관념에 관한 니야야의 견해를 받아들이지 않지만, 이들은 대상의 실현(arthasiddhi) 혹은 실제적인 효과성(arthakriyāsāmarthyam)을 진리의 기준으로 인정한다(『니야야빈두, i.1).

진리는 검증에 선재한다. 하나의 판단은 그것이 검증되기 때문에 진리인 것이 아니라, 진리이기 때문에 검증된다.

이 이론에 대한 여러 가지 반대가 니야야 학자들에 의하여 고려된다. 우리는 자기의 욕망이 실현된다는 것을 분명하게 확인할 수 없다. 미망에 사로잡힌 만족의 경우도 없지 않다. 꿈에서 우리는 분명한 만족의 경우를 지니지만, 그것이 꿈의 상태가 타당한 것으로 받아들여져야 한다는 것을 의미하지는 않는다. 이에 대하여 니야야 학자들은 진리 여부에 대한 판단에 고려되는 것이 단지 성공적인 행위에 대한 느낌이 아니라, 일반적인 건전한 정신에 대한 느낌이며, 그것은 성공적인 행위에 대한 과거의 경험과 모순되지 않아야 한다고 대답한다. 그것은 정신상태의 생동감도 아니고 만족의 느낌도 아니며, 전체로서의 경험과 일치 혹은 부합이다. 꿈속의 대상들은 시공간적인 경험의 틀에 부합될 수 없으며, 따라서 실체가 없는 것이다.

실현 혹은 결실 이전에 우리의 지식은 타당한 것으로 확인될 수 없다. 따라서 우리는 타당한 지식 없이 어떤 노력도 불가능하다는 확신을 지닐 수 없다. 대상에 대한 타당한 지식은 성공적인 행위의 선재조건이며, 성공적인 행위 이전에 우리는 대상에 대한 참된 지식을 지닐 수 없다.[원주373] 웃디요타카라는 행위와 지식의 상대적인 선재에 대한 이러한 문제가, 세계의 무시성(無始性)이라는 관점에서 보면 무의미하다고 주장한다. 게다가 행위에 필수적인 것은 지식의 타당성에 대한 지식이 아니라 대상에 대한 지식이다. 익숙한 대상들에 관한 한 그러한 어려움이 일어나지 않는다. 이전 것의 단순한 적용으로는 불충분한, 새로운 양상들을 나타내는 상황에서 우리는 심지어 불완전한 지식을 실험하기도 한다.

[원주373] 이 난점에 관해서 다르못타라는 실현의 바로 직전에 선재하는(arthakriyā-nirbhāsam) 바른 지식과, 어떤 매개적인 단계들을 통하여 실현으로 이끄는 (arthakriyāsamarthe ca pravartakam) 바른 지식을 구분한다. 이 중에서 전자는 즉각 행위로 귀결되며, 물음의 대상이 될 수 없다. i.1.1에 대한 웃디요타카라와 바차스파티의 견해를 보라.

때로는 우리는 가설을 검증하기 위하여 행위하기도 한다. 삶이란 대개 가설들을 토대로 움직이며, 우리가 행위하기에 앞서 시사되는 모든 행위의 방향과 진로를 논리학의 미세한 저울로 가늠한다는 것은 불가능하다. 실제적인 필요의 압력은 심지어 어떤 관념들에 대한 증거가 불완전한 경우에도 우리가 그러한 관념들에 의거하여 행위하도록 강요한다. 종교적 믿음의 대상들은 분명히 우리의 행위를 결정하지만, 사실상 그들은 이성의 범위를 초월한다. 니야야 학자들은 완전한 검증이 불가능한 경우들이 있다는 것을 인정한다. 제사의 수행을 통하여 우리가 천계에 도달할 수 있을 것인지 어떤지는 우리가 죽기 전까지 확인되지 않는다. 완전히 파악할 수 있을 때만 행위하겠다는 사람은 대단한 선견지명을 가지고 있거나 아주 단명했을 것임에 틀림없다.

바차스파티나 우다야나 같은 후기 니야야 학자들은 몇몇 형태의 타당한 지식에 대하여 자명한 속성(svataḥprāmāṇyam)을 인정한다. 바차스파티에 의하면, 모든 오류와 모순을 여읜 추론과 본질적인 유사점에 의거한 비교(upamāna)는 자명한 타당성을 지닌다. 왜냐하면 인식과 대상을 묶는 합리적 필연이 있기 때문이다. 감각적 지각과 증언의 경우에 우리는 앞의 경우와 똑같이 확실하다고 생각할 수는 없다.[원주374] 우다야나는 바차스파티의 주장을 수용하며, 그 외에도 추론과 비교, 자의식(anuvyavasāya), 그리고 단순한 존재에 대한 내외적인 지각(dharmi-jñāna)은 자명한 타당성을 지닌다고 주장한다.[원주375]

19. 오류

바른 지식(pramā)은 관념이 성공적인 행위로 귀결되지 않는 의심

[원주374] 『니야야바룻티카타트파리야티카』, i.1.1.
[원주375] 니야야 진리설에 대한 보다 면밀한 비판에 대해서는 『칸다나』(*Khaṇḍana*), i.13~14를 보라.

(saṃśaya)이나 그릇된 지식(viparyaya)과 구별된다. 환상과 착각은 그 목적을 실현하는 데 실패한다. 다시 말하여 그것에 의하여 일깨워진 기대를 충족시키지 않는다. 우리는 관념적인 과거의 요구가 현재에 의하여 충족되지 않을 때 오류를 의식하게 된다. 우리는 어떤 반짝거리는 대상을 보고 그것을 은조각이라고 생각하며, 그것을 집어든 다음에 한 조각의 조가비라는 것을 발견한다. 조가비에 대한 새로운 경험은 은조각에 대한 기대와 모순된다. 니야야에 따르면, 모든 오류는 주관적이다. 바트시야야나는 말한다. "참된 지식에 의하여 제거되는 것은 대상이 아니라 그릇된 파악이다."[원주376]

웃디요타카라는 신기루를 예로 들어 말한다. "대상은 줄곧 실제로 있는 것으로 남아 있다. 번쩍이는 태양광선과 관련하여 물에 대한 인식이 일어날 때 대상에는 아무런 오류도 없다. 광선이 광선 아닌 것도 아니며, 번쩍임이 번쩍임 아닌 것도 아니다. 오류는 인식에 놓여 있다. 왜냐하면 그것은 번쩍이는 광선에 대한 인식으로 나타나는 대신에, 물에 대한 인식인 것처럼 나타나기 때문이다. 다시 말하여 어떤 대상에 대한 인식이 그 밖의 다른 어떤 것에 대한 인식으로 나타나기 때문이다."[원주377] 여기서 물은 공중꽃처럼 전혀 존재하지 않는 어떤 것이 아니라, 존재하는 것으로 생각된다 할지라도 지금 여기에는 존재하지 않는 것일 뿐이다. 광선은 비록 물에 대한 환영적 지각의 대상은 아니라 할지라도, 환영의 원인임에 틀림없다. 니야야의 실재론은 여기서 다소 수정된다. 왜냐하면 온갖 특수한 속성들을 지니는, 경험되는 사물의 세계가 경험하는 주체와는 무관하게 존재한다는 실재론적인 관점에서는 환영의 발생이 설명될 수 없기 때문이다. 모든 그릇된 인식은 실재에 어떤 토대를 지닌다. 바트시야야나는 말한다. "어떤 그릇된 파악도 완전히 근거 없는 것은 없다."[원주378] 오류는 대상을 그것이 아닌 다른 어떤 것으

[원주376] 『니야야 바쉬야』, iv.2.35.
[원주377] 『니야야바룻티카』, i.1.4.
[원주378] 『니야야 바쉬야』, iv.2.35.

로 파악하는 것이다. 상위현현오류론(相違顯現誤謬論, anyathākhyāti)
이라 불리는 이 견해는 니야야뿐 아니라 자이나교 논사들과 쿠마릴라
에 의해서도 지지된다.

니야야 학자들은 다른 학파들의 오류론에 대하여 비판을 가한다.[원주379]
후자는 대개 논리적이라기보다는 형이상학적인 성격을 띤다. 경량부의
주장에 따르면, 오류에는 외부 대상에 대한 인식의 한 형태인 어떤 것
의 가탁(假託, āropa)이 있다. 유가행파는 의식 이외의 실재를 인정하
지 않는다. 그럼에도 불구하고 실제적인 목적에서 시작 없는 무지 때문
에 대상들이 실재적인 것으로 인정된다. 오류는 그와 같은 대상에 대한
인식 형태의 가탁에 놓여 있다.[원주380]

우리는 어떤 인식이 다른 파악에 의하여 부정되므로,[원주381] 또한 실
제적인 효과성(arthakriyākāritva)을 지니지 않으므로 그것이 그릇된
인식이라는 것을 안다. "이것은 은이다"라는 파악에서 부정되는 것은
은이 아니라 '이것임'(thisness, idantā)이다. 왜냐하면 이 판단에서 인
식의 한 형태인 '은'은 '이것'에 귀속되기 때문이다. 부정하는 판단 "이
것은 은이 아니다"에서 우리는 '이것'을 부정하는 것이지 '은'을 부정하
는 것은 아니다. 왜냐하면 후자를 부정하는 것은 인식의 한 형태로서의
그 존재를 부정하는 것이기 때문이다. 이것은 인식의 형태로 현현하는
오류론(jñānākārakhyāti)이다. 이 입장에 따르면 인식의 한 형태가 외
부 대상에 잘못 적용된다. 환영이 걷힐 때 은의 외적 관련이 부정된다.
이 견해는 유가행파의 일반적인 형이상학적 입장, 즉 자아와 지식의 대
상과 지식 사이에 아무런 실재적인 차이도 없다는 입장에서 오는 논리
적인 필연이다. 니야야 학자들은 만일 유가행파의 견해대로라면 우리
의 인식이 "이것은 은이다"가 아니라 "나는 은이다"라는 형태가 되어

[원주379] 『니야야바룻티카타트파리야티카』, i.1.2.
[원주380] Anādyavidyāvāsanāropitamalīkam bāhyam, tatra jñānākārasyāropaḥ
　　　(『바마티』(Bhāmatī), i.1.1).
[원주381] Balavad bādhakapratyayavaśāt(『바마티』).

야 하는데 사실상 그렇지 않다고 이의를 제기한다. 유가행파는 바른 지식과 오류의 구별을 설명할 수 없다. 단맛은 벌꿀에 있고 쓴맛은 담즙에 있으며, 이 속성들은 단지 상상적인 것이 아니다. 오류는 어떤 대상을 그것이 아닌 것으로 파악하는 것이라는 니야야의 정칙은 심지어 유가행파의 견해에도 적용될 수 있다.[원주382]

중관론자들은 비실재현현오류론(非實在顯現誤謬論, asatkhyāti), 즉 오직 비실재(asat)가 있을 뿐이며, 내적·외적인 대상들에 대한 모든 지각은 잘못된 것이라는 견해를 주장한다. 존재하지 않는 은이 우리의 인식 메커니즘 때문에 존재하는 것으로 나타난다. 이에 대하여 니야야 학자들은 조가비에서 은을 파악하는 오류가 무(無)로부터 일어나는 것이 아니라, 조가비에 있는 어떤 것에 의하여 생성된다고 이의를 제기한다. 만일 환영이 외적인 자극에 의하여 일깨워지지 않고, 아무런 객관적 근거(所緣)도 지니지 않는다면, 우리는 하나의 환영을 다른 하나와 구별할 수 없을 것이다. 존재하지 않는 것은 어떤 결과를 생성할 수 없다. 그릇된 인식은 실재적인 대상 없이는 불가능한 잔여 인상에서 추적될 수 없다.[원주383]

불이론적 베단타는 설명불가오류론(anirvacanīyakhyāti)을 채택한다. 인식에 현현되는 것은 무엇이나 그 인식의 대상이다. 은의 환영에서 은은 의식에 나타나며 지각된다. 만일 그렇지 않다면 우리가 그것은 어떤 다른 것의 환영이 아니라 바로 은의 환영이라고 말해야 할 아무런 이유도 없을 것이다. 그러나 그런 식으로 인식되는 은은 실재도 아니고 비실재도 아니며, 실재인 동시에 비실재인 것도 아니다. 만일 그것이 실재라면, 그 인식은 타당할 것이다. 만일 그것이 비실재라면, 아

[원주382] 『상키야프라바차나 수트라』(*Sāṁkhyapravacana Sūtra*), i.42에 대한 아니룻다(Aniruddha)의 주석 ;『니야야만자리』, p.178.

[원주383] 만일 환영이 외부 대상에 의하여 생성되지 않는다면, 꿈 없는 숙면상태와 환영 사이에 거의 아무런 차이도 없을 것이다. 다만 후자에서 우리는 의식을 지니지만 전자에서는 그렇지 않다는 것말고는 아무런 차이도 없다. 『프라메야카말라마르탄다』(*Prameyakamalamārtāṇḍa*), pp.13 ff ;『니야야만자리』, pp.177~178.

무런 행위도 유발할 수 없어야 할 것이다. 만일 실재이며 비실재라면, 상호 모순적인 두 가지 속성이 하나의 동일한 실체 속에 머물러 있어야 할 것이다. 그것의 본질은 사실상 정의 불가능하다(anirvacanīya). 설명할 수 없는 이 은은 은에 대한 과거의 인식의 잔여 흔적—결함 있는 감관이 접촉하고 있는 대상과 은의 유사성에 대한 지각에 의하여 일깨워진—의 도움으로 무지를 통하여 생겨난다. 불이론적 베단타에 따르면, 환영은 실제로 의식에 나타나는 대상에 의하여 생성된다. 은은 환영이 일어나는 때와 장소에 나타난다. 만일 그렇지 않다면 환영은 직각(直覺)이 아닐 것이다. 이와 같이 나타난 은은 환영이 지속되는 한 지속한다.

이에 대하여 니야야 학자들은 이의를 제기한다. 만일 은이라는 환영적 대상이 은의 부재에서 일어난다면, 우리는 우리가 생각하는 무엇이든 볼 수 있을 것이며, 표상과 지각된 것 사이에 아무런 차이도 있을 수 없을 것이다. 그러나 니야야 학자들은 이 견해가 자신들이 주장하는 상위현현오류론의 범주에 들 수 있다는 사실을 기뻐한다. 왜냐하면 동일하다고 간주할 수 있는 대상이 의식에 실재적인 것처럼 나타나기 때문이다.[원주384]

분별력 결여 오류론(akhyāti 혹은 vivekākhyāti)은 프라바카라(Prabhākara)의 오류론이다. 우리가 보는 조가비와 우리가 상상하는 은의 차이는 파악되지 않으며, 따라서 우리는 "이것은 은이다"라고 말한다. 이를 부정하는 인식은 환영 자체를 부인하는 것이 아니라, 단지 그릇된 인식에서 지각된 요소와 기억된 요소의 차이를 인식하는 것일 뿐이다. 이 견해에 반대하여 니야야 학자들은 환영이 지속되는 한 은의 즉현

[원주384] 라마누자(Rāmānuja)는 불이론적 베단타의 견해를 비판하면서 묻는다. 환영이 일어날 때 동일시할 수 있는 은의 생성 원인은 무엇인가? 은에 대한 인식은 대상을 생산할 수 없다. 왜냐하면 후자는 전자의 원인이기 때문이다. 그것은 감각 메커니즘의 결함 때문일 수 없다. 왜냐하면 감관은 외부 대상에 결과를 생산하지 않기 때문이다. 감각은 지식의 대상이 아니라 지식을 야기할 뿐이다.

(即現) 혹은 지각이 있으며, 그것은 은의 단순한 재현적 표상이 아니라고 주장한다. 우리는 과거에 지각되고 지금 기억되는 어떤 것으로 은을 의식하는 것이 아니라, 지금 여기에서 의식에 나타나는 어떤 것으로서의 은을 의식한다. 환영이 일어날 때 지각된 요소와 기억된 요소에 대한 분별력 결여는 행위를 유발시킬 수 없다. 기억의 모호함이 지니는 본질은 명료하게 언급되지 않는다. 그러므로 우리의 즉각적인 지각 의식 자체가 오류에 영향받는다고 말해야 한다.[원주385]

니야야의 상위현현오류론은 다른 학파들에 의해서, 특히 불이론적 베단타에 의해서 두드러지게 비판된다.[원주386] 다른 시간 다른 장소에 있는 은은 지각의 대상일 수 없다. 왜냐하면 그것은 감각에 직접 나타나지 않는다. 만일 그것이 의식에 회상되는 것이라고 말한다면, 심지어 연기로부터 불을 추론하는 경우에도 불은 의식에 회상된다고 말할 수 있을 것이며, 따라서 추론이 전혀 필요치 않을 것이다. 또한 상위성(相違性, anyathātva)은 무엇을 가리키는가? 그것은 인식 행위를 가리킬 수 없다. 토대로서의 조가비는 은을 파악하는 인식에 그 자체의 형태를

[원주385] 자야싱하수리(Jayasiṁhasūri)는 아라우키카르타키야티(alaukikārthakhyāti) 이론을 말한다. 자얀타는 이 오류론을 어떤 미망사 학자의 것으로 돌린다. 이에 따르면, 은에 대한 환영적 인식에서 환영의 대상은 일상적인(laukika) 은과는 다른 은이다. 우리의 실제적인 필요에 기여하는 것은 일상적인 것이며, 그렇지 않은 것은 비일상적인 것이다. 심지어 비일상적인, 즉 초감각적인 은도 어떤 행위를 유발한다. 니야야 학사들은 우리가 조감각적인 은에 대한 어떤 지식을 지니는지, 그리고 우리가 자기의 오해를 깨닫는 순간에 그것은 어떻게 되는지에 대하여 묻는다. 프라바찬드라(Prabhācandra)는 『프라메야카말라마르탄다』에서 프라싯다르타키야티(prasiddhārthakhyāti)를 바스카라(Bhāskara)와 상키야 추종자들의 견해로 언급한다. 이에 따르면 환영적 지각의 대상은 존재하지 않는 것이 아니라 지식에 의하여 확립된 존재하는 대상이다. 물은 물에 대한 환영의 대상이며, 이러한 환영적 인식이 태양광선에 대한 인식으로 부정될 때, 후자의 인식은 그 대상으로 태양광선을 지닌다. 이 견해는 만족스럽지 못하다. 왜냐하면 그것은 모든 인식을 타당한 것으로 만들기 때문이다(『니야야만자리』, pp.187~188 ; 『프라메야카말라마르탄다』, i).

[원주386] 『베단타파리바샤』, 1을 보라.

부여할 수 없기 때문이다. 인식 행위의 결과를 의미할 수도 없다. 왜냐하면 하나의 표상은 본질적으로 그것이 타당하든 그렇지 않든 다르지 않기 때문이다. 인식의 대상, 즉 조가비를 가리킬 수도 없다. 조가비는 그 자체를 은과 동일시하거나 은으로 변형될 수 없기 때문이다. 만일 조가비가 은과 완전히 다르다면, 그것은 은과 동일시될 수 없다. 만일 그것이 은과 다르기도 하고 다르지 않기도 하다면, 심지어 "암소는 뿔이 짧다"와 같은 판단도 환영일 것이다. 만일 조가비가 실제로 은으로 전환된다면, 은에 대한 인식은 무효하지도 않고 부정되지도 않을 것이다. 만일 그것은 환영이 지속하는 동안의 순간적인 변형이라면, 은에 대한 인식은 심지어 어떤 감각 장애를 겪지 않는 사람에 의해서도 경험되어야 할 것임에 틀림없다.[원주387]

20. 니야야의 인식론에 대한 일반적 평가

지식을 영혼의 속성으로 혹은 실재에 대한 모사로 보는 니야야의 견해는 너무 단순하여 더 이상의 어떤 설명도 필요치 않는 상식인 것처럼 보인다. 그럼에도 불구하고 이 명백하게 단순한 견해는 무비판적으로 받아들여져온 가정들을 포함하고 있다. 불교의 주관론에 대한 반감에서, 니야야는 외부 사물들이 논리적 진리의 토대이고, 객관 세계는 그것에 대한 우리의 인식과는 별개로 존재하며 그 인식을 결정한다고 주장한다. 또한 우리의 관념은 외부 대상에 상응한다고 본다. 니야야는 실재를 주관과 객관의 두 부분으로 나누며, 이로써 상식의 일반적인 가정들을 논리학의 요구뿐만 아니라 의식의 사실들에도 부적절한 형이상학적 이론으로 전환시킨다. 니야야의 인식론을 손상시키는 주요한 가정들은 다음과 같다. 1) 자아(self)와 비아(not-self)는 분명하게 분리

[원주387] 『비바라나프라메야상그라하』(*Vivaraṇaprameyasaṁgraha*), p.33.

된다. 2) 의식은 자아에 대한 비아의 원인 작용으로 생겨난 것이다. 3) 지식은 자아의 속성이다. 이와 같은 형이상학적 편견에도 불구하고 니야야는 이러한 결함들이 극복될 수 있는 효과적인 제안들을 지니고 있다. 니야야가 인식의 행위에서 즉각적으로 경험되는 것에 대한 설명을 하는 한, 그것은 확고한 토대 위에 있다.

그러나 우리를 인식에 대한 궁극적 사실의 보이지 않는 이면으로 데려가는 형이상학적 설명을 제공하려고 노력할 때, 그것은 비판을 받지 않을 수 없다. 우리가 추상적인 개별자들의 단순한 조합이 아니라, 관계와 조건, 개별자와 보편자를 지니는 복합적인 체계로서의 세계에 대한 직접적인 앎을 지닌다는 것, 우리의 관념은 실제적인 가치를 지닌다는 것은 경험에 의하여 보증되는 견해들이다. 니야야의 근본적인 실수는 로크 및 다른 경험론자들의 실수, 즉 개체를 자연적인 한 단위로 그리고 세계를 다른 하나의 단위로 간주하는 것이다. 이 기계적인 견해는 일상 생활과 심리학의 제한된 목적을 위하여 아무리 정당하다 할지라도, 궁극적으로 비판을 면할 수 없다. 논리학에서 문제가 되는 것은 인식의 발생이라기보다는 그것의 본질이다. 우리는 인식의 뒤에 숨은 이유를 캐고 그것이 일어나는 방식을 관찰함으로써 그것의 본질을 확정지을 수 있다고 생각할 수 없다. 니야야 학자들이 의식을 산물 혹은 결과물로 간주할 때, 이들은 인식 과정의 배후를 파악하기 위하여 노력하고 있다.

만일 자아와 비아가 서로 분명하게 분리되며, 로크와 데카르트, 흄과 칸트가 생각하는 것처럼 의식이란 단지 자아에 대한 비아의 인과 작용으로 생겨나는 것이라면, 의식의 모든 내용은 인식하는 개별자의 순수 주관적인 상태에 불과할 것이다. 비아의 세계를 구성하는 사건들은 자아에 속하는 인식의 일부를 형성할 수 없다. 그리고 만일 지식이 실재를 재현한다면, 그것은 실재 사건(event) 자체가 아니라 단지 실재 사건의 모사를 담고 있을 뿐이다. 우리가 주관과 객관을 분리할 때, 하나를 다른 하나에 잇는 가교를 구축하는 것은 어렵게 된다. 우리는 객관

이 주관의 창조물이라고 하든가 아니면 객관은 결코 없다고 주장해야
할 것이다. 객관은 의식 속에 받아들여진다고 하든, 그 속에 반영된다
고 하든, 혹은 외형이나 윤곽에 의하여 재현된다고 하든, 우리가 인식
과 그 대상의 관계에 대하여 어떤 견해를 지니든 간에 세계는 우리가
지각하는 것과 같다는 확신은 우리에게 불가능하게 된다.

한 조각의 물질이 다른 한 조각의 물질에 대하여 외적인 것처럼, 그
둘이 서로에 대하여 외적인 한, 우리는 자신의 지식이 대상을 바르게
드러내고 있는지, 혹은 그 대상을 드러내기나 하는 것인지를 결코 확신
할 수 없다. 우리는 자기의 인식을 실재와 비교할 수 없다. 왜냐하면
후자는 생각에 대하여 외적이기 때문이다. 생각 자체 외에는 아무것도
직접 알려질 수 없으며, 우리는 생각을 실재와 비교할 수 없다. 왜냐하
면 그 둘 가운데 오직 하나만 주어지며, 비교의 행위는 그 둘 모두가
주어져야 한다는 것을 의미하기 때문이다. 만일 어떤 것이 한편으로 관
념과 비교하고 다른 한편으로 대상과 비교할 수 있다면, 그것은 분명히
의식일 것이다.[원주388] 그러나 그와 같은 의식은 반드시 관념과 대상 모
두를 포함해야 할 것이다.

만일 진리가 관념과 실재의 일치를 의미한다면, 그리고 만일 실재가
사유에 대하여 외적인 것, 사유 속에 존재할 수도 없고 사유로 구성될
수 없는 것으로 정의된다면, 진리 추구는 날아가는 기러기를 쫓는 꼴이
될 것이다. 상상하건대, 사유는 결코 도달될 수 없는 목표, 아니 어떤
분명한 개념도 형성될 수 없는 목표를 쫓고 있을 것이다. 니야야 학자
들은 사유의 목표, 즉 진리의 실현은 결코 직접 파악할 수 없는 것이라
는 결론에 직면한다. 그들은 유한한 정신이 사유의 목표에 도달하는 것

[원주388] 알렉산더(Alexander) 교수는 의식과 실재가 독립적인 것들이라고 주장하며,
　　그 둘의 관계는 공존의 관계이다. 그 둘은 비록 세계에서 분리되어 있지만, 함께
　　있는 것으로 나타난다. 그러나 이 의식의 본질은 무엇인가? 의식은 언제나 어떤
　　것에 대한 의식이며, 그것은 우리에게 그것의 바깥에 있는 대상 혹은 그것에 대하
　　여 독립적인 존재에 대하여 말하지 않는다.

은 불가능하다고 주장한다. 우리는 자기의 관념이 지니는 실제적인 가
치에서 확신을 얻는, 낮은 차원의 이상으로 만족하지 않을 수 없다. 유
용성 혹은 실제적인 효과성은 이와 같은 확신감을 낳는다. 그러나 이
실제적인 효과성은, 관념이 실재와 일치하기 때문에 행위를 유발한다
는 니야야의 가정을 정당화하지 않는다.[원주389]

진리에 대한 동일한 검증 기준을 채택하고 있는 불교 논사들은 그것
으로부터 다른 결론을 도출하고 있으며, 불교의 견해가 보다 논리적이
라고 말해야 할 것이다. 진리의 내용은 단지 관념적인 대상과 지식의
일치 혹은 상응이 아니라, 경험에 의한 검증이다.[원주390] 관념들은 우리
가 행위하도록 촉구하며, 우리가 스스로의 욕망을 실현할 때 그 관념들
은 바른 인식 혹은 진리라는 것이 인정된다. 우리의 꿈이 실체가 없는
미망으로 언명된다. 왜냐하면 그것에 의거한 행위는 기대되는 목표를
완수하는 데 실패하기 때문이다. 우리가 어떤 것을 꿈꾸고, 땅을 파서
보석을 얻게 된다면, 우리의 꿈은 그것이 실재와 일치하든 그렇지 않든
간에 참이다. 우리의 지식 가운데서 가장 근거가 확실한 것이라도, 그
것은 오류의 가능성을 지닌다. 근거가 아주 확실하여 거짓의 가능성이
라고는 전혀 있을 수 없는 지식은 없다. 이와 같은 실용주의적 검증을
통하여 어떤 유형의 삶에 이르게 하는 것은 가능하겠지만, 우리는 완전
한 만족을 지닐 수 없다. 하나의 필요에 소용되는 것은 다른 하나의 필
요에는 쓸모없을 수도 있을 것이다.

우리는 실재의 본질을 알고자 하는 논리적인 욕구──이것은 인간이
지니는 불가피한 욕구 가운데 하나이다──에 관심을 가지지만, 이것은

[원주389] 브로드(Broad)는 말한다. "만일 어떤 용어가 그것에 대하여 요청되는 기능
을 수행하기만 한다면, 무엇이 그것의 내적 본질인가 하는 것은 과학에서 전혀 문
제가 되지 않는다. 만일 우리가 점(point)에 대한 정의를 내릴 수 있고, 그 정의가
점으로 하여금 어떤 조건들을 수행할 수 있게 만든다면, 설사 점 자체가 우리가
생각했던 것과는 전혀 다른 실체로 드러난다 할지라도, 그것은 문제가 되지 않을
것이다"(*Scientific Thought*, p.39).
[원주390] 『니야야빈두』, p.103 ; 『니야야빈두티카』, p.6.

충족될 수 없다. 불교의 주관론으로부터 우리를 구하고자 열망하는 니야야는 우리에게 실재에 관한 보다 만족스런 견해를 제공하지 못했다. 외부 세계에 대한 우리의 지식에서 명백하게 나타나는 사실이 니야야의 이론에 의해서는 설명되지 않는다면, 니야야는 처음의 가정들로 되돌아가서 지식 자체의 사실에 대한 분석이라는 견지에서 그 가정들을 검토하지 않으면 안된다.

외계 대상이 나 혹은 너의 경험에 의식적으로 나타나지 않아도 실재적일 수 있으며, 너 혹은 내가 그것을 인식하게 될 때 비로소 존재하게 되는 것이 아니라는 것은 분명한 사실이지만, 그럼에도 불구하고 실재적인 존재가 모든 경험에 독립적이라고 말할 수는 없다. 지식과 그 대상의 관계는 니야야에서 자기 원인적인 관계(svarūpasaṁbandha)라고 불린다. 파악되는 대상은 인식 과정을 한정한다. 인식은 어떤 대상에 대한 의식이다.[원주391] 마두수다나 사라스와티(Madhusūdana Saras-vatī)[원주392]는 우다야나로부터 다음과 같이 인용하고 있다. "그 자체로 형태 없는 인식은 오직 대상들에 의하여 특수화된다. 다시 말하여 대상은 단지 인식에 대한 특수화일 뿐이다." 모든 인식은 "이것은 잉크 스탠드이다" 혹은 "저것은 식탁보이다"라는 판단에서처럼, 어떤 대상에 의하여 규정되고 특징지어진다.

만일 인식되는 대상이 완전히 인식 과정 바깥에 있다면, 진실에 대한 대응 개념이 채택되어야 할 것이다. 그러나 비록 대상 그 자체는 그것에 대한 지식과 동일하지 않다 할지라도, 그것의 본질적 속성(sva-rūpa)은 인식 과정 속에 있는 것으로 말해진다. 이 견해에 따르면, 인식은 대상을 만들어낼 수 없으며, 대상과 일치 혹은 상응하지도 않지만, 그것은 대상을 파악한다. 그러므로 대상이 인식의 범위 바깥에 있다고 주장하는 것은 옳지 않으며, 그것에 대하여 알려지는 것은 그것의 결과이거나 인식 주관의 의식 속에 있는 그것의 모사(copy)이다. 우리

[원주391] 『니야야 바쉬야』, iv.2.29.
[원주392] 『아드와이타싯디』(*Advaitasiddhi*), i.20

가 외부 대상 혹은 내적인 상태를 지각하든, 사유하든, 혹은 기억하든 간에 우리가 지각, 사유, 기억하는 것은 인식 과정에 독립적인 대상 자체이다.

우리가 실재를 즉각적이고 직접적으로 알 수 있다는 니야야의 이론은 니야야의 다른 전제, 즉 주관과 객관이 서로 분리되어 있는 실체라는 전제와 모순된다. 인식하는 주관과 인식되는 대상 사이에는 아무것도 개입될 수 없다. 주관과 객관, 그 둘은 불가분적으로 연관되어 있다. 하나는 다른 하나로 치환될 수 없다. 니야야는 객관 세계가 인식 주관의 공상에 의한 산물이라고 주장하는 주관론을 비판함에서는 정당하다. 대상은 인식 주체의 인식 과정에 의하여 생겨나지 않는다. 보편적 관계조차도 인식 주체에게 주어지는 것이지 인식 주체에 의해 창조되는 것이 아니라고 말해진다. 감각 여건(sense-data)은 단절된 입자들이 아니라 어떤 특성과 속성들을 지니고 있는 것으로 보인다. 후기 니야야에 따르면, 단지 보편 혹은 동일의 토대가 비감각적 정신 기능을 통하여 알려진다. 우리의 지식의 일부가 되는 대부분의 경험들은 본질적으로 비감각적이다. 실재의 강제력이 니야야 학자들에 의하여 인정된다. 경험의 불가피성은 인식 주체에 의하여 부과되는 것이 아니라 대상 세계의 필연성에 기인한다. 실재는 본래부터 자아와 세계의 둘로 나누어지는 것이 아니다. 모든 사유 작용의 필요 조건은 주관과 객관이 추상의 과정을 통하여 도출되는, 불가분의 완전한 실재이다.

추상 작용이 우리의 삶에서 중요한 역할을 한다는 것은 사실이지만, 그럼에도 불구하고 우리의 지식론이 근거로 삼아야 하는 실재 그 자체, 다시 말하여 존재론적인 근본 사실(fact)은 의식(caitanya)이다. 지식의 본질과 조건에 대한 형이상학적인 탐구는 우리에게 의식의 보편성을 드러낸다. 그것은 모든 것의 토대요 창조자이다. 의식을 반(牛)물질화된 이미지로 나타내는 것은 위험하다. 우리의 세계는 지극히 구체적이라 할지라도, 의식은 어떤 복합체가 아니다. 자아와 객관 세계에 대한 우리의 분석은 우리의 실제적인 필요에 상대적이다. 그러나 이와 같이 복합적인 우주는 본질적으로 불가분적인 실재에 토대를 둔다. 실재는 깊이 궁리될 때 이러한 측면을 띤다. 우리가 지적인 구별과는 별개로 실재에 대한 지적인 설명을 한다는 것은 불가능하다. 그럼에도 불구하고 우리의 관념들은 우리의 구별 가운데 어떤 것도 본질적일 수 없는 어떤 실재를 다룬다. 유일한 절대자는 의식이라는 불가분적 실재이지만, 니야야는 영혼과 물질적 대상들의 다수성에 찬성하여 그것을 무시한다.

실재는 의식임에 비하여, 논리학자들이 추구하는 진리는 다른 어떤 것이다. 왜냐하면 논리학은 주관과 객관의 구별을 상정하며, 그것의 충동은 오직 자아와 대상의 세계가 하나의 일관된 전체로 유기적인 형태를 띠게 될 때 충족될 수 있기 때문이다. 니야야는 대응(corres-pondence) 개념에 충실한 입장을 견지하면서도, 그럼에도 불구하고 일관성 이론(coherence theory)의 보다 적절한 특성을 포섭한다. 니야야는 모든 형태의 지식을 하나의 전체에 대한 부분으로 간주하며, 각 부분들은 전체 속에서 각기 기능을 지니는 것으로 본다. 어떤 인식방법의 타당성은 다른 인식방법들을 통하여 확립된다.[원주393] 다양한 종류의 지식들이 상호 관련된다. 모든 지식은 매개적인 필요성을 지닌다.

니야야 학자들이 우리에게 몽상가와 미치광이가 지니는 만족감을 피하고, 건전한 정신상태의 보통 사람들의 느낌을 고려하라고 촉구할 때, 이들은 자신들의 대응설을 포기하고 있는 것이다. 정상적인 개인은 대다수의 지지자를 지닌 사람이 아니다. 어떤 착각들은 이런 의미에서 정상적이지만, 그렇다고 하여 참은 아니다. 사회적인 요소는 순수하게 공상적인 경험들과 상대적으로 객관성을 지니는 경험들을 구별한다. 우

[원주393] 우리는 어떤 대상을 지각하며, 이 지각에 대한 타당성은 추론을 통해서, 그리고 이 지각에 포함된 요소들, 말하자면 감관, 대상, 그 둘의 접촉, 인식의 결과로 생겨나는 행위 등의 타당성에 대한 지각을 통하여 확립된다. 감관은 추론에 의하여 외적 자극의 수용자로 입증되고, 대상들은 감각적 지각에 의하여 확립되며, 접촉은 구별에 대한 비지각으로부터 추론되며, 인식의 결과로 일어나는 행위는 의근과 자아의 접촉을 통하여 자아에 의하여 지각된다(『니야야 바쉬야』, ii.1.19).

리의 관찰을 다른 사람들의 것과 비교함으로써, 우리는 일상적인 모든 목적을 위하여 충분한 실용적인 확실성을 얻을 수 있다. 다른 사람들이 지각하는 것은 우리가 지각하는 것에 못지 않으며, 우리 자신에 의해서 다른 여러 장소와 시간들에 동일하게 지각된 것은 참되고 실재적인 것으로 간주될 수 있을 것이다.

과학의 요구는 우리에게 우리의 일상적인 지각들을 점검하고 확인해야 한다고 말한다. 비록 우리가 하늘을 가로질러 가는 태양의 움직임을 지각한다 할지라도, 과학은 우리에게 지구가 태양을 돈다고 말한다. 단편적이고 따로 따로 떨어진 경험들은 보다 통일적이고 체계화된 경험들의 견지에서 해석되어야 한다. 기준은 후자에 의하여 세워진다. 진리는 대상에 달려 있다기보다는 시공간 체계에 그것이 적합할 수 있는 역량에 달려 있다. 실재의 체계는 반드시 진리를 수용할 수 있어야 한다. 시공간 연속체는 체계적인 본질을 지니는 것으로 상정된다. 진리에 대한 실용적인 검증 기준을 채택하는 니야야 학자들은 우리의 실재관이 우리의 목적에 상대적이라고 말하지 않을 수 없을 것이다. 어떤 대상에 대한 지식은 단지 우리의 현재 필요에 대한 그것의 의미일 뿐이다. 현실적인 삶에서 우리는 대상들의 본질에 주목하는 것이 아니라, 단지 우리 자신에 대한 그 대상들의 의미에 관심을 지닌다.

모든 사람에게 돌은 단단하고 불은 뜨겁다고 말하는 것은, 이 대상들이 우리에게 동일한 의미를 지닌다는 것을 의미한다. 실용적으로 정당화되는 대응 혹은 일치는 진리에 대한 니야야 학자들의 의미이며, 모든 개인에게 흔히 있는 수많은 환영들은 이 기준에 의거하면 참이다. 뿐만 아니라, 이 기준은 과거와 미래의 사건들과 관련해서는 사용할 수 없다. 비록 우리의 진리들은 상대적이라 할지라도, 그들이 모두 동일한 가치를 지니는 것은 아니다. 최고의 진리는 전체로서의 세계에 대한 이해의 논리적인 욕구를 충족시켜주는 것이다. 유한한 주체들과 그 환경 모두를 포함하는, 실재 자체의 본질을 파악하는 이상적인 경험은 진리에 대한 절대 기준이다. 다수의 사람들이 그것에 도달했다는 의미에서가 아니라, 한 사람이 논리적인 견해를 얻었다는 의미에서 그는 그것을 진리로 이해할 것이다. 참된 의미에서의 정상(normality)은 머릿수에 대한 셈을 통하여 확인될 수 있는 것이 아니다.[원주394] 대다수의 사람들이 다원론적인 견해를 믿는다는 단순한 사실은 단지 그 개념의 실제적인 가치를 가리킬 뿐이다. 진리와 비진리는 국민투표에 의하여 결정되는 문제가 아니다. 설사 대다수의 사람들이 편견에 사로잡혀 있다 해도, 진리의 본질은 변하지 않을 것이다. 진리는 경험의 심연에 침잠했던 사람들에게 자체를 드러내는 것이다.

니야야 학자들은 현자(seer)들이 지니는 지혜(ārṣajñāna)의 높은 타당성을 인정한다. 그들은 실재의 본질을 보다 깊이 이해했던 개인들의 성취에 의거하여 우리의 경험을 판단하라고 촉구한다. 진리는 선(善)이나 미(美)와 마찬가지로 개별적 정신의 성취이며, 다른 의미에서 그것은 보다 완전한 경험 속에 그리고 그것을 통하여 실현되기를 기다리는, 아직까지 실현되지 않은 세계를 인간의 마음에 드러내는 것이다. 우리는 진리를 창조한다기보다는 그것을 발견한다. 그럼에도 불구하고 니야야 학자들은 영혼과 물질이 지식을 야기하는 조건들이라고 상정하는 심리학자들의 관점으로 거듭하여 빠져든다. 우리의 목적에 대한 지식의 상대성은 니야야가 상정하는 주관과 객관의 절대적인 구분을 확인하지 않는다. 그것은 인간 본성의 요구와 그것의 만족 가능성에 대한 믿음을 의미한다. 실재의 본질이 인간 행위의 필요에 순응된다는 것은 실재의 두 측면, 즉 정신과 그 환경의 본질적인 상호 관련을 보여준다.

[원주394] 타고르(Rabindranath Tagore)는 말한다. "맹인이 자신의 시력에 대하여 정상적이어야 할 수준까지 완전하게 발달하지 못했다는 사실에 대한 진실은, 그 증거로서 대다수의 사람들이 앞을 볼 수 있다는 사실에 의존하는가? 자신이 시력을 지니고 있다는 것을 돌연히 알게 된 바로 첫 피조물은 빛이 실재라고 주장할 수 있는 권리를 지녔다. 인간 세계에는 열린 영성의 눈을 지닌 극소수 사람들이 있다. 그러나 볼 수 없는 사람들의 수적인 우세에도 불구하고, 이들의 통찰력 결여가 빛이 없다는 것에 대한 증거로 인용되어서는 안된다." 라다크리슈난의 *Philosophy of the Upaniṣads*에 붙은 서문을 보라.

명백한 다원성과 사물들의 상호 단절성은 단지 피상적인 것일 뿐이다. 서로 외적으로 연관된 실재들에 대한 복수 개념은 세계의 본질적 통일성 개념으로 지양되지 않으면 안된다.

모든 사유의 도구적이고 상대적인 속성의 함축에 일치하여, 니야야는 진리 자체의 관념의 상대적 성격을 인정하여야 한다. 만일 그렇다면 이 입장은 우주를 독립적인 실재들의 다수로 간주하는 견해보다는 훨씬 만족스러운 것이라 할지라도, 논리상의 진리—이것은 상호 관련된 자아와 대상의 체계로 이해되는 실재이다—는 논리적인 관심에 상대적이다. 진리는 관념적인 것으로 이해되는 실재이며, 이해 가능한 체계로 간주된다. 우리의 판단과 추론은 전체에 대한 파악을 지향한다. 이와 같은 판단과 추론이 노력에 성공하고 실패하는 정도에 따라서 지식의 체계 속에 그 위치가 결정된다. 논리상의 모든 진리는 실재의 단편을 다루고 있는 개아 또한 실재의 단편에 불과하다는 의미에서 상대적이며, 우리가 논리상의 관점을 택하는 한 실재 자체를 파악하는 것은 불가능하다. 우리의 사유는 구분하고 선별하도록 강요되며, 우리는 실용주의적인 기준을 사용하지 않을 수 없다. 가장 넓은 외연의 생각은 사실상 그것이 반드시 포함해야 하는 그것 자체의 존재를 무시하고 제외하도록 강요된다. 모든 지식은 실재로부터의 추상이다. 그것은 절대자에 대한 관념적인 재구성이다.[원주395]

니야야의 지각에 대한 분석과 자기 원인적인 관계(svarūpasaṁ-bandha)는 지식 속에 실재기 나다닌다는 교의를 뒷받침한나. 비결정적 지각과 결정적 지각의 구분은 우리의 관심에 대한 지식의 상대성을 시사하는 견해이다. 어떤 단계들에서 우리는 단지 실재에 대한 불명료

[원주395] 브래들리는 말한다. "만일 우리가 이 세계는 보다 완전한 어떤 장려함을 보여준다는 것을 느낀다면, 이 세계의 영광이 결국 가현이라는 것은 세계를 보다 영광되게 만들 것이다. 그러나 만일 감각적 장막이 원자들의 어떤 특색 없는 운동, 실체 없는 추상의 어떤 공허한 요소, 혹은 냉혹한 범주들의 비현실적인 춤을 가린다면, 그것은 하나의 기만이며 속임수일 것이다"(*Logic*, vol.ii, p.591).

한 면식을 지닐 뿐이지만, 어떤 다른 단계들에서는 실재의 복합적인 측면을 아주 세밀하게 파악한다. 진리의 실제적인 유용성에 따른 실용주의적 검증 기준을 수용한다는 것은, 우리의 제한된 관점들에 대하여 지식이 상대적이라는 견해를 확실하게 한다. 실재를 상이한 두 영역으로 이루어진 것으로 보는 개념은 심리학의 목적에 유용하겠지만, 그것은 우리가 논리적 관점에 도달할 때 초월되어야 한다. 이미 앞에서 언급한 것처럼, 니야야는 논리학에 채택될 수 있는 것은 오직 진리의 일관성 개념(coherence conception)뿐이라는 것을 의식하고 있다. 상대성에 대한 이 모든 교의로부터 자연스러운 결론은, 심지어 상호 연관된 요소들로 구성된 복합적인 우주에 대한 이 논리적인 이상도 절대적인 것으로 간주될 수 없다는 것이다. 니야야는 이 궁극적인 문제에 대면하는 것을 피했다. 그러나 니야야의 지식론은 논리적인 일관성이라는 관점에서 추구될 때, 분명히 그것은 주관과 객관의 구분이 지식 혹은 경험의 사실—오직 이것만이 우리가 더 이상 나아갈 수 없는 절대적 혹은 궁극적인 사실이다—안에서 일어난다는 입장으로 귀결된다.

21. 자연계

　　니야야는 바이셰쉬카의 형이상학을 받아들이며, 자연계를 영원·불변·무인의 원자들, 우리의 사유작용에 독립적으로 존재하는 원자들의 복합체로 간주한다. 니야야의 물리적인 개념들은 거의 바이셰쉬카의 개념들과 동일하다.

　　그러나 니야야가 반대 학파들의 비판에 대응하는 방식을 살펴보는 것은 매우 흥미롭다. 시간의 문제는 독특한 어려움을 야기한다. 어떤 니야야 학자들은 시간을 경험의 한 형식으로 보며, 그것은 감관에 의하여 지각의 대상에 대한 한정 혹은 제한으로 지각된다고 주장한다. 예를 들어, 『쉬카마니』(Śikhāmaṇi)의 저자인 라마크리슈나드와린(Rāmakṛṣṇādhvarin)은 우리가 대상을 지금 이 순간에 존재하는 것으로 인식하므로 시간 또한 지각될 수 있는 것으로 말해질 수 있다고 주장한다. 지금 존재하고 있는 항아리에 대한 지각에는 현재의 시간 또한 대상에 대한 지각의 일부가 된다. 비록 시간 자체는 결코 지각되지 않는다 할지라도, 모든 대상은 시간 속에 존재하는 것으로 지각된다.[원주396] 시간적인 관계들은 관련되는 것들에 의존한다. 사건과 행위와는 별개로 이내, 나중에, 전에, 후에라는 것은 있을 수 없다. 시간은 대상에 대한 한정으로 지각되며, 따라서 실체적인 실재이다.[원주397][역주41]

과거 및 미래와 무관한 현재 시간이란 있을 수 없다는 중관론의 입장은 바트시야야나에 의하여 검토된다.[원주398] 과거는 현재에 선행하는 것으로 정의되며, 미래는 현재에 후속하는 것으로 정의된다. 그러나 현재는 과거 및 미래와 떨어져서는 아무런 의미도 지니지 못한다. 바트시야야나는 이 모든 것이 시간과 공간의 혼동에서 빚어진 것이라고 대답한다. 반대자, 즉 중관론자의 주장에 따르면, 어떤 대상이 낙하할 때 우리는 일정한 거리를 통과하는 가운데 그 대상에 의하여 점유된 시간과, 그 나머지의 거리를 통과하면서 그것에 의하여 점유될 시간을 지니며, 그 대상이 현재 시간에 통과한다고 말해질 수 있는 틈새는 있을 수 없다. 통과된 공간은 과거 시간에 대한 관념을, 그리고 통과될 공간은 미래 시간에 대한 개념을 제공하며, 현재 시간이 일어날 수 있는 제3의 공간은 없다.[원주399]

그러나 바트시야야나는 말한다. "시간(kāla)은 공간(adhvā)이 아니라 행위(kriyā)에 의하여 현현된다." "떨어지는 행위가 끝났을 때 우리는 과거로서의 시간 개념을 지니며, 마찬가지의 행위가 일어나려고 할

[원주396] 『니야야만자리』, p.136.
[원주397] 같은 책, p.137.
[역주41] 아드와이타 베단타에 의하면, 시간은 실재적인 브라흐만과 비실재적인 마야(māyā) 사이의 관계이며, 따라서 그것은 현상적인 것일 뿐이다.
[원주398] 『니야야 바쉬야』, ii.1.39~43 ;『인도철학사 Ⅱ』, p.530을 보라.
[원주399] 『니야야 바쉬야』, ii.1.39.

222

때 우리는 미래로서의 시간 개념을 지닌다. 그리고 떨어지는 대상이 그 시간에 계속되고 있는 것으로 지각될 때 우리는 현재 시간에 대한 개념을 지닌다. 이 상황에서 만일 어떤 사람이 그 동안 줄곧 ‘계속됨’으로서의 행위를 지각할 수 없다면, 그는 무엇을 이미 끝난 것 혹은 장차 일어날 것으로 지각할 수 있겠는가? …… 시간상의 두 점(과거와 미래) 모두에서 대상은 행위를 결여하고 있으며, 이에 비하여 우리가 그것이 떨어지고 있다는 관념을 지닐 때 그 대상은 실제로 행위와 관련되어 있다. 현재 시간이 파악하는 것은 실제로 존재하는 행위이므로, 우리가 시간상의 다른 두 점에 대한 개념을 지닐 수 있었던 것은 오직 이것, 즉 존재하는 것과의 관련과 그것에 의하여 가리켜지는 시간에 의거해서이다. 이런 이유 때문에, 만일 현재 시간이 존재하지 않는다면, 과거와 미래의 시간에 대한 개념은 생각할 수 없을 것이다.”[원주400] 또한 지각은 시간 속에 존재하는 것과 관련하여 일어난다. 만일 현재 시간이 존재하지 않는다면, 지각은 있을 수 없다. 그러므로 현재는 단지 수학적인 의미에서의 점이 아니라, 일정한 지속을 지니는 시간상의 기간 혹은 ‘시간적인 두께를 지니는 시간의 널빤지’[원주401]이다.

바트시야야나는 세계의 기원과 본질에 대한 여러 이론들에 대하여 비판적인 검토를 시도한다.[원주402] 그는 찰나설(kṣaṇikavāda)을 비판한다. 그의 주장에 의하면, 우리는 어떤 실체가 한 순간의 경과 후에 다른 것으로 대체된다는 것을 확인할 수 없으며, 어떤 실체의 생성과 그것의 소멸 사이에는 틀림없이 연결 고리가 있다. 우리는 돌 등에서처럼 찰나성이 지각되지 않는 곳이 아니라, 그것이 지각되는 곳에서 찰나성에 대한 진리를 인정할 수 있을 것이다.[원주403] 연속적인 인식으로부터 우리는 대상을 지니며, 그것의 연속적인 존재가 뒤따른다. 모든 것이

[원주400] 『니야야 바쉬야』, ii.1.40.
[원주401] A. N. Whitehead, *The Principle of Relativity*, p.7.
[원주402] 『니야야 바쉬야』, iv.2.31~33 및 iv.2.26~27.
[원주403] 『니야야 바쉬야』, iii.2.11 ; iii.2.12~13을 보라.

비존재라는 이론은, 만일 모든 것이 비존재라면 어떤 집합도 있을 수 없다는 근거에서 비판된다.[원주404] 또한 모든 것이 서로 상대적이라고 말할 수도 없다. 만일 길고 짧은 것이 상호 의존적이라면, 둘 중의 어떤 것도 다른 하나의 부재에서 확립될 수 없을 것이다. 만일 그 둘 모두가 자존하는 것이 아니라면, 그 둘의 상호 관련을 확립하는 것은 불가능할 것이다.[원주405] 무상(無常, anityatā)의 교의는 사물의 생성과 파괴의 사실들에 토대를 둔다. 니야야 학자들은 원자, 아카샤(ākāśa, 空), 시간과 공간, 그리고 이러한 것들의 속성들—생성되거나 파괴되지도 않는—등이 있다고 주장한다.[원주406]

모든 것은 영원하다고 주장하는 반대 견해도 마찬가지로 결함이 있다. 왜냐하면 우리가 지각하는 어떤 것들은 생성·파괴되기 때문이다. 복합적인 실체는 생성·파괴되게 마련이다.[원주407] 바트시야야나는 또한 사물들의 절대적인 상위(相違) 이론(sarvapṛthaktvavāda)도 고려한다.[원주408] 니야야 학자들은 전체는 단순히 그 부분들의 집합이 아니라, 그 이상의 어떤 것이며, 전체는 부분들에 대하여 내속이라는 독특한 관계에 선다고 주장한다. 바트시야야나는 전체를 단지 부분들의 집합에 불과한 것으로 보고 그 둘의 관계를 허구로 간주하는 불교의 견해[원주409]를 부정한다.[원주410]

[원주404] 『니야야 바쉬야』, iv.1.37~40 ; iv.2.26~27, 31~33을 보라.

[원주405] "만일 사물의 속성(혹은 개별성) 같은 것이 없다면, 어째서 우리는 동일한 두 원자 혹은 동일한 크기의 두 대상과 관련하여 장단의 상대적인 개념들을 지니지 않는가?……상대성(apekṣā)이 의미하는 것은 우리가 두 사물을 지각할 때 하나에 대한 다른 하나의 우세를 지각하는 것이 가능해진다는 것이다"(『니야야 바쉬야』, iv.1.40).

[원주406] 『니야야 바쉬야』, iv.1.25~28.

[원주407] 『니야야 바쉬야』, iv.1.29~33.

[원주408] 『니야야 바쉬야』, iv.1.34~36.

[원주409] 9세기 말엽에 살았던 불교도 아쇼카(Aśoka)의 『아바야바니라카라나』(Avayavanirākaraṇa)를 보라.

[원주410] 『상키야이칸타바다』(Saṁkhyaikāntavāda)에 대한 바트시야야나의 설명은 분명하지 않다. 아마 그것은 피타고라스의 수에 관한 이론과 같은 어떤 교의일 것

세계는 비존재(abhāva)에 의하여 생성될 수 없다. 비존재 가설을 지지하는 자들은 원인이 파괴될 때까지 어떤 결과도 일어날 수 없다고 주장한다. 싹이 돋아나기 위해서는 반드시 씨앗이 파괴되지 않으면 안 된다. 바트시야야나는 이 견해에 반대하여, 소멸된다고 말해지는 원인은 소멸 후에 생겨날 수 없으며, 소멸된 것에서는 아무것도 생산될 수 없다고 주장한다. 만일 씨앗의 파괴가 싹이 돋아나는 원인이라면, 씨앗이 조각 조각으로 파괴되는 바로 그 순간에 싹이 나타나야 할 것이다. 그러나 사실상 싹은 오직 씨앗의 파열이 그것의 입자들에서 형성되는 새로운 복합물로 이어질 때 나타난다. 따라서 싹은 비존재에 기인하는 것이 아니라, 씨앗 입자들의 재구성에 기인하는 것이다.[원주411] 세계는 우연의 산물이라는 견해는 검토되고 부정된다. 모든 경험을 무의미한 것으로 만들지 않는 한, 인과의 법칙은 부정될 수 없다.[원주412]

22. 개아와 그 운명

니야야에 따르면, 우주는 물질적이 아닌 어떤 요소들을 지닌다. 그 요소들은 우리의 인식, 욕망, 혐오, 의지, 그리고 행복과 고통의 느낌 등이다.[원주413] 이 모든 의식의 양태들은 일시적이며, 따라서 그 자체는 실체와 동일시되어서는 안된다. 이들은 영혼이라 불리는 실체의 속성들로 간주된다.

영혼은 욕망, 혐오, 의지, 즐거움, 고통 그리고 인식을 그 속성으로 지니는 실체적인 실존이다. 대개 니야야 학자들은 추론의 방법을 통하

이다.

[원주411] 『니야야 바쉬야』, iv.1.14∼18.

[원주412] 『니야야 바쉬야』, iv.1.22∼24.

[원주413] 만일 즐거움, 고통, 욕망 그리고 혐오가 느낌의 양태로 간주된다면, 우리는 의식의 세 가지 양태, 즉 지식, 느낌, 그리고 의지를 지닌다.

여 자아의 존재를 증명한다. 경전의 근거는 단지 확인을 위하여 끌어다 쓸 뿐이다.[원주414] 웃디요타카라는 자아의 실재가 또한 지각에 의해서도 파악된다고 주장한다. 그의 견해에 의하면, '나'라는 개념의 대상이 영혼이다.[원주415] 온갖 인식들이 나의 것으로 인지된다는 사실은 영혼의 지속을 증명한다.[원주416] "어떤 사람이 처음에 (어떤 대상을) 인식하거나 이해하려고 할 때, 그는 이것이 무엇일까에 대하여 곰곰이 생각하고, '이것은 이러저러하다'는 것을 알게 된다. 그 대상에 대한 이러한 앎은 알고자 하는 이전의 욕망과 그 결과로 생겨나는 숙고 행위가 속하는 동일한 행위자에 의한 것이다. 그러므로 이 지식은 공통의 행위자가 영혼이라는 형태로 존재한다는 것을 가리키는 것이 된다."[원주417]

우리는 자신이 이전에 인식했던 것을 기억한다.[원주418] 우리가 어떤 대상을 지각하고, 그것에 끌리며, 그것을 얻으려고 노력할 때, 이 다양한 행위의 토대는 바로 하나의 영혼이다.[원주419] 만일 우리의 정신적인 삶이 매순간 개별적 주체의 구체적인 역사에서 잠깐 동안 그것을 구성하는 고유한 질적 특성을 지닌다면, 그것은 우리의 정신적인 삶이 다른 어떤 것이 아니라 바로 이 자아에 속하기 때문이다. 웃디요타카라는 말한다. "영혼을 부정하는 사람에게서 개개의 모든 인식은 그 자체의 독특한 대상과는 달라야 하며, 어떤 인식 혹은 회상도 가능하지 않을 것이다."[원주420] 감각적인 요소들의 단순한 복합체로서, 그 어떤 의식의 상

[원주414] 『니야야 수트라』, i.1.10.
[원주415] 『니야야바룻티카』, iii.1.1. 바이셰쉬카는 자아를 요가적 지각의 대상으로 본다(『바이셰쉬카 수트라』, ix.1.11 ; 『니야야칸달리』(*Nyāyakandalī*, p.196).
[원주416] 『니야야 바쉬야』 및 『니야야바룻티카』, i.1.10.
[원주417] 『니야야 바쉬야』, i.1.10.
[원주418] 『니야야 바쉬야』, iii.1.14. 또한 iii.1.7~11을 보라.
[원주419] Ekakartṛkatvaṁ jñānecchāpravṛttīnāṁ samānāśrayatvam(『니야야 바쉬야』, iii.2.34).
[원주420] 『니야야바룻티카』, i.1.10. 바차스파티는 말한다. "만일 일련의 인식에서 한 요소를 확립하고 형성하는 개개의 모든 인식이라는 가정하에서, 영혼의 부재에도 불구하고 인식들에 대한 기억 혹은 연합이 가능하다면, 개개의 모든 인식은 기억

태도 나의 것 혹은 다른 사람의 것으로 구별될 수 없을 것이다. 다른 사람의 경험은 나의 경험이 아니다. 왜냐하면 나의 자아는 그의 자아와 다르기 때문이다. 기억, 인식, 자아의 상대적인 지속에 대한 자각, 의지 혹은 자아의 단정, 연민 혹은 다른 자아들과의 관계에 대한 의식과 같은 우리의 모든 정신상태들은 모두 자아의 실재를 의미한다.

의식은 육신의 속성이라는 유물론자의 견해는 쉽게 반박된다. 만일 그것이 육신의 속성이라면, 그것은 육신의 여러 부분과 그 구성 요소들에 존재할 것이다.[원주421] 만일 후자 또한 의식적이라면, 우리는 개인의 의식을 여러 구성 요소에 의해서 생겨나는 여러 의식의 조합으로 간주해야 할 것이다. 만일 육신이 의식을 지닌다면, 모든 물질이 그것을 지닌다고 해야 할 것이다. 왜냐하면 그것은 육신과 동일한 본질이기 때문이다. 만일 육신 이외에 영혼이 없다면, 도덕률은 아무런 의미도 없는 것처럼 보일 것이다.[원주422] 육신은 매순간 변화하고 있으므로, 어떤 죄든 이어지는 삶에서 우리를 따라오지 않을 것이다. 만일 의식이 육신의 본질적 속성이라면, 그것은 결코 자체의 본질을 잃어버릴 수 없을 것이며, 우리가 주검에서 보는 것과 같은, 의식 없는 육신을 발견할 수 없어야 할 것이다. 의식은 무아지경에서 발견되지 않는다. 그것은 육신의 본래적인 속성이 아니다. 왜냐하면 색깔들이 그런 것처럼, 그것은 육신이 지속되는 동안 지속되지 않기 때문이다.[원수423] 만일 그것이 육신의 우유적인 속성이라면, 그것의 원인은 육신 자체 이외의 다른 어떤 것일 것이다.

되고 동일한 연쇄의 다른 인식들과 연합될 것이다.” 바차스파티의 이 언급은 “한 인식에 대하여 다른 한 인식에 의한 인식이 가능한 것은, 한 몸에 의하여 다른 한 몸의 경험에 대한 인식이 가능한 것과 마찬가지이다”(『니야야 바쉬야』, i.1.10)라는 바트시야야나의 말을 의역한 것이다.

[원주421] 『상키야 수트라』, iii.20~21 및 이에 대한 비갸나비크슈(Vijñānabhikṣu)와 아니룻다(Aniruddha)의 주석을 보라.

[원주422] 『니야야 바쉬야』, iii.1.4.

[원주423] 『니야야 바쉬야』, iii.2.47.

만일 의식이 육신의 속성이라면, 그것은 또한 다른 사람들에 의해서도 지각될 수 있어야 할 것이다.[원주424] 육신은 어떤 익숙한 경험들을 고려하면 심지어 의식의 보조물도 아니다. 그것은 기껏해야 의식의 표현을 위한 도구에 지나지 않는다. 육신은 '행위, 감관, 그리고 대상들의 수레'[원주425]로 정의된다. 영혼은 육신을 통하여 대상을 얻거나 제거하려고 노력하며, 육신은 감각, 의근, 그리고 감정의 거처이다. 우리는 육신을 의식 혹은 자아와도 동일시할 수 없다. 또한 우리는 의식을 생명 과정(vital processes)과 동일시할 수 없다. 생명력은 자아와 육신의 특수한 관계에 대한 이름이다.[원주426]

자아는 감각들이 아니라, 그들을 제어하고 그들의 기여를 종합하는 것이다.[원주427] 다양한 종류의 파악에 통일성을 부여하는 것은 바로 영혼이다. 눈은 소리를 들을 수 없고 또한 귀는 아름다운 광경을 볼 수 없으며, 만일 영혼이 감각과는 다른 그 이외의 어떤 것이 아니라면 지금 어떤 대상을 보고 있는 내가 또한 그것에 대하여 들었다는 의식은 불가능할 것이다. 도구로서의 감각은 그것을 사용하는 행위자를 암시한다. 단지 물질의 산물에 불과하므로, 감각은 의식을 속성으로 지닐 수 없다. 심지어 지각된 대상과 눈 모두가 손상되는 경우에도, 내가 본 적이 있다는 인식은 그대로 남으며, 따라서 이 인식은 외부 대상이나 감각의 속성일 수 없다.[원주428] 또한 영혼은 의근(manas)과 동일시될 수 없다. 의근은 단지 그것의 도움으로 영혼이 사유하는 도구일 따름이다. 의근은 본질상 원자적이므로, 육신이 영혼일 수 없는 것과 마찬가지로 그것 역시 영혼일 수 없다. 만일 지성이 의근의 한 속성이라면, 대상들에 대한 동시적인 인식—요가 수행자들이 지니는 것과 같은—은 설명될 수 없을 것이다.[원주429] 자아는 육신, 감각, 혹은 의근과 동일시될 수

[원주424] 『인도철학사 II』, pp.56~58을 보라. 또한 『니야야 바쉬야』, iii.2.53~55를 보라.
[원주425] 『니야야 수트라』, i.1.11.
[원주426] 『니야야칸달리』, p.263.
[원주427] 『니야야 바쉬야』, iii.1.1.
[원주428] 『니야야 바쉬야』, iii.2.18.

없다. 왜냐하면 그것은 육신이 상실되고, 감각이 잘려나가고, 의근이 잠잠해진 때에도 여전히 존재하기 때문이다.[원주430] 이 모든 것들은 대상 영역에 속하며, 결코 주체일 수 없다. 주체일 수 있는 것은 오직 자아뿐이다.[원주431]

이 영원한 자아는 지성(buddhi), 파악(upalabdhi), 혹은 지식(jñāna)이 아니다.[원주432] 붓디는 비영속적인 반면에 자아는 영원하다.[원주433] 우리의 의식은 하나의 정신상태가 사라지자마자 다른 하나가 나타나는, 비유하자면 흐르는 시냇물과 같은 것이다. 대상의 본질이 무엇이든, 소리처럼 금방 사라지는 덧없는 것이든, 혹은 항아리처럼 상대적으로 지속적인 것이든 인식 그 자체는 일시적인 것이다.[원주434] 대상의 상대적인 불변성은 인식의 상대적인 특수성의 원인이 되지만, 인식 자체를 영속적인 것으로 만들 수는 없다.[원주435] 인식력은 지성에 귀속될 수 없다.[원주436] 니야야에 따르면, 지성은 실체도 아니고 인식자도 아니며, 단지 인식할 수 있는 영혼의 속성일 따름이다. 자아는 고통과 즐거움을 야기하는 모든 것을 지각하는 자(sarvasya draṣṭā)요, 고통과 즐거움을 향수하는 자(bhoktā)이며, 모든 것을 아는 자(sarvānubhāvī)이다.

이러한 속성들이 속하는 실체는 부분들로 이루어질 수 없다. 왜냐하면 복합적인 실체는 파괴될 수 있음에 비하여 단일한 것은 영원하다는 것이 니야야의 전제이기 때문이다. 무엇이든 원인을 지니는 것은 반드시 부분으로 이루어져 있으며, 부분들이 허물어져 흩어질 때, 그것 또한 소멸한다. 영혼은 부분으로 이루어져 있지 않으며(niravayava), 따

[원주429] 『니야야 바쉬야』, iii.2.19.
[원주430] 프라샤스타파다의 『파다르타다르마상그라하』, p.69. 『바샤파릿체다』(*Bhāṣā-pariccheda*), 47~49를 보라.
[원주431] 『니야야바룻티카』, iii.2.19.
[원주432] 『니야야 수트라』, i.1~5.
[원주433] 『니야야바룻티카타트파리야티카』, i.1.10.
[원주434] 『니야야 바쉬야』, iii.2.1~2 ; iii.2.18~41.
[원주435] 『니야야 바쉬야』, iii.2.44. 또한 『니야야바룻티카』, iii.2.45를 보라.
[원주436] 『니야야 바쉬야』, iii.2.3.

라서 영원하다. 그것은 시작도 없고 끝도 없다. 만일 영혼이 어느 한 순간에 존재하게 되었다면, 그것은 언젠가 소멸할 것이다. 영혼은 한정된 크기일 수 없다. 왜냐하면 한정된 것은 부분을 지니며 파괴될 수 있기 때문이다.

영혼은 그 크기에서 원자적이거나 무한할 것이며, 복합적 실체들처럼 그 중간 크기(madhyamaparimāṇa)일 수는 없다.[역주42] 그것은 원자적이 아닐 것이다. 만일 원자적이라면 우리는 지성, 의지 등과 같은 그것의 속성들을 지각할 수 없을 것이기 때문이다. 만일 그것이 원자적이라면, 육신 전체에 퍼져 있는 인식에 대한 설명은 불가능해질 것이다.[원주437] 만일 그것이 중간 크기라면, 그것은 육신보다 크거나 작은 두 가지 경우 가운데 하나일 것이다. 둘 중의 어느 경우도 영혼은 자체가 점유해야 하는 육신을 점유할 수 없다는 난점이 있다. 만일 그것이 육신과 동일한 크기라면, 육신은 출생으로부터 지속적으로 성장하므로 영혼은 육신에 대하여 지나치게 작을 것이다. 또한 일생을 통하여 그것의 크기를 바꾸어야 하는 어려움도 해결될 수 없다. 그러므로 비록 의근의 원자적인 특성 때문에 다수의 대상을 동시에 인식할 수는 없다 할지라도, 그것은 편재적(遍在的)이다. 육신에서 일어나는 행위의 인상들을 보존하는 것은 의근이며, 각 영혼은 영원한 것으로 간주되는 오직 하나의 의근을 지닌다.[원주438]

영혼은 각 개인에 고유하다.[원주439] 무한한 수의 영혼들이 있으며, 만일 그렇지 않다면 모든 사람들이 다른 모든 사람들의 느낌과 생각을 의식할 수 있어야 할 것이다.[원주440] 만일 한 영혼이 모든 육신들 속에

[역주42] 마드와의 이원론(Dvaita)과 라마누자의 한정불이론은 자아를 원자적인 것으로 본다. 자이나교는 그것을 편재적인 것도 아니고, 원자적인 것도 아니며, 그 중간 크기(madhyama-parimāṇa)로 간주한다.
[원주437] 『타르카상그라하디피카』(*Tarkasaṁgrahadīpikā*), 17.
[원주438] 『니야야 바쉬야』, i.1.16 ; iii.2.56.
[원주439] 『니야야바룻티카타트파리야티카』, i.1.10 ;『니야야 바쉬야』, iii.1.14.
[원주440] 여러 육신들을 인도하고 지배하는 한 영혼의 가능성은 비범한 현상으로 받

있다면, 어떤 한 사람이 기쁨 혹은 고통을 경험할 때 모든 사람들은 그와 동일한 경험을 지녀야 할 것이지만, 이런 일은 실제로 일어나지 않는다.

의식은 영혼의 본질적 특성이 아니다. 인식의 연쇄는 끝날 수 있다. "마지막 인식에 관해서는, 그것은 (공덕 혹은 비공덕의 형태로) 지속의 이유가 없을 때, 혹은 (공덕과 비공덕의 작용을 끝낼 수 있는) 시간의 특성 때문에, 혹은 마지막 인식 자체에 의하여 생성된 인상들의 출현에 의하여 소멸된다."[원주441] 그것은 의식의 토대인 영혼이 항상 의식적일 필요는 없다는 결론이 된다. 사실상 그것은 의식의 상태들에 의하여 한정될 수 있는 무의식적인(jaḍa) 원리이다.[원주442] 의식은 자아와 별개로 존재할 수 없다. 이것은 마치 불꽃의 광채가 불꽃을 떠나서 살아 있을 수 없는 것과 같다. 그러나 영혼 자체가 반드시 의식적일 필요는 없다. 의식은 각성상태에서 영혼과 의근의 결합에 의하여 생겨나는 영혼의 속성으로 간주된다. 그것은 영혼의 간헐적인 속성이다.[원주443][역주43]

영혼은 때때로 그것의 인과응보에 적합한 육신과 연결되는 영원한 실체이다. 육신은 그 사람에 의하여 행해지는 행위에 그 원천을 지니며, 즐거움과 고통의 토대이다.[원주444] 육신은 운명의 보이지 않는 힘의

아들여진다(『니야야 바쉬야』, iii.2.32).

[원주441] 『니야야바룻티카』, iii.2.24.

[원주442] 우다야나는 그것을 지식, 기쁨 그리고 여타의 순수한 속성들을 지니며, 영원, 불멸, 불변이며, 원자보다 크지 않지만 육신에 편재할 수 있는 실체로 본다.

[원주443] 『니야야 바쉬야』 및 『니야야바룻티카』, i.1.10, 그리고 『파다르타다르마상그라하』, p.99.

[역주43] 니야야는 영혼을 인식자로 본다는 점에서 라마누자의 한정불이론과 일치하지만, 의식을 영혼의 본질적 속성으로 보지 않는다는 점에서는 한정불이론과 다르다. 한편 샹카라의 불이론과 상키야 요가는 영혼을 순수 의식 자체로 본다는 점에서 실재론적인 영혼관을 지니는 니야야와 완전히 다른 입장이다.

[원주444] 『니야야 바쉬야』, iii.1.27. 육신은 주로 흙으로 이루어져 있다. 다른 요소들은 단지 그것의 형성에 시여할 뿐이다(iii.1.27~29). 인간의 육신은 주로 흙으로 이루어져 있지만, 니야야는 바루나(Varuṇa)의 영역에서 형성되는 물로 된 몸, 태양의 영역에서 형성되는 불로 된 몸, 바유(Vāyu)의 영역에서 이루어지는 공기로 된 몸

영향 아래서 형성되며,[원주445] 이전에 지은 행위의 효과가 지속되는 결과이다.[원주446] 각 사람은 자기가 겪어야 할 경험의 매개에 적합한 육신을 부여받게 된다. 한 존재의 출생은 단순한 생리학적 과정이 아니다. 웃디요타카라는 말한다. "세상에서 온갖 경험을 겪어야 하는 인격의 업뿐만 아니라, 아이의 출생에서 일어나는 경험을 향수해야 하는 부모의 업, 이 둘이 함께 어머니의 자궁 속에 육신이 생겨나게 만든다."[원주447] 영혼과 육신의 결합은 출생이라고 불리며, 육신에서 영혼이 분리되는 것을 죽음이라고 한다.[원주448] 창조의 처음에 원자들 속에 행위가 일어나며, 이를 통하여 원자들은 서로 결합되어 물질적 대상들을 형성한다. 이와 유사한 행위가 영혼들의 마음속에도 일어나며, 이 행위는 영혼 자체의 과거 생애에 부합되는 여러 다른 속성들을 생성시킨다. 각 영혼의 구체적인 역사는 수많은 삶을 포섭한다. 어떤 한 순간에 그것의 역사적으로 계속적인 존재는 과거에 뿌리를 두고 있는 동시에, 미래의 윤곽을 포착한다. 어떤 하나의 삶은 단지 역사적으로 조건지어진 연속의 한 부분일 뿐이다.

전생을 증명하기 위한 어떤 진지한 시도는 보이지 않는다. 왜냐하면 그것은 일반적으로 받아들여지고 있는 사실이기 때문이다. 갓난아이는 아주 초기 단계에 즐거움과 고통의 표식을 보여준다. 그리고 우리는 아

을 인정한다. 그러나 아카샤(ākāśa), 즉 에테르로 된 몸은 없다.

[원주445] 『니야야 바쉬야』, iii.2.60~72.

[원주446] Pūrvakṛtaphalānubandhāt(『니야야 바쉬야』, iii.2.60)

[원주447] 『니야야바룻티카』, iii.2.63.

[원주448] iv.1.10. 출생과 죽음, 즉 윤회의 수레바퀴를 도는 것이 영혼에 속하는 것인지 아니면 의근(manas)에 속하는 것인지에 대한 질문이 제기된다. 이에 대하여 웃디요타카라는 대답한다. "만일 당신이 상사라(saṃsāra, 윤회)라는 말로 (육신으로 들어가고 그것으로부터 분리되는) 행위를 의미한다면, 그것은 의근에 속한다. 왜냐하면 실제로 움직이는 것은 의근이기 때문이다. 한편, 만일 당신이 상사라라는 말로 (즐거움과 고통에 대한) 경험을 의미한다면, 그것은 영혼에 속한다. 왜냐하면 즐거움과 고통을 향수하는 것은 영혼이기 때문이다"(『니야야바룻티카』, i.1.19).

기의 미소와 울음을 단지 연꽃이 피고 지는 것과 같은 기계적인 운동으로 해석해버릴 수는 없다.[원주449] 인간은 단순한 꽃 이상의 그 무엇이다. 갓난아이의 젖에 대한 욕망은 자석에 의한 쇠붙이의 끌림에 대한 비유로 설명될 수 없다. 왜냐하면 아기는 단순히 쇠붙이가 아니기 때문이다.[원주450] 마치 속성을 지닌 실체가 생성될 수 있는 것과 마찬가지로 욕망을 지닌 아기가 생겨날 수도 있을 것이라는 이의 제기는 타당성이 없다. 왜냐하면 욕망은 단순한 속성이 아니라, 과거의 경험으로부터 일어나는 것이기 때문이다.[원주451] 우리는 '완전한 망각상태에서 혹은 순수 백지상태에서' 세상에 태어나는 것이 아니라, 이전의 경험에서 얻어진 기억과 습관을 가지고 태어난다.[원주452] 내생이나 전생에 대한 주장은 윤리적인 고려에서 강화된다. 만일 우리가 영혼의 과거와 미래를 상정하지 않는다면, 우리의 도덕성은 선한 행위의 상실과 악한 결과의 조장으로 훼손될 것이다. 분명히 우리의 현재 행위에 대한 결과를 경험할 수 있는 미래가 있으며, 또한 우리의 현재 운명에서 나타나는 차별을 설명하는 과거가 있다고 하지 않을 수 없다. 우리의 숙명이 완전히 소멸될 때, 우리의 영혼은 윤회와 재생에서 벗어나 해탈에 이른다.[원주453] 바트시야야나에 의하면, "우리의 모든 행위의 결실은 해탈 이전의 마지막 삶에서 일어난다."[원주454]

해탈은 고통으로부터의 자유이다.[원주455] "두려움이 없고, 불멸이며, 지복의 획득에 있는 이 불사의 상태는 브라흐마(Brahmā)라고 불린다."[원주456] 모크샤는 적정(寂靜)과 청정무구로 특징지어지는 지복이다.

[원주449] iii.1.19~21.
[원주450] iii.1.22~24.
[원주451] iii.1.25~26.
[원주452] 욕망과 성향은 영혼의 이전 존재가 아니라 단지 영혼의 존재를 입증할 뿐이라고 말할 수도 있을 것이다. 어쨌든 니야야의 신생설(theory of new beginning)은 우리가 영혼의 선재를 받아들여야 한다는 것을 요구하지 않는다.
[원주453] 『니야야 바쉬야』, iii.2.67.
[원주454] 『니야야 바쉬야』, iv.1.64.
[원주455] i.1.9.

그것은 자아의 단멸이 아니라 단지 속박을 끊는 것이다. 그것은 적극적인 즐거움의 향수가 아니라, 소극적인 의미에서 고통의 지멸로 정의된다. 왜냐하면 즐거움은 언제나 고통으로 물들기 때문이다. 그것은 고통과 마찬가지로 야기된다. 웃디요타카라는 만일 해탈된 영혼이 영속적인 즐거움을 지닌다면 그것은 또한 영속적인 몸을 지녀야 한다고 주장한다. 왜냐하면 향수는 육체적인 메커니즘 없이 불가능하기 때문이다.[원주457]

여러 경전에서 영혼의 본질을 즐거움이라고 말할 때, 그것은 단지 고통으로부터의 완전한 자유를 의미할 뿐이다. 니야야 학자들은 해탈에 대한 모든 관념이 고통으로부터의 자유라는 이 최소한의 상태를 포함한다는 것을 증명한다.[원주458] 니야야에서 자유는 노력, 행위, 의식의 완전한 지멸이며, 육신, 의근 등으로부터 영혼의 절대적인 단절이다. 해탈된 영혼이 도달하는 이 순수 존재상태는 꿈 없는 숙면상태에 비유된다.[원주459] 그러나 인식과 즐거움이 없는 이 추상적 존재의 상태는 위대한 장엄의 하나라고 말해진다. 왜냐하면 영혼이 비록 지식, 욕망, 의지라는 특수한 속성(viśeṣaguṇa)은 아니라 할지라도 편재(vibhutva)와 같은 일반적 속성들을 지니기 때문이다.

바트시야야나는 자유가 영혼의 행복의 현현에 놓여 있다는 이론을 비판한다. 그에 의하면 이 이론에 대한 아무런 증거도 없고 정당화될 수 있는 이유도 없다. 만일 행복의 현현에 대한 이유가 있다면, 그것은 영원하거나 무상할 것이나. 만일 선자의 경우라면, 해탈된 영혼과 속박된 영혼 사이에 아무런 차이도 없을 것이다. 만일 그 원인이 무상한 것

[원주456] Tad abhayam, ajaram, amṛtyupadam, brahmakṣemaprāptiḥ(『니야야 바쉬야』, i.1.22).

[원주457] 『니야야바룻티카』, i.1.22. 또한 『니야야 바쉬야』, iv.1.58을 보라. 바차스파티에 의하면, 즐거움은 하나의 속성이며 영혼의 구성 요소가 아니다. 『니야야바룻티카타트파리야티카』, i.1.22를 보라.

[원주458] 『사르바다르샤나상그라하』, xi.

[원주459] Suṣuptasya svapnādarśane kleśābhāvavad apavargaḥ(iv.1.63).

234

이라면, 무엇이 그 원인일 수 있겠는가? 그 자체로는 아무것도 생성시킬 수 없는 의근과 영혼의 접촉은 그 이유가 될 수 없다. 공덕과 같은 다른 부수 조건들이 받아들여져야 한다. 그러나 영원하지 않은 공덕의 산물은 영원할 수 없다. 공덕이 다할 때, 그것이 즐거움을 생성시키는 것 또한 끝나지 않을 수 없다.[원주460] 그것은 심지어 인식에서도 완전히 벗어난 상태이다. 니야야에 의하면, 인식은 덧없는 것이며 행위의 산물이므로 속박일 수밖에 없다. 자유는 순수 의식의 상태라는 상키야의 견해는, 이 의식의 출현에 반드시 원인이 있어야 하며, 원인 있는 것은 무엇이나 무상하다는 근거에서 비판된다. 뿐만 아니라 푸루샤(puruṣa, 순수정신)가 해탈상태에서 프라크리티(prakṛti, 순수물질)로부터 분리되며, 이로써 후자는 활동을 멈추고 전자는 그 자체의 본질에 머물게 된다는 상키야의 견해는 비지성적인 원리인 프라크리티에게 지나치게 많은 지혜를 부여하는 것이다.[원주461]

　비판적인 입장에 있는 사람은 니야야의 모크샤가 의미 없는 말에 불과하다고 생각한다. 니야야 철학을 유물론과 구별할 만한 것이 그다지 많지 않다. 그것은 개아를 영혼으로 혹은 육신으로 간주하는 것이 아니라, 그 둘의 결합에서 생겨나는 결과라고 본다. 영혼과 육신의 분리가 있을 때, 루크레티우스(Lucretius)의 말처럼 "땅이 바다와 섞이고 바다가 하늘과 섞이지 않는 한, 혹 감각을 자극할 수 있는 것은 아무것도 없다." 절멸된 의식의 평화는 죽음의 평화일 것이다. 꿈 없는 잠은 무감각의 상태이며, 차라리 우리는 바위가 어떤 꿈도 없는 숙면상태에서 지복을 누리고 있다고 말하는 것이 나을 것이다. 니야야가 이상적이라고 생각하는 고통 없고 감정 없는 존재의 상태는 인간이 꿈꾸는 것에 대한 단순한 조롱인 것처럼 보인다. 감각, 감정, 관심을 상실하는 것, 시공간의 상태에서 벗어나는 것은 분명히 신 안에서 새롭게 태어나는 것과는 다르다. 느낌과 감정을 지닌 인간은 온갖 신상으로 가득 찬 신

<hr>

[원주460] 『니야야 바쉬야』, i.1.22. 또한 『니야야칸달리』, pp.286~287을 보라.
[원주461] 『니야야 수트라』, iii.2.73~78.

전에나 어울릴 놋쇠 동상과 같은 괴물을 멀리한다. 모든 계통의 베단타 학자들은 자유가 이 연약하고 덧없는 개별성을 버리고 무한자의 존재 속에 받아들여지는 데 놓여 있다고 주장한다. 니야야 학자들은 자유의 상태가 지복의 하나라는 것을 설명하려고 애쓰지만,[원주462] 그들이 의식과 영혼의 관계에 대한 자신들의 개념을 수정하지 않는 한, 그것은 불가능하다.

23. 영혼과 의식의 관계에 대한 니야야의 이론 및 이에 대한 비판적 고찰

니야야 학자들의 이론에서 의식의 위상은 분명하지 않다. 그들은 영혼 그 자체를 의식 없는 것으로 간주하며, 의식이란 유기적인 자연에 대한 자아의 반응으로 생겨나는 것이라고 주장한다. 그들은 인간 의식의 통일성을 설명하기 위하여 영혼 실체의 실재를 상정한다. 우리의 의식은 한 순간도 동일하지 않으며, 그것이 종종 완전히 사라져버리는 순간들도 있다. 그럼에도 불구하고 우리로 하여금 대상을 기억하게 하고 우리는 어릴 때나 늙어서도 같다고 말하게 하는 자기 동일성이 있다. 이 현상을 설명하기 위하여 니야야는 영원한 자아 실체(self-substance)를 상정한다. 비록 의식의 상태는 잇달아 일어나고 사라진다 할지라도, 자아 실체는 항상 동일하다. 그러나 영혼은 무의식적이면서도 그럼에도 불구하고 인식할 수 있는가? 만일 수면상태 혹은 다른 상태에서 우리의 의식적인 삶의 완전한 틈새 혹은 단절이 있다면, 그리고 만일 영혼이 무의식적인 실체라면, 회상 혹은 기억 현상은 어떻게 설명될 수 있는가?

만일 니야야에서 상정하는 자아가 정신상태의 연속을 목격하는 영원

[원주462] 『니야야사라』(*Nyāyasāra*), pp.39~41. 또한 『니야야 바쉬야』, i.1.22.

한 의식이 아니라면, 그것은 인지 혹은 기억할 수 없을 것이다. 이에 샹카라는 말한다. "심지어 이러한 상태에서 의식이 끊어졌다고 주장하는 사람들의 경우에도, 의식에 의하여 목격되지 않은 끊어짐을 말하는 것은 불가능하다."[원주463] 자아는 결코 쉬는 날이 없는 끊임없는 의식이다. 만일 의식이 그 자체에 의해서 혹은 외부로부터 관찰된 어떤 것에 대한 의식의 연속적인 상태를 의미한다면, 그것이 근본적인 실재 혹은 영원 자존의 주체가 될 수 없다는 니야야 학자들의 주장은 옳다. 그러나 이 후자의 원리가 의식의 범위 밖에 있을 필요는 없다. 의식적인 상태들에 의하여 남겨진 흔적들을 기록하는 무의식적인 영혼은, 의식적인 사건들에 대한 인상을 보존하는 두뇌와 동일한 차원에 있다. 만일 자아가 불변의 의식으로 간주되지 않는다면, 우리는 그것을 상정할 필요가 전혀 없다. 유기체의 뇌세포는 기억과 인지의 토대로 기여할 수 있을 것이다.

그러나 니야야 학자들은 그와 같은 해결책으로 만족하지 않으며, 따라서 그들은 의식적인 주체 혹은 자아를 받아들이지 않을 수 없다. 이것이 아마 자아를 비물질적인 실체로 보는 이들의 견해가 시사하는 의미인 것으로 보인다. 그것은 정신적인 것으로 말해지며, 비록 경험적인 의미는 아니라 할지라도 그것이 의식적이라는 것은 반드시 인정되어야 한다. 니야야 학자들은 영원한 자아가 덧없는 인식들과 동일시되어서는 안된다는 것을 확립하고자 애쓴다. 자아의 영적인 실재는 일시적인 정신상태들과 혼동되어서는 안된다. 자아가 이와 같이 일어났다 사라지는 정신적 현상들에 의하여 항상 규정되고 제한되는 것은 아니다. 그러나 만일 자아가 그것이 상정되는 목적에 기여하려 한다면, 그것은 본질적으로 의식적인 것이라고 말해지지 않으면 안될 것이다. 이 점에서 상키야의 견해는 니야야보다 한 걸음 앞서 있다.

만일 우리가 자아의 실재를 의식으로 상정하지 않는다면, 의식에 대

[원주463] 『베단타 수트라』, ii.3.18에 대한 샹카라의 주석.

한 설명이 어려워진다. 우리는 의식을 이도저도 아닌 것, 영혼과 물질이라는 무의식적인 두 실체의 상호 작용으로 일어나는 일종의 기계적인 달아오름으로 해석해버릴 수 없다. 만일 영혼 자체가 의식적이 아니라면, 그리고 만일 의식이 영혼에 대한 외부의 자극에 의하여 생겨나는 것이라면, 니야야의 이론은 말하자면 의식을 두뇌의 부산물로 보는 유물론과 아무런 차이도 없을 것이다. 의식은 가장 순수하게 물질성이 제거되며, 우리는 이에 필적할 만한 등가물을 발견할 수 없다. 어떻게 물질적인 실체와 비물질적인 실체가 상호 작용할 수 있는가 하는 것은 이해하기 어렵다. 우리가 물질적인 사건에서 심리적인 상태로 넘어갈 때, 우리는 한 세계로부터 서로 치환될 수 없는 다른 한 세계로 들어간다.

의식적 상태는 무의식적인 두 실체, 즉 영혼과 의근의 상호 작용에 의하여 생성되는 부수 현상이라고 말하는 것은 전혀 이치에 닿지 않는다. 영혼은 무한하며 부분이 없다. 이에 비하여 의근은 원자적이며 부분이 없다. 그런데 어떻게 우리가 그 둘의 상호 작용을 생각할 수 있겠는가?[원주464] 만일 의식이 무한하게 확장된 자아 속에서 생겨나는 어떤 것이라면, 이 의식의 토대는 전 범위에 걸친 자아인가, 아니면 육신에 의하여 개별화된 한 부분인가? 전자의 경우는 허용될 수 없다. 왜냐하면 만일 그렇다면 모든 대상들이 한꺼번에 의식에 나타나야 하기 때문이다. 후자의 경우 또한 받아들일 수 없다. 왜냐하면 자아는 부분을 지니지 않기 때문이다.

샹카라는 여러 측면에서 이의를 제기한다. 개개의 모든 영혼은 편재하는 것이므로 하나의 영혼과 관련된 의근은 모든 영혼과 관련되지 않을 수 없으며, 이것은 결국 모든 영혼이 동일한 경험을 지녀야 한다는

[원주464] 『베단타 수트라』, ii.2.17에 대한 샹카라의 주석. 대파괴(pralaya)의 상태에서 각 영혼은 원자들과 접촉하는 것으로 상정되지 않는다. 어떻게 영혼이 자기의 과거 흔적들을 보존하는가? 의근이 그 흔적들을 보존하며, 대파괴의 상태에서도 또한 의근은 영혼과 함께 있다.

238

결론으로 귀결된다. 모든 영혼들은 두루 미치지 않는 곳이 없으므로, 이들은 또한 모든 육신 속에 있어야 한다. 다수의 편재적인 영혼들은 동일한 공간을 점유하는 것으로 간주되어야 한다.[원주465] 만일 의식이 본질상 물질적인 의근에 대한 자아의 행위에서 기인하는 것이라면, 영혼은 의식의 특성을 공유하는 것으로 간주되어야 한다. 왜냐하면 물질적인 두 실체들이 접촉할 때, 그들은 단지 물질적인 현상을 생성시킬 수 있기 때문이다. 만일 우리가 지성을 원자 혹은 전자들의 눈먼 춤의 목적 없는 결과로 해석해버리는 유물론이라는 비판에서 벗어나고자 한다면, 우리는 의식의 독존을 상정하지 않으면 안된다. 비록 우리는 영혼의 행위를 알지 못한다 할지라도, 영혼은 끊임없이 활동적인 실체로 간주되어야 한다. 망각과 허위는 설명을 필요로 하지만, 기억과 지식은 그렇지 않다.

만일 우리가 영혼과 육신을 구분한다면, 우리는 그 둘의 상호 작용을 설명하기 위하여 불가견력(不可見力, adṛṣṭa)의 개념 혹은 데카르트의 인위적이고 부자연스런 해결책에 의존할 수밖에 없다. 니야야에 의하면, 모든 곳에 두루 미치는 편재자로서의 영혼은 언제나 의근과 접촉하고 있으며, 인식은 의근이 감관과 접촉할 때 일어난다. 감관들과 연결된 의근이 한 편에 있고, 다른 한 편에는 영혼이 있다. 이것이 어떻게 가능한가 하는 것은 니야야 학자들이 신의 권능에 호소하여 해결하는 하나의 불가사의이다.

니야야는 영혼과 육신을 구별되는 것으로 간주할 뿐만 아니라, 동등하게 실재적인 것으로 본다. 그것은 물질로 정의되는 육신에 깃들인 분리 가능한 영혼의 이론을 채택한다. 인간 유기체에서 영혼과 육신은 동등한 지위로 간주될 수 없다. 또한 그 둘은 상호 배타적일 수도 없다. 영혼은 외부로부터 육신이라는 기계에 부가되는 어떤 것이 아니다. 니야야 학자들은 인간 본질의 정신적인 측면과 물질적인 측면의 보다 유

[원주465] 『베단타 수트라』, ii.3.50∼53에 대한 샹카라의 주석.

기적인 관련을 믿는다.[원주466] 니야야와 바이셰쉬카에 의하여 주창된 이론에 따르면, 물질은 관념적인 목적의 표현을 위한 수레 혹은 도구이다. 물질보다 정신에 보다 큰 의미와 가치가 있다. 영혼과 육신의 구분은 경험의 높은 차원과 낮은 차원의 구분으로 간주된다.

　　니야야 학자들은 의식이 모든 경험의 토대이자 전제조건(*prius*)이라는 것을 알고 있다. 그것은 태양이나 땅과 같은 사실(fact)들 가운데 한 사실이 아니라, 모든 사실들의 필수적인 준거이다. 지성(buddhi)은 외부 대상의 자극에 의하여 자아 속에 일어나는 단순한 속성이 아니라, 모든 경험의 필요불가결한 토대이다. 안남 밧타는 그것을 '모든 경험에 대한 조건'(sarvavyavahārahetuḥ)[원주467]으로, 쉬바디티야는 '영혼에 속해 있는 비추는 원리'[원주468]로 정의하며, 주석자 지나바르다나(Jina-vardhana)는 이것을 보다 분명하게 설명하여, "그것은 무지의 어둠을 몰아내고 모든 대상을 밝게 비추므로, 빛의 본질을 지니는 것이다"[원주469]라고 말한다. 모든 경험에 선재하는 것은 경험으로부터 도출될 수 없다. 특정한 관념과 믿음들은 주변 조건들의 결과로 생겨날 수 있을 것이다. 그러나 후자는 그 자체만으로 의식의 토대 없이 그러한 것들을 설명할 수 없다. 니야야에 의하여 정의되는 붓디는 주체의 영역에 속한다.[원주470] 그것은 어떤 일시적인 단계가 아니라, 결코 객관적인 대상이 될 수 없는 주체의 본질적 속성이며, 그것 없이는 유한한 개별자도 대상도 불가능한 보편적 의식이다.

　　만일 의식이 모든 경험의 토대, 즉 유한한 개아와 대상들이 의거하

[원주466] 『니야야 바쉬야』, iii.2.60.

[원주467] 『타르카상그라하』, 43. 고바르다나(Govardhana)는 자신의 『니야야보디니』(*Nyāyabodhinī*)에서 경험(vyavahāra)을 말에 의하여 표현될 수 있는 모든 것(śabdaprayoga)으로 정의한다. 이 정의는 너무 좁은 감이 없지 않다.

[원주468] Ātmāśrayaḥ prakāśaḥ(『사프타파다르티』, 93). 아트만을 '지식의 토대'(jñā-nādhikaraṇam)로 정의하는 안남 밧타의 입장(『타르카상그라하』, 17)과 비교하라.

[원주469] Ajñānāndhakāra tiraskārakāraka sakalapadārthasyārthaprakāśakaḥ pradīpa iva dedīpyamāno yaḥ prakāśaḥ sā buddhiḥ.

[원주470] 『니야야바룻티카』, iii.2.19.

는 근본 실재라면, 그것은 유한한 것 이상일 것이다. 개별 주체와 대상은 무한자의 단편적인 단계들이며, 그들은 끊임없이 변화한다. 니야야가 삶의 다양한 경험들에 대한 종합을 설명하기 위하여 상정하는 자아는, 모든 경험을 가능하게 만드는 의식의 본질을 띤다. 우리는 그것을 실체(substance)라고 부를 수 없다. 왜냐하면 경험의 세계가 가능한 것은 항구적인 의식의 존재 덕분이라는 점에서 보면, 그것은 오직 경험의 세계에서 타당한 개념들을 자아에 적용하는 것이 되기 때문이다. 만일 우리가 이 경험 속에 이것보다 우월한 동시에 이것을 구성하는 것을 포함시킨다면, 자아는 그 바깥에 다른 대상들을 지니는 생각하는 실체가 된다.

모든 개아에 공통된 순수의식으로서의 자아와 역사적 존재를 지니는 유한한 자아들 사이에 구분이 만들어져야 할 것이다. 니야야의 자아는 성장하는 어떤 것이며, 역사를 지닌다. 시작이 있는 것은 끝이 있으며, 합성된 것은 파괴되고 소멸되게 마련이라는 주장이나 단일한 것은 결코 해체 혹은 소멸되지 않는다는 주장은 순수 자아의 영원한 속성을 입증하는 것이며, 역사상의 영혼들이 지니는 속성에 대한 언급이 아니다. 후자는 삶의 상황에 대한 스스로의 반응을 규정하는 목적과 이상을 지닌다. 특정한 감정과 장애들에 대한 개아의 감수성은 역사적인 상황들에 기인하는 것이다. 성장 발전하는 개아가 지니는 일종의 지속성과 순수 자아의 영속성은 혼동되지 말아야 한다. 유한 자아의 상대적으로 고정된 특성은 외적인 요소들로부터 도출된다. 자기 제한적인 유한 자아는 그 수에서 무한하다. 니야야 학자들은 개별적·신체적인 특수성의 제한들을 자아의 우유적인 것으로 간주하며, 개아가 필멸의 운명에서 해방될 때 이 모든 제한들로부터 자유롭게 된다고 본다.

자아의 본질적 속성은 자아가 자유의 상태에 있든 속박의 상태에 있든 언제나 지속되어야 한다. 자아의 본질은 우리의 지식을 초월하므로, 우리는 지적, 정적, 의지적인 충동들이 제거된 후에 남는 것은 순수 공백이라고 생각한다. 그러나 니야야 학자들은 우유적 속성들의 토대는 실재적인 어떤 것이라고 확신한다. 자아의 실상을 감추는 것은 대상과의 관계이다. 우리 속에 있는 자아는 물질의 비활동적인 요소에 의하여 흐려진다. 니야야 학자들이 영혼(spirit)을 불멸자로 보는 것은 타당하지만, 그것을 개아(jīvātman)와 혼동하는 것은 잘못이다. 후자는 과거의 삶에 대한 기억을 지니지 않으며, 단지 의식의 끊임없는 현존일 따름이다. 우리 속에 있는 아트만은 보편적 영혼, 자기 동일적인 자아이지만, 그럼에도 불구하고 여러 가지 인상을 받는 기능은 그 자체의 감수성 때문에 상당할 정도의 물질적 속성을 띠는 의존적·수동적이며, 또한 비영속적인 어떤 것이다.

비물질적인 것으로 간주되는 아트만, 즉 자아는 그것의 행위의 어떤 부유(浮遊)도 수용할 수 없다. 그것은 쇠약 혹은 타락에 영향받지 않는다. 이에 비하여 마나스는 그것을 담고 있는 몸처럼, 아트만과는 다른 속성을 지닌다. 영혼들은 각기 다른 사고기관에 붙어 있으므로, 각 영혼들에 의하여 경험되는 사실들은 차이가 있다. 만일 영혼이 마나스와의 관련으로부터 자유롭다면, 모든 대상들은 동시적으로 의식에 도달할 것이며, 편재하는 모든 영혼들의 내용물은 동일할 것이다. 이 보편적 내용은 하나의 특수한 관점, 즉 각 영혼이 놓여 있는 시공간적인 질서에 의하여 한정되는 관점에서 각 유한한 영혼들에 의하여 파악된다. 비슈와나타(Viśvanātha)의 견해는 베단타에 부합된다. 다시 말하여 모든 대상들은 단지 역사적 상황들에 의하여 한정된 그것의 특수 형태에 불과한 반면에, 자아는 지식이라는 것은 불가피하다.[원주471]

개아(jīvātman)의 배타성은 그것의 본질적 속성이 아니라는 것은

[원주471] 자아는 실로 지식이다. 지식으로서의 그 속성은 그것의 자기 현현에 의하여 증명된다. 이런저런 대상에 대한 지식, 행복 등은 그것의 특수한 형태들이다. 단순한 대상들이기 때문에 그들은 덧없으며, 선행하는 정신적 상태들은 후속하는 것들을 야기한다(Nan vastu vijñānam eva ātmā tasya svataḥ prakāśarūpatvāc cetanatvam Jñānasukhādikaṁ tu tasyaivākāraviśeṣaḥ. Tasyāpi bhāvatvād eva kṣaṇikatvam pūrvapūrvavijñānasyottaravijñāne hetutvāt, 『싯단타무크타발리』, 49).

지식 그 자체의 사실로부터 드러난다. 만일 각 영혼이 각기 고유한 마나스를 지니는 다른 정신적 단위라면, 우리는 그들이 지각하는 세계가 모두 하나라는 것을 확신할 수 없을 것이다. 만일 개아가 각기 단독으로 하나의 세계를 만든다면, 개아의 수와 동일한 숫자의 세계가 있는 극단적인 다원론에 떨어질 것이다. 니야야는 주관주의에 떨어지지 않기 위하여 고심하며, 우리 모두가 하나의 공통된 세계를 안다는 것을 믿는다. 다시 말하여, 우리는 특정한 지금—여기의 한계를 초월할 수 있으며, 부수적인 것, 특수한 것, 그리고 부분적인 것에서 필연적인 것, 보편적인 것, 그리고 무한한 것으로 떠오를 수 있다. 모든 지식은 필연적인 요소를 지닌다. 인식하는 자아는 유한할 수 없다. 유한한 주체와 세계의 관계는 고정적인 것이 아니라 유동적이다. 유한한 의식은 결코 완전할 수 없으며, 따라서 끊임없이 부유한다. 유한한 사유의 특징은 끊임없는 자기 변형이다. 인간의 사유작용은 그 진행 과정에서 변증법적이며, 언제나 그것에 대하여 외적인 것의 상대적으로 정적인 속성을 부정하기 위하여 애쓰고 있다. 의식에 대하여 외적인 것처럼 보이는 모든 것들은 실제로 그렇지 않다. 현재 우리 자신에 대한 불만족은, 사실 우리의 당위에 대한 선언이다. 사물과 사건들의 단순한 경험적 차원을 초월하고자 하는 노력은, 보다 근본적인 실재, 다시 말하여 아무 것도 그 자체에 대하여 외적이지 않은 지고한 의식에 도달하는 목적의 표현이다.

니야야 학자들은 순수 자아와 역사성을 띤 개아, 즉 이상과 믿음에 의존적이고 따라서 순수 자아에 일종의 경직성을 부여하는 개아를 구별한다. 만일 우리가 어떤 순간에 유한한 개아의 본질을 분별할 수 있다면, 그것은 유한한 개아가 지니는 과거 역사와 환경 조건들에 의하여 규정된 유기적 속성과 이상을 통해서이다. 그러나 니야야 학자들에 의하면, 이러한 이상과 유기체와 환경을 개별화하는 조건들은 비록 참된 자아에 달려 있다 할지라도, 참된 자아 자체와는 분명히 다르다. 니야야 학자들은 논리적으로 자아의 다수성이 자아의 우유적인 특성들에 근거를 두고 있다는 것을 받아들이지 않을 수 없으며, 그것은 자아의 본질적 속성이 강조될 때는 포기되어야 할 것이다. 상대적인 역사적 관점은 세계의 다자(多者) 개념을 낳는 반면에, 궁극적인 형이상학적 관점은 다원론을 초월한다. 절대 자아는 하나일 수 없다는 니야야의 주장은 견지될 수 없다. 니야야에 의하면, 만일 절대 자아가 하나라면 기쁨과 고통의 다양한 경험들에 대한 혼돈이 있어야 하는데 그렇지 않은 것으로 보아 절대 자아는 하나일 수 없다고 주장하지만, 역사적 자아들의 구별이 부정되지 않으므로 이 주장은 견지될 수 없다.

다수의 마음들이 다양한 영혼들을 한정짓고, 이 영혼들은 스스로의 행위에 의하여 세계를 형상화한다. 개별 영혼들은 세계의 모든 측면과 접촉하지 않는 반면에, 슈리다라(Śrīdhara)는 적어도 전체 세계를 자기의 경험의 영역으로 지니는 하나의 영혼이 있다는 것을 인정한다. 이 영혼은 모든 것들과 어떤 일반적인 관계를 지니지 않지만, 그 모든 것들과 긴밀한 관련을 지니며 그들을 주관한다.[원주472] 본질에서 모든 영혼은 동일하다. 영혼들 가운데서 우리가 감지하는 경험적인 차이들은 그 영혼들이 갖는 긴밀하고 특정한 관계들에 의하여 규정된다. 보편적 의식 혹은 자아의 실재를 상정하는 것이 곧 주관주의(subjectivism) 이론에 대한 지지를 의미하는 것은 아니다. 주체와 객체에 대한 구분을 보편적 자아의 실재에 의거하는 것은, 태양의 빛에 감응하는 살아 있는 어떤 혹성 혹은 태양 에너지를 빛으로 전환시키는 지각력 있는 눈이 있기 훨씬 이전에, 지구와 혹성들이 자전하는 동시에 태양을 중심으로 공전해왔다는 사실에 대한 부정이 아니다.

의식을 영혼의 단순한 속성으로 간주하는 한, 니야야는 경험을 설명할 수 없다. 만일 경험이 이해 가능한 것으로 되려면, 보편 의식으로서의 자아가 인정되어야 한다. 환경적인 조건들이 어떤 관념과 믿음들로 인도하며 발전은 인간 본성의 역사성을 구성한다는 니야야의 주장은

[원주472] 『니야야칸달리』(*Nyāyakandalī*), p.88.

타당하다. 그러나 이 인간 본성은 모든 의식의 주체가 아니라, 그것은 단지 객관적 환경을 통하여 한정된 의식 내의 발전일 뿐이다. 영혼들의 차별성은 그들이 참여하는 경험적인 삶에 기인한다. 유한 존재들은 비록 물질에 뿌리박고 있다 할지라도 정신 속에서 꽃피어나고자 노력한다. 완성된 영혼들은 그들의 몸이 연기로 사라질 때 정신의 불 속에서 산다. 영혼들의 자유로운 상태에 관한 한, 일(一)과 다(多)의 구분은 무의미하다. 비록 니야야 학자들 스스로는 분명하게 의식하지 않았다 할지라도, 만일 우리가 니야야 철학의 핵심적인 가르침을 수행하려 한다면, 우리는 이와 같은 어떤 견해로 귀결되는 것을 알 수 있을 것이다.

24. 윤리

니야야 사상가들은 의지와 지성 간에 어떤 엄격한 선을 긋지 않는다. 지성은 그것에 주어진 대상들을 감수(感受) 혹은 반영하는 수동적인 행위자가 아니며, 이와 마찬가지로 의지는 지성이 그것에 대상들을 나타내 보인 후에 작용하게 되는 어떤 불가사의한 힘이 아니다. 모든 지식은 목적성을 띠며, 심지어는 우리가 대상을 인식할 때도 그것을 좋아하거나 싫어하며, 그것을 얻으려 하거나 피하려 한다. 우리가 어떤 대상을 생각할 때 동시에 우리는 그것에 대한 가치를 평가하며, 그것에 대하여 어떤 분명한 실천적 입장을 지닌다. 윤리는 인간의 삶의 실천적인 측면, 특히 자유의지에 의한 행위들을 다룬다.

자발적인 의지 작용에 대한 심리학적인 분석은 니야야의 몇몇 문헌들에서 찾아볼 수 있다. 비슈와나타는 욕망의 다양한 상태들을 언급한다.[원주473] 우리는 불가능한 것들을 바라지 않는다. 달을 갖고 싶어하는 것은 단지 철없는 어린아이들뿐이다. 대체로 우리는 가능성이 있다고

[원주473] 『싯단타무크타발리』, 146~150.

생각되는 것들을 바란다.[원주474] 또한 바라는 대상들은 행위자의 선(善)에 보탬이 되는 바람직한 것으로 인식된다.[원주475] 심지어 우리가 자살을 결심하게 될 경우에도 그것은 우리가 그러한 대상들의 가치를 믿기 때문이다. 비록 비정상적인 심리상태에서 인식 주체는 자살이나 이와 유사한 다른 행위들을 자신의 행복에 효과적인 것으로 간주할 수도 있다 할지라도, 인식 주체와 무관하게 가치를 지니는 것은 아무것도 없다.[원주476] 나중에 그것에 대한 어떤 다른 판단이 선다 할지라도, 결심의 순간에 그 대상은 반드시 바람직한 것으로 간주되지 않으면 안된다. 미래의 행위에 대한 바람직함을 결정하는 데, 우리는 그것의 모든 결과를 고려하며, 그것의 채택이 보다 큰 해악을 수반하지 않을 것임을 확신한다.[원주477] 어떤 대상이 보다 큰 위험을 낳을 가능성이 있을 때, 우리는 그것을 하고자 하지 않는다. 이러한 상태는 하고자 하는 행위의 결과에 대한 신중한 고려를 포함한다.

엄격히 말하여 직각적이고[원주478] 자동적인 행위, 다시 말하여 의지의 작용이 결여된 자발적인 행위들은 도덕적 판단의 대상이 아니다. 영혼은 외적인 원천에서 유입되는 욕망과 혐오의 희생물이 아니다. 만일 영혼이 그 자체로 의식 없는 실체라면, 그것의 싫어함과 좋아함은 영혼을 계속하여 끌고가는 운명으로 간주될 수도 있을 것이다. 니야야는 영혼의 독창력과 선별 능력을 인정하고 있으며, 이것은 결국 영혼의 본질이 정신적인 자유라는 것을 의미한다. 바트시야야나는 모든 사건을 신의 직접적인 간여에서 그 원인을 찾으려는 견해, 따라서 결과적으로 인간의 노력(puruṣakāra)에 대한 아무런 여지도 인정하지 않으려는 입장

[원주474] Kṛtisādhyatājñāna.
[원주475] Iṣṭasādhanatājñāna.
[원주476] Rogadūṣitacittaḥ.
[원주477] Balavad aniṣṭānanubandhitvajñāna. 이 문장은 애매하다. '악의 부재에 대한 의식'(aniṣṭa ajanakatvajñāna) 혹은 '어떤 악에 대한 의식의 부재'(aniṣṭa-janakatvajñānābhāva)로 해석될 수 있을 것이다. 비슈와나타는 후자를 따른다.
[원주478] Jīvanayonipūrvaka, 152.

에 대하여 부정적이다.[원주479] 인간의 의지는 비록 그것이 신의 통제 하에 작용한다 할지라도, 충분히 유효하다. 바트시야야나는 인간의 의지가 아무런 이유 없이 작용한다는 개념을 비판한다.[원주480]

모든 행위는 그 자체의 동기(prayojana)로[원주481] 즐거움을 얻고(sukhaprāpti) 고통을 피하려는(duhkhaparihāra) 욕구를 지닌다. 고통, 즉 불쾌의 원인[원주482]은 영혼이 그 자체로 휴식하지 못하고 있다는 표식이다. 지고선은 고통에서 벗어남이며, 쾌락의 즐김이 아니다. 왜냐하면 즐거움은 언제나 고통과 섞여 있기 때문이다.[원주483] 윤회의 삶은 비록 가끔 즐거움이 있는 것처럼 보인다 할지라도, 그것은 본질적으로 고통이다. 윤회에서 벗어나는 것은 최고의 선을 얻는 것이다. "고통, 출생, 행위, 결함, 그릇된 개념들, 이러한 것들의 연속적인 소멸 과정에서, 앞의 것은 바로 그 다음 것의 소멸로 사라진다."[원주484] 고통(duḥkha)은

[원주479] 『니야야 바쉬야』, iv.1.19~21.

[원주480] 『니야야 바쉬야』, iv.1.22~24.

[원주481] 『니야야 바쉬야』와 『니야야바룻티카』, i.1.24. 또한 『니야야 바쉬야』, iii.2. 32~37.

[원주482] 『니야야 바쉬야』, i.1.21.

[원주483] 『사르바다르샤나상그라하』, xi. 웃디요타카라는 이 견해를 다소 수정하고 있다. "만일 아무런 즐거움도 없다면, 공덕은 아무런 쓸모도 없게 될 것이다……. 또한 단지 고통의 부재를 공덕의 결과로 간주하는 것은 옳지 못할 것이다. 왜냐하면 그렇게 되면 공덕의 결과는 단지 부정적인(negative) 실체에 불과할 것이기 때문이다. 일상적인 삶에서 사람들 가운데 두 종류의 행위를 본다. 한 유형은 바람직한 어떤 것을 얻기 위한 관점에서 행하는 행위이며, 이에 비하여 다른 한 유형은 바람직하지 못한 것을 피하기 위한 관점에서 행하는 행위이다. 그리고 만일 결코 바람직한 것이라고는 아무것도 없다면, 이 두 종류의 행위는 불가능할 것이다. 또한 (만일 아무런 즐거움도 없다면), 즐거움은 고통으로 간주되어야 한다는 식의 권고는 있을 수 없다. 끝으로 결코 어느 누구도 고통에 집착하지 않을 것이므로, 집착은 있을 수 없을 것이다"(『니야야바룻티카』, i.1.21). 슈리다라는 적극적인 행복 체험과 두 가지 유형의 인간 행위라는 관점에서, 즐거움이란 단지 고통의 부재라는 견해에 동의하지 않는다(『니야야칸달리』, p.260).

[원주484] 『니야야 수트라』, i.1.2 ; iv.1.68. 불교의 연기(緣起)와 비교하라(『비숫디막가』(*Visuddhimagga*), xix).

출생(janma)의 결과이며, 출생은 행위(pravṛtti)의 결과이다. 선악의 모든 행위는 우리를 윤회의 사슬에 묶으며, 귀하거나 천한 어떤 출생으로 이끈다.

니야야 학자들은 자기 자신이 육신을 지닌다는 것을 부끄럽게 생각하며, 노발리스(Novalis)처럼 "삶은 정신의 질병이며, 감정에 의하여 야기된 행위"라고 선언한다. 행위는 혐오(dveṣa), 집착(rāga), 그리고 어리석음(moha)이라는 결함에 기인한다. 혐오는 분노, 시기, 적개심, 악의, 앙심을 포함한다. 집착은 애욕, 탐재(貪財), 갈망을 포함한다. 어리석음은 오해, 의심, 자만, 부주의를 포함한다. 어리석음은 가장 심각한 해악이다. 왜냐하면 그것은 혐오와 집착을 낳기 때문이다.[원주485] 이러한 결함 때문에 우리는 영혼에서는 유쾌한 것도 없고 불쾌한 것도 없다는 사실을 망각하고, 대상들을 좋아하거나 싫어한다. 이러한 결함의 원인은 영혼, 고통, 즐거움 등에 관한 그릇된 지식(mithyājñāna)이다. 유일하게 참된 가치를 지니는 영원한 자유상태를 얻기 위하여 우리는 그릇된 개념으로 시작하여 고통으로 끝나는 이 사슬을 끊어야 한다. 그릇된 지식이 사라질 때, 결함들이 사라진다. 이러한 결함들의 소멸로 행위는 존재 이유를 상실하며, 따라서 출생의 기회는 결코 없다. 출생의 소멸은 고통의 사라짐, 즉 궁극의 지복을 의미한다.[원주486]

우리가 행위하는 한에서는 집착과 혐오의 영향력 아래에 있을 수밖에 없으며, 따라서 지고선을 얻을 수 없다. 고통에 대한 혐오 역시 혐오이며, 즐거움에 대한 집착 역시 집착이다. 그리고 이러한 것들이 여전히 작용하고 있다면 우리에게 지고선은 요원하다.

니야야 학자들은 우리가 모든 유형의 개체 의식을 제어해야 한다고 가르친다. 왜냐하면 그들은 결함이 극복된 자들의 행위는 재생의 원인이 되지 않는다는 것을 인정하기 때문이다.[원주487] 이생에서 구제된 자

[원주485] 『니야야 수트라』, i.3∼9.
[원주486] 『니야야 바쉬야』, iii.2.67 ; iv.1.6 ; iv.2.1.
[원주487] 『니야야 수트라』, iv.1.64.

는 그들이 몸을 지니고 있는 한 계속하여 행위하지만, 이러한 행위는 그를 구속하지 않는다. 우리가 개별성에 집착해서 인드라(Indra) 혹은 브라흐마(Brahmā)가 되기 위하여 공덕을 쌓는다면, 우리는 윤회의 속박에 연루될 수밖에 없다. 왜냐하면 인드라 혹은 브라흐마의 상태조차도 끝이 있기 때문이다. 지고선은 모든 개체 의식에서 벗어남에 있다.

참된 지식을 실현한다고 해서 즉각 윤회에서 벗어나는 것은 아니다. 영혼과 몸의 관련에 토대가 되는 공과(功過)가 완전히 소멸되어야 하며, 그래서 그 둘 사이의 관련이 다시 일어날 수 있는 모든 가능성이 사라져야 한다.[원주488]

이와 같이 유일한 선(善)은 개체성으로부터의 자유라 할 수 있지만, 이것을 지향하는 모든 행위는 선한 것으로 일컬어지며, 이에 반하는 것은 악한 것이라고 한다. 행위는 구(口), 의(意), 신(身)을 통한 세 가지 유형의 행위로 구분되며, 이들은 또한 각기 선한 행위와 악한 행위로 구분된다.[원주489] 도덕적인 악의 본질은 선(善)보다는 오히려 악을 의식적으로 선택하는 사실에 놓여 있다. 흔히 격한 감정(utkaṭarāga)에 사로잡혀 우리는 죄악의 고통스런 결과를 간과하며, 쾌락의 유혹에 떨어진다.

선행의 실천은 우리가 영혼을 몸이나 감관들로부터 분별할 수 있게 한다. 참된 지식은 단순히 지적인 견해의 문제가 아니라, 그것은 일종의 일반적인 자세이다. 그릇된 지식과 이기적인 자세는 병행한다.[원주490] 바른 지식과 이타심은 유기적인 관련을 지닌다. 이 참된 지식은 책에서 얻을 수 있는 것이 아니며, 다만 명상과 정의의 함양을 통하여 획득된

[원주488] 『니야야 수트라』, iv.1.19~21.
[원주489] 『니야야 수트라』, i.1.17. 자비, 보호, 봉사는 신체적인 선행이며, 이에 비하여 살인, 절도, 간통은 악행이다. 진실되고 유익하며 유쾌한 것을 말하는 것과 거룩한 경전을 공부하는 것은 말과 관련된 선행이다. 한편 거짓말, 거친 말을 사용하는 것, 욕설, 경박한 대화는 악한 것이다. 동정, 관용, 헌신은 마음을 통한 선행이며, 악의, 시기 질투, 의심은 악한 것이다.
[원주490] 『니야야바롯티카』, iv.2.2.

다.[원주491] 학습과 명상[원주492] 이외에도 요가 수행이 요구된다.[원주493] 웃디요타카라는 경전 학습, 철학적인 사색, 명상을 권한다.[원주494] 때로는 세속적인 즐거움을 억제하고, 모든 욕망을 버리며, 숲에 은거하여 우리의 영혼을 희생제의의 불이 되게 해야 한다는 것이 강조되기도 한다. 평안과 행복을 얻기 위한 수단으로서의 박티(bhakti, 信愛)가 허용된다. 비록 신은 간섭하지 않는다 할지라도, 박티의 행위는 그 자체의 대가를 가져온다.[원주495]

인도사상의 다른 학파들과 마찬가지로, 니야야는 업의 법칙을 받아들이며, 행위의 결과의 지속을 믿는다. 우리의 행위 가운데 어떤 것, 예를 들어 밥짓는 행위는 즉각적으로 결과를 나타낸다. 이에 비하여 어떤 행위, 예를 들어 밭을 가는 행위는 그 결과가 나타나기까지 오랜 시간이 걸린다. 경애와 제사의 행위는 후자의 경우에 속한다. 왜냐하면 천계에 태어나는 것은 죽은 후에나 가능하기 때문이다.[원주496] 결과가 나타나기 전까지 원인은 사라지는 것이 아니라 공덕(dharma)과 비공덕(adharma)의 형태로 지속한다. "행위의 결과가 실제로 완성되어 나타나기 이전에, 마치 나무에 열리는 과일의 경우처럼 (하나의 중간 형태

[원주491] 『니야야 바쉬야』, iv.2.38과 41.

[원주492] 『니야야 바쉬야』, iv.2.47.

[원주493] 『니야야 바쉬야』, iv.2.46. 니야야 학자들은 또한 요가 행자라고 말해진다. "Naiyayikanam yogaparabhidhananam"(구나라트나의 『샤드다르샤나사뭇차야브릿티』). 또한 그의 『타르카라하시야디피카』(*Tarkarahasyadīpikā*)를 보라. 바트시야야나는 i.1.29에서 요가라는 이름으로 니야야의 견해를 언급한다.

[원주494] 『니야야바룻티카』, i.1.2.

[원주495] 『니야야사라』(*Nyāyasāra*), p.38, pp.40~41 ; 『사르바싯단타사라상그라하』(*Sarvasiddhāntasārasaṁgraha*), vi.10~21과 40~44.

[원주496] 웃디요타카라는 말한다. "어떤 사람의 행위가 즉각적으로 그 결과를 가져오지 않는 경우, 이것은 익고 있는 업의 잔재에 따르는 특수한 상황에 기인하는 장애 때문이거나, 혹은 그와 유사한 경험을 지니는 다른 생명체의 업의 잔재를 익게 함으로써 야기되는 장애 때문이거나, 혹은 그의 업을 나누어 가질 수도 있는 다른 생명체의 행위에 의하여 방해되는 행위 때문이거나, 혹은 그때 공덕이나 비공덕으로서의 조인(助因)들이 없기 때문이다"(『니야야바룻티카』, iii.2.60).

로서) 어떤 것이 있다.”[원주497] 불가견력(不可見力, adṛṣṭa)은 업과 다르지 않다. 왜냐하면 만일 그 둘이 다르다면, “심지어 궁극적인 해탈 이후에도 생성되는 몸의 가능성이 있을 것이기 때문이다.”[원주498] 영혼이 띠는 몸은 각자의 지난 업에 따라서 결정된다. 몸은 영혼에 이름을 부여한다. 영혼은 비록 인간도 아니고 말도 아니지만, 그럼에도 불구하고 그것이 띠는 몸의 종류에 따라서 인간 혹은 말이라고 불린다.[원주499] 니야야 바이셰쉬카 철학은 미세신을 믿지 않는다. 영혼은 마나스의 도움으로 하나의 틀에서 다른 하나의 틀로 옮겨간다. 마나스는 원자처럼 미세한 것이기 때문에 초감각적이며, 죽음의 순간에 그것이 몸을 떠날 때 보이지 않는다. 영혼은 편재하는 것이므로, 윤회의 과정에서 과보의 새로운 거처로 나아간다고 말해질 수 있는 것은 단지 마나스뿐이다.

니야야 바이셰쉬카에 따르면, 실재는 영혼들과 자연의 복합체이다. 자연계는 영혼들의 산물이 아니라, 신이 원자들을 배열하여 마련해둔 것이며, 그것은 영혼들의 경험을 위한 매개물이다. 영혼들과 자연의 조화는 신의 의도에 따른 것이다.

25. 신학

『니야야 수트라』에서 우리는 신에 관한 단지 우연한 언급을 볼 수 있을 뿐인데, 이것은 니야야의 초기 가르침이 유신론적이 아니었지 않나 하는 의혹을 정당화한다.[원주500][역주44] 신의 인과율에 관한 이론이 『니

[원주497] 『니야야 바쉬야』, iv.1.47. 같은 책, iv.1.44~54를 보라.
[원주498] 『니야야 바쉬야』, iii.2.68.
[원주499] 『니야야 바쉬야』, iii.1.26.
[원주500] “니야야 바이셰쉬카 학파의 근본 경전, 즉 『니야야 수트라』와 『바이셰쉬카 수트라』는 원래 신의 존재를 인정하지 않았다. 이 두 학파가 유신론적인 성향을 띠게 되는 것은 상당히 후기에 와서의 일이다. 물론 이 단계에서도 신은 결코 물질의 창조자라는 의미로까지 발전하지는 않는다”(Garbe, *Philosophy of Ancient*

야야 수트라』에서 언급된다.[원주501] 바트시야야나, 웃디요타카라, 비슈와나타는 그것을 니야야의 견해로 간주하는 반면에, 바차스파티, 우다야나, 바르다마나(Vardhamāna)는 그것을 신은 세계의 구성 원인이라는 베단타의 견해에 대한 비판으로 해석한다. 사람은 흔히 자기의 행위에 비례하는 결과를 거두지 않으며, 따라서 모든 것은 인간의 노력이 아니라 신의 의지에 달려 있는 것처럼 보인다는 반대에 대하여, 니야야는 인간의 행위는 신의 통제와 그와의 협동으로 그 결과를 낳는다고 말한다. 바트시야야나에 의하면, 자아는 모든 것을 보고, 모든 것을 느끼며, 모든 것을 안다. 이것은 그가 유신론을 지지한다는 것을 의미한다. 이것은 그의 언급이 불완전한 개아에 대해서는 전혀 아무런 의미를 지닐 수 없다는 사실에서 분명해진다.[원주502]

후기 니야야 바이세쉬카 학자들은 공공연하게 유신론적이며, 아트만 이론과 관련하여 신의 본질에 대한 논의를 끌어들인다. 안남 밧타(Annaṁ Bhaṭṭa)는 영혼을 두 종류, 즉 지고한 영혼과 인간의 영혼으로 나눈다. 지고한 영혼은 유일 전능한 신이며, 이에 비하여 인간의 영혼은 무수히 많으며 각각의 몸에 따라서 다르다.[원주503] 신은 세계를 지배하고 규제하는 전지 전능의 속성을 지니는 특수한 영혼으로 간주된다. 인간의 영혼과 신의 영혼은 여러 점에서 다르기 때문에, 원래의 저자들, 즉 가우타마(Gautama)와 카나다(Kaṇāda)가 하나의 포괄적인 범주 속에 두 종류의 영혼을 함께 담으려고 했다는 것은 믿기 어렵다. 니야야의 경험적인 성향과 논리학에 대한 깊은 관심은 신의 존재 문제에 대한 실제적인 무관심으로 나타났다.[원주504]

India, p.23). "니야야의 초기 가르침이 유신론적이었다고 말할 수 없다"(Muir, *Original Sanskrit Texts*, vol.iii, p.133).

[역주44] 『바이세쉬카 수트라』에도 신에 대한 분명한 언급은 없다. 그러나 ii.1.17~19는 유신론적으로 해석되기도 한다.

[원주501] iv.1.19~21.

[원주502] 『니야야 바쉬야』, i.1.9 ; iv.1.21.

[원주503] 『타르카상그라하』, 17.

252

우다야나의 『쿠수만잘리』(*Kusumāñjali*)는 신의 존재에 대한 니야야의 고전적인 논증이다. 그것은 제1장에서 보이지 않는 원인 아드리슈타(adṛṣṭa), 즉 우리의 행복과 불행을 결정하는 불가견력의 실재를 이해하기 위한 어떤 고려를 시도한다.[원주505] 모든 결과는 원인에 달려 있다. 따라서 우리의 행복과 불행에 대한 원인이 반드시 있을 것이다.[원주506] 개개의 모든 원인은 그것의 선행 원인과 관련하여 결과이며, 그 선행 원인 역시 어떤 다른 원인의 결과이다. 세계는 시작을 지니지 않으므로 이러한 인과의 연쇄 또한 시작이 없다. 그러므로 우리의 행복과 불행의 원인은 그것의 시작으로 거슬러 올라갈 수 없다.[원주507]

결과의 다양성은 원인의 다양성을 의미한다. 각양각색인 우리의 운명은 신 혹은 자연과 같은 공통 원인에서 추적될 수 없다.[원주508] 우리의 행위는 그 뒤에 응보를 가져올 수 있는 자취를 남기며 사라진다. "오래 전에 지나간 것은 어떤 지속적인 영향력이 없다면 그 결과를 생성할 수 없다."[원주509] 선행의 자취는 공덕(puṇya)이라 하며, 악행의 자취는 비공덕(pāpa)이라 한다. 그 둘은 함께 불가견력, 혹은 그것을 행한 사람

[원주504] 아탈리에(Athalye)는 말한다. "카나다와 가우타마는 처음에 자신들의 사상 체계에서 신을 의도적으로 배제했을 것이다. 이들이 신을 배제한 것은, 신을 완전히 비존재라고 보았기 때문이라기보다는, 그들의 사상체계가 주로 관심을 쏟고 있는 현상 세계에 초월적인 존재라고 보았기 때문일 것이다. 아마도 경전 저자들(즉 카나다와 가우타마)은 초자연적인 작인(作因)을 염두에 두지 않고 다만 지상의 존재에 대한 분류와 논의에 자신들을 국한시켰을 것이지만, 후기의 주석자들은 이것을 누락으로 생각하고 어떤 가능한 범주 하에 신을 삽입함으로써 누락을 보충했다"(『타르카상그라하』, p.137). "니야야는 현저하게 논리적인 성향을 지니고 있었기 때문에 형이상학에 대한 문제에 대한 직접적인 논의가 허공에 떠 있을 뿐이다. 따라서 어떤 주제에 대한 이들의 침묵을 곧 그것을 배제하는 것으로 해석하는 것은 금물이다"(Keith, *Indian Logic and Atomism*, p.265).

[원주505] Sāpekṣatvād anāditvād vaicitryād viśvavṛttitaḥ. Pratyātmaniyamād bhukter asti hetur alaukikaḥ(i.4).

[원주506] 『쿠수만잘리』, i.5.

[원주507] 『쿠수만잘리』, i.6. 따라서 불가견력의 시작에 관한 문제는 피해간다.

[원주508] 『쿠수만잘리』, i.7.

[원주509] 『쿠수만잘리』, i.9.

의 영혼에 귀속되는 공과(功過)를 형성한다. 이 불가견력은 적절한 시기, 장소, 그리고 대상이 발생할 때, 행복과 불행을 야기시킨다. 공덕과 비공덕의 지속은 불가견력이라는 초월적 작인에 의하여 설명된다. 영혼과 유기적 신체의 결합은 자연적인 원인들에 기인하는 것이 아니다. 도덕적 차원의 인과 법칙은 자연 질서에 부수한다. 온갖 영혼들이 받는 다양한 정도의 즐거움은 각자에게 귀속해 있는 불가견력에서의 차이에 의하여 결정된다.

지금까지의 논의에서, 우다야나는 고대 니야야 학자들의 견해, 즉 원자들 간의 원래적인 작용과 영혼들 간의 불가견력이라는 가정 하에 세계의 창조를 설명하는 입장에 충실하다는 것을 알 수 있다. 그러나 그가 불가견력과 같이 의식 없는 원인은 의식적인 정신의 주관 없이 그 결과를 생성할 수 없다고 말할 때, 그는 고대 니야야 학자들의 입장을 벗어나고 있다. 신은 불가견력의 작용을 감독하는 것으로 말해진다.[원주510]

세계는 원자들 혹은 업력으로 설명되지 않는다. 만일 원자들이 본질적으로 활동적이라면, 그들의 작용은 끊임없어야 할 것이다. 만일 그들의 작용이 시간의 힘에 의하여 결정된다면, 의식 없는 이 시간 원리는 항상 활동적이거나 아니면 항상 비활동적이어야 할 것이다. 그러나 만일 그렇다면, 송아지의 영양 공급을 위하여 나오는 우유의 예는 설명되기 어려울 것이다. 왜냐하면 만일 우유가 그 자체로 활동적이라고 한다면, 우유는 죽은 소에서도 나와야 할 것이기 때문이다. 만일 의식 없는 것이 활동적이라면, 그것은 어떤 의식적인 작인의 영향력 하에 있다는 결론이 된다. 개별 영혼은 불가견력의 통제자가 될 수 없다. 왜냐하면 만일 그렇다면 바라지 않는 불행은 피할 수 있어야 할 것인데, 사실은 그렇지 않기 때문이다. 그러므로 불가견력, 즉 의식이 없으면서도 모든 존재의 운명을 결정하는 원리는 신의 지시 아래서 작용한다. 그러나 신

[원주510] 『쿠수만잘리』, i.19.

254

은 불가견력을 창조하거나 그것의 불가피한 경로를 변경하지 않으며, 단지 그것의 작용이 가능할 수 있게 하는 역할을 담당할 뿐이다. 그래서 신은 우리가 행하는 행위의 과실을 주는 자이다.

또 다른 형태의 논증이 우다야나에 의하여 제시된다. "온갖 결과물, 결합, 지지, 등등으로부터, 전통적인 공부 과목들로부터, 경전들로부터, 문장들로부터, 그리고 특수한 숫자들로부터, 하나의 영속하는 전능의 존재가 확립된다."[원주511] 우선 인과 관계의 논증이 고려된다. 세계는 구성 요소들로 이루어져 있으므로, 그것은 하나의 산물로 간주되며, 따라서 그것을 만든 창조자가 있었음에 틀림없다. 왜냐하면 "그것은 일련의 어떤 동시 발생적 원인들과는 무관하게 그 자체의 고유한 본질을 획득할 수 있는 결과가 아니기 때문이다." 세계의 창조자는 의식적인 존재로서, "의지의 결합, 행위하고자 하는 욕구, 그리고 다른 모든 원인들을 움직이는 적합한 수단에 대한 지식을 지니지만, 그럼에도 불구하고 그 자체의 행위에서는 결코 다른 어떤 작인을 필요로 하지 않는다." 결합(āyojana)은 창조의 시작 단계에서 두 원자의 조합을 야기하는 행위이다. 이 행위는 의식적인 행위자의 존재를 의미한다. 지지(dhṛti)는 이 놀라운 우주가 그의 의지에 의하여 떠받쳐지고 있다는 것을 의미한다. '등등'이라고 말한 것은, 신은 또한 세계의 파괴자이기도 하다는 것을 입증하기 위한 것이다. 신은 세계를 창조, 파괴, 그리고 재창조한다.

전통적인 공부 과목들은 지적인 고안자를 의미한다. 베다의 권위는 그와 같은 속성을 그것에 부여하는 존재로부터 도출된다. 우다야나는 베다가 영원하다는 것을 부정한다. 그에 의하면, 베다는 세계의 다른 모든 사물과 마찬가지로 창조와 파괴를 겪는다. 만일 베다가 바른 지식의 원천이라면, 그것은 신이 그것의 저자이기 때문이다.[원주512] 그외에도 경전(śruti)은 우리에게 세계의 창조자에 대하여 말한다. 또한 여러 문

[원주511] Kāryāyojanadhṛtyādeḥ padāt pratyayataḥ śruteḥ, Vākyāt saṁkhyā-
    viśeṣāc ca sādhyo viśvavid avyayāḥ(v.1).
[원주512] 『쿠수만잘리』, ii.1.

장들로 이루어져 있으므로, 그것은 저자를 필요로 하며, 오직 신만이 그것의 저자가 될 수 있다. 수(數)를 통한 논증은 이중원자 복합체(dyad)의 크기가 원자들의 무한 극미성으로부터 나오는 것이 아니라, 이중원자 복합체를 구성하는 원자들의 수(2)에서 나온다는 견해에 토대를 둔다. 앞으로의 논의과정에서 알게 되는 것처럼, 이와 같은 이중성의 개념은 의식적인 이해(buddhyapekṣā)를 전제로 하며, 따라서 창조의 처음에 이중원자 복합체를 생성하는 이중성을 설명하기 위해서는 반드시 어떤 지적인 존재가 상정되지 않을 수 없다.

우다야나는 지각되지 않는다는 이유로 신의 존재를 부정하는 입장을 비판한다. 어떤 대상이 지각되지 않을 때, 그것이 곧 그 대상의 비존재에 대한 증거가 될 수 있는 것은, 단지 그 대상이 일상적으로 지각의 범위 안에 있는 것일 경우뿐이다. 감각의 범위 바깥에 있는 것들은 비존재가 아니다. 우리가 말할 수 있는 극한은 신의 존재는 결코 지각을 통하여 확립될 수 없다는 것이다.[원주513] 추론은 신의 존재를 증명하거나 부정할 수도 없다.[원주514] 비교는 대상들의 존재 및 비존재와 무관하다.[원주515] 샤브다(śabda, 聖言量)는 유신론에 긍정적이다.[원주516] 가정(arthāpatti)과 비인식(anupalabdhi)은 독립적인 지식 수단이 아니다.[원주517]

니야야의 신은 존재, 지식, 지복을 지니는 인격적 존재이다. 그는 "과실(adharma), 그릇된 지식(mithyājñāna), 부주의(pramāda)와 같은 속성을 지니지 않으며, 공덕, 바른 지식, 침착(dharmajñānasamādhisaṁpad)과 같은 속성을 지닌다. 그는 비록 자신이 창조하는 존재에 의하여 행해진 행위의 결과들에 영향을 받는다 할지라도, 자신의 창조에 관하여는 전능하다. 그는 자기가 행한 행위의 모든 결과들을 획득했으며, 자기의 피조물을 위하여 계속적으로 행위한다. 아버지가 아이들을 위하

[원주513] 『쿠수만잘리』, iii.1.
[원주514] 『쿠수만잘리』, iii.4~7.
[원주515] 『쿠수만잘리』, iii.8~12.
[원주516] 『쿠수만잘리』, iii.13~17.
[원주517] 『쿠수만잘리』, iii.18~23.

여 행위하는 것과 똑같이, 신은 살아 있는 모든 존재를 위하여 아버지처럼 행위한다.[원주518] 신은 바른 지식, 즉 실재에 대한 독립적인 이해를 지니고 있으므로 모든 것을 아는 자이다. 신은 영원한 지성을 지니고 있으며, 그의 인식은 영속적이기 때문에 기억이나 추론적 지식을 필요로 하지 않는다. 보통 사람들에게는 일종의 간헐적인 영적 지각이 있으며, 요기(yogi, 요가 수행자)들에게는 후천적인 능력이 있다. 이에 비하여 신에게는 파악의 지속적인 양태가 있다.[원주519] 신 또한 욕망을 지닌다.[원주520] 신은 순수 무장애(無障碍)의 지성과 영원한 지복을 지닌다.

창조에서의 어려움들은 무시되지 않는다. 모든 행위는 고통과 관련을 지니며, 잘못(doṣa)으로 야기된다고 말해진다.[원주521] 신은 자기 자신의 어떤 욕망을 실현하기 위하여 혹은 다른 존재들을 위하여 창조를 행하는 것인지에 대한 의문이 제기된다. 그러나 신은 모든 이루어진 욕망을 지니며, 따라서 창조는 신이 자기의 욕망을 실현하는 데 도움이 되는 수단이 아니다. 다른 사람들을 염려하는 자는 단지 참견 잘하는 사람일 뿐이다. 또한 신의 창조 행위를 인류에 대한 그의 사랑으로 설명하려는 시도는 부당하다. 세계 속에 만연하는 악과 고통은 이러한 가정을 불가능하게 만든다. 니야야 학자들은 이 비판에 대하여 다음과 같이 말한다. "사실 창조에서 그의 행위는 오직 그의 자비에 기인한다. 그러나 모든 것이 행복으로만 이루어진 창조의 개념은 이치에 맞지 않는다. 왜냐하면 창조되는 존재들의 선하고 악한 온갖 행위에서 성숙되는 결과로부터 필연적인 차별이 있을 수밖에 없기 때문이다. 또한 (신은 자기 이외의 다른 존재의 행위에 의존하는 것처럼 보이기 때문에)

[원주518] 『니야야 바쉬야』, iv.1.21.
[원주519] 우다야나는 신의 전지성(全知性)이 유한 존재들의 환영적(幻影的) 인식에 대한 지식을 포함하는지, 따라서 결과적으로 신이 가탁(假託)을 지각하는지에 대하여 재미있는 물음을 제기하고 있다. 그리고 이에 대한 그의 대답은, 인간의 환영에 대한 신의 지식은 환영이 아니라는 것이다.
[원주520] 『니야야 바쉬야』, iv.1.21.
[원주521] 『니야야 바쉬야』, i.1.18.

이것은 신 자신의 독립성 혹은 절대성에 대한 손상을 의미한다고 비난될 필요도 없다. 왜냐하면 '우리 자신의 몸은 우리를 방해하는 것이 아니라, 오히려 우리의 목적이 실현되도록 돕는다'는 격언이 있기 때문이다."[원주522] 웃디요타카라는 신의 행위가 자기 이외의 다른 고려 사항에 의하여 제한된다는 것을 인정한다. 그럼에도 불구하고 이것은 단지 자기 스스로가 부과한 제한일 뿐이다.[원주523] 신이 고려하는 궁극적인 목적은 피조물의 행복이라기보다는 그것의 영적인 발전이다. 이 세계는 영적인 목적의 실현을 위한 장소이며, 고통을 통하여 선(善)을 실현하고 제의식을 통하여 완전을 이루는 곳이다.

니야야 학자들은 쉬바교에 속하며, 이에 비하여 바이셰쉬카 학자들은 파슈파타(Pāśupata) 종파에 속한다.[원주524] 지나닷타(Jinadatta)는 자신의 『비베카비타사』(*Vivekavitāsa*)에서 쉬바는 니야야 바이셰쉬카의 신이라고 말한다. 웃디요타카라는 파슈파타 종파의 인물이었다. 바사르바갸(Bhāsarvajña)는 명상의 결과로서 마헤슈와라(Maheśvara)의 모습을 직접 볼 수 있다고 주장한다.[원주525] 우다야나는 궁극자와 쉬바를 동일시한다.[원주526]

니야야의 유신론은 인도사상사를 통하여 중요한 논의의 주제였다. 비판가들은 니야야가 논리적인 설명에 실패할 때마다 불가견력에 호소한다고 지적힌다. 근본 원지들 속에 일어나는 최초의 움직임, 불의 상승 운동, 심지어 자석이 바늘을 끌어당기는 현상조차도 모두 불가견력

[원주522] 『사르바다르샤나상그라하』, xi.
[원주523] 『니야야바룻티카』, iv.1.21.
[원주524] 구나라트나(Guṇaratna)의 『샤드다르샤나사뭇차야브릿티』(*Ṣaḍdarśanasa-muccayavṛtti*), pp.49~51. 또한 하르바드라(Harbhadra)의 『샤드다르샤나사뭇차야』(*Ṣaḍdarśanasamuccaya*)를 보라. Akṣapādmate devaḥ sṛṣṭisaṁhārakṛc chivaḥ, Vibhur nityaikaḥ sarvajño nityabuddhisamāśrayaḥ(13). 이보다 다소 앞선 시대 라자셰카라(Rājaśekhara)의 『샤드다르샤나사뭇차야』에서도 이 견해가 확인된다. Keith, *Indian Logic and Atomism*, pp.262~263을 보라.
[원주525] 『니야야사라』, p.39.
[원주526] 『쿠수만잘리』, ii.4.

에 귀속된다. 불가견력은 단지 설명의 한계를 의미할 뿐이다.[원주527] 여러 가지 일들이 일어나는 괄목할 만한 규칙성은 지식(jñāna), 욕망(icchā), 그리고 의지력(prayatna)을 지니는 신 없이는 설명될 수 없기 때문에, 어떤 지적인 통제자가 요청되는 것으로 생각한다. 개별 영혼들은 해체의 순간에 활동을 멈추며, 창조시에 다시 활동한다. 그런데 이 것은 신의 주관 없이는 설명될 수 없다.

인과적 논증은 우다야나와 슈리다라에 의하여 자주 이용된다.[원주528] 세계는 하나의 결과라는 것을 가정함으로써 니야야 학자들은 증명되어야 하는 것을 당연한 것으로 생각한다. 식물과 동물은 있는 그대로 충분하지 못하며, 그들은 생성, 성장, 죽음을 겪는다. 세계 내의 개체들이 산물이라고 말하는 것은, 세계 전체가 산물이라고 말하는 것이 아니다. 니야야는 산물이 아닌 여러 실체들을 인정한다.[원주529] 전체 세계 역시 영원할 수도 있지 않은가? 또한 모든 결과들은 동력인을 지녀야 하지 않은가? 인과 관계에 대한 니야야의 해석처럼, 인과율은 보편적인 타당성을 지니지 않는다. 그것은 부수적인 변화가 한결같이 일어난다는 것 이외에는 아무런 의미도 지니지 못한다. 인과율에 대한 증거는 현상 세계로부터 도출되는 것이기 때문에, 그 범위를 현상 세계 바깥으로 확장하는 것은 오류이다. 세계의 원인을 아는 것은 인간 이해의 능력 밖의 일이다. 원인에 대한 무한 소급의 불가능성은 니야야 학자들로 하여금 인과적 연쇄의 바깥에 있는 원인, 즉 원인을 지니지 않는 원인의 실재를 주장하게 했다.

샹카라는 인과적 논증을 비판하며, 우리는 세계가 우리에게 존재하는 것처럼 보인다는 사실 외에는 아무것도 알 수 없음을 대담하게 받

[원주527] 자얀타(Jayanta)는 자신의 『니야야만자리』에서 유물론자들을 비판하면서 다음과 같이 말한다. "우리는 어떤 것의 원인을 모를 때 그것을 자연적인 것으로 간주한다."
[원주528] 『니야야칸달리』, pp.54~57.
[원주529] "영원한 것의 생성은 있을 수 없으며, 영원한 것의 어떤 원인도 있을 수 없다"(『니야야바룻티카』, iv.1.32).

아들여야 한다고 주장한다. 세계가 저절로 존재하는 것인지, 혹은 단지 멀리 떨어진 원인의 결과인지의 여부는 우리가 이해할 수 있는 것이 아니다. 만일 우리가 멀리 떨어진 원인을 인정한다면, 왜 우리는 그것에 대한 또 다른 하나의 원인을 인정하지 말아야 하는가? 만일 신이 있다면, 누가 그를 창조했는가? 샹카라에 의하면, 세계의 창조자가 자신을 만들었다고 믿는 것과 마찬가지로, 세계가 스스로 그 자체를 만들었다고 믿는 데는 아무런 어려움이 없다. 이 문제에 대한 논의는 여전히 형이상학적인 영역의 바깥에 있으며, 이에 대한 대답 역시 수수께끼의 차원을 넘지 못한다.

　게다가 니야야의 의인론(擬人論)은 또 다른 어려움을 야기시킨다. 세계의 창조자인 신이 몸을 지니는가에 대하여 의문이 제기된다. 만일 신이 몸을 지닌다면 그는 불가견력에 지배된다고 해야 할 것이다. 왜냐하면 몸은 전적으로 불가견력에 의하여 결정되기 때문이다. 몸을 지닌 존재들은 창조되며, 미세한 원자들과 공덕 및 비공덕을 통제할 수 있는 능력이 없다. 우리는 니야야에서 말하는 영원한 몸이 무엇인지 알 수 없다. 니야야 학자들은 이 문제에 대하여 불분명하다. 그들은 때로는 신이 어떤 몸의 도움 없이 세계를 창조한다고 말하지만, 다른 한편으로는 우리의 불가견력 때문에 신이 몸을 지니게 된다고 주장하기도 한다. 때로는 원자들이 신의 몸을 구성한다고 하지만, 경우에 따라서는 신의 몸은 에테르(akāśa)로 되어 있다고 말하기도 한다. 만일 어떤 불가사의한 방식으로 신이 몸 없이 세계를 만들 수 있다면, 우리는 또한 신이 선재하는 어떤 질료 없이도 세계를 창조할 수 있다고 말한다 해도 아무런 문제가 없을 것이다.

　설사 신의 존재를 증명하기 위하여 도입하는 논증의 타당성을 인정한다 할지라도, 니야야 철학의 이슈와라는 포괄적인 영적 실재――우리는 단지 그의 불완전한 표현에 불과한――가 아니다. 그가 세계를 창조, 유지, 파괴한다는 점이 아무리 강조된다 할지라도, 그는 우리와 세계에 대하여 외적인 존재일 뿐이다. 실재는 외적인 결합으로 함께 묶인 수많은 개별자들로 이루어져 있다. 신은 원자들의 창조자가 아니라, 단지 그들을 짜맞추는 자일 뿐이다. 신의 이성은 외부로부터 세계의 요소들에 작용하지만, 그 안에서 생명의 힘으로 작용하지는 않는다. 세계를 초월하며, 전체 우주 공간의 바깥에서 영원한 자기 중심적 분리를 견지하는 자로서의 이러한 신 개념은 무미건조하고 공허하다. 우리는 한편으로 무한한 창조자와 다른 한편으로 무한한 세계의 이원론을 견지할 수 없다. 그 둘은 서로 한정한다. 상호 타자에 대하여 정의되는 실체들은 유한할 수밖에 없다. 영혼들은 언젠가는 해탈을 얻을 것이다. 모든 영혼의 해탈과 함께 윤회의 세계는 사라진다. 이슈와라의 주권 또한 끝날 것이다. 끝이 있는 것은 반드시 시작이 있다. 그 둘은 틀림없이 허공에서 나와서 허공 속으로 사라질 것이다.

　세계의 창조가 신의 사랑에 기인한다는 것은 사실이다. 그러나 이러한 가정 하에서 창조의 의미는 무엇인가? 만일 원자들과 영혼들이 모두 영원하며, 또한 만일 세계는 그 두 유형 간의 상호 작용이라면, 신이 창조할 아무것도 없을 것이다. 니야야는 창조자로서 신의 개념을 포기하든가, 아니면 원자들과 영혼들은 영원 불변한 신의 인과율의 표현이라는 것을 인정해야 할 것이다. 물론 이 인과율은 반드시 기계적인 의미로 받아들일 필요는 없다. 이것이 모든 존재의 본질이 신의 몸이라는 니야야 철학이 지니는 내적인 논리인 것으로 보인다. 신의 몸으로 비유되는 세계의 개념은 라마누자의 철학에서 매우 중요한 의미를 지닌다. 신의 초월에 대한 고려에서 우리에게 요청되는 것은, 바로 이와 같은 어떤 내재적인 신 개념이다. 니야야에 따르면, 유한 존재들은 오직 사유작용과 실재는 사유작용이 아니라는 단순한 사실을 알 수 있을 뿐이다. 사유작용과 실재가 서로 관련을 지니는지, 혹은 관련을 지닌다면 어떻게 관련을 지니는지에 대해서는 오직 유한자들의 마음과 동일시되는 무한자의 마음이 알 수 있을 뿐이다. 영혼들과 원자들은 신과 함께 영원하며, 신은 단지 동배(同輩) 중의 제1위에 지나지 않는다.

　언뜻 보기에 니야야는 이슈와라에 대한 신애를 주장함으로써 사람들

의 종교적인 삶에 이바지하는 것처럼 보일지도 모른다. 그러나 니야야
는 신과의 친교 혹은 합일의 이상을 주장할 수 없다는 것은 분명하다.
왜냐하면 니야야는 본질적으로 신을 인간과 세계에 대하여 외적인 존
재로 규정하고 있기 때문이다. 모든 유형의 베단타와 요가 학파는 숭배
혹은 염상(念想, upāsana)의 방법을 옹호한다. 그러나 그것은 개아가
신의 지위를 얻을 수 있다는 입장과 맞물려 있다는 것을 명심할 필요
가 있다. 니야야는 만일 인간의 심원한 종교적 본성에 부합하려 한다
면, 우선 그 자체의 신 개념을 교정하지 않을 수 없을 것이다.

26. 결론

인도사상에 대한 니야야의 가장 큰 공헌은 비판적이고 과학적인 논
리학에 있다. 니야야의 방법론은 다른 철학체계들에 의하여 수용된다.
이러한 수용 과정에서 각 철학체계가 지니는 형이상학적 개념들 때문
에 니야야의 방법론이 다소 변형을 겪은 것은 물론이다. 니야야는 지식
의 세계를 본질적인 모습으로 주도면밀하게 체계화했으며, 그것의 주
요 구분들에 대하여 지금까지도 여전히 인도사상에서 통용되는 명칭을
부여했다. 이것은 니야야가 인간 지성의 심원한 차원을 정복했다는 명
백한 증거이다. 오류에 대한 니야야의 분석표는 수세기를 통하여 인도
사상가들에게 참인 추론과 그릇된 추론을 빠르고 확실하게 식별하고,
그릇된 추론에 그것의 불합리성을 표시하는 부호를 즉각 붙일 수 있는
수단을 제공했다. 범어 철학 문헌들에서 우리는 종종 '이것은 순환논법
(cakraka)이다' '그것은 선결 문제 요구의 허위(sādhyasama)이다' '이
것은 상호 의존(anyonyāśraya)이다' '그것은 무한 소급(anavasthā)이
다'와 같은 무언의 비판을 접하게 된다. 니야야의 오류론은 인도 사상
가들에게 조견표로서 기여했다. 뵈르네(Börne)의 표현을 빌리자면, 그
것은 "우리가 손을 씻고자 할 때마다 힘들여 강가로 가야 하는 수고를

면하게 했다."

일반 상식과 경험의 방법이 종교와 철학의 문제에도 그대로 적용될 수 있다는 믿음은 니야야 철학의 약점인 동시에 강점이라 할 수 있다. 영혼과 물질의 근본적인 이원론에 토대를 둔 다원적 세계는 하나의 절차와 방법으로 충분히 합당하지만, 그럼에도 불구하고 그것은 보편 철학으로 전환될 수 없는 한계를 지닌다. 상식적인 보통 사람은 눈에 보이는 외부 세계의 본질적인 실재성을 주장함에 전혀 주저하지 않는다. 그는 또한 물활론자이다. 물론 그의 물활론은 이성적인 것이라기보다는 오히려 본능적인 것에 가깝다 할지라도, 그는 자기 자신과 다른 영혼들의 실재를 받아들인다. 그는 실재에 대한 어떤 정도 혹은 등급을 인정하려 하지 않을 것이다. 왜냐하면 이와 같은 개념은 이원적 실재론에 대한 그의 뿌리 깊은 믿음과 모순되기 때문이다.

그러나 논리적인 관심에서, 그는 감각의 영역 바깥에 있는 객관적 존재의 차원에 대한 개념에 호의적이다. 신학에서 그는 세계의 원인에 대한 물음을 제기한다. 세계는 어떻게 존재하게 되는가? 그는 말한다. 세계는 지금 존재하고 있는 것과 마찬가지로, 언제나 존재해왔을 것이다. 왜냐하면 그것은 존재하기 시작했기 때문이다. 비록 이원론자로서 그는 존재와 비존재 사이의 어떤 전이(轉移)를 싫어한다 할지라도, 그의 경험적인 성향은 정태적인 세계관의 수용에 대하여 부정적일 것이다. 이러한 어려움에서 그는 자신의 경험, 즉 자기가 자신과는 다른 여러 가지 물건들, 예컨대 의자나 책상과 같은 물건을 만든다는 것을 발견하는 경험에 호소한다. 우리는 자기가 만드는 물건과 다르듯이, 이와 마찬가지로 신의 영혼 즉 모든 존재의 원인은 그의 작품 즉 세계와 다르다. 우리가 기존의 재료를 이용하여 어떤 것을 새로 만들듯이, 이와 마찬가지로 신은 자신과 마찬가지로 영원한 영혼과 원자들을 새로이 조합하여 형상화한다. 이와 같이 니야야는 상식 차원의 느낌들을 정당화하여 다원적 실재론의 형이상학을 구축하려고 한다.

이러한 설명의 과정에서, 우리는 니야야의 견해가 사상의 발전 과정에서 의심할 나위 없이 필연적인 단계라 할 수 있지만, 그럼에도 불구하고 그것은 결코 마지막 단계가 아니라는 것을 지적하였다. 실재에 대한 기계론적인 설명은 발전에 대한 사실을 배제한다. 니야야 철학이 지니는 그럴 듯함은 순수 주관주의가 거부되고 인간의 근본적인 본능이 만족된다는 주장에 기인한다. 인도사상의 어떤 학파든 순수 유심론을 받아들이는 학파는 없다. 심지어 샹카라의 베단타도 예외가 아니다. 그러나 형이상학적 관념론과 심리학적 실재론 사이에 아무런 불일치나 모순도 없다.[원주530] 유한한 개아에 독립적인 사물들이 지니는 실천적 차원의 실재성은 객관적 관념론의 모든 학파들에 의하여 인정된다. 사유의 본질과 조건들에 대한 형이상학적 탐구는 우리가 자아를 다른 사물들 중의 한 사물로 간주하는 것을 포기하게 만든다. 그것은 상식을 뒤엎는다기보다는 그것을 초월하는 관념론으로 귀결될 것이다. 심지어 형이상학적 관념론도 상식과 심리학의 관점에서 우리가 사유와 실재의 구분을 받아들이는 것을 허용한다. 우리의 경험의 계속성과 일관성은 경험되지 않는 실체들의 실재를 의미한다. 논리적인 측면에서 경험에 대한 보다 심도있는 분석은 상키야와 베단타에 의해서 시도된다. 신학적인 차원에서 니야야의 개념들에 대한 보다 체계적인 조정은 라마누자의 철학에서 발견된다.

[원주530] 그린(Green)의 언급을 참조하라. "어떤 대상이 의식의 상태라는 것을 부정하면서도 그럼에도 불구하고 단지 사유하는 의식에서 그것이 어떤 실재를 지닌다고 주장하는 것은 아주 타당성 있는 입장이다"(*Works*, vol.i, p.423).

제3장

바이세쉬카의 원자적 다원론

1. 바이세쉬카 학파

바이세쉬카 학파는 '비세샤'(viśeṣa), 즉 '특수'라는 말에서 이름을 따왔다.[역주1] 이 학파는 참된 개별성은 세계의 특수자들, 특히 지각 불가능한 영혼과 원자들에서라고 주장한다. 비록 특수한 자아들은 우주적·사회적인 관련들을 지니며, 오직 이를 통하여 자기 자신을 분명히 파악할 수 있다 할지라도, 그러나 그들은 이러한 모든 관련들에도 불구하고 스스로의 자아성을 지닌다. 바이세쉬카 학파는 본질적으로 구별의 철학이다. 왜냐하면 그것은 상정된 어떤 보다 완전한 개체 속에 영혼들과 대상들의 독립성을 흩뜨려버리려는 어떤 시도도 용납하지 않기 때문이다. 바이세쉬카의 입장은 사색적이기보다는 과학적이며, 종합적

[역주1] 또한 '비세샤'는 '수승'(殊勝)이라는 의미를 지니며, 중국 문헌에서는 바이세쉬카를 승론(勝論)으로 번역하기도 한다.

이기보다는 분석적이다. 그렇다고 하여 바이셰쉬카가 세계 전체의 보편적 특성에 관한 문제를 완전히 무시해버린다는 것은 아니다. 과학은 분류한다. 이에 비하여 철학은 종합한다. 바이셰쉬카는 감각과 사유 세계의 모든 다양성을 하나의 포괄적인 공식 하에 묶는, 모든 것을 포섭하는 어떤 종합을 구축하기 위하여 애쓰지 않는다. 과학의 정신에서 바이셰쉬카는 관찰된 사물들의 가장 일반적인 속성을 공식화하기 위하여 노력한다. 그것은 경험의 다양한 측면들에 표를 붙이고 분류한다. 이의 결과로 나타나는 철학은 충분하고 포괄적인 특성이 아니라, 단편적인 특성을 지니게 된다.

바이셰쉬카의 철학적 동기는 불교 현상론에 대한 반감에서 기인한다. 바이셰쉬카는 지각이나 추론과 같은 지식의 원천에 대한 불교적 견해를 수용하는 반면에, 영혼들이나 실체들은 움직일 수 없는 사실이며, 따라서 몽환적 이야기 속의 환상으로 부정될 수 있는 성질의 것이 아니라고 항변한다. 바이셰쉬카는 신학의 문제에 무관심하다. 심지어 샹카라는 이 학파의 주요 경향이 무신론적인 방향이라고 말할 정도이다.[원주1] 아무튼 초기 바이셰쉬카 철학은 정신적인 유연성이 지나치게 농후하던 시대, 정신적 사색이 온통 회의주의로 가득하던 시대의 산물이다.

사상 자체의 주된 성격으로 볼 때, 바이셰쉬카는 물리학 및 형이상학의 체계라 할지라도, 논리학적인 논의가 후기 문헌에서 서로 연계되어 나타난다.[역주2] 바이셰쉬카와 니야야는 자아의 본질 및 속성과 세계에 대한 원자론과 같은 근본 원리에서 서로 일치하지만, 그럼에도 불구하고 범주들의 분류 및 특성 부여와 원자론의 발전은 바이셰쉬카에 특별한 관심과 가치를 부여한다.

[원주1] 샹카라는 바이셰쉬카의 추종자들을 반(半)허무주의자(ardhavaināśika)로 간주한다(『브라흐마 수트라』, ii.2.18에 대한 샹카라의 주석). 또한 같은 책, ii.2.37을 보라.
[역주2] 다스 굽타(S. Das Gupta)에 의하면, 초기에 바이셰쉬카는 니야야보다 오히려 미망사에 더욱 가까운 성격을 띤다(*A History of Indian Philosophy*, vol.i, p.7).

2. 연대와 문헌

"바이셰쉬카 철학은 니야야보다 훨씬 오래된 사상체계인 것처럼 생각된다."[원주2] 가르베(Garbe)의 이 견해는 타당한 것으로 보인다. 인간의 지식의 발달에서 특수한 것은 보편적인 것에 앞선다. 우리가 니야야 철학에서 보는 것과 같은 지식론은 지식이 독자적인 발전 단계에 이르기 전까지는 불가능하다. 논리학은 비판과 교정으로 나타난다. 카나다(Kaṇāda)의 『바이셰쉬카 수트라』는 니야야의 영향을 그다지 보이지 않는다. 이에 비하여 가우타마의 『니야야 수트라』와 바트시야야나의 주석은 상당할 정도로 바이셰쉬카의 영향을 보인다.

바이셰쉬카는 불교나 자이나교보다 시기적으로 앞선다는 주장이 있다. 불교의 해탈론은 바이셰쉬카의 인중무과론에서 추적된다. 자이나교의 원자론뿐만 아니라 연장(延長)을 지니는 실재(astikāya)[역주3]들은 바이셰쉬카에서 그 연원을 찾을 수 있다. 아스티카야는 『랄리타비스타라』(Lalitavistara)뿐만 아니라, 자이나교의 여러 문헌에서도 언급된다. 『랑카바타라 수트라』(Lankāvatāra Sūtra)는 원자론적인 견해를 암시한다. 후기 자이나교 문헌 가운데 하나인 『아바쉬야카』(Āvaśyaka)[원주3]는 바이셰쉬카 철학의 근원을 자이나교 제6분파의 최고 스승이었던 로하굿타(Rohagutta, A.D. 18)에게 귀속시킨다. 비록 바이셰쉬카의 견해에 대한 『아바쉬야카』의 언급은 카나다의 사상체계와 일치한다 할지라도,[원주4] 바이셰쉬카 학파가 자이나교의 후예라는 주장은 전혀 타당

[원주2] Garbe, *The Philosophy of Ancient India*, p.20.
[역주3] 실체의 한 형태로서, 공간을 차지하거나 편재성을 지니는 어떤 것을 말한다. 자이나교에 따르면 4종의 아스티카야, 즉 물질(pudgala), 운동의 매개물(dharma), 정지의 매개물(adharma), 공간(ākāśa)이 있다.
[원주3] The Sacred Books of the East, vol.xlv, p.xxxviii.
[원주4] 실체(dravya), 속성(guṇa), 행위(karma), 내속(samavāya)이 받아들여지며, 보편(sāmānya)과 특수(viśeṣa)에 대해서는 다소의 수정이 발견된다. 보편은 마하사만야(mahāsāmānya), 삿타사만야(sattāsāmānya), 사만야-비세샤(sāmānya-viśeṣa)의 세

성이 없다. 그와 같은 주장을 유인하는 그 둘 사이의 유사성은 원자론이다.

그러나 심지어 이 문제에서도 우리는 두 견해 사이의 근본적인 차이를 발견한다. 자이나교 견해에 의하면, 원자들은 질적으로 서로 같으며, 각 원자는 색깔, 맛, 냄새, 그리고 접촉을 지니며, 뿐만 아니라 비록 그 자체는 소리가 없지만 소리를 생성하는 힘을 지닌다. 바이셰쉬카에 따르면, 원자들은 질적으로 서로 다르며, 원자들이 화(火), 수(水), 혹은 공(空)의 원자들인가에 따라서 하나, 둘, 셋, 혹은 네 종류의 일반적인 속성들을 지닌다. 또한 원자들은 소리와 전혀 무관하다. 원자론, 실체들에 대한 분류, 그리고 두 가지 지식 수단에 대한 인정 등은 바이셰쉬카 학파가 붓다와 마하비라의 시대(기원전 6세기) 무렵에 일어났을 가능성을 강하게 시사한다.[원주5]

바이셰쉬카 철학에 대한 최초의 체계적인 설명은 카나다(혹은 Kanabhuj 혹은 Kanabhaksa)의 『바이셰쉬카 수트라』에서 발견된다. 카나다는 어원학적으로 '원자를 먹는 자'(atom-eater)라는 의미를 지니며, 이 이름은 아우루키야 다르샤나(Aulūkya Darśana)[역주4]라고도 불리는[원주6] 바이셰쉬카 철학의 특성 때문에 그와 같이 붙여진 것이 아닌

가지로 분류된다. 1) 마하사만야는 명명될 수 있는 가능성(padārtha 혹은 abhidheyatva) 혹은 알려질 수 있는 가능성(jñeyatva)에 해당한다. 이것은 모든 범주들을 걸친다(프라샤스타파다(Praśastapāda)의 『파다르타다르마상그라하』, p.16 ; 『바이셰쉬카 수트라』, i.1.8을 보라). 마하사만야는 순수 사만야이며, 보다 상위의 어떤 종류가 아니다. 이에 비하여 다른 것들은 보편과 특수 모두이다. 2) 삿타사만야는 『바이셰쉬카 수트라』의 존재(sattā 혹은 bhāva)에 해당한다. 프라샤스타파다는 존재성(astitva)을 공통 속성(sādharmya)으로서 여섯 가지 범주 모두에 귀속시킨다. 3) 사만야-비셰샤는 그 외의 다른 보편의 예들을 포함한다. Ui, *Vaiśeṣika Philosophy*, pp.37~38을 보라.

[원주5] Ui, 앞의 책, p.33. 아슈와고샤(Aśvaghoṣa)는 자신의 『수트라랑카라』(*Sūtralaṃkāra*)에서 바이셰쉬카 학파를 붓다 이전 시대에 속하는 것으로 간주한다(같은 책, pp.40~41).

[역주4] 우루카(Urūka)의 후예들의 철학이라는 의미를 지닌다. 우루카는 카나다의 별명이다.

가 생각된다.[원주7] 『바이셰쉬카 수트라』의 저자의 본명은 카쉬야파(Kaśyapa)였던 것처럼 보인다.[원주8] 그의 저술은 10권으로 나누어진다. 제1권은 실체, 속성, 행위, 보편, 특수의 다섯 범주를 논의한다. 제2권은 영혼과 마음을 제외한 다른 실체들을 다룬다. 영혼과 마음은 감각의 대상 및 추론의 본질과 함께 제3권에서 다루어진다. 세계의 원자적인 구조는 제4권의 중심 주제이다. 제5권은 행위의 본질과 종류에 대한 논의에 할애되며, 한편 제6권에서는 윤리적인 문제들이 고려된다. 제7권은 속성, 자아, 그리고 내속의 문제들에 대하여 논의한다. 마지막 세 권은 주로 논리학적인 성격을 띠면서, 지각, 추론, 인과율의 문제를 다룬다.

이미 언급된 이유 때문에 『바이셰쉬카 수트라』는 『니야야 수트라』보다 시기적으로 앞선다고 보아야 할 것이며, 아마 『브라흐마 수트라』와 동시대의 작품으로 추정해도 무방할 것이다.[원주9] 카우틸리야(Kau-

---

[원주6] Ui, 앞의 책.

[원주7] 원자론은 불교와 자이나교의 견해에서도 발견되지만, 그럼에도 불구하고 바이셰쉬카 철학의 핵심적인 모습으로 간주된다. 『브라흐마 수트라』, ii.2.11과 다르못타라(Dharmottara)의 『니야야빈두티카』(Nyāyabinduṭīkā), p.86을 보라.

[원주8] 프라샤스타파다의 『파다르타다르마상그라하』, p.200.

[원주9] 바트시야야나는 『바이셰쉬카 수트라』로부터 인용하고 있는데, 『바이셰쉬카 수트라』의 저자는 추론을 pūrvavat와 śeṣavat로 나누는 구분에 대하여 모르고 있다. 『바이셰쉬카 수트라』에는 궁극적 원인으로서의 시간에 대한 언급이 있는데 (ii.2.9 ; v.2.6), 이 견해는 『슈웨타슈와타라 우파니샤드』(i.1.2)에서 언급된 것이지만, 잘 알려진 어떤 학파들에 의해서도 채택되지 않는다. 심지어 자아의 문제에서도 바이셰쉬카는 그것의 존재를 증명하려 하기보다는 오히려 자아가 추론의 대상이냐 아니면 직접적인 직관의 대상이냐를 논의하는 데 더 큰 흥미를 보인다. 바다라야나(Bādarāyaṇa)는 『브라흐마 수트라』, ii.2.11에서 원자론에 대하여 언급하고 있으며, 카나다는 무지(avidyā) 혹은 프라티야가트만(pratyagātman, 內在하는 자아)과 같은 베단타의 용어를 사용한다. 또한 카나다가 영혼은 단지 경전에 의해서는 입증되지 않으며 몸은 3요소 혹은 5요소로 합성되지 않는다고 주장할 때(『바이셰쉬카 수트라』, iii.2.9 ; iv.2.2~3), 그는 베단타를 염두에 두고 있다. 만일 우리가 경전 주석자들을 신뢰한다면, 『바이셰쉬카 수트라』는 미망사와 상키야의 지식을 전제로 삼는다고 해야 할 것이다. 『바이셰쉬카 수트라』, ii.1.20 ; iii.1.1~2 ;

ṭilya)는 안비크쉬키(Ānvīkṣikī)에서 바이셰쉬카에 대하여 언급하고 있지 않기 때문에, 바이셰쉬카 철학이 기원전 300년 이후에 형성된 것으로 말해진다.[원주10] 카나다의 경전은 이런저런 시기에 가필된 적이 있는 것으로 보인다.[원주11] 우리가 현재 형태의 『바이셰쉬카 수트라』에서 볼 수 있는 어떤 구절들은 프라샤스타파다와 같은 논사에 의해서는 주석되지 않았다. 이것은 그가 경전을 주석할 당시에는 이 구절들이 경전 속에 포함되지 않았다는 것을 가리킨다. 카나다는 단지 3종의 범주를 언급하고 있을 뿐이다.[원주12] 이에 비하여 프라샤스타파다는 여기에 3종

---

v.2.19~20 ; vii.2.3~8 ; vii.2.13 ; ix.2.3을 보라. 바수미트라(Vasumitra)의 『아비다르마마하비바샤샤스트라』(*Abhidharmamahāvibhāṣāśāstra*)는 5종의 행위(karma)를 언급한다. 바이셰쉬카에 대한 차라카(Caraka)의 시사는 우리에게 큰 도움이 되지 않는다. 나가르주나(Nāgārjuna, 龍樹)는 자신의 『프라갸파라미타샤스트라』 (*Prajñāpāramitāśāstra*)에서 시간을 불변의 실재로 보는 바이셰쉬카의 시간론 (『바이셰쉬카 수트라』, ii.2.7~9 ; v.2.26 ; vii.1.25)에 대하여 언급한다. 공간, 원자들, 그리고 자아에 대한 그의 언급은 그가 『바이셰쉬카 수트라』를 잘 알고 있었다는 것을 시사하며, 실제로 그는 『바이셰쉬카 수트라』의 상당 부분을 인용하고 있다. 예를 들어 그는 자아의 본질에 관하여 iii.2.4와 viii.1.2 ; 원자론에 대하여 iv.1.1과 vii.1.10 ; 원자적 결합에 대하여 vi.2.13과 v.2.17~18을 인용하고 있다. 아리야데바(Āryadeva)는 『바이셰쉬카 수트라』에 익숙하며, 하리바르만(Harivarman)은 경전이 형성된 이후의 바이셰쉬카 학파의 발전에 대하여 알고 있다. Ui, 앞의 책, pp.46~55를 보라.

[원주10] 다스 굽타(S. Das Gupta) 박사는 카나다의 경전에서 확립된 것으로서의 바이셰쉬카 학파는 고대 미망사의 한 학파를 나타낸다고 본다(*History of Indian Philosophy*, pp.280~285). 이에 대한 논거로 『바이셰쉬카 수트라』는 다르마를 설명한다는 분명한 목적으로 시작하여 베다의 일들은 불가견력(adṛṣṭa)을 통하여 번창하게 된다는 권고로 끝맺는다는 점을 들고 있지만, 이것은 결정적인 중요성을 지니지 못한다. 왜냐하면 다르마에 대한 논의와 강조는 어떤 철학체계의 독점물로 간주될 수 없기 때문이다. 바이셰쉬카와 미망사의 차이점들을 해명하려는 시도는 거의 설득력이 없다. 카나다는 베다가 이슈와라의 저작은 아니라 할지라도 리쉬 (ṛṣi)들의 작품이라는 것을 믿는다(『바이셰쉬카 수트라』, ii.1.18 ; iv.1.1~2). 이에 비하여 미망사는 애초부터 베다의 영원성을 고집한다. 소리의 영원성과 베다의 영원성에 관한 두 교의는 밀접한 관련을 지닌다. 동일한 견해와 용어들이 나타남에도 불구하고, 바이셰쉬카가 미망사의 한 부파라고 말하는 것은 불가능하다.

[원주11] Faddegon, *The Vaiśeṣika System*, pp.10~11.

의 범주를 부가하였다. 그리고 나중에는 비존재(abhāva)의 범주가 포함되었다. 프라샤스타파다는 카나다에 의하여 언급된 목록에 7종의 속성들을 부가했다.[원주13]

프라샤스타파다의 『파다르타다르마상그라하』는 『바이셰쉬카 수트라』에 대한 주석이라기보다는 오히려 그 주제에 대한 독자적인 저술이다. 프라샤스타파다의 성숙된 견해들이 단지 카나다의 저술에 담긴 함축들에 대한 발전이라는 입장은 고수되기 어렵다.[원주14] 24종 속성, 세계의 창조 및 파괴 이론, 오류론, 추론의 본질 등에 대한 프라샤스타파다의 설명은 분명히 카나다의 경전에 대한 별개의 추가분이다. 그는 니야야 철학의 영향을 크게 받았으며, 바트시야야나보다 후대의 인물이다. 그의 활동 시기는 대체로 4세기 말엽이었던 것으로 보인다.[원주15]

[원주12] 『바이셰쉬카 수트라』, viii.2.3. Artha iti dravyaguṇakarmasu(i.1.4). 6종의 범주를 말하고 있는 이 구절은 후기의 가필이라고 말해진다.

[원주13] 또한 『바이셰쉬카 수트라』, i.1.4 ; i.1.6 ; i.2.3을 보라.

[원주14] Das Gupta, *History of Indian Philosophy*, vol.i, p.351 ; Keith, *Indian Logic and Atomism*, p.25와 p.93 ; Ui, *Vaiśeṣika Philosophy*, p.17, n.3을 보라. "후기 바이셰쉬카를 니야야 및 다른 학파들과 구별짓는 대부분의 독특한 교의들은 프라샤스타파다의 저술에서 찾아볼 수 있으나, 이상하게도 카나다의 경전에는 없다. 바이셰쉬카 철학의 독특한 측면으로 간주되는 dvitva,* pākajotpatti, vabhāgajavibhāga 등등에 대한 교의들은 카나다의 경전에서는 전혀 언급되지 않고 있지만, 프라샤스타파다의 수석에는 상당히 심도있게 논의된다"(Bodas, 『타르카싱그라하』(*Tarkasaṃgraha*), p.xxxvii)

  * twoness. 바이셰쉬카에 따르면 1보다 큰 숫자들은 마음의 상대적인 진동성태에 기인한다(옮긴이).

[원주15] 키스(Keith)는 논리학적인 교의의 여러 가지 점에서 디그나가(Dignāga, 陳那)의 우위, 그리고 프라샤스타파다가 그로부터 영향을 받았다는 것을 주장한다(*Indian Logic and Atomism*, pp.93~110). 다른 견해에 대하여 Faddegon, *The Vaiśeṣika System*, pp.319~323을 보라. 샹카라와 웃디요타카라는 프라샤스타파다의 저술을 잘 알고 있었다. 설사 키스의 견해를 수용한다 할지라도, 프라샤스타파다는 웃디요타카라 이전, 그리고 디그나가 이후의 인물이라 해야 할 것이며, 따라서 5세기에 속한다. 만일 6범주의 교의가 프라샤스타파다에 의하여 최초로 설해진 것이 인정된다면, 그는 바트시야야나보다 이전 아니면 적어도 그와 동시대의 인물이라 해야 할 것이다. 다르마팔라(Dharmapāla, A.D. 535~570)와 파람아르

찬드라(Candra)의 『다샤파다르타샤스트라』(*Daśapadārthaśāstra*)는 프라샤스타파다의 저술에 토대를 둔 바이셰쉬카 문헌이며, 한역(漢譯, A.D. 648)되어 전해진다. 그러나 그것은 인도에서 사상의 발달에 영향을 주지 못했다.[원주16] 바이셰쉬카에 대한 주석으로 알려지는 『라바나바쉬야』(*Rāvaṇabhāṣya*)와 『바라드와자브릿티』(*Bhāradvājavṛtti*)[원주17]는 현재 전해지지 않는다. 프라샤스타파다의 저술에 대한 4종의 주석, 즉 비요마셰카라(Vyomaśekhara)의 『비요마바티』(*Vyomavatī*), 슈리다라(Śrīdhara)의 『니야야칸달리』(*Nyāyakandalī*), 우다야나(Udayana)의 『키라나발리』(*Kiraṇāvali*, 10세기), 그리고 슈리바트사(Śrīvatsa)[원주18]의 『릴라바티』(*Līlāvatī*, 11세기)가 있다. 『비요마바티』는 다른 세 주석서들보다 앞선 시기에 속한다.[원주19] 슈리다라의 『니야야칸달리』는 기원후 991년에 저술되었으며, 저자는 쿠마릴라(Kumārila), 만다나(Maṇḍana), 다르못타라의 견해를 숙지하고 있다. 『릴라바티』와 『키라나발리』는 아마 『니야야칸달리』 직후에 저술되었을 것이다. 슈리다라와 우다야나는 모두 신의 존재를 인정하며, 비존재의 범주를 받아들인다.

쉬바디티야(Śivāditya)의 『사프타파다르티』(*Saptapadārthī*)는 이 시기에 속한다.[원주20] 이 문헌은 전체에 대한 두 부분으로서 니야야와

타(Paramārtha, A.D. 499~569)는 프라샤스타파다의 견해를 논의한다. Ui, 앞의 책, p.18을 보라.

[원주16] 이 문헌을 영어로 옮긴 위(Ui)에 의하면, 저자 찬드라는 6세기에 속하는 인물이다. 서명이 시사하는 것처럼, 이 문헌은 10범주를 언급하고 있으며, (이전의 6범주에서) 부가된 네 가지는 잠재력(śakti), 비잠재력(aśakti), 일반성(sāmānya-viśeṣa), 그리고 비존재(abhāva)이다. 이슈와라에 대한 언급은 없다. 이 문헌은 특히 일본 학자들에 의하여 폭넓게 주석되었다.

[원주17] 『라트나프라바』, ii.2.11 ; Bodas, 『타르카상그라하』, p.40.

[원주18] 발라바(Vallabha)의 별명이다.

[원주19] 가테(Ghate)가 편집한 『사프타파다르티』의 서론을 보라.

[원주20] 쉬바디티야는 우다야나 이후, 그리고 강게샤(Gaṅgeśa) 이전의 인물이다. 강게샤는 쉬바디티야의 견해를 잘 알고 있다.

바이셰쉬카의 철학을 주석한다. 그것은 범주들에 대한 설명으로 시작하여 인식의 속성을 다루면서 니야야의 논리학을 소개한다. 라우가크쉬 바스카라(Laugākṣi Bhāskara)의 『타르카카우무디』(*Tarkakaumudī*)는 프라샤스타파다의 저술에 의거한 또 다른 하나의 혼합적 문헌이다. 『바이셰쉬카 수트라』에 대한 샹카라 미슈라(Saṁkarā Miśra)의 『우파스카라』(*Upaskāra*)는 다소 중요한 의미를 지니는 문헌이다.[원주21] 비슈와나타(Viśvanātha, 17세기)는 자신의 『바샤파릿체다』(*Bhāṣāpariccheda*)와 이에 대한 주석서 『싯단타무크타발리』에서 카나다의 철학을 다룬다. 그는 신 니야야 학파에 의하여 상당한 영향을 받았다. 안남 밧타의 여러 저술과 자가디샤(Jagadīśa)의 『타르카므리타』(*Tarkāmṛta*, A.D. 1635), 그리고 자야나라야나(Jayanārāyaṇa)의 『비브리티』(*Vivṛti*, 17세기)는 바이셰쉬카 철학의 원리들에 대한 유용한 개론서들이다. 『비브리티』는 『우파스카라』에 의거한 것이지만, 그럼에도 불구하고 어떤 점들에서 차이를 보인다.[원주22]

3. 지식론

바이셰쉬카의 논리학은 니야야의 논리학과 단지 근소한 차이가 있을 뿐이다. 논리학의 주제인 지식은 여러 형태를 띤다. 왜냐하면 지식의 대상들이 무수히 많기 때문이다.[원주23] 4종의 타당한 지식, 즉 지각(pratyakṣa), 추론(laiṅgika), 기억(smṛti), 그리고 직관지(ārṣajñāna)가 인정된다. 지각은 우리가 실체와 속성 그리고 행위를 파악할 수 있게 한다. 부분들로 이루어진 조대한 실체들은 지각의 범위 안에 있지만, 원자

[원주21] 이 문헌에는 확인되지 않는 한 주석서(Vṛtti)에 대한 언급이 있다. i.1.2 ; i.2.4, 6 ; iii.1.17 ; iv.1.7 ; vi.1.5, 12 ; vii.1.3을 보라.
[원주22] 특히 i.1.4, 25 ; ii.1.1 ; ii.2.5 ; ix.1.8을 보라.
[원주23] 프라샤스타파다의 『파다르타다르마상그라하』, p.172.

274

들과 이원자 복합체(diad)들은 그렇지 않다. 바이세쉬카는 자아에 대한 지각(ātmapratyakṣa)이 일어나는 요가의 지각을 인정한다.[원주24]

바이세쉬카는 비교(upamāna)와 전통(aitihya) 그리고 성언량(聖言量, śabda)을 추론에 포함시킨다.[원주25] 경전에 나오는 언급의 타당성은 그것을 말하는 자의 권위로부터의 추론이다.[원주26] 니야야와 마찬가지로 바이세쉬카는 소리의 영원성과 베다의 절대적인 권위성에 대한 미망사의 이론을 비판한다.[원주27] 니야야는 베다가 영원한 진리와 법칙을 실현한 리쉬들로부터의 직접적인 전달이라는 점에서 그 타당성의 근거를 구한다. 이에 비하여 바이세쉬카는 영감을 받은 리쉬들의 비난할 여지가 없는 진실성에서 그 타당성의 근거를 찾는다. 경전들은 우리에게 단순한 사색이 아니라 참된 지식을 준다. 그것은 사물들에 대한 있는 그대로의 지식이며, 이런 의미에서 비록 그것은 언제나 직접적으로 알려지고 또한 어떤 존재들에게는 완전한 형태로 또 어떤 경우에는 부분적으로 실현된다 할지라도, 궁극적으로는 시작이 없다. 보다 수승한 자들이 진리를 깨달아 그것을 우리에게 전했다. 수많은 문장들의 집합으로서의 베다는 지성을 지닌 저자들을 전제하며, 그들은 틀림없이 천계와 보이지 않는 운명(adṛṣṭam)에 대하여 완전하고 정확한 지식을 지니고 있어야 한다. 점차 베다는 신의 저작으로 귀속되었다. "베다의 권위는 그것이 신의 말씀이라는 사실로부터 나온다."[원주28] 단어와 문장의 의미는 그것이 우리에게 지식을 부여하기 이전에 우선 반드시 이해되지 않으면 안된다. 의미에 대한 이해는 보편적 수반관계에 의존하므로, 경전을 통한 지식은 추론의 한 경우이다.[원주29] 몸짓(ceṣṭā),[원주30] 함축(ar-

---

[원주24] 『바이세쉬카 수트라』, ix.1.11~15
[원주25] 프라샤스타파다의 『파다르타다르마상그라하』, pp.212 ff.
[원주26] 『바이세쉬카 수트라』, ix.1.3.
[원주27] 『바이세쉬카 수트라』, ii.2.21~37 ; vi.1.1 ff ; 『니야야 수트라』, ii.2.13~40.
[원주28] Tad vacanād āmnāyasya pramāṇyam iti(x.2.9). 또한 『니야야칸달리』, p.216과 『바이세쉬카 수트라』, vi.1.1~4를 보라.
[원주29] 『바이세쉬카 수트라』, iii.1.7~15.
[원주30] 프라샤스타파다의 『파다르타다르마상그라하』, p.220.

thāpati),[원주31] 포함(sambhava),[원주32] 부정(abhāva)[원주33] 등은 모두 추론의 한 예로 간주된다.

기억은 독립적인 지식 수단으로서의 위상을 지닌다.[원주34] 직관지는 리쉬들의 통찰이다. 기억은 단지 이미 경험된 것에 대한 재생일 뿐이므로 무시하고, 직관지는 지각의 범주에 귀속시킨다면, 바이셰쉬카에 따르면 우리는 단지 지식의 두 가지 원천인 직관과 추론을 지닐 뿐이다.[원주35]

가치 없는 4종의 지식이 언급된다. 그것은 의심(saṁśaya), 오해(viparyaya), 불명확한 인식(anadhyavasāya), 그리고 꿈(svapna)이다. 쉬바디티야는 이 네 가지를 의심과 오류의 두 가지로 줄이고, 추측(ūha), 불확정적인 지식, 간접적인 추론을 전자에 포함시킨다.[원주36] 슈리다라는 "꿈이란 오직 신체의 특정한 상태에서 발생한다"[원주37]는 근거에서 꿈에 대한 별도의 언급을 정당화한다.

4. 범주

우리가 이미 본 것처럼, 수세기 동안 모든 존재의 자존을 부정하는 불교의 관점은 인도인들의 마음을 지배했다. 모든 것은 상호 관련을 통하여 존재하며, 그 자체로 혹은 혼자 힘으로 존재할 수 있는 것은 아무것도 없다. 관계들은 생존의 근본 토대이므로, 영혼과 물질은 단순히 관계들의 묶음일 뿐이다. 바이셰쉬카는 이 견해를 배격하고, 실재성이

[원주31] 프라샤스타파다의 『파다르타다르마상그라하』, p.223.
[원주32] 프라샤스타파다의 『파다르타다르마상그라하』, p.225 ; 『바이셰쉬카 수트라』, ix.2.5.
[원주33] 같은 책, 같은 곳.
[원주34] 프라샤스타파다의 『파다르타다르마상그라하』, p.256.
[원주35] 『사르바싯단타사라상그라하』, v.33.
[원주36] 『사프타파다르티』, 32.
[원주37] 『니야야칸달리』, p.185.

정당화되는 보다 만족스런 어떤 체계를 확립하고자 했다. 그것은 무엇보다도 실재적·개별적인 사물들을 다루는 경험적 의식의 해방에 초점을 두고 있다. 실재의 가장 단순하고 폭넓은 특성은 사물들 및 그들 간의 관계에서 발견된다. 눈을 뜨면 우리는 눈앞에 펼쳐져 있는 물질 세계, 온갖 다양한 사물들과 그들의 배열로 이루어져 있는 세계를 보며, 사유 작용은 이에 대하여 스스로 작용할 수 있다. 우리가 내면을 바라볼 때, 우리는 이런 저런 사항들과 그들 간의 관계를 담고 있는 정신적인 세계를 본다. 정상적인 철학은 우리가 자기의 관심을 경험의 대상들, 즉 지식의 대상들에 한정시키고, 경험 세계에 대한 설명을 위하여 필수불가결한 전제들을 수용하게 한다. 분석적인 고찰은 정확한 철학을 위한 최우선적 전제조건이며, 바이셰쉬카에서 이러한 분석의 결과들은 범주론에서 구체화되어 나타난다.

'파다르타'(padārtha, 범주)는 문자적으로 '단어의 의미'를 뜻한다.[역주5] 파다르타는 생각될 수 있고(artha) 이름지어질 수 있는(pada) 대상이다. 인식될 수 있고 명명될 수 있는 존재하는 모든 것,[원주38] 간단히 말하여 경험의 모든 대상은 파다르타이다.[원주39] 물론 그 범위를 물질 세계에 국한시킬 필요는 없다. 니야야의 16범주는 존재하는 것들에 대한 분석이 아니라, 논리학의 중심 주제들의 목록이다. 그러나 바이셰쉬카의 범주들은 지식의 대상들에 대한 완전한 분석을 시도한다.

바이셰쉬카의 범주들은 다른 것에 대하여 수식어가 될 수 있는 것들뿐만 아니라, 그 자체에 대하여 수식하는 것을 지닐 수 있는 주체들도 포함한다. 아리스토텔레스의 범주는 단지 빈사(賓辭)들에 대한 논리학적인 분류일 뿐이며, 생각할 수 있는 모든 대상들에 대한 형이상학적

[역주5] 『타르카상그라하』에서 파다르타는 '단어의 의미'(padasya arthaḥ) 혹은 '단어에 의하여 지시되는 대상'(abhidheyāḥ)으로 정의된다.

[원주38] astitva, abhidheyatva, jñeyatva(프라샤스타파다의 『파다르타다르마상그라하』, p.16).

[원주39] Pramitiviṣayāḥ padārthāḥ(『사프타파다르티』, p.2).

분류가 아니다. 바이셰쉬카 사상가들은 아리스토텔레스와 마찬가지로 이름과 사물의 긴밀한 관계를 알고 있었던 것으로 생각된다. 비록 아리스토텔레스는 단어들을 분류한다 할지라도, 그것은 또한 의도적인 것은 아니라도 사물들에 대한 분류가 된다. 왜냐하면 독자적인 이름을 부여받는 모든 것은 하나의 사물이기 때문이다. "문법적인 어구 배열 없이 표현된 단어들(즉 한 개의 단어들) 중에서, 각각의 단어들은 실체, 양, 질, 관계, 장소, 시간, 성향(즉 자세 혹은 내적인 태도), 부속물, 행위, 또는 고통을 의미한다."[원주40] 이들 10범주 가운데서 뒤의 아홉 가지는 그 밖의 다른 어떤 것을 수식할 수 있지만, 제1범주인 실체는 실재물(*ens*)이며 따라서 다른 것에 대한 술어가 될 수 없으며, 이 점은 그 자체에 대해서도 마찬가지다. 왜냐하면 만일 그렇게 되면 더 이상 실체가 아니라 속성으로 전락하기 때문이다.

그러나 아리스토텔레스는 자신의 용법에서 그다지 엄격하지 않았다. 통상적인 말의 형태들은 그의 분류를 결정했으며, 단어들 가운데서 우리는 어떤 구체적인 개별자로서의 실체를 의미하는 것들을 지닌다. 실체가 어떤 구체적인 개별자일 때, 우리는 그것은 무엇인가?라고 물으며, 말 혹은 소라고 대답한다. 이 경우에 말 혹은 소는 비록 속성은 아니지만 아리스토텔레스가 실체라고 부르는 것들이다.[원주41] 그는 제1실체와 제2실체를 구별하며, 이 중에서 전자는 술어로서 적절하게 사용될 수 없다고 주장한다. 빈사들에 대한 분류 속에 논리학적인 주제를 포함시킨 것은, 아리스토텔레스가 사신의 범주들이 또한 존재자들 혹은 '존재의 종류들'에 대한 분류 목록이 될 수 있도록 의도했다는 것을 보여준다. 우리는 아리스토텔레스의 목록에서 영원하거나 일시적인 실체들과 속성들을 본다. 대부분의 주석가들은 관계의 범주가 그의 체계

[원주40] Aristotle, *Categories*, ii.6 ; Minto, *Logic*, p.113.
[원주41] 존슨(Johnson)의 언급과 비교하라. "실명사(實名辭) 그 자체는 (어떤 다른 것을) 특징지을 수 없다. 그러나 그것은 필연적으로 특징지어진다"(*Logic*, part ii, p.xii).

중의 마지막 여섯 가지를 포함하는 것으로 받아들여져야 한다는 점에 동의한다. 그러므로 우리는 일시적이거나 영원한 실체와 속성, 그리고 관계의 범주가 모든 어의(語義)를 포섭하는 것으로 간주해도 무방할 것이다.

바이셰쉬카는 실체, 속성, 운동, 보편, 특수, 그리고 내속의 여섯 범주를 채택하며, 여기에 제7의 비존재가 슈리다라, 우다야나, 쉬바디티야 등 후기 바이셰쉬카 학자들에 의하여 부가되었다.[원주42] 비존재가 범주에 포함된 것은, 존재론적인 구조가 인식론적인 구조로 변형된다는 것을 시사한다. 우리의 믿음들은 긍정적이거나 부정적이며, 존재하는 것들이 아니다. 초기 단계에서 바이셰쉬카는 존재 일반에 적용되는 보편적인 특성들을 규정하고자 노력한다. 그러나 곧 그 관심을 믿음들의 본질에 돌렸으며, 어떤 종류의 믿음들이 참이며 또한 어떤 것이 거짓인가 하는 문제를 캐물었다.

어떤 것이 있다는 것, 어떤 것이 존재한다는 것, 그것이 바이셰쉬카 철학의 최우선적인 전제이다. 그러나 단순히 존재할 수 있는 것은 아무 것도 없다. 만일 우리가 단지 존재하는 것만으로 멈추어서 더 이상 나아가기를 거부한다면, 헤겔이 우리에게 말했던 것처럼, 우리는 순수 백지상태로 남을 것이며, 심지어는 어떤 것이 존재한다는 제1원리조차도 포기되지 않으면 안될 것이다. 그러므로 우리는 밀고 나아가야 하며, 어떤 것이 존재하는 것은 그것이 단순한 존재뿐 아니라 어떤 속성들을 지니기 때문이라고 주장해야 한다. 존재하는 모든 것은, 그것이 어떤 속성들을 지니기 때문에 존재한다. 실체들은 존재하는 동시에 속성들을 지닌다. 두 종류의 속성들이 있다. 하나는 다수의 대상들 속에 있는

[원주42] 프라샤스타파다는 단지 6범주만을 언급한다. 7범주 형태는 쉬바디티야의 시대에 확립된 것이다. 이것은 그의 저서의 제목이 『사프타파다르티』라는 점으로 보아도 분명하다. 샹카라와 하리바드라(Haribhadra)는 바이셰쉬카에 단지 6범주만 귀속시킨다. 『브라흐마 수트라』, ii.2.17에 대한 샹카라의 주석 ; Ui, *Vaiśeṣika Philosophy*, p.126을 보라.

속성이며, 다른 하나는 개체들에 한정되는 속성이다. 전자는 보편적 속성(sāmānya)들이며, 이에 비하여 후자는 영원한 속성(guṇa)과 일시적인 속성(karma)으로 구별된다. 내속은 특수한 종류의 관계이다.[원주43]

첫 세 범주, 즉 실체, 속성, 운동은 실재적인 객관적 존재를 지닌다.[원주44] 카나다는 이 세 범주를 아르타(artha)라고 불렀으며, 요가적 통찰을 다루는 과정에서 우리는 이 세 범주에 대한 직관을 지닐 수 있다고 말한다.[원주45] 나머지 세 범주, 즉 보편과 특수 그리고 내속은 지적

[원주43] 바이셰쉬카의 드라비야(dravya)와 구나(guṇa)는 아리스토텔레스의 실체(substance)와 속성(quality)에 상응한다. 아리스토텔레스의 양(quantity)은 구나에 포함된다. 관계에는 두 종류가 있다. 결합(saṁyoga)처럼 외적인 관계가 있는가 하면, 내속(samavāya)처럼 내적인 관계가 있다. 전자는 하나의 속성으로 간주되며, 후자는 하나의 독자적인 범주가 된다. 공간과 시간은 독립적인 실체로 간주되는 반면에, 나머지 범주들은 관계의 부류에 속한다. 행위는 카르마(karma)이며, 이에 비하여 비활동은 단지 행위의 부재일 뿐이다. 특성은 보편적이거나 특수한 것일 수 있다. 성향은 하나의 속성이다. 만일 아리스토텔레스가 어떤 분명한 원리에 의거하여 논리를 추구했더라면, 그는 다음과 같이 주장했을 것이다. 영원하거나 일시적인 속성들을 지니는 사물들은, 상호 관계의 망상(網狀) 조직 속에서 다른 것들과 관련되어 있는 시공간의 관계 속에 존재하며, 이 경우에는 실체, 속성, 행위, 관계가 주요 항목이 될 것이다. 아리스토텔레스의 분석이 지니는 결함은 스토아 철학자들과 신(新)플라톤파 철학자들, 칸트, 그리고 헤겔 등에 의하여 지적된 바 있다. 칸트는 아리스토텔레스가 범주에 대한 어떤 체계적인 분석을 한 것이 아니라, 단지 범주들이 자기에게 일어날 때 그것을 간단히 메모했을 뿐이라고 생각한다. 헤겔은 아리스토텔레스가 범수들을 되는 대로 한데 모았다고 말한다. 밀(Mill)은 이에 대하여 다소 경멸적인 언급을 한다. 아리스토텔레스의 분류목록은 "마치 동물을 사람, 4족수(足獸), 말, 나귀, 조랑말로 분류해놓은 것과 같다." 모든 것을 실체, 속성, 그리고 변화로 구분하는 자이나교의 분류와 바이셰쉬카의 범주체계를 비교해보라(『인도철학사 II』, pp.93~96 ;『웃타라디야야나』(*Uttarādhyayana*), I., Sacred Books of the East, vol.xlv). 초기 미망사 학자들은 힘(śakti)과 유사(sādṛśya)의 범주들을 받아들였다. 우다야나는 이 두 범주와 수(saṁkhyā)의 범주를 배제했다.『키라나발리』, p.6 ;『사프타파다르티』, p.10 ;『니야야칸달리』, p.7, p.15, pp.144 ff를 보라.

[원주44]『바이셰쉬카 수트라』, i.2.7 ; viii.2.3 ; 프라샤스타파다의『파다르타다르마상그라하』, p.17.

[원주45]『바이셰쉬카 수트라』, ix.1.14.

280

인 분별의 산물(buddhyapekṣam)이다.[원주46] 이 셋은 논리적인 범주들이다. 프라샤스타파다는 말한다. "이 세 범주는 그 자체 속에 각기 단하나의 존재를 지니며(svātmasattvam), 그 자체의 표지(標識)로서 지성을 지닌다(buddhilakṣaṇatvam). 그들은 결과들이 아니며(akāryatvam), 원인들이 아니며(akāraṇatvam), 보편성이나 특수성도 지니지 않으며(asāmānyaviśeṣavattvam), 영원하며(nityatvam), 물체(thing, artha)라는 말로 표현될 수 있는 것이 아니다."[원주47] 마지막 세 범주의 실재에 대한 증거는 논리적이라고 말해진다.[원주48] 다시 말하여 이 세 범주는 직접적인 파악의 대상이 될 수 없다. 이러한 입장은 니야야와 바이셰쉬카의 원리들이 혼합되는 과정에서 수정된 것이다.

초기 바이셰쉬카에서는 모든 범주들이 대개 존재의 특징을 지니는 것으로 말해지는 반면에,[원주49] 두 종류의 존재, 즉 삿타상반다(sattāsaṁbandha)와 스와트마삿트와(svātmasattva)가 구분된다. 전자는 실체와 속성과 행위에 속하는 것으로 간주되는 존재이며, 후자는 보편, 특수, 내속의 존재이다.[원주50] 우다야나는 자신의 『키라나발리』에서 전자를 내속의 관계에 의한 존재, 그리고 후자를 모든 존재에 독립적인 존재로 정의한다. 샹카라 미슈라는 자신의 『우파스카라』에서 삿타상반다를 피(被)파괴성이 있으며 그 자체의 본질로부터 결과들을 생성할 수 있는 능력으로 정의한다. 이것은 시공간 속의 존재를 언급하는 기술적인 방법으로 생각된다. 스와트마삿트와, 즉 자존하는 존재는 시공간에 독립적이며, 따라서 무시간적 범주에 속하는 어떤 것이다. 비록 후자는 추상의 산물이라 할지라도 그것은 그 자체가 추상되는 것들보다 더 실재적인 것으로 간주된다. 바이셰쉬카는 보편, 특수, 내속의 세 범주들

[원주46] 『바이셰쉬카 수트라』, i.2.3.
[원주47] 프라샤스타파다의 『파다르타다르마상그라하』, p.19 ;『바이셰쉬카 수트라』, i.2.3~10, 12, 14, 16 ; vii.2.26.
[원주48] Buddhir eva lakṣaṇam pramāṇam(『니야야칸달리』, p.19).
[원주49] 프라샤스타파다의 『파다르타다르마상그라하』, p.11.
[원주50] 프라샤스타파다의 『파다르타다르마상그라하』, p.19.

이 무시간적, 비(非)인과적이라는 것을 인정하며, 우리가 추상의 결과
물들에 시공간적인 존재성을 부여하는 것에 대하여 경고한다.

5. 실체

바이셰쉬카 학파가 관념론적인 모든 학파들에 대항하여 완강하게 저
항하는 범주는 바로 실체의 범주이다. 생각이 깊지 못한 사람들도 실체
들이 있다는 것을 받아들인다. 외부 세계의 대상들은 그 자체로 그리고
단독으로 실재적인 것으로 우리에게 다가온다. 실체는 자존하는 사물
들의 모습을 가리킨다. 우리가 막연히 존재라고 부르는 것은 시공간에
조건지어지고 여러 속성에 의하여 서로 구별되는 것들의 시리즈에 지
나지 않는다. 속성과 별개로 존재하는 실체 혹은 부분과 별개로 존재하
는 전체는 결코 있을 수 없다는 불교의 견해는 우리의 경험과 모순된
다.[원주51] 현실은 우리에게 속성과 부분의 소유로 특징지어지는 실체들
을 보여준다. 우리는 어제 보았던 항아리를 인지할 수 있다. 그런데 만
일 항아리가 단지 일련의 감각에 불과하다면, 이러한 일은 있을 수 없
을 것이다.[원주52] 속성들이 그룹으로 나타난다는 것은 일반적인 경험의
문제이다. 사과는 언제나 동일한 그룹의 속성들로 구성되며, 동일한 종
류의 나무에 열린다. 수천 년 동안 연속된 존재를 지니는 미라 혹은 산
의 중단없는 연속성은 속성을 지닌 실체를 상정하지 않고는 이해할 수
없다. "그 자체 안에 행위와 속성들을 담고 있으며 또한 공재적(共在
的) 원인인 것, 그것이 바로 실체이다."[원주53] 그것은 속성들의 토대이
다.[원주54] 실체 이외의 다른 범주들은 속성을 지니지 않는다.

[원주51] 『니야야바룻티카』, i.1.13.
[원주52] 『니야야 수트라』, ii.1.30∼36.
[원주53] 『니야야 수트라』, i.1.15.
[원주54] Guṇāśrayo dravyam.

바이세쉬카는 실체란 속성 이상의 어떤 것이라고 믿는다. 생성되는 순간의 실체는 속성을 지니지 않는다.[원주55] 왜냐하면 만일 속성이 실체와 동시 발생적이라면, 그 둘 사이에는 아무런 차이도 있을 수 없기 때문이다. 만일 속성이 발생하지 않는다면 속성 없는 실체가 가능할 것이며, 따라서 실체는 속성을 지닌다는 정의와 상치하는 것처럼 보인다. 이러한 어려움을 해결하기 위하여, 실체는 긴밀한 결합관계(sama-vāyasaṁbandha) 혹은 선행적 비존재(prāgabhāva), 즉 미래적 존재의 관계에서 속성의 토대라고 말한다. 다시 말하여 실체가 속성의 토대라는 것은, 그것이 실제적이고 현재적인 의미에서 속성의 토대일 뿐만 아니라, 잠재적이고 미래적 의미에서 또한 속성의 토대가 된다는 것을 의미한다.[원주56] 바이세쉬카는 속성이 아니면서 속성을 지니는 어떤 것의 존재를 주장하고자 고심했다. 왜냐하면 우리는 속성의 속성이 아니라 실체의 속성을 언명하기 때문이다. 또한 우리는 일단의 속성들이 지니는 한 속성을 언명한다고 말할 수 없다. 그러나 하나의 실체는 속성과는 별개로 생각될 수 없으므로, 그것은 속성을 지니는 것으로 정의된다.

영원한 실체와 일시적인 실체의 구분이 이루어진다. 다른 것에 의존하는 모든 것은 영원하지 않다. 복합 실체(avayavidravya)는 의존적이며 따라서 일시적이다. 이에 비하여 단순 실체는 영원성, 독립성, 궁극적 개별성을 지니며,[원주57] 생성되거나 소멸되지도 않는다. 일시적 실체는 그 자체에 의해서가 아니라 그 밖의 다른 어떤 것에 의하여 생성되거나 파괴된다.[원주58]

지(地), 수(水), 화(火), 풍(風), 공(空), 시간, 공간, 영혼, 의근(意根,

[원주55] Ādye kṣaṇe nirguṇaṁ dravyaṁ tiṣṭhati.
[원주56] 『싯단타무크타발리』(*Siddhāntamuktāvali*), 3.
[원주57] Nityatva, anāśritatva, antyaviśeṣavatva(프라샤스타파다의 『파다르타다르마상그라하』, pp.20~21).
[원주58] 프라샤스타파다의 『파다르타다르마상그라하』, p.20 ; 『니야야칸달리』, p.20. 『바이세쉬카 수트라』, i.1.9~10, 12, 15, 18 ; x.2.1~2를 보라.

manas)은 유형·무형의 모든 존재들을 품기 위하여 의도된 아홉 가지 실체들이다.[원주59] 바이셰쉬카 철학은 비록 실재론 체계라 할지라도 유물론은 아니다. 왜냐하면 그것은 다수의 영혼과 같은 비물질적 실체를 인정하며, 조대한 물질적 실체가 아니라 그것의 극소립자를 실재로 간주한다. 아홉 가지 실체 가운데 지, 수, 화, 풍, 영혼, 그리고 의근은 수많은 개별자를 지닌다.[원주60] 이들은 영혼을 제외하고는 모두 연장(延長)을 지니며, 원근의 관계를 지닌다. 또한 움직임이 있으며 속도를 지닌다.[원주61] 공, 시간, 그리고 공간은 편재적이며, 가장 광대한 범위를 지니며, 모든 유형적 존재들이 담기는 공동 그릇들이다.[원주62] 영혼과 마나스, 공, 시간과 공간, 풍, 그리고 궁극적 원자들은 일상적으로 지각될 수 있는 것이 아니다.[원주63] 유형적(mūrta) 실체와 근본요소적(bhūta) 실체가 구분된다. 전자는 분명한 용적을 지니며,[원주64] 행위와 움직임이 있다. 이에 비하여 근본요소적 실체는 홀로 혹은 결합상태로 피조세계의 질료인이 된다. 마나스는 비록 원자적이지만 다른 아무것도 생산하지 않지만, 공(ākāśa)은 비록 편재적이지만 소리를 생성한다. 지, 수,

---

[원주59] 어둠(tamas)의 본질에 관한 홍미있는 물음이 슈리다라(Śrīdhara)에 의하여 제기된다(『니야야칸달리』, p.9 ; 『바이셰쉬카 수트라』, v.2.19~20). 쿠마릴라는 그것을 색의 속성, 즉 검정(blackness)과는 다른 어떤 실체, 역동적 행위로 간주한다(『슐로카바룻티카』(Ślokavārttika), p.xliii). 프라바카라(Prābhākara)들은 어둠을 빛의 부재라고 주장한다(Jhā, *Praśastapāda's Padārthadharmasaṃgraha with Śrīdhara's Nyāyakandalī*, p.93). 얀남 밧타는 이 견해에 농이한다(『티르카싱그라하디피카』(Tarkasaṃgrahadīpikā), 3). 바이셰쉬카에서 어둠은 실체의 지위를 지니지 않는다. 왜냐하면 그것은 속성을 결여하고 있기 때문이다. 어둠은 비유적으로 검은색을 지니는 것으로 말해질 뿐이다. 이것은 마치 무색의 하늘이 푸른 것으로 말해지는 것과 같다. 그것은 단지 빛의 부재에 불과한 것으로 비존재의 변종(變種)일 따름이다(『바이셰쉬카 수트라』, v.2.19 ; 『사르바다르샤나상그라하』, x).

[원주60] Anekatvam pratyekaṃ vyaktibhedaḥ(『니야야칸달리』, p.21).

[원주61] 프라샤스타파다의 『파다르타다르마상그라하』, p.21.

[원주62] 프라샤스타파다의 『파다르타다르마상그라하』, p.22.

[원주63] 『바이셰쉬카 수트라』, viii.1.2.

[원주64] Paricchinnaparimāṇatvam.

화, 풍은 유형적인 동시에 생산적이다.[원주65]

영혼에 관한 바이셰쉬카의 이론은 특히 니야야의 입장과 일치한다. 단지 차이가 있다면, 바이셰쉬카에서는 자아가 지각하는 자인 동시에 지각되는 대상인 경우 자아에 대한 직접적인 지각이 인정되지 않는다는 점이다.[원주66] 이 경우에 비교는 우리에게 도움이 되지 않는다. 계시된 경전과 추론이 자아에 대한 우리의 지식의 유일한 원천이다.[원주67] 자아의 존재는 의식이 육체, 감관, 혹은 의근의 속성일 수 없다는 사실로부터 추론된다.[원주68] 기쁨, 고통, 욕망, 혐오, 의지, 그리고 지식이라는 속성 이외에도, 들숨과 날숨, 눈꺼풀의 닫힘과 열림, 신체적인 부상의 치유, 마음의 움직임, 그리고 감각적인 애착 등은 자아의 존재에 대한 증거로 강조된다.[원주69] 마치 우주적 해체(pralaya)에서처럼, 자연적인 상태의 자아는 지성을 지니지 않는다. 자아가 몸과 결합될 때 사물에 대한 인식을 지닌다.[원주70] 의식은 비록 자아의 본질적 혹은 불가분적 속성은 아니라 할지라도, 자아에 의하여 유지된다. 마나스를 통하여 자아는 외부의 사물뿐만 아니라 또한 자신의 속성을 안다. 비록 영혼은 편재적이라 할지라도, 그의 지식과 느낌과 행위는 오직 육체가 있는 경우에만 존속된다.

다수의 영혼은 지위와 다양한 조건들에서의 차이로부터[원주71] 추론된다. 경전의 언명들은 영혼의 차별상을 상정한다.[원주72] 각 영혼은 자기 행위의 결과를 감수한다.[원주73] 그것은 자기 경험의 연쇄를 통하여

[원주65] 『타르카디피카』, p.14.
[원주66] 『바이셰쉬카 수트라』, iii.2.6.
[원주67] 『바이셰쉬카 수트라』, iii.2.8 및 18.
[원주68] 프라샤스타파다의 『파다르타다르마상그라하』, p.69 ;『바이셰쉬카 수트라』, iii.1.19.
[원주69] 『바이셰쉬카 수트라』, iii.2.4~13.
[원주70] 체화되지 않은 자아에게는 대상에 대한 지각이 있을 수 없다(Aśarīriṇām ātmanām na viṣayāvabodhaḥ, 『니야야칸달리』, p.57 ; 또한 p.279를 보라).
[원주71] Vyavasthāto nānā(『바이셰쉬카 수트라』, iii.2.20).
[원주72] Śāstrasāmarthyāt(『바이셰쉬카 수트라』, iii.2.21).

지속적인 동일성을 유지한다.[원주74] 슈리다라는 자아의 단일성에 대한 견해를 반박한다.[원주75] 영혼들이 세계로부터 해방됨으로써 세계가 완전히 해체되는 위험은 없을 것이다. 왜냐하면 영혼의 숫자는 무한하기 때문이다. 바이셰쉬카의 다원론적인 편향은 추종자들이 개별자를 궁극적인 것으로 간주하게 했다. 해방된 영혼들은 특수한 차별상을 지니며 영원히 존재하는 것으로 간주되었다.[원주76] 비록 개개의 영혼은 특수성(viśeṣa)으로 구별된다 할지라도, 우리가 그것의 실상을 아는 것은 불가능하다. 영혼 상호간의 차이는 육체와 그들의 결합에 기인한다. 심지어 재생에서도 마나스는 영혼과 동반하며, 영혼에 개별성을 부여한다. 모든 실천적인 목적에도 불구하고, 영혼의 차별성은 마나스의 차별성에 의하여 결정된다. 영혼의 수와 똑같은 수로 그것의 차별성이 있다. 일생을 통하여 동일한 마나스가 특정 영혼에 수반하기 때문에, 특성의 잔존뿐만 아니라 연속의 가능성이 있다.[원주77] 개별 영혼(jīva)과 지고

[원주73] 『바이셰쉬카 수트라』, vi.1.5.

[원주74] 『니야야칸달리』, p.86.

[원주75] "만일 자아가 하나라면, 마나스(manas, 意根)의 접촉은 모든 사람들에게 공통적일 것이다……. 그러나 (만일 그렇다면) 다수의 자아 — 설사 모든 자아라 할지라도 — 가 편재적이라는 것을 인정하는 자는 모든 육체에 존재해야 할 것이다. 그럼에도 불구하고 그의 경험들은 그들 모두에게 공통적이 아닐 것이다. 왜냐하면 그들 각자는 다른 육체들에 속하는 기쁨 등이 아니라, 오직 그 자아의 이전의 업에 의하여 야기되었을 특정한 육체와의 관련 하에서 나타나는 기쁨 등을 경험하게 될 것이기 때문이다. 그리고 업 또한 업을 지은 육체의 자아에 귀속된다. 따라서 육체의 제한은 카르마의 제한에 기인하며, 그 역(逆)도 또한 같다. 이와 같은 상호 의존은 끝없이 계속된다"(『니야야칸달리』, pp.87~88).

[원주76] 바이셰쉬카 학파가 "비록 지이는 여러 가지 제한을 위하여 그리고 경전에 의하여 규정된 행위들의 수행을 위한 필요 때문에 다수로 간주된다 할지라도, 그것은 하나"(*History of Indian Philosophy*, p.290, n.1)라고 주장했다는 다스 굽타 박사의 제안은 받아들이기 어렵다. 바이셰쉬카는 궁극적인 진리가 아니라 경험적인 다양성에 깊은 관심을 보이며, 특수에 관한 견해가 궁극적인 것으로 받아들여진다.

[원주77] 프라샤스타파다의 『파다르타다르마상그라하』, p.89 ; 『바이셰쉬카 수트라』, vii.2.21 ; iii.2.22.

286

한 영혼(Īśvara)의 구분이 행해진다.[원주78] 지바와 이슈와라는 유사하지만 동일하지는 않다.

공(空, ākaśa)과 공간 그리고 시간은 아무런 하부 체계도 지니지 않으며 개별자들에 대한 이름이다.[원주79] 다양한 경험들을 설명하기 위하여, 이와 같이 포괄적인 통일체들이 상정된다. 모든 현상들은 그들 속에서 일어난다. 공간과 시간은 모든 피조물의 도구인(道具因)이다.[원주80] 실재는 과정 혹은 이행이며, 따라서 시공간적이다.

물리적 변화의 경우에 우리는 그것이 일어나는 하나의 전체를 필요로 한다. 모든 원자론자들은 텅 빈 공간에 실재성을 귀속시킨다. 만일 다수의 공간이 존재한다면, 다른 공간 속에서 회전하는 원자들은 서로 아무런 관련도 지닐 수 없을 것이다. 공간은 동서(東西)의 개념 그리고 원근(遠近)의 개념에 토대가 된다.[원주81] 공간의 피상적인 다양성은 그것의 산물들에 의하여 결정된다.[원주82] 사물들은 각자의 상대적인 위치를 유지하며, 이때 그 위치는 공간과 별개로 유지될 수 없다.

시간은 사물의 생성, 파괴, 지속과 같은, 본질에서의 구체적인 변화에 필수적이다. 그것은 비영속적인 실체들에 변화를 야기하는 힘이다. 그것은 운동을 야기하는 우주적인 힘이 아니라 모든 운동의 조건이다.[원주83] 지각할 수 있는 모든 존재는 운동・변화・존재・소멸하는 것으로 지각된다. 분리된 존재들은 자기 생성 혹은 자기 운동의 힘을 지니지 않는다. 만일 그들이 이와 같은 힘을 지닌다면, 모든 변화에도 불구하고 지속하는 사물 상호간의 관계는 있을 수 없을 것이다. 운동에는 어떤 질서가 있으며, 이것은 모든 변화와 보편적인 관계를 지니는 어떤

[원주78] 『키라나발리』(Kiranāvali), p.7. 『우파스카라』(Upaskāra) iii.2.18을 보라.
[원주79] 프라샤스타파다의 『파다르타다르마상그라하』, p.58.
[원주80] 프라샤스타파다의 『파다르타다르마상그라하』, p.25.
[원주81] 『타르카상그라하』, 16 ; 『바샤파릿체다』(Bhāṣāpariccheda), pp.46~47.
[원주82] 『바이셰쉬카 수트라』, ii.2.13.
[원주83] 『바이셰쉬카 수트라』, ii.2.9 ; v.2.26. 이 입장은 시간을 신격화하는 견해(kāla-vāda)와 혼동되어서는 안된다.

실재가 있다는 것을 의미한다. 시간은 전체 우주에 편재하며 사물들의 질서있는 운동을 가능하게 하는 독립적인 실재로 간주된다. 그것은 선후의 관계, 동시와 이시(異時) 관계의 토대이며, 늦다 혹은 **빠르다**는 개념의 토대이다.[원주84] 차원에서는 편재적이지만[원주85] 본질상 개별적이며, 결합과 분리의 속성을 지니는 오직 하나의 시간이 있을 뿐이다. 순간, 분, 시간, 해(年) 등과 같은 관습적인 개념들은 구체적인 시간으로부터 추상에 의하여 도출된다. 바이셰쉬카에 따르면 시간은 영원한 실체이며,[원주86] 모든 경험의 토대이다.[원주87] 우리는 시간이 본질적으로 무엇인지 알 수 없지만, 우리의 경험은 시간 속에 던져진다. 그것은 선후 관계의 형식적 원인이다. 한편 이러한 관계의 질료인은 항아리, 옷감 등과 같은 대상들이다. 하나인 시간이 다수인 것처럼 보이는 것은 시간 자체와 관계되는 변화들과의 관련 때문이다.[원주88]

　시간과 공간에 대한 구분이 바이셰쉬카 논서들에서 발견된다. 공간은 공존과 관계되며, 시간은 연속과 관계된다. 보다 정확히 말하여 공간은 보이는 대상들과 관계되는 반면에 시간은 생성·소멸되는 사물들과 관계된다.[원주89] 샹카라 미슈라(Śaṁkara Miśra)의 주장에 의하면, 시간의 관계들은 불가역적인 반면에 공간의 관계들은 불가역적이 아니다.[원주90] 사물들은 시간에 의하여 움직이며, 공간에 의하여 결합된다. 시간과 공간은 가장 포괄적인 관계들, 장소에서 장소로 혹은 상태

[원주84] 『바이셰쉬카 수트라』, ii.2.6.
[원주85] 『바이셰쉬카 수트라』, vii.1.25.
[원주86] 『바이셰쉬카 수트라』, ii.2.7.
[원주87] Atītādivyavahārahetuḥ(『타르카상그라하』, 15 ; 『바샤파릿체다』, 45).
[원주88] 『니야야만자리』, p.136.
[원주89] 『싯단타찬드로다야』(*Siddhāntacandrodaya*)에는 다음과 같은 언급이 있다. "시간적 한정은 생성이나 운동으로 특징지어지며, 공간적 한정은 구체적인 형태를 띠는 것으로 특징지어진다"(Janyamātraṁ kriyāmātraṁ vā kālopādhiḥ, mūr-tamātraṁ digupādhiḥ).
[원주90] 『우파스카라』(*Upaskāra*), ii.2.10. 이 견해를 칸트 철학에서 경험의 제2 및 제3 유비(類比)와 비교하라.

에서 상태로 추이, 공간 이동과 시간적인 교체를 포섭하지만, 그럼에도 불구하고 그들은 단지 형식적일 뿐이며, 움직이며 변화하는 실재적인 사물들을 암시한다.

아카샤(空)는 단순·연속·무한의 실체이며, 소리의 토대이다. 색(色), 미(味), 향(香), 그리고 가촉성(可觸性)은 아카샤에 속하지 않는다. 제거의 과정에 의하여 소리는 아카샤의 특징적인 속성이라는 것이 입증된다.[원주91] 아카샤는 비활동적(niṣkriya)이다. 물질적인 모든 대상들은 아카샤와 결합되어 나타난다.[원주92] 극미 원자들은 결합 혹은 상호 접촉을 통하여 크기를 구성할 수 없다. 만일 원자들이 서로 떨어져 있음에도 불구하고 아무튼 하나의 체계를 형성하고자 결합된다면, 그것은 오직 아카샤의 매개를 통해서만이 가능하다. 원자들은 결합하지만, 그럼에도 불구하고 그것은 연속적인 결합이 아니다. 원자들을 결합하는 것은 원자 자체가 아니라 아카샤이다. 만일 아카샤 또한 원자들로 분해될 수 있다면, 우리는 원자적이 아닌 또 다른 어떤 매개물을 상정해야 할 것이다.

아카샤는 영원 편재하며, 초감각적이며, 개별성과 결합 및 분리성을 지닌다. 아카샤는 비록 공간 자체는 아니라 할지라도 모든 공간에 충만하다. 왜냐하면 아카샤는 사물들과 특정한 관계에 돌입하여 그 속에서 생성되는 소리를 지니지 않고서는 그들에게 어떤 영향을 주거나 작용할 수 없기 때문이다. 위치상의 관계와 각기 떨어져 있는 사물들의 질서를 지탱하는 것은 방위(方位, dik)라고 불린다. 아카샤는 소리라는 특수한 속성의 질료인이지만, 공간은 모든 결과물의 보편적인 원인이라는 점에서 아카샤와 공간의 구별이 인정된다.

바이셰쉬카의 물리 이론은 지, 수, 화, 풍, 공의 5종 실체와 관련하여 전개된다. 우리가 흔히 접하는 물질은 이들 5종 실체의 결합이다. 그리고 이 결합은 동일한 비율의 결합이 아니라, 이들 가운데 어느 하나가

[원주91] 『바이셰쉬카 수트라』, ii.1.27, 29~31.
[원주92] 『니야야 수트라』, iv.2.21~22.

지배적인 결합이다.[역주6] 결합의 결과로 나타나는 5종의 현상적 산물(bhūta)들은 물질의 다섯 가지 상태, 즉 고체(地), 액체(水), 기체(風), 빛(火), 에테르(空)이다. 복합체로서의 지(地)는 향(香), 미(味), 색(色), 가촉성(可觸性)의 성질을 지니며, 수(水)는 미(味), 색(色), 가촉성을 지닌다. 화(火)는 색(色)과 가촉성을, 풍(風)은 단지 가촉성만을 지닌다. 그리고 아카샤는 소리의 성질(聲)을 지닌다.[원주93] 지(地)는 수많은 성질을 지니지만, 그럼에도 불구하고 우리가 지가 향(香)의 성질을 지닌다고 말하는 것은, 그것이 지니는 여러 성질 가운데서 향의 성질이 가장 현저하기 때문이다.[원주94] 만일 지 이외의 다른 실체들이 향의 성질을 지닌다면, 그것은 지의 입자들이 그들과 섞여 있기 때문이다. 향 없는 풍(風)이나 수(水)를 생각하는 것은 가능하지만, 향 없는 지(地)는 생각할 수 없다. 지로 이루어진 것들은 3종, 즉 육체, 감관, 지각의 대상이다.[원주95]

수(水)의 고유한 성질은 미(味)이다. 화(火)는 자체의 고유한 성질로서 색(色)을 지닌다. 풍(風)은 비록 범위상 한정되고 부분으로 이루어져 있지만, 눈에 보이지는 않는다. 풍의 분리성 혹은 불연속성은 풍 속

[역주6] 베단타의 오분결합설(五分結合說)에 의하면, 세계 창조시에 미세한 5요소 가운데 한 요소의 2분의 1과 나머지 미세한 각각 요소들의 8분의 1이 결합되어 조대한 5요소가 생겨난다. 따라서 조대한 5요소는 모두 지, 수, 화, 풍, 공의 다섯 가지 속성을 지니지만, 그럼에도 불구하고 각 요소가 지니는 현저한 측면에 따라서 지, 수, 화, 풍, 공으로 불린다. 사나난다(Sadānanda), 『베단타사라』(*Vedāntasāra*), ed. by Swami Nikhilanda, pp.58~66 ;『판차다쉬』(*Pañcadaśi*), i.27을 참조하라.

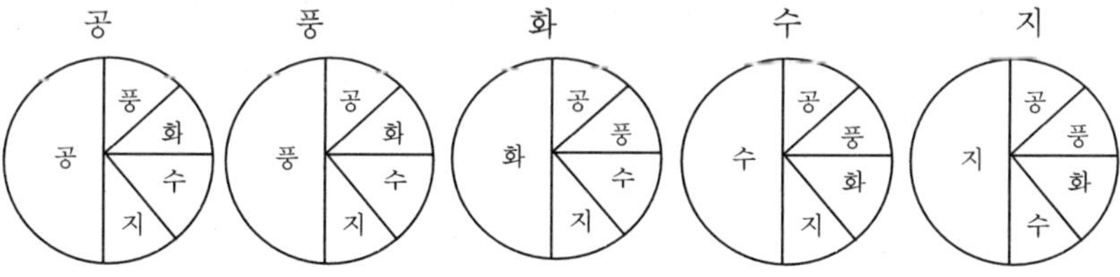

[원주93] 『니야야 수트라』, iii.1.60~61.
[원주94] 『니야야 수트라』, iii.1.66.
[원주95] 프라샤스타파다의 『파다르타다르마상그라하』, p.27.

에서 일어나는 운동들로부터 추론된다. 만일 풍이 부분 없는 절대 연속체라면 이러한 운동들은 있을 수 없다.[원주96] 그것의 존재는 접촉으로부터 추론된다.[원주97] 풍이 하나의 실체로 간주되는 것은 그것이 속성과 행위를 지니기 때문이다. 온도는 풍의 특수한 성질이다. 구체적인 사물들의 궁극적 구성 요소인 지, 수, 화, 풍은 원자라고 불린다.

6. 원자론

원자론은 인류 정신사에 지극히 자연스런 것이어서 물질 세계를 설명하려는 아주 초기의 시도는 이런 형태를 띤다. 원자론의 단초는 이미 우파니샤드에서 찾아볼 수 있을 정도이다. 우파니샤드에서는 모든 물질적 대상들이 대개 지, 수, 화, 풍의 4요소로 이루어져 있는 것으로 간주된다. 아카샤는 제외된다. 왜냐하면 그것은 자체의 독특성을 지니며, 다른 요소들과 결합을 이루지 않기 때문이다. 그러나 지, 수, 화, 풍의 4요소 자체는 변화와 분해가 가능하지만, 이에 비하여 궁극적 실재는 영원 불변으로 간주된다. 불변·불가분·영원한 입자들은 무엇인가 하는 의문이 당연히 일어난다. 자이나교와 불교라는 위대한 사상체계를 낳았던 사유의 혼돈 속에, 원자론적 가설을 주장했던 사람늘, 예를 들어 아지바카(Ajīvaka)교도나 자이나교도들이 있었다.[원주98] 카나다(Ka-

---

[원주96] 『바이셰쉬카 수트라』, ii.1.14.

[원주97] 고대 바이셰쉬카 학자들과 안남 밧타에 따르면, 풍(風)은 지각될 수 있는 것이 아니라 단지 추론에 의하여 알려질 뿐이다. 그것은 색깔을 지니지 않기 때문에 보일 수 없다는 주장이다. 신 니야야 학자들은 어떤 것이 지각되기 위하여 반드시 눈에 보여야 할 필요는 없다고 말한다. 우리는 접촉을 통해서도 사물을 지각할 수 있을 것이다.

[원주98] 『인도철학사 II』, pp.101~102를 참조하라. 비록 경전은 아니라 할지라도, 북방불교 문헌은 원자론에 대한 다수의 언급을 담고 있으며, 바이셰쉬카 학파와 사우트란티카(Sautrāntika) 불교도들은 그것을 수용한다. Ui, *Vaiśeṣika Philosophy*, pp.26~28을 보라.

nāda)는 순수하게 형이상학적 토대에서 원자론을 확립했으며, 이를 통하여 세계를 사유로 단순화하고자 했다. 레우키포스(Leucippos)나 데모크리토스(Democritos)도 이와 마찬가지였다. 왜냐하면 원자론은 돌턴(Dalton)의 시대에 이르러서야 진지한 과학적 위상을 획득할 수 있었기 때문이다.

부분으로 이루어진 모든 사물은 그것이 내속과 상의적인 연접 관계로 결합된 부분들로부터 생성한다. 우리가 경험하는 사물들은 모두 산물이다. 즉 불연속적이다. 그것은 부분들로 이루어져 있으며, 따라서 영속적인 것이 아니다. 영원하지 않은 것은 영원한 것과 별개로는 전혀 아무런 의미도 지닐 수 없다.[원주99] 지, 수, 화, 풍은 영원한 측면과 일시적인 측면을 모두 지니지만, 이에 비하여 아카샤는 영원할 뿐이다. 만들어진 복합체는 영원하지 않음에 비하여, 그것을 구성하는 입자들은 생성된 것이 아니며, 따라서 영원하다.[원주100] 눈에 안 보이는 영원한 원자들은 부분으로 나누어질 수 없다.[원주101] 원자는 분해의 한계를 나타낸다. 만일 그것이 끝없이 부분으로 나누어질 수 있다면, 물질적인 모든 사물은 똑같이 무수히 많은 구성 부분들의 산물일 것이며, 따라서 사물들이 지니는 부피나 크기에서의 차이들은 설명될 수 없을 것이다.[원주102]

만일 물질이 무한대로 나누어질 수 있다면, 우리는 그것을 무(無)로 만들지 않을 수 없을 것이며, 이것은 결국 부피와 크기를 지니는 것이 부피와 크기를 지니지 않는 것으로 만들어진다는 역설적인 입장을 받아들이는 것이나 마찬가지가 될 것이다.[원주103] 물체에 나타나는 부피의

[원주99] 『바이셰쉬카 수트라』, iv.1.4.
[원주100] 『바이셰쉬카 수트라』, iv.1.1 ; ii.3.4~5 ; vii.1.20~21.
[원주101] Paraṁ vā truṭeh(『니야야 바쉬야』, iv.2.17~25).
[원주102] Sarveṣām anavasthitāvayavatve merusarṣapayos tulyaparimāṇatvā-
    pattiḥ. 『니야야칸달리』, p.31을 보라.
[원주103] 허바트(Herbart)에 의하면, 경험의 다양성과 변화는 오직 단순 불변한 사물들이 그 자체에 대한 어떤 이치들을 부여할 때만 이해 가능하다. 이들 불가사의한

변화는 그것을 구성하는 원자들의 접근과 후퇴에 의하여 결정된다. 무한대와 무한소는 분명히 파악되는 부피나 크기가 아니다. 그 둘은 상한과 하한이며, 우리가 아는 것은 그 둘 사이의 중간물이다. 계속적인 부가를 통하여 우리는 무한히 큰 것에 도달하며, 계속적인 분해를 통하여 무한히 작은 것에 도달한다. 원자들은 산물들의 질료인이다. 비록 원자 자체는 초감각적이라 할지라도, 그것은 분류될 수 있다. 물론 이때 분류는 크기, 모양, 무게, 밀도 등의 기준에 따른 것은 아니다. 지각 가능한 여러 가지 사물에서 원자들이 나타내는 속성들은 원자의 분류에서 우리에게 도움이 된다.

만일 우리가 둘 이상의 감관에 의하여 지각되는 사물들의 일반적인 성질, 예를 들어 불침투성 등을 무시한다면, 특수한 성질은 냄새, 맛, 빛, 그리고 온도이다. 이러한 성질은 단순히 정도에서의 차이가 아니라 종류에서의 차이이다. 네 종류의 원자(paramāṇu)들이 상정된다. 이 구분은 물질적 대상들에 대한 4구분, 즉 지, 수, 화, 풍에 상응한다. 이들 네 종류의 원자들은 촉, 미, 색, 향의 네 가지 감각을 생성한다고 말하며, 이것은 왜 하나의 감각이 오직 한 가지 성질밖에 띠지 않는가에 대한 설명이 된다. 지(地)로 이루어진 사물의 속성들, 즉 색깔, 맛, 냄새, 가촉성은 그 사물의 파괴로 사라진다 할지라도, 이 속성들은 개개의 원자들 속에서는 언제나 발견된다. 물론 복합체로서의 지(地)와 지(地)의 원자들 속에서 어떤 성질들이 열에 의하여 생성되는 경우도 있다.[원주104] 수, 화, 풍은 유사한 변화를 겪지 않는다.

바이셰쉬카는 필루파카(pīlupāka) 이론을 받아들인다. 이에 따르면, 항아리가 구워질 때, 이전의 것은 파괴된다. 즉 원자들로 분해된다. 가열은 원자들 속에 붉은색을 생성시키며, 이 원자들은 다시 결합하여 새로운 항아리가 생겨난다. 이 견해에서 보면, 먼저 전체가 그 원자들로

실재들은 우리가 그들이 지니는 외견상의 속성과 변화를 이해하는 어떤 관계에서 생각되어야 한다.

[원주104] 『바이셰쉬카 수트라』, iv.1.1~6.

해체되고, 그런 다음에 그 원자들이 하나의 전체로 재결합된다. 이 복
잡한 모든 과정은 지각되지 않는다. 왜냐하면 그것은 지극히 빠른 속도
로 일어나기 때문이다.[원주105] 니야야 학자들은 색깔의 변화가 원자들과
산물들에서 동시적으로 일어난다고 보는 피타라파카(piṭharapāka) 이
론을 주장한다. 이 견해가 보다 합당한 것으로 보인다. 니야야 학자들
은 다음과 같은 근거에서 바이셰쉬카의 입장을 반박한다. 만일 첫번째
항아리가 파괴되고 두번째 항아리가 그것을 대체한다면, 우리는 나중
의 것을 앞의 것과 동일시할 수 없을 것이다. 그러나 우리는 색깔에서
의 차이를 제외하고는 이전의 것과 똑같은 항아리를 본다. 더욱이 바이
셰쉬카의 견해는 지(地) 원자들의 향(香)을 비영속적인 것으로 전락시
키는 점이 없지 않다. 지각 가능한 사물들이 열에 의하여 영향을 받는
다는 사실은, 그들이 완전히 고체로만 채워져 있는 것이 아니라 구멍이
나 틈새를 지닌다는 것을 보여준다.[원주106]

원자는 구형(球形)이라고 말해진다. 그러나 이것은 원자가 부분을
지닌다는 의미로 이해될 필요는 없다. 원자는 부분을 지닌다는 가정에
대한 어떤 반박들이 언급된다. 세 원자가 병치상태에 있을 때, 중간의
원자는 양 옆에 있는 원자들과 접촉한다. 그 원자가 모든 면에서 둘러
싸여 있을 때, 우리는 원자들의 6면을 식별하며, 이때 우리는 6면을 그
원자의 부분들이라고 말할 수 있을 것이다. 만일 원자들의 6면을 하나
의 점에 불과하다고 말한다면, 그것은 아무리 많은 수의 원자라도 결국
단일 원자 이상의 공간을 점유하지 않으며, 따라서 세계의 사물 또한
단일 원자의 크기 이상일 수 없다는 결론이 된다. 만일 사물이 단일 원
자의 크기 이상일 수 없다면, 그것은 결국 눈에 보이지 않아야 할 것이
다. 이와 같은 모든 난점들은, 원자들이 부분으로 나누어지는 것은 실
재적인 차원이 아니라 단지 경험적인 것일 뿐이라고 대답함으로써 해

[원주105] 『사르바다르샤나상그라하』, x.
[원주106] 『니야야바룻티카타트파리야티카』(*Nyāyavārttikatātparyaṭīkā*), p.355 ; 『니
  야야만자리』, p.438.

소된다.[원주107] 원자는 결코 안이나 바깥을 지니지 않으며,[원주108] 비(非)공간적이다.[원주109]

원자는 본질적으로 수동적이며, 그것의 운동은 외적인 충격에 기인한다. 세계의 해체(pralaya) 기간 동안에 원자들은 아무런 결과물도 생성하지 않으면서 존속한다. 이때 원자들은 분리된 채로 아무런 움직임도 없이 남아 있다. 바이셰쉬카에 의하면, 궁극적 원자들의 움직임은 어떤 특수한 운동(dharma)으로부터[원주110] 일어난다. 프라샤스타파다는 말한다. "근본 요소들에 나타나는 움직임, 우리가 감각적 지각이나 추론을 통해서는 아무런 원인도 발견할 수 없는 움직임, 그럼에도 불구하고 우리에게 유익하거나 해로운 것으로 밝혀지는 움직임은 이들 보이지 않는 작인(作因, adṛṣṭakāritam)에 의하여 생성되는 것으로 간주되어야 한다."[원주111]

모든 산물의 속성들은 그것을 형성하고 있는 원자들의 속성에 기인한다. 이 원자들은 모든 실체들의 다섯 가지 일반적 속성들을 지닌다. 이에 부가하여 지(地)는 고유한 성질로서 냄새를 지니며, 이외에도 맛, 색깔, 접촉성 혹은 온도, 무거움, 빠름, 유동성과 같은 다른 성질들을 지닌다. 수(水)는 점착성을 고유한 성질로 하며, 지(地)의 성질 가운데서 냄새를 제외한 다른 성질들을 지닌다. 화(火)는 7종의 통상적인 성

[원주107] 『니야야 바쉬야』, iv.2.20.
[원주108] 단순·편재적인 실체로 말해지는 아카샤(ākāśa)가 원자들을 침투하는지에 대한 물음이 제기된다. 만일 그것이 침투한다면 원자들은 부분을 지닌다고 해야 할 것이며, 만일 그것이 원자들을 침투하지 않는다면 원자들은 부분을 지니지 않지만 아카샤는 편재적이 아니라는 결론이 된다. 이에 대하여 다음과 같이 대답된다. 안이나 바깥의 개념은 영원한 실체에 적용할 수 없으며, 아카샤의 편재성이 원자 내부에 부분들의 존재를 의미할 필요는 없다.
[원주109] 『니야야바룻티카』, iv.2.25. 원자는 거대함(largeness)에 반대되는 것으로서의 미세한 크기(size)를 지니는 것으로 말해진다. 그것은 어떤 종류의 체적을 지닌다. 이와 관련된 여러 견해에 대해서는 Chatterji, *Hindu Realism*, pp.19~34, pp.149~153과 p.164를 보라.
[원주110] 『니야야바룻티카』, iv.2.7. Dharmaviśeṣāt.
[원주111] 『파다르타다르마상그라하』, p.309.

질과 온도, 색깔, 유동성, 점착성을 지닌다. 이에 비하여 풍(風)은 7종의 공통적인 성질 외에 단지 접촉성과 점착성만 지닌다. 이러한 성질은 원자에서는 영원하지만, 산물들에서는 일시적이다.

　모든 것이 완전히 소멸하는 때는 결코 있을 수 없다. 세워진 건물들은 사라질 수 있겠지만, 그것을 이루고 있는 석재는 영원하다.[원주112] 결합하여 하나의 전체를 형성하는, 따라서 그 이전에는 이와 같은 결합과는 별개로 존재할 수 있었던 구성 요소들은 독립적으로 존재할 수 있는 힘을 지닌다. 유무형 세계의 모든 구조물은 분해될 수 있지만, 원자들은 영원히 새롭고 생생하게 존속할 것이며, 언제든지 미래에 또 다른 구조물들을 형성할 준비가 되어 있다. 개별 원자들은 다른 원자들과 결합하며, 얼마 동안 이와 같은 공존이 지속되다가 다시 원래의 단일체로 분해되어 새로운 조합들을 형성한다. 이러한 결합과 분리의 과정은 끝없이 계속된다.

　바이세쉬카에 의하면, 원자들은 창조물 속에 결합되지 않은 상태로 존재하지 않는다.[원주113] 창조시에 원자들은 어떤 진동을 지니는 것으로 말해진다. 각기 떨어져 단독으로 있는 원자들은 아무런 결과물도 만들어낼 수 없다. 슈리다라는 만일 하나의 영원한 실체가 단독으로 생산적이라면 끊임없는 생산이 있을 것이며, 이것은 필연적으로 산물들의 불멸성 또한 인정할 수밖에 없는 결과를 초래할 것이리고 주장한다. 3원자 복합체도 생산적일 수 없다. 왜냐하면 조대한 물질저 대상은 그 자체보다 작은 크기의 부분들의 산물이기 때문이다. 그러므로 오직 2원자 복합체만이 사물들을 생산한다.[원주114] 심지어 두 개의 근본 원자로 이루어진 2원자 복합체조차도 미세하다. 2원자 복합체 세 단위가 3원

[원주112] 『니야야 바쉬야』, iv.2.16.
[원주113] 그러나 대기(大氣)는 이 원칙의 예외에 해당한다. 왜냐하면 그것은 느슨하고
　　결합되지 않은 원자들의 집적으로 이루어져 있다고 말해지기 때문이다. 니야야 학
　　자들은 이 설명이 만족스럽다고 생각하지 않는다.
[원주114] 『니야야칸달리』, p.32.

자 복합체를 만들며,[원주115] 3원자 복합체는 우리에게 파악될 수 있는 크기를 지닌다. 단일 원자와 2원자 복합체는 눈에 보이지 않으며, 가시적일 수 있는 최소 크기는 3원자 복합체이며, 그것의 크기는 태양광선 속의 미진(微塵)의 크기라고 말한다. 분명히 이것은 원인의 속성들이 결과 속에 상응하는 속성들을 생성한다는 일반 원칙에 대한 예외이다.

흰색의 두 원자가 결합하여 하나의 2원자 복합체를 형성할 때, 후자 역시 유사한 흰색을 지닐 것이다. 그러나 원자들은 구체(球體)이며 2원자 복합체는 미세하며,[원주116] 눈에 보이지 않는다. 그럼에도 불구하고 단일 원자와 2원자 복합체는 가시적인 크기와 부피를 생산한다. 산물의 크기는 그것을 형성하고 있는 부분들의 크기나 수 혹은 배열에 달려 있다고 주장되어온 것은 바로 이런 이유 때문이다.[원주117] 2원자 복합체의 수가 증가함에 따라서 산물의 크기에도 이에 상응하는 증가가 있다. 원자들의 결합에 의하여 만들어지는 사물은 단순한 집합이 아니라 하나의 전체이다. 만일 전체를 부정한다면, 우리는 단지 부분들만 지닐 것이며, 부분들은 점점 더 미세하게 나누어져서 마침내 우리는 지각 불가능한 원자들의 궁극적인 부분들에 이를 것이다. 만일 우리가 전체를 부정한다면, 우리는 지각 불가능한 원자들 이외에는 아무것도 인정할 수 없을 것이다.

마치 한 무리의 군대나 숲은 눈에 보이지만, 한 명의 병사나 한 그루의 나무는 지각되지 않는 것과 마찬가지로, 원자의 집합은 지각 가능하지만, 원자 자체는 지각할 수 있는 것이 아니라고 주장한다면, 니야야는 다음과 같이 대답할 것이다. 이 비유는 부당하다. 왜냐하면 병사나

[원주115] 몇몇 후기 바이셰쉬카 사상가들은 3원자 복합체가 3개의 단일 원자들로 구성된다는 견해를 보인다(『싯단타무크타발리』(*Siddhāntamuktāvali*), p.37 ; Ui, *Vaiśeṣika System*, pp.130~131).

[원주116] 마하데바 밧타(Mahādeva Bhaṭṭa)는 2원자 복합체가 초감각적이 아니라고 주장한다. 『다샤파다르티』(*Daśapadārthī*)에도 이와 같은 견해가 피력된다. Ui, *Vaiśeṣika Philosophy*, 그리고 『니야야코샤』(*Nyāyakośa*), p.350을 보라.

[원주117] 『바이셰쉬카 수트라』, vii.1.9.

나무는 지각 가능하지만, 원자는 그렇지 않기 때문이다.[원주118] 노랫가락이 음표들의 합계 이상의 어떤 것이듯이, 이와 마찬가지로 전체는 부분과 다른 어떤 것이다.[원주119] 게다가 만일 전체가 존재하지 않는다면, "이것은 의자이다" "이것은 사람이다"라고 말하는 데는 아무런 의미도 없을 것이다. 전체와 부분은 내속의 관계이다.[원주120]

인도에서 창조와 파괴에 관한 주기적 순환론은 뿌리깊은 것이어서, 인도사상의 어떤 학파도 이를 쉽사리 벗어나려 하지 않는다. 창조와 파괴의 과정들은 프라샤스타파다에 의하여 기술된다.[원주121] 브라흐마(Brahmā)의 시간 단위로 100년이 지나면, 그는 자신의 삶을 마감하게 된다.[역주7] 자기의 방랑 때문에 염려하는 모든 존재의 휴식을 보장하기 위하여 지고한 주(主)——브라흐마와 혼동되어서는 안된다——는 모든 피조물을 다시 거두어들이고자 한다. 이러한 욕망의 일어남은 육체와 감관과 요소들의 원인인 모든 영혼들의 불가견력(adṛṣṭa)의 작용이 정지되는 것을 의미한다. 그때 주(主)의 욕망으로부터 그리고 영혼들과 물질적인 원자들의 결합으로부터 육체들과 감관들을 구성하는 원자들의 붕괴가 일어난다. 원자의 집합들이 파괴될 때, 그 집합으로 만들어진 사물들 또한 파괴된다.

[원주118] 『니야야 바쉬야』, iv.2.14.
[원주119] 『니야야 수트라』, ii.1.35~36.
[원주120] 『니야야 바쉬야』와 『니아야바룻디가』, iv.2.12.
[원주121] 『파다르타다르마상그라하』, pp.48 ff.
[역주7] 인도의 유가(yuga)설에 의하면, 우주의 순환 주기는 크리타(kṛta) 유가, 트레타(treta) 유가, 드와파라(dvāpara) 유가, 칼리(kali) 유가로 이루어지며, 각각 인간의 시간으로 172만 8천 년, 129만 6천 년, 86만 4천 년, 43만 2천 년 동안 지속된다. 이 네 유가를 하나의 단위로 1마하유가(mahāyuga, 432만 년)라고 하며, 1,000마하유가(43억 2천만 년)는 브라흐마의 하루 밤 혹은 낮에 해당한다. 따라서 브라흐마의 하루(1kalpa, 劫)는 인간의 시간으로 86억 4천만 년에 해당한다. 브라흐마의 시간으로 100년이 끝날 때, 대파괴(mahāpralaya)가 일어나며, 이때는 우주뿐만 아니라 브라흐마 자신도 소멸한다. 대파괴 이후 다시 1칼파가 지나면 새로운 브라흐마가 태어나고 새로운 우주 주기가 시작된다. Benjamin Walker, *Hindu World*, I, pp.6~8을 보라.

궁극적인 물질적 실체들, 즉 지, 수, 화, 풍의 연속적인 붕괴 혹은 다시 거두어들임이 뒤이어 일어난다. 원자들은 분리된 채로 남아 있으며, 또한 과거의 공덕과 악행의 잠재력으로 물들어 있는 영혼들도 이와 같다. 의식적인 존재들에 의하여 획득되어야 할 경험을 위하여 다시 주(主)는 창조를 욕망한다. 신의 의지에 의하여 풍(風)의 원자들 속에 운동이 시작된다. 이것은 모든 영혼 속에 작용하는 불가견력의 영향 하에서 이 원자들이 결합하기 때문이다. 풍의 원자들은 결합하여 2원자 복합체와 3원자 복합체, 그리고 마침내는 조대한 풍을 형성하며, 곧 조대한 수(水), 지(地), 화(火)가 차례로 나타난다. 단순히 신의 사고작용에 의하여(abhidhyānamātrāt) 우주란(宇宙卵)이 화(火)와 지(地)의 원자들로부터 생성되며, 주는 그 속에 세계와 브라흐마를 만든다.

그 이후의 창조는 브라흐마에 귀속된다. 브라흐마는 자아들 차원의 위계에서 최상이며, 그의 공덕이 지속되는 동안에는 그 지위를 누린다. 전체로서 세계는 브라흐마의 창조가 아니며, 그것의 파괴 또한 그의 공덕이 다한 결과가 아니다. 그것은 오직 지고한 주에게 달려 있다. 최고의 지식과 공평 무사함과 힘을 부여받은 브라흐마는 마음으로 태어나는 자신의 이들들, 프라자파디(Prajāpati)들, 마누(Manu)들, 신들, 조상들, 성현들과 네 카스트, 그리고 다른 모든 생물들을 창조한다. 이러한 위상은 각자의 잠재 인상적인 힘에 따라 결정된다.[원주122] 슈리다라에 따르면, 무한·광대·불변의 3종 실체들인 공간과 시간과 아카샤는 창조와 파괴의 과정에 영향받지 않는다. 세계의 새로운 창조와 같은 것은 결코 없다. 어떤 하나의 우주는 시작 없는 연쇄의 하나일 뿐이다.

[원주122] 패디건(Faddegon)은 여기에 언급된 창조와 파괴의 순서간에 중요한 차이가 있다는 것을 지적한다. 즉 화(火)는 풍(風) 직후에 창조되는 것이 아니라 마지막에 형성된다. "저자가 순서를 바꾼 것은 화(火)의 창조를 화와 지(地)의 혼합물로 되어 있는 우주란 히란야가르바(Hiranyagarbha)의 형성 직전에 두기 위한 이유 때문이다. 이것은 결과적으로 널리 유포된 신화적 개념들에 부응하기 위하여 철학 체계 자체의 조화의 훼손을 초래했다"(*Vaiśeṣika System*, p.164).

세계는 의식적인 영혼들이 각자의 가치에 따른 경험의 몫을 향수할 수 있도록 하기 위하여 생겨난다. 우주는 존재들에게 귀속된 잠재적인 가치의 현실화이며, 그들 각자의 행위에 의하여 그리고 그들 각자의 경험을 위하여 창조된다. 언제든지 우주 내에서 최고의 존재는 브라흐마이며, 전체 우주는 그의 경험을 위하여 존재한다고 말해진다. 그러나 모든 가치는 획득되는 어떤 것이며, 따라서 그것은 시작과 끝을 지닌다. 심지어 브라흐마의 가치도 무한하지 않다. 브라흐마의 가치가 끝날 때, 우주는 끝난다고 말해진다. 그러나 다른 사람들의 경험들 가운데 아직 향수되지 않은 잔여 부분이 남아 있을 것이다. 만일 한 브라흐마의 가치가 끝난다면, 다른 하나의 브라흐마가 권좌를 이어받아서 최고의 지위에 오를 것이다. 그러므로 각각의 모든 우주는 선행하는 우주와 후속하는 우주를 지니며, 이러한 흐름은 영원히 계속될 것이다.[원주123]

2원자 복합체의 질료인인 원자들은 영원하며 파괴될 수 없다. 2원자 복합체는 근본 원자 자체의 파괴에 의해서가 아니라 근본 원자들의 결합의 파괴[원주124]에 의하여 파괴된다. 고대 니야야 학자들은 결과물의 파괴는 그 원인의 파괴에 의하여 즉각적으로 일어난다고 믿었다. 이들은 단지 2원자 복합체의 경우만 예외로 간주했으며, 이 경우에는 질료인 자체의 파괴가 아니라, 질료인을 묶고 있는 결합의 파괴일 뿐이라고 생각했다. 그러나 후기 니야야 학자들은 예외없이 모든 경우에 결합이 파괴된다는 입장을 보였다. 후자가 더욱 합리적인 것으로 보인다. 왜냐하면 파괴는 사물들이 자체의 구성 요소들로 점차 분해되는 것으로 보이기 때문이다. 만일 파괴의 과정이 반복되지만 창조의 과정을 뒤집지 않는다면, 그리고 만일 결과물의 파괴가 그 부분들의 파괴에 뒤따른다면, 부분들이 사라지고 결과물이 남는 시간적인 간격이 있을 수밖에 없을 것이다. 그러나 결과물이 그 간격 속에 잔존할 수 있는 경우는 상상

[원주123] 우다야나(Udayana), 『아트마탓트와비베카』(*Ātmatattvaviveka*).
[원주124] Paramāṇudravyasaṃyoganāśa.

할 수 없다. 그것은 소멸한 부분들 속에 있을 수 없으며, 원자들 속에 있을 수도 없다. 왜냐하면 소멸한 부분들이나 원자들은 결과물과 직접적인 관계가 없기 때문이다.[원주125]

샹카라는 여러 가지 이유에서 바이셰쉬카의 원자론을 비판한다. 해체의 상태(pralaya)에서 운동의 시작은 터무니없다. 인간의 노력은 그것을 설명할 수 없다. 왜냐하면 그것은 아직 존재하지 않기 때문이다. 만일 아드리슈타(adṛṣṭa, 불가견력)라는 보이지 않는 원리가 그 운동의 원천으로 간주된다면, 그것은 어디에 존재하는가? 만일 그것이 영혼들 속에 머문다면 그것은 원자들에게 영향을 미칠 수 없다. 만일 그것이 원자들 속에 머문다면, 지력이 없는 그것은 운동을 시작할 수 없다. 만일 영혼이 원자들 속에 내속하고 불가견력이 그것과 결합된다고 말한다면, 이 경우에는 영원한 활동이 있다고 해야 할 것이다. 그러나 이것은 해체상태의 존재에 반대된다. 그 외에도 불가견력은 영혼들에 대한 상과 벌을 야기한다고 말해지며, 그것은 우주의 생성과 해체에 거의 아무런 관련도 지니지 않는다. 샹카라는 원자의 결합에 대한 난점을 제기한다. 만일 원자들이 전체로 결합한다면, 완전한 상호 침투가 있을 것이며, 따라서 부피의 증가나 사물들의 생성도 불가능할 것이다. 만일 원자들이 부분적으로 결합한다면, 원자는 부분을 지니는 것으로 간주되지 않을 수 없다. 게다가 어떻게 원자의 복합체들이 원자는 지니지 않는 공간성을 지닐 수 있는가 하는 것도 전혀 이해할 수 없다.

원자들의 결합에 의하여 우리는 원자들 자체에는 없었던 속성들을 얻는다. 눈에 보이지 않을 정도로 미세하고 파괴될 수도 없는 원자들이 어떻게 색깔 등의 속성을 지니는 것으로 간주될 수 있는지도 이해하기

[원주125] 바이셰쉬카는 두 종류의 파괴를 상정한다. 하나는 오직 감지 가능한 산물들만 파괴되는 중간 파괴(avāmtarapralaya)이며, 다른 하나는 정신적·물질적인 모든 것들이 원자들로 분해되는 우주적 파괴(mahāpralaya)이다. 창조(sṛṣṭi)와 파괴(pralaya)는 영원한 실체들의 잠재상태와 해체상태이다. 『마하나라야나 우파니샤드』(*Mahānārāyaṇa Upaniṣad*), v ; Keith, *Indian Logic and Atomism*, p.216을 참조하라.

어렵다. 또한 조대한 요소들, 즉 화, 풍, 지, 수, 공 가운데서 어떤 것은 다른 것들보다 많은 속성들을 지닌다. 즉 수(水)는 색깔, 맛, 가촉성을 지니며, 공(空)은 오직 가촉성만 지닌다. 이러한 속성들은 원자들 자체에 의하여 어떤 형태로 소유된다고 보지 않을 수 없다. 따라서 수(水)의 원자들은 풍(風)의 원자들보다 많은 속성들을 지녀야 한다. 그러나 속성들의 증가는 곧 크기에서의 증가를 의미한다고 볼 수 있으며, 이것은 모든 원자들이 동일한 크기를 지닌다는 견해에 부합되지 않는다. 전혀 부분을 지니지 않는 영혼과 마나스와 원자의 결합(saṃyoga)에 대해서도 많은 어려움이 보인다. 또한 원자들은 활동적이거나 비활동적이거나 그 두 가지 모두이거나, 또는 그 두 가지 모두가 아닐 것이다. 만일 원자들이 영원히 활동적이라면, 해체는 불가능할 것이다. 만일 그들이 영원히 비활동적이라면 창조는 불가능할 것이다. 만일 그들이 활동적인 동시에 비활동적이라고 한다면, 그것은 자기 모순이다. 만일 그들이 활동적이지도 않고 비활동적이지도 않다고 한다면, 활동과 비활동은 동력인(動力因)을 필요로 할 것이며, 후자는 영원한 활동 혹은 영원한 비활동을 생성할 것이다.[원주126]

현대 사상은 원자론적 가정에 대하여 회의적이다. 접촉을 지니는 것 혹은 연장을 지니는 것은 무수히 많은 수의 접촉을 지니지 않는 단위 혹은 연장을 지니지 않는 단위들로 구성된다는 바이셰쉬카의 견해는 단지 가정에 불과하다. 왜냐하면 실제적인 어떤 것도 이 단위들 속에 포함되지 않기 때문이다. 극미의 사태(event)는 지속을 지니며, 무수히 많은 숫자의 그와 같은 수학적 단위들을 포함한다.

바이셰쉬카의 원자론은 그리스 사상에 영향을 받았으며, 아마 인도가 원자론이 널리 유행하던 서양 세계와 접촉하던 시대에 발흥했을 것이라는 주장이 있었다.[원주127] 현재 우리의 지식으로 이에 대하여 분명한 어떤 단정을 내리는 것은 불가능하다. 그러나 원자는 지각 불가능한

[원주126] 『브라흐마 수트라』, ii.2.14에 대한 샹카라의 주석.
[원주127] Keith, *Indian Logic and Atomism*, pp.17~18.

단위라는 일반적인 개념을 제외한다면, 사실 그리스의 원자론과 인도의 원자론 사이에는 아무런 공통점도 찾아볼 수 없다. 데모크리토스에 의하면, 원자들은 질적인 차이가 아니라 단지 양적인 차이를 지닐 뿐이다.[역주8] 그는 속성과 가분성(可分性)이 결여된, 그러나 모양·크기·무게·위치·배열에서 다른 수많은 원자들의 존재를 믿었다. 카나다의 경우 원자들은 종류에서 다르다. 즉 개개의 원자들은 각기 하나의 분명한 개체성(viśeṣa)을 지닌다. 결과적으로 그리스 사상가의 입장에서는 대상들의 질적인 차이가 곧 양적인 차이로 되지만, 바이셰쉬카의 입장은 그렇지 않다. 다시 말하여 인도 사상가는 제2속성들이 원자들에 고유한 것이 아니라는 그리스 철학의 견해를 수용하지 않는다. 데모크리토스와 에피쿠로스(Epicuros)에게서 원자는 본질적으로 운동상태에 있지만, 이에 비하여 카나다에게 원자는 근본적으로 정지상태이다.

양자 사이에 또 다른 하나의 근본적인 차이는 영혼에 관한 입장이다. 데모크리토스는 영혼을 구성하는 것이 가능하다고 믿었지만, 바이셰쉬카는 영혼들과 원자들을 구별하고 있으며, 그 둘을 영원히 공존하는 존재들로 간주한다. 그리스 원자론자들은 기계론적인 우주관을 발전시켰으며, 결국 신은 세계 밖으로 추방된다. 다양한 형태의 수많은 원자들이 무한한 공간을 통하여 떨어지며, 이런 과정에서 서로 충돌한다. 왜냐하면 보다 큰 원자들은 작은 것들보다 빠르게 움직이기 때문이다. 이와 같이 소용돌이를 형성하면서 원자들은 집합들을 이루고 세계를 형성한다. 원자들의 운동에서 변화는 대중할 수 없는 방식으로 일어난다고 말해진다.[원주128] 비록 초기 바이셰쉬카 학자들은 공공연하게 신에 대한 가정을 인정하지는 않았다 할지라도, 그들은 전체 체계의 중심에 도덕률 혹은 다르마(adṛṣṭa)를 상정한다. 이로써 바이셰쉬카의 원자론은 비물질적인 성향으로 채색된다. 그리스의 원자론에서는 이러한 경

[역주8] 이 점에서 데모크리토스의 원자론은 자이나교의 원자론과 일치한다.
[원주128] Wallace, *Epicureanism*, p.100.

향을 찾아볼 수 없다. 이와 같이 그리스 철학의 영향이라고 볼 수 없는, 바이셰쉬카 원자론의 고유한 측면들이 있음을 알 수 있으며, 또한 초기 인도사상에서 원자론의 단초를 찾는 것은 어렵지 않다.

얼마 전까지만 해도 원자론은 물리학에서 유리한 위치를 차지했다. 그러나 최근의 첨단 물리학은 이에 대하여 부정적이다. 물질은 불변의 질량이 아니라, 빠르게 변화하는 것으로 말해진다. 그것은 전기 에너지를 띤 미세한 센터들로 분해되며, 이 센터들은 구체적인 토대를 지니는 고정적인 것이 아니라, 상대적으로 넓은 간격으로 흩어져 있으며, 놀라운 속도로 이리저리 움직인다. 열, 빛, 운동은 물질과는 완전히 별개로 무게를 지니는 것으로 알려진다. 오늘날 원자는 전자들의 체계가 되었으며, 전자들은 에테르에서 그 자체의 특성이 비롯되는 단위들이다. 원자는 핵이라는 태양을 중심으로 중력의 법칙에 따라 미세한 전자들이 돌고 있는 하나의 작은 태양계와 같은 것으로 받아들여진다. 고대의 원자론은 새로운 사실들(facts)을 설명할 수 없다. 그럼에도 불구하고 그것은 과학에서 승리로 판단되는 효과적인 이론이었다. 원자론은 물활론을 대체했으며, 물활론은 과학이 통하는 영역에서는 쓸모없는 것으로 평가되었다.

그러나 인도나 그리스에서 원자론의 가설은 과학적으로 검증된 원리가 아니라, 형이상학적 가설로 제창되었다. 사실 원자론의 경우에는 경험적인 검증이 불가능하다.[원주129] 그것은 자연계의 사실들을 설명하기 위하여 도입된 개념체계이나. 그것은 관찰의 문제가 아니라, 원리의 문제이다. 원자론의 가설이 받아들여지는 근거는, 그것이 우주에 대한 개

[원주129] "고대에서든 현대에서든 원자론은 결코 정확히 증명된 적이 없다. 그것은 과거에서나 현재까지 엄격한 의미에서 이론이 아니라 단지 가설에 불과한 것이었으며, 미래에도 사정은 달라지지 않을 것이다. 그러나 비록 가설이라 할지라도 그것은 끈질긴 생명력을 지니며 지속해왔으며, 오늘날까지 물리학이나 화학적 연구에서 놀라운 성과를 이룩했다. 사실들(facts)에 대한 원자론의 가정은 인간의 지각의 한계를 훨씬 넘어서며, 이것은 원자론이 직접적인 검증이 불가능한 가설로 남게 만든다"(Gomperz, *Greek Thinkers*, vol.i, p.353).

넘을 질서정연하고 조화롭게 설명한다는 것이므로, 만일 그것이 설명적인 가치를 지닌다는 것이 분명하다면, 우리가 그것을 거부해야 할 아무런 이유도 없을 것이다.

7. 속성

실체는 독립적으로 존재할 수 있지만, 속성(guṇa)[원주130]은 그렇게 존재할 수 없다. 그것은 실체 속에 머물며, 그 자체는 아무런 속성도 지니지 않는다. 카나다의 정의에 의하면, 그것은 "실체를 그 토대로 지니며, 결코 다른 속성들을 지니지 않으며, 결합이나 분리의 원인도 아니고 이와 어떤 관련을 지니지도 않는다."[원주131] 『바이셰쉬카 수트라』는 색(色, rūpa), 미(味, rasa), 향(香, gandha), 촉(觸, sparśa), 수(數, saṁkhyā), 크기(parimāṇa), 개별성(pṛthaktva), 결합(saṁyoga), 분리(vibhāga), 앞(paratva), 뒤(aparatva), 지식(buddhi), 쾌감(sukha), 고통(duḥkha), 의욕(icchā), 혐오(dveṣa), 의지작용(prayatna)의 17가지 속성을 언급한다.[원주132] 여기에 프라샤스타파다는 무거움(gurutva), 유동성(dravatva), 점착성(sneha), 법(法, dharma), 비법(非法, adharma),[역주9] 소리(śabda), 행(行, saṁskāra)의 7가지를 부가한다.[원주133] 가벼움(laghutva), 부드러움(mṛdutva), 딱딱함(kaṭhinatva)을 속성에 포함시키려는 시도가 있었으나 이루어지지 않았다. 왜냐하면 가벼움은 단지 무거움의 부재이

[원주130] 구나(guṇa)라는 용어는 상키야 철학에서 독특한 의미를 지닌다.

[원주131] i.1.16. 프라샤스타파다, 『파다르타다르마상그라하』, p.94를 보라.

[원주132] i.1.16.

[역주9] 『타르카상그라하』(72)에 따르면, 베다에 규정된 행위의 수행으로 발생하는 것이 법(法)이며, 금지된 행위의 수행으로 일어나는 것이 비법(非法)이다. 그러나 바이셰쉬카에서는 바른 지혜의 결과를 법, 그리고 이와 반대되는 것을 비법이라고 한다.

[원주133] 『파다르타다르마상그라하』, p.10.

며, 부드러움과 딱딱함은 다양한 정도의 결합을 나타내는 것일 뿐이라고 생각했기 때문이다.[원주134] 신 니야야 학자들은 위의 속성 가운데서 앞, 뒤, 그리고 개별성을 제외시킨다. 왜냐하면 앞과 뒤는 시공간에 의존적이며, 개별성은 상호 비존재(anyonyābhāva)이기 때문이다. 속성은 정신적인 것과 물질적인 것 모두를 포함한다.

영원한 실체들에 속해 있는 속성들은 영원하다고 말해지며, 덧없는 실체들의 속성은 영원하지 않다. 둘 이상의 실체들에 있는 속성들은 보편적이라고 말하며, 이에 비하여 오직 하나의 실체 속에만 머무는 속성들은 특수하다고 말한다. 색, 미, 향, 촉, 점착성, 유동성, 지식, 쾌감, 고통, 의욕, 혐오, 의지작용, 법, 비법, 행(行), 그리고 소리는 특수한 속성들이며, 이 속성들은 그것을 지닌 대상들을 다른 대상들과 구별할 수 있게 한다. 이에 비하여 수, 크기, 개별성, 결합, 분리, 앞, 뒤, 무거움, 유동성, 빠름 등과 같은 속성들은 보편적 속성들이다.[원주135] 이 속성들은 실체들에 일반적으로 속해 있으며, 성격상 개념적이다. 따라서 이 속성들은 다른 속성들만큼 객관적이지 않은 특징을 보인다. 예를 들어 수(數)는 주관적인 것으로 간주된다. 동일한 대상이 하나 혹은 다수로 보일 수도 있을 것이다. 수, 크기, 개별성, 결합, 분리는 모든 실체들에 속한다.

시간과 공간은 다른 어떤 속성을 지니지 않지만, 이에 비하여 아카샤(ākāśa, 空)는 또한 소리를 지닌다. 유형적이고 물질적인(mūrta) 것으로 간주되는 마나스(manas, 意根)는 속도 및 원자적 실체들의 7가지 속성을 지닌다. 자아는 5가지 일반적 속성과 9가지 특수성, 즉 지각작용, 쾌감, 고통, 의욕, 혐오, 의지작용, 법, 비법, 정신적 감수성(行)을 지닌다. 신은 5가지 일반적 속성과 이에 부가하여 지각작용, 의욕, 의지작용을 지닌다.[원주136] 속성들은 또한 지각 가능한 것과 그렇지 않은

[원주134] 『타르카상그라하디피카』, 4.
[원주135] 프라샤스타파다, 『파다르타다르마상그라하』, pp.95~96.
[원주136] 『바샤파릿체다』(Bhāṣāpariccheda), pp.25~34.

것으로 구분된다. 법과 비법, 무거움과 능력은 지각이 불가능하다. 몇 개의 감각기관에 의하여 지각되는가에 따라 속성들을 구분하는 경우도 있다. 색깔, 맛, 냄새, 가촉성, 소리는 한 가지 감관에 의하여 파악되며, 수, 크기, 개별성, 결합, 분리, 앞, 뒤, 유동성, 점착성, 속도 등은 두 가지 감관에 의하여 파악된다. 한편 지각작용, 쾌감, 고통, 의욕, 혐오, 의지작용 등과 같은 자아의 속성들은 마나스에 의하여 지각된다.[원주137]

색깔은 오직 눈에 의해서만 파악되며, 지, 수, 화에서 발견된다. 수와 화의 경우 색깔은 영원하지만, 지(地)의 경우에는 열이 가해질 때 색깔이 변화한다. 백, 청, 황, 홍, 녹, 갈색, 잡색(雜色, citra)의 7가지 색깔이 인정된다. 맛은 오직 혀에 의하여 파악되는 것들의 속성이다. 5가지 맛, 즉 단맛, 신맛, 얼얼한 맛(kaṭu), 톡쏘는 맛(kaṣāya), 쓴맛(tikta)이 인정된다. 향은 오직 후각을 통하여 파악되는 특수한 성질이다. 그것은 유쾌한 향기 혹은 악취이며, 지(地)에 속하는 성질이다. 가촉성은 오직 피부를 통하여 파악되는 속성이다. 차가운 촉감, 더운 촉감, 차갑지도 덥지도 않은 촉감의 3가지가 인정된다는 것은, 사실 가촉성은 곧 온도라는 생각을 가능하게 한다. 가촉성은 지, 수, 화, 풍에 속하는 성질이다. 가끔 가촉성은 딱딱함, 거칢, 매끄러움, 부드러움 등과 같은 성질들을 포함하는 것으로 이해되기두 한다.[원주138] 소리는 아키샤의 속성이다.

수(數)는 우리가 하나, 둘, 셋 등의 말을 사용하게 하는 속성이다. 수 중에서 하나(ekatva)는 영원하지 않은 동시에 영원하지만, 이 밖의 다른 모든 수는 영원하지 않다. 우리가 어떤 항아리를 볼 때, 우리는 보이는 대상의 통일 혹은 단일성에 대한 지식을 지닌다. 만일 우리가 다른 하나의 항아리를 본다면, 그것 또한 하나로 파악되면, 그 항아리에는 결코 이원성(duality)이 없다. 두 대상이 지닌 각각의 단일성을 함께 생각함으로써 우리는 이원성을 만들어낸다. 하나 이외의 모든 숫자

[원주137] 프라샤스타파다, 『파다르타다르마상그라하』, p.96.
[원주138] Athalye, 『타르카상그라하』(*Tarkasaṁgraha*), pp.155~156.

개념은 사고 행위(apekṣābuddhi)에 기인한다.[원주139]

크기는 우리가 사물을 측정하고 그것이 크거나 작은 것으로 혹은 길거나 짧은 것으로 파악할 수 있게 하는 성질이다. 크기는 영원한 실체들의 경우에는 영원하고 영원하지 않은 실체들의 경우에는 일시적이다. 아카샤는 극대의 크기(paramamahattvam)를 지니며, 원자는 극소의 크기(parimāṇḍalya)를 지닌다. 영원하지 않은 실체들의 부피는 그것을 구성하는 원자들의 수, 크기, 배열에 의하여 결정된다.[원주140] 2원자 복합체(dyad)들은 미세한 반면에, 나머지 다른 것들은 한정된 크기를 지닌다.

개별성은 사물들 사이에 구분의 토대가 된다.[원주141] 그것은 성격상 실재적이며 개념적이 아니다. 머무르는 실체의 본질에 따라서 그것은 영원하거나 일시적이다. 개별성은 영원하지 않은 것들에도 적용되지만, 이에 비하여 특수성(viśeṣa)은 영원한 실체들에 적용된다. 개별성은 사물들의 수적인 차이를 가리키는 것인 반면에, 특수성은 사물들의 질적인 특색과 관계된다.

결합과 분리[원주142]는 분리되어 있던 것들의 합체와 결합상태에 있던 것들의 해체를 각각 의미한다. 하늘을 나는 연이 서 있는 전신주에 걸리는 경우처럼 결합은 한 사물의 운동에 의하여 일어나거나, 싸우고 있는 두 마리 숫양이 서로 머리를 부딪치는 경우처럼 두 사물 모두의 운동에 의하여 일어난다. 결합은 또한 다른 하나의 결합에 의해서 일어나

[원주139] 『니야야칸달리』, pp.118~119 ;『우파스카라』(*Upaskāra*), vii.2.8. 니야야의 견해에 의하면, 이원성 등은 비록 인식에 의하여 드러나는 것이라 할지라도 단일성과 마찬가지로 실재적이다. 이에 비하여 바이셰쉬카는 이 수(數)들이 단순히 지성에 의하여 드러내지는 것이 아니라, 그것에 의하여 만들어진다고 주장한다. 이 설명에서 바이셰쉬카는 오직 하나의 대상이 있는 한, 심지어 단일성의 개념조차도 일어날 수 없다는 사실을 간과하고 있다. 이원성의 개념과 마찬가지로, 단일성에 대한 개념도 사고 행위를 필요로 한다.

[원주140] 『바이셰쉬카 수트라』, vii.1.8~9.

[원주141] 『바이셰쉬카 수트라』, vii.2.2.

[원주142] 프라샤스타파다, 『파다르타다르마상그라하』, pp.139 ff., pp.151 ff.

기도 한다. 예를 들어 우리가 연필로 글을 쓸 때, 연필과 종이의 결합은 손과 연필의 결합에 의하여 일어난다. 결합되는 두 사물은 반드시 먼저 분리되어 있어야 하기 때문에, 결코 서로 분리되지 않는 편재적인 것들 사이에는 결합이 있을 수 없다. 분리 역시 결합되는 두 사물 가운데 하나 혹은 둘 모두의 운동에 의하여, 혹은 다른 하나의 분리에 의하여 일어난다. 결합과 분리는 사물들의 변화를 설명한다.

앞과 뒤는 시간과 공간[원주143]에서 원근 개념의 토대이다. 이 두 가지는 속성이라기보다는 오히려 유형적 사물들의 관계이다. 이 관계들은 절대적이 아니라는 것이 프라샤스타파다에 의하여 받아들여진다.[원주144]

지식뿐 아니라, 쾌감, 고통, 의욕, 혐오, 의지작용은 자아의 속성들이다. 무거움은 사물을 놓을 때, 땅에 도달하려고 하는 성향을 말한다.[원주145] 지(地)와 수(水) 원자들의 무게는 영원한 반면에, 산물들의 무게는 그렇지 않다. 흐르는 작용의 원인인 유동성은 자존적이거나(saṁsiddhika) 어떤 것에 기인한다(naimittika). 수(水)는 자연적으로 유동성을 띤다. 이에 비하여 지(地)의 유동성은 외적인 원인들에 기인한 것이다.[원주146] 점착성은 수(水)에 속하며, 응집과 매끄러움 등의 원인이다.[원주147] 법과 비법은 영혼의 속성이며, 이의 결과로 영혼은 행복을 향수하거나 고통을 겪는다.

불가견력(adṛṣṭa)은 영혼들과 사물들에 의하여 만들어지는 보이지 않는 힘이며, 이것은 우주적인 질서를 낳고 나아가서는 자아들이 각자에게 속한 과거의 경험들을 거두어들일 수 있게 한다. 바이세쉬카에서 불가견력은 모든 논리적 난점들에 대한 만병 통치약이다. 설명될 수 없는 모든 것은 불가견력에서 밝혀진다. 바늘이 자석에 끌리는 운동, 식

[원주143] 프라샤스타파다, 『파다르타다르마상그라하』, pp.164 ff.
[원주144] 프라샤스타파다, 『파다르타다르마상그라하』, p.99.
[원주145] 『바이세쉬카 수트라』, v.1.7~18 ; v.2.3 ; 프라샤스타파다, 『파다르타다르마상그라하』, p.263.
[원주146] 프라샤스타파다, 『파다르타다르마상그라하』, p.264.
[원주147] 프라샤스타파다, 『파다르타다르마상그라하』, p.266.

물 속에 수분의 순환, 불꽃이 위로 치솟는 운동, 바람의 움직임, 그리고 원자들의 본원적인 운동 등의 원인은 모두 불가견력에 귀속된다.[원주148] 어떤 사건을 설명함에 있어서 그것을 일으키기에 충분하다고 여겨지는 한 힘에 귀속시킴으로써, 설명에 대한 요구가 충족된다. 바이셰쉬카 철학에서 불가견력은 극작가들이 다급할 때의 해결책으로 등장시키는 하늘을 나는 신이다. 바이셰쉬카 철학의 한계는 불가견력이 작용한다고 말해지는 바로 그 점들이다. 우주의 시작들, 우주의 질서와 아름다움, 목적에 대한 수단으로 이루어지는 사물들의 상호 연결은 모두 불가견력에서 그 원인이 추적된다. 후기 사상가들이 신의 존재를 받아들였을 때, 불가견력은 신의 의지를 실어나르는 수레가 되었다.

행(行)은 세 종류로 나누어진다. 이 세 가지는 어떤 사물이 운동을 지속할 수 있게 하는 속도(vega), 영혼들이 이미 경험한 것을 기억하고 재인식할 수 있게 하는 정신적 감수 능력(bhāvanā), 그리고 원래의 상태를 벗어난 어떤 사물이 본래 상태로 되돌아가는 탄성(sthitisthā-paka)이다. 속도는 행위 혹은 운동에 의하여 5가지 유형적 실체들 속에 생겨나며, 유형의 고형(固形) 실체들의 결합에 의하여 방해된다. 탄성은 수축·확장하는 실체들에 머문다.

8. 운동

운동(karma)[원주149]은 세계의 필연적인 요소로 간주된다. 그것은 실체도 속성도 아니며, 하나의 독립적인 범주이다. 속성과 마찬가지로 모

[원주148] 『바이셰쉬카 수트라』, v.1.15 ; v.2.7, 13 ; iv.2.7. 케플러(Kepler)는 혹성의 운동을 하늘에 머무르는 영혼들에게 귀속시킴으로써 그것을 설명했다(Whewell, *History of the Inductive Sciences*, 3rd.ed., vol.i, p.315).
[원주149] 여기서 카르마(karma)는 의지적 행위나 도덕적 인과관계법이 아니라, 운동을 의미한다.

든 운동은 실체에 속한다. 속성과 운동 사이에 차이가 있다면, 단지 속
성은 실체가 지닌 하나의 영원한 측면임에 비하여 운동은 실체의 일시
적인 측면이다. 어떤 물체의 무게는 그것의 속성임에 비하여, 그것의
낙하는 우연한 일이다. 지속적으로 존재하는 성질들은 속성(guṇa)이라
고 부르지만, 어느 순간에 사라질 수도 있는 성질들은 운동이라고 한다.
그것은 계속적인 성질과 일시적인 성질 사이의 구분이다.[원주150]

카나다는 운동을 오직 하나의 실체에 머물며, 속성을 지니지 않으며,
결합과 분리의 직접적·즉각적인 원인으로 정의한다.[원주151] 다섯 종류
의 운동, 즉 상향 운동, 하향 운동, 수축, 팽창, 그리고 이 네 가지에 속
하지 않는 일반적인 운동이 구분된다. 운동은 가장 단순한 형태에서 순
간적이지만, 속도는 지속적인 성향이며, 일련의 동작을 의미한다. 모든
형태의 운동은 일시적이며, 그것의 토대가 되는 실체의 후속적인 결합
혹은 파괴에 의하여 끝난다. 아카샤, 시간, 공간, 그리고 영혼은 비록
실체라 할지라도 운동이 없다.[원주152]

9. 보편

우리가 여러 가지 실체를 인정할 때, 이 실체들 사이에 어떤 관계가
있다고 생각하는 것은 당연한 귀결이다. 실체들은 모두 실체이기 때문
에 서로 비슷한 점이 있을 것이다. 그러나 또한 이 실체들은 각각 별개
의 실체이므로 서로 다른 점이 있을 것이다. 우리가 다수의 사물에 공
통된 어떤 속성을 발견할 때, 우리는 그것을 보편(sāmānya)이라 부른
다. 그러나 만일 우리가 어떤 사물을 다른 것으로부터 구별짓는 속성을

[원주150] W. E. Johnson, *Logic*, vol.i, p.xxxvii를 참조하라.
[원주151] 『바이셰쉬카 수트라』, i.1.7.
[원주152] 『바이셰쉬카 수트라』, v.2.21 ; ii.1.21. 카나다가 영혼을 운동 없는 실체로 간
주하는가 하는 점에 대해서는 의문이 있다.

발견할 때, 우리는 그것을 특수(viśeṣa)라고 부른다. 카나다는 보편을 개념적 산물로 간주하는 것처럼 보인다.[원주153] 프라샤스타파다에 이르러서 카나다의 개념적 견해는 보다 대중적인 실재론자의 교의로 대체된다. 여기서 보편은 영원·단일이며, 실체, 속성, 운동에 있는 것으로 간주된다. 결합과 이원성은 다수의 사물과 내속의 관계에 있지만, 영원하지 않다. 아카샤는 영원하지만, 다수의 사물과 관련되지 않는다. 절대적 비존재는 영원하며 또한 많은 사물의 속성이지만, 많은 사물과 내속의 관계를 지니지 않는다. 다시 말하여 그것은 사물들의 구성 요소가 아니다.

마찬가지로 특수는 보편이 아니다. 왜냐하면 만일 특수가 보편이라면, 그것은 자체의 본질을 상실할 것이며 보편과 혼동되기 때문이다. 내속 관계(samavāya)는 보편과 혼동될 수 없다. 왜냐하면 만일 양자가 같다면, 내속 관계는 또한 내속 관계와의 내속 관계를 필요로 할 것이며, 이러한 소급은 무한히 계속될 수밖에 없을 것이기 때문이다. 보편은 하나의 독립적인 범주이다. 그것은 영원(nityam), 단일(ekam)이며, 다수 속에 머문다(anekānugatam).[원주154] 그것은 동일한 본질(abhinnātmakam)로써, 일치 개념의 원인(anuvṛttipratyakāraṇam)으로, 자기 영역의 모든 대상들에 존재한다.[원주155] 실체와 속성 그리고 운동은

[원주153] 『바이셰쉬카 수트라』, ii.1.3 ff. 또한 같은 책, vi.2.16을 보라. 프라샤스타파다는 운동을 물질적인 실체, 원자, 그리고 마나스에 국한시킨다.

[원주154] 우다야나는 다음의 경우에 보편성(jāti)이 있을 수 없다고 말한다. 즉 오직 하나의 개체가 있을 때(abheda), 개별성의 차이가 전혀 없을 때(tulyatvam), 다른 부류에 속하는 대상들에 대한 혼동이 있을 때(saṁkara), 무한 소급이 있을 때(anavasthā), 본질에 대한 오해가 있을 때(rūpahāni), 그리고 아무런 관계도 없을 때는 보편성도 있을 수 없다. 『싯단타무크타발리』, p.8을 보라.

불이론(不二論, advaita) 철학은 보편성을 부정한다. 항아리성(ghaṭatva)이 항아리 자체를 구성한다는 사실은 인정하면서도, 보편성이 사물 그 자체라는 것은 부정한다. 『베단타파리바샤』(*Vedāntaparibhāṣā*), i을 보라.

[원주155] Clarke의 정의와 비교하라. "어떤 대상의 본질은 그 대상의 참된 성질 — 동일한 부류에 속하고 동일한 이름으로 불리는 다른 모든 대상들과 공유하는 — 이

보편성을 지닌다. 이에 비하여 보편, 특수, 내속, 비존재는 보편성을 지니지 않는다. 보편성은 다른 어떤 보편성에 존재할 수 없다. 나무성(性, treeness)과 항아리성(性, jarness)은 보편성이며, 그 둘 모두에 공통적인 또 다른 하나의 보편성을 지닐 수 없다. 만일 우리가 보편성의 보편성을 인정한다면, 이러한 소급은 무한대로 계속될 수밖에 없을 것이기 때문이다.

　두 종류의 보편, 즉 상위의 보편과 하위의 보편이 있다. 최고의 보편은 '있음'(有性, sattā)이라는 보편이며,[원주156] 그것은 최다수의 개물들에 걸친다. 그것은 모든 것을 포함하며, 아무것에도 포함되지 않는다. 그것은 어떤 고차적인 속(屬)의 종개념(種概念)이 아니다. 유성(有性)은 유일하게 참된 보편임에 비하여, 참된 특수는 다수의 개물 그 자체이다. 그리고 그 둘 사이에서 우리는 실체 등과 같이 단지 한정된 개물들에만 걸치는 수많은 보편-특수를 지닌다. 보편-특수는 포괄 인식과 배제 인식의 근거로 기여한다. 왜냐하면 이들은 종(種)인 동시에 속(屬)이기 때문이다.[원주157] 연장(延長)은 보편의 등급을 결정한다.

　며, 그 모든 대상들에서 보이는 단지 유사한 성질이 아니라 완전히 동일한 성질이며, 그 대상들이 지니는 공통성의 원천인 성질, 다시 말하여 서로 유사하다는 판단의 근거로 작용하면서 우리에게 유사한 인상을 형성하는 성질이다……. 또한 그것은 지성에 의하여 그리고 오직 지성만에 의하여 도달될 수 있는 성질이다"(*Logic*).
　자이나교는 보편을 다형(多形) 비영속(非永續)이며, 제한적인 것, 즉 편재성을 지니지 않는 것으로 간주한다. 그것은 한 부류의 구성원들이 지니는 공통 속성이다. 니야야 바이세쉬카와 푸르바 미망사는 보편이 세계 속에서 진정한 의미의 객관적 상대물을 지니며, 그 상대물은 단일·영원·편재적인 개물(個物)과는 다르다고 주장한다. 자이나교에 따르면, 보편은 다수 개물의 공통성 혹은 유사성에서 그 실재를 지니며, 하나가 아니라 다수이며, 영원하지 않다. 즉 그것은 그 자체가 존재하는 개물과 함께 생성·파괴된다. 또한 그것은 편재적인 것이 아니라, 단지 그것이 존재하는 개물에 한정된다.

[원주156] 『바이세쉬카 수트라』, i.2.4, 7~10 ; 프라샤스타파다, 『파다르타다르마상그라하』, p.311.
[원주157] 프라샤스타파다, 『파다르타다르마상그라하』, p.11 ; Ui, *The Vaiśeṣika Philosophy*, pp.99~100을 보라. 『사프타파다르티』(*Saptapadārthī*), p.5를 참조하라.

또한 아칸다(akhanda)와 사칸다(sakhanda), 자티(jāti)와 우파디 (upādhi)에 대한 구분도 이루어진다. 자티는 본래적이고 영원하지만, 이에 비하여 우파디는 우유적이며 일시적이다. 개개의 모든 공통 속성 이 자티인 것은 아니다. 몇몇 사람들이 장님이라고 해서 우리가 눈멂 (blindness)의 자티를 지닐 수 있는 것은 아니다. 인류로서 사람의 분 류는 자티인 반면에, 국적과 언어에 따른 사람의 분류는 우파디이다. 인간성은 인류를 다른 동물과 구분하지만, 검다는 성질(blackness)은 흑인을 검은 양이나 검은 돌로부터 차별화하지 않는다.[원주158] 전자는 자연적인 분류임에 비하여 후자는 인위적인 분류이다.

프라샤스타파다는 개별 대상들에 독립적인 실재성을 보편에 부여한 다. 후기 바이셰쉬카 학자들은 보편의 독립적인 존재를 인정하는 실재 론적인 견해를 수용하며, 보편은 심지어 세계의 파괴(pralaya) 동안에 도 존속한다고 주장한다. 이 견해에 따르면, 보편은 플라톤의 시적 공 상의 독립적·초감각적인 원형이다.[원주159] 카나다는 사고작용의 역동성

"보편은 상위의 보편, 하위의 보편, 그리고 상위-하위의 보편이라는 3종으로 나누 어진다"(Sāmānyam param aparam parāparaṁ ceti trividham).

[원주158] 『니야야 수트라』, ii.2.71. 자이나교도들은 보편을 수평적인 것과 수직적인 것 으로 나눈다. 수평적 보편은 여러 경우에 나타나는 유사한 국면이며, 수직적 보편 은 한 대상의 선후 상태들에 존속하는 자기 동일이다. 전자는 정태적인 보편이며, 후자는 역동적인 자기 동일이다. 『프라마나나야탓트와로칼람카라』(Pramāṇanaya-tattvālokālaṁkāra), v.3~5.

[원주159] 아리스토텔레스로부터 인용한 아래의 구절은 우리가 이 문제의 어려움을 이 해하는 데 도움이 된다. 그는 자신의 『형이상학』(Metaphysics)에서 다음과 같이 말한다. "두 가지, 즉 귀납적 논증과 보편적 정의(定義)는 분명히 소크라테스의 것 으로 돌릴 수 있을 것이다. 이 두 가지 모두는 과학의 출발점과 관련된다. 그러나 소크라테스는 보편자들 혹은 정의들을 각기 독립적으로 존재하는 것으로 간주하 지는 않았다. 그런데 후계자들은 이들에게 독립적인 존재를 부여했으며, 이것은 바로 그들이 이데아(Idea)라고 불렀던 것들이다"(E.T., by Ross, 1078b. 28). 소 크라테스의 입장에 동의하여 아리스토텔레스는 플라톤주의자들을 비판한다. "그 들은 이데아를 보편적인 실체로 다루는 동시에, 분리 가능하며 개별적인 것으로 간주한다. 그러나 이것은 불가능하다. 이데아는 앞의 두 견해가 하나로 결합된 보 편이라고 말하는 것은, 그들이 이데아적 실체들을 감각적인 대상들과 동일시하지

에 중점을 두었으며, 따라서 보편과 특수의 불가분적인 관계를 더욱 강조하였다. 이에 비하여 프라샤스타파다에 이르러서는 그 관심이 보편자들의 영원한 본질로 옮겨졌다. 이로써 그는 창조시에 보편자들이 특수자들 속으로 들어가서 스스로 일시적인 현현이 된다는 견해에 도달하게 된다.[원주160] 이와 같은 입장의 가장 중요점은 보편과 특수의 관계, 실재와 존재물의 관계이다. 프라샤스타파다의 견해는 플라톤의 입장에 가까우며, 이에 따르면 감각적 사물들은 영원 자존하는 이데아들의 보편적인 형태에 참여함으로써 존재하는 것들이다. 플라톤의 입장에 대한 모든 비판들,[원주161] 예를 들어 어떻게 분리 혹은 번식 없이 이데아들이 개별자들에게 그리고 개별자들이 이데아들에게 참여할 수 있는가를 생각하기 어렵다는 비판이나, 이데아와 이에 상응하는 개별자들을 연결하기 위하여 보다 상위의 보편자가 필수적이라는 비판, 또는 이른바 제3자논쟁(the third man argument)은 프라샤스타파다의 견해에도 그대로 적용될 수 있다.

보편자들의 존재론적 위상에 대한 문제는 중세 유럽의 학파들에서와 마찬가지로 인도의 철학파들에서도 활발하게 논의되었다. 바이세쉬카는 보편 개념이란 단지 이름에 불과하다는 불교의 입장에 정면으로 맞선다. 불교도들에 의하면, 보편은 이름에 달려 있으며,[원주162] 아무런 객

않았기 때문이다. 그들의 견해에 의하면, 감각적인 특수자들은 유동상태에 있으며 궁극적으로 아무것도 남아 있지 않지만, 보편자는 특수자들과 별개이며 다르다. 사실 소크라테스는 자신의 정의(definition)들을 통하여 이 이론에 자극을 주었다고 볼 수 있을 것이다. 그러나 그는 정의들을 특수자들로부터 분리시키지는 않았으며, 이 점에서 그는 플라톤주의자들의 오류와 무관하다(*Metaphysics*, 1086a. 32, E.T., by Ross).

[원주160] 둔스 스코투스(Duns Scotus)의 견해와 비교하라. 그의 견해에 의하면, 보편적 개념들은 잠재적인 대상들뿐 아니라 실제적인 대상들에도 있으며, 보편성은 오성에 의하여 형성될 뿐만 아니라, 그것은 보편적이거나 개별적인 존재와 무관한 실재로서 정신적 개념 작용 이전에 존재하기도 한다.

[원주161] Plato, *Parmenides*.

[원주162] 홉스(Hobbes)에 의하면, "이름 이외에 보편적인 것은 아무것도 없다"(*Human Nature*, v.6).

관적 실재성도 지니지 않는다. 서로 다른 개별자들은 보편이라고 불리는 어떤 공통된 측면을 지니지 않는다. 만일 한 소의 특수한 개별성이 어떤 공통 요소를 필요로 한다면, 후자는 또 다른 하나의 공통 요소를 필요로 할 것이며, 이러한 소급은 무한히 계속될 수밖에 없을 것이다. 보편은 지각되지 않는다. 우리는 지난 경험들의 결과로서 보편의 개념을 짜맞출 수 있으며, 그것을 외계의 대상들에 그릇되게 확장한다.[원주163]

[원주163] *Six Buddhist Nyāya Tracts*에서 『사만야두샤나디크프라사리타』(*Sāmān-yadūṣaṇadikprasārita*)를 보라. 자얀타(Jayanta)는 보편과 특수의 동일에 대한 불교의 견해를 반박한다. 보편은 개별자가 점유하는 것과는 다른 공간을 점유하지 않으므로 그것은 개별자와 다르지 않다는 반대는, 보편은 개별자에 존재한다는 고려에 의하여 해명된다. 그 다음 문제는 과연 보편이 개별자에 전체적으로 존재하는가 아니면 부분적으로 존재하는가 하는 점이다. 만일 보편이 부분들을 지닌다면, 그것은 파괴되기 쉽고 영원할 수 없으며, 따라서 그것은 개별자에 전체적으로 존재한다고 할 수밖에 없으며, 하나의 개별자에 남김없이 담겨야 한다. 그러나 자얀타는 보편자가 비록 각 개별자에 전체적으로 존재한다 할지라도, 우리의 경험은 그것이 수많은 개별자에 존재한다는 것을 입증한다고 주장한다.

한편 불교의 주장에 의하면, 보편자는 편재적이거나 또는 동일 부류에 속하는 어떤 개별자들에 국한되며, 이 두 경우가 아닌 보편은 결코 없다. 만일 보편이 모든 대상들에서 발견된다면, 우성(牛性, cowness)은 말(馬)이나 돌 등에서도 발견되어야 할 것이며, 이 경우에 우리는 종(種, genus)들의 혼합을 볼 수 있어야 할 것이다. 만일 보편이 개별자 중에서 선별된 한 부류에만 존재한다면, 송아지가 태어나기 전에 이미 우성(牛性)이 존재하지 않고서야 어떻게 우리가 새로 태어나는 송아지에서 우성을 지각하는 일이 일어닐 수 있겠는가? 우리는 보편이 개별자와 함께 태어난다고 할 수 없다. 왜냐하면 보편은 영원하기 때문이다. 또한 그것이 어떤 다른 개별자로부터 유입된다고 말할 수도 없다. 왜냐하면 보편은 무형이요 운동을 지닐 수 없으며, 우리는 그것이 어떤 개별자로부터 오는 것을 지각하지 않기 때문이다.

개별자가 파괴될 때, 여기에 머물던 보편도 사라지는가? 자얀타는 그것이 비록 모든 개별자에 현현(顯現)하지 않으며, 모든 개별자들에서 지각되지 않는다 할지라도, 그리고 현현만이 그것의 존재에 대한 유일한 증거로 주장되어야 한다 할지라도, 그것은 모든 곳, 즉 모든 개별자들에 존재한다고 주장한다. 그러므로 보편적 '소'는 갓 태어난 개별적 소가 태어나기 전에는 존재하지 않았으며, 개별적 소가 태어날 때 보편적 소가 개별적 소에게 온다고 생각하는 것은 옳지 않다. 왜냐하면 보편은 움직일 수 있는 것이 아니기 때문이다. 보편은 오직 이에 적합한 주체들에만 슈리다라(Śrīdhara)는 이 견해를 논박한다. "사실 우리는 개별적인 모든 소들에 존재하며 그 소들을 말과 같은 다른 동물들과 구별 가능하게 하는 어떤 것을 알고 있다. 만일 다양한 모든 종류의 소들에게 그와 같은 공통 속성이 없다면, 한 마리 개별적인 소는 그것이 마치 어떤 한 마리의 말과 다른 것과 마찬가지로, 또 다른 한 마리의 소와 다르게 인식될 것이다. 또는 이 경우와는 반대로 소와 말이 마치 두 마리의 개별적인 소와 마찬가지로 서로 비슷하게 간주될 것이다. 그러나 사실상 우리는 모든 개별적인 소들이 서로 비슷하게 인식된다는 것을 발견하며, 이것은 모든 소들에 존재하나 말이나 다른 동물들에는 존재하지 않는 어떤 요소가 있다는 것을 의미한다."[원주164] 슈리다라는 단어들의 의미가 보편적인 측면들에 대한 실재성을 띤다고 주장한다.[원주165] 그러므

존재한다는 것은 인정된다. 하나의 특수한 개별자가 생겨날 때, 그것은 보편과 관련을 맺게 된다. 비록 보편은 영원하다 할지라도, 어떤 특수한 개별자와 그것의 관계는 오직 그 개별자가 생겨나는 순간에 존재하게 된다(『니야야만자리』, pp.311 ff., pp.299~300).

슈로트리야(Śrotriya) 종파의 것으로 알려지며, 루파루필라크샤나상반다(Rūpa-rūpilakṣaṇasambandha)라고 불리는 다른 한 견해가 자얀타에 의하여 언급된다. 보편은 개별자의 루파(rūpa)이며, 개별자는 보편에 관하여 루파를 지니는 자(rūpin)이다. '루파'라는 말은 양의적(兩意的)이나. 그것은 색깔을 의미할 수 없다. 왜냐하면 풍(風), 마나스(manas, 意根), 운동과 같은 무색의 실체들도 보편을 지니기 때문이다. 그것은 또한 형태(ākāra)를 의미할 수도 없다. 왜냐하면 무형의 속성들 또한 보편을 지니기 때문이다. 만일 그것이 본질적 속성(svabhāva)을 의미한다면, 보편자는 개별자와 이름이 다를 뿐이며 그 외에는 아무런 차이도 없을 것이다. 루파는 루핀과는 다른 실체가 아니다. 왜냐하면 그것은 그 자체로는 지각되지 않기 때문이다. 또한 그 둘은 같지 않다. 왜냐하면 만일 그렇다면 그 둘 사이의 관계에 대한 어떤 이야기도 있을 수 없기 때문이다. 또한 루파는 루핀의 속성일 수 없다. 왜냐하면 만일 그렇다면 그것은 개별자와 다른 것으로 지각되어야 하는데, 사실은 그렇지 않기 때문이다(『니야야만자리』, p.299).

[원주164] 『니야야칸달리』, p.317.
[원주165] 프라바찬드라(Prabhācandra)는 자신의 『프라메야카말라마르탄다』(Prameya-kamalamārtāṇḍa, pp.136~137)에서 불교의 견해를 비판한다. 보편은 개별자와 마찬가지로 지각의 대상이며, 단순한 공상이 아니다. 그리고 우리는 보편에 대한 인식과 특수에 대한 인식의 차이를 느낀다. 단지 우리가 하나의 동일한 대상에서 동

로 보편은 단지 이름에 불과한 것이 아니다.

카나다는 보편과 특수가 사유작용에 상대적이며,[원주166] 다양한 현상들을 분류하는 지적인 고안 장치라고 말한다. 유성(有性, sattā)은 실체나 속성 혹은 운동과 다르다는 그의 견해는 이 입장과 모순되지 않는다. 그는 어떤 속성이 다수의 개별자에 존재하는 것으로 파악될 때, 그것은 보편으로 간주되며, 동일한 속성이라도 그것이 여러 대상들을 차별화하는 역할을 할 경우에는 특수로 간주된다고 말한다. 항아리성은 그것이 다수의 대상에 존재하는 것으로 간주될 때 보편이며, 그것이 항아리들을 다른 사물들과 구별하기 위하여 사용되는 경우에는 특수이다.[원주167] 속성을 보편적인 것과 특수한 것으로 구분하는 것은 지적인 분석의 하나다. 이 말의 함축은 보편·특수·관계는 실체·속성·운동이 존재한다는 것과 동일한 의미로 존재하지 않는다는 것이다.[원주168] 그러나 보편·특수·관계는 실재적(bhāva)이며, 비존재(abhāva)가 아니다. 우리는 카나다를 개념론자로 분류할 수 없다. 왜냐하면 그는 보편을 실재의 한 요소로 인정하기 때문이다.

극단적인 개념론은 보편이 오직 마음속에만 존재한다고 주장한다. 비록 우리의 사유작용이 공통 속성들을 분별하고 그들을 보편적인 개념으로 끌어모은다 할지라도, 보편(sāmānya)으로 지칭되는 보편적 속

시에 보편과 특수 모두를 지각한다는 이유만으로, 그 둘을 혼동할 수 있다. 보편자들에 대한 인식은 포괄적인 성격을 지니지만, 이에 비하여 특수자들에 대한 인식은 배제적인 성격을 지닌다. 보편자들에 대한 인식은 보편자들의 존재를 의미한다. 아무리 많은 수의 개별자들이라 해도 그들이 보편자 개념을 생성할 수는 없다.

[원주166] 『바이셰쉬카 수트라』, i.2.3.

[원주167] 둔스 스코투스의 견해와 비교하라. 그는 개별화하는 어떤 조건들(individuating conditions)에도 영향받지 않는 실재(Essence) 혹은 형상(Form)을 믿었다. 그는 개별자의 통일과 보편적 본질의 통일을 구분한다. 비록 보편자는 이해와 식별에 의하여 보편자로 파악된다 할지라도, 그것은 특수한 개물들에 나타난다. 그것 자체는 특수하거나 보편적인 것도 아니며, 보편과 특수에 선재하는 어떤 것이다.

[원주168] 『바이셰쉬카 수트라』, i.2.7.

성들은 개별적인 특수성들과 마찬가지로 실재적이다. 카나다는 어떤 두 사물 사이의 유사점이 그 사물들 자체에 달려 있는 것과 마찬가지로, 우리와 우리의 사유작용에 달려 있다는 것을 신중하게 지적한다. 우리는 모든 개들을 다 같게 만들지 않지만, 그럼에도 불구하고 우리는 그들이 같다는 것을 발견한다. 이런 의미에서 *universalia in re*라는 아리스토텔레스의 견해는 타당성을 지닌다. 보편자는 영원·유일이라는 것 또한 사실이다. 왜냐하면 공통적인 양식은 지속적이지만, 개별적인 사물들은 변하기 때문이다. 사람들은 태어나고 죽는다. 그러나 인간은 남아 있다. 보편자는 개별자보다 더 지속적인 실재성을 지닌다. 그러므로 *universalia ante rem*을 표방하는 플라톤의 교의 또한 옳다. 이 후자의 견해는 프라샤스타파다에서 가장 현저한 형태로 나타난다. 보편과 특수의 구분은 실재적이다. 왜냐하면 그 둘의 관계는 내속의 관계로 말해지기 때문이다.[원주169]

[원주169] 파르타사라티(Pārthāsārathi)는 보편과 특수의 관계에 대한 이 견해를 반대한다. 우리가 소를 지각할 때, 우리의 지각은 근본적으로 "이것은 소이다"(iyaṁ gauḥ)라는 의미를 지니며, "여기 개별적인 소에 소의 등류본질(等類本質)이 있다"(iha gavi gotvam)는 것이 아니다. 그러므로 보편은 특수와 다르지 않다. 그 둘은 불가분적인 것으로 말해진다. 가분성(可分性, yutasiddhi)은 따로따로 혹은 독립적인 운동들을 수용하는 힘(pṛthaggatimattva)이거나, 각기 다른 토대에 존속하는 힘(pṛthagāśrayāśrayitva)을 의미한다. 이 두 경우 모두에서 복합적인 전체와 그것을 구성하는 부분들 사이에는 아무런 관계도 없을 것이다. 왜냐하면 전체 속에 운동 없이도 부분 속에 운동이 있을 수 있으며, 또한 전체와 부분은 각기 다른 토대에 내속하기 때문이다. 마찬가지로 보편과 특수는 다른 토대를 지닌다. 왜냐하면 보편의 토대는 특수이며, 특수의 토대는 그것을 구성하는 부분들이기 때문이다. 파르타사라티 미슈라(Miśra)는 내속의 관계를 포함하는 자와 포함되는 자의 관계로 정의한다. 이때 후자는 전자 속에 상응하는 인식을 만든다. "Yena saṁbandhenādheyam ādhāre svānurūpām buddhim janayati sa saṁbandhaḥ samavāya iti"(『샤스트라디피카』, pp.283~284). 보편이 특수에 내속한다고 말하는 것은 보편이 특수 속에 그것에 대한 인식을 만든다는 것을 의미한다. 보편은 특수에서 지각되므로, 그 둘은 서로 다르지 않다. 만일 보편이 전적으로 특수와 다르다면, 우리는 결코 "이것은 소이다"라고 말할 수 없을 것이다. 쿠마릴라와 파르타사라티 미슈라에 의하면, 보편과 특수의 관계는 일종의 동일-차별(identity

10. 특수

특수(viśeṣa)에 의하여 우리는 사물들을 서로 다른 것으로 지각할 수 있다.[원주170] 그것은 배제의 근거로 작용한다. 개별적인 모든 것은 독특하며 유일하다. 카나다는 특수를 보편과 마찬가지로 사유작용에 의존적인 것으로 이해한다.[원주171] 프라샤스타파다는 그것을 영원한 실체들 속에서 서로를 차별화하는 독립적인 실재로 해석했다. 우리는 경험적인 대상들을 각기 그 구성 부분들에 의하여 구별하며, 분석의 과정에서 우리가 더 이상 구분할 수 있는 부분들을 지니지 않는 단순 실체들에 도달할 때, 우리는 각각의 단순 실체가 그 자체를 다른 모든 것들과 구별짓게 하는 어떤 특성을 지닌다고 생각하지 않을 수 없다. 원자, 시간, 공간, 아카샤, 영혼, 그리고 마나스는 각기 자체의 특수성을 지니며, 이 성질은 등류의 성질이 아니라 단지 개별자 자체의 특성이다. 이 차별적인 특수성은 우리가 더 이상 나아갈 수 없는 최종적인 사태(fact)이다. 무한한 수의 궁극적인 원자들이 있으므로, 특수성 또한 무한히 많다.[원주172] 프라샤스타파다의 믿음에 의하면, 요가 수행자는 단순 실체

---

and difference)이다. 『샤스트라디피카』, pp.283 ff.

[원주170] 프라샤스타파다, 『파다르타다르마상그라하』, p.13.

[원주171] 『바이셰쉬카 수트라』, i.2.3 ff.

[원주172] Viśeṣas tu yāvan nityadravyavṛttivād anantā eva(『사프타파다르티』, p.12). 분간하기 어려운 것들의 동일(the Identity of Indiscernibles)에 관한 라이프니츠 이론과 비교하라. 스타웃(Stout) 교수는 보편과 명제의 본질에 관한 자신의 강연에서, 구성 요소들에 포함되는 것으로 파악되는 등류의 통일성은 궁극적인 것이라고 주장한다. 그는 베르그송 및 러셀과 다르다. 후자의 두 사람에 따르면, 속성과 관계는 그 자체로는 보편적이며, 구체적인 사물 혹은 개별자를 특징짓는 속성은 특징지어지는 사물 혹은 개별자와 마찬가지로 특수하다. 두 개의 당구공은 각기 자체의 특수한 구성(球性)을 지니며, 이들 각각의 구성은 두 당구공 자체가 구별되고 따로따로인 것과 마찬가지로 차별적이며 따로따로이다. 다수의 사물들이 하나의 공통 속성을 공유한다는 것은, 사실 각자가 한 등류의 속성들에 대한 특수한 경우로 특징지어진다는 것을 의미한다. 스타웃 교수의 주장에 의하면, 하나의 실체는 자체 안에 참으로 그것을 수식하는 모든 속성들을 포함하는 복합적

320

들의 궁극적 특수성을 지각할 수 있다.[원주173]

　몇몇 현대 니야야 학자들은 특수성의 상정에 대한 어떤 정당화도 인정하지 않는다. 만일 이러한 특수성이 개별 원자들을 구별하는 데 필수적이라면, 속성 자체는 어떻게 서로 구별되는가? 우리는 개개의 특수성이 그 자체를 다른 특수성들과 차별화하는 어떤 독특한 본질 혹은 고유한 힘을 지닌다고 말하지 않을 수 없다. 그렇다면 굳이 특수성이라는 개념을 끌어들일 필요없이, 이 동일한 힘이 직접 원자들에 귀속될 수도 있을 것이다. 쿠마릴라의 추종자들과 프라바카라(Prabhākara), 그리고 베단타 학파는 특수에 관한 교의의 수용을 거부한다. 만일 사물들이 근본적으로 다르다면, 그 사물들에서 공통 속성을 발견한다는 것은 불가능하다.

11. 내속

　카나다에게 내속(內屬, samavāya)은 원인과 결과의 관계를 의미한다.[원주174] 프라샤스타파다는 그것을 불가분적이고 서로 포함하는 자와 포함되는 자의 관계에 서 있는 사물들 사이에 존속하는 관계로 보며, "이것은 저것 속에 있다"는 개념의 근거가 되는 것으로 정의한다.[원주175] 슈리다라에 의하면, 공덕과 쾌감은 비록 모두 자아 속에 있지만, 그 둘은 서로 내속으로 관계되지 않는다. 왜냐하면 그 둘은 포함하는 자와 포함되는 자로 관계되지 않기 때문이다. 단어와 그것이 지칭하는 사물

　통일체이며, 이에 비하여 그 속성들은 비록 특수하다 할지라도 구체적인 것은 아니다.

[원주173] 『파다르타다르마상그라하』, pp.321~322. 『타르카상그라하』, 7과 8을 보라.

[원주174] 『바이셰쉬카 수트라』, vii.2.26.

[원주175] Ayutasiddhānām, ādhāryādhārabhūtānāṁ yaḥ saṁbandha ihapratya-yahetuḥ sa samavāyaḥ(『파다르타다르마상그라하』, p.14). 또한 같은 책, p.324 ; 『바이셰쉬카 수트라』, vii.2.26~28 ; v.2.23을 보라.

의 관계는 내속의 관계가 아니다. 왜냐하면 하나가 다른 하나에 포함되지 않기 때문이다. 과일은 땅 위에 떨어져 있을 수 있지만, 땅과 과일은 불가분적인 것이 아니며, 그 둘은 내속으로 관계된다고 말할 수 없다. 불가분(ayutasiddhi)은 동일이 아니다. 왜냐하면 그 두 사물은 사실상 하나가 아니기 때문이다. 불의 모양과 쇠구슬은 서로 다르다. 카나다는 오직 인과적인 결합만을 내속의 관계에 포함시키는 데 비하여, 프라샤스타파다는 인과적이 아닌 결합도 내속의 범주에 포함시킨다. 일반적으로 실체와 속성, 전체와 부분, 운동과 운동 중인 사물, 그리고 개별자와 보편자를 묶는 관계는 내속의 관계이다. 내속으로 관련된 구성 요소들은 서로 결합되어 하나의 전체 혹은 하나의 동일한 실재로 나타난다.

내속, 즉 필연적인 결합은 우유적인 연접(saṃyoga)과 다르다. 연접된 대상들은 연접 이전에 각기 독립적인 존재를 지니지만, 내속 관계의 구성 요소들은 불가분적으로 결합된다. 내속의 관계는 관련된 구성 요소 중 하나의 운동에 의하여 기인되지 않는다. 우유적인 연접은 서로 연접되어 있는 구성 요소들의 분리와 함께 끝나지만, 내속은 결코 파괴될 수 없다. 또한 연접은 독립적인 두 실체 사이에 일어나지만, 내속으로 관련된 구성 요소들은 포함하는 자와 포함되는 것의 관계에 있다.[원주176] 내속의 관세에 있는 두 요소는 적어도 둘 중 하나가 파괴되지 않는 한 분리될 수 없다. 연접은 따로따로 떨어져 존재하는 동일한 본질의 두 사물 사이에 일어난다. 그것은 외적인 관계임에 비하여, 내속은 내적인 관계이다.[원주177] 연접의 경우에는 두 가지 다른 요소들이 진정한 전체를 형성하지 않으면서 서로 연결된다. 내속은 진정한 의미에서의 하나됨이다.

내속은 영원하다고 말한다. 왜냐하면 생성된다는 것은 무한 소급에

[원주176] 프라샤스타파다, 『파다르타다르마상그라하』, p.326.
[원주177] 특징짓는 결합(characterising tie)과 짝짓는 결합(coupling tie)으로 구분하는 존슨(Johnson)의 견해와 비교하라.

떨어질 수 있기 때문이다. 슈리다라에 의하면, 내속은 이와 관련된 것과 함께 혹은 그 이전이나 이후에 나타날 수 없다고 말한다. 만일 헝겊의 내속이 헝겊이 나타나기 전에 가능하다면, 어디에 내속이 머물수 있는가 하는 것을 생각할 수 없다. 왜냐하면 그 관계에서 한 구성요소는 비존재이기 때문이다. 만일 그것이 헝겊과 함께 생겨난다면, 헝겊은 내속 관계의 토대라는 속성을 잃어버릴 것이다. 만일 그것은 헝겊이 형성된 후에 나타난다면, 또한 헝겊은 그것의 토대일 수 없을 것이다. 결과가 그것의 토대가 된다는 것은 있을 수 없다. 내속은 그 산물을 생산·파괴하지 않고는 결코 나타나거나 파괴될 수 없다는 의미에서 영원하다. 따라서 그것의 영원성은 상대적이다. 내속의 관계는 지각될 수 없으며, 단지 사물의 불가분적인 결합으로부터 추론될 수 있을 뿐이다.[원주178]

　일곱 가지 범주 중에서 앞의 다섯 가지는 내속의 성질(samavāyit-vam)과 다수성(anekatvam), 즉 그들 자체를 서로 차별화하는 형태를 지닌다. 이에 비하여 내속은 유일하며 결코 다수성을 지니지 않는다.[원주179] 그것은 내속의 관계로 다른 어떤 것에 존재하지 않는다. 왜냐하면 그것을 인정한다는 것은 결국 무한 소급을 포함하는 결과를 가져올 것이기 때문이다. 존재에 대한 우리의 다양한 개념에 아무런 차이가 없는 것과 마찬가지로, 내속에 대한 우리의 다양한 개념에는 아무런 차이도 있을 수 없다. 비록 관계되는 요소들은 다를 수 있다 할지라도, 관계의 종류는 동일하다.[원주180]

　비록 객관적인 실재성이 내속에 대하여 허용된다 할지라도, 엄격히 말하여 내속의 개념은 지적인 분별의 결과이다.[역주10] 내속의 원천은 추

[원주178] 고대 니야야 학자들은 그것이 지각 가능한 것이라고 생각했다.
[원주179] 『타르카상그라하』, 8.
[원주180] 프라샤스타파다, 『파다르타다르마상그라하』, p.326.
[역주10] 라마누자의 한정불이론에서도 바이세쉬카의 'samavāya'(내속)와 비슷한 의미로 'apṛthaksiddhi'(불가분의 관계)라는 용어가 사용되지만, 바이세쉬카와는 달리 그것을 하나의 독립된 실재를 지니는 범주로 간주하지는 않는다. 그것은 단지

상 작용에 있으며, 실체들과 분리되어서는 아무런 실재성도 지니지 않는다. 샹카라는 내속의 이론을 비판한다. 그는 원자들과 아카샤 사이에 존재하는 것과 같은 연접은 내속과 마찬가지로 영원하다고 주장한다. 내속은 그것이 관계인 한에서는 그것이 관련시키는 것과 동일할 수 없다. 내속의 관계는 관계지어지는 항목들의 바깥에 떨어지기 때문에, 관계지어지는 항목들과 그것을 관계짓는 다른 하나의 관계를 필요로 하며, 이러한 소급은 무한히 계속될 수밖에 없다. 또한 우리는 언제나 내속(samavāya)이 이를 통하여 관련지어지는 것들(samavāyi)에 존재하는 어떤 관계를 상정하지 않을 수 없다. 만일 내속이 또 다른 하나의 내속에 의하여, 내속을 통하여 관련지어지는 것에 존재하는 것이 아니라 그것과 동일하다면, 심지어 연접(saṁyoga) 또한 연접되는 것들과 동일한 것으로 간주될 수 있을 것이다.[원주181]

내속은 그 자체와 그것이 존재하는 사물들을 결합하기 위한 제3의 사물 없이 존재할 수 있는 반면에, 연접은 그 자체를 연접 상태에 있는 사물들에 결속시키기 위한 내속을 필요로 한다고 주장하는 것은 무의미하다. 하나를 범주로 그리고 다른 하나를 속성으로 칭함으로써 어려움이 제거되는 것은 아니다. 2원자 복합체와 그 구성 요소들의 관계 혹은 종(種)과 그것을 구성하는 개체들의 관계는 책상과 책상보의 관계와 같지 않다는 것은 분명히다. 그러나 어려움은 두 경우 모두에서 동일한 것 같나. 즉 관계는 그것이 아무리 긴밀한 것이라 할지라도 관계되는 항목들과 동일할 수 없다는 것이다. 원인과 결과 사이에 내속의

실체와 속성 사이에 존재하는 관계의 본질을 묘사하기 위하여 사용되는 명칭에 불과하다.

[원주181] 쿠마릴라는 다음과 같이 말한다. "만일 내속이 등류(class) 및 내속에 의하여 등류 안에 있는 개체(individual)와 다른 어떤 것이라면, 그것(내속)은 관계로서 그들 속에 존재할 수 없을 것이다. 한편, 만일 그것이 그들과 동일하다면, 하나의 동일물과 동일한 것들은 그들 자체와 동일하다는 원칙에 따라서, 이 둘은 동일하다고 해야 할 것이다." 『슐로카바룻티카』(*Ślokavārttika*) ; 『프라티야크샤 수트라』(*Pratyakṣa Sūtra*), 150.

관계가 있다는 주장은 수용될 수 없다. 바이셰쉬카가 주장하는 것처럼, 원인과 결과가 불가분적으로 결합되어 있으므로, 그 둘 사이에 본질의 동일성이 있다고 가정하는 것은 지나치게 단순하다. 더욱이 불가분적 결합의 개념은 원인이 결과에 선행한다는 관념— 이것은 니야야 바이셰쉬카 인과론의 본질적인 측면이다— 에 모순된다.[원주182]

원인은 분리된 존재일 수 있어야 한다. 만일 내속이 분리된 존재일 수 없는 원인과 결과의 관계라면, 관계는 두 항목을 필요로 하며, 결과는 그 자체가 존재하지 않는 한 원인과 결합될 수 없으므로, 원인과 결과 사이에 내속의 관계가 있을 수 없을 것이다. 결과는 자체가 존재하기 시작한 후에 관계에 돌입한다고 말하는 것 역시 이치에 닿지 않는다. 왜냐하면 만일 바이셰쉬카가 결과는 원인과 결합되기 이전에 존재할 수 있다는 것을 인정한다면, 그것은 분리된 존재일 수 없는 것이 아니기 때문이다. 결과와 원인 사이에 결합과 분리가 일어날 수 없다는 원칙이 무너진다. 만일 결과가 원인과의 관계에 돌입하기 천에 존재할 수 있다면, 이어지는 그 둘의 관계는 더 이상 내속일 수 없으며, 단지 연접이라고 할 수밖에 없다. 모든 실체가 생성 즉시 아카샤 등과 같은 편재적인 실체들과 지니게 되는 관계는 내속이 아니라 연접인 것과 마찬가지로, 원인에 대한 결과의 관계는 내속이 아니라 연접이라고 해야 할 것이다.

12. 비존재

카나다는 독립적인 범주로서 비존재를 인정하지 않았다. 그에게 절대적 비존재는 무의미하며, 그 외에 다른 유형의 비존재, 즉 원인이 결과를 생성하기 이전에 원인의 상태를 의미하는 전(前)비존재(prāga-

---

[원주182] 『브라흐마 수트라』, ii.2.13~17에 대한 샹카라의 주석.

bhāva), 그 자체의 요소들로 분해될 때 결과의 상태인 후(後)비존재(pradhvaṁsābhāva), 그 자체의 자기 동일성을 지니는 사물들 간의 관계를 의미하는 상호 비존재(anyonyābhāva)는 적극적인 존재(bhāva)와 관련된다.[원주183] 존재하는 사물들에 대한 경험적인 분류는 비존재라는 독립적인 범주를 필요로 하지 않는다 할지라도, 세계에 대한 변증법적인 설명은 부정 혹은 무(無)의 개념을 필요로 한다. 바이셰쉬카가 관심의 영역을 넓혀서, 전체로서 경험에 대한 일관된 설명을 시도하게 되었을 때, 비존재의 범주를 발전시켰다.

모든 사상체계에서 관계들은 광범한 역할을 한다. 어떤 관계는 우리를 하나에서 다른 하나로 가게 하며, 이러한 전이는 단순한 부정이 아니다. 타성(他性)은 부정의 토대이며, 이른바 모순은 부정의 왜곡된 형태이다. 모든 관계는 모순율을 범하지 않는 일종의 부정이다. 하나의 사물과 그것의 관계들은 긴밀하게 관련되어 있다. 우리가 사물을 말할 때, 그것의 존재 혹은 긍정에 대한 사실이 강조되며, 우리가 관계를 말할 때, 그것의 비존재 혹은 부정이 강조된다. 사물은 모순없는 명제(position)이며, 관계는 모순없는 대당(對當, op-position)이다.

비록 비존재가 존재론적 범주라기보다는 논리적인 범주라 할지라도, 비존재를 존재와 동등하게 실재하는 어떤 것으로 간주하는 경향이 있다.[원주184] 그래서 부정과 비존재는 뒤섞이게 되었다. 비슈와나타(Viśvanātha)는 비존재가 여섯 범주들에 대한 상호 부정 때문에 일어난다고 말한다.[원주185] 부정은 슈리다라가 제시하는 것처럼 동일과 존재에만 적용되는 것이 아니라, 모든 종류의 관계에 적용될 수 있다.

베단타와 프라바카라(Prabhākara)의 추종자들은 그것을 하나의 범주로 받아들이는 것을 부정한다. 그들은 그것을 단순한 토대에 불과한

[원주183] 『바이셰쉬카 수트라』, ix.1.1 ff.
[원주184] 『니야야 바쉬야』 및 『니야야바룻티카』, ii.2.12. 『니야야칸달리』, pp.225~230을 보라.
[원주185] Abhāvatvaṁ dravyādiṣaṭkānyonyābhāvavattvam(『싯단타무크타발리』, 12).

것으로 간주할 뿐이다.[원주186] 만일 비존재가 하나의 독립된 범주라면, 무한 소급이 있을 것이다. 왜냐하면 항아리의 부재(ghaṭābhāva)는 항아리(ghaṭa)와 다르며, 항아리의 부재의 부재(ghaṭābhavābhāva)는 항아리의 부재와 다르기 때문이다. 이러한 어려움을 방지하기 위하여 고대 니야야 학자들은 항아리의 부재의 부재를 항아리의 존재와 동일한 것으로 간주했다. 부정의 부정은 긍정이다. 그러나 이 견해는 누구에 의해서도 받아들여지지 않는다. 신 니야야 학자들은 비록 첫번째 부정에 대한 부정의 부정은 첫번째 부정과 동등하다 할지라도, 부정은 결코 긍정과 동등할 수 없다고 주장한다.[원주187]

　바트시야야나는 전(前)비존재, 즉 아직 생성 이전에 어떤 것의 비존재와 후(後)비존재, 즉 파괴 이후에 어떤 것의 비존재의 두 가지 비존재를 인정한다. 아들이 태어날 때까지, 그는 전자의 방식에서 비존재이며, 항아리가 부서지고 없을 때, 그것은 후자의 방식에서 비존재이다.[원주188] 바차스파티[원주189]는 비존재를 1) 동일의 부정(tādātmyābhāva)과 2) 상호 관계의 부정(saṁsargābhāva)으로 구분하며, 후자는 다시 전비존재, 후비존재, 그리고 절대 비존재(atyantābhāva)로 나누어진다. 석녀의 아들 혹은 토끼뿔과 같은 자기 모순적인 개념들은 절대적으로 존재하지 않는 것이라고 말한다. 절대 비존재에는 실제석인 어떤 것에 대한 긍정 그리고 그것과 관련하여 관계에 대한 부정이 있다. 상호 비존재에서 동일의 관계가 존재하지 않는다고 말해지는 대상들은 반드시 실제적일 필요는 없다. 상호 부정에서 우리는 두 대상, 예컨대 헝겊과 항아리의 동일을 부정하며, 절대적 부정에서 부정되는 것은 동일이라기보다는 관계이다. "항아리는 헝겊이 아니다"라는 판단에서 상호 부정은 그것의 반대로 "항아리는 헝겊이다"를 지닌다. 바람에 색깔의 절

[원주186] Adhikaraṇakaivalyamātram.
[원주187] 『타르카상그라하디피카』, 80.
[원주188] 『니야야 바쉬야』, ii.2.12.
[원주189] 『니야야바룻티카타트파리야티카』, ii.2.9.

대적 비존재는 "바람에는 색깔이 전혀 없다"는 판단으로 언명된다. 그리고 이 판단은 그것의 반대로 그 둘, 즉 바람과 색깔을 연결하는 명제를 지니며, "바람에는 색깔이 있다"고 말한다. 상호 비존재의 반대는 동일이다. 반면에 절대 비존재의 반대는 관계 혹은 연결이다. 쉬바디티야에 의하면, 상호 비존재는 헝겊이 파괴되자마자 사라지므로, 그것은 영원하지 않다.[원주190]

슈리다라는 4종의 비존재, 즉 전·후·상호·절대 비존재를 인정한다.[원주191] 비슈와나타는 이와 비슷한 견해를 전개한다.[원주192] 항아리가 땅 위에 있을 때 그것의 존재가 지각되며, 그것의 비존재는 항아리가 땅에서 제거될 때 지각된다. 비슈와나타에 의하면, 비존재는 항상 거기에 있었으며, 항아리가 땅 위에 있었을 때 단지 그것은 가려졌을 뿐이다. 모든 것에 대한 절대 비존재는 비록 사물이 생겨나는 시간과 장소에서 가려진다 할지라도, 그것은 항상 어디에나 존재한다. 그래서 보편적 비존재는 어떤 방면에서 제한되거나 전혀 제한되지 않는다. 후자는 무한 혹은 절대 비존재(atyantābhāva)이다. 제한적 비존재는 한정된 시작 혹은 한정된 끝을 지닌다. 항아리의 전(前)비존재는 무시유종(無始有終)이다. 이에 비해 후(後)비존재는 유시무종(有始無終)이다. 신 니야야 논리학자들은 세밀한 구분을 통해 다양한 형태의 비존재를 언급한다.[원주193]

우리는 비존재에 대한 전체 견해가 바이셰쉬카의 형이상학적 개념에 근거한다는 것을 안다. 만일 사물들이 단지 존재하기만 하고 다른 무엇으로 전이하지 않는다면, 다시 말하여 사라지지 않는다면, 모든 사물은 영원하지 않을 것이다. 만일 전(前)비존재가 부정된다면, 모든 사물과

[원주190] 『사프타파다르티』, 189.
[원주191] 『니야야칸달리』, p.230. 또한 사만타바드라(Samantabhadra)의 『아프타미망사』(*Āptamīmāṁsā*)와 『타르카상그라하』, p.80을 보라.
[원주192] 『싯단타무크타발리』, pp.12~13.
[원주193] 비마차리야(Bhīmācārya)의 『니야야코샤』(*Nyāyakośa*)에서 절대 비존재(Atyantābhāva), 상호 비존재(Anyonyābhāva), 그리고 비존재(Abhāva) 항목을 보라.

그 운동은 시작 없는 것으로 간주되어야 할 것이다. 만일 후(後)비존재가 부정된다면, 모든 사물과 그 운동은 영속적이고 무한하게 될 것이다. 만일 상호 비존재가 부정된다면, 사물 간의 구별이 불가능하게 될 것이다. 그리고 만일 절대 비존재가 부정된다면, 사물들이 항상 어디에나 존재하는 것으로 간주되어야 할 것이다.

13. 윤리

바이셰쉬카는 의지적인 행위와 무의식적인 행위를 구분하며, 윤리적인 문제는 단지 전자에만 적용된다고 주장한다.[원주194] 단지 유기체로서의 삶에 기인한 행위는 의지적인 것이라 할 수 없음에 반하여, 의욕과 혐오에서 일어나는 행위는 의지적이다. 전자는 생물적인 동기에 따른 것이며, 후자는 인간 가치의 실현을 목적으로 한다.[원주195] 쾌감 혹은 기분 좋음은 쾌감을 낳는 대상에 대한 애착을 일으킨다. 불쾌감을 동반하는 고통은 그것을 야기하는 대상에 대한 혐오를 낳는다. 의욕(icchā)과 혐오(dveṣa)는 유쾌한 대상과 고통을 주는 대상에 대한 의지적인 반응이며,[원주196] 바람직한 대상을 획득하거나 혐오스런 대상을 피하는 행위로 귀결된다. 바이셰쉬카에 따르면, 공덕(dharma)은 정신적인 미덕(niḥ-śreyasa)뿐 아니라 세속적인 번영(abhyudaya)과도 관련된다. 전자는 의례적(儀禮的)인 경건의 산물인 반면에, 후자는 정신적 통찰의 결과이다.[원주197] 프라샤스타파다에 따르면, 최고의 즐거움은 현자(賢者)들의 즐거움이다. 이 즐거움은 "대상에 대한 기억, 욕망, 반성과 같은 모든 작용과 무관하며, 그들의 지식, 마음의 평화, 만족, 그리고 그들의 공덕

[원주194] 『바이셰쉬카 수트라』, v.1.11.
[원주195] 프라샤스타파다, 『파다르타다르마상그라하』, p.263.
[원주196] 프라샤스타파다, 『파다르타다르마상그라하』, pp.259 ff.
[원주197] 『바이셰쉬카 수트라』, i.1.1~2와 4.

이 지니는 특별한 속성에 기인한다."[원주198]

의무에 대한 주요 내용은 경전들로부터 추론될 수 있다. 일반적으로 지워지는 의무, 즉 카스트상의 신분이나 삶의 상태와 무관하게 부과되는 의무와 특수한 삶의 상태에 있는 사람들에게 부과되는 의무가 구분된다.

누구에게나 부과되는 일반적인 의무는 1) 신앙(śraddhā), 2) 비폭력(ahiṁsā) 혹은 어떤 생명도 해치거나 죽이지 않는다는 결심,[원주199] 3) 모든 존재에 대한 자비심(bhūtahitatva), 4) 진실만을 말함(satyavacana), 5) 고결(asteya), 6) 성적인 청정(brahmacarya), 7) 마음의 청정(anu-padhā-bhāvaśuddhi), 8) 화내지 않음(krodhavarjana), 9) 목욕을 통하여 신체적인 청결을 유지함(abhiṣecana), 10) 정화 효과가 있는 물질의 사용(śucidravyasevana), 11) 신에 대한 헌신(viśiṣṭadevatā-bhakti), 12) 단식(upavāsa), 그리고 13) 의무를 게을리하지 않음(apra-māda)이다. 사성 계급과 인생의 4단계에 따른 특정 의무들은 일반적인 관습으로 규정된다.[원주200]

슈리다라에 의하면, 우리는 세속적인 가장(家長)의 삶을 거치지 않고도 은둔자가 될 수 있다.[원주201] 산야신(sannyāsin, 遊行者)은 세상을 포기한 사람이 아니라, 보편적인 자비와 박애를 서원한 사람이라는 것이 받아들여진다.[원주202] 의무들의 본질에 대한 상세한 언급을 한 후에, 쁘라샤스타파다는 의무의 이행이 공덕으로 귀결되려면, 그것이 눈에 보이는 어떤 결과(재물 등)를 얻기 위한 욕망 없이 청정한 동기로 행해져야 한다는 결론을 내린다.[원주203][역주11] 영적인 성장은 에고의 제어를

[원주198] 쁘라샤스타파다, 『파다르타다르마상그라하』, p.259.

[원주199] Bhūtānām anabhidrohasaṁkalpaḥ(『니야야칸달리』, p.275).

[원주200] 쁘라샤스타파다, 『파다르타다르마상그라하』, p.273 ; 『바이셰쉬카 수트라』, vi.2.3.

[원주201] 『니야야칸달리』, p.277.

[원주202] Sarvabhūtebhyo nityam abhayaṁ dattvā……(『파다르타다르마상그라하』, p.273). 또한 『요가 수트라』, ii.30을 보라.

[원주203] 『파다르타다르마상그라하』, p.273. 또한 『바이셰쉬카 수트라』, vi.2.1~2, 4~6, 8을 보라.

필요로 한다. "제어되지 않은 자에게, 물질적인 번영(abhyudaya)은 청정한 것을 먹는 것으로부터 생겨나지 않는다. 왜냐하면 자기 제어가 없기 때문이다."[원주204] 자기 제어의 수단으로 요가가 허용된다.[원주205] 중요한 것은 규범에 대한 기계적인 순응이 아니라, 내적인 선(善)이다.

대체로 말하면, 공덕(dharma)은 오직 비폭력(ahiṁsā)이며, 죄과(adharma)는 생명 있는 것에 대한 혐오(hiṁsā)이다. 바이셰쉬카는 어떤 우연한 상황에서 경전에 언급된 의무 이행에 대한 예외를 인정한다. 이러한 사실은 몇몇 사상가들로 하여금 바이셰쉬카 철학은 비정통 사상에 그 기원을 두는 것이 아닌가 하는 의심을 품게 했다.[원주206]

바이셰쉬카에서 다르마는 윤리의 내용뿐 아니라, 인간 자체 ─ 수행되는 행위가 아니라 ─ 에 있는 능력 혹은 속성을 가리킨다. 그것은 본질상 초감감적이며, 개아가 그 결과를 향수할 때 소멸된다. 참된 지식은 그것을 끝낸다. 만일 다르마가 절대적으로 소멸되지 않는다면, 궁극적인 해탈은 있을 수 없을 것이다. 다르마는 진보와 발전으로 간주된다. 그러나 궁극적인 해탈이 있기 전에 소멸되어야 한다. 우리가 완전을 향한 진전을 촉진하는 자애적(自愛的)인 동기로 경전에 규정된 의무들을 수행하는 한, 우리는 아마 이에 상응하는 대가를 얻을 수 있을 것이다. 그러나 이 경우에 우리가 얻는 지위는 영원하지 않다. 심지어 브라흐마(Brahmā)도 영속적인 기쁨을 누리지 못한다.[원주207] 우리의 다르마가 무엇이든, 그것은 무한할 수 없으며, 따라서 우리에게 영원한 평화를 줄 수 없다. 오직 진리에 대한 사심 없는 통찰만이 궁극적인 해방을 확보할 수 있다.[원주208] 우리가 욕망과 혐오에 압도되는 한, 우리는

[역주11] 결과에 집착하지 않는 행위(niṣkāmakarma)는 특히 『바가바드기타』에서 강조되는 덕목이다. 『인도철학사 II』, pp.423~427을 보라.
[원주204] 『바이셰쉬카 수트라』, vi.2.8.
[원주205] 『바이셰쉬카 수트라』, v.2.16~18.
[원주206] Ui, *Vaiśeṣika Philosophy*, p.31.
[원주207] 『니야야칸달리』, p.281.
[원주208] 위의 책, p.6.

공덕과 죄과 혹은 불가견력을 쌓을 수밖에 없으며, 우리가 행한 행위의
결과들은 우리를 몸을 지닌 존재로 태어나게 만든다.[원주209] 몸은 향수
(享受)의 토대(bhogāyatanam)이다. 불가견력과의 결합과 체화(體化)
라는 그 결과가 윤회이며, 그것으로부터의 분리가 곧 해탈이다.[원주210]

　분리된 자기 존재라는 생각에서 유발된 행위는 본래 진면목에 대한
무지에 기인한다. 우리가 아주 매력적으로 보이거나 혐오스럽게 보이
는 대상들이 단지 원자들의 일시적인 집합에 불과하다는 것을 깨닫게
될 때, 이러한 대상들은 우리에게 아무런 힘도 발휘할 수 없게 된다.
마찬가지로 우리가 아트만(ātman, 我)의 실상을 깨닫게 될 때, 우리는
모든 영혼이 동일하다는 것을 알게 될 것이다. 참된 지식이 이기적인
동기를 몰아낼 때, 이기적인 행동은 끝나고 어떤 잠재적인 가치도 생성
되지 않으며, 더 이상 윤회도 없을 것이다. 이 학파가 유신론적인 색채
를 띠게 되었을 때, 해탈의 환희는 신의 은총의 결과로 간주되었으며,
다르마의 법칙은 신의 의지의 표현으로 간주되었다.[원주211]

　영혼이 윤회의 세계에 있는 한, 그것은 이런저런 형태의 몸— 세계
의 해체상태(pralaya)에서는 미세하고 창조시에는 조대한— 에 체화
되며, 아트만이 불가견력을 여의는 상태는 결코 없다. 왜냐하면 체화의
연쇄에는 시작이 없기 때문이다.[원주212] 출생의 시간과 장소나 환경, 가
족과 가문, 삶의 기간 등은 모두 불가견력에 의하여 결정된다.[원주213] 각
각의 영혼은 과거에 행한 행위의 수확을 거둘 수 있는 기회가 허용된
다. 그러나 현생이 반드시 바로 직전의 전생의 결과일 필요는 없다. 왜
냐하면 우리의 모든 잠재적인 속성들은 하나의 생애를 통하여 완전히
현실화될 수 없기 때문이다.[원주214] 비록 잠재 인상(saṁskāra)들은 사

[원주209] Saṁsāramūlakāraṇayor dharmādharmayor…….
[원주210] 『바이셰쉬카 수트라』, v.2.18. 또한 『니야야 수트라』, iv.1.47을 보라.
[원주211] 『파다르타다르마상그라하』, p.7. Īśvaracodanābhivyaktāt.
[원주212] 『니야야 바쉬야』, i.1.19 ; 『니야야바룻티카』, iv.1.10 ; iii.1.19, 22, 25~27.
[원주213] 『비브리티』(Vivṛti), vi.2.15.
[원주214] 『니야야칸달리』, p.53, p.281 그리고 『우파스카라』, vi.2.16.

라지지 않는다 할지라도, 그들 중 일부는 장차의 다른 생애를 기다려야 할 수도 있을 것이다. 우리는 적절한 훈련을 통하여 자기의 여러 전생을 기억할 수 있다고 주장된다.[원주215] 인도사상의 다른 학파들과 마찬가지로, 바이셰쉬카는 우리가 고차적인 존재의 영역으로 떠오르거나 또는 인간 이하의 영역으로 떨어질 수도 있다는 것을 인정한다.[원주216] 모든 존재는 자기의 공덕에 따라서 각자의 자리를 차지한다.

　바이셰쉬카의 해탈론은 니야야의 입장과 약간의 차이를 보인다. 마다바(Mādhāva)는 자신의 『샹카라비자야』(Śaṃkaravijaya)에서, 카나다 학파에 따르면 해탈상태의 영혼은 속성들과의 관련으로부터 완전히 자유로우며, 모든 조건과 속성에서 자유로운 창공처럼 산다고 말한다. 이에 비하여 니야야 학자들에 따르면, 해탈의 상태는 지복과 지혜의 상태이다.[원주217] 바이셰쉬카에 따르면, 자유의 상태는 즐거움의 상태로 간주될 수 없으며, 비록 그와 같은 결과가 매력적인 것이 아니라 할지라도, 그것은 이 철학체계가 지니는 논리적인 함축과 일관된다.[역주12] 영혼이 온갖 명칭과 육체와의 접촉을 통하여 생성되는 속성들을 떨쳐버릴 때,[원주218] 그것은 자신의 독립성을 재확립한다. 고통이나 번뇌 등과 같은 속성들의 소멸은 곧 자아 자체의 소멸과 다르지 않다는 만다나(Maṇḍana)의 비판은 고려할 가치가 있다.[원주219] 슈리다라의 주장에 의하면, 그같은 상태의 자아는 그 자신의 본래적인 상태를 향수한다.[원주220] 영원한 자아에게 소멸은 불가능하지만, 해탈의 상태는 돌(石)의 무의식적인 상태에 맞먹는다.[원주221] 슈리다라는 자신의 입장을 뒷받침하기 위

[원주215] 『우파스카라』, v.2.18 ; vi.2.16.
[원주216] 『파다르타다르마상그라하』, pp.280~281.
[원주217] Atyantanāśo guṇasaṅgater yā sthitir nabhovat kaṇabhakṣapakṣe, Muktis tadīye caraṇākṣapakṣe sānandasaṃvitsahitā vimuktiḥ.
[역주12] 이 점에서 바이셰쉬카는 상키야나 불교에 더욱 가깝다.
[원주218] Ātmaviśeṣaguṇānām atyantocchedaḥ.
[원주219] Viśeṣaguṇanivṛttilakṣaṇā muktir ucchedapakṣaṃ na bhidyate.
[원주220] Ātmanaḥ svarūpeṇāvasthānam.
[원주221] 『사르바싯단타사라상그라하』, v.36.

하여 우파니샤드의 여러 구절을 인용한다.[원주222]

14. 신

카나다의 수트라는 신에 대해서 공공연히 언급하지 않는다. 그는 원자와 영혼의 근본 운동을 불가견력에 기인하는 것으로 본다.[원주223] 그는 불가견력의 원리에 의한 우주의 설명에 만족했던 것으로 보이지만, 그의 후계자들은 불가견력의 원리가 지나치게 막연하고 비(非)정신적인 것으로 생각했으며, 그것을 신의 의지에 의존적인 것으로 해석했다. 신은 세계의 동력인인 반면에, 원자들은 세계의 질료인이다. 그러나 카나다 자신이 신적인 존재의 필요를 느꼈다고 생각하기는 어렵다. 후기 주석자들에 의하여 유신론에 대한 전거로 인용된 적이 있는 유명한 구절은[원주224] 사실 신에 대한 아무런 언급도 없다. 분명히 카나다는 베다가 신의 저작이 아니라 성현들의 것이라고 생각했다. 프라샤스타파다는 비록 『파다르타다르마상그라하』의 서두에서 이슈와라(Īśvara, 自在神)를 세계의 원인으로 간주한다 할지라도,[원주225] 자신의 철학체계 중심에 두지는 않는다. 『베단타 수트라』에 대한 주석에서 샹카라의 비판[원주226]

[원주222] 『니야야간딜리』, pp.282~287.

[원주223] 때로는 『바이셰쉬카 수트라』, ii.1.18~19가 신의 존재에 대한 증거를 담고 있는 것으로 말해진다. 그러나 이 견해는 수용하기 어렵다. ii.1.9~14에서 보이지 않는 영원한 풍(風)의 존재가 입증되며, ii.1.15~17에서는 그것의 존재는 지각이나 추론의 대상이 아니라 계시(revelation)의 문제라는 반대가 제기된다. 그리고 ii.1.18~19는 우리의 개념 중에 몇몇은 원래 조상들의 인식이 우리에게 전해진 것이며, 이러한 개념들은 상응하는 대상들의 존재에 대한 논리적인 근거를 구성한다 (Ui, 앞의 책, pp.164~166을 보라). iii.2.4~9에서 우리는 자아의 문제에 대한 유사한 논의를 본다.

[원주224] 거룩한 경전의 그 구절들을 통하여 판단할 때, 증거에 의하여 확립된 존재가 있다(Tadvacanād āmnāyasya prāmāṇyam, i.1.3 ; x.2.9).

[원주225] 『파다르타다르마상그라하』의 서두와 결론 부분, 그리고 pp.48~49를 보라.

은, 바이셰쉬카 철학이 신에 대한 여지를 지니지 않을 뿐만 아니라, 영원·불생의 원자와 영혼을 믿으며, 불가견력의 원리로써 이들의 다양한 상태를 설명한다는 것을 전제로 한다.

여러 다른 학파들의 비판은 무신론적인 바이셰쉬카의 불만족스런 성격을 분명하게 나타낸다. 사고력 없는 수많은 원자들이 세계의 다양성 속에서 놀라운 통일을 이룬다는 것은 불가능하다. 원자들은 함께 상의할 수 없으며, 영적인 복지를 개선하는 공동 계획을 수행할 수도 없다. 바이셰쉬카 사상가들의 논리적인 정신은 순수 우연에 대한 가정을 선호하지 않았다. 곧 그들은 원자들이 아무리 영원·불변이라 할지라도 그 운동이 어떤 지배적인 정신에 의하여 통제되지 않는다면 아무런 소용이 없다는 것을 깨달았다. 신이 원자들을 지각한다. 그리고 우선 그의 지력 속에 이원성에 대한 개념이 일어나며, 이어서 2원자 복합체가 만들어진다. 추론과 경전 모두는 우리가 신을 받아들이도록 요구한다.[원주227] 4대(大) 요소적 실체들(mahābhūtas)은 그들에 대한 인식을 지니는 어떤 자에 뒤따른다. 왜냐하면 이 요소들은 결과물이기 때문이다.[원주228]

말의 의미에 대한 관습이 신에 의하여 확립된다. 또한 베다는 지적인 존재들의 저작을 의미하는 문장들의 집합이며,[원주229] 베다의 내용은 오류나 잘못, 또는 저작자의 의도적인 왜곡이 없으므로, 그것은 영원·전능·거룩한 영혼(nirdoṣapuruṣa)에게 귀속된다고 하지 않을 수 없다.[원주230] 또한 우주의 해체상태에 있는 영혼들은 지성을 지니지 않으며, 따라서 그들은 원자들의 운동을 통제할 수 없다. 그리고 원자들의 세계에는 운동의 어떤 원인도 지각되지 않는다. 만일 우리가 무한 소급

[원주226] 『브라흐마 수트라』, ii.3.14에 대한 샹카라의 주석.
[원주227] Keith, *Indian Logic and Atomism*, pp.265~266 ;『니야야칸달리』, p.541.
[원주228] 『바이셰쉬카 수트라』, ii.1.18~19.
[원주229] Buddhipūrvavākyakṛtir vede. 『우파스카라』, vi.1.1을 보라.
[원주230] 『우파스카라』, x.2.9. 여기에 언급된 모든 주장은 베다의 권위를 수용한다는 전제 하에 이루어진다. 따라서 우리가 만일 불교도들이 그런 것처럼, 베다의 권위를 부정한다면, 이러한 주장은 설득력을 잃는다.

을 피하려 한다면, 우리는 원천과 출발점으로서 제1운동자에 의지하지 않을 수 없을 것이다.[원주231] 오직 그와 같은 한 운동자가 요청된다. 다수를 받아들이는 것은 필수적이 아니다. 다수의 신들은 부조화를 야기할 수도 있을 것이다. 따라서 한 창조자가 있으며, 그가 신이다.

신이 몸을 지니는지에 대한 문제가 슈리다라에 의하여 고려된다. 신은 반드시 몸을 지닐 필요는 없다. 몸 없는 존재도 행위할 수 있다. 비물질적인 영혼은 몸의 움직임에 대하여 작용한다. 비록 몸은 영혼에 속한다 할지라도, 그것은 자체를 움직이게 하는 추진력을 지니지 않는다. 추진력을 받는 대상은 몸이며, 신은 원자들에서 그와 같은 대상을 지닌다. 몸은 욕망과 의지작용의 실현을 위하여 필수적이라고 주장한다면, 슈리다라는 그것은 욕망과 의지작용이 본질적인 경우가 아니라, 우발적이고 부수적인 경우일 뿐이라고 대답한다. 신의 지성, 의욕, 의지작용은 영원하다.[원주232] 슈리다라는 신의 세계 창조에 대한 여러 비판을 다룬다. 만일 신은 채워지지 않는 욕망을 지니지 않으며, 따라서 창조에 대한 충동을 지닐 수 없다고 주장된다면, 그는 신이란 이기적인 욕망을 지니지 않지만 다른 존재들의 이익을 위하여 행위한다고 말한다. 카르마(karma, 業)의 법칙에 따라, 그는 세계 내의 고통을 인정하며, 고통은 결국 대단한 악(惡)이 아니다. 왜냐하면 그것은 우리가 다양한 모든 존재를 실현하게 하기 때문이다. 신이 카르마의 법칙을 고려하는 것은, 그의 독립성에 대한 제한을 의미하지 않는다.[역주13]

신에 대한 바이셰쉬카의 견해는 사실 니야야의 입장과 동일하며,[원주233] 동일한 비판의 여지가 있다. 세계는 원래 불가견력의 원리에 의하여 각

[원주231] 제1운동자로서의 신에 대한 아리스토텔레스의 이론과 비교하라. 그의 제1운동자는 하늘과 지상의 모든 운동을 시작한다.

[원주232] 『니야야칸달리』, pp.55~58.

[역주13] 카르마의 법칙은 신에 대하여 독립적인 것이 아니라 신의 본질 자체이며, 신의 의지의 표현이라고 보기 때문이다.

[원주233] Devatāviṣaye bhedo nāsti naiyāikaiḥ samam(하리바드라의 『샤드다르샤나사뭇차야』, p.59).

기 제 위치를 차지하고 있는 원자들과 영혼들로 이루어진, 완전·자급 자족의 한덩어리의 기계 장치로 간주되었다. 바이셰쉬카 철학체계가 지니는 여러 난점들이 비판가들에 의하여 끊임없이 제기되었으며, 사고력 없는 원리는 세계의 단편들을 한데 모을 수 없다는 점은, 결국 후기 바이셰쉬카 학자들이 난점들에 대한 해결 방법으로 신적인 원리를 수용하게 했다. 신은 세계의 창조자가 아니다. 왜냐하면 영혼과 원자는 신과 함께 영원하기 때문이다. 신은 전지 전능하다는 점에서 인간 영혼과 구별되며, 이것은 그가 세계를 주관할 수 있는 자격을 부여한다. 그는 결코 존재의 순환에 연루되지 않는다. 그는 세계를 어떤 법칙 하에 두어 그것이 움직이게 하지만, 그 과정에는 간섭하지 않는다.[역주14] 세계는 거대한 시계, 제작자에 의하여 움직이기 시작하고 더 이상 아무런 간섭 없이도 계속하여 움직이도록 보장된 시계다. 그러나 간섭하지 않는 신은 세계의 현실적인 삶에 아무런 도움이 되지 않으며, 이에 비하여 간섭하는 신은 자기 자신의 법칙을 뒤엎는 위험을 감수해야 한다.

신과 세계는 상호 배제적이다.[역주15] 그러나 만일 우리가 최초의 전제를 수정하지 않는다면, 심지어 '신'조차도 우리를 도울 수 없다. 만일 우리가 서로 무관한 다수의 실체들로 시작한다면, 우리는 외부로부터 그들을 조정하는 기계적인 고안 장치, 즉 신을 통하여 그들의 분리를 바로잡을 수 없다. 외적인 매개물의 기계적인 방편에 의하여 한데 모아진 세계는 단지 잡동사니들의 집합일 뿐이며, 유기적인 전체가 아니다. 영혼들은 심지어 서로를 알지도 못한다. 각각의 사물은 그 자체의 내적인 범위 안에 스스로를 가둔 작은 세계이다. 영혼과 그 대상은 본

[역주14] 이런 점에서 바이셰쉬카의 신은 종교의 신이 되기 어려운 한계를 지닌다. 어떤 의미에서 바이셰쉬카의 신은 단지 형이상학적 문제의 해결을 위하여 '끌려온' 명목상의 신에 불과하다.

[역주15] 신과 영혼들 사이에 아무런 내적 관계도 없다. 이들은 모두 외적으로 관련되어 있을 뿐이다. 심지어 해탈된 영혼들도 신의 지식이나 지복을 공유하지 않으며, 그와 어떤 친교도 경험하지 않는다.

질적으로 공통점이 없으며, 그들의 관계는 외적으로 강제된 조화일 뿐이다.

우리가 보다 바람직한 견해에 도달하기 전에, 우선 출발점이 수정되지 않으면 안될 것이다. 만일 신이 있다면, 그는 물질의 궁극적인 요소들 또한 창조할 수 있을 것이며, 따라서 영혼과 원자의 영원 자존성을 견지해야 할 필요는 없을 것이다. 만일 신이 있다면, 하늘과 땅은 모두 그에게 달려 있을 것이며, 무한한 공간을 통하여 움직이는 물질의 극소 입자들 또한 그의 창조물일 것이다.

15. 바이세쉬카 철학에 대한 일반적인 평가

바이세쉬카의 일반 원리들에 대한 비판적인 고찰은 우리가 이 철학 체계의 한계뿐 아니라 그 핵심을 이해하는 데도 도움이 될 것이다. 철학적 이론은 실재가 드러내는 다양한 성격들을 하나의 일관되고 이해 가능한 전체로 체계화해야 한다. 바이세쉬카는 "관찰되는 모든 것의 속성과 관계를 하나의 체계로 나타내려고"[원주234] 시도한다. 화이트헤드 교수가 시도했던 것처럼, 감각 여건, 즉 지각의 세계와 과학적 대상들을 구별하는 것은 우리에게 유용할 것이다. 감각 여건은 우리가 지각하는 실제적인 색깔, 맛, 소리, 온도 등이다. 우리는 이들 여건 위에 경험의 세계를 구축하며, 이들 감각 여건과 경험의 세계를 설명하기 위하여 수많은 과학적 대상들을 가정한다.

이와 같이 과학적 대상들은 비록 모든 지각을 설명한다 할지라도, 지각의 대상은 아니다. 바이세쉬카에서, 또한 우리는 감감 여건, 즉 지각의 대상들을 지닌다. 모든 경험은 이 감각 여건으로 시작한다. 우리가 이 대상들을 실체, 속성, 관계의 범주들을 통하여 함께 생각할 때,

---

[원주234] Whitehead, *The Concept of Nature*, p.185.

우리는 경험의 세계로 떠오른다. 이미 누차 강조한 것처럼, 우리가 어떤 사물과 그것의 속성을 말할 때, 우리는 사실들(facts)을 말하고 있는 것이 아니라, 그들을 해석하고 있는 것이다. 바이셰쉬카 학자들이 덧없는 실체, 속성 등과 영원한 것들을 구분할 때, 그들은 인간 경험의 일시적인 성질을 강조하며, 원자와 영혼, 공간과 시간, 그리고 아카샤와 마나스 같은 수많은 과학적 대상들을 상정한다. 만일 감각 여건이 경험의 세계로 인도하고, 경험의 세계는 또한 과학적 대상들로 인도한다면, 바이셰쉬카의 이론은 만족스러운 것으로 간주될 수 있을 것이다. 그러나 우리가 앞으로 보게 되는 것처럼, 식별할 수 있는 그와 같은 논리적인 연관은 결코 없다.

부정(negation)의 원리에 대한 강조는 바이셰쉬카의 독특한 다원론적인 경향을 특징짓는다. 실재는 하나의 실체 혹은 속성들의 주체인 실체들의 집합이 아니라, 본질적인 관계 있음(essential relatedness)— 우리가 분석과 비교, 차별화와 동일화의 필요를 느끼는—이다. 변화무쌍한 경험의 세계는 서로 온갖 관계의 복잡한 망상 조직에 얽혀 있는 다양한 존재물로 구성된다. 바이셰쉬카는 세계를 하나의 체계적인 전체, 다양한 구성 요소들의 조화로 나타내려는 목적을 지닌다. 상충하는 요소들을 조화시킬 수 없는 한, 우리는 논리적인 이상에 도달할 수 없다. 자기 모순은 있을 수 없는 일이지만, 그럼에도 불구하고 바이셰쉬카 철학체계 안에는 전체의 부분으로 생각하기 어려운 여러 요소들이 있다.

바이셰쉬카는 부정의 상대성을 인정한다.[역주16] 그것이 부정하는 내용은 결코 완전히 배제되는 것은 아니다. 우리가 부정하기 전에, 부정되는 개념은 받아들여져야 한다. 게다가 또한 부정이 반박하고자 제시

[역주16] 니야야 바이셰쉬카는 비존재를 독립된 범주로 수용함으로써, 긍정과 부정, 존재와 비존재가 서로를 전제로 한다는 것을 분명히 하고 있으며, 이 점은 인도철학사를 통하여 특별한 의미를 지닌다. C. D. Sharma, *A Critical Survey of Indian Philosophy*, p.187을 보라.

하는 것은 제시된 내용과 양립 불가능한 것으로 판명되는 긍정적인 동일화에 의존한다. 마당에서 항아리를 찾아보지만, 그것을 발견하지 못한다. 그때 우리는 항아리의 존재를 부정한다. 실재는 배제한다. 왜냐하면 그것은 양립 불가능하게 한정되기 때문이다. 부정은 그 밑바닥에 실재인 분리를 함축한다. 부정이 꾀하는 것은 하나의 체계로 생각되는 실재를 우리 앞에 드러내는 것이다. 순전한 긍정은 순전한 부정과 마찬가지로 일방적인 추상에 불과하다. 단순한 '있음'은 어떤 공허한 대상에 대한 추상에 불과한 반면에, 단순한 '없음'은 단순한 부재 혹은 결여를 능가한다. 단순한 '없음'은 '저것' 혹은 어떤 그리고 모든 '무엇'에 의하여 배제되는 어떤 실체에 대한 개념이다. 그것은 모든 한정을 부정하고 심지어는 그 자체까지도 거부해야 하는 어떤 대상에 대한 추상이다.

부정에 대한 주장은 바이셰쉬카가 이상적인 세계는 곧 요소들의 조화라는 입장을 취하게 했지만, 엄격히 말하여 그와 같은 이상은 궁극적인 진리와 실재에 대하여 충분하다고 말하기에는 어려운 점이 있다. 다양함, 차별, 그리고 다수는 오직 하나의 전체 속에서 의미를 지닌다. 바이셰쉬카가 독립적인 개별자로 간주하는 것은 현실 세계 속에서 분별되는 한 요소이다. 그것은 구별되는 것과 반대되는 것을 혼동한다. 다르다고 해서 반드시 모순되거나 상치될 필요는 없다. 다른 것들은 서로를 배제하지 않으며, 그들은 단지 그들의 차이에 대한 부정을 배제할 뿐이다.

양립 불가능한 것들이 있다. 그러나 그들은 결코 최종적이거나 절대적이 아니다. 그들은 이런저런 한계 속에서 발견된다. 하지만 자기 동일에 대한 논리적 입장은 실재란 개별적이고 모순되지 않으며 자존적이어야 한다는 것을 강조한다. 모든 존재물에 대한 자기 동일성을 상정함으로써, 바이셰쉬카는 부분들의 상호 배제성이 극복되는 진정한 의미에서의 영적인 전체에 대한 개념으로 떠오를 수 없다. 비록 바이셰쉬카는 통일성과 다원성 모두를 세계에 본래적인 것으로 해석하고 있다 할지라도, 그 둘은 평행선을 그을 뿐 하나의 전체로 녹아들지 않는다.

바이셰쉬카는 부정에 대한 자체의 견해 속에 함축되어 있는, 유기적인 전체로서의 지식에 대한 개념에 충실하지 않다.

그러나 바이셰쉬카는 경험은 여러 사물들 및 관계들을 지닌다고 말한다. 실체, 속성, 운동은 그 자체로 존재할 뿐 아니라 하나가 다른 하나에 존재하기도 하며, 이들은 보편, 특수, 내속 등으로 불리는 수많은 관계로 결속되어 있다. 모든 실체는 보편성, 특수한 차별성을 지니며, 보편성 및 특수성과 그것은 내속의 관계로 결합된다. 관계의 실재성에 대한 긍정은 어떤 만족스러운 다원론 형이상학을 위한 논리적인 필연이다. 만일 관계들이 비실재적이라면, 절대자라고 불리는 오직 하나의 실체가 있거나, 아니면 세계는 독립된 절대자들, 즉 서로 무관하며 결코 관련될 수 없는 모나드(monad, 單子 : 존재의 궁극 단위)들로 구성된다.

내속(samavāya)의 이론은 바이셰쉬카 철학체계에서 다소 애매한 연결 고리이다. 우리는 내속을 다른 두 실체 사이의 결합으로 간주할 수 없다. 그럼에도 불구하고 우리는 그것을 연접(saṃyoga)과는 다른 종류의 관계로 간주한다. 만일 내속이 연접과 다르다면, 전체는 부분들 이상의 어떤 것이라 해야 할 것이다. 상호 관련된 요소들로 이루어진 유기적인 전체로서의 세계 개념은, 내속에 대한 바이셰쉬카의 견해에 담긴 함축이다. 그러므로 바이셰쉬카의 다원론은 최종적인 것이 아니다.

보편과 특수의 구분은 실체의 속성에 대한 구분이다. 특수의 본질은 무엇인가? 우리가 상식 수준의 삶에서 독특한 개별자들을 받아들인다는 것은 분명한 사실이다. 그러나 우리는 이 특수성이 무엇인가에 대해서 만족스러운 설명을 할 수 없다. 어떤 사물을 특별한 사물로 만드는 것은 무엇인가? 어떤 사물에 대하여 우리가 아는 전부는 그것이 지닌 다수의 속성과 그것이 작용하는 방식이다. 독특성은 정의될 수 없다. 더욱이 그것은 속속들이 해명될 수 있을 것 같지 않다. 개별성은 비존재와 마찬가지로 단순한 가정에 불과한 것처럼 보인다. 개별 영혼에 대하여 살펴보자. 그것이 바꿀 수 없는 어떤 것이 있는가? 만일 그것의 개별성이 자체의 역사적인 삶과 더불어 변하는 어떤 것이라면, 그렇다면 그것은 바꾸어질 수 있을 것이다. 만일 그것이 불변의 본질이라면, 우리는 그것이 무엇인지 모른다. 만일 우리가 사실들(facts)에 호소한다면, 우리는 '푸름'(blue)이 아니라 언제나 '한 푸름'(a blue), 다시 말하여 그 자체로 보편도 아니고 특수한 푸름을 만드는 특수화도 아닌, 어떤 종류의 한 '푸름'을 얻을 수 있을 뿐이다. 우리는 어떻게 결합하여 특수한 푸름을 형성하는지 모른다.

궁극적으로 우리는 자신이 독특성으로 의미하는 것을 정의할 수 없다. 비록 특수에 대한 이론이 논리적인 증거의 소산은 아니라 할지라도, 집요한 경험적 편견은 우리가 개별자들에게 불멸의 독특한 본질을 허용하게 하는 경향이 있다. 수많은 요소와 영혼들의 개별성은 전체의 개별성에 역행하는 성격을 지니며, 따라서 부정과 내속에 대한 바이셰쉬카의 견해 속에 함축된 유기적인 전체의 개념이 견지되려면, 개별자에 대한 교의가 수정되지 않으면 안될 것이다.[원주235]

보편 개념은 그것을 생각하는 지성과는 별개로 실체, 속성, 그리고 운동에 존재하는 것으로 말해지며, 영원한 실체에서는 영원하고 영원

[원주235] 브래들리의 견해와 비교하라. "그러므로 다자(多者)들의 본질은 단순히 독립적이고 자기 충족적인 개별자가 아니다. 왜냐하면 만일 우리가 각각의 개별자로부터 그 자체 외의 모든 관련을 잘라버린다면, 우리는 남겨진 어떤 다자성(manyness)도 지닐 수 없을 것이기 때문이다. '그리고'(and)는 포괄하는 전체에 대한 표현으로서가 아니라면 아무런 의미도 지닐 수 없으며, 통일성과 분리된 다양성은 그 의미를 상실한다. 그러므로 필요에 의해 강제된 특수자(required particular)들은 자기 모순적이다. 그리고 분리된 측면들의 개별자 안에 어떤 구분을 만들어서 이러한 모순을 벗어나려는 것은 무의미하다. 왜냐하면 그와 같은 길은 새로운 특수자들로 나누어지는 결과로 귀착되며, 이 새로운 특수자들은 또한 동일한 딜레마에 빠질 것이기 때문이다. 만일 다자가 개별자를 초월하는 개별자 자체가 아니라면, 그들은 다자일 수 없었을 것이다. 다른 한편, 무엇이든 자기 충족적이 아닌 것은 개별적이고 특수한 것이라고 할 수 없다. 따라서 각기 독특한 것으로 말해지는 특수한 존재들은 단순한 추상이라는 것이 판명된다. 그리고 이들은 원칙적으로 자기 모순적이기 때문에 비실재적이며, 궁극적으로는 무의미하다(*Logic*, vol.ii, p.651). 또한 Gentile, *Theory of Mind as Pure Act*, E-T., p.113을 보라.

하지 않은 실체에서는 영원하지 않은 것으로 간주되는 공통성이다. 만일 개별과 보편이 동등하게 실재적이라면, 그리고 만일 우리의 과학적인 귀납과 종합이 자연계에 영원히 고정되어 있는 이러한 실체들을 다루는 것으로 간주된다면, 상상할 수 있는 모든 실체들에 상응하는 일반 개념들이 있다고 하지 않을 수 없을 것이다. 게다가 또한 영원한 일반 개념은 결코 없다. 사고를 경직되게 하는 경향이 있는 형식 논리학의 영향 아래서, 니야야 바이세쉬카는 실체들과 그 속성 그리고 그 차이들을 강조한다.

존재하는 동시에 존재하지 않을 수 있는 것은 아무것도 없다. 이것이 곧 모순율이며, 이 법칙에 의거하여 사물들은 세계가 시작된 이래 지금까지 동일했으며, 세계가 끝날 때까지 그렇게 지속될 것으로 생각되는 여러 부류들로 나누어졌다. 다윈의 진화론은 종(種)의 불변성에 대한 믿음을 파기한다. 하나의 종은 자연적인 취사선택에 따른 개별적인 차이의 축적을 통하여 다른 하나의 종으로 발전한다. 어떤 한 부류로 구분되는 것들은 사실 수백만 년 동안 진행되어온 진화 과정의 결과로 현재의 그와 같은 모습이 된 것이다. 멘델(Mendel)의 유전학설은 말의 본질이 완전히 달라질 수도 있다는 것을 시사한다. 이른바 전칭(全稱) 개념은 불변의 자존적인 전형이 아니라, 변화하는 조건과 환경에 적응된 성장과 발전의 단계들을 나타낸다. 등류는 녹아 사라지는 성향을 지니지만, 그럼에도 불구하고 전형과 본질이라는 개념을 도구로 하는 논리학자들은 자신의 발 아래로부터 잘려나가고 없는 토대를 지닌다. 어떤 한 단계에서 등류 속성은 보편으로 지칭된다. 물론 이 속성은 결코 고정적인 것이 아니다. 보편 개념들이 영원하다고 말해질 때, 여기서 의미되는 것은 끝없는 시간을 통한 존재가 아니라, 시간 관계들에 대한 독립성이다.

자이나교 논리학자들은 심지어 니야야 바이세쉬카 학자들이 전(前)비존재, 후(後)비존재 등에 공통된 것으로 말해지는 비존재에 대한 보편 개념이나, 보편 개념들에 대한 보편 개념도 인정하지 않는다고 주장한다. 만일 다양한 보편 개념 혹은 다양한 종류의 부정에 대한 보편 개념이 단지 그들의 공통적인 속성에 지나지 않는다면, 우리는 공통적인 속성 이외에 다른 어떤 보편 개념도 있을 수 없다고 말할 수 있을 것이다. 보편에 대한 이론은 변하는 것과 변하지 않는 것을 구분하고자 하는 욕망에 기인한다. 만일 우리가 보편 개념들을 탁월한 실재들의 초감각적인 세계에 귀속시킨다면, 보편 개념들과 그들을 구체화하는 특수한 개별자들을 관련짓는 것은 어렵게 된다. 단일·영원·편재·보편적인 본질과 다수·비영속·불연속·분리된 개별자들을 관련짓는 것은 쉽지 않다. 만일 보편이 개별자와 공존하는 것과 마찬가지로 개별자의 근저에 놓여 있지 않다면, 우리는 플라톤의 이데아와 *Universalia ante Res*의 이론과 유사한 입장에 놓이게 될 것이다.

보편 개념과 개별자처럼 완전히 다른 둘은 하나로 될 수 없다. 우리는 개별자들의 세계를 실재와 전혀 이해 가능한 관계에 서 있지 않은 공허한 쇼(show)에 지나지 않는 것으로 내버리지 않을 수 없다. 니야야 바이셰쉬카는 보편과 개별자가 내속의 관계로 묶여 있으므로 서로 불가분적이라는 것을 받아들인다. 다시 말하여 보편과 특수의 구분은 생각 속의 구분이며, 사실상의 구분이 아니다. 그럼에도 불구하고 이러한 사실과 모순되게 보편 개념들에 독립적인 존재성을 부여한다. 보편 개념들은 세계의 파괴와 소멸에도 존속하는 것으로 상정된다. 세계의 해체 기간 동안에는 그 토대로서 시간을 지니며, 시간은 실재적인 것으로 간주된다.

실체, 속성, 그리고 운동은 객관적인 반면에, 관계는 논리적인 분석의 산물이며, 우리에게는 그것을 세계의 사실(fact)로 전환시킬 권리가 없다. 앞의 세 범주들은 유성(有性)을 지니는 것으로 주장된다. 인과 관계, 상호 관계 또는 단순한 공존과 같은 다양한 유형의 관계는 존재자가 아니다. 왜냐하면 모든 존재자는 개별적이기 때문이다. 속성과 운동은 실재의 다른 종류 혹은 실재에 대한 형용사이다.[원주236] 어떤 시간적인 변경과 공간적인 운동이 일어난다 할지라도, 속성은 인과 관계의 지속적인 요소로 간주됨에 비하여, 변경 가능한 상태들은 '우발적인 혹은 학술적인 용어를 사용하자면 우유적인 인과적 요소'와 관련된 운동(karma)이다.

완전한 실체 개념은 속성과 운동, 즉 지속적인 요소와 우발적인 요소를 포함하며, 이 둘은 서로 별개로 생각될 수 없다.[원주237] 모든 실체는 자체의 독특한 본질(viśeṣa)과 속성(guṇa), 그리고 행태(karma)를 지닌다. 상식은 세계 내의 사건들을 어떤 실체들의 속성들로 간주한다. 어떤 사물과 그것의 속성들에 대한 개념은 우리 모두에게 너무 친숙하기 때문에, 그것은 모조리 우리의 경험 속에 들어온다. 바이셰쉬카는 그것을 단순 명료한 공리, 즉 더 이상의 논의나 증거를 필요로 하지 않는 자명한 것으로 받아들인다. 실재적인 모든 것은 실체이거나 그것의 속성이다. 속성은 자체만으로는 존재할 수 없는 실재의 측면이며, 그것은 자체가 속해 있는 살아 있는 실체의 보다 궁극적인 형태를 의미한다. 수많은 실체들, 각기 그 자체로 완전하며 그 외의 다른 모두에 대하여 독립적인 실체들의 존재는 상식의 명령으로 받아들여진다. 물론 우리가 실체 그 자체는 무엇인지에 대한 만족한 개념을 확립할 수 있는 것은 아니다.

실체와 속성에 대한 소박한 이론은 풀리지 않는 문제들의 심연을 숨긴다. 실체는 속성들의 토대로 정의된다.[원주238] 따라서 속성은 결코 독립적으로 존재할 수 없다. 우리는 생각으로 실체와 속성을 구별하지만, 속성과 운동이 보편이나 특수 등보다 더 고차적인 실재성을 지닌다고 상정할 필요는 없다. 그러나 바이셰쉬카는 어떤 속성들과도 별개로 있는 실체가 있을 수 있다는 것을 가정한다. 창조의 첫 순간에 실체는 어

[원주236] 존슨(W. E. Johnson)은 형용사를 타동적인(transitive) 것과 자동적인(intransitive) 것으로 나누며, 이 중 타동적인 형용사는 관계이다. *Logic*, vol. i, p.xxxv.
[원주237] W. E. Johnson, *Logic*, vol.i, p.xxxvii.
[원주238] 실체는 고대 니야야 학자들에 의해서는 속성과 운동의 토대로 정의되지만, 신 니야야 학자들은 그것을 단지 속성만의 토대로 정의한다.

떤 속성도 없는 것으로 말해지며, 이것은 어떤 실체의 형이상학적 자기 동일성이 그것의 특성들의 영원한 자기 동일성과 같지 않다는 것을 시사한다. 다시 말하여 실체의 본질, 즉 실체를 실체이게 하는 본질은 그 실체를 특징지으며 그것에 고유한 영원한 속성들과 전혀 무관하다. 속성들의 영원성은 실체가 그 자체로 남아 있을 수 있게 하는 본질적인 요소가 아니다. 실체의 특수한 속성들은 결과 혹은 산물로 간주된다. 즉 속성은 실체에서 파생된다.

그러나 실체가 어떻게 원인이 되는가, 다시 말하여 어떻게 실체가 그 자체와는 다른 어떤 것을 생산할 수 있는가? 모든 긍정적·구체적인 속성들보다 상위에 있는 것은 우리의 생각에서 어떤 내용도 지니지 않는다. 그것은 모든 속성들의 배경에 놓인 미지의 X이다. 사고 작용의 뿌리깊은 타성은 속성보다 실체에 더 큰 실재성을 부여하게 하는 경향이 있다. 바이세쉬카의 실체는 경험의 속성들과 과학적인 관찰이 아니라 있을 수 있는 사색의 결과들을 설명하는, 미지의 토대이다. 그러나 바이세쉬카는 또한 어떤 사물이 만일 그 속성을 상실한다면 그 본질 또한 상실한다는 것을 믿는다. 실체와 속성의 관계는 내속의 관계, 즉 하나는 다른 하나 없이 존재할 수 없는 관계이다.[원주239]

샹카라는 실체와 속성에 관한 이 견해를 비판한다. 그 둘이 불가분적으로 관련되어 있다면, 불가분성은 장소, 시간, 혹은 성질과 관련되는 것임에 틀림없다. 그 둘은 장소에서 불가분적이 아니다. 왜냐하면 실들이 짜여서 생겨나는 옷감은 옷감의 장소가 아니라 단지 실들의 장소만을 점유할 뿐이지만, 이에 비하여 색깔 등과 같은 옷감의 속성들은 실들의 장소가 아니라 오직 옷감의 장소만을 점유할 뿐이기 때문이다.[원주240] 만일 시간적인 불가분성이 내속 관계의 본질이라면, 소뿔의 오른쪽과 왼쪽은 그런 식으로 관련되어 있다 할 것이다. 만일 내속

[원주239] 가우다파다(Gauḍapāda)의 『카리카』(*Kārikā*), iii.5에 대한 샹카라의 주석을 보라.
[원주240] 『바이세쉬카 수트라』, i.1.10.

관계가 성질 혹은 특성에서의 불가분성이라면, 실체와 속성 사이에 더 이상의 어떤 구분도 불가능할 것이다. 왜냐하면 그 둘은 하나이기 때문이다.[원주241]

만일 실체가 그 속성에 의존한다면, 그것은 사실 독립적이라고 할 수 없을 것이다. 실체는 그 속성과 내속의 관계로 결합되어 있을 뿐만 아니라, 또한 모든 실체들은 실체의 일반 개념과 결합되어 있으며, 단일 실체들은 그것이 속해 있는 등류의 개념과 동일한 방식으로 결합되어 있다.[원주242] 우리는 속성들과 별개로 어떤 실체를 지각하지 않으며, 속성의 변화에도 불구하고 불변으로 남아 있는 어떤 것에 대한 가정은 비논리적인 것이다.[원주243] 만일 우리가 변화하는 속성을 기준으로 생각한다면, 어떤 영원한 실체도 있을 수 없을 것이다. 오늘 초록색의 원기 왕성하던 나뭇잎이 내일은 누렇게 변하고, 그 다음날에는 갈색으로 변하여 낙엽이 된다. 우리는 나뭇잎의 영원한 속성이 무엇인지 알 수 없다. 철학의 전체 역사는 어떤 사물의 근저에 깔린 핵심은 불가해한 신비라는 것을 입증한다.[원주244]

실체의 속성과 운동과는 별개로, 우리는 실체 그 자체가 무엇인지를 알고자 희망할 수 없다. 경험의 세계에서 우리는 실체와 속성의 범주들을 사용하지 않을 수 없으며, 비록 존재는 속성들로 치환될 수 없다 할

[원주241] 『브라흐마 수트라』, ii.2.17에 대한 샹카라의 주석.

[원주242] 슈리 하르샤는 다른 속성들을 지니는 속성—예를 들어 수(數)—은 왜 실체의 범주에 속하지 말아야 하는가에 대하여 의문을 제기한다. 만일 속성들이 보편의 토대로 정의된다면, 그는 이 속성들이 우파디(upādhi, 부수적 조건)와 같은 적극적인 실체들이 아닌가를 묻는다(『칸다나』(Khaṇḍana), iv.3). 알렉산더는 속성을 범주로 부르는 것을 거부한다.

[원주243] 그러나 『니야야바룻티카』, i.1.13을 보라. 여기서 'pṛthivyādiguṇāḥ'는 '지(地) 등과 속성들'을 의미하는 복합어로 받아들여지며, 전체적인 의도는 속성뿐만 아니라 실체도 감각에 의하여 파악된다는 것이다.

[원주244] 상키야는 실체와 속성을 동일한 실재성을 지니는 것으로 간주하며, 아드와이타(Advaita, 不二論) 베단타는 실체의 개념을 사유의 양태를 나타내는, 비논리적이고 불합리한 것으로 간주한다. Locke의 *Essay on the Human Understanding*과 비교하라.

지라도, 그럼에도 불구하고 바이셰쉬카는 실체란 그 속성과 별개로는 아무것도 아니라는 것을 인정한다. 우리는 실체를 오직 그 속성으로 정의할 수 있다. 우리는 사물들을 그 다양한 특성들에 의하여 구별할 수 있다. 우리는 어떤 실체가 동일한 속성을 유지하는 한에서만, 다른 시간에도 동일한 실체라고 말한다. 우리가 질적으로 다른 부류를 발견할 때, 우리는 다른 사물들을 다룬다고 말한다. 실체는 우리 경험의 안정되고 견실한 요소들을 가리킨다. 영혼, 원자, 공간, 시간, 아카샤, 마나스는 우리 경험 속에 항상 계속하는 요소들을 가리킨다.

바이셰쉬카는 경험의 모든 측면을 취하여 그것을 하나의 보편적인 체계 속에 조화시키려는 열망을 보인다. 지각할 수 있는 세계는 지각자에 독립적인 실재적 근거를 지닌다. 여러 유형의 관계는 그것이 인간의 마음에 의하여 짜맞추어진 허구가 아니라는 의미에서 실재적이다. 바이셰쉬카는 경험이 우리에게 단순한 잡동사니로 다가오지 않는다고 생각한다. 경험은 단순히 그것에 부과되는 것이라고 할 수 없는 법칙들에 토대를 둔다. 속성, 운동, 보편, 특수, 내속의 범주들은 의존적임에 비하여, 실체는 앞의 모든 범주들이 의존하는 독립적인 실재이다. 실체는 절대적으로 독립적이다. 어떤 다른 것에 기인하는 비(非)영속적인 실체는 참된 의미에서의 실체가 아니다. 영원한 아홉 가지 실체에 대한 이론은 바이셰쉬카 다원론의 핵심 주제가 된다. 이들 아홉 가지 영원한 실체는 화이트헤드 교수가 과학적 대상들이라고 부르는 것이며, 지각적 대상들이나 감각 여건과는 다른 것이다.

이 실체들의 가치는 지각된 자료들을 설명하고 조직화하며, 감각에 의하여 지각된 것으로서의 자연을 보다 알기 쉽게 만든다는 사실에 놓여 있다. 자연주의적인 편향은 바이셰쉬카 사상가들로 하여금 경험을 외부로부터의 설명을 필요로 하는, 끊임없이 변해가는 환영(幻影)으로 간주하게 했다. 그들은 경험을 배후의 실체들에 의하여 스크린에 던져지는 그림자로 간주한다. 그림자들이, 배후에 잠복하고 있는 실체들에 의하여 우리 마음의 스크린에 던져진다는 것은 아무런 근거도 없는 형이상학적인 가정이다. 우리는 경험의 배후로 나아가서, 불가해한 사물 그 자체를 가정할 필요는 없다.

바이셰쉬카는 우리가 경험적 의식의 판단에 충실할 것을 요구한다. 경험적 의식은 결국 실재적이고 개별적인 사물들을 드러내는 것으로 말해지지만, 그것이 경험의 세계를 우리와 불가해한 실재들 사이에 놓인 스크린의 일종으로 간주할 때, 그 자체는 의식의 증언을 넘어서고 있다. 바이셰쉬카 사상가들은 경험적인 현상들을 단순화하고 통일하는 작업에 스스로를 한정시키지만, 이들이 세계의 다양성을 물자체(物自體)의 다양성이라고 가정할 때, 이들은 그릇된 형이상학을 채택한다. 바이셰쉬카가 경험의 통일성을 수많은 개별 요소들로 해체할 때, 이 요소들을 다시 하나로 통일하는 것은 불가능하다. 흩어지고 분리된 다양성은 만일 그것이 신의 섭리에 의하지 않는다면, 통일성을 낳을 수 없을 것이다. 영원한 자기 동일성을 유지하는 실체들과 일시적인 현현인 이들 실체 모두는 조화롭고 일관된 전체를 형성할 수 없다. 우리가 그들을 하나로 묶을 끈이 없다.

실체들의 상호 관련에 대한 개념은 충분히 확립되지 않는다. 바이셰쉬카는 관계성을 경험 세계의 핵심적인 측면으로 간주하지만, 그럼에도 불구하고 과학적 대상들로서의 관계가 없는 원자들과 영혼들을 생각함에서는 모든 관계들을 외적이고 부수적인 것으로 파악한다. 참된 존재의 세계, 즉 아홉 가지 영원한 실체들은 변화에 영향받지 않은 채로 영원히 남으며, 현상적인 변화의 토대는 실재 자체의 어떤 흔적에서도 추적되지 않는다. 그래서 관계는 실체들의 외적이고 우연한 사건이다. 관계가 없는 원자들은 현상 세계를 설명할 수 없다. 현상적인 사물들을 생성하려면, 원자들은 만나고 충돌해야 할 것이다. 만일 원자들이 운동성을 지닌다면, 그들은 엄격히 관계가 없지는 않을 것이다. 왜냐하면 원자들의 운동조차도 그들의 관계 없음에 대한 부정이기 때문이다.

불가견력을 받아들인다는 것은 철학적인 설명의 모든 가능성에 대한 포기를 의미한다. 만일 바이셰쉬카가 범주들, 즉 경험의 세계에 대한 설명에서 수용하는 관계의 실재성 원리에 충실하고자 한다면, 바이세쉬카는 과학적 대상들인 영원 불변의 실체들에 대한 이론을 포기하고 관계성 또한 실재적인 것으로 간주해야 할 것이다. 실재적인 관계성은 관계된 요소들의 절대적인 독립과 모순된다. 그러므로 이른바 영원한 실체들은 단일·불변·영원한 요소들이 아니라, 단지 끊임없이 변화하는 체계의 상대적으로 고정된 점들일 뿐이다. 만일 변화와 관계성이 현실의 본질에 속한다면, 현실은 단순한 실재들의 집합이 아닐 것이다. 실로 과학적인 대상은 영원한 실체가 아니라, 세계 자체의 끊임없이 변화하는 동일함이다.

바이세쉬카가 영원한 원자들을 상정할 때, 그것은 우리가 시공간의 광대한 영역 속에서 단독으로는 너무 미세하여 인간의 시력이 미치지 못하는 수많은 초감각적 입자들을 지닌다는 것을 시사하고자 하는 의도이다. 물론 이 원자들은 결합되어 복합체를 이룰 때 가시적이 되며, 결코 영속적이지는 않지만 다소간의 내구력을 지닌다. 무(無)로부터는 아무것도 생겨날 수 없다는 인과 원리의 적용은 이와 같은 영원한 원자들의 상정을 필요로 한다. 폭, 길이, 모양, 날짜, 운동은 시공간 속성들(space-time properties)이며, 이에 비하여 냄새, 맛, 색깔, 온도, 소리는 시공간을 점유하는 속성들(space-time filling properties)이라는 바이세쉬카의 주장은 타당하다. 당분간 소리를 제외한다면, 바이세쉬카는 우리 경험의 내용들인 냄새, 맛, 색깔, 그리고 온도의 원천을 원자들에서 구한다. 우리의 경험에서 이러한 속성들은 영원하므로, 바이세쉬카는 영원한 원자들에 대한 가정 하에서 이 속성들을 설명하고자 한다. 경험의 가변적인 측면들은 일시적인 실체들에서 추적되며, 영원한 측면들은 영원한 실체들에서 추적된다.

바이세쉬카 철학이 출발하는, 그리고 그것이 설명하고자 하는 궁극적인 여건 혹은 자료는 우리의 감각적 경험이다. 원자는 비록 우리가 관찰하는 현상들의 발생에 필수불가결한 것으로 가정된다 할지라도, 원자 그 자체는 우리의 지각에 접근 불가능하다는 것이 숨김없이 인정된다. 우리는 일련의 색깔, 소리, 맛, 그리고 온도를 지각한다. 이들 감각 여건은 자연의 일부로 지각되며, 불교도들이 믿는 것처럼 마음의 일부로 지각되지 않는다. 그러나 우리가 이러한 감각 여건의 지각 불가능한 원인으로서 원자들을 상정하는 것은 꼭 필요한 것인가? 만일 우리가 색깔과 소리, 감촉과 맛을 연속적으로, 즉 다른 하나에서 분리된 하나로 지각한다면, 자연을 원자들의 단편들로 구성된 것으로 간주하는 것에 대한 어떤 정당성이 있을 것이다.

그러나 바이셰쉬카는 지각되는 것으로서의 자연은 동시 공재, 서로 속에 녹아 있는 감각 여건 더미, 하나의 지속적인 흐름이라는 것을 강조하고 있으며, 이것은 타당하다. 이들 감각 여건으로부터 우리는 사물들과 그 속성 및 관계들로 구성되는 것으로서의 경험에 대한 우리의 견해를 구축하지만, 가정된 원자들은 경험 세계의 필수불가결한 요소들이 아니다. 원자론의 가설은 단지 새로운 어려움을 야기할 뿐이며, 바이셰쉬카 철학을 주관주의의 위험 속으로 몰아가는 결과를 초래한다. 우리는 원자들을 모른다. 그럼에도 불구하고 원자들은 경험적인 대상들을 생성시키는 유일한 실재로 가정된다. 인과 관계의 방식은 기계적이며, 우리가 지각하는 것은 그 자체, 즉 원자들, 가설적이고 검증 불가능한 경험의 원인들에서 분리된다. 이 추상적인 토대들은 그 위에 세워진 구체적인 경험에 적절하지 않다.

우리의 경험은 시공간 속에 있는 일련의 사건들로 우리에게 일어난다. 개개의 모든 사건은 공간적인 위치를 지닌다. 즉 그것은 어딘가에 있으며, 또한 역사를 지닌다. 즉 어떤 시간에 일어난다. 그러나 시공간의 성질들은 그 사건의 본질을 조금도 남김없이 해명하는 것은 아니다. 우리는 물질적인 점들 혹은 원자들에 대하여 아무것도 모른다. 물체들이 여러 점들을 동시적으로 점유하고 있다는 것이 우리가 아는 전부이며, 그래서 우리는 그 물체들이 공간적인 연장과 모양을 지닌다고 말한다. 엄격히 말하여 우리는 어떤 보편적 질료나 불가시적인 원자들뿐만 아니라, 물체들 또한 모른다. 일상적인 차원에서 하나의 물체는 움직이는 것으로 간주된다. 변하지 않는 부분들의 고유한 위치를 지탱하는 것은 바로 질료의 몫이며, 다른 위치들에 대한 변하지 않는 부분들의 관계는 변화된다. 연장을 지니는 한 단위는 고정된 경계들을 지니며, 그것의 자기 동일성은 내적 외적인 관계들에 대한 이 독립성이 지속되는 한 변하지 않는 것으로 말해진다.

이른바 사물 혹은 물체라고 하는 것은, 시간을 통하여 불변인 채로 남아 있는 어떤 특별한 속성으로 특징지어지는 공간 부분이다. 경험에서 우리에게 주어지는 합성물에서 우리는 시공간 자체로부터 공간을 점유하고 있는 것들을 식별 분간한다. 질료는 시공간의 틀을 채우는 어떤 것이다.[원주245] 바이세쉬카는 알렉산더(Alexander)나 러셀(Russell) 같은 신(新)실재론자들의 시도와 맞먹는 불교도들의 시도, 즉 보편으로부터 개별을, 사물들이 지니는 관계들로부터 실재적인 사물들을, 공간과 시간의 결합으로부터 질료를 도출하려는 시도들에 전혀 공감하지 않는다. 바이세쉬카에 의하면, 원자는 색깔 등의 속성을 지니는 것으로 말해지는데, 샹카라는 색깔 등을 지니는 것은 극미(aṇu) 영원(nitya)할 수 없다고 주장한다. 경험으로 미루어보면, 색깔 등을 지니는 사물들은 조대하며 영원하지 않다.[원주246] 만일 지각되지 않음이 영원성의 표식이라면, 너무 작아서 지각되지 않는 2원자 복합체도 영원한 것으로 간주되어야 할 것이다.[원주247]

만일 영원한 어떤 것이 세계의 토대로서 요청된다면, 그것은 분명히 원자들은 아니라고 해야 할 것이다.[원주248] 세계의 결정성은 다양한 원

[원주245] 보다 정확히 말하여, 사건(event)들은 시간과 공간이 파생되는 구체적인 재료(stuff)이다. 순수 연장과 순수 연속 과정은 모두 추상에 불과하다. 만일 어떤 것들이 세계의 근본 단위로 간주될 수 있다면, 그들은 공간-시간-물질(space-time-matter) 혹은 화이트헤드 교수의 사건(event)들일 것이다. 대상들의 정지된 재료, 시간, 공간 등은 모두 사건들의 부속물이다.
[원주246] 『바이세쉬카 수트라』, iv.1.1.
[원주247] 『바이세쉬카 수트라』, iv.1.5.
[원주248] 『브라흐마 수트라』, ii.2.15에 대한 샹카라의 주석.

자들에 의하여 설명되는 것으로 논구된다. 그러나 전적으로 외적이고 우유적인 관계들은 세계의 결정적인 속성을 설명할 수 없다. 질료가 여러 가지 상태로 변형된다는 이론은 불변적인 원자들에 대한 가정과 상치된다. 깊은 생각을 수반하지 않는 일상적인 경험은 세계를 조각조각의 단편들로 나누며, 이 경우에 개개의 모든 것은 만일 독립적이 아니라면, 분별적이다. 그러나 조금만 깊이 생각해본다면, 사물들은 서로 바뀐다는 것을 알게 될 것이다. 생성, 진화 혹은 발전과 같은 것이 있다. 사물들의 실상은 다수의 유형들이 아니라, 동일한 보편적 성질이다. 바이셰쉬카의 경험주의적 성향은 생성의 개념이 존재의 개념을 대체하도록 했을 것이다. 만일 우리가 다른 것보다 어떤 하나에 더 큰 인상을 받는다면, 그것은 자연의 하나됨과 모든 부류의 원자들에 나타나는 근본적인 통일성일 것이다. 발전의 개념은 어떤 원리가 그것이 관통하는 여러 형태 중의 어떤 것 이상이라는 것을 의미한다.

우리에게 주어지는 실재는 원자적인 속성을 지니는 것이 아니라, 질적으로 다른 측면들이 서로 녹아 스며드는 하나의 재료인 것처럼 보인다. 샹카라에 의하면, 다양한 요소들은 한 재료의 여러 가지 상태일 뿐이다. 다시 말하여 지(地)는 그것의 조대한 상태, 수(水)는 미세한 상태, 화(火)는 좀 더 미세한 상태, 그리고 풍(風)은 가장 미세한 상태이다.[원주249] 단지 지(地)는 냄새·맛·색깔·감촉의 네 가지 속성을 지니며 수(水)는 맛·색깔·감촉의 세 가지 속성을 지닌다는 등의 이유로, 4요소에 상응하는 원자들이 많고 적은 수의 속성을 지니는 것으로 가정하는 것은 있을 수 없다. 또한 모든 원자들이 모든 속성들을 지닌다고 말할 수 없다. 만일 원자들이 오직 한 가지 속성만 지닌다면, 우리는 지(地)에서 맛을 혹은 수(水)에서 색깔을 지각할 수 없을 것이다. 왜냐하면 결과물의 속성들은 그 선재 요소로 원인의 속성들을 지니기 때문이다.[원주250] 무한한 수의 별개의 원자들은 조화로운 세계를 만들어

[원주249] 현대 과학은 원자를 전기 방사(放射)로 분석하고 있으며, 물질은 거의 정신과 마찬가지로 에테르적인 것이 되고 있다.

낼 수 없다. 불가사의한 내속의 관계는 이러한 난점을 해결하기 위하여 고안된 것이다. 2원자 복합체는 두 원자의 내속 관계에 의한 결합으로 생겨나지만, 그럼에도 불구하고 그것은 두 원자 자체와는 다른 것으로 말해진다.

원자들은 사건(event)들의 흐름 가운데 영원한 요소들을 나타낸다. 흐르지 않고 존재하는 것이 있다. 우리의 경험 속에는 우리가 실체들과 관련짓는 어떤 불변적인 요소들이 있다. 이미 앞에서 언급한 것처럼, 실체는 사물들이 작용하는 방식에 대한 명칭이다. 우리의 경험은 자체의 변화하는 속성에도 불구하고 어떤 영원한 특성들을 지닌다. 경험에 의하여 우리에게 강요되는 것으로 간주될 수 있는 결론은, 자연의 본래 모습은 불변으로 남아 있으면서도 또한 끊임없이 변한다는 사실이다. 철학의 영역에서 원자론이 우리에게 주는 유익한 시사는, 실재는 그 자체로 그리고 단독으로 존재하는 것이라는 점이다. 구상적 관념론에서는 오직 전체만이 그와 같은 실재성을 지닌다. 왜냐하면 부분들의 개별성은 전체의 개별성에 대한 파괴를 의미할 것이기 때문이다. 그러나 전체와 부분의 관계는 또한 그 자체로 여러 난점을 안고 있으므로, 실재는 단지 의식과 동일시될 수 있을 뿐이다.

바이셰쉬카가 공간과 시간의 보편적·실재적인 속성을 주장할 때, 그것이 의미하는 것은 우리에게 나타나는 세계는 무한하게 퍼진 공간, 측량할 수 없는 넓이와 범위, 경계나 바닥 혹은 끝도 없는 심연이라는 것이다. 모든 사건은 시공간적인 속성을 지닌다. 만일 어떤 사물의 시간적인 위치는 변하는 반면에 공간적인 위치는 동일하게 유지된다면, 우리는 그 물체가 정지하고 있다고 말한다. 만일 시간이 끊임없이 변함에 따라서 그것이 계속적으로 변한다면, 우리는 운동을 말한다. 우리의 경험은 시공간적인 속성을 지니므로, 바이셰쉬카는 공간과 시간이 우리의 외부 저기에 있는 것으로 생각한다. 그것은 마치 채울 사물과 사

[원주250] 『브라흐마 수트라』, ii.2.16에 대한 샹카라의 주석.

건들을 기다리는 빈 그릇과 같은 것이다. 사실은 공간적·시간적인 관계들은 공간적·시간적인 지각으로부터 구성되는 것처럼 보인다. 만일 우리 경험의 시공간적인 속성들이 공간과 시간이라는 보편적인 실체들에 대한 가정을 필요로 한다면, 우리가 광대한 하늘에 하나의 광대한 지성, 하나의 광대한 빛과 하나의 광대한 어둠, 선·악 그리고 이 둘과 무관한 모든 속성들을 담는 광대한 우주적인 저장소를 지니지 말아야 할 아무런 이유도 없을 것이다.

사실 이러한 것들은 오히려 우리의 현실적인 경험들을 특징짓는 것들이다. 공간과 시간은 경험의 파생물로 간주될 수 없다. 경험은 공간과 시간을 전제로 성립되기 때문이다. 공간과 시간이 보편적·편재적인 실체라는 것은, 존재하는 모든 것은 공간 속에 있으며 발생하는 모든 것은 시간 속에 있다는 것을 말하는 그들의 방식이다. 세계 내의 사물들은 운동을 지닌다. 즉 공간을 점유하며, 시간 속에서 자체의 움직임을 바꾼다. 물체들이 없는 공간과 사건들이 없는 시간은 실체들이라고 불린다. 시간성과 공간성의 측면을 지니는 우리의 경험을 설명하기 위하여, 바이셰쉬카는 완성될 수 없는 한계와 지속에 종속되지 않는 무한 공간을 상정한다. 그러나 이러한 무한 공간과 시간은 형이상학적인 가설일 뿐이며, 사실에 대한 서술은 아니다.

비록 시간 변화 없는 공간은 터무니없는 것처럼 보이지 않는다 할지라도, 시간은 변화 혹은 사건들이 없다면 아무것도 아니다. 이것은 마치 관계는 관계되는 항목이 없다면 아무것도 아닌 것과 같다. 시간은 실재적인 재료들에 의하여 침투된다. 시간은 다양한 사물들을 포함하지 않는다. 그것은 하나의 실체에서 일어날 수도 있을 것이다. 어떤 사람은 자신의 성격을 변화시킬 것이며, 어떤 꽃은 그 색깔을 바꿀 수도 있을 것이다. 공간이나 거리 등은 여러 가지 실재적인 사물들을 필요로 한다. 시간 홀로 그와 같은 다양한 공존을 저절로 포함하는 것은 아니다. 그것이 공존을 포함한다기보다는 실재적인 하나가 다른 것들을 포함하고 있다.

원자들이 상정되는 주장은 공간과 시간에는 적용되지 않는다. 바이셰쉬카는 시간의 지속이 분리된 각각의 순간들에서 생겨난다거나 공간의 연속이 분리된 점들 혹은 공간적인 최소 단위들로부터 생겨난다고 말하지 않는다. 만일 우리가 더 이상 나누어질 수 없는 원자들을 가정함으로써 물질을 무(無)로 전락시키는 분석의 난점을 피해갈 수 있다면, 공간과 시간의 연속성은 오직 점과 순간에 대한 유비적 이론에 의거하여 설명될 수 있을 뿐이다. 만일 후자에서 하나의 보편적 공간 혹은 시간에 대한 가정이 있을 수 있다면, 물질 세계에 대한 설명에서도 하나의 보편 물질에 대한 가정 또한 지극히 정당한 가정이라 할 것이다. 우리는 상호간에 이른바 공간적인 어떤 관계 속에 있는 사물들과, 상호간에 시간적인 어떤 관계 속에 있는 사건들을 지닌다. 시간과 공간은 우리의 경험에 대한 대상들의 관계를 나타낸다. 이와 같은 시간적·공간적인 관계들은 직접적이고 즉각적인 경험에 대한 사실들이며, 사건들은 주어진 지속적인 원자적 재료들에 여러 가지 변화를 수반하면서, 주어진 공간과 주어진 시간 속에서 일어난다는 이론은 형이상학적인 반성이다. 하나의 보편적 공간, 보편적 시간, 그리고 영속적인 원자들은 모두 가설적인 설명이며, 주어지는 사실이 아니다.[원주251]

실체를 속성의 토대로 보는, 실체에 대한 그릇된 정의는 바이셰쉬카가 시간, 공간 등을 실체로 간주하게 했다. 물질은 시간과 공간을 채우는 재료이다. 만일 우리가 바르게 이해하고 있다면, 우리는 세계가 설명될 수 있는 근본 개념은 공간-시간-물질 재료(space-time-matter stuff)라고 말해야 할 것이다. 사실 이러한 결론은 바이셰쉬카 학자들도 이미 어렴풋이 파악하고 있었다. 쉬바디티야(Śivāditya)는 아카샤,

---

[원주251] 화이트헤드의 견해와 비교하라. "우리는 사건들(events)을 주어진 시간과 주어진 공간 속에 있는 것으로, 그리고 주어진 지속적인 재료에 일어나는 여러 가지 변화로 되어 있는 것으로 생각하지 말아야 한다. 시간, 공간, 그리고 재료는 사건들에 부수적인 것일 뿐이다. 이전의 상대성 이론에 입각해서 본다면, 시간과 공간은 질료들 사이의 관계이다. 우리의 이론에서 본다면, 시간과 공간은 사건들 사이의 관계이다"(*Enquiry*, p.26).

시간, 그리고 공간은 사실상 하나지만, 단지 다양한 결과물 때문에 세 종류로 생각된다고 말한다.[원주252] 이 견해는 찬드라칸타 타르카랑카라 (Candrakānta Tarkālaṁkāra)에 의하여 재확인된다. 그는 카나다에 의하면 공간, 시간, 아카샤는 비록 그것으로 인하여 생성되는 결과물과 그것이 관계되는 여러 외적인 조건들에 따라서 공간, 시간, 혹은 아카샤라고 다르게 불리지만, 사실상 하나의 실체일 뿐이라고 주장한다.[원주253] 공간과 시간은 자연으로부터의 추상물이다. 후기 니야야 학자들은 공간과 시간을 신의 양태로 설명한다.[원주254]

의식은 하나의 활동, 연장과 연속의 관계에서 다른 실체, 즉 의식 없는 세계에 직면하는 어떤 실체의 성질이다. 영혼과 속성의 관계는 내속의 관계이다. 샹카라는 아트만과 지식 등의 속성의 관계에 대한 문제를 제기하고 있으며, 바이세쉬카는 그 둘에 동등한 위상을 허용할 수 없다고 주장한다. 자아는 영원함에 비하여 속성은 일시적이라고 보기 때문이다. 만일 바이세쉬카가 자아와 그 속성에 동등한 위상을 부여한다면, 아트만이 모든 속성들을 여의는 상태는 있을 수 없을 것이다. 간단히 말하여, 아트만은 속성들과 마찬가지로 무상할 것임에 틀림없다.[원주255] 정신적인 삶의 협소함은 원자적인 마나스의 가정으로 설명되지만, 영혼과 마나스의 관계를 만족스럽게 생각하는 것은 어렵다.

바이세쉬카가 영혼 실체와 의식 속성을 구별할 때, 그것은 기계론적인 견해를 채택하고 있다. 이미 앞에서 본 것처럼, 경험을 우리의 마음과 외계 사물간의 상호 작용의 산물로 보는 경험의 개념은 모든 경험

[원주252] Ākāśāditrayaṁ tu vastuta ekam eva upādhibhedān nānābhūtam(『사프타파다르티』, 17). 『상키야프라바차나 바쉬야』(Sāṁkhyapravacana Bhāṣya), i.61.
[원주253] Sacred Books of the Hindus 시리즈에서 『바이세쉬카 수트라』에 관한 App. B, p.iv를 보라. 또한 『상키야프라바차나 수트라』(Sāṁkhyapravacana Sūtra), ii.12를 보라.
[원주254] Athalye, 『타르카상그라하』(Tarkasaṁgraha), 15.
[원주255] 가우다파다(Gauḍapāda)의 『카리카』(Kārikā), iii.5에 대한 샹카라의 주석을 보라.

을 이해할 수 없게 만든다. 우리는 영혼의 가장 내밀한 본질이 무엇인지 모른다. 기쁨, 고통, 지식 등 영혼의 다양한 속성들은 지력이 없는 자아와 지력이 없는 원자들의 상호 작용을 통하여 일어난다. 영혼이 해방될 때, 속성들은 사라지며, 아무런 속성도 지니지 않는 해방된 영혼은 어떤 내적인 변화나 다양함도 지니지 않는 한 단위이다. 객체가 주체를 삼켜버린다. 인간은 자신이 이해하는 세계의 형성에 동참하는 창조적인 핵심이다. 철학의 영역에서 논의의 대상이 되는 경험은 마음에 대하여 닫힌 자연이거나 자연으로부터 분리된 마음도 아니다. 심리적이고 물질적인 실재는 아주 긴밀한 결속상태로 도처에 있다. 모든 것의 토대는 외계가 아니라 의식이다. 흔히 물리학자들은 원자와 힘을, 그리고 심리학자들은 영혼과 기능을 본질 혹은 실체로 삼고자 하는 유혹에 빠졌다. 아드와이타 베단타와 상키야에 의하여 채택된 이론, 즉 초월적인 자아 이외의 모든 것은 세계 전개의 과정에서 생겨난다는 견해에 대해서는 상당히 언급된다.

만일 우리가 니야야 철학에 대한 검토에서 어떤 형이상학적인 정당성도 발견할 수 없었던, 영혼의 다수에 대한 교의를 수용한다면, 우리는 이제 한편으로 영혼들을 그리고 다른 한편으로는 공간-시간-물질을 지닌다. 후자의 특징적인 측면은 운동 혹은 변천이며, 그래서 그것은 상키야 철학에서 프라크리티라고 불린다. 상키야는 푸루샤(puruṣa, 영혼)와 프라크리티(prakṛti, 물질)에 대한 이론으로써 니야야 바이셰쉬카의 개념에 대한 어떤 진전을 보여준다.

우리가 좀더 세밀하게 분석해보면, 관계, 속성, 특색 등은 모두 존재에 종속된다는 것을 알 수 있다. 존재는 물질과 영혼들, 프라크리티와 푸루샤의 두 종류가 있으며, 우리는 『리그 베다』나 「창세기」 제1장의 언급에서도 이를 뒷받침하는 구절들을 볼 수 있다. 즉 깊은 생각에 잠긴 창조자가 태초의 혼돈으로부터 생물과 물질 세계를 만들어냈다. 오직 전체로서 존재를 지니는 것만이 실체로 불릴 수 있다. 어디에서도 우리는 한 지금(a here)과 한 여기(a now)에 한정된 전체를 마주칠 수 없다. 우리는 사물 서로에 대하여 그 한계를 구획할 수 없다. 우리는 물론 단일성 혹은 개별성의 정도를 지닌다. 우리가 마주치는 최고의 개별성은 유한한 개별자들의 것이지만, 그것조차도 자기 충족적이 아니다. 참된 실체는 유한한 정신과 물질 세계를 포함하는 것이다. 세계의 근본 실재는 절대 영혼, 시간의 경과에 따라서 자체를 형성 변형하며, 영고성쇠하는 세계에 나타나는 절대 영혼이다. 경험은 하나의 지속적인 '추이'(passage) 혹은 상호 관련이다. 공간은 점들로, 시간은 순간들로, 그리고 물질은 원자들로 나누어질 수 있지만, 우리는 세계가 각기 분리된 것으로서의 공간과 시간과 물질이 아니라, 공간-시간-물질 연속체로 간주되어야 한다는 것을 보았으며, 따라서 프라크리티 혹은 변화하는 것이 세계의 근본 재료를 이루며, 그것의 단편적인 요소들은 사물(thing)들이라기보다는 사건(event)들로 간주되어야 한다.

우리가 어떤 관점을 택하든 간에, 바이셰쉬카의 범주들은 결함을 지닌다. 만일 우리가 범주들을 일상 생활의 차원에서 어떤 의미를 지니는 구분으로 본다면, 우리는 가치나 목적의 개념 등과 같이, 일상적인 차원에서 흔히 사용되고 있지만, 바이셰쉬카의 범주 목록에는 들어 있지 않은 어떤 구분들이 있다는 것을 지적하지 않을 수 없다. 만일 우리가 범주들을 경험에 대한 철학적인 해석으로 받아들인다면, 세계의 모든 다양성과 변화는 하나의 개념으로 치환될 수 있을 것이다. 유한한 영혼들과 물질 세계는 서로에게 적응된 끊임없는 진보의 측면들이다. 영혼은 실재의 또 다른 하나의 가닥이며, 영혼과 물질 사이에는 상당한 차이가 있다는 바이셰쉬카의 견해는 타당하다.

만일 객관-경험의 전체 자연이 프라크리티에 귀속된다면, 이 철학체계에서 영혼의 위상은 무엇인가? 이것은 지식론의 문제이며, 우리는 이미 어떻게 니야야의 이론이 바이셰쉬카에 채택되었으며 어떤 문제점을 지니는가에 대해서 알아보았다. 다시 한 번 요약해본다면, 개별 영혼은 마치 텅 빈 그릇과 같은 수동적인 마음, 외부 세계가 자체의 본질에 대한 개념들을 그 안으로 날라오는 마음을 지닌다는 니야야 바이셰쉬카의 지식론은 부적절하다. 생명 없는 대상들에 대한 연구는 바이세쉬카 철학의 전체적인 입장을 결정한다. 유물론의 그림자가 배경을 어둡게 하며, 영혼들은 원자들과 똑같은 본질의 실체이다. 영혼은 원자와 마찬가지로 지력이 없다.[역주17]

원자와 영혼, 공간과 시간은 경험과 별개로는 아무런 의미도 지니지 않는 공허한 소리요 상징에 불과하다. 엄격히 말하여 이러한 실체들은 바이세쉬카 학파의 이런저런 이론을 걸어둘 수 있는 모조대 역할을 할 뿐이다. 이 실체들은 우리 경험의 다양한 측면에 대한 명칭일 뿐이다. 이미 니야야에 대한 우리의 비판에서 언급한 것처럼, 심리적인 영역과 물질적인 영역 모두는 보편 의식에 뿌리를 두고 있으며, 여기서 보편 의식은 심리학적인 의식과 혼동되어서는 안된다. 그것은 주체와 객체의 구분에 전제가 되며, 그 밑바닥에 놓여 있다. 이 견해가 받아들여지지 않는다면, 바이세쉬카는 세계의 기원, 객관적 실재, 그리고 식물·동물·인간 등의 구성원을 지니는 세계 과정의 지속적인 변화성에 대한 타당한 설명을 할 수 없을 것이다. 불가견력의 도입은 독단적이며, 이러한 난점을 해결하기 위하여 수용되는 신은, 그가 절대 의식으로 전환되지 않는 한, 불가견력에 대한 대안이 될 수 없다.

만일 실체의 통일성이 그것의 다양한 상태와 양립할 수 있다면, 세계 내의 다양한 전체 존재자들을 근본적인 한 존재의 질적인 측면들로 간주하는 것도 아무런 어려움이 없을 것이다. 바이세쉬카의 결점은 논의의 결과들을 일관된 하나의 체계로 결합하지 않는다는 것이다. 그것은 『공화국』(*Republic*)에 나오는 유명한 언급, 즉 사물들을 공관(共觀)하는 자가 진정한 변증가 혹은 철학자라는 말의 의미에서 철학은 아니다. 항목들을 열거하는 목록은 철학이 아니다. 삶의 다면적인 콘텍스트는 바이세쉬카에 의하여 무시되며, 그것의 물질적인 철학과 도덕적·종교적 가치들은 하나의 통일된 해석으로 체계화되지 않는다. 원

[역주17] 지성이나 의식은 단지 영혼의 우유적인 속성에 불과하며, 영혼은 마치 하나의 대상처럼 다루어진다.

자적 다원론은 세계에 관한 합리적인 해석을 바라는 우리의 지적인 욕구에 궁극적인 대답이 아니다. 그러나 순수 논리학자의 정제된 분석은 단지 가능성의 과학, 실재적인 세계와 분리된 추상적인 형식론을 제공할 수 있을 뿐이라는 생각에서 우리는 바이세쉬카와 견해를 같이 한다.

철학은 상식을 비판할 수 있을 것이지만, 그럼에도 불구하고 그 자체를 상식으로부터 잘라버릴 수는 없다. 상식은 아마 전부가 아닐지도 모른다. 그러나 그것은 의미있는 모든 철학의 제1조건임에 틀림없다. 단지 철학의 방법은 상식의 방법과 다를 뿐이다. 철학은 가능한 한 감각에 지각되는 사실들 너머로 나아가고자 한다. 철학적인 재능의 도구인 창조적인 논리학은 보다 차원 높은 원리에 입각하여 세계를 해석하고자 한다. 니야야 바이세쉬카 사상가들에 의하여 인식되는 동일한 사실들은 보다 만족스런 해석의 여지를 지니며, 앞으로 우리가 보게 되는 것처럼, 상키야와 베단타는 '하나의 신', '하나의 법칙', '하나의 요소'에 대한 믿음을 정당화하는 보다 만족스런 철학체계에 도달한다.

제4장

상키야 철학

1. 서론

상키야 철학은 인간 정신의 형식주의적 타성이라고 부를 수 있는 것으로부터 놀라운 결별을 보여준다. 연속의 원리를 강조함으로써, 이 학파는 세계를 말쑥한 몇몇 꾸러미 속에 포장되어 있는 것으로 보는 경향을 어느 정도 떨쳐버렸다. 상키야가 니야야 바이셰쉬카의 범주들을 복합적이고 유동적인 세계의 기술에 부적절한 도구로 보아 거부한 것은, 원자적 다원론에 대한 진정한 진보를 가능케 하는 원동력이 된다. 그것은 창조를 전개로 대체함으로써 초월 종교의 토대를 뿌리째 뒤흔들어놓는다. 세계는 자기 의지의 유일한 엄명으로 자기와는 전적으로 다른 세계를 불러내는 창조자 신의 행위가 아니라, 무수한 영혼들과 프라크리티(prakṛti), 즉 플라톤이 '모든 생성에서 그릇이며 유모'라고 부르는 물질의 잠재태 사이의 상호 작용의 산물이다.[원주1]

상키야 철학은 지식이 주관과 객관의 구분을 지닌다는 사실로부터 푸루샤(puruṣa)와 프라크리티의 실재를 상정한다. 만일 우리가 인식하는 자아와 인식되는 대상을 가정하지 않는다면 지식에 대한 어떤 설명도 불가능하다. 상키야는 왜 우리가 경험을 지니며 또한 어떻게 그러한 경험을 지니게 되는가 하는, 모든 경험에 대한 이해 가능한 설명을 실현하기 위하여 노력한다. 상키야 철학에 대한 남다른 연구 업적을 남겼던 리처드 가르베(Richard Garbe)는 말한다. "카필라(Kapila)의 교설에서, 세계 역사상 처음으로 인간 정신의 완전한 독립과 자유가 드러났다."[원주2] 그것은 "인도가 낳은 가장 중요하고 의미심장한 철학체계이다."[원주3] 심지어는 이러한 평가를 과장으로 간주하는 사람들도 상키야는 순수 철학의 영역에서 괄목할 만한 시도라는 것을 인정할 것이다.

이 철학체계는 이론적인 탐구를 통하여 결론들에 도달한다는 사실에서 자체의 이름을 취한다. 어떤 사람들은 '상키야'(Sāṃkhya)라는 말이 원래 '수'(數, saṃkhyā)로부터 파생된 것이며,[원주4] 이 이름은 세계의 원리들에 대한 분석적인 셈 혹은 열거를 시도하는 철학체계에 적절한 것으로 정당화된다.[역주1] 그러나 이러한 경향은 모든 인도사상 학파들에 공통된 것이다. 초기 문헌들에서 '상키야'라는 말은 수적인 셈이 아니라 철학적인 반성이라는 의미로 사용된다.[원주5] 세심한 반성으로 푸

[원주1] 또한 *Enneads*, iii.6.13 ; E.T. by McKenna, vol.ii, p.86을 보라.

[원주2] Garbe, *Philosophy of Ancient India*, p.30. 또한 Davis, *Sāṃkhya Kārikā*, p.v를 보라.

[원주3] 『상키야프라바차나 바쉬야』, p.xiv.

[원주4] Garbe, 앞의 책, p.44. 『마하바라타』는 상키야(Sāṃkhya)를 철저한 셈(parisaṃkhyāna)과 관련시킨다. xii.11393 ; xii.11409, 11410을 보라. Winternitz는 말한다. "내가 보기에 피타고라스는 인도의 상키야 철학의 영향을 받았던 것으로 보인다"(*Calcutta Review*, 1924, p.21).

[역주1] 이런 의미에서 상키야는 '수론'(數論)으로 불리기도 한다.

[원주5] 『인도철학사 II』, p.370을 보라. 『마하바라타』, xii.11934를 참조하라. 우리가 어떤 해석을 시도할 때, 결함과 장점을 따로따로 저울질하는 것은 상키야(saṃkhya)로 이해되어야 한다. 상키야 철학이 항상 수적인 관련을 지니는 것은 아니다. 샹카라는 『비슈누사하스라나마』(*Viṣṇusahasranāma*)에 대한 자신의 주석에서 상키야(Sāṃkhya)가 순수 영혼의 본질에 대한 지식을 의미하는 한 구절을 인

루샤 즉 영혼의 본질과,[원주6] 다른 실체들을 설명하는 이 특수한 철학 체계는 의미심장한 명칭을 얻었다.[원주7]

2. 상키야 철학의 형성

철학의 역사를 통하여 완전히 새로운 것은 결코 없다. 어떤 사상체계도 어떤 한 사람의 머리에서 그 완전한 형태가 시작되는 법은 없다. 창시자의 철학적인 작업을 가능하게 하는 철학적 개념들과 이론들이 선재했음에 틀림없다. 『리그 베다』의 우주론에 대한 설명에서, 우리는 푸루샤와 프라크리티에 대한 상키야 이론의 어떤 희미한 전조를 언급한 적이 있다.[원주8] 우파니샤드로 넘어갈 때, 우리는 우파니샤드의 다양한 가르침 가운데서 상키야 철학의 주요 개념들을 발견한다.[원주9] 우파니샤드 저자들의 생각은 다양했다. 그들 중 몇몇은 비록 상키야 철학 자체에는 도달하지 않았다 할지라도, 충분히 상키야 철학으로 발현할 수 있는 어떤 사상적인 단초들을 시사하고 있다.

상키야가 우파니샤드에 의거한 사상체계라는 것을 언명할 때, 이에 대한 어떤 정당성을 발견하는 것은 가능하다. 물론 우파니샤드의 주요 경향은 상키야의 이원론과 근본적으로 반대되는 것이다. 우파니샤드의 실재론적인 경향은 세계에 대한 상키야의 개념에서 역설된다. 비록 상키야 철학과 관련된 요소들은 초기 우파니샤드에서 이미 발견되고 있다 할지라도, 상키야 철학에 대한 첫 언급은 『슈웨타슈와타라 우파니

용하고 있다. Hall, 『상키야사라』(*Sāṁkhyasāra*), p.5를 보라.

[원주6] (상키야는) 바른 행위와 분별로 특징지어진다(Samyagvivekenātmakatha-nam).

[원주7] 이 학파의 이름이 첫 개조인 산카(Sankha)의 이름에서 유래한 것이라는 주장도 있다. 그러나 이러한 추측에 대한 증거는 거의 없다. Hall, 앞의 책, p.3을 보라.

[원주8] 『인도철학사 I』, pp.148~153을 보라.

[원주9] 『인도철학사 I』, pp.353~354를 보라.

샤드』에 있다.[원주10][역주2] 재생과 고통의 세계에 대한 개념뿐만 아니라, 지식은 해탈의 수단이며 푸루샤는 순수 주관이라는 등의 중심 교의들은 우파니샤드로부터 가져온다.[원주11] 『카타 우파니샤드』에서, 미현현자(未顯現者, avyakta)는 물질 영역의 전개 과정에서 가장 꼭대기에 놓이며, 이로부터 위대한 자아(mahān-ātmā), 통각기능, 마나스(manas), 대상과 감관들이 차례로 일어난다.[원주12] 자아의식(ahaṁkāra)은 언급되지 않으며, 지고한 영혼이 받아들여진다. 그럼에도 불구하고 이 구절은 훗날 상키야 사상가들에 의하여 사용되었던 것으로 보이는 세계 전개에 대한 최초의 설명이다. 프라크리티의 첫 산물은 위대한 자(mahat)라고 불리며, 이 개념의 당연한 원천은 지고한 영혼이 원물질을 만든 후에 창조의 첫 산물로 다시 나타난다는 우파니샤드의 개념이다.[원주13]

심리적인 기능에 대한 분류는 숙면, 몽면 등의 상태에 관한 『프라슈나 우파니샤드』의 언급에 의하여 암시되었을 것이다.[원주14] 『슈웨타슈와타라 우파니샤드』는 세계에 대한 상키야의 원리들과 3구나(guṇa, 구성요소)에 대한 보다 발달된 설명을 담고 있다.[역주3] 물론 여기서 상키야의 요소들은 이 우파니샤드의 유신론적인 주요 교의에 종속된다.[원주15] 이

[원주10] vi.13.

[역주2] 란데(Rande) 교수의 견해에 의하면, 『슈웨타슈와타라 우파니샤드』, v.2에서 언급되는 카필라(Kapila)는 상키야의 창시자가 아니라 히란야가르바(Hiraṇyagar-bha)를 가리킨다(*A Constructive Survey of Upaniṣadic Philosophy*, pp.186~187).

[원주11] 『브리하드아란야카 우파니샤드』, ii.4.14 ; iii.4.2 ; iv.3.15. 또한 『문다카 우파니샤드』, iii.1.1을 보라.

[원주12] iii.10~11. 또한 vi.7~11을 보라. 『찬도기야 우파니샤드』, vi.8.6을 보라.

[원주13] 『리그 베다』, x.12.1. 『마하바라타』, xii.311.3과 비교하라.

[원주14] iv. 상키야의 미세한 몸과 이 우파니샤드에서 말하는 16요소로 된 존재를 비교하라.

[역주3] 『슈웨타슈와타라 우파니샤드』, iv.5에는 적색, 백색, 흑색의 유일 불생자에 대한 언급이 있다. 그러나 『베단타 수트라』의 저자는 이것이 반드시 상키야의 프라크리티를 의미하는 것은 아니라고 본다(i.4.8).

우파니샤드는 프라다나(pradhāna)와 마야(māyā), 브라흐만과 푸루샤
를 동일시한다.[원주16] 불교 이후 시대에 속하는 것으로 보이는 『마이트
라야니 우파니샤드』(*Maitrāyaṇī Upaniṣad*)는[원주17] 발달된 상키야에
매우 익숙하며, 5요소의 미세한 본질(tanmātra),[원주18] 3구나,[원주19] 그
리고 영혼과 자연의 구분[원주20]에 대하여 언급한다. 우파니샤드에서는
이 용어들이 다소 불분명하고 일반적인 방식으로 사용되고 있으며, 후
대의 철학파들은 이 용어들에 대하여 특별한 의미를 부여했다.

상키야를 초기 유물론 학파의 발전으로 간주하려는 야코비(Jacobi)
의 시도는 타당성이 거의 없다. 절대적인 실재와 영혼의 독립성에 대
한 상키야의 주장은 이 학파가 정신적 현상들에 대한 유물론 학파의
견해와 완전히 궤를 달리한다는 확실한 증거다. 우리는 상키야의 발달
사를 통하여 이 학파가 유물론과 동일시될 만한 어떤 단서도 발견할
수 없다.[역주4]

상키야와 초기 불교의 관계는 상호 차용에 관하여 많은 논의와 고찰
이 있었다.[원주21][역주5] 비록 우리에게 전해지는 상키야의 저술들은 불교

[원주15] 『인도철학사 II』, pp.342~350을 참조하라. 또한 『슈웨타슈와타라 우파니샤
드』, i.4 ; iv.5를 보라.

[원주16] i.10 ; iv.10 ; iii.12 ; iv.1.

[원주17] 『인도철학사 I』, p.204의 [원주8]을 볼 것. Keith, *Sāṃkhya*, pp.14~15. 『느
리싱홋타라타파니야 우파니샤드』(*Nṛsiṃhottaratāpanīya Upaniṣad*), 『가르바 우
파니샤드』(*Garbha Upaniṣad*), 『출리카 우파니샤드』(*Cūlikā Upaniṣad*)는 상키
야의 교의로부터 상당한 영향을 받은 것으로 보인다.

[원주18] iii.2. 또한 『찬도기야 우파니샤드』, vi.3을 보라.

[원주19] ii.5 ; v.2. 어떤 학자들은 3구나 개념의 연원이 『찬도기야 우파니샤드』에서 언
급되고 『슈웨타슈와타라 우파니샤드』에서 반복되는 세 가지 색깔에 있다고 주장
하기도 한다.

[원주20] vi.10. 키스(Keith)의 견해와 비교하라. "우파니샤드의 이런 저런 구절에서 발
견되지 않는 내용들이 상키야에서 상세하게 언급되는 것은 거의 없다"(*Sāṃkhya*,
p.60).

[역주4] 순수물질인 프라크리티가 세계의 물질적인 요소들뿐만 아니라 감각적·심리적
인 요소들로 전개된다고 주장하는 점에서, 상키야의 세계전개설은 준유물론적인
어떤 요소를 지닌다고 볼 수 있을 것이다.

의 발생보다 후기이며 따라서 불교 학설의 영향을 받았다고 볼 수도 있을 것이다. 그러나 상키야의 개념들 자체는 붓다보다 앞선다고 보아야 하며,[원주22] 불교를 상키야의 원천으로 간주하는 것은 불가능하다.[역주6] 고통에 대한 강조, 베다의 희생제의에 대한 격하와 금욕적 방종에 대한 비난, 유신론에 대한 무관심과 세계의 지속적인 생성(pariṇāminityatva)에 대한 믿음은 불교와 상키야에 공통된다. 이와 같은 우연한 일치점들은 상호 차용에 대한 주장을 정당화하기에 충분하지 않으며, 특히 두 사상체계 사이의 현저한 차이가 있다는 점을 고려할 때는 더욱 그렇다. 불교는 비활동적인 푸루샤, 궁극적인 프라크리티, 3구나 이론 등과 같은 상키야의 중심 원리들을 받아들이지 않는다. 만일 불교의 12연기의 인과적 고리들이 어떤 점에서 상키야의 전개설과 닮았다면, 그

[원주21] 『인도철학사 II』, pp.293~295를 보라.

[역주5] 정승석, 『인도의 이원론과 불교』, 민족사, 1992를 보라.

[원주22] "힌두교뿐만 아니라 불교의 저술에도 붓다 시대 이전에 성행했던 상키야와 요가 철학의 의심할 나위 없는 태고성과 진정성에 대한 풍부한 증거가 있다" (Rājendra Lāl Mitra, *Yoga Sūtra*, p.xvi). 불교 전승은 카필라를 붓다의 선조 가운데 한 사람으로 언급한다. 가르베의 *Sāṁkhyapravacana Sūtra*, Vṛtti, p.3을 보라. 『브라흐마잘라 수트라』(*Brahmajāla Sūtra*)의 내용과 비교하라. "영원 불멸의 실재를 믿는 형제들, 몇몇 은둔자들, 비리문들이 있으니, 이들은 네 가지 근거에서 영혼과 세계 모두가 존재한다고 주장한다. 이들은 논법과 추론에 탐닉하며, 자기의 논증에 의하여 기진맥진하며 자기의 궤변에 의거하여 다음과 같은 결론을 발설한다. 영원한 것은 영혼이며, 새로운 것이라고는 아무것도 발생시키지 않는 세계는 산꼭대기처럼, 견고하게 박힌 기둥처럼 불변이다. 그리고 이들 살아 있는 존재들은 비록 여러 생을 떠돌며 존재의 한 상태로부터 떨어져서 다른 상태로 생겨난다 할지라도, 그럼에도 불구하고 이들은 영원하다."

[역주6] 가르베는 상키야의 개조(開祖) 카필라와 붓다의 출생지 카필라바스투(Kapilavastu)의 공통성을 근거로, 상키야가 불교와 동일한 지역에서, 그러나 불교보다 이전에 일어났다고 주장한다(*Encyclopaedia of Religion and Ethics*, XI, p.189). 키스는 불교의 연기설(緣起說) 이론이 상키야의 25요소설에 대한 인식을 전제로 한다고 보며(*The Sāṁkhya System*, p.24), 슈라더(Schrader)는 연기설이 상키야의 인중유과설에 대한 하나의 대안으로 제시된 것이라고 주장한다("Vedānta and Sāṁkhya in Primitive Buddhism," *Indian Culture*, I. iv, 543 ff).

것은 그 둘 모두가 우파니샤드에 뿌리를 내리고 있기 때문일 것이다.
붓다의 시대에 상키야가 성격상 무신론적이었는가에 대해서는 우리가
단정하기 어렵다.

『마하바라타』에서 우리는 분명히 상키야와 동일한 사유의 명백한
진전을 발견한다.[원주23] 「아누기타」(Anugītā)는 푸루샤와 프라크리티의
구분에 대하여 설명한다.[원주24] 푸루샤는 지식의 주체이며, 지식의 대상
인 자연의 24원리들에 대하여 세워진 제25원리이다.[원주25] 궁극적인 해
탈은 영혼과 물질 간의 근본적인 구별에 대한 인식에 의하여 일어난
다.[원주26] 영혼들의 다수성은 경험적인 것이다. 영혼들은 스스로가 물질
과 결합되어 있는 한 다수이다. 그러나 물질과 본질적으로 다르다는 것
을 깨닫게 될 때, 이들은 신이라는 제26원리로 다시 돌아간다.[원주27] 서
사시 철학은 확실히 유신론적이며, 여기에 나타나는 상키야의 요소들
은 모두 유신론에 이용된다. 자아는 마치 거미가 거미줄을 내듯이 그
자체에서 구나(guṇa)를 방출하는 것으로 말해진다.[원주28] 프라크리티는
푸루샤의 통제 하에 작용한다.[원주29] 그것은 이따금 푸루샤에 귀입하는,
푸루샤의 산물이다.[원주30] 마하트, 아함카라, 마나스는 지고한 영혼의 우
주적인 기능이다.

전통적으로 상키야 철학의 개조로 알려지는 카필라는 이전의 위대한
현자로 언급된다.[역주7] 서사시들에서도 상키야가 명료하게 체계화된 형
태—나중에 보게 되는 것과 같은—로 나타나지 않는다는 것은 분명

[원주23] 『인도철학사 II』, pp.331~336을 보라.
[원주24] xiv.50.8 ff.
[원주25] 『마하바라타』, xii.306.39~40.
[원주26] 『마하바라타』, xii.307.20.
[원주27] 『마하바라타』, xii.350.25~26 ; xii.351.2~4.
[원주28] 『마하바라타』, xii.285.40.
[원주29] 『마하바라타』, xii.314.12 ; xii.315.8.
[원주30] 『마하바라타』, xii.303.31 ff.
[역주7] 『바가바드기타』, x.26에서 카필라는 현자(賢者, muni), 완성된 자(siddha)로
　　묘사된다.

하다. 일례를 들면 서사시들에서는 탄마트라(tanmātra)에 대한 언급이 없다. 상키야 원리들의 순서와 전개에 대한 다양한 견해가 보인다. 이 점에 관하여 고전 상키야와 가장 가까운 접근은 「아누기타」에서 발견된다.[원주31] 판차쉬카(Pañcaśikha)[원주32]와 아시타 데발라(Asita Devala)[원주33]의 견해가 언급된다. 아수리(Āsuri)는 판차쉬카에게 상키야를 가르친 것으로 말해지며, 『상키야 카리카』(Sāṃkhya Kārikā)는 『마하바라타』에서 언급된 이 사실을 다시 언급하고 있다. 아수리와 판차쉬카는 유신론적인 상키야를 고수했으며, 브라흐만의 무상(無上)을 믿는다. 개아의 독립성은 단지 상대적일 뿐이다. 고전 상키야의 견해와 판차쉬카의 견해 사이에는 중요한 차이점이 있다.[원주34]

『마누법전』[원주35]은 상키야라는 이름을 거명하고 있는 것은 아니라 할지라도, 제1장에 나오는 창조에 관한 설명, 세 가지 지식의 원천을

[원주31] 『마하바라타』, xiv.40~42.

[원주32] 『마하바라타』, xii.219 ; xii.321.96~112.

[원주33] 『마하바라타』, xii.274.

[원주34] 판차쉬카는 마음(manas)을 제6의 감각기관으로 간주하며, 이에 상응하여 힘(power)을 제6의 행동기관으로 간주한다. 『마하바라타』, xii.219의 설명은 『마하바라타』, xii.318.96~112의 설명과 다르다. 후자에서는 판차쉬카가 30원리들을 인정했다고 말한다. 가끔 이 후자의 견해는 판차쉬가 종파의 초기 형태라고 주장되기도 한다. 아수리의 제자로 전해지는 판차쉬카가 『마하바라타』에서 언급되는 판차쉬카와 동일인인가에 대해서는 단정하기 어렵다. 왜냐하면 『마하바라타』에서 그에게 귀속시키는 견해들과 상키야 및 요가의 저술들에서 수집되는 견해들 사이에는 상당한 차이가 있기 때문이다. 다스 굽타(Dās Gupta) 교수는 차라카(Caraka)의 의학 논서(Śarīra)에 나타나는 상키야의 입장을 요약 기술하고, 이것은 판차쉬카에 의하여 표방된 상키야 철학과 일치한다고 주장한다(*History of Indian Philosophy*, pp.213 ff). 그러나 차라카의 설명에는 탄마트라에 대한 언급이 없으며, 푸루샤와 프라크리티는 모두 미현현자(avyakta)로 간주된다. 또한 푸루샤는 수동적이거나 감정 없는 관조자로 간주되지도 않는다. 해탈은 브라흐만의 상태를 실현하는 것으로 말해진다. 이런 점으로 미루어, 차라카의 설명은 상키야 철학의 영향을 반영하고 있을 뿐만 아니라, 이와 마찬가지로 베단타, 니야야 바이세쉬카 및 불교의 영향을 반영하고 있다.

[원주35] 『인도철학사 II』, pp.351~355를 보라.

수용하는 점,[원주36] 3구나에 대한 상세한 설명[원주37]은 상키야의 영향을 강하게 보여준다. 푸라나(Purāṇa) 문헌[원주38]과 후기 베단타의 문헌들은 비록 무신론적인 형이상학에 대한 여지를 허용하지는 않지만, 여러 가지 점에서 상키야의 이론들을 수용하고 있다. 물론 이러한 사실은 이 학파의 기원이나 고대성에 관한 문제를 결정하는 데는 거의 무의미하다.

우리가 우파니샤드, 『바가바드기타』와 『마누법전』, 그리고 『마하바라타』에서 보는 상키야의 입장은 유신론적인 성향을 띤다.[원주39] 푸루샤와 프라크리티는 독립적인 실재가 아니라 단지 신의 양태들에 불과하다. 아슈와고샤(Aśvaghoṣa)의 『붓다차리타』(Buddhacarita)에서 우리는 붓다와 그의 이전 스승이었던 아라다(Arāḍa)의 만남에 대한 기술을 본다. 여기서 아라다는 유신론적인 구도의 상키야 철학을 주장하고 있다. 초기 형태의 상키야는 우파니샤드의 한정불이론(限定不二論, Viśiṣṭād-vaita)에 가까운 실재론적 유신론이었을 가능성이 매우 짙다.[역주8] 이러

[원주36] 『마하바라타』, xii.105.

[원주37] 『마하바라타』, xii.24~25.

[원주38] 『바가바타 푸라나』(*Bhāgavata Purāṇa*), iii.5 ; 『마트쉬야 푸라나』(*Matsya Purāṇa*), iii ; 『아그니 푸라나』(*Agni Purāṇa*), xvii ; 『마르칸데야 푸라나』(*Mārkaṇḍeya Purāṇa*), xlv를 보라.

[원주39] "서사시 및 다른 초기 문헌들에 대한 연구는, 브라흐만 혹은 신을 불신하는 단 한 구절도 상키야에 돌릴 수 없다는 것을 확신하게 했다"(Franklin Edgerton, *American Journal of Philosophy*, xlv.1, p.8). 『마하바라타』, xii.11039는 흔히 신을 부정하는 상키야와 신을 부정하지 않는 요가 사이의 명백한 구분을 강조하는 구절로 간주된다. Edgerton은 이 견해를 반박하지만, 26원리의 상키야와 25원리의 상키야를 구분하는 『마하바라타』의 구절들을 해명하는 것은 어렵다. 후자 유형의 상키야는 절대자 혹은 신에 대하여 무관심하다(『마하바라타』, xii.300). 그러나 『마하바라타』가 후자의 견해를 견지하지 않는다는 것은 사실이다.

[역주8] 비록 상키야의 세계 전개에 대한 이론은 베단타에서 거의 수정 없이 받아들여진다 할지라도, 의식 없는 프라크리티로부터 세계가 전개된다는 견해(Prakṛti-pariṇāmavāda)는 부정되며, 이 점은 바다라야나의 『베단타 수트라』(제2장)에서 강하게 비판된다. 한정불이론을 주장하는 라마누자는 상키야의 프라크리티가 이슈와라의 통제 하에 있는 것으로 간주될 때, 상키야의 세계전개설이 타당할 수 있다

한 유형의 상키야는 우파니샤드의 가르침에 대한 정통적인 계승 발전으로 간주될 수 있음에 비하여, 푸루샤의 다수와 프라크리티의 독립성을 주장하며 절대자에 대한 모든 설명을 제외하는 이원론적인 상키야는 우파니샤드의 가르침과 궤를 같이한다고 보기 어렵다. 문제는 어떻게 상키야가 자체의 철학적 체계의 완성에 필수불가결한 절대자에 대한 개념을 거부했는가 하는 점이다. 불교가 일어나기 전까지만 해도 상키야는 잘 정비된 철학체계가 아니었다. 불교가 실재론에 대한 이의를 제기했을 때, 상키야는 이 도전에 응하여 철저하게 합리적인 근거에서 자아와 외계 대상의 실재성을 주장했다. 상키야가 전적으로 합리적인 토양에서 발전했을 때, 그것은 신의 존재에 대한 아무런 증거도 없다는 것을 인정하지 않을 수 없게 되었다.[역주9]

3. 문헌

전통은 이구동성으로 상키야 철학의 시원을 카필라에게 돌린다.[원주40] 어떤 사람들은 그가 브라흐마(Brahmā)의 아들이라고 말하며,[원주41] 또 어떤 사람들은 그가 비슈누의 권화(化身, avatār)라고 말한다.[원주42] 심지어는 그를 아그니(Agni)의 권화로 간주하는 사람들도 있다.[원주43] 이

고 주장한다(『베단타 수트라』, ii.2.2~5에 대한 라마누자의 주석). 상키야와 베단타의 조화를 시도했던 비갸나비크슈 역시 상키야를 유신론적으로 해석하고 있다.

[역주9] 상키야 학파의 역사는 1) 체계성립 이전의 초기 상키야 시대, 2) 이슈와라크리슈나의 『상키야 카리카』(Sāṁkhya Kārikā) 및 이에 대한 주석들에 의하여 체계화되는 고전 상키야 시대, 3) 『상키야 수트라』 및 이와 관련된 문헌에 나타나는, 절충적인 유신론적 경향의 후기 상키야(14세기 이후) 시대의 세 단계로 나누어볼 수 있다(早島鏡正 외 지음, 정호영 옮김, 『인도사상의 역사』, 민족사, 1988, p.110).

[원주40] 『슈웨타슈와타라 우파니샤드』, v.2. 『마하바라타』의 「모크샤다르마」(Mokṣa-dharma)와 비교하라.

[원주41] 『마하바라타』, xii.340.67 ; 『라마야나』, i.40~41.

[원주42] 『바가바타 푸라나』, iii.24.36 ; ii.7.3.

러한 설명들은 신화적이지만, 상키야적인 사유 경향이 카필라라는 이름의 역사적인 인물에 기인한다는 것은 받아들여질 수 있을 것이다. 만일 우리가 그를 붓다 이전 세기에 속하는 인물로 간주한다면 틀리지 않을 것이다.[원주44] 『상키야프라바차나 수트라』(*Sāṃkhyapravacana Sūtra*)와 『탓트와사마사』(*Tattvasamāsa*)는 일반적으로 카필라의 것으로 전해지지만, 이 저술들이 그 자신의 저술이라는 것을 보여주는 증거는 없다.[역주10] 이슈와라크리슈나(Īśvarakṛṣṇa)는 자신의 『카리카』(*Kārikā*)에서 자기 자신은 카필라로부터 아수리와 판차쉬카[역주11]로 이어지는 일련의 제자들을 계승하는 것으로 말한다.[원주45] 만일 아수리가 『샤타파타 브라흐마나』(*Śatapatha Brāhmaṇa*)의 아수리와 동일 인물이라면, 아마 그는 기원전 6세기 이전에 살았을 것이다. 가르베(Garbe)는 판차쉬카가 1세기경의 인물이라고 생각한다. 우리에게 전해지는 단편적인 몇몇 구절들로 미루어볼 때, 판차쉬카는 3구나에 대한 이론을 주장했다. 그는 푸루샤들이[원주46] 원자적인 크기를 지니며,[원주47] 푸루샤

[원주43] 『상키야프라바차나 바쉬야』, vi.70.

[원주44] 베버(Weber)는 현존 철학체계 중에서 상키야가 가장 오래된 것이라고 주장한다(*History of Indian Literature*, p.235). 『마하바라타』는 상키야와 요가를 매우 오래된 철학체계로 말한다(xii.13711).

[역주10] 이에 대한 반대 견해에 대하여, *Journal of Oriental Research*(Madras), vol. ii, p.148을 보라.

[역주11] 『상키야 카리카』(70)는 판차쉬카가 상키야 철학을 보다 상세하게 체계화했다고 전한다. 바이셰쉬카 문헌에도 한 명의 판차쉬카가 언급되고 있으나, 그가 카필라의 제자인 판차쉬카와 동일인인지에 대해서는 알 수 없다(Ui, *Vaiśeṣika Philosophy*, p.8).

[원주45] 『상키야 카리카』, 70. 『마하바라타』(xii.218.14~15)에 의하면, 카필라의 후계자들은 아수리, 판차쉬카, 가르기야(Gārgya), 그리고 울루카(Ulūka)이다. 중국 전통은 한 판차쉬키(Pañcaśikhī)를 카나다의 제자로 간주한다. 명백히 그는 판차쉬카와 다른 인물이다. Ui, *Vaiśeṣika Philosophy*, pp.7~8. 『마하바라타』에는 '자나카판차쉬카상바다'(Janakapañcaśikhasaṃvāda)에 관한 한 절(節)이 있으며, 그의 견해의 일부는 『요가 바쉬야』(*Yoga Bhāṣya*)에서 인용된다.

[원주46] 『상키야프라바차나 바쉬야』, i.127.

[원주47] 『요가 바쉬야』, 『탓트와바이샤라디』(*Tattvavaiśāradi*), i.36.

와 프라크리티의 결합은 분별의 결여에 기인하는 것으로 보았다.[원주48]

이슈와라크리슈나의 『상키야 카리카』는 현존하는 상키야의 문헌 가운데 가장 오래된 것일 뿐만 아니라, 가장 대중적인 상키야 문헌이다.[역주12] 문헌의 이름으로 판단할 때, 이 문헌은 상키야 학파 최초의 문헌이 아니라는 것은 명백하다. 중국 전통은 바르샤가나(Vārṣagaṇa)의 저술에 대한 수정본을 빈디야바사(Vindhyavāsa)에게 돌린다. 만일 빈디야바사가 『카리카』의 저자와 동일하다면,[원주49] 그것은 『카리카』가 우리에게는 알려지지 않은 그 이전의 어떤 문헌에 의거한 것이라는 결론이 된다.[원주50] 그것은 3세기경의 작품이다.[원주51] 가우다파다(Gauḍapāda)는

[원주48] 『상키야프라바차나 바쉬야』, vi.68.

[역주12] 『상키야 카리카』는 6세기의 파람아르타(Paramārtha)에 의하여 한역(漢譯)되어 전해진다.

[원주49] 타카쿠수(Takakusu)는 빈디야바신(Vindhyavāsin)이 이슈와라크리슈나의 경칭(敬稱)이었다고 생각한다(*J.R.A.S.*, 1905). 구나라트나(Guṇaratna)는 그 둘을 다른 것으로 간주한다(『타르카라하시야디피카』(*Tarkarahasyadīpikā*), p.102, p.104).

[원주50] 『바가바타 푸라나』(i.3.10)는 원래 상키야의 저술들 가운데 단지 일부가 우리에게 전해진 반면에, 대부분은 시간을 통하여 소실되었다(kālavipluta)고 말한다. 비갸나비크슈(Vijñānabhikṣu)는 많은 문헌들이 시간에 의하여 먹혔다(kālārka-bhakṣitam)고 주장한다(『상키야프라바차나 바쉬야』, 서론). 『상키야 카리카』의 마지막 구절은 다음과 같이 말한다. "70구절들에서 다투어진 주제는 예화들을 제외하고 또한 논란의 여지가 있는 구절들을 생략한, 전체 『샤슈티탄트라』(*Ṣaṣṭitantra*, 60개념들에 대한 교의)의 주제들이다." 이 구절은 가필(加筆)이라는 것이 인정된다. 왜냐하면 『카리카』에 대한 최초의 주석자인 가우다파다는 그것을 언급하지 않기 때문이다. 구나라트나는 『샤슈티탄트롯다라』(*Ṣaṣṭitantroddhāra*)에 대하여 언급하고 있다. 아수리는 그것을 널리 유포시켰으며, 판차쉬카는 그것을 무신론적인 것으로 만드는 동시에 그것을 카필라에게 귀속시켰다고 전해진다. 그러나 이 모든 것에 대하여 분명하게 결론짓는 것은 쉽지 않다. 바차스파티(Vācaspati)와 나라야나(Nārāyaṇa)는 『샤슈티탄트라』가 어떤 저술을 가리키는 것이 아니라 단지 60가지 주제에 대한 체계를 가리킬 뿐이라는 견해를 피력한다. 자이나교의 『아누요가드와라 수트라』(*Anuyogadvāra Sūtra*)에 언급되는 『샤슈티탄트라』에 대해서도 아마 이와 동일한 설명이 타당할 것이다. 『아히르부드니야 상히타』(*Ahirbudhnyasaṃhitā*, xii)에 따르면, 상키야는 32구분(prakṛti)과 28구

『카리카』에 대한 주석을 썼다. 이 주석자가 『만두키야 우파니샤드』에 대한 『카리카』의 저자와 동일 인물인지에 대해서는 단정할 수 없다. 사실 이 두 문헌에 나타나는 견해 차이는 상당하다. 그는 바차스파티보다 앞선 시대의 인물이므로, 8세기경에 속하는 것으로 보면 무방할 것이다.[원주52] 바차스파티의 『상키야탓트와카우무디』(*Sāṃkhyatattvakau-*

분(vikṛti)의 두 부분으로 이루어진 60구분의 유신론 철학이다. 바차스파티는 『샤슈티탄트라』는 그것이 프라크리티에 대한 60가지 주제 및 그것의 단일성, 그리고 푸루샤와 그것의 차이 등을 다루었기 때문에 그렇게 불린다는 취지로 자신의 『탓트와카우무디』(*Tattvakaumudī*)에서 『라자바룻티카』(*Rājavārttika*)로부터 한 구절을 인용한다. 어떤 중국 전통은 『샤슈티탄트라』를 판차쉬카의 저술로 돌리는 반면에, 때로는 바르샤가니야(Vārṣagaṇya)가 그것의 저자로 말해지기도 한다. 『바마티』(*Bhāmatī*), ii.1.3을 보라.

[원주51] 불교 승려 파람아르타(Paramārtha, 6세기)는 『카리카』를 중국어로 번역했으며, 또한 『카리카』에 대한 주석을 썼다. 중국 전통은 빈디야바사(Vindhyavāsa)를 바수반두(Vasubandhu)보다 이전 인물이라고 본다. 후자는 『카리카』로부터 제2송(頌)을 인용하고 있다. Ui, *Vaiśeṣika Philosophy*를 보라. 키스(Keith)가 주장하는 것처럼 빈디야바사가 『카리카』의 저자이든(*Sāṃkhya*, p.79 ; *Indian Logic and Atomism*, p.248 ; *Karmamīmāṃsā*, p.59), 벨발카르(Belvalkar)의 주장처럼 그는 단지 『카리카』의 주석자이든(*Bhandārkar Commemoration Volume*, pp.175~178), 이슈와라크리슈나는 현재 4세기경의 인물로 알려지는 바수반두보다 이전 시대에 속한다. 스와프네슈와라(Svapneśvara)는 이슈와라크리슈나를 칼리다사(Kālidāsa)와 동일시한다. 홀(Hall)의 『상키야사라』(*Sāṃkhyasāra*), p.29를 보라. 이슈와라크리슈나는 명백히 부신론적이었던 것으로 보인다. 『카리카』는 70송을 담고 있는 것으로 말해지지만, 단지 60송이 전해질 뿐이다. 틸락(B. G. Tilak)은 『상키야 카리카』, 61에 대한 가우다파다의 주석에 의거하여 없어진 한 송에 대한 복구를 시도한다. 그것은 다음과 같다. Kāraṇam Īśvaram eke bruvate kālam pare svabhāvaṃ vā, Prajāḥ kathaṃ nirguṇato vyaktaḥ kālasvabhāvaś ca. 가우다파다의 주석은 위와 같은 구절에 대한 것으로 보이며, 나중에 이 구절은 아마 곤란하게도 무신론적인 성격을 띠기 때문에 삭제되었던 것 같다.

[원주52] 『마타라브릿티』(*Māṭharavṛtti*)는 상키야 철학에 대한 문헌이며, 여기에 가우다파다의 『바쉬야』가 초록(抄錄) 형태로 전해진다. 그러나 대체로 브릿티는 바쉬야보다 나중에 오며, 『마타라브릿티』가 『상키야 카리카』의 마지막 3송을 주석하고 있다는 사실은 그것이 상대적으로 후대의 것임을 짐작하게 한다. *Bhandārkar Commemoration Volume*을 보라.

374

mudī, 9세기)는 대중적인 문헌이다. 나라야나(Nārāyaṇa)의 『상키야찬드리카』(*Sāṃkhyacandrikā*)는 『카리카』에 대한 논문이다.

카필라의 저술로 알려지는[원주53] 『상키야프라바차나 수트라』는 모두 6장(章)으로 이루어져 있으며, 이 중 제1장부터 제3장은 상키야의 원리들에 대한 설명에 할애된다. 제4장은 몇몇 예화들을 담고 있으며, 제5장은 상대 학파들에 대한 비판을, 그리고 제6장은 요점을 되풀이함으로써 끝맺는다. 마다바의 『사르바다르샤나상그라하』는 이 문헌에 대하여 언급하지 않으며, 상키야에 대한 설명은 『카리카』에 토대를 두고 있는 점으로 미루어, 『상키야프라바차나 수트라』는 14세기에 속하는 것으로 추정된다.[원주54]

『카리카』는 철저한 이원론으로 논지를 전개하고 있음에 비하여, 『상키야프라바차나 수트라』는 유신론적인 일원론에 보다 호의적인 입장을 보인다.[원주55] 아니룻다(Aniruddha)의 『상키야수트라브릿티』(*Sāṃkhya-*

[원주53] 스와프네슈와라(Svapneśvara)는 『카우무디프라바』(*Kaumudīprabhā*)에서 『상키야프라바차나 수트라』를 판차쉬카의 저술이라고 말하며, 이 문헌이 카필라의 것으로 귀속된 것은 그가 상키야 전통을 시작했다는 사실에 기인한다고 주장한다.

[원주54] 구나라트나(Guṇaratna, 14세기)는 『상키야프라바차나 수트라』에 대하여 언급하지 않는다. 게다가 이 문헌에 대한 주석은 16세기에 나타나는데, 만일 이 경전이 14세기에 형성된 것이라면, 어째서 이에 대한 수석은 16세기가 되어서야 나타나게 되는가 하는 점은 이해하기 어렵다. 이 문헌은 다른 모든 철학체계들에 대하여 언급한다. 바차스파티는 이 문헌을 모른다. 11세기 초반에 활동했던 알베루니(Alberuni)는 이슈와라크리슈나와 가우다파다의 저술들에 정통하고 있지만, 이 경전에 대해서는 모르고 있는 것 같다.

[원주55] 가르베의 견해와 비교하라. "이 경전(『상키야프라바차나 수트라』)의 저자는 특히 상키야의 가르침이 인격신에 대한 교의, 만유를 포함하는 브라흐만의 통일성에 대한 교의, 브라흐만이 환희(ānanda)의 본질을 지닌다는 교의, 그리고 천계에서 최상의 목적을 실현한다는 교의와 양립 불가능한 모순 관계에 서지 않는다는 것을 보여주기 위하여 고심한다"(i.95, 154 ; v.64, 68, 110 ; vi.51, 58, 59를 보라). "사실 『상키야 수트라』에는 베단타의 영향을 반영하고 있다는 것을 쉽게 알 수 있는 여러 구절들이 있다. 단적인 예로 iv.3을 들 수 있는데, 이 구절은 『베단타 수트라』, iv.1.11을 그대로 반복하고 있다. 또한 v.116에서는 상키야 고유의 표현

sūtravṛtti)는 15세기에 속하는 반면에, 마하데바(Mahādeva)의 『상키야수트라브릿티사라』(*Sāmkhyasūtravṛttisāra*)는 1600년경에 씌어진 것으로 말해진다. 나게샤(Nāgeśa)의 『라구상키야수트라브릿티』(*Raghu-sāmkhyasūtravṛtti*)는 큰 가치를 지니지 않는다. 『상키야프라바차나 수트라』에 대한 가장 중요한 저술은 비갸나비크슈(Vijñānabhikṣu)의 『상키야프라바차나 바쉬야』(*Sāmkhyapravacana bhāṣya*, 16세기)이다. 이 저자는 상키야와 유신론적 베단타의 차이를 극소화하기 위하여 고심한다. 그의 견해에 따르면, 유신론적 베단타야말로 진정한 베단타이며, 이에 비하여 아드와이타(Advaita) 베단타는 나중에 변질된 형태이다. 비갸나비크슈는 『비갸나므리타』(*Vijñānāmṛta*)라고 불리는 『브라흐마 수트라』에 대한 주석뿐만 아니라, 『상키야사라』(*Sāmkhyasāra*), 『요가바룻티카』(*Yogavārttika*), 『요가사라상그라하』(*Yogasārasaṁgraha*) 등을 저술했다.

4. 인과 관계

상키야가 푸루샤와 프라크리티의 이원론에 도달하는 논거에 대하여 살펴보기로 하자. 상키야는 인과 원리의 적용을 통하여 프라크리티의 존재를 주장한다.

결과는 실로 그 원인 속에 선재한다는 이론은 상키야 철학의 핵심적인 측면 가운데 하나이다.[역주13] 상키야는 원인을 결과가 잠재형태로 있

대신에 '브라흐마루파타'(brahmarūpatā)라는 베단타의 기술적인 용어가 사용된다"(Garbe ed., 『상키야프라바차나 수트라』, p.xi).

[역주13] 상키야에 의하여 확립되는 인중유과설은 베단타 학자들에 의하여 계승 수정된다. 베단타의 인중유과설은 크게 세 가지 형태로 나누어볼 수 있다. 1) 브라흐만 자체가 세계로 전변한다고 보는 바스카라(Bhāskara)의 브라흐만 전변설(brah-maparināmavāda), 2) 원인적인 브라흐만이 결과적인 브라흐만으로 양태(avas-thā)가 전변될 뿐이라고 보는 라마누자의 양태 전변설(avasthāparināmavāda),

는 실체로 정의하며, 이를 뒷받침하기 위하여 다음과 같은 근거를 내세운다.[원주56] (1) 비존재는 어떤 운동의 대상이 될 수 없다. 공중꽃은 생산될 수 없다. 존재하지 않는 것은 결코 존재하게 될 수 없다. 청색은 설사 천 명의 화가들이 노력한다 해도 황색으로 만들어질 수 없다.[원주57] (2) 산물은 그것을 구성하는 재료와 다르지 않다. (3) 그것은 그 자체가 재료의 형태로 되기 이전에 존재한다. 만일 이것이 받아들여지지 않는다면, 무엇이든 아무것에서 생겨날 수 있을 것이다. (4) 원인적 효과성은 필연적인 잠재력을 지닌 것에 속한다. (5) 결과는 본질적으로 원인과 동일하다. 옷감은 그 본질에서 실과 다르지 않다. 인과 관계는 본질적으로 서로 다른 실체들 사이에는 있을 수 없다.[원주58]

생성 혹은 전개는 잠재적이고 감추어져 있던 것의 드러남, 혹은 아리스토텔레스의 말을 빌리자면 잠재적인 존재가 현실적인 존재로 전환하는 것, 혹은 헤겔의 표현을 빌린다면 함축적인 것이 명백한 것으로 전이하는 것이다. 이 견해는 또한 경전의 근거를 지닌다.[원주59] 이 인중유과론(satkāryavāda)에 따르면, 원인과 결과는 하나의 동일한 실체의 다른 상태들이다. 모든 생성은 발달(udbhāva)이며, 모든 소멸은 귀입(anudbhāva), 즉 원인 속으로 사라짐이다.[원주60] 완전한 소멸 같은 것은 없다. 과거와 미래의 상태들은 완전히 소멸되지 않는다. 왜냐하면 그것은 요가 수행자들에 의하여 지각되기 때문이다.[원주61] 상키야는 전개(āvirbhāva)와 귀입(tirobhāva)의 이론을 채택한다.

원인과 결과는 다른 상태들이며, 따라서 서로 구별된다.[원주62] 물론

---

3) 세계의 전변을 마야(māyā)에 기인하는 것으로 보는 샹카라의 환영설(māyā-vāda).

[원주56] 『상키야 카리카』, 9.
[원주57] Nahi nīlaṁ śilpisahasreṇāpi pītaṁ kartuṁ śakyate(『탓트와카우무디』, p.9).
[원주58] 『탓트와카우무디』, p.9를 보라.
[원주59] 『찬도기야 우파니샤드』, vi.2.2. 또한 『바가바드기타』, ii.16을 보라.
[원주60] 『상키야프라바차나 수트라』, i.120~121.
[원주61] 『상키야프라바차나 수트라』, i.121.
[원주62] 『상키야 카리카』, 15. Kāraṇakāryavibhāgāt.

이러한 구별은 우리의 실천적인 편의에 의거한 것이다.[역주14] 항아리는 물을 담을 수 있지만, 찰흙은 그렇지 않다. 질료인과 결과는 근본적으로 동일하지만, 그 둘은 실제적으로 다르다. 왜냐하면 그 둘은 각기 다른 목적에 소용되기 때문이다. 동일은 근본적인 데 비하여, 차별은 단지 실천적일 뿐이다. 상키야는 두 종류의 원인, 즉 질료인과 동력인을 인정한다. 질료인은 결과 속으로 들어감에 비하여, 동력인은 외부에서 영향력을 행사한다. 비록 결과는 이미 원인 속에 들어 있다 할지라도, 그것을 원인 상태에서 벗어나게 하기 위해서는 그 밖의 다른 어떤 것이 필수적이다. 기름을 얻기 위하여 우리는 씨앗을 눌러 짜야 하며, 곡식을 얻기 위해서는 탈곡을 해야 한다. 이 부수적인 행위(sahakāri-śakti)가 결여될 때, 결과는 일어나지 않는다.[원주63] 비록 결과는 원인 속에 잠재적으로 담겨 있다 할지라도, 이 잠재적인 상태가 갑자기 현실화되는 것은 아니다. 장애 요소의 제거는 잠재적인 것을 현실화하기 위하여 요청되는 부수적인 원인이다.

비야사에 따르면, 이 부수적인 원인 혹은 조건은 장소(deśa), 시간(kāla), 그리고 사물의 형태와 구조(ākāra)이다.[원주64] 돌덩이에서 풀이 생겨날 수는 없다.[원주65] 두 종류의 결과가 구분된다. 크림이 우유로부

[역주14] 엄격한 의미에서 인중유과설은 원인과 결과를 선후의 관계가 아니라 공존의 관계로 파악하는 입장에 가깝다. 인중유과설이 인중무과설과 구별되는 가장 큰 특징은 원인과 결과의 존재론적 연속성에 대한 강조이다.

[원주63] 비야사(Vyāsa)는 이 수반적인 원인들의 작용을 다음과 같이 설명한다. "많은 논을 가진 사람은 이미 물이 그득 들어 있는 한 논으로부터 물을 댈 수 있으며, 그 주변에 논을 가진 다른 사람들이나 보다 낮은 곳에 있는 논을 지닌 사람들은 손으로 물을 끌어오지 않더라도, 단지 물꼬를 트서 물이 스스로의 힘으로 밀려들게 하는 것, 혹은 그 사람이 논에 있는 물이나 거기에 녹아 있는 유기물을 벼의 뿌리에 강제로 스며들게 할 수 없지만, 단지 잡초나 장애 요소를 제거함으로써 물 자체의 힘으로 뿌리에 스며들게 하는 것, 이와 같은 행위는 물질적 원인 혹은 조건에 보태지는 동력인이다"(『요가 바쉬야』, iv.3).

[원주64] 『요가 바쉬야』, iii.14.

[원주65] 그러나 상키야 철학에 따르면, (모든 사물은 프라크리티의 산물이므로) 단지 어떤 특정 결과에 대한 장애 요소들만 제거된다면, 어떤 원인이든 어떤 결과를 생

터 만들어지는 것은 단순 현현(simple manifestation)의 경우이며, 보석 장식이 금으로 만들어지는 것은 재생산(reproduction)의 예이다. 어떤 사물의 속성이 변화할 때, 우리는 속성 전변(dharmapariṇāma)의 경우를 지닌다. 잠재적인 것이 실제적인 것으로 되고, 변화가 단지 외적인 것일 때, 우리는 부차적 전변(lakṣaṇapariṇāma)의 경우를 지닌다. 시간의 경과에 기인하는 상태의 변화는 상태 전변(avasthāpa-riṇāma)이다.[원주66] 변화는 모든 곳, 모든 순간에 일어나고 있다. 우리는 동일한 강물을 두 번 건널 수 없다 왜냐하면 흐르는 물은 두 순간 동안 동일하게 남아 있지 않기 때문이다. 동일한 개인이 동일한 강을 두 번 건널 수 없다는 것도 사실이다. 왜냐하면 그는 강물이 흐른 것과 마찬가지로 변했기 때문이다. 모든 사물들과 내외의 모든 상태들은 이러한 변화의 법칙에 지배된다.[원주67] 이 변화하는 과정으로부터 인간의 마음은 선행하는 것과 후속하는 것의 관계에 의하여 인과율을 구성한다.[원주68]

5. 프라크리티

상키야는 끊임없이 변화하는 요소들의 무한한 복잡성으로 사연에 대한 설명을 시도한다. 만일 모든 결과가 그 원인 속에 잠재적이라면, 그리고 만일 무한 소급을 피하려 한다면, 기인되지 않은 원인의 존재를 인정하지 않을 수 없을 것이다. 인과 관계의 원리로부터 경험 세계의 궁극적인 토대는 미현현(avyaktam)의 프라크리티라는 것이 추론된다.

성할 수 있을 것이다. 비갸나비크슈는 만일 신의 의지에 의하여 돌 속에서 식물의 싹으로 자라나는 잠재성에 대한 장애로 작용하는 입자들의 배열이 제거된다면, 식물이 돌에서 자라날 수도 있다는 것을 인정한다.
[원주66] 『요가 바쉬야』, iii.13.
[원주67] 『상키야프라바차나 수트라』, i.121.
[원주68] Buddhinirmāṇa.

『상키야 카리카』는 아래와 같은 근거에서 프라크리티의 존재를 주장한다.[원주69] 1) 모든 개별 사물들은 크기에 제한된다. 제한되는 모든 것은 그 자체보다 지속적이고 편재적인 어떤 것에 의존한다. 그러므로 유한한 것은 유한하기 때문에 세계의 원천일 수 없다. 2) 모든 개별 사물들은 어떤 공통된 특성들을 지니며, 이것은 그 모두가 흘러나온 공동 원천이 있다는 것을 의미한다. 상키야는 여러 요소들이 서로 완전하게 구별된다는 것을 믿지 않는다. 3) 사물들의 진화 혹은 발달에 자체를 현현하는 어떤 활동적인 원리가 있다. 진화는 그 단계들 가운데 어떤 것과도 동일화할 수 없는 한 원리를 나타낸다. 그것은 비록 그 자체의 산물들에 내재적이라 할지라도, 그 산물들보다 큰 어떤 것이다. 4) 결과는 원인과 다르며, 따라서 우리는 유한하고 조건적인 세계가 그 자체의 원인이라고 말할 수 없다. 5) 어떤 유일한 원인을 시사하는 세계의 명백한 통일성이 있다. 상키야는 최저 차원에서 최고의 차원에 이르기까지 세계의 연속성을 상정한다. 산물들은 분명한 질서 속에서 진화하고 귀입한다.

세계는 그 원인인 프라크리티의 전변(pariṇāma)이라고 말한다. 모든 것은 어떤 생성 원인의 결과이다. 왜냐하면 무(無)로부터는 아무것도 나올 수 없기 때문이다. 만일 결과에 나타난 것보다 원인 속에 담겨 있는 것이 더 적다면, 이러한 여분은 무(無)에 의한 생성이라고 할 수밖에 없을 것이다. 그것은 원인이 결과보다 많은 실재 혹은 적어도 결과와 동등한 정도의 실재를 지녀야 한다는 결론이 된다. 데카르트의 말을 빌리면, 이성의 빛은 우리에게 궁극적인 원인은 탁월하게 모든 실재, 즉 모든 결과의 의미와 가치를 담고 있어야 한다는 것을 말해준다. 무엇이든 본래 포함되어 있지 않은 것은 발현될 수 없다.[원주70] 개개의 모든 결과는 어떤 다른 것에 기인한다. 이에 비하여 프라크리티는 결코 원

[원주69] 『상키야 카리카』, 15와 16.
[원주70] 탁월한(eminent) 원인과 형식적인(formal) 원인을 구분하는 데카르트의 견해와 비교하라.

인을 지니지 않지만,[원주71] 모든 결과들의 원인이며, 그것은 이 결과들로부터 추론된다.[원주72] 모든 결과들이 그것에 토대를 두고 있으므로,[원주73] 그것은 세계의 토대(pradhāna), 브라흐마(Brahmā) 즉 성장하는 것,[원주74] 마야(māyā) 즉 한정하는 것이라고 불린다. 그것은 다양한 차원의 존재자들이 유출되는, 유(有)의 원형이다. 상키야는 프라크리티 혹은 비아(not-self)로부터 푸루샤 혹은 자아의 연역 가능성을 인정하지 않는다.

산물들은 다른 어떤 것에 기인하는 데 비하여, 프라크리티는 원인을 지니지 않으며, 산물들은 의존적이지만 프라크리티는 독립적이다. 산물들은 다수이며 시공간에 한정되지만, 프라크리티는 단일·편재·영원하다.[원주75] 산물들은 우리가 그 원천을 추측할 수 있는 기호들이다. 프라크리티는 결코 사멸하지 않으며, 그래서 그것은 결코 생성된 적이 없다. 지력을 지닌 원리는 생명 없는 세계가 형성되는 질료일 수 없다. 왜냐하면 영혼은 물질로 전환될 수 없기 때문이다. 게다가 작인(作因)은 푸루샤 혹은 영혼이 아니라 자아의식(ahaṁkāra)에 귀속되며, 아함카라 자체는 하나의 산물이기 때문이다.[원주76]

프라크리티는 지각되지 않는다는 난점은 크게 중요하지 않다. 비록 지각되지 않는다 할지라도 실재하는 것으로 간주되는 수많은 것들이

[원주71] 『상키야프라바차나 수트라』, i.67.

[원주72] 『상키야프라바차나 수트라』, i.110, 136.

[원주73] Pradhīyate(『상키야프라바차나 수트라』, i.125). 로카차리야(Lokācārya)는 다음과 같이 말한다. "그것은 모든 변화의 원천이므로 프라크리티라고 불리며, 그것은 모든 지식에 반대되므로 아비디야(avidyā, 無知)라고 불리며, 그것은 다양한 창조의 원인이므로 마야(māyā)라고 불린다"(Prakṛtir ity ucyate vikārotpāda-katvāt, avidyājñānavirodhitvāt, māyā vicitrasṛṣṭikaratvāt, 『탓트와트라야』(*Tattvatraya*), p.48). 플라톤 역시 모든 물질적인 형태들의 보편적인 불가시적 원천에 대한 이와 유사한 견해를 보였다. *Timæus*, p.24를 보라.

[원주74] 『바가바드기타』, xiv.3.

[원주75] 『상키야 카리카』, 10 ; 『상키야프라바차나 수트라』, i.124. 또한 『요가 바쉬야』, iv.12 ; 『상키야프라바차나 바쉬야』, i.76을 보라.

[원주76] 『상키야프라바차나 수트라』, vi.54.

있다. 지각은 너무 가까이 있는 것이나 너무 멀리 떨어져 있는 것에 대해서는 성공할 수 없다. 감각 기관이나 마나스의 결함, 다른 대상의 방해, 혹은 보다 매력적인 자극의 존재는 지각을 무기력하고 쓸모없게 만든다. 프라크리티의 미세함은 그것을 지각 불가능하게 만든다.[원주77] 비야사는 프라크리티를 다음과 같이 묘사한다. 그것은 "결코 있는 것도 아니고 있지 않은 것도 아니며, 존재하는 동시에 존재하지 않으며, 그 속에는 어떤 비존재도 없으며, 아무런 특별한 표식도 없는 미현현자요, 만유의 바탕이다."[원주78] 프라크리티는 비록 사각의 원과 같은 비존재는 아니라 할지라도, 만일 자아의 목적에 소용되는 것이 존재라면 프라크리티는 비존재이다. 또한 존재하는 어떤 것도 소멸될 수 없으며, 산물들은 비록 미현현상태이긴 해도 프라크리티 속에 존재한다. 프라크리티 속에 모든 유한 존재들은 함축적이다.

여러 속성(guṇa)들은 자체를 폐기하는 것이 아니라, 평형상태에 있을 뿐이며, 평형상태는 무활동이라기보다는 일종의 긴장이다. 프라크리티는 존재(existence)라기보다는 힘(power)이다. 3구나의 평형상태로서[원주79] 프라크리티는 물질적·심리적인 모든 변화의 토대이다. 그것은 순수 가능 상태이다.[원주80] 우리는 프라크리티 혹은 구나들의 진정한 본질을 모른다. 왜냐하면 우리의 지식은 단지 현상들에 국한되기 때문이다.[원주81] 그것은 소리와 감촉을 지니지 않으며,[원주82] 사실상 우리가

[원주77] 『상키야 카리카』, 8.
[원주78] Niḥsattāsattaṁ niḥsadasan nirasad avyaktam aliṅgam pradhānam(『요가 바쉬야』, ii.19 ; 『상키야프라바차나 바쉬야』, i.61).
[원주79] Sāmyāvastha(『상키야프라바차나 바쉬야』, i.61).
[원주80] 『리그 베다』, x.92와 비교하라.
[원주81] 이와 같은 취지로 비야사는 『샤슈티탄트라』로부터 한 구절을 인용한다. "구나들의 궁극적인 본질은 결코 보이지 않으며, 보이는 것은 환영처럼 지극히 덧없는 것이다"(Guṇānāṁ paramaṁ rūpaṁ na dṛṣṭipatham ṛcchati, Yat tu dṛṣṭi-pathaṁ prāptaṁ tan māyeva sutucchakam, 『요가 바쉬야』, iv.13). 바차스파티는 이 구절을 주석하면서 프라크리티는 마야가 아니라 마야와 유사한 것(māyeva na tu māya)이라고 말한다.

닿을 수 없는 한계이다. 그것은 경험적인 견지에서 보면 단지 하나의 추상이며 이름일 뿐이다.[원주83] 그러나 그것은 모든 피조물의 전제조건으로 존재하는 것으로 상정되어야 한다.[원주84]

세계를 하나의 동질적인 실체로 묘사하는 상키야의 입장, 즉 모든 사물들은 단지 궁극적인 구성 요소들의 여러 조합에서 결과되는 다양한 형태와 배열에 불과하다는 견해는 유물론과 어떤 유사성을 지닌다. 상키야와 유물론은 모두 세계에 대한 보다 합리적인 개념에 도달하기 위하여 노력한다. 양자는 모두 영원·불멸·편재적인 것으로 간주되는 근본 실체의 궁극적인 실재성을 주장한다. 우리의 일상적인 경험에서 마주치는 이질적인 사물들의 복잡성은 바로 이 단일의 실체에 기인한다. 그러나 상키야의 프라크리티는 유물론의 순수하고 단순한 물질에 비유될 수 없다. 상키야 사상가들은 푸루샤가 프라크리티를 생산할 수 없다는 것뿐만 아니라, 프라크리티가 푸루샤를 생산할 수 없다는 것을 인식하고 있다. 그들은 프라크리티의 전개가 목적성을 지닌다는 것을 인정하지만, 이에 비하여 유물론자는 그렇지 않다.

상키야의 프라크리티는 물질적인 실체가 아니며, 또한 프라크리티는 푸루샤와 엄격하게 구별되므로, 그것은 의식을 지닌 실체가 아니다. 그것은 물질적인 세계의 5요소뿐만 아니라, 심리적인 요소들도 생성한다. 그것은 모든 대상적 존재의 토대이다. 상키야는 과학의 측면에서가 아니라 형이상학의 측면에서 그 결론에 도달한다. 전체로서의 실재는 불변의 주체와 변화하는 객체로 구분되며, 프라크리티는 후자, 즉 생성의 세계의 토대이다. 그것은 결코 정지하지 않는 역동적인 세계의 상징이다. 그것은 어떤 사려깊은 계획과 무관하게 무의식적으로 행위를 계속

[원주82] 『상키야프라바차나 바쉬야』, i.128 ; 『비슈누 푸라나』, i.2.20~21.
[원주83] Saṁjñāmātram(『상키야프라바차나 바쉬야』, i.68).
[원주84] 프라크리티(prakṛti)라는 말에서, 'pra'는 '전'(前, before)을 의미하고 'kṛti'는 '창조'(creation)를 의미한다. 또는 'pra'는 '앞'(forth), 'kṛ'는 '만들다'(to make)를 의미한다.

하며, 그 자체는 알지 못하는 목적을 위하여 끊임없이 작용한다.

6. 구나

프라크리티의 전개는 그것의 세 가지 구성 요소, 즉 3구나에 의하여 일어난다.[원주85] 3구나는 프라크리티의 산물들이 지니는 특성에 비추어 상정된다. 프라크리티는 세 가닥으로 꼰 실이다. 그것의 첫 산물인 붓디(buddhi, 統覺機能)는 즐거움, 고통, 당혹의 속성들을 지니며, 따라서 붓디의 원인인 프라크리티 또한 이에 상응하는 속성들을 지니고 있을 수밖에 없다.

3구나는 지각되는 것이 아니라, 그 산물들을 통하여 추론될 수 있을 뿐이다. 3구나의 첫번째는 삿트와(sattva, 純質)라고 불린다. 그것은 잠재적인 의식이다. 따라서 그것은 의식적인 현현을 지향하며, 개아에게 기쁨을 야기한다. 어원상으로 삿트와라는 말은 실재 혹은 존재하는 것이라는 의미를 지니는 '사트'(sat)라는 말의 파생어다. 의식(caitanya)은 일반적으로 그와 같은 실재성을 지니는 것으로 인정되므로, 삿트와는 잠재적인 의식으로 말해진다. 이차적인 의미에서 '사트'는 또한 완전을 의미하며, 따라서 삿트와 요소는 선(善)과 행복을 생성하는 것으로 긴주된다. 그것은 쾌활한 것 혹은 밝은 것으로 말해진다.[원주86] 두번째 요소, 즉 라자스(rajas, 激質)는 모든 행위의 원천이며 고통을 야기한다. 라자스는 열광적인 즐김과 부단한 노력의 삶을 영위하게 한다.[원주87] 세번째 요소는 타마스(tamas, 暗質)이다. 그것은 행위를 저지하는 특성을 지니며, 무감동 혹은 무관심의 상태를 야기한다. 그것은 무지와 나

[원주85] 『상키야 카리카』, 16.
[원주86] Sukhaprakāśalāghava(『탓트와카우무디』, 13).
[원주87] Duḥkhopaṣṭambhakatva, pravartatva. 이에 비하여 타마스는 무겁고 어두운 성질을 지니는, 덮어 가리는 것(mohagurutvāvaraṇaiḥ)으로 특징지어진다.

태로 이끈다. 삿트와, 라자스, 타마스의 기능은 각각 조명(prakāśa), 행위(pravṛtti), 억제(niyamana)이며,[원주88] 또한 각각 즐거움, 고통, 무기력을 야기한다.

3구나는 결코 서로 분리될 수 없다. 이 세 가지 구성 요소는 서로 떠받치고 있으며, 서로 뒤섞인다. 이들은 마치 등불의 불꽃과 기름과 심지처럼 불가분적인 관련을 지닌다.[원주89] 3구나는 프라크리티의 본질 그 자체를 구성한다.[역주15] 모든 사물들은 3구나로 이루어져 있으며,[원주90] 세계의 차별상은 여러 구나의 조합에 따른 것이다. 이 개념의 원천은 의심할 나위 없이 심리학적인 것이다. 왜냐하면 심리적인 기분의 유형이 바로 3구나의 구분에 대한 토대를 형성하기 때문이다. 그러나 『상키야 카리카』의 시대와 같은 초기에도 3구나는 프라크리티의 요소들 혹은 구성 요소들을 의미한다.[원주91] 삿트와, 라자스, 타마스가 구나(혹은 속성)라고 불리는 것은, 오직 프라크리티만이 독립적인 실체이며, 이 셋은 단지 그 속에 있는 요소에 불과하기 때문이다.

3구나는 어떤 특정 산물의 전개의 다른 단계들을 나타내는 것으로

[원주88] Prakāśakriyāsthitiśīlam……(『요가 수트라』, ii.18).

[원주89] 『상키야 카리카』, 13.

[역주15] 상키야에서 구나(guṇa)는 프라크리티의 구성 요소인 데 비하여, 불이론과 한정불이론에서 구나는 단지 프라크리티의 속성에 불과하다.

[원주90] Triguṇātmaka.

[원주91] 『슈웨타슈와타라 우파니샤드』, iv.5와 비교하라. "태어남이 없는, 붉고, 희고, 검은 일자(一者)가……"(Ajām ekāṁ lohitaśuklakṛṣṇam……). 샹카라는 이 구절에서 『찬도기야 우파니샤드』(vi.4)에 언급된 세 가지 색과의 어떤 관련을 파악한다. 그래서 그는 상키야 학파의 한 옹호자가 그것을 다음과 같이 해석하게 만든다. "이 구절에서 '붉고, 희고, 검은'이라는 말로써 라자스, 삿트왐(sattvam), 타마스가 이해되어야 한다. 붉은색은 라자스(감동)이다. 왜냐하면 그것은 자연적으로 붉은색을 만들며, 불안을 야기하기 때문이다. 흰색은 본질적으로 선하다(sattvam). 왜냐하면 그것은 자연히 밝음을 만들기 때문이다. 검은색은 타마스(어둠)이다. 왜냐하면 그것은 본질적으로 어둡게 하기 때문이다. 3구나는 근본 프라크리티에 속하기 때문에, 그들은 태어남이 없는 자(aja)라고 불린다(『브라흐마 수트라』, i.4.9에 대한 샹카라의 주석). 3구나는 영혼을 속박하기 때문에(guṇa=rope), 그렇게 불린다(『상키야프라바차나 바쉬야』, i.61).

간주될 수도 있을 것이다. 삿트와는 실현되어야 하는 본질 혹은 형상이
며, 타마스는 그것의 실현에 대한 장애 요소, 그리고 라자스는 장애가
극복되고 본질적인 형상이 현현되는 힘을 나타낸다. 상키야의 인중유
과론에 따르면, 사물은 언제나 생성되는 것이며, 결코 완전히 새롭게
창조되는 것은 아니다. 생성은 나타남이며, 파괴는 그 반대이다. 이 둘
은 방해하는 힘의 부재와 존재에 달려 있다. 장애 요소들이 제거될 때,
사물이 나타난다. 나타나는 것은 삿트와, 즉 어떤 사물의 형상이다. 나
타남을 야기하는 것은 바로 라자스이며, 타마스는 극복되는 것에 대한
저항 혹은 삿트와의 나타남에 대한 장애 요소이다.[원주92] 삿트와와 타마
스는 각각 긍정적인 존재와 부정적인 비존재에 상응하며, 라자스는 그
둘 사이의 몸부림을 가리킨다. 모든 것은 그 자체가 추구하는 이상적인
본질과 그것이 제거하고자 하는 현실적인 상황을 지닌다. 후자는 그것
의 타마스 상태이며, 전자는 그것의 삿트와 상태이다. 이에 비하여 분
투의 과정은 라자스 상태를 가리킨다. 결국 삿트와는 그것에 의하여 어
떤 것이 의식에 나타나는 것이다. 이러한 근본 요소들은 모든 존재에서
발견되므로, 이들은 근본 프라크리티의 것으로 돌려진다.[원주93]

[원주92] 실(Seal) 박사는 다음과 같이 말한다. "모든 현상은 3중의 아르케(arché), 즉
　　　이해 가능한 본질, 에너지, 그리고 질량으로 구성된다. 이 셋은 긴밀하게 결합되어
　　　본질적 구성 요소로 사물 속에 들어간다. 사물의 본질(sattva)은 그것이 지성으로
　　　현현하는 것이며, 의식의 세계에서 그와 같은 현현 없이 존재하는 것은 아무것도
　　　없다. 그러나 본질은 단지 중요한 세 가지 가운데 하나에 불과하나. 그것은 어떤
　　　작용을 저지하거나 작용하지도 않는다. 그 다음에 타마스의 요소, 질량, 움직임 없
　　　는 질료가 있다. 그것은 움직임뿐만 아니라, 의식적인 반성에 대해서도 저항한다.
　　　그러나 지적인 원질과 물질적인 원질은 아무것도 할 수 없으며, 그 자체에는 생산
　　　적인 행위가 없다. 모든 작용은 라자스, 즉 에너지의 원리로부터 나온다. 라자스는
　　　물질의 저항을 극복하며, 심지어는 지성에 에너지를 부여하여 그것이 의식적인 조
　　　정과 적응을 할 수 있도록 한다"(*The Positive Science of the Hindus*, p.4). 어
　　　떤 점에서 실 박사의 용의주도한 시도는 상키야 철학에 대한 해석이라기보다는
　　　그것을 다시 쓴 것에 불과한 것처럼 보일 것이다.
[원주93] 때로는 전체 세계를 특징짓는 행위란 그것을 저지하는 어떤 것과 별개로는
　　　아무런 의미도 지니지 못한다고 말하기도 한다. 따라서 라자스 혹은 활동적인 단

3구나는 바이셰쉬카적인 의미에서의 속성이 아니다. 왜냐하면 3구나 자체가 밝음, 작용성 등과 같은 성질들을 지니기 때문이다.[원주94] 비갸나비크슈는 3구나를 실재의 유형들로 분류하며,[원주95] 이에 비하여 초기 우파니샤드[원주96]에서 3구나는 육체적·정신적인 악을 생성하는 심리상태를 나타낸다. 3구나는 성격상 지극히 미세한 것으로 말해진다. 그들은 언제나 변화한다. 평형상태로 간주되는 상태에서도 구나들은 끊임없이 서로 변화하고 있다.[원주97] 구나들 자체 안에서의 이러한 변화는 평형상태가 깨지지 않는 한, 객관적인 결과를 야기하지 않는다. 만일 평형상태가 깨지면(guṇakṣobha), 구나들은 서로에게 작용하며 전개가 시작된다. 3구나의 다양한 상호 작용은 세계의 다양성에 대한 원인이 된다. 어떤 현상에서 압도적인 구나가 그것에 나타나게 된다. 물론 이 때 다른 구나들이 완전히 존재하지 않는 것은 아니다. 정지하고 있는 물질적인 사물에서는 타마스가 압도적이며, 이에 비하여 삿트와와 라자스는 부차적이다. 움직이고 있는 사물에서는 라자스가 현저한 반면에 다른 구나들은 잠재적이다. 따라서 '삿트와, 라자스, 타마스'라는 용어는 배타적이고 독점적인 특성들이 아니라 단지 현저한 측면들을 특징짓기 위하여 사용될 뿐이다.

비록 구나들은 결과의 세계를 생산하기 위하여 함께 작용한다 할지라도, 그럼에도 불구하고 그들은 결코 합체(合體)하지 않는다. 그들은 서로에 대한 상호 영향 혹은 상호 접근 때문에 변화를 겪는다. 그들은 진화·결합·분리한다. 비록 다른 구나들이 활동적으로 작용한다 할지라도, 어떤 하나가 그 힘을 상실하는 경우는 결코 없다.[원주98] 프라크리

계는 이미 그 속에 타마스 혹은 수동적인 측면을 품고 있다. 만일 그렇지 않다면, 모든 사물들의 영원한 움직임이 있을 것이다. 행위 자체는 합리적인 목적에 기여하며, 따라서 삿트와 측면 또한 라자스에 내포된다(『탓트와카우무디』, 13).

[원주94] 『상키야프라바차나 바쉬야』, i.61.

[원주95] 바차스파티와 『상키야 카리카』는 이 주석을 언급하지 않는다.

[원주96] 『슈웨타슈와타라 우파니샤드』 및 『마이트라야니 우파니샤드』.

[원주97] Sārūpapariṇāma.

티와 그 산물들은 구나들을 지니며, 따라서 의식을 지니지 않는다. 그들에게는 그 자체와 푸루샤를 분별하는 힘이 없다. 그들은 항상 객체적인 반면에 오직 푸루샤만이 주체적이다.

　구나들에 대한 다른 견해가 비갸나비크슈의 사상에 나타난다. 그는 구나들을 다양한 개별자들에 따라서 무수한, 지극히 미세한 실체들로 간주한다. 이 견해에 의하면, 보편적인 구나들이 그들의 다양한 조합 때문에 다양한 산물들을 생산한다고 말하는 것은 타당하지 않다. 왜냐하면, 그와 같은 견해는 사소한 차이의 출현에 대하여 설명할 수 없다고 보기 때문이다.[원주99] 비록 구나들의 현현은 무수히 많다 할지라도, 그럼에도 불구하고 밝음 등과 같은 공통적인 어떤 측면들을 지니고 있기 때문에, 그들은 세 가지 유형으로 분류된다.[원주100] 삿트와 등의 세 가지 원인적인 실체들은 각기 다수의 개별적인 현현들을 지닌다.[원주101] 구나들은 결코 창조되거나 파괴되지 않는다. 구체적이고 현상적인 양태들은 가감 성쇠에 지배되며, 이러한 변화는 잠재적인 것에서 실제적인 것으로의 배열 혹은 변경 때문에 일어나는 것이다. 그러나 잠재적인 것과 실제적인 것의 총합은 언제나 동일하다. 그것은 마치 주사위 놀이와 같다. 그들은 항상 동일한 주사위지만, 그들이 다양한 방식으로 떨어질 때, 그들은 우리에게 여러 가지 다른 것들을 의미한다. 모든 변화는 영원히 존재하는 본질들의 위치·순서·무리짓기·배합·분리와 관련되며, 이 영원한 본질들은 언제나 결합과 해체를 겪고 있다.[원주102]

[원주98] 『요가 바쉬야』, ii.18.
[원주99] 『상키야프라바차나 바쉬야』, i.127.
[원주100] 『상키야프라바차나 바쉬야』, i.128.
[원주101] 『상키야프라바차나 바쉬야』, i.128.
[원주102] 『탓트와카우무디』, 13~16 ; 『탓트와바이샤라디』(*Tattvavaiśāradī*), ii.20 ; iv.
　　13~14 ; 그리고 『요가바룻티카』(*Yogavārttika*), iv.13~14.

7. 세계 전개

프라크리티는 세계가 전개되는 근본 실체이다. 미현현상태에서 프라크리티는 단지 반대되는 요소들의 통일체일 뿐이다. 이 요소들이 함께 평형상태(sāmyāvastha)를 유지하고 있을 때는 아무런 움직임도 없다. 정지상태는 프라크리티의 자연상태로 말해진다.[원주103] 그럼에도 불구하고 외적인 활동의 부재는 행위에 대한 어떤 지향성의 부재를 의미하는 것은 아니다. 나타남의 성향(sattva)과 활동 성향(rajas)은 나타남과 활동을 억제하는 성향(tamas)에 의하여 저지된다. 상키야는 세계의 궁극 원리를 실재적인 반대 요소를 지니는 통일체로 간주한다. 추상적인 단위(unit)는 영속적으로 활동적이거나 혹은 영원히 비활동적일 수 있을 것이다. 프라크리티는 본질적으로 불안정하거나 변하기 쉬운 것은 아니며, 따라서 반드시 그 자체를 분화시켜야 할 필요는 없다.[원주104] 구나들의 평형상태에 교란이 있을 때, 프라크리티의 균열,[원주105] 한 측면의 과중에 의한 긴장 해소, 그리고 생성 과정의 시작이 야기된다.

프라크리티는 푸루샤의 영향 하에 전개된다. 프라크리티가 분화된 세 가지 상태로 현현하는 원인은 푸루샤의 목적을 달성하는 것이다.[원주106] 프라크리티는 하나이며 편재적이므로, 모든 사물들은 그 토대로 프라크리티를 지니며, 어떤 의미에서 개개의 모든 사물은 그 외의 다른 모든 사물들의 특성들을 공유한다. 그러나 사실상 사물들은 모든 결과들을 한꺼번에 나타내지 않는다. 전개의 원인은 공간, 시간, 양태, 그리고 인과 관계 속에서 일정한 연속의 법칙[원주107]을 따른다. 우리는 왜 이러한 전개가 일어나는지 말할 수 없다. 우리는 단지 그것을 받아들여야

[원주103] 『요가 바쉬야』, ii.18.
[원주104] Spencer, *First Principles*, p.xix를 보라.
[원주105] Prakṛtināśa.
[원주106] Trayāṇāṁ tv avasthāviśeṣāṇām ādau puruṣārthatā kāraṇam bhavati (『요가 바쉬야』, ii.19). 또한 이에 대한 바차스파티의 주석을 보라.
[원주107] Pariṇāmakramaniyama.

할 뿐이다. 자체 속에 만유의 가능성을 담고 있는 프라크리티는 사유의 대상뿐만 아니라 또한 사유 기관으로 발현한다.

마하트(mahat, 大), 즉 전체 세계의 원인은 프라크리티의 전개에서 첫 산물이다. 그것은 개아에게서 지성의 토대이다. '마하트'라는 용어는 우주적인 측면을 나타내는 데 비하여, 이와 동의어로 사용되는 '붓디'(buddhi)는 각 개별자와 관련된 심리학적인 측면을 가리킨다. 상키야에서는 '마하트'의 심리학적인 측면이 강조된다. 붓디의 동의어들로 미루어볼 때,[원주108] 그리고 공덕(dharma), 지식(jñāna), 침착(vairāgya), 지배력(aiśvarya) 등이 그것의 속성으로 간주된다는 점에서 볼 때, 붓디가 심리학적인 의미로 받아들여진다는 것은 분명하다. 그러나 '마하트'에 대한 호칭, 즉 광대한 자, 브라흐마 등은 그것이 또한 우주적인 의미로도 사용된다는 것을 의미한다.[원주109] 붓디는 무형의 푸루샤와 혼동되지 말아야 한다. 그것은 모든 정신적인 과정들의 미세한 실체로 간주된다. 그것은 우리가 대상을 분별하고, 그것이 무엇인지 지각하는 기능이다. 붓디의 기능은 확인과 결정이다. 다른 모든 기관들은 붓디를 위하여 기능하며, 붓디는 직접적으로 푸루샤를 위하여 기능한다. 즉 붓디는 푸루샤가 모든 존재를 경험하고, 그 자체와 프라크리티를 분간할 수 있게 한다.

프라크리티의 다른 산물들과 마찬가지로, 붓디는 3구나를 지닌다. 그것은 자체의 싯드와 측면에서 의무의 준수, 지식, 욕망에서 벗어남, 신적인 힘 등으로 특징지어시며, 라자스라는 측면에서 그것은 욕망을 야기한다. 그리고 타마스라는 측면에서 그것은 나태, 무지 등을 생성시킨다. 비갸나비크슈에 의하면, 모든 영혼은 신성하다.[원주110] 다만 그것의 고유한 거룩함이 라자스와 타마스로 인하여 장애를 겪고 있을 뿐이

[원주108] Mati, khyāti, prajñā, jñāna.
[원주109] 후기 베단타에서 붓디는 히란야가르바(Hiraṇyagarbha, 宇宙卵)의 한정자 (upādhi)로 받아들여진다.
[원주110] Sarva eva puruṣā īśvara iti.

다.[원주111] 요소적 창조는 붓디의 창조(pratyayasarga)와 구별된다. 후자는 4종, 즉 그릇된 인식(viparyaya), 무능(aśakti), 만족(tuṣṭi), 완전(siddhi)이다. 이 4종에 대한 50종의 하위 구분이 있다.[원주112] 5종의 그릇된 인식이 인정되는데, 그것은 8종의 무지(avidyā), 8종의 이기심(asmitā), 10종의 욕망(rāga), 그리고 혐오(dveṣa)와 두려움(abhiniveśa)이며, 혐오와 두려움은 18종이다. 28종의 무능과 9종의 만족, 그리고 8종의 완전이 있다.

붓디는 영원하기도 하고 그렇지 않기도 하다. 그것은 스스로의 기능이 현현되지 않을 때, 프라크리티의 원인상태 속에 종자력(seed-force)으로 아직 발현하지 않은 채 존재한다. 그것이 결과의 상태로 변형될 때, 그것은 붓디라고 불린다. 비갸나비크슈는 그것을 모든 잠재 인상(saṃskāra)을 담고 있는 것으로 간주한다.[원주113] 기억은 아함카라(ahaṃkāra) 또는 마나스가 아니라 붓디에 저장된다. "심지어 진리에 대한 지식에 의하여 아함카라와 마나스의 소멸 후에도 회상은 남아 있다."[원주114]

분명히 『카리카』가 붓디에 귀속시키는 기능들은 오직 붓디가 아함카라(자아의식) 이후의 산물일 때, 그리고 조대한 요소들뿐만 아니라 마나스 및 감관들의 속성을 띨 때, 그것에 의하여 수행될 수 있는 것들이다. 그럼에도 불구하고 상키야는 이 모든 것들이 붓디가 나타나는 첫 단계에서는 나타나지 않는다고 주장한다. 그러므로 우리는 그것을 우주적인 의미에서 주체와 객체 혹은 지각하는 자와 지각되는 대상의 구분에 대한 토대로 받아들이지 않을 수 없지만, 그렇게 되면 우리는 상키야에서는 허용되지 않는 우주혼(world-spirit)을 받아들여야 할 것이다. 마하트 또는 붓디의 위상은 불확실한 상태로 남겨진다. 프라크리

[원주111] 『상키야프라바차나 바쉬야』, ii.15. 또한 『요가 바쉬야』, i.2를 보라.
[원주112] 『상키야 카리카』, 46.
[원주113] 『상키야프라바차나 바쉬야』, ii.41~42.
[원주114] 『상키야프라바차나 바쉬야』, ii.42.

티의 산물인 동시에 아함카라의 생성자인 붓디는 감각 기관과 마나스
와 아함카라를 통어하는 붓디와 다르다. 만일 전자가 후자와 동일시된
다면, 자아(ego)와 비아(non-ego) 모두가 붓디의 산물이므로, 프라크
리티의 전체 전개는 주관적인 것으로 간주될 수밖에 없을 것이다. 이러
한 모호함은 프라크리티의 다른 산물들에서도 또한 발견된다.

아함카라(자아의식) 혹은 개별화의 원리는 붓디 다음에 일어난다. 그
것의 작용을 통하여 다양한 영혼들이 각자 독자적인 정신적 토대를 부
여받게 된다. 우리는 여기서 또한 우주적인 측면과 심리학적인 측면의
구분을 지닌다. 심리학적으로 자아의식은 비아(非我) 혹은 객체가 없
다면 불가능하다. 그러나 상키야의 전개설에서 객체의 전개는 아함카
라의 발현 이후에 온다. 우리는 개별적인 주체와 대상들이 일어나는 우
주적인 아함카라의 가능성을 인정해야 한다. 아함카라는 물질적인 것
으로 간주되며, 붓디는 기능상 보다 인식적인 데 비하여 아함카라는 보
다 실천적인 것처럼 보인다. 심리학적으로 아함카라의 기능은 자애(自
愛, abhimāna)이다. 작인(作因)은 푸루샤 혹은 자아가 아니라 아함카
라에 귀속된다.[원주115]

아함카라에 대한 마하트의 관계는 자아의식에 대한 의식의 관계와
같다. 전자는 후자의 논리적인 전제이다. 우리는 아함카라의 존재를 그
것의 산물들로부터 추론한다.[원주116] 그것은 다른 실체들의 질료인이므
로, 하나의 실체로 간주된다. 푸루샤는 아함카라를 통하여 프라크리티
의 행위와 그 자신을 동일시한다. 그것은 마나스를 통하여 전달되는 행
위에 대한 느낌과 암시를 자아에게 전한다. 이로써 그것은 개념의 형성
과 결정에 기여한다. 상키야에 따르면 개별성은 이미 존재하므로, 아함

[원주115] 『상키야프라바차나 수트라』, vi.54. 비갸나비크슈는 『찬도기야 우파니샤드』
의 구절 "내가 여럿이고 싶다. 내가 창조하고 싶다"(bahu syām prajāyeya)를 인
용하고, 이에 대하여 다음과 같이 주석한다. "요소들과 그 외의 것들에 대한 창조
는 자애에 뒤따르며, 따라서 그것은 창조의 원인으로 말해진다"(『상키야프라바차
나 바쉬야』, i.63).
[원주116] 『상키야프라바차나 수트라』, i.63.

카라는 보편 의식을 개별화한 것이 아니다. 아함카라는 외부 세계에서 오는 인상들을 개별화한다. 아함카라가 삿트와의 측면으로 현저해질 때, 우리는 선한 행동을 하며, 라자스의 측면으로 현저해질 때는 악한 행동, 그리고 타마스의 측면으로 현저해질 때는 무관심한 행동을 한다. 꿈 없는 숙면상태에서 아함카라는 없다 할 수 있겠지만, 욕망과 성향은 여전히 거기에 있다.[원주117] 어떻게 자아의식이 지성, 즉 마하트에서 일어나는가를 이해하는 것은 어렵다.

구나들은 아함카라의 성격에 따라서 세 가지 전개 경로를 취한다. 삿트와 측면의 아함카라(vaikārika)로부터 마나스와 5지각기관 및 5행동기관이 나오며, 타마스 측면의 아함카라(bhūtādi)에서는 5종의 미세한 요소가 나온다. 라자스 측면의 아함카라(taijasa)는 위의 두 가지 전개 과정 모두에서 역할하며, 그 산물들에 나타난다.[원주118] 5종의 미세한 요소(tanmātra)들로부터 타마스의 우세 때문에 5요소가 일어난다. 이 모든 전개 과정에서 어떤 하나의 구나가 우세하다 할지라도, 다른 구나들 역시 존재하며 산물의 전개를 간접적으로 돕는다.

마나스는 감각 여건들을 지각 표상으로 종합하는 중요한 기능을 지닌다. 붓디나 아함카라의 경우와 마찬가지로, 마나스의 경우에도 작용 기관과 그 기능 사이에 어떤 구분도 있을 수 없다. 감각 기관들이 문이라면, 마나스는 문지기에 해당한다.[원주119] 마나스의 조력은 지각과 행동

[원주117] 『상키야프라바차나 바쉬야』, i.63.
[원주118] 『상키야 카리카』, 24~25. 비갸나비크슈의 주장에 따르면, 삿트와 측면이 현저한 아함카라는 마나스를 낳고, 라자스 측면이 현저한 아함카라는 5지각기관 및 5행동기관을 낳으며, 타마스 측면이 현저한 아함카라는 5종의 미세한 요소(tan-mātra)를 낳는다(『상키야프라바차나 바쉬야』, ii.18). 아니룻다(Aniruddha)는 일반적인 견해, 즉 라자스는 모든 전개에 선행하는 상태이며, 타마스와 삿트와는 구성 요소들의 성질을 결정한다는 입장을 수용한다. 바차스파티는 마하트로부터 아함카라가 일어나고 아함카라로부터 탄마트라들이 일어난다고 주장함에 비하여, 비갸나비크슈는 아함카라의 분리와 탄마트라들의 전개는 마하트에서 일어난다는 견해를 보인다.
[원주119] 『상키야 카리카』, 35. 붓디, 아함카라, 마나스가 항상 엄격하게 구분되는 것

모두에서 필수적이다.[원주120] 그것은 다양한 감관들과 관련하여 여러 형태를 띤다.[원주121] 마나스는 운동과 작용을 지니는 도구이므로, 그것은 편재적이 아니다.[원주122] 그것은 부분으로 이루어져 있다. 왜냐하면 그것은 감관들과 연관되어 있기 때문이다.[역주16] 붓디와 그 외의 다른 기관들은 이들을 지니는 영원한 주체 혹은 이슈와라가 있다는 의미에서 영원하지 않다.[원주123]

5지각기관은 시각, 청각, 후각, 미각, 촉각의 기능들이다. 필요는 그것을 실현할 수 있는 기능을 창조한다. 욕망을 지니기 때문에, 우리는 그것을 충족시키는 기능과 대상을 만든다.[원주124] 감각이 요소들로부터 형성되는 것은 아니다. 왜냐하면 감각과 요소들은 아함카라에서 일어나기 때문이다.[원주125] 감각은 일어나고 사라지는 것이 분명하므로, 그것은 영원하다고 할 수 없다. 하나의 감각은 하나의 속성을 파악한다. 감

은 아니다. 이 셋은 모두 내적 기관(antaḥkaraṇa)으로 취급된다. "내적 기관은 단지 상태들의 세 가지 구분에 따른 동일한 것이다. 마치 씨앗, 싹, 큰 나무 등의 경우처럼, 그것은 결과와 원인의 관계에 선다." 비갸나비크슈는 같은 취지로 『바유 푸라나』(*Vāyu Purāṇa*)에서 한 구절을 인용한다. Mano mahān matir brahmā pūr buddhiḥ khyātir Īśvaraḥ(『상키야프라바차나 바쉬야』, ii.16). 또한 『상키야프라바차나 바쉬야』, ii.40을 보라.
[원주120] 『상키야프라바차나 수트라』, ii.26.
[원주121] 『상키야프라바차나 수트라』, ii.27.
[원수122] 『상키야프라바차나 수트라』, v.69~70.
[역주16] 니야야 비이셰쉬카에 의하면, 마나스는 원자적이며 부분들을 지니지 않는 실체이므로, 둘 이상의 감관들과 동시에 접촉할 수 없으며, 따라서 우리는 동시에 다수의 경험을 지닐 수 없다. 이에 비하여 상키야는 마나스를 원자적인 것으로 보지 않으며, 비록 보통 우리의 경험은 잇달아서 일어난다 할지라도, 우리는 동시에 다수의 경험들을 지닐 수 있다고 본다. 니야야 바이셰쉬카의 마나스는 영원한 실체이지만, 상키야의 마나스는 프라크리티의 산물로서 시공간적인 생성과 소멸을 겪는다.
[원주123] 『상키야프라바차나 수트라』, v.127.
[원주124] 『마하바라타』에서는 "꼴(form)을 이루려는 집착에서 눈(eye)이 생겨났다"(Rūparāgād abhūc cakṣuḥ)고 말한다. 『마하바라타』, 「샨티파르바」, 213.16을 보라.
[원주125] 『상키야프라바차나 수트라』, ii.20.

394

각들은 마나스의 기능들로서의 시각 기관 등이 아니다.[원주126] 감각들은 미세하고 조대한 요소들을 관찰하는 수단들이다.[원주127] 5행동기관은 혀, 발, 손, 그리고 배설 및 생식의 기능들이다. 이 10기관으로써 마나스는 그들의 작용에 의하여 5종의 생기를 생산하는 것으로 말해진다.[원주128] 베단타 철학에서 5종의 생기는 독립적인 위상을 지니지만, 상키야 철학에서는 그렇지 않다. 수트라에 따르면, 생기(prāṇa)는 감각들의 변형이며, 감각들이 없다면 생기도 없다.[원주129]

지각의 대상으로서 세계는 5종 감각 기관에 상응하는 5종의 미세한 요소(tanmātra)들을 지닌다.[원주130] 5종의 탄마트라는 물질적인 원리로 간주되는 소리, 접촉, 색깔, 맛, 그리고 냄새의 본질들이며, 보통 사람들에게는 지각되지 않는다. 하나의 미세한 요소들은 전적으로 하나의 감각과 관련을 지니지만, 이에 비하여 조대한 요소들은 하나 이상의 감각에 관련된다. 이 보이지 않는 본질들은 비록 요기들의 지각에는 포착되는 것으로 간주된다 할지라도, 보이는 대상들로부터 추론된다.[원주131] 미세한 요소들은 차별(viśeṣa)이 없는 것으로 말해진다. 이에 비하여 이들로부터 일어나는 조대한 요소들은 분명한 성질을 지닌다.[원주132] 탄마트라들은 결합하여 원자들을 형성하기 전까지는 감각을 자극하는 대상으로 작용할 수 없다. 타마스 측면이 현저한 아함카라, 즉 부타디(bhū-

---

[원주126] 『상키야프라바차나 수트라』, ii.23.
[원주127] 『상키야 카리카』, 34.
[원주128] 『상키야프라바차나 수트라』, ii.31.
[원주129] v.113.
[원주130] 『프라슈나 우파니샤드』, iv.8을 보라. 엠페도클레스가 주장하는 요소들의 요소들에 대한 이론과 비교하라.
[원주131] 『탓트와카우무디』, 5.
[원주132] 조대한 요소의 생성에 대한 『찬도기야 우파니샤드』(vi.4)의 견해와 비교하라. 이 우파니샤드에 의하면, 조대한 요소들은 세 요소들의 혼합에 의하여 만들어지며, 이 과정에서 각각의 조대한 요소들에 보다 현저하게 나타나는 한 요소는 그 조대한 요소의 이름을 결정짓는다. 베단타의 한 견해에 따르면, 각 요소는 한 요소의 2분의 1과 그 외의 다른 네 요소 각각의 8분의 1로 구성된다.

tādi)는 완전하게 동질적이며, 자동력이 없으며, 질량 이외의 아무런 성질도 지니지 않는다. 라자스의 도움으로써 그것은 파동성과 빛의 성질을 띠는 에너지로 가득 찬 미세한 물질로 전환되며, 성, 촉, 색, 미, 향의 탄마트라들이 생겨난다.

아카샤는 부타디와 탄마트라들의 전이 고리를 형성한다. 비(非)원자적이며 편재적인 원인적 아카샤(kāraṇākāśa)와 결과적 아카샤(kāryā-kāśa), 즉 부타디 단위들과 소리 본질들의 결합에 의하여 형성되는 원자적 아카샤 사이에 구분이 만들어진다. 후자는 풍(風)원자의 전개에 대한 매개물로서 본래의 원인적 아카샤 속에 간직되어 발견된다.[원주133] 『비야사바쉬야』(*Vyāsabhāṣya*)에 따르면, 성(聲)의 탄마트라는 아함카라에서 생성되며, 아함카라를 동반하는 성(聲)의 탄마트라로부터 성(聲)과 촉(觸) 등의 속성들을 지니는 촉(觸)의 탄마트라가 생겨난다. 그 외의 다른 탄마트라들은 각 단계마다 새로운 하나의 속성을 부가함으로써 생겨난다.

가우다파다와 바차스파티에 따르면, 조대한 요소들은 축적의 과정에 의하여 미세한 요소들의 혼합으로부터 생겨난다. 물론 이 견해는 단지 하나의 속성, 즉 가청성(可聽性)만을 지니는 공(空)은 조대한 요소로서 이에 상응하는 미세한 요소와 대비될 수 없다는 어려움을 안고 있다.[원주134] 바차스파티는 공(空) 원자는 다른 탄마트라(本質)로부터 생성되며, 풍(風) 원자는 성(聲)과 촉(觸)의 두 탄마트라들로부터 생겨나며, 둘 중에서 촉(觸) 탄마트라가 주된 탄마트라이다. 화(火) 원자는 성, 촉, 색의 탄마트라들로부터 생겨나며, 이 중에서 색(色) 탄마트라가 주된 탄마트라이다. 수(水) 원자는 4종의 탄마트라 그리고 지(地) 원자는 5종의 탄마트라들로부터 생성되며, 전자는 미(味) 탄마트라 그리고 후자는 향(香) 탄마트라가 각각 주된 탄마트라이다.[원주135] 비갸나비크

[원주133] Seal, *Positive Science of the Ancient Hindus*를 보라.
[원주134] 『타잇티리야 우파니샤드』, ii.1.
[원주135] 『탓트와바이샤라디』, i.44.

슈는 다소 다른 견해를 주장한다. 공(空) 원자는 부타디의 도움을 통하여 공(空) 탄마트라로부터 생겨난다.[원주136]

조대한 원자들이 결합할 때, 원자들의 속성들이 그 산물들에 나타난다. 따라서 조대한 원자들은 새로운 종류의 존재(tattvāntara)를 생성하지 않는다.[원주137] 공(空) 원자는 침투성을 지니며, 풍(風) 원자는 충격력 혹은 기계적인 압력을, 화(火) 원자는 열과 빛을, 수(水) 원자는 점착력을, 그리고 지(地) 원자는 응집력을 지닌다. 조대한 원자들의 결합에 의하여 지(地) 요소가 일어난다. 탄마트라들이 기쁨이나 고통에 대한 느낌을 생성시키는 힘은, 탄마트라들이 탄마트라로 존재하는 동안에는 지각되지 않는다. 그 힘은 조대한 원자들의 상태에서 식별이 가능하므로, 조대한 요소들은 편안한 것(śānta), 고통스러운 것(ghora), 편안하지도 고통스럽지도 않는 것(mūḍha)으로 구별된다. 지(地) 등의 원자들은 속성의 여러 변화를 통하여 다양한 유형의 세계 존재로 나타난다. 동일한 재료로 형성되는 사물들 사이에는 어떤 본질적인 차이도 있을 수 없다. 모든 것에 대한 가능성은 모든 것 속에 있으므로,[원주138] 언제나 푸루샤의 목적을 위한 변화가 있다.

조대한 원자들[원주139]은 유기물뿐만 아니라 무기물을 구성하며, 하나에서 다른 하나로 전개되는 과정에서 연속성의 단절은 없다. 광물, 식물, 동물은 전개 과정에서 세 단계이며, 이러한 차이는 구성 요소 자체의 변화가 아니라 단지 구성 요소가 지니는 속성의 변화[원주140]를 의미

[원주136] 『요가바룻티카』, i.45. 나게샤(Nāgeśa)는 이와 같은 부타디의 도움을 모든 원자들에 확대시킨다.

[원주137] 특수하지 않은 것(aviśeṣa)으로부터 특수한 것(viśeṣa)으로의 전개는 실체 내부의 전변(tattvāntarapariṇāma)이라고 부르며, 이것은 단지 속성들의 변화(dharmapariṇāma)와는 구별된다.

[원주138] 『요가 바쉬야』, iii.14.

[원주139] 여기서 말하는 원자들은 그 구성 요소로 다양한 종류의 탄마트라들을 포함하기 때문에, 바이셰쉬카의 원자들과 동일시될 수 없다. 부분을 지니지 않으며, 불가시적인 탄마트라들은 바이셰쉬카의 원자들에 비유될 수 있다.

[원주140] dharmapariṇāma.

할 뿐이다. 다른 속성의 출현은 원자들의 여러 가지 배열에 기인한다. 일반적으로 인정되는 네 종류의 물체에 상키야는 두 종류, 즉 의지에 의한 것(sāṁkalpikam)과 인공적인 것(sāṁsiddhikam)을 부가한다. 비록 다른 요소들이 지(地)에 부수적인 것으로 나타난다 할지라도, 지는 이 모든 물체들의 질료인이다.[원주141] 조대한 물체는 5요소들로 구성된다. 그러나 조대한 물체에 공(空)은 필수적이 아니라고 주장하거나, 지 요소만으로도 충분하다고 주장하는 사람들도 있다. 또한 지 요소는 인간의 몸에 현저한 반면에 화(火) 요소는 태양의 세계에 현저하다고 말하는 사람들도 있다.[원주142]

　3구나로 구성된 프라크리티와 그 산물들은 차별이 없으며(aviveki), 대상(viṣayaḥ)이고, 다수의 푸루샤에 공통되며(sāmānyam), 지력을 지니지 않으며(acetanam), 생산적(prasavadharmi)이라고 말해진다.[원주143] 각 단계의 전개물은 이에 후속하는 것보다 미세하며, 그 선행물보다는 조대하다. 프라크리티로부터 조대한 5요소들에 이르기까지 24원리들이 있으며, 푸루샤는 상키야 철학에서 제25원리로 일컬어진다.[원주144] 프라크리티에서 전개되는 23원리들은 결과물이다. 왜냐하면 이 원리들은 푸루샤나 프라크리티와 다르며, 제한적인 크기와 부피를 지니며, 성

[원주141] v.112.
[원주142] iii.17~19. 『상키야프라바차나 바쉬야』, iii.19.
[원주143] 『상키야 카리카』, 11.
[원주144]

1. 푸루샤.

2. 프라크리티(미현현자)＝현현자.

3. 붓디(지성).	10. 마나스(의근).
4. 아함카라(자아의식).	11~15. 다섯 가지 감각기관.
5~9. 다섯 가지 탄마트라(미세한 요소),	16~20. 다섯 가지 행동기관.
즉 성(聲), 촉(觸), 색(色), 미(味), 향(香).	21~25. 다섯 가지 조대한 요소,
	즉 지, 수, 화, 풍, 공.

398

장・동화 등과 같은 프라다나(pradhāna, 根本質料)의 속성을 지니며, 푸루샤의 도구로 소용되기 때문이다.[원주145] 세계의 모든 사물들은 프라크리티의 변형(vikṛti)으로 말해진다. 프라크리티와 비크리티의 관계는 근본 실체와 그 변형물의 관계이다. 마하트, 아함카라, 그리고 5종의 탄마트라들은 어떤 것의 결과인 동시에 다른 어떤 것들의 원인이기도 하다. 5종의 조대한 요소들과 11기관들은 단지 결과일 뿐이며, 다른 무엇의 원인은 아니다. 프라크리티는 단지 원인인 데 비하여 11종의 산물들은 단지 결과일 뿐이다. 7종의 산물들은 원인인 동시에 결과인 데 비하여, 푸루샤는 원인도 아니고 결과도 아니다.[원주146]

전개 과정에서 그 자체가 산물이면서도 다른 산물들을 생성할 수 있는 것들은 특수화되지 않은 것(aviśeṣa)이라고 불린다. 이에 비하여 그 자체와 같은 다른 산물들을 생성할 수 없는 것들은 완전히 특수화된 것(viśeṣa)이라고 불린다. 아함카라가 탄마트라들을 생성할 때, 우리는 미세한 요소들 속에서 아함카라의 존재를 쉽게 추적할 수 없다. 아함카라에서 전개되는 것은 완전히 다른 존재인 것처럼 보이며, 이러한 변형은 특수화되지 않은 것으로부터 특수화된 것으로의 변형(tattvāntara-pariṇāma)이다. 감각 기관들과 조대한 5요소는 전혀 다른 종류의 존재를 생성시킬 수 있다. 따라서 아함카라는 특수화되지 않은 것이며(aviśeṣa), 감각 기관 등은 고도로 특수화된 것(viśeṣa)이다.[원주147]

전개는 이미 잠재적으로 있었던 것의 드러남에 불과하다. 그 시작과

[원주145] 『상키야프라바차나 수트라』, i.120~134 ; 『상키야 카리카』, 15.
[원주146] 『상키야 카리카』, 3. "창조하지만 창조되지 않은 것, 창조하는 동시에 창조되는 것, 창조되지만 창조하지 않는 것, 그리고 창조하지도 창조되지도 않는 것"(Erigena, *De Divisione Naturæ*, Lib.5). 『가르바 우파니샤드』(*Garbhopaniṣad*), 3을 보라.
[원주147] 『요가 바쉬야』, ii.19를 보라. 여기서 탄마트라들과 개별 의식은 마하트의 특수화되지 않은 형태로 말해짐에 비하여, 5요소들은 탄마트라들의 특수화된 형태이며, 5감각기관 및 5행동기관과 마나스는 자아의식(asmitā)의 특수화된 형태로 말해진다.

끝은 똑같이 한정된다. 프라크리티가 생성하는 사물들에도 불구하고, 그것의 실체는 전혀 감소되지 않는다. 생성의 원천은 생성되는 산물들에 의하여 고갈되지 않는다. 어떤 물체도 그 자체의 잠재적인 어떤 에너지를 모두 사용하지 않고 작용할 수 있는 것은 없다. 따라서 프라크리티를 본질상 완전히 물질적인 것으로 간주하는 것은 어렵다.

상키야의 세계전개설에 대한 정확한 의미를 파악하는 것은 어려우며, 우리는 전개의 각 단계들이 왜 그와 같은지에 대한 납득할 만한 어떤 설명도 찾아볼 수 없다.

상키야 철학의 여러 원리들은 프라크리티로부터 논리적으로 연역될 수 없으며, 아마 이 원리들은 역사적인 사건들 덕분에 그것의 산물들로 정착된 것 같다. 하나의 프라크리티로부터 산물들의 연역적인 전개는 없다. 비갸나비크슈는 이러한 결함을 인식하고 있으며, 따라서 우리는 경전의 권위에 의거하여 상키야의 전개설을 받아들여야 한다고 말한다.[원주148] 그러나 이것은 철학적인 설명의 가능성을 포기하는 것이나 다름없다.

붓디, 아함카라, 마나스, 그리고 이 외의 원리들은 시간적으로 연속적인 전개 단계들의 연쇄로 간주될 필요는 없다. 이 원리들은 전개된 자아들에 대한 논리적인 분석의 결과들이다. 바차스파티는 말한다. "사람은 누구나 먼저 외적 감관들을 사용하고, 그런 다음에 (마나스로써) 숙고하며, 그런 다음에 그는 여러 대상들을 스스로의 자아의식과 관련 지으며, 마지막으로 그는 스스로의 붓디로써 자신이 해야 할 것을 결정한다."[원주149] 이러한 분석은 인식 주관의 측면에서 여러 요소들의 인식에 대한 설명을 제공하고 있는 반면에, 그것은 우주적 차원으로 확대될

[원주148] '프라크리티로부터 마하트가 생겨나고, 마하트로부터 아함카라가 생겨난다'는 등으로 말해지는 연속적인 전개의 문제에서는, 오직 경전만이 지식의 타당한 수단이다(Atra prakṛter mahān mahato 'haṁkāra ityādi sṛṣṭikrame śāstram eva pramāṇam, 『상키야사라』(Sāṁkhyasāra)). 또한 자얀타의 『니야야만자리』, pp.452~466을 보라.

[원주149] 『탓트와카우무디』, 23.

때 이러한 요소들의 정확한 기능을 이해하는 데서는 우리에게 아무런 도움도 주지 못한다.

인간은 실재의 모든 요소들이 있는 그대로 축소된 규모로 반복되는 소우주이므로, 우주적 체계는 인간 자아에 대한 비유에 의거하여 확립된다. 우리에게 각성상태와 수면상태가 번갈아 일어나는 것처럼, 세계의 창조와 파괴가 있다. 꿈 없는 숙면상태에서 비록 자아는 세계를 인식하지 않는다 할지라도 자아가 존재하지 않는 것은 아니다. 이와 마찬가지로 세계 해체의 상태(pralaya)에서 비록 프라크리티는 지각되지 않는다 할지라도 자아들은 소멸되지 않는다. 어떤 사람이 깊은 잠에서 깨어나서 "나는 잘 잤다. 나는 아무것도 몰랐다"고 말할 때, 이 무(無)는 비아(not-self), 즉 어떤 것에 대한 인식이 일어나는 미현현의 프라크리티이다. 작용이 정지된 프라크리티의 상태는 개아의 꿈없는 숙면상태(suṣupti)에 상응한다. 우리가 숙면상태에서 깨어날 때, 먼저 의식(buddhi)의 각성이 있으며, 잇따라서 자아에 대한 지각과 욕망의 일렁임이 있다.

감각 기관들과 성(聲)·촉(觸) 등의 미세한 5요소들은 그 다음에 작용한다. 조대한 요소들이 그에 의하여 인식되는 것은 오직 그가 잠에서 깨어 각성상태일 때이다. 붓디 혹은 의식은 자아가 비아에 의하여 대면될 때 일어나는 텅 빈 하늘의 첫 서광이다. 자아는 어떤 것이 있다는 것을 알게 된다. 그런 다음에 자아는 비아와의 구별을 통하여 스스로의 개별성을 의식하게 된다. 자아는 "내가 대상을 지각한다"는 느낌을 지닌다. 그런 다음에 우리는 대상이 마음에 의하여 종합되고 요소들로 이루어진 일련의 정신상태들이라는 것을 발견한다.[원주150]

[원주150] 반다르카르(R. G. Bhāndārkar) 경(卿)은 상키야의 전개설에 대한 피히테적인 해석을 시도한다. 자신의 의식 속에 지나가는 것을 직접적으로 파악하는 개아는, 자신이 생성자가 아닌 어떤 감각들에 대하여 안다. 따라서 그는 외부 세계를 가정하게 된다. 그것의 실재성은 의식의 자유로운 활동에 대한 제한들에 의하여 입증된다. "대상적인 '나'(me)가 한정된다는 것을 느끼는 의식상태에서, 지성은 우선 그 '나'를 긍정하며, 그런 다음에 그 자신에 대한 '비아'(not me)를 대립시킨다.

상키야 전개설의 전체적인 체계는 개인의 심리적인 경험에 토대를 두고 있는 것처럼 보인다. 그러나 심리학적인 것에서 형이상학적인 것으로의 전이는, 우파니샤드에서 브라흐마(Brahmā)가 절대 의식의 첫 자식으로 말해지는 역사적인 사실에 의하여 매개된다. 프라크리티의 첫 산물로서 마하트의 개념은 『카타 우파니샤드』에서 미현현자로부터 위대한 영혼이 파생되는 것에서 그 기원을 추적할 수 있다.[원주151] 마하트는 의식(존재)으로 비추어진 프라크리티(비존재)이다. 우리는 우파니샤드에서 우주란(宇宙卵, hiraṇyagarbha) 혹은 브라흐마, 즉 비인격적인 브라흐만으로부터 나오는 것으로 말해지는 세계아에 대한 개념을 볼 수 있다. 프라크리티로부터 마하트의 생성에 대한 개념이 이해 가능한 것으로 될 수 있는 유일한 길은 베단타의 입장을 수용하는 길뿐이다. 주관과 객관 모두를 초월하는 지고 무상의 브라흐만이 있다. 그것이 객관 세계와 관련되는 순간, 그것은 자체에 대립하는 대상을 지니는 주체가 된다.[원주152]

'나'에 대한 한정은 그것이 이전에는 한정되지 않았다는 것, 다시 말하여 자유로웠다는 것을 의미한다." 이로써 우리는 유한한 자아, 비아, 한정, 절대 자아를 이해하게 된다. 상키야의 아함카라는 유한한 자아에 속한다. 미세한 요소들과 조대한 요소들, 그리고 이 요소들에 대응하는 것, 즉 감각들은 모두 비아를 대면하는 경험적인 자아에 의하여 생성되는 것으로 말해진다. 자유 무한의 절대적인 자아는 푸루샤이며, 비아에 의한 그것의 제한은 속박이다. 그러나 절대 자유한 푸루샤는 제한의 원천일 수 없으므로, 상키야는 별개의 원인을 받아들인다. 제한의 원인은 본질적으로 무한하지만, 이 무한성은 유한한 자아와 그것의 긴밀한 관련 때문에 무지에 사로잡힌 경험적인 자아에 의하여 자신의 것으로 한정된다. *Indian Philosophical Review*, ii, pp.200 ff를 보라.

[원주151] iii.11.

[원주152] 『브리하드아란야카 우파니샤드』, i.4.2에서 "그가 둘러보았다"(Īkṣāncakre)는 구절이나, 『찬도기야 우파니샤드』, vi.2.2에서 "그가 보았던 것"(Tad aikṣata)이라는 언급과 비교하라. 『바가바타 푸라나』에서는 "그들이 마음(citta)이라고 선언하는 것, 바수데바(Vāsudeva) 즉 비슈누라고 불리는 것, 그것은 마하트로 이루어져 있다"(yad āhur vāsudevākhyaṁ cittaṁ tan mahadātmakam(iii.26.21). 『상키야프라바차나 바쉬야』, vi.66을 보라.

지고한 영혼의 본질은 순수 의식인 반면에, 프라크리티의 본질은 비(非)의식이다. 그 둘이 혼합될 때, 우리는 의식-비의식 혹은 주관-객관을 지니게 되며, 그것이 마하트이다. 비존재조차도 잠재적인 존재 혹은 잠재적인 의식이다. 주체가 그 자신을 대상과 대립시키는 즉시, 그것은 자아의식을 발현한다. 먼저 지성이 있은 다음에 자아의식이 있다. 창조는 자아의식에 잇따른다. "나는 여럿이 될 것이다. 나는 낳을 것이다."[원주153] 상키야 이론의 애매성은 심리적인 사실들이 형이상학적인 진술과 뒤섞인다는 사실에 기인한다. 만일 주체가 지고 무상의 궁극적인 존재가 아니라면, 심리적인 표상의 순서가 반드시 실재적인 전개의 순서일 필요는 없다. 상키야는 자체의 전제들을 이와는 본질적으로 조화되지 않는 우파니샤드에서 취한 개념들과 결합시킨다.

8. 공간과 시간

세계 전개의 모든 현상들은 작용, 변화 혹은 운동(parispanda)으로 특징지어진다.[원주154] 모든 사물들은 성쇠의 미세한 변화를 겪는다. 지극히 짧은 찰나(kṣaṇa) 속에 전체 세계는 변화를 겪는다. 경험 세계에서 공간과 시간은 한정되는 것으로 보이며, 아카샤가 공간 속에 공존하는 사물들과 시간 속에 움직이는 물체들에 의하여 조건지어질 때, 아카샤로부터 일어난다고 말해진다.

비갸나비크슈는 말한다. "영원한 공간과 시간은 프라크리티, 즉 아카샤의 근본 원인 형태이며, 단지 프라크리티의 특수한 변형에 불과하다. 그러므로 공간과 시간의 보편성이 확립된다……. 그러나 한정되는 공간과 시간은 이런저런 한정하는 대상(upādhi)과의 관련을 통하여 아카

[원주153] 『찬도기야 우파니샤드』, vi.2.3.
[원주154] Vyaktam sakriyam parispandavat(『탓트와카우무디』, 10). 또한 『요가 바쉬야』, iii.13을 보라.

샤로부터 생성된다."[원주155] 한정된 공간과 시간은 한정하는 이런저런 대상들에 의하여 특수화된 아카샤 자체이다. 공간과 시간 자체는 추상물이다. 공간과 시간은 니야야 바이셰쉬카가 생각하는 것처럼 실체들이 아니라, 프라크리티의 전개 과정에서 나타나는 사건들을 묶는 관계들이다. 사건들은 시간과 공간의 관계 속에 서 있다. 우리는 무한한 시간과 무한한 공간에 대한 지각을 지니지 않으며, 따라서 무한한 시간이나 무한한 공간은 이해력에 의하여 만들어지는 것으로 간주된다. 서로 선후의 관계에 있는 한정된 지각의 대상들로부터, 우리는 전개의 과정을 나타내는 무한한 시간 체계를 세운다.

비야사는 말한다.[원주156] "마치 원자가 물질의 최소 한계인 것과 마찬가지로, 순간(kṣaṇa)은 시간의 최소 한계이다. 다시 말하여 순간은 한 점에서 출발하여 다른 한 점에 도달하기 위하여 운동하는 원자에 의하여 소요되는 시간이다. 그러나 이러한 순간들의 끊임없는 흐름은 연속(krama)이다. 순간들과 이러한 순간들의 연속은 하나의 실체(vastu)로 결합될 수 없다. 그러므로 이러한 본질을 지니는 시간은 실재적인 어떤 것에 해당되는 것이 아니라, 마음의 산물에 불과하며, 지각이나 말의 결과로서 잇따른다."[원주157] 그러나 순간들은 객관적이며 연속에 달려 있다.[원주158] 연속은 전문가들에 의하여 시간(kāla)이라고 불리는 중단되지 않는 순간들의 연속을 그 본질로 지닌다. 두 순간은 동시에 발생할 수 없다. 왜냐하면 동시에 일어나는 두 사물의 연속은 있을 수 없기 때문이다. 나중의 순간이 이전의 순간을 계승할 때, 연속이 있다. 그래서 현재에는 단 한순간이 있을 뿐이며, 그 이전 순간이나 이후 순간은 공재할 수 없다. 그러므로 이러한 순간들의 결합은 있을 수 없다. 그러나 과거와 미래인 이 순간들은 변화(pariṇāma)들에 내속하는 것

[원주155] 『상키야프라바차나 바쉬야』, ii.12 ; ii.10.
[원주156] 『요가 바쉬야』, iii.52.
[원주157] Sa khalv ayaṁ kālo vastuśūnyo 'pi buddhinirmāṇaḥ śabdajñānānu-
    pātī(『요가 바쉬야』).
[원주158] Kṣaṇastu vastu patitah kramāvalambī.

으로 설명된다. 따라서 전체 세계는 어떤 한 순간 속에서 변화를 경험하며,[원주159] 결국 세계의 이 모든 외적인 측면들은 현재의 이 순간에 상대적이다.[원주160]

세계는 실재적인 것도 아니고 비실재적인 것도 아니다. 그것은 사람의 뿔과 같은 비실재가 아니며, 또한 그것은 흘러가버리는 것이므로 실재라고 할 수도 없다.[원주161] 그러나 그것은 형언할 수 없는 막연한 것으로 간주될 수 없다. 왜냐하면 그와 같은 것은 존재할 수 없기 때문이다.[원주162] 상키야는 세계를 존재하지 않는 것의 반영으로 간주하는 입장을 비판하며,[원주163] 그것을 단순한 이데아로 보지도 않는다.[원주164] 세계는 프라크리티의 외적인 형태로 존재하며, 그것의 일시적인 현현으로 사라져간다.[원주165] 세계는 전변을 겪는 현상적인 실재성을 지닌다.[원주166] 세계 과정은 이중성을 지닌다. 그것은 창조적인 동시에 파괴적이다. 창조는 근본 프라크리티로부터 다양한 차원의 존재들이 전개되는 것이며, 파괴는 이러한 존재들이 근본 프라크리티 속으로 귀멸하는 것이다. 프라크리티의 균형상태가 깨어진 결과로 세계가 전개되며, 세계 주기가 끝나면서 산물들은 전개의 이전 단계로 귀입하는 과정을 통하여 결국은 프라크리티 속으로 돌아간다. 새로운 세계의 전개가 시작되기 전까지 프라크리티는 이러한 상태로 남아 있는다.

이와 같은 전개와 귀입의 순환은 결코 시작이 없었으며, 끝 또한 없을 것이다. 비록 해탈된 영혼은 프라크리티의 활동에 아무런 영향도 받지 않는다 할지라도, 프라크리티의 유희는 이런저런 개아가 해탈을 얻

[원주159] Tenaikena kṣaṇena kṛtsno lokaḥ pariṇāmam anubhavati.
[원주160] 그래서 요기들은 순간들과 이 순간들의 연속 모두를 직접 지각할 수 있다
　　　(『요가 바쉬야』, iii.52).
[원주161] 『상키야프라바차나 수트라』, v.52~53.
[원주162] 『상키야프라바차나 수트라』, v.54.
[원주163] 『상키야프라바차나 수트라』, v.55.
[원주164] 『상키야프라바차나 수트라』, i.42.
[원주165] Sadasatkhyātir bādhābādhāt(『상키야프라바차나 수트라』, v.56).
[원주166] 『상키야프라바차나 바쉬야』, i.26.

을 때까지 멈추지 않는다.[원주167] 비록 프라크리티는 하나일 뿐이며 모든 푸루샤에 공통된다 할지라도, 그것은 여러 방식으로 자체를 나타낸다. 속박 속에 있는 영혼들에게 그것은 아주 미세한 것으로부터 지극히 큰 것에 이르기까지 다양한 형태로 전개되며, 해탈된 영혼에게 그것은 오던 길을 되돌아가서 그 자체의 원래 형태로 용해된다. 관조자들이 있는 한, 프라크리티의 유희는 계속된다. 모든 영혼들이 자유롭게 될 때, 그 유희는 끝나며 배우들은 무대 뒤로 사라진다.[원주168] 그러나 속박에서 벗어나기 위하여 분투하는 영혼들이 언제나 있을 것이기 때문에, 프라크리티의 활동의 끊임없는 리듬은 영원히 지속될 것이다. 윤회(saṁsāra)는 결코 끝나지 않을 것이다.[원주169]

해체의 상태가 정상상태이므로, 전개의 상태에는 해체를 지향하는 성향이 있다. 모든 푸루샤들의 욕망이 모든 경험의 일시적인 중지가 있어야 한다는 것을 요구할 때, 프라크리티는 무활동상태로 돌아간다. 구나들은 지극히 정교하게 대립되어 있으므로, 어떤 것도 지배적인 입장이 될 수 없게 된다. 그러므로 어떤 새로운 사물이나 속성의 생성은 없다. 심지어 프랄라야(pralaya) 상태도 푸루샤의 목적에 기여하려는 경향을 지닌다. 프랄라야 상태에서 비록 프라크리티의 변화는 동질적이라 할지라도, 프라크리티 자체에 전혀 아무런 활동도 없는 것은 아니다.

9. 푸루샤

모든 인간은 흔히 영혼이라는 이름이 부여되는 자기 결정의 원리를 지닌다. 엄격한 의미에서 영혼은 생명을 지니는 모든 존재들에 속해 있

[원주167] 『상키야프라바차나 수트라』, iii.66.
[원주168] 『상키야 카리카』, 58~59 ; 『상키야프라바차나 수트라』, iii.63.
[원주169] 『요가 수트라』, ii.22 ; 『상키야프라바차나 바쉬야』, ii.4 ; 『상키야프라바차나 바쉬야』, i.59 ; i.67 ; vi.68, 69.

으며, 다양한 영혼들은 근본적으로 그 본질에서 동일하다. 이들 간의 차이는 영혼의 삶을 흐리게 하고 왜곡되게 하는 물질 조직들에 기인한다. 영혼이 깃들여 있는 몸의 성질에 따라서 영혼은 다양한 정도로 가려지고 왜곡된다. 영혼들은 물질 조직들이 생겨나는 동일한 원리에 적용될 수 없다. 이에 상키야는 유한한 삶의 모든 사건들에서 자유롭고 시간과 변화를 초월하여 있는 푸루샤들의 존재를 주장한다. 비록 개아는 일면 모든 사건과 변화에 지배되는 특수한 유한 존재라 할지라도, 그에게는 자신을 이 모든 것에서 들어올리는 어떤 것이 있다는 의식의 증거가 있다. 그는 마음이나 생명 혹은 육체가 아니라, 이러한 것들을 지니는 영혼이다. 세계의 사실들이 인식론적인 관점에서 관찰될 때, 우리는 주체와 객체의 분류를 지니게 된다. 어떤 주체와 어떤 객체의 관계는 인식의 관계 혹은 보다 넓게 말하여 경험의 관계이다. 상키야는 아는 자를 푸루샤, 그리고 알려지는 것을 프라크리티로 간주한다.

상키야는 푸루샤들의 존재를 확립하기 위하여 여러 주장을 펼친다.[원주170] 1) 사물들의 집합은 분명히 다른 어떤 것을 위하여 존재한다. 가우다파다는 여러 부분으로 조립된 침대가 잠자는 사람의 용도를 위하여 있는 것과 마찬가지로, "5요소들의 결합으로 이루어진 이 세계는 다른 것의 사용을 위하여 존재하며, 지력 등으로 이루어진, 향수 가능한 이 육체가 존재하는 목적인 자아가 있다"고 말한다. 2) 인식할 수 있는 모든 대상들은 3구나를 지니며, 이 대상들은 구나들을 지니지 않는 그들의 관조자인 어떤 자아를 전제로 삼는다. 3) 모든 경험들을 통합 조정하는 지배력 혹은 순수 의식이 있음에 틀림없다. 4) 프라크리티는 인식력을 지니지 않으므로, 프라크리티의 산물들을 경험하는 어떤 주체가 있음에 틀림없다. 5) 독존(kaivalya)을 위한 노력이 있으며, 이것은 프라크리티의 속성에 반대되는 속성을 지니는 푸루샤의 존재를 의미한다. 존재의 조건들에서 벗어나려는 열망은 그와 같은 해방을 가

[원주170] 『상키야 카리카』, 17 ; 『상키야프라바차나 수트라』, i.66 ; 『요가 수트라』, iv.24.

능하게 할 수 있는 어떤 자의 존재를 의미한다.

자아 혹은 주체 의식의 본질은 무엇인가? 그것은 육체가 아니다. 의식은 요소들의 산물이 아니다. 왜냐하면 그것은 요소들 속에 단독으로 존재하지 않으며, 따라서 요소들 속에 모두 함께 있을 수 없다.[원주171] 그것은 지각 기관과 다르다.[원주172] 왜냐하면 지각 기관은 인식하는 자가 아니라 인식하는 도구이기 때문이다. 지각 기관들은 붓디 속에 변형을 야기한다. 붓디는 의식적이 아니므로, 푸루샤는 붓디와 다르다. 우리의 경험들이 하나의 체계적인 전체로 통합되는 것은, 다양한 의식상태를 함께 지니는 자아가 존재하기 때문이다. 자아는 순수 정신, 육체 혹은 프라크리티와는 다른 것으로 정의된다.[원주173] 만일 그것이 변하기 쉽다면, 지식은 불가능할 것이다. 그것의 성격은 의식이기 때문에, 그것은 전개 연쇄의 산물들을 자아의식 속으로 가져오는 것을 돕는다. 그것은 생각과 느낌의 전체 영역을 비춘다.

만일 푸루샤가 변형을 겪는다면, 그것은 때로는 소멸할 수도 있을 것이며, 따라서 즐거움과 고통으로서의 프라크리티의 상태들이 반드시 체험될 것이라는 보장은 없을 것이다. 끊임없는 빛으로서의 푸루샤의 본질은 변하지 않는다.[원주174] 그것은 깨어 있는 상태와 꿈속에서뿐만 아니라 꿈 없는 숙면상태에서도 나타나며,[원주175] 이러한 상태들은 모두 붓디의 변형이다.[원주176] 그러므로 푸루샤는 비록 원인도 아니고 결과도 아니라 할지라도 존재한다.[원주177] 그것은 우리가 프라크리티 같은 것이 있다는 것을 알게 하는 빛이다. 그것은 대상들을 비추기 위하여 자체 외의 다른 어떤 것에 의존하지 않는다. 프라크리티와 그 산물들은 자명

[원주171] 『상키야프라바차나 수트라』, v.129 ; iii.20~21.
[원주172] 『상키야프라바차나 수트라』, ii.29.
[원주173] 『상키야프라바차나 수트라』, vi.1~2.
[원주174] 『상키야프라바차나 바쉬야』, i.75 ; 『요가 수트라』, iv.18 ; 『상키야프라바차나 수트라』, i.146.
[원주175] 『상키야프라바차나 수트라』, i.148.
[원주176] 『상키야프라바차나 바쉬야』, i.148.
[원주177] 『상키야프라바차나 수트라』, i.61.

한 것이 아니라, 자체의 현시를 위하여 푸루샤의 빛에 의존한다. 의식은 비록 물질적으로 매개된다 할지라도, 물질적으로 해석되지 않는다. 붓디, 마나스 등은 도구 혹은 수단이며, 이 도구들은 그 자체가 기여하는 의식의 목적을 설명할 수 없다.

푸루샤는 단지 의식일 뿐이며 지복이 아니다. 왜냐하면 행복은 삿트와 구나에 기인하며, 삿트와 구나는 프라크리티에 속하기 때문이다. 주체와 객체의 이원은 고통스러운 경험에 연루되는 것과 마찬가지로 즐거운 경험을 향수한다. 즐거움과 고통은 붓디에 귀속된다.[원주178] 더욱이, 만일 푸루샤가 의식일 뿐만 아니라 지복이라고 한다면, 이것은 또한 푸루샤의 본질에 이원성을 끌어들이는 결과가 될 것이다.[원주179] 만일 고통이 푸루샤의 본질을 구성한다면, 어떤 해탈도 불가능할 것이다. 푸루샤는 움직일 수 없으며, 해탈을 얻는 순간에 그것이 어디엔가로 가는 것은 아니다.[원주180] 그것은 한정된 크기를 지니지 않는다. 만일 그렇다면 그것은 부분으로 이루어져 있을 것이며, 따라서 파괴될 수 있을 것이기 때문이다.[원주181] 그것은 원자의 크기가 아니다. 만일 그렇다면 모든 신체상태들에 대한 푸루샤의 인식을 설명할 수 없을 것이기 때문이다. 그것은 어떤 행위에도 동참하지 않는다. 상키야는 푸루샤가 어떤 속성을 지닌다는 것을 부정한다. 만일 그렇지 않다면 그것은 해탈할 수 없을 것이기 때문이다. 어떤 사물의 본질은 떨쳐버릴 수 있는 것이 아니며, 따라서 행복과 고통은 영혼의 본질에 속할 수 없다.

경험은 사람들이 신체적·윤리적·지적으로 다양하게 타고난다는 것을 보여주므로, 수많은 자아들이 있다는 것을 알 수 있다. 세계에는 각자 자신의 방식으로 세상을 해석하며, 자신의 주관적·객관적인 과정들에 대하여 독자적인 경험을 지니는 다수의 의식적인 존재들이 있

[원주178] 『상키야프라바차나 수트라』, vi.11.
[원주179] 『상키야프라바차나 수트라』, v.66.
[원주180] 『상키야프라바차나 수트라』, i.49 ; 『상키야 카리카』, 3.
[원주181] 『상키야프라바차나 수트라』, i.50.

다. 사람들이 지니는 견지의 차이는 프라크리티의 작용에 기인될 수 없
으며, 따라서 다양한 의식적인 목격자들이 있다고 주장된다. 이들은 다
양한 기관과 행위를 지니며, 독립적인 태어남과 죽음을 겪는다.[원주182]
어떤 사람은 천계로 가며, 또 어떤 사람은 지옥으로 떨어진다. 상키야
는 독립적인 흐름들의 개별적인 단일성뿐만 아니라, 의식의 흐름들에
나타나는 수적인 차별성도 강조한다. 우리가 개별 주체를 가정하지 않
고서는 개인의 경험에 나타나는 유기적인 통일성을 설명할 수 없는 반
면에, 다양한 단일체들의 차별성은 다수의 자아가 있다는 것을 주장할
수 있게 한다. 만일 자아가 오직 하나라면, 어떤 하나가 자유를 얻는다
면 모두가 자유롭게 되어야 할 것이다.[원주183] 만일 자아가 본질상 프라
크리티에 반대된다면, 하나이며 모두에 공통되는 프라크리티와는 달리
푸루샤는 당연히 다수라는 결론이 된다.

　일원론을 견지하는 여러 경전의 구절들은 본질적인 속성들의 무차별
에 대한 언급으로 해석된다.[원주184] 그것은 동질성이 아니라 종류에서의
무차별을 의미한다.[원주185] 해탈은 절대 영혼과의 합체가 아니라, 프라크
리티로부터의 분리이다. 여러 개인들에 깃들여 있는 자아들은 이들이
일시적으로 결합하게 되는 프라크리티의 산물들의 전개 과정을 조용히
지켜보는 관조자라는 공통적인 성질을 지닌다.

　푸루샤에 대한 상키야의 견해는 우파니샤드의 아트만에 대한 개념
에 의하여 확립된다.[원주186] 그것은 무시무종이며, 어떤 속성도 지니지
않으며, 미세하고 편재적이며, 영원한 관조자이며, 감각과 마음을 초월
하며, 지력의 범위를 초월하며, 시공간과 인과율의 범위를 초월한다.
그것은 창조되거나 창조하지도 않는다. 그것의 영원성은 영속일 뿐만

[원주182] 『상키야프라바차나 수트라』, vi.45 ; i.149 및 150.
[원주183] 『상키야 카리카』, 18.
[원주184] 『상키야프라바차나 수트라』, v.61 ; 『상키야프라바차나 바쉬야』, i.154.
[원주185] 즉 akhaṇḍatā가 아니라 vaidharmyaviraha를 의미한다.
[원주186] 『브리하드아란야카 우파니샤드』, iv.3.16 ; 『슈웨타슈와타라 우파니샤드』, vi.11
　　　및 19 ; 『아므리타빈두』(Amṛtabindu), v.10.

아니라, 완전 불변이다. 경험적인 인식은 오직 육체의 제한들을 통하여 가능하기 때문에, 푸루샤는 경험적인 의미에서 모든 것을 알지 못한다 할지라도, 그것은 의식의 형태(cidrūpa)를 띤다. 자아가 이러한 한계들에서 자유롭게 될 때, 그것은 변화 가감에 대한 어떤 인식도 지니지 않으며, 단지 그 자체의 본질로 남는다.[원주187] 푸루샤는 프라크리티에서 분리된다.[원주188] 그것은 순수 방관자, 단독의 무관심한 수동적인 관조자이다.[원주189] 프라크리티와 푸루샤의 속성들은 본질상 서로 반대된다. 프라크리티는 비의식(acetanam)인 데 비하여 푸루샤는 의식(sacetanam)이다. 프라크리티는 활동적이며 끊임없이 순환하는 데 비하여, 푸루샤는 비활동적(akartā)이다. 푸루샤는 항구 불변하지만, 프라크리티는 변화 무쌍하다. 프라크리티는 3구나로 특징지어지지만, 푸루샤는 구나를 지니지 않는다. 프라크리티는 대상임에 비하여 푸루샤는 주체이다.

10. 경험적 자아

지바(jīva, 경험적 자아)는 감각의 결합과 육체에 의한 제한으로 특징지어진다.[원주190] 비갸나비크슈는 푸루샤 그 자체가 아니라 아함카라를 지니는 푸루샤가 지바라고 말한다.[원주191] 순수 자아는 붓디를 초월하여 존재함에 비하여, 붓디에 푸루샤의 반영은 에고, 즉 기쁨과 고통을 포함한 우리의 모든 상태들을 인식하는 주체로 나타난다. 우리가 자아는 붓디를 초월하며 성격과 지식에서 붓디와 다르다는 것을 알지 못할 때, 붓디에 자아의 개념을 지닌다.[원주192] 각각의 붓디는 자체의 지난

[원주187] 『상키야프라바차나 수트라』, Vṛtti, vi.59.
[원주188] 『브리하드아란야카 우파니샤드』, iv.3.15.
[원주189] 『상키야 카리카』, 19. 하리바드라(Haribhadra)의 『샤드다르샤나사뭇차야』, 41에 대한 마니바드라(Maṇibhadra)의 주석과 비교하라.
[원주190] 『상키야프라바차나 수트라』, Vṛtti, vi.63.
[원주191] 『상키야프라바차나 바쉬야』, vi.63.

업에 의하여 결정되는 하나의 분리된 유기체이며,[원주193] 무지(avidyā)와 독특한 관련을 지닌다. 에고는 심리적인 통일체, 즉 우리가 경험적 자아의 내적인 삶으로 이해하는 의식적인 경험의 흐름이다. 이 통일체는 끊임없이 변화하는 일시적인 것이며, 푸루샤가 아니다. 푸루샤는 이와 같은 일시적인 통일체의 전제 조건으로 영구히 존재한다. 푸루샤는 영원히 자기 동일성을 유지하는 자아인 반면에, 지바는 물질 세계의 한 항목이다.

각각의 에고는 현실 세계 속의 여러 존재들과 나란히 있는 한 존재에 불과하며, 따라서 물질적인 존재보다 더욱 궁극적으로 실재적이라고 할 수 없다. 비록 정도의 차이는 있다 할지라도 에고는 물질 세계의 다른 존재들이 우리에게 경험되는 것과 마찬가지로 경험될 수 있을 것이다. 개개의 모든 에고는 죽음과 함께 소멸되는 조대한 육신, 그리고 감각을 포함한 심리 요소들로 이루어진 미세한 몸을 지닌다. 이 미세한 몸은 여러 형태의 존재들 속에서 자기 동일성의 원리일 뿐만 아니라, 윤회 재생의 토대이다.[원주194] 우리 경험의 모든 흔적들을 담고 있는 이 미세한 몸은 푸루샤와 구별되는 표식(liṅga)이라고 불린다. 이 표식들은 만일 그것이 없다면 다양한 푸루샤들이 구별될 수 없는 경험적인 특성들이다. 프라크리티의 산물로서, 이 표식들은 3구나를 지닌다. 각 링가의 특수한 성격은 구나들의 조합에 달려 있다. 각각의 생애는 그 자체의 링가를 지닌다. 미세한 몸이 존재하는 한, 체화된 존재와 재생이 있을 것이다.

하등 동물의 차원에서는 타마스가 우세하다. 왜냐하면 우리는 동물의 생활이 무지와 어리석음으로 특징지어진다는 것을 발견하기 때문이다. 기억과 상상력은 단지 불완전하게 발달할 뿐이며, 따라서 동물들에 의하여 경험되는 기쁨이나 고통은 지속적이거나 강렬하지도 않다. 삿

[원주192] 『요가 수트라』, ii.6.
[원주193] 『상키야프라바차나 바쉬야』, ii.46.
[원주194] 『상키야프라바차나 수트라』, iii.16.

트와 측면이 매우 저조하므로, 동물들의 지식은 단지 현재의 행위에 대한 수단일 뿐이다. 라자스 측면이 보다 현저해질 때, 푸루샤는 인간계로 진입한다. 인간은 끊임없이 움직이며, 해탈을 위하여 또는 고통에서 벗어나기 위하여 온갖 노력을 기울인다. 삿트와 측면이 현저해질 때 해탈지가 획득되며, 프라크리티는 더 이상 에고를 존재의 고통에 속박하지 않는다. 해탈된 영혼은 이런 저런 일에 대하여 초탈한 방관자이다. 죽음의 순간에 프라크리티와 푸루샤의 결합은 해체되며, 해탈된 영혼은 절대적인 자유를 누린다. 변화, 즉 해탈과 속박은 푸루샤에 붙은 미세한 몸에 속한다. 푸루샤는 비록 미세한 몸이 라자스와 타마스로 가득 차 있는 한 자신의 본질을 잊어버린다 할지라도, 그것은 영원히 순수 의식으로 남아 있다. 모든 미세한 몸들에 들어 있는 푸루샤들은 동종이며, 그들을 차별화하는 미세한 몸들 자체는 프라크리티에서 일어나는 하나의 지속적인 전개에 속한다. 이와 같이 상키야의 전개설은 인간을 동물과 식물 모두에 걸치는 다른 형태의 생명과 혈연의 관계로 묶는다.

경험적 자아는 자유로운 영혼과 심리 물질적인 메커니즘, 즉 푸루샤와 프라크리티의 혼합이다. 비록 미세한 몸은 푸루샤의 산물이며, 따라서 그 자체로는 의식적인 것이 아니라 할지라도, 푸루샤와 프라크리티의 결합을 통하여, 미세한 몸은 의식적이 된다. 그것은 즐거움과 고통, 행위와 그 결실에 지배되며, 윤회 재생한다. 아트만 혹은 푸루샤는 세속적인 이해 관계에 지극히 무관심하다. 행위는 프라크리티의 산물 가운데 하나인 붓디에 귀속된다. 그럼에도 불구하고 푸루샤와 붓디의 결합 때문에, 무관심한 푸루샤는 마치 행위자인 것처럼 여겨진다. 실제적인 작인(作因)은 내적 기관(antaḥkaraṇa)에 속하며, 이 내적 기관은 푸루샤에 의하여 조명된다.[원주195] 지각력 없는 내적 기관은 그 자체로 작인일 수 없지만, 그것은 의식을 부여받는다. 이와 같이 내적 기관이

[원주195] 『상키야프라바차나 수트라』, i.99.

의식을 부여받게 되는 것은 영원히 빛나는 의식과 그것의 특수한 결합에 기인한다. 이때 의식은 내적 기관이 되는 것이 아니라, 단지 그것에 반영될 뿐이다. 물론 이와 같은 푸루샤와 프라크리티의 결합은 영원한 결합이 아니다.

프라크리티는 심리적·물질적인 현상 모두의 근저에 놓여 있다. 프라크리티의 구성 요소들은 한 경우에는 주체 혹은 인식자로 작용하며, 다른 한 경우에는 대상 혹은 지각되는 것으로 작용한다. 그 둘은 전개의 다른 체계들을 나타낸다.[원주196] 프라크리티는 행위하며, 푸루샤는 행위의 결과를 향수한다. 행복과 고통은 프라크리티의 양태들에 귀속되며, 푸루샤는 자체의 무지를 통하여 그것을 경험하는 것으로 말해진다.[원주197] 의식의 빛은 프라크리티의 활동에 돌려지며, 프라크리티의 활동을 수동적으로 관조하는 푸루샤는 자기의 참된 본질을 잊어버리고, 스스로가 생각하고 느끼며 행위한다는 미혹에 사로잡힌다. 미혹에 빠진 푸루샤는 자신을 존재의 특정 형태, 즉 유한한 동물적인 몸과 동일시하며, 이로써 참된 삶으로부터 배제된다. 영원한 평화를 상실한 푸루샤는 불안의 상태로 돌입하게 된다. 푸루샤와 결합되어 있는 육체는 이곳에서 저곳으로 움직인다 할지라도, 푸루샤는 전혀 움직이지 않는다. 수동적이며 동의와 취소를 행하는 것으로 생각되는 푸루샤는 프라크리티에서 일어나는 운동에 대한 명칭에 불과하다. 비록 행위자는 아니라 할지라도, 프라크리티의 삭용력과 혼동을 통하여 푸루샤는 행위자인 것처럼 여겨지며, 심지어 프라크리티는 푸루샤에 대한 근접을 통하여 의식을 지니는 것처럼 보인다.[원주198] 고통의 경험(duḥkhasākṣātkāra)

[원주196] 바차스파티의 견해와 비교하라. "Guṇānāṁ dvairūpyaṁ vyavaseyātma-katvam, vyavasāyātmakatvam, ca. Tatra vyavaseyātmakatāṁ grāhyatām āsthāya pañcatanmātrāṇi bhūtabhautikāni……vyavasāyātmakatvaṁ tu gra-haṇasvarūpam āsthāya sāhaṁkārāṇīndriyāṇi"(『탓트와바이샤라디』, iii.47).

[원주197] 『탓트와카우무디』, 5.

[원주198] 『상키야 카리카』, 20과 22 ;『상키야프라바차나 수트라』, i.162~163 ;『요가 수트라』, ii.17 ;『바가바드기타』, viii.21 ;『카타 우파니샤드』, iii.4.

은 단지 반영의 형태로 있을 뿐이며, 그것은 비본질적인 우파디(upā-dhi)의 변형(vṛtti)이다.[원주199] 진정한 속박은 심리적인 것이지만, 단지 그것의 그림자가 푸루샤에 드리워질 뿐이다.

지바의 협소하고 제한된 존재는 푸루샤로서 영혼의 본질적 속성 때문이 아니다. 그것은 본래의 상태에서 떨어진 결과이다. 푸루샤의 경험은 단지 대상들의 반영에 대한 감수를 의미할 뿐이다.[원주200] 프라크리티가 행위할 때, 푸루샤는 그 결과를 향수한다. 왜냐하면 프라크리티의 행위는 푸루샤의 경험을 위하여 의도되기 때문이다.[원주201] 엄격히 말하여 이러한 경험은 무분별(aviveka)에서 일어나는 자아의식(abhimāna) 때문이다.[원주202] 진리를 깨닫게 되면, 즐거움도 고통도 없으며, 행위자도 향수도 없다.[원주203]

푸루샤와 지바에 대한 상키야의 설명은 여러 점에서 아트만과 경험적 개아에 대한 아드와이타 베단타의 설명과 유사하다. 아드와이타 베단타에 따르면 아트만은 행위가 없으며, 우리를 행위에 연루시키는 몸과 마음의 방해에서 자유롭다. 아트만이 행위하는 것처럼 보이는 것은 그 본래의 위상을 상실했기 때문이다. 소긴지이기기 않은 푸루샤 혹은 아트만은 그 자체가 개별성의 협소한 한계와 혼동될 때 지바로 간주된다. 엄격히 말하여 개별성은 아드와이타의 경우에는 미세신(微細身, sūkṣmaśarīra)에, 그리고 상키야의 경우에는 표식신(標識身, liṅga-śarīra)에 귀속된다. 비갸나비크슈는 상호 반영에 대하여 언급하고 있으며, 이것은 아드와이타의 반영설(pratibimbavāda)과 어느 정도 유사하다. 아드와이타의 반영설은 아트만이 내적 기관(antaḥkaraṇa)에 반영된다고 주장한다. 이러한 반영(cidābhāsa)이 곧 개아(jīva)이다.

[원주199] 『상키야프라바차나 바쉬야』, i.17.
[원주200] Puruṣasya viṣayabhogaḥ pratibimbādānamātram(『상키야프라바차나 바쉬야』, i.104).
[원주201] 『상키야프라바차나 수트라』, i.105.
[원주202] 『상키야프라바차나 수트라』, i.106.
[원주203] 『상키야프라바차나 수트라』, i.107.

상키야의 이론은 해탈을 위하여 몸부림하는 영혼에 대한 경험적인 입장과 아드와이타 베단타의 형이상학적인 견해, 즉 무한 부동의 영혼은 속박될 수 없다는 입장에 대한 절충이다. 그러므로 푸루샤는 그 본질에서 영원불변으로 남아 있지만, 그럼에도 불구하고 그것은 계속되는 고통의 반영을 경험하는 것으로 말해진다. 수정은 그 자체가 붉게 변하지 않고도 그것을 통하여 비치는 붉은 꽃을 보여주듯이, 비록 영혼의 고통이나 기쁨에 대한 환영(幻影)은 의식에 나타난다 할지라도, 영혼은 항상 불변으로 남아 있다. 비갸나비크슈는 이와 같은 취지로 『수리야 푸라나』에서 한 구절을 인용한다. "순수 무색의 수정이 어떤 붉은색을 띤 요소의 가탁(假託) 때문에 사람들에 의하여 붉은 것으로 관찰되듯이, 위대한 푸루샤도 이와 같다."[원주204]

상카라는 수정 꽃병의 비유를 들고 있다. 그 자체로는 아무런 색조도 띠지 않는 수정 꽃병이라 할지라도, 그 속에 꽂힌 붉은 꽃 때문에 꽃병도 붉게 보인다고 말한다.[원주205] 만일 본래 청정한 푸루샤가 오염된 것처럼 보인다면, 이러한 가현은 그것이 한시적으로 관련을 맺고 있는 마음 때문이다. 이러한 관련은 자아에 영속적이거나 일시적인 어떤 인상도 남기지 않는다. 실재적인 접촉이 아니기 때문에, 그 뒤에 남겨지는 어떤 흔적도 있을 수 없다.

11. 푸루샤와 프라크리티

상키야 철학에서 가장 곤혹스러운 점은 푸루샤와 프라크리티의 관계

[원주204] Yathā hi kevalo raktaḥ sphaṭiko lakṣyate janaiḥ, Rañjakādyupadhā-nena tadvat paramapūruṣaḥ(『상키야프라바차나 바쉬야』, i.19). 『사르바싯단타 사라상그라하』 ix.15와 비교하라. "수동적으로 무관심한 푸루샤는 3구나의 영향 때문에 행위자인 것처럼 보인다."
[원주205] 『아트마보다』(Ātmabodha).

416

에 대한 문제이다. 프라크리티의 전개는 어떤 신비스러운 측면을 지닐 뿐만 아니라, 또한 정신적인 목적의 실현에 적용되는 데서는 어떤 구상과 의도를 지닌다.[원주206] 프라크리티는 영혼이 깊은 잠에서 깨어나게 하기 위하여 두려움과 슬픔으로 가득 찬 세계를 전개한다. 세계 속에 비극의 전개는, 자기 앞에 나타나는 모든 것을 보면서도 꼼짝 않고 있는 자아에게 필수적인 것으로 말해진다. 푸루샤에 대한 기여는 프라크리티의 행위가 지니는 목적으로 인정된다.[원주207] 물론 이 경우 프라크리티가 이러한 목적을 의식하고 있는 것은 아니다. 상키야는 신화적인 이적 기사를 배제하는 대신에, 내재적인 목적론을 수용한다. 프라크리티의 행위—— 비록 기계적이기는 하지만 가장 현명한 계산을 시사하는 결과들을 가져오는—— 에서 우주의 장려함과 세계의 놀라운 배열의 시원을 추적하는 것이 가장 중요한 고려 사항이다.

그러나 상키야는 프라크리티의 행위가 의식적인 사색에 기인하는 것이 아니라는 점을 분명히 한다.[원주208] 상키야에 의하여 채택되는 비유는 우리에게 그다지 설득력있게 다가오지 않는다. 의식 없는 프라크리티는 마치 의식 없는 나무가 열매를 맺는 것이나,[원주209] 암소의 우유가 송아지의 영양을 위하여 나오는 것처럼 행위하는 것으로 말해진다. 기계론은 그 자체에 대하여 설명할 수 없으며, 또한 프라크리티의 산물들은 저급한 조건의 기계적인 결과로 간주될 수도 없다. 만일 프라크리티

[원주206] 『상키야프라바차나 수트라』, ii.1 ; iii.58.
[원주207] 『상키야 카리카』, 56. 프라크리티에 대한 상키야의 입장은 Romanes Lectures에서 헉슬리(Huxley)에 의하여 주장되는 견해나 다음과 같은 하디(Hardy)의 시에서 시사되는 입장과는 다르다.
"……어떤 무지막지한 우둔함,
세우고 섞는 강한 힘,
그러나 기여할 수 없어라.
……우리의 고통을 모르는
자동 인형."
[원주208] 『상키야프라바차나 수트라』, iii.61.
[원주209] 『상키야프라바차나 수트라』, Vṛtti, ii.1

가 자발적으로 행위한다면, 해탈은 있을 수 없다. 왜냐하면 그것의 행위는 끝나지 않을 것이기 때문이다. 만일 프라크리티가 자발적으로 비활동적이라면, 현상적 존재의 과정은 즉각 그 지속을 멈출 것이다. 상키야는 프라크리티의 행위가 어떤 운동자, 즉 그 자체는 운동 중에 있지 않으면서도 운동의 원천이 되는 운동자를 함축한다는 것을 인정한다. 다시 말하여 프라크리티의 전개는 정신적인 작인을 함축한다.

그러나 상키야에 의하여 받아들여진 정신적인 센터들은 프라크리티에 어떤 직접적인 영향을 줄 수 없다. 상키야에 의하면, 단순히 푸루샤의 존재가 프라크리티를 자극하여 행위와 전개를 가능하게 한다. 비록 푸루샤는 창조력을 지니지 않는다 할지라도, 다양한 세계를 만들어내는 프라크리티는 푸루샤와의 결합 때문에 그렇게 할 수 있다. 프라크리티는 소경이지만, 푸루샤의 안내를 통하여 다양한 세계를 창조한다. 그 둘의 결합은 튼튼한 다리를 지닌 소경의 어깨에 올라타고 있는 훌륭한 시력의 앉은뱅이에 비유된다.[원주210] 프라크리티의 행위를 응시하는 수많은 자아의 집단 영향은 프라크리티의 전개를 야기하는 원인이 된다. 전개 과정을 시작하게 하는 구나들의 평형에 대한 교란은, 프라크리티에 대한 푸루샤의 행위 때문이다.[원주211] 푸루샤들의 존재는 각 요소들

[원주210] 『상키야 카리카』, 21. 가우다파다는 말한다. "어려운 산길을 가던 중에 강도를 만나 뿔뿔이 흩어진 동료 여행자들로부터 버려진 앉은뱅이와 소경이, 우연히 서로 만나서 상호 신뢰를 고무하기 위하여 대화를 시작하게 되고, 마침내 걷는 일과 보는 일을 분담하기로 의견 일치를 보게 된다. 그래서 앉은뱅이는 소경의 어깨에 올라나서 자기의 여행을 무사히 마칠 수 있었으며, 한편 소경은 동료의 길 안내 덕분에 자기의 길을 갈 수 있게 되었다. 이와 마찬가지로 움직이는 기능은 아니라 할지라도 보는 기능은 영혼에게 있으며, 영혼은 마치 앉은뱅이와 같다. 보는 기능이 아니라 움직이는 기능은 프라크리티에 있으며, 프라크리티는 마치 소경과 같다. 또한 소경과 앉은뱅이의 상호 목적이 성취되고 그들이 여행의 목적지에 도달했을 때, 그 둘 사이에 분리가 일어나는 것처럼, 푸루샤의 해탈을 가져온 프라크리티는 행위를 멈추며, 프라크리티를 응시했던 푸루샤는 자유를 얻는다. 이와 같이 이들 각자의 목적이 이루어졌을 때, 그 둘의 관련은 소멸된다"(『바쉬야』 혹은 『카리카』, p.21).

[원주211] 건설적인 진화론을 표방하는 어떤 철학체계는 하나의 통합 원리, 즉 니수스

418

이 정지상태를 지속하는 균형을 교란한다. 전개 과정의 시초에, 정지상태의 프라크리티와 또한 마찬가지로 움직임이 없지만 프라크리티에 기계적인 힘을 행사하는 수많은 푸루샤들이 있다. 이 힘은 프라크리티의 균형상태를 깨트리며, 처음에는 전개의 형태와 나중에는 쇠퇴 및 파괴의 형태를 띠는 운동을 시작하게 한다. 프라크리티는 다시 정지상태로 돌아가며, 푸루샤들에 의해서 다시 자극된다. 이 과정은 모든 자아들이 자유롭게 될 때까지 계속될 것이다. 그러므로 세계 전개의 최초 원인뿐만 아니라 최종 원인 또한 푸루샤이다.

그러나 푸루샤의 인과 관계는 순전히 기계적인 것, 다시 말하여 그것의 의지 작용에 기인하는 것이 아니라 단지 그것의 단순한 접근에 의한 것이다. 푸루샤는 운동이 아닌 일종의 행위에 의하여 세계를 움직인다. 그것은 자석이 쇠붙이를 잡아당기는 것에 비유된다.[원주212] 상키야의 푸루샤는 아리스토텔레스의 신과 다르다. 비록 아리스토텔레스는 세계의 운동의 기원으로서 초월적인 신을 긍정한다 할지라도, 그는 자기의 신에 대하여 세계 내에서의 어떤 행위도 부정한다. 아리스토텔레스에 따르면, 신은 스스로를 밀폐하고 있는, 순수하게 관조적인 존재이며, 따라서 그는 세계에 대하여 행위할 수도 없고 세계에 대한 인식도 지닐 수 없다. 최초의 운동자인 신은 자신의 행위에 의하여 결정되는 어떤 방식에 의해서가 아니라, 전체 피조물이 추구하는 목적이 됨으로써 세계를 움직인다고 말한다. 세계 내에서 일어나는 일들에 대한 관심은 신의 완전을 훼손할 것이다. 그러므로 순수 지성인 신은 자기의 단순한 존재에 의하여 세계를 움직인다.

사물들의 한층 더한 발달은 그 자체의 본질로부터 일어난다. 그러나

(nisus) 혹은 엘란(elan)을 필요로 한다. 알렉산더는 피라미드의 토대에 일종의 시공간을 놓으며, 시간을 활력화 요소(energising factor)로 삼는다. 홉하우스 (Hobhouse)는 *Mind in Evolution*의 제2판 서문에서 마음이 모든 진화의 추진력이라는 것을 강조한다. 로이드 모건(Lloyd Morgan)은 자신의 *Emergent Evolution*에서 이러한 기능을 신에게 귀속시킨다.

[원주212] 『상키야 카리카』, 57 ; 『상키야프라바차나 수트라』, i.96.

푸루샤는 프라크리티에 대하여 외적인 것으로 말해지며, 프라크리티에 대한 푸루샤의 영향은 비록 실재적인 것이라 할지라도 불가사의하다. 그 둘의 관계는, 비록 우리는 그것을 꿰뚫을 수 없다 할지라도 우리를 둘러싸고 있는 신비이다.[원주213] 우리는 프라크리티가 푸루샤의 목적에 관하여 행위한다고 말할 수 없다. 왜냐하면 후자는 영원히 자유로우며, 프라크리티의 행위를 즐길 수 없기 때문이다. 그것은 프라크리티의 행위가 경험적 개아, 즉 불완전한 통찰 때문에 스스로를 자신의 미세신 혹은 표식신과 동일시하고 욕망을 지니며 분별지를 필요로 하는 입장에 서 있는 지바를 위하여 의도된다는 결론이 된다. 이와 같이 프라크리티는 속박에서 벗어나는 기회를 제공하기 위하여 고통당할 수밖에 없는 존재들을 생산한다.[원주214]

실재적인 푸루샤가 실재적인 세계와 관계를 지니는 것은, 그 둘 사이의 공상적인 관계 때문이다. 이 공상적인 관계가 존재하는 한, 프라크리티는 푸루샤를 향하여 행위한다. 푸루샤가 끊임없이 전개와 해체

[원주213] 『브라흐마 수트라』, ii.2.6에 대한 샹카라의 주석과 비교하라. 샹카라는 프라크리티의 행위의 목적에 대한 문제, 즉 과연 그것이 영혼들의 향수(bhoga)를 위한 것인지 아니면 해탈(mokṣa)을 위한 것인지에 대한 문제를 논의하는 과정에서 다음과 같이 말한다. "만일 즐김이라면, (기쁨이나 고통에 대한) 어떤 증가도 있을 수 없는 영혼에게 무슨 즐김이 귀속될 수 있겠는가? 더욱이 이 경우에는 (영혼은 움직임이 없으므로 해탈을 의도할 수 없으며, 한편 프라다나(pradhāna)는 단지 영혼이 다양한 경험을 하도록 의도할 뿐이므로) 해탈을 위한 기회는 결코 있을 수 없을 것이다. 만일 그 목적이 해탈이라면, 프라다나의 행위는 부의미할 것이다. 왜냐하면 프라다나의 행위가 있기 이전에도 영혼은 이미 해탈의 상태에 있기 때문이다. 만일 즐김과 해탈 모두라면, 영혼에 의하여 향수되는 프라다나의 무수히 많은 목적 때문에 궁극적인 해탈의 기회는 결코 있을 수 없을 것이다. 또한 의식 없는 프라다나든 본질적으로 청정한 영혼이든 어떤 욕망도 느낄 수 없으므로, 욕망의 충족이 프라다나의 행위의 목적으로 간주되는 것은 불가능하다. 끝으로 만일 프라다나가 활동적이 아니라면 (지성으로서 영혼에 귀속되는) 보는 힘과 (프라다나의) 창조력은 무의미할 것이므로, 프라다나가 활동적이라고 가정한다면, 결국 그것은, 보는 힘과 창조력은 영원히 그치지 않을 것이므로 현상 세계는 영원히 끝나지 않으며, 따라서 영혼의 궁극적인 해탈은 불가능하다는 결론이 될 것이다."

[원주214] 『상키야프라바차나 수트라』, Vṛtti, ii.1.

를 거듭하는 프라크리티의 세계와 자기 자신의 차이를 인식하게 될 때, 프라크리티는 푸루샤를 향한 작용을 멈춘다.[원주215] 프라크리티의 전개를 야기하는 동력인은 단지 푸루샤들의 존재가 아니라, 그들의 무분별(aviveka)이다. 왜냐하면 그들은 항상 존재하고 있기 때문이다.

프라크리티가 마하트 등으로 전변하기 전에는 다만 무분별이 있을 뿐이다. 불가견력이나 보이지 않는 공덕 혹은 죄과는 아직 생성되지 않는다. 왜냐하면 그것은 마하트의 산물이며, 프라크리티의 최초 행위 이후에 나타나는 것이기 때문이다. 이전의 창조에서 획득된 불가견력은 아무런 소용이 없다. 왜냐하면 그것은 갖가지의 개아에 대하여 다르며, 창조의 순간에 갖가지의 불가견력은 갖가지의 개아에 귀속되지 않기 때문이다. 궁극적으로 프라크리티의 행위의 원인은 무분별이다.[원주216] 왜냐하면 카르마와의 결합은 단지 무분별의 결과이기 때문이다.[원주217] 이러한 무분별은 푸루샤와 프라크리티의 일시적인 결합을 야기한다. 그러나 그 둘의 결합은 참된 지식이 일어남과 동시에 사라지므로, 그것은 실재적인 것이 아니다.

아무튼 프라크리티는 자신의 그물에 푸루샤들을 붙잡았다. 일찍이 자유를 구가하던 영원한 영혼들이 마찬가지로 영원한 프라크리티에 연루된 근본 원인에 대해서는 아무런 해명도 없다.[역주17] 단지 푸루샤들이 명백히 자신들의 동의 없이 프라크리티의 그물에 잡혔다는 사실이 알려질 뿐이다. 그것은 시작 없는 무분별 때문이다. 만일 그것이 시작을 지닌다면, 그것이 있기 이전에는 자유롭던 영혼이 그것이 시작된 이후

[원주215] 『상키야 카리카』, 61 ; 『상키야프라바차나 수트라』, iii.70.
[원주216] 『요가 수트라』, ii.24.
[원주217] 『상키야프라바차나 수트라』, iii.67.
[역주17] 본래 청정무구한 자아가 언제 어떻게 업에 물들게 되었는가에 대하여 단지 무시(無始, anādi)라고 대답할 뿐 더 이상 묻지 않는 것은 인도철학의 일반적인 경향이다. Fernando Tola & Carmen Dragoneti, "Anāditva or Beginninglessness in Indian Philosophy," *Annals of the Bhandarkar Oriental Research Institute*, vol.LXI, pp.1~20을 보라.

에는 속박에 연루되었다는 말과 같으며, 이것은 결국 해탈자의 속박을 의미하는 모순된 결론이 될 것이다.

우리는 무엇에 의하여 무지가 야기되었는지 말할 수 없다. 그러므로 그것은 비록 끝은 있다 할지라도 시작은 없는 것으로 간주된다.[원주218] 무분별은 푸루샤와 프라크리티의 결합(saṁyoga)의 원인으로 말해진다.[원주219] 원인인 무분별은 해체(pralaya)의 상태에서도 존재하지만, 그 둘의 결합은 그렇지 않다. 이 결합은 실재적인 변화(pariṇāma)가 아니다. 왜냐하면 아무런 새로운 속성도 푸루샤에 생성되지 않기 때문이다. 그 둘의 관계는 때로는 향수자와 향수되는 것의 관계로 간주되기도 한다.[원주220]

12. 푸루샤와 붓디

프라크리티의 산물 가운데서 붓디는 가장 중요하다. 감관들은 그 대상들을 붓디에 나타내며, 붓디는 그들을 푸루샤에 드러내 보인다. 푸루샤와 프라크리티의 차이를 식별하고 푸루샤를 위하여 경험되는 모든 것의 결실을 성취하는 것이 바로 붓디이다.[원주221] 붓디는 그것에 인접해 있는 푸루샤의 반영에 의하여 실로 그것의 형태가 되며, 모든 대상들에 대한 그것의 경험을 성취한다. 붓디는 프라크리티의 산물이며, 따라서 성격상 비의식적인 것이지만, 그럼에도 불구하고 그것은 마치 지적인 것처럼 보인다.[원주222] 푸루샤는 자신의 의식성을 붓디에 양도

[원주218] 『상키야프라바차나 수트라』, vi.12~15를 보라.
[원주219] 『상키야프라바차나 바쉬야』, i.19 ; 『요가 수트라』, ii.23~24.
[원주220] 『상키야프라바차나 바쉬야』, i.19. 비갸나비크슈는 푸루샤와 프라크리티의 관계에 대하여 비판한다. 그의 비판에 따르면, 만일 그 관계가 영원하다면 그것은 지식에 의하여 종식될 수 없으며, 만일 그것이 영원하지 않다면 그것은 차라리 결합(saṁyoga)이라고 말하는 게 낫다.
[원주221] 『상키야 카리카』, 37 ; 『상키야프라바차나 바쉬야』, i.161.

하지 않는다. "삿트와 부분에서 프라크리티의 투명성 때문에, 거기에 반영된 푸루샤는 프라크리티의 자아의식과 아집(abhimāna)을 자신에게 속한 것으로 착각한다. 이와 같은 그릇된 인식은 자아 자체가 아니라 프라크리티에 반영된 것으로서의 자아에도 또한 있다. 이것은 마치 수면에 반영된 움직임 없는 달이 물의 흐름을 통하여 움직이는 것과 같다."[원주223]

바차스파티는 푸루샤와 붓디의 상태는 실재의 두 가지 다른 체계에 속하므로 그 둘의 결합(saṁyoga)은 있을 수 없다고 주장한다. 그러므로 푸루샤의 반영이 있다고 말해진다. 붓디에 푸루샤의 반영은 붓디를 의식적인 것으로 만든다. 에고는 붓디와 푸루샤의 외관상의 통합이다. 푸루샤가 바라볼 때, 이와 동시에 붓디의 변화가 있다. 붓디가 변화를 겪을 때, 그것은 푸루샤를 흘끗 보며, 따라서 푸루샤와 프라크리티의 접촉은 반영하는 푸루샤와 붓디의 특별한 변형의 통합과 동시적이다. 푸루샤 그리고 이와 관련된 프라크리티 간의 관계는, 마음속에 일어나는 모든 정신적인 현상이 푸루샤의 경험으로 해석되는 것과 같은 것이다. 심지어는 무분별조차도 붓디에 속하며, 속박 속에서 그것은 푸루샤에 반영된다.[원주224]

푸루샤는 그것에 적합한 붓디와 직접적으로 연관되는 반면에, 그 외의 것들과는 간접적으로 연관된다고 말해진다. 비갸나비크슈의 견해에 의하면, 푸루샤는 아무런 매개 없이 붓디의 상태들을 직접 목격하는 자(sākṣin)이지만, 또한 그것은 붓디를 통하여 다른 것들을 간접적으로 바라보는 자(draṣṭā)이다. 자유롭고 사심없는 푸루샤는 붓디와 관련될 때 목격자가 된다.[원주225] 만일 영혼과 육체 사이에 실재적인 결합이 주

[원주222] Cetanāvad iva(『상키야 카리카』, 20). 또한 『상키야 카리카』, 60을 보라.
[원주223] 『상키야프라바차나 수트라』, Vṛtti, vi.59.
[원주224] 『상키야프라바차나 바쉬야』, i.19와 비교하라. "출생은 개별적인 붓디와의 결합을 의미한다. 고통의 결합이 푸루샤에 일어나는 것은 한정자(upādhi)로서 붓디의 결합 때문이다."
[원주225] 『상키야프라바차나 수트라』, vi.50.

장된다면, 후자의 불완전함은 전자에 귀속되지 않으면 안될 것이며, 이 것은 영혼의 본질적인 청정에 대한 상키야의 이론과 모순되는 결과를 초래할 것이다. 속박은 푸루샤에 붓디의 불순함이 반영된 결과이다. 해 방은 붓디에 의한 그 본래의 청정성 회복, 즉 붓디가 프라크리티 속으로 귀입하는 결과로 이러한 반영이 제거되는 것이다. 프라크리티의 행위는 푸루샤의 이익을 위한 것이라고 말하는 것은, 그것이 붓디의 정화를 위한 것임을 말하는 우회적인 표현 방법이다. 붓디는 그 자체로 삿트와 측면이 현저한 것이지만, 어떤 개아의 경우에 그것은 라자스 혹은 타마스가 현저한 것으로 나타나기도 하는데, 이것은 전생의 오염시키는 영향력 때문이다.

우리가 경험하는 고통과 즐거움에 대한 느낌은 붓디 및 대상 세계와 방관자 푸루샤와의 상호 작용으로부터 일어난다. 붓디는 오직 유쾌함을 생성해야 하지만, 그 자체에 축적된 영향력의 작용 때문에 그것은 고통스러운 결과들을 야기한다. 같은 일이라도 사람에 따라서 다르게 영향을 미치는 것은 바로 이런 이유 때문이다. 파악되는 모든 대상은 개별적인 목적이라는 전환 프리즘을 통하여 이해된다. 그러므로 어떤 사람에게는 유쾌한 것이 다른 사람에게 혹은 동일한 사람이라도 다른 시간에는 불쾌한 것이 될 수 있다. 우리는 대개 우리 자신의 세계 속에 살아간다. 그 속에서 우리는 자신의 특정한 필요와 목적을 과내 평가하며, 우리가 선호하는 것에 인습적인 가치를 부여한다. 우리의 일상적인 삶은 자신의 이기적인 욕망과 깊이 관련되게 마련이며, 얼마간의 불확실한 즐거움이 섞인 고통을 야기한다. 만일 우리가 붓디를 정화한다면, 다시 말하여 우리 자신의 과거의 성향들을 제거한다면, 우리는 사물들을 우리 자신과 관련된 것이 아니라, 사물들 사이에 관련된 것으로 관조하는 입장에 서게 될 것이다. 붓디가 삿트와에 의하여 압도될 때, 그것은 참된 지식을 낳으며, 라자스에 의해 압도될 때 욕망을 낳으며, 그리고 타마스에 의해 압도될 때 그릇된 지식 등을 낳는다.[원주226]

13. 지식의 체계

모든 지식에는 세 가지 요소, 즉 인식되는 대상, 인식하는 주체, 인식의 과정이 포함된다. 상키야 철학에서 "순수 의식은 인식자(pramātṛ)이며, 변형(vṛtti)은 인식의 바른 수단(pramāna)이다. 그리고 바른 인식(pramā)은 변형이 대상의 형태로 의식에 반영된 것이다. 인식 가능한 것은 반영된 변용들의 주제이다."[원주227] 경험은 푸루샤에 속한다.[원주228] 붓디, 아함카라, 마나스, 그리고 감각 기관들은 외계 대상들이 주체에 의하여 파악되는 장치들을 구성한다. 대상이 감각 기관들을 자극할 때, 마나스[원주229]는 감각 인상들을 하나의 지각 표상으로 정렬시키며, 자아의식은 그것을 자아와 관련시킨다. 그런 후에 붓디는 그것에 대한 개념을 형성한다.[원주230] 온몸에 퍼져 있는 붓디는 전생의 인상들(saṁskāras)과 성향들(vāsanās)을 담고 있으며, 이러한 것들은 적합한 상황과 조건 하에서 되살아난다.

"감각 기관들을 통한 대상들과의 접촉에 의하여, 혹은 추론상의 표식 등에 대한 지식에 의하여, 우선 인식되는 대상의 형태로 붓디의 변

[원주226] Sattvaṁ yathārthajñānahetuḥ, rajo rāgahetuḥ, tamo viparītajñānā-
dihetuḥ.

[원주227] 『상키야프라바차나 바쉬야』, i.87.

[원주228] 『상키야프라바차나 수트라』, i.143.

[원주229] 마나스는 여러 이유에서 제11감관으로 인정된다. 만일 영원한 푸루샤가 쾌·불쾌의 대상들과 몸소 관련된다면, 푸루샤의 궁극적인 해방은 있을 수 없을 것이다. 만일 대상들과의 관련이 프라크리티에 의지하여 일어난다면, 프라크리티는 영원하므로 푸루샤의 궁극적인 해방은 있을 수 없을 것이다. 만일 항아리 등과 같은 비영속적인 대상들이 푸루샤의 영원한 지성과 관련된다면, 보이는 것과 보이지 않는 것의 차이와 같은 것은 결코 있을 수 없을 것이다. 왜냐하면 현재 존재하는 모든 것들은 필연적으로 하나의 동일한 순간에 지각될 것이기 때문이다. 만일 지성과 대상들의 관련이 단지 외적인 기관들에만 의존한다면, 우리는 자신의 지각에 나타나는 이시성(異時性)에 대하여 설명할 수 없을 것이다.

[원주230] 『탓트와카우무디』, 36. 상키야의 지식론에 대한 비판은 『니야야바룻티카』 및 『니야야바룻티카타트파리야티카』, iii.2.8~9에서 상세하게 논의된다.

형이 생겨난다. 이와 같이 대상으로 물든 변형은 반영의 형태로 푸루샤에 들어가서 그곳을 비춘다. 왜냐하면 푸루샤는 본질적으로 불변이며, 따라서 대상의 형태로 변형될 수 없기 때문이다." 만일 대상에 대한 파악이 대상의 형태를 띠는 것을 의미한다면, 그와 같은 변형은 푸루샤에 일어날 수 없으며, 따라서 붓디가 변형되는 것으로 말해진다. 변형이 나타나기 위해서는 반드시 의식 속에 붓디의 반영이 있어야 한다.[원주231] 이러한 반영은 붓디의 변형에 의하여 결정된다. 푸루샤 속에 반영은 단지 반영된 것이 존재하는 한 지속된다. 붓디의 변형이 있은 다음에 그것이 푸루샤에 반영되는 것이 아니라, 그 둘은 동시발생적이다.

감각 기관을 통하여 붓디가 외부 대상과 접촉하여 그것의 영향을 받게 될 때, 붓디는 그 대상의 형태를 띠게 된다. 붓디에 반영되고 이로써 변형된 의식력(cetanāśakti)은 붓디의 변형을 닮으며, 지각(upalabdhi)으로 알려지는 것은 대상 자체가 아니라 그것의 모사물(模寫物, tadvṛttyanukāra)이다. 푸루샤의 반영은 실제적인 관련이 아니라, 단지 외견상의 관련일 뿐이며, 그것은 푸루샤와 붓디의 차이를 인식하지 못하는 데서 오는 오해이다. 붓디에 반영된 것으로서의 푸루샤와 대상의 관련은 지식이라고 불리며, 이러한 지식과 푸루샤의 관련은 "나는 행위한다"는 판단에서 발견된다.[원주232] 그러나 사실상 '나' 혹은 푸루샤는 행위할 수 없으며, 이에 비하여 행위하는 것, 즉 붓디는 사고력이 없다.[원주233]

붓디의 어떤 활동도 그것이 어떤 푸루샤의 주의를 끌 때까지는 의식

[원주231] 『상키야프라바차나 바쉬야』, i.99.

[원주232] Buddhāv āropitacaitanyasya viṣayeṇa sambandho jñānam, jñānena sambandhaś cetano'haṁ karomīty upalabdhiḥ(우다야나의 『쿠수만잘리』, i.14에 대한 하리다사 밧타차리야의 주석).

[원주233] 바차스파티의 견해에 의하면, 자아는 마음의 변형──자아가 자체의 반영을 던지는── 을 통하여 대상을 인식한다. 이에 비하여 비갸나비크슈의 주장에 의하면, 자아의 반영에 찍혀서 그것의 형태를 띠는 마음의 변형이 자아에 되비치며, 자아가 대상을 아는 것은 바로 이 반영을 통해서이다.

적인 이해일 수 없다. 이 견해는 붓디, 마나스, 그리고 감관들의 비의식적인 본질을 분명히 하기 위한 것이다.[원주234]

여러 기능들의 행위는 연속적이다. 물론 어떤 경우에는 연속적인 과정이 너무 신속하게 일어나서 우리가 거의 눈치채지 못하는 경우도 있다. 우리가 캄캄한 어둠 속에서 호랑이를 볼 때, 우리의 감관들은 자극되고, 마나스는 숙고하며, 아함카라는 동일시하며, 붓디는 대상의 본질을 판단한다. 그리고 우리는 귀중한 생명을 보전하기 위하여 달아난다. 이 과정에서 여러 행위가 지극히 빠르게 일어나기 때문에, 마치 동시발생적인 것처럼 보인다. 한편 우리가 희미한 불빛 속에서 어떤 대상을 보고, 그것이 강도가 아닌가 의심하며, 서서히 결심을 하고 그 반대 방향으로 달아나는 경우에는 여러 단계들이 식별 가능하다.[원주235]

엄격히 말하여 지각과 사고작용, 욕망과 선택 같은 심리적인 기능들은 프라크리티의 산물들—내적 기관들[원주236]을 구성하는—의 기계적인 과정들이다. 만일 푸루샤가 이 기관들을 비추지 않는다면, 즉 그들을 의식적으로 만들지 않는다면, 비의식적인 채로 남아 있을 것이다. 이것은 푸루샤의 유일한 기능이다. 왜냐하면 다른 모든 행위는 프라크리티에 귀속되기 때문이다. 푸루샤는 내적 기관이 반영되는 수동적인

[원주234] 그러나 상키야 이론에서 프라크리티에 대한 푸루샤의 영향이 있기 전까지는 붓디, 아함카라 등이 일어날 수 없다. 그러므로 붓디는 단순히 비의식적이라고 생각할 필요는 없다. 붓디의 전개 자체는 푸루샤의 영향에 기인한다. 우리는 붓디, 아함카라 등을 푸루샤의 사용을 위하여 준비된 도구로 간주할 필요는 없으며, 마치 망원경을 통하여 보는 것처럼 푸루샤가 붓디, 아함카라 등을 통하여 보기 전까지는 이 기관들이 비의식적인 무활동상태로 남아 있다고 보는 것이 옳다. 만일 그렇지 않다면, 그것은 푸루샤가 프라크리티의 균형을 깨기 전까지 프라크리티는 붓디 등을 생성할 수 없다는 상키야의 중심 원리에 위배되는 결과가 될 것이다.

[원주235] 『상키야 카리카』, 30 ;『탓트와카우무디』, 30.

[원주236] 세 가지 내적 기관들, 즉 붓디, 아함카라, 마나스는 서로 매우 긴밀하게 관련되어 있으므로 흔히 하나로 취급된다. 가르베(Garbe)의 견해와 비교하라. "결합된 이 물질적인 내적 기관은 그 자체의 비(非)정신적인 성질과 상키야 이론이 여기에 귀속시키는 모든 기능들에서 신경체계와 정확히 일치한다"(*Encyclopaedia of Religion and Ethics*, vol.ii, p.191).

거울이다. 순전히 비물질적인 자아는 자체의 의식 속에 내적 기관의 과정들을 담그기 때문에, 그 과정들이 비의식적인 상태로 남아 있지 않게 된다. 상키야는 붓디에 대한 푸루샤의 근접뿐만 아니라 붓디 속에 푸루샤의 반영도 상정한다. 우리는 거울에 비친 얼굴을 보는 것과 마찬가지로, 의식 속에 일어나는 일을 인식한다. 의식은 오직 이러한 방식으로 그 자체에 대한 시야를 지닌다.[원주237]

무형의 푸루샤와 유형의 붓디의 관계는 생각하기 어렵다. 바차스파티에 따르면, 공간과 시간의 차원에서 그 둘의 접촉은 있을 수 없다. 따라서 그는 '근접'(sannidhi)을 '적합'(yogyatā)으로 해석한다. 푸루샤는 비록 붓디의 상태들로부터 떨어져 있다 할지라도, 자신을 붓디와 동일시하고 붓디의 상태들을 자신에게 귀속시키는 그릇된 인식에 빠진다. 비갸나비크슈는 만일 그와 같이 특수한 종류의 '적합'이 받아들여진다면, 푸루샤가 해탈의 순간에 그것을 상실해야 할 아무런 이유도 없다고 주장한다. 다시 말하여 푸루샤는 영원히 붓디의 상태들을 경험할 것이기 때문에, 해탈은 결코 있을 수 없다는 것이다. 따라서 그는 의식 속에서 일어나는 어떤 일에서 붓디의 변형과 푸루샤 사이에 실재적인 접촉이 있다고 주장한다. 그와 같은 접촉은 푸루샤에 어떤 변화를 수반할 필요는 없다. 왜냐하면 변화는 새로운 속성들의 발생을 의미하기 때문이다. 붓디는 변화를 겪으며, 이러한 변화들이 푸루샤에 반영될 때 푸루샤에 경험자의 개념이 생겨나며, 푸루샤가 붓디에 되비칠 때 붓디의 상태는 의식 속에 일어나는 어떤 사건인 것처럼 보인다. 그러나 심지어 비갸나비크슈조차도 푸루샤와 붓디의 관계는 수정과 그 속에 반영된 장미꽃의 관계와 같다는 것을 인정한다. 실제적인 전이(uparāga)가 아니라, 단지 그와 같은 전이의 가탁(假託, abhimāna)이 있을 뿐이다.[원주238]

[원주237] '의식의 영상이 드리워짐'(citcchāyāpatti). 『사르바다르샤나상그라하』, xv를 보라.

[원주238] 『상키야프라바차나 바쉬야』, vi.28 ; 『요가 수트라』, i.4.7. 또한 『요가 바쉬야』, ii.20 ; iv.22를 보라.

푸루샤들은 비록 보편적이고 무수히 많으며 또한 의식의 형태를 띤다 할지라도, 항상 모든 것을 비추는 것은 아니다. 왜냐하면 그들은 집착에서 자유로우며(asaṅga), 혼자서는 대상들의 형태로 변형될 수 없기 때문이다. 푸루샤들은 그들 각자의 붓디들의 변형들을 반영할 뿐이며, 다른 것들에 대해서는 그렇지 않다. 붓디가 영향을 받는 바로 그 대상만 인식되며, 붓디가 영향을 받지 않는 대상은 인식되지 않는다.[원주239]

각성, 몽면, 숙면, 죽음의 상태들이 구별된다. 각성상태에서 붓디는 감관의 경로를 통하여 대상의 형태로 변형되며, 몽면상태에서 붓디의 변형들은 지난 경험들의 잠재 인상(saṃskāra)의 결과들이다. 꿈 없는 숙면상태는 거두어들임(laya)이 부분적인가 전면적인가에 따라서 두 가지로 나누어진다. 거두어들임이 부분적인 상태에서 붓디는 대상들의 형태로 변형되지 않지만, 그것은 자체에 고유한 즐거움, 고통, 그리고 무덤덤함의 형태를 띤다. 우리가 잠에서 깨어날 때, 그것이 어떤 상태였다는 것을 기억하게 되는 것은 바로 이런 이유 때문이다. 죽음에서 우리는 전면적이고 완전한 거두어들임의 경우를 지닌다.[원주240]

14. 지식의 원천

인식력 있는 의식은 다섯 종류이다. 그것은 올바른 지식(pramāṇa), 인식되는 대상 자체에는 없는 어떤 것에 의거한 그릇된 지식(vipa-ryaya),[원주241] 어떤 구체적인 대상은 없지만(vastuśūnya) 전통적인 어구들에 의하여 귀납되는 개념상의 지식(vikalpa),[원주242] 수면(nidrā), 즉 타마스에 지탱되는 인식,[원주243] 그리고 기억(smṛti)의 다섯 가지이다.

[원주239] 『사르바다르샤나상그라하』, xv.
[원주240] 『상키야프라바차나 바쉬야』, i.148.
[원주241] 『요가 수트라』, i.8.
[원주242] 『요가 수트라』, i.9.

　　상키야는 올바른 지식의 수단으로 지각, 추론, 경전의 증언을 인정한
다.[원주244] 감각 작용을 통하여 일어나는 지식은 지각이다. 항아리와 같
은 어떤 사물이 시야에 들어올 때, 붓디, 즉 지력은 항아리의 형태[원주245]
를 띠기 위하여 변형되며, 자아는 항아리의 존재를 알게 된다.[원주246] 두
종류의 지각, 즉 불확정적인(nirvikalpaka) 지각과 확정적인(savikal-
paka) 지각이 인정된다. 바차스파티에 의하면, 붓디는 감각들을 통하
여 외부 대상들과 접촉하게 된다. 접촉의 첫 순간에는 대상의 특정한
모습들이 알려지지 않는 불확정적인 의식이 있으며, 우리는 단지 불확
정적인 지각을 지닐 뿐이다. 그 다음 순간에 정신의 분석(vikalpa) 및
종합(saṁkalpa) 작용을 통하여 대상은 어떤 분명한 성질을 지니는 것으
로 지각되며,[원주247] 우리는 확정적인 지각을 지닌다.[역주18] 바차스파티는

[원주243] 『요가 수트라』, i.10.
[원주244] 『상키야 카리카』, 4.
[원주245] Tadākārollekhi.
[원주246] 『상키야프라바차나 수트라』, i.89.
[원주247] 비야사는 『요가 바쉬야』(iii.44)에서 다음과 같이 말한다. "Sāmānyaviśeṣa-
　　　　samudāyo dravyam."
[역주18] 상키야는 불확정적 지각에서 확정적 지각으로 전환되는 과정을 단순한 것에
　　　서 복잡한 것으로 발전하는 유기적인 성장으로 간주한다. 즉 우리의 지각은 처음
　　　에 모호하던 것이 나중에 분석, 종합, 해석을 통하여 보다 명료해진다는 것이다.
　　　다른 학파들에서도 지각을 불확정적 지각과 확정적 지각의 두 단계로 구분하고
　　　있지만, 그 의미는 다소 차이를 보인다. 이 가운데서 중요한 견해들을 살펴보면
　　　다음과 같다. 1) 지식에 대한 모자이크 이론(mosaic theory of knowledge)을 주
　　　장하는 니야야 바이셰쉬카에 의하면, 불확정적 지각은 각각 분리된 감각 자료들을
　　　제공하지만 확정적 지각은 이 자료들을 결합한다. 2) 라마누자의 한정불이론에 의
　　　하면 불확정적 지각은 어떤 대상에 대한 첫번째의 지각이며, 확정적 지각은 동일
　　　한 대상에 대한 두번째와 그 이후의 지각을 의미한다. 니야야와는 달리 한정불이
　　　론은 불확정적 지각을 순수·비한정적인 대상에 대한 지각으로 보지 않는다. 불
　　　확정적 지각을 포함한 모든 지각은 한정된 대상에 대한 파악이다. 3) 마다바의 이
　　　원론에서는 단지 확정적 지각만 인정된다. 4) 샹카라의 불이론에 의하면, 불확정적
　　　지각은 오직 절대자 브라흐만을 나타내는 지식이며, 실체와 그 속성 사이의 어떤
　　　관계를 파악하지 않는 지각이다. "당신이 바로 그것이다"(Tat tvam asi)와 같은
　　　지각은 불확정적 지각의 예다. 따라서 불확정적 지각은 반드시 첫번째 지각일 필

430

지각에서 마나스가 필수적이라고 생각하는 데 비하여, 비갸나비크슈는 그렇지 않다고 보며, 붓디가 감각들을 통하여 대상들과 직접 접촉하게 된다고 주장한다.

바차스파티는 감각 자료들을 배열하고 이 자료들을 확정적인 지각으로 정돈하는 기능을 마나스에 귀속시키는 데 비하여, 비갸나비크슈는 사물들의 확정적인 속성이 감각들에 의하여 직접적으로 지각되며 마나스는 단지 욕구, 의심, 상상의 기능일 뿐이라고 생각한다. 요가 수행을 통하여 얻어지는 특수한 형태의 지각이 상키야에 의하여 인정되며, 이에 의거하여 모든 사물들은 항상 전개되거나 귀입된 상태로 존재한다고 주장한다. 명상에 의하여 생성되는 어떤 힘을 통하여 요가 수행자의 마음은 잠재적인 상태로 현재 순간에 존재하는 과거와 미래의 대상들과 연결될 수 있다.[원주248] 마음의 힘에 의하여 생성되는 요가의 지각은 일상적인 감각적 지각과 다르다. 기억에 의한 지식의 경우에는 단지 마나스, 자아의식, 그리고 붓디만이 활동적이다. 그러나 이들의 활동은 기억된 이미지와 같은 이전의 지각의 결과들이 전제되는 것은 물론이다. 지각의 외적 기관들은 단지 이들에게 제시되는 대상들에만 작용하지만, 이에 비하여 마나스는 과거뿐만 아니라 미래도 다룰 수 있다. 내적인 지각의 경우에는 감각 기관들의 협력이 결여된다. 붓디는 즐거움 등과 같은 상태들을 지각한다.[원주249]

비록 푸루샤는 알 수 있다 할지라도, 그것은 푸루샤가 붓디에 반영되기 때문이다. 거울과 같은 것에 반영되는 경우를 제외하고, 눈은 그 자체를 볼 수 없다. 모든 인식은 내적 기관의 변형이다. "이것은 물단지이다"와 같은 일차적인 인식은 내적 기관의 변형이다. 그것의 반영

요는 없으며, 단지 비한정적인 어떤 지각일 뿐이다.

[원주248] 『상키야프라바차나 바쉬야』, i.91.

[원주249] "삿트와 측면이 현저한 평온한 즐거움(śāntisukham)처럼, 대상들과의 접촉이 없는 숙면상태에 나타나는 것, 그것이 붓디의 특성, 즉 자아의 즐거움(ātma-sukham)이다"(『상키야프라바차나 바쉬야』, i.65).

이 푸루샤에 떨어질 때, 그것은 파악된다. "나는 물단지를 인식한다"라는 인식은 내적 기관의 변형이다. 푸루샤는 "이것은 물단지이다"와 같은 내적 기관의 변형의 반영과 함께 내적 기관에 반영된다. 이와 같은 이차적인 반영은 내적 기관의 변형이다. 심지어 "나는 프라크리티와 다르다"는 인식조차도 내적 기관의 변형이다.[원주250] 붓디는 그 자체에 제시되는 대상들에 따라서 변화한다.

우리의 모든 정신 현상과 관련되며 이러한 현상들을 비추는 자아의 개념은, 붓디 속에 있는 자아의 반영에 기인한다. 그러므로 푸루샤는 붓디에 의하여 지각된 것을 다시 보며, 이런 과정에서 붓디에게 그 자체의 조명을 넘겨줌으로써 의식을 나누어준다고 말해질 수 있을 것이다. 푸루샤는 오직 대상의 형태로 변형된 붓디 속에 그것의 반영을 통하여 그 자체를 알 수 있다. 바차스파티에 따르면, 자아가 그 자체를 알 수 있는 것은, 오직 자아가 반영된 정신적 기능으로부터 주의가 완전히 거두어들여지고, 붓디의 삿트와 본질에 비친 자아의 반영에 주의가 완전히 집중될 때뿐이다. 이러한 행위에서 자기 파악(self-apprehension)의 주체는, 자체 속에 푸루샤의 반영을 받음으로써 의식적이 되는 삿트와 본질의 붓디라고 말해지며, 그 대상은 청정한 상태의 자아이다.[원주251]

비야사(Vyāsa)의 주장에 의하면, 자아는 그것이 반영되는 붓디에 의하여 알려질 수 없으며, 붓디의 순수한 본질 속에 그것의 반영을 통하여 그 자체를 아는 것은 비로 자아이나.[원주252] 한편 비갸나비크슈에 의하면, 자아는 그 자체 속에 정신적 변형(mental modification)의 반영을 통하여 자신을 안다. 정신적 변형은 자아의 반영 속에 포착되며, 그것의 형태로 변형된다. 다시 말하여 자아가 그 자신을 아는 것은, 마

[원주250] 『요가 수트라』, ii.20에는 다음과 같은 언급이 있다. "보는 자로서 자아는 그 청정함에서 완전하고 절대적이다. 그럼에도 불구하고 자아는 경험 속에서 지각될 수 있다"(pratyayāñupaśyah).
[원주251] 『탓트와바이샤라디』, iii.35.
[원주252] 『요가 바쉬야』, iii.35.

432

치 자아가 자체 속에 대상의 형태를 띠는 정신적 변형의 반영을 통하여 외부 대상을 아는 것과 같다.[원주253] 자아는 본질적으로 자명하기 때문에, 그것은 자체 속에 자아의 형태를 띠는 정신적 양태의 반영을 통하여 자신을 안다. 비갸나비크슈는 자아의 형태로 변형되는 정신적 양태에 의하여 결정되는 것으로서의 자아를 주체로, 그리고 순수한 본질 상태의 자아를 객체로 간주한다.

재인식(pratyabhijñā)은 지각의 범주에 속한다. 그것은 붓디가 영원하며 개체들의 순간적인 인식들과는 전혀 다르기 때문에 가능하다. 영원한 붓디는 변형을 겪으며, 이를 통하여 그것은 재인식에 연루되는 갖가지 인식들과 관련을 지니게 된다. 이것은 변형 불가능한 자아의 경우에는 가능할 수 없을 것이다.[원주254]

상키야에 따르면, 인식은 다른 어떤 인식에 의하여 지각되는 것이 아니라, 자아에 의하여 지각된다. 왜냐하면 인식은 비의식적인 붓디의 기능으로 간주되며, 따라서 그것은 그 자체의 대상이 될 수 있는 것이 아니라, 오직 자아에 의하여 파악될 수 있을 뿐이기 때문이다.[원주255]

부정(abhāva) 또한 지각의 범주 하에서 논의된다. 상키야는 부정 그 자체를 인정하는 것이 아니라, 그것을 적극적이고 긍정적인 것으로 해석한다. 순수 비(非)지각은 비존재를 증명할 수 없다. 왜냐하면 그것은 다른 원인 때문일 수도 있기 때문이다. 예를 들어 지나치게 멀리 떨어져 있다거나 반대로 지나치게 가까이 있는 것, 혹은 지극히 미세한 것은 존재하지만 지각되지 않을 수 있으며, 또는 감각 기관의 이상이나 부주의, 대상의 은폐, 혹은 다른 것들과 뒤섞여 있는 경우도 이와 같다.[원주256] 내적인 지각, 자의식, 재인식, 그리고 비존재에 대한 지식은 지각의 범주에 속하는 것으로 다루어진다.

[원주253] 『요가바룻티카』, iii.35.
[원주254] 이 견해에 대한 비판은 『니야야 수트라』, iii.2.1~9에서 볼 수 있다.
[원주255] 『요가 바쉬야』, iv.9.
[원주256] 또한 『탓트와바이샤라디』, i.9 ; 『상키야 카리카』, 7 ; 『상키야프라바차나 수트라』, i.108~109를 보라.

추론은 긍정적인(vīta) 것과 부정적인(avīta) 것의 두 종류로 구분된다.[역주19] 전자는 긍적적인 불변적 수반 관계에 토대를 두며, 후자는 부정적인 불변적 수반 관계에 의거한다.[원주257] 오분작법(五分作法)의 논증이 받아들여진다.[원주258] 귀납적 추론은 불변적 수반에 대한 관찰—그 반대의 경우는 전혀 관찰되지 않는—의 결과이다.[원주259] 일정 불변한 수반(vyāpti)은 독립적인 원리가 아니다.[원주260] 그것은 사물 자체가 아니라, 사물들의 관계이다.[원주261] 함축(arthāpatti)과 포섭(sambhava)은 추론에 포함된다.

권위있는 주장(āptavacana) 또한 타당한 지식의 원천이다. 부호가 그것이 의미하는 사물과 관계되는 것처럼, 단어는 그것의 대상과 관련된다. 이것은 믿을 만한 사람의 가르침, 전통적인 풍습, 관습, 그리고 하나의 단어가 동일한 외연과 의미를 지닌다는 사실에서 분명해진다.[원주262] 베다는 인간의 저술로 간주되지 않는다. 왜냐하면 베다의 저자일 수 있는 사람은 아무도 없기 때문이다.[원주263] 해탈한 사람들은 베다와 아무런 관

[역주19] 긍정적인 추론(vīta)은 유전비량(有前比量, pūrvavat)과 평등비량(平等比量, sāmānyato dṛṣṭa)으로 나누어지며, 부정적인 추론(avīta)은 유여비량(有餘比量, śeṣavat)을 말한다.

[원주257] 바차스파티는 전조를 통한 추론(pūrvavat)과 비(非)인과적 일정 불변에 의거한 추론(sāmānyatodṛṣṭa)을 긍정적인 추론에, 그리고 지각된 결과로부터 지각되지 않는 원인의 추론(śeṣavat)을 부성적인 주론에 귀속시킨다.『탓트와카우무디』, 5를 보라.

[원주258]『상키야프라바차나 수트라』, v.27.

[원주259]『상키야프라바차나 수트라』, Vṛtti, v.28. 소립(所立, sādhya)과 능립(能立, sādhana) 모두 혹은 그 중 하나의 일정 불변한 공존이 불변적 수반관계(vyāpti)이다(『상키야프라바차나 수트라』, v.29). "생성된 모든 산물은 영원하지 않다"는 전자의 경우이며, "연기 나는 모든 것은 불을 지닌다"는 후자의 경우이다.

[원주260] 독립적인 원리(tattvāntaram),『상키야프라바차나 수트라』, v.30. 판차쉬카의 견해에 의하면, 비야프티(vyāpti)는 뒷받침되는 것으로서의 힘을 지니는 것이다(『아데야샤크티요가』(Ādheyaśaktiyoga), v.32).

[원주261]『상키야프라바차나 수트라』, v.33~35.

[원주262]『상키야프라바차나 수트라』, Vṛtti, v.38.

[원주263]『상키야프라바차나 수트라』, v.46.

런이 없으며, 해탈하지 못한 사람들은 베다를 저술할 능력이 없다.[원주264] 또한 베다는 결과의 특성을 지니므로, 그것은 영원하다고 말할 수도 없다. 문자는 그것이 언표된 이후에 소멸한다. 우리가 "그것은 동일한 문자이다"라고 말할 때, 우리는 그것이 동일한 부류에 속한다는 것을 의미한다.[원주265] 단지 베다는 인간의 작품이 아니라는 이유만으로 우리는 베다가 영원하다고 추론할 수 없다. 왜냐하면 예를 들어 새싹은 인격적인 기원을 지니지 않지만 영원하지 않기 때문이다.[원주266]

베다의 대상들은 초감각적이지만, "범주(padārtha)로서의 특성을 결정하는 보편 형식들에 의하여 초감각적인 대상들이나 단어에 의하여 의미되는 대상의 경우에도 직관이 있을 수 있다."[원주267] 비록 베다는 사람의 저술이 아니라 할지라도, 대상을 가리키는 그것의 자연적인 힘은 권위있는 현자들에 의하여 그 제자들에게 전달된다.[원주268] 베다는 인간의 저술이 아니기 때문에 모든 의혹과 모순에서 자유로우며, 자명한 타당성을 지니는 것으로 간주된다. 만일 베다의 타당성이 그 자체 이외의 다른 어떤 것에 의존한다면, 그것은 우리에게 권위있는 것이라고 할 수 없을 것이다.[원주269] 칼파(kalpa, 劫)의 처음에 오직 카필라가 그것을 기억했다. 경전의 어구들은 해탈자(mukta)들에 의하여 검증되고 실현되었으며, 그들이 다른 사람들에게 전했다. 만일 천계서(天啓書, śāstra)를 우리에게 가르치는 사람들이 영감을 받은 리쉬들이 아니라, 단지 간접적으로 그것을 전해 받았다면, 그것은 소경을 인도하는 소경의 경우가 될 것이다.[원주270] 우리는 권위있는 자들의 언명을 타당한 것으로 받

[원주264] 『상키야프라바차나 수트라』, v.47.
[원주265] 『상키야프라바차나 수트라』, Vrtti, v.45. 스포타 이론(sphoṭavāda)은 v.57 에서 비판되며, 소리는 결과로서의 그 특성 때문에 영원하지 않은 것으로 간주된 다(v.58).
[원주266] 『상키야프라바차나 수트라』, v.48.
[원주267] Atīndriyeṣv api padārthatā'vacchedakena sāmānyarūpeṇa pratīter vak-ṣyamāṇatvād(『상키야프라바차나 바쉬야』, v.42).
[원주268] 『상키야프라바차나 바쉬야』, v.43.
[원주269] 『상키야프라바차나 수트라』, v.51.

아들인다. 왜냐하면 그들의 권위는 지식의 다른 분야들에서 그들의 언명에 대한 검증된 타당성에 의하여 베다에 준하는 것(āyurveda)[역주20]으로 확립되었기 때문이다.[원주271]

상키야는 스스로 계시된 지식을 가르친다고 주장하는 다른 철학체계들이 있다는 것을 알고 있었으며, 따라서 어떤 계시 경전이 참이고 어떤 것이 그렇지 않은가를 판별하기 위하여 이성이 채택되어야 한다고 주장한다. 바차스파티는 말한다. "이들 철학체계의 부당함은 불합리한 주장, 충분한 증거의 결여, 논리 법칙에 위배되는 언급, 이방인(mleccha) 및 하층 계급들에 의한 수용 때문이다."[원주272] 같은 취지에서 아니룻다(Aniruddha)는 자신의 『브릿티』에서 다음의 한 구절을 인용하고 있다. "단지 권위있는 자가 그렇게 말한다는 이유 때문에, 하늘에서 엄청난 거인들이 떨어지는 것은 아니다. 오직 이성으로 뒷받침되는 언명만이 나 그리고 너희 자신들과 같은 다른 사람들에 의하여 받아들여져야 할 것이다."[원주273]

상키야는 베다를 지식의 한 수단으로 받아들임으로써 어떤 혁신적인 모습으로 등장하는 것을 피한다. 그러나 우리가 앞으로 보게 되는 것처럼, 상키야는 많은 고대의 도그마를 폐기하거나 암묵적으로 무시해버린다. 그럼에도 불구하고 상키야는 결코 베다를 반대하는 것이 아니라, 그 토대를 침식하는 보다 치명적인 과정을 채택한다.

붓디의 변형은 지식의 올바른 수단(pramāṇa)이며, 이러한 변형들에 대한 타당함 혹은 그렇지 않음은 나중의 변형들에 의하여 검증될 수

[원주270] 『상키야프라바차나 수트라』, iii.81.
[역주20] 원래 아유르베다는 의학이나 약학 혹은 무병장수에 관한 지식을 의미하며, 베다에 준하는 것들 가운데 하나로 간주된다. 아유르베다는 특히 주술이 주된 내용인 『아타르바 베다』와 밀접한 관련을 지니며, 아리아인 전통보다는 토착민들의 전통과 닿아 있다. 페르시아, 그리스, 아라비아 등의 영향도 보인다.
[원주271] 『상키야프라바차나 바쉬야』, i.98 ; iv.51.
[원주272] 『탓트와카우무디』, 5.
[원주273] "Na hy āptavacanān nabhaso nipatanti mahāsurāḥ, Yuktimad vacanam grāhyam mayānyaiśca bhavadvidhaiḥ(i.26).

있으며, 외부 대상들과의 어떤 관련에 의하여 검증되는 것이 아니다. 착각의 대상은 비존재가 아니라 존재하는 대상이다. 물은 물에 대한 착각의 대상이며, 이러한 착각이 태양광선에 대한 바른 인식에 의하여 반박될 때, 후자의 인식은 그 대상으로 태양광선을 지닌다.[원주274] 무효뿐만 아니라 타당함은 인식 자체에 속한다.[원주275] 때로는 오직 천계서의 증언만이 자명하며, 지각과 추론은 오류를 범할 수도 있으므로 확인 과정이 요청된다고 말해지기도 한다.[원주276] 실재성에 대한 기준은 실행 가능성(arthakriyākāritva)이다. 더욱이 우리의 이해는 각기 개별적인 목적(ahaṁkāra)에 상대적이다. 우리와 독립적인 세계에 대한 사심없는 지식을 지니는 것은 어렵다. 경험적 자아는 그 자신의 분리된 의식에 갇혀 있으며, 그것을 초월하는 실재에 대한 지식을 획득할 수 없다. 그것은 경험적인 모든 지식은 어떤 중요한 결함에 의하여 손상된다는 결론이 된다. 푸루샤를 연루시키는 모든 인식은 그것을 내적 기관과 혼동한다. 후자가 마치 인식을 지니는 것처럼 보이는 것은, 붓디의 그림자가 푸루샤에 드리워질 때이다.[원주277]

15. 상키야의 지식론에 대한 비판적 고찰

상키야의 형이상학에 대한 평가는 잠시 뒤로 미루고, 여기서는 상키야의 지식론에 나타나는 몇몇 중요한 결함들에 대하여 간단히 지적

[원주274] 프라바찬드라(Prabhācandra)는 이 견해가 타당한 인식과 그렇지 않은 인식의 구분을 없애버린다는 이유로, 이 견해를 비판한다.

[원주275] 니야야 학자들은 만일 인식들이 본래부터 타당하지 않다면 우리는 행위할 수 없으며, 또한 만일 인식들이 본래부터 타당하다면 우리가 사실들인 그릇된 인식들을 설명할 수 없다는 이유로, 이 견해를 비판하다.

[원주276] 『상키야프라바차나 수트라』, i.147 ; i.36, 77, 83, 154 ; ii.20, 22 ; iii.15, 80 ; iv.22.

[원주277] 『탓트와카우무디』, 5.

하고자 한다.[원주278] 경험의 세계에서 개아는 자료 혹은 주어진 어떤 것을 다룬다는 사실로부터, 상키야는 주체와 객체의 독립적인 존재를 주장한다. 앞에서 이미 본 것처럼, 니야야의 지식론에 대한 논의에서 순수 주체와 순수 객체는 이들이 기능하는 구체적인 경험과 떨어져서는 아무런 의미도 지닐 수 없는 그릇된 추상에 지나지 않는다. 상키야가 경험의 구체적인 통일을 주체와 객체의 두 요소들로 나누어서 그 둘을 허구적인 절대로 만들 때, 이 학파는 경험의 사실을 설명할 수 없다. 푸루샤가 순수 의식 혹은 지식의 모든 대상들을 비추는 영원한 빛으로 간주되고, 프라크리티는 의식에 반대되는, 그것과는 완전히 다른 어떤 것으로 간주될 때, 프라크리티는 결코 푸루샤의 대상이 될 수 없다. 상키야는 스스로가 주체와 객체 사이에 파놓은 도랑을 건널 수 없다.

근접, 반영 등의 비유는 가상의 질병을 치유하기 위하여 고안된 부자연한 처방이다. 만일 푸루샤와 프라크리티가 상키야에서 주장하는 것과 같다면, 푸루샤는 결코 프라크리티를 알 수 없다. 푸루샤는 그 자체의 의식에서 변화——붓디의 변형들에 대한 반영들이라고 말해지는——가 일어나는 방식으로 말할 수 없다. 상키야는 붓디가 변형될 때, 이 변형이 푸루샤의 의식에 반영된다고 말한다. 논의를 위하여 설사 우리가 상키야의 반영 이론의 타당성을 인정한다 할지라도, 그렇게 되면 우리는 심리적 주관주의의 손아귀에 잡히지 않겠는가?[역주21] 반영을 받아들이

[원주278] 상키야의 지식론과 칸트 철학의 지식론 사이에 약간의 유사성이 있다. 이들 두 학파에서 현상 세계는 초월적인 주체들(puruṣas)과 객체들(prakṛti)의 협력에 의하여 구성된다. 또한 이들 두 학파는 모두 초경험적 세계에서 자아들의 자율을 주장하며, 자신의 감각들을 스스로 생성할 수 없는 주체들의 수동성을 고려하여 물질의 존재를 인정한다. 이들 두 학파는 또한 신의 존재는 증명될 수 없다고 주장한다. 다른 여러 입장에서는 중요한 차이점들이 있다.

[역주21] 인식주체에게 직접 알려지는 것은 대상 자체가 아니라 마음의 변형(vṛtti)이 띠는 대상의 형태라고 주장하는 점에서 상키야의 지식론은 주관적인 관념론의 요소를 지니고 있다. 그러나 상키야는 모든 지식은 반드시 정신 외적인 관련을 지닌다고 보는 점에서 일반적인 의미의 주관주의는 아니다. 다시 말하여 브릿티는 대

438

는 것은 단순히 심리적인 것이 아닌 실재를 지각하는 것과 동일할 수 없다. 외부 대상과 내적인 개념의 관계는 무엇인가? 만일 그 둘이 우연히 관련된다면, 그 둘 사이의 근본적인 대립은 어떻게 되는가? 지각은 언제라도 단지 의식의 변화인가? 그것은 항상 어떤 대상에 대한 앎이라 해야 하지 않은가? 우리가 앎과 대상을 두 가지 다른 실재로 간주할 때, 우리는 확실한 경험을 무시하고 있는 게 아닌가?

만일 푸루샤와 프라크리티가 서로 완전히 무관하다면, 우리는 의식적인 사건 혹은 심지어 물질적인 과정도 설명할 수 없다. 이것은 명백히 의론의 지나친 전개에 따른 자가 당착이라 하지 않을 수 없다. 그러나 상키야는 여러 비유와 불일치를 통하여 스스로의 입장이 지니는 불만족스러움을 은폐한다. 주체와 객체가 서로 접근할 때, 속성들의 상호 반영과 성질의 전이가 있다고 주장된다. 만일 주체와 객체가 서로 유사하지 않다면, 어떻게 하나가 다른 하나에 반영될 수 있는가? 비의식적인 붓디가 어떻게 푸루샤에 반영될 수 있는가? 어떻게 일정 불변의 관조자인 무형의 푸루샤가 변화무쌍한 붓디에 반영될 수 있는가? 그러므로 그 둘은 본질에서 완전히 반대될 수 없다.

『요가 수트라』 비부티파다(Vibhūtipāda)의 마지막 구절은 붓디가 푸루샤처럼 청정해질 때, 자유가 실현된다고 말한다.[원주279] 정화된 붓디는 푸루샤를 속박할 수 없으며, 붓디의 소멸 이전에 우리는 징화된 붓디에 푸루샤의 반영을 지닌다. 붓디는 푸루샤와 프라크리티 그리고 그들의 차별에 대한 지식을 완전하게 만든다. 붓디가 이기적인 의도와 개별적인 목적에 물들어 있는 한, 진실은 우리 각자에 의하여 알려질 수 없다.

상키야의 이론은 주객 관계인 지식의 사실을 설명하지 않는다. 이 이론은 대상은 알려지기 위하여 주체에 의존하며, 주체는 알기 위하여

상을 대체하는 것이 아니라, 단지 인식하는 주체와 인식되는 대상 사이의 연결 고리일 뿐이다.

[원주279] Sattvapuruṣayoḥ śuddhisāmye kaivalyam.

대상을 필요로 한다는 것을 인정한다. 다시 말하여 만일 그 둘에 대한 종합이 없다면 아무런 지식도 있을 수 없다. 주체는 자기가 대상을 완전히 알기 전까지는 자신을 알 수 없다. 대상이 주체에 의하여 나타내지기 전까지 주체는 대상을 알 수 없다. 그 둘 사이의 관계는 본질적인 것이 아닌가? 그 둘은 서로에 대하여 외적일 수 없다. 외부적 성질의 출현은 우리가 그것을 설명해주는 경험의 사실을 넘어서기 때문에 일어난다.

의식의 본질은 결코 그 자체로 지각되지 않는다. 그것은 지식으로부터 추론된다. 그것은 순수 자각으로 말해진다. 지식의 보편적 요소는 추상되며, 무형, 무속성, 부동의 푸루샤 혹은 의식으로 규정된다. 그것은 순수 주관으로 불린다. 끊임없이 변동하는 의식의 내용은 대상 세계에서 그 흔적이 나타나며, 대상 세계는 변화성을 지니는 하나의 근본적인 통일체로 간주된다. 본질상 제한적인 감각 여건과 정신적인 상태들을 포함한 모든 대상들은 물질적이다. 비록 붓디의 변형들은 세계의 사물들과 동일한 범주에 속한다 할지라도, 푸루샤는 붓디의 변형들을 비춘다. 왜냐하면 붓디는 지극히 미세한 본질로 이루어져 있으며, 압도적일 정도로 삿트와의 특성을 지니기 때문이다. 프라크리티의 다른 산물들에 비하여 붓디는 푸루샤의 빛을 반영하기에 보다 적합하다.[원주280]

인식에 관한 한, 우리는 붓디의 변형들을 통하여 다른 사물들을 알게 된다. 인식의 각 행위는 그것을 비추는 의식의 본체 그리고 그 자체로는 비의식적인 붓디의 변형으로 나누어진다. 여기서 후자는 그 자체

[원주280] 조대한 물질에서는 타마스와 라자스에 상응하는 질량과 에너지가 보다 현저한 측면으로 나타난다. 한편 붓디에서 타마스는 최하 그리고 삿트와는 최상의 정도를 유지하며, 따라서 그것은 빛을 통과시키는 힘을 지닌다. 만일 붓디가 단지 삿트와 요소와 라자스 요소만을 지닌다면, 모든 대상들을 동시적으로 드러내는 현상이 나타날 것이다. 그러나 그 속에 타마스의 요소가 있기 때문에 그와 같은 현상이 발생하지 않는다. 의식의 빛은 어디든 타마스가 제거된 곳에 반영된다. 어떤 의미에서 붓디는 그 속에 모든 지식을 잠재적인 형태로 숨기고 있다. 그 지식이 실제적인 것이 되느냐의 여부는, 어둠의 장막이 제거되는가의 여부에 달려 있다.

가 푸루샤에 의하여 조명되는 순간에 의식의 내용이 된다. 붓디의 운동은 본래 비의식적이지만, 푸루샤와의 관련을 통하여 그것은 개별 주체의 일관된 경험으로 해석된다. 경험은 그 속에 두 가지 요소, 즉 일정 불변한 하나와 변화 가능한 다른 하나를 지니므로, 우리는 그 둘을 분리할 수 없으며, 그 둘이 분리되어 존재하다가 경험 속에서 결합하게 된다고 주장할 수 없다. 인식의 주체와 대상이 각기 그 자체로 완전하다고 가정하는 것은, 이은 데가 없는 진리의 옷을——그것의 다양한 요소들을 이 요소들이 본질적으로 속해 있는 전체와 대립시킴으로써——찢는 것이다.

만일 푸루샤는 자아(self), 그리고 프라크리티는 자아 없음(selfless)이라면, 그 둘은 정의 자체로 보면 상호 배타적일 수밖에 없고, 따라서 그 둘 사이에는 아무런 교섭도 있을 수 없을 것이며, 당연히 상키야는 그 둘의 관계를 기계적인 관계로 본다. 기계적인 관계는 의식의 주체와 대상이 수적으로 다를 뿐만 아니라, 그 자체로 다르다는 것, 즉 서로에 대하여 완전히 독립적이며 분리되어 있다는 것을 의미한다. 붓디의 기계적인 변형들은 이상하게도 의식의 빛으로 조명받게 된다. 우리는 여기서 의식적인 지식에 대한 어떤 설명도 들을 수 없다.[원주281] 기계적인 변형의 경우에 의식의 발생은 이해할 수 없는 신비이다. 그러나 문제는 우리 자신의 창조에 관한 것이다. 우리는 먼저 전석으로 경험의 영역 밖에 있는 순수 주체와 순수 대상을 상정하고, 그런 다음에 그 둘을 짜 맞추어 경험이 되게 하려고 애쓴다. 참된 철학은 우리에게 주관과 객관은 의식 혹은 인식의 바깥이 아니라 그 속에서 구분된다는 것을 말해 준다. 주관과 객관은 우연히 결합되는 것이 아니라, 사실상 서로 불가

[원주281] "의식 없는 아함카라가 자명한 자아를 현시한다고 말하는 것은, 재가 된 숯이 태양을 현시한다고 말하는 것과 마찬가지로 무의미하다"(Śāntāṅgāra ivādityam ahaṁkāro jaḍātmakaḥ, Svayaṁjyotiṣam ātmānaṁ vyanaktīti na yuktimad, 야무나차리야의 『아트마싯디』(Ātmasiddhi), 『브라흐마 수트라』, ii.1.1에 대한 라마누자의 주석에 인용됨).

분적이다. 만일 경험이 그 자체에 대하여 말하는 것이 허용된다면, 그것은 우리에게 주관과 객관은 하나로 나타난다고 말할 것이다.

지식은 우리가 의식적인 모든 경험에서 근본적인 관계는 하나의 유기적인 통일을 이루는 구성 요소들의 관계라는 것을 인지할 때, 비로소 이해 가능한 것이 된다. 보편 의식의 기본적인 사실은 모든 지식의 전제이다. 상키야의 푸루샤는 비록 심리학적인 자아와 형이상학적인 자아에 대한 혼동 때문에 다수로 간주된다 할지라도, 실로 그것은 바로 이 보편적 자아라고 해야 할 것이다. 물론 개개의 모든 경험적 자아는 그 속에서 작용하는 보편적 자아를 지닌다. 어떤 의미에서 우리의 지식은 보편 원리의 현현이다. 그러나 다른 관점에서 보면, 그것은 감각적인 과정에 의존한다. 지성은 그것이 발현되는 모든 것에서 동일하며, 어디서든 그것은 개별적인 한계를 벗어나기 위하여 분투하며, 특정한 유기체의 관점이 아니라 순수 주관의 관점에서 사물들을 대한다. 어떤 점에서 우리의 지식은 우리 자신의 것인 반면에, 또 다른 어떤 점에서 그것은 그 자체를 지니는 우리에 대하여 독립적이다.

16. 윤리

상키야는 보편적인 고통의 개념으로 시작한다.[원주282] 세 종류의 고통, 즉 인간의 정신 물리학적인 본질에서 일어나는 고통(ādhyādmika), 외부 세계로부터 일어나는 고통(ādhibhautika), 그리고 초자연적인 작인들에서 일어나는 고통(ādhidaivika)이 있다. 육체의 질병과 정신적인 불안에 기인하는 고통은 첫번째 유형의 것이며, 두번째 유형은 다른 사람들이나 짐승 혹은 새들 때문에 일어나는 고통이다. 이에 비하여 세번째 유형은 행성들과 요소적인 작인들의 영향에 기인한다.[원주283]

[원주282] 『상키야프라바차나 수트라』, vi.6~8 ; 『요가 수트라』, ii.15.
[원주283] 『탓트와카우무디』, 1.

모든 인간은 편안함을 추구하며, 가능하다면 고통을 없애고 싶어한다. 그러나 고통은 의학에 의한 처방이나 경전에 의하여 근절되지 않는다.[원주284] 해탈은 베다의 제사를 준수함으로써 얻어지지 않는다. 오히려 불교나 자이나교처럼, 상키야는 베다의 제사가 위대한 도덕적 원리들에 대한 위배를 포함한다고 주장한다. 우리가 불 숭배의 희생제의를 드리기 위하여 동물을 죽일 때, 불살생의 계율이 무시된다. 게다가 희생제의를 바쳐서 우리가 도달하게 되는 천계는 일시적인 것이다. 천계에서의 삶은 3구나의 영향력에서 완전히 벗어나게 하지 않는다. 공덕을 쌓고 희생제의를 드리는 행위를 통해서 우리는 단지 악을 연기할 수 있을 뿐이며, 그것을 완전히 제거할 수 있는 것은 아니다.[역주22] 우리는 죽음으로 악에서 벗어날 수 없다. 왜냐하면 동일한 운명이 생에서 생으로 우리를 따라다니기 때문이다. 만일 고통이 영혼에 본질적이라면, 우리는 속수무책일 것이다. 그러나 만일 그것이 단지 우유적이며 다른 어떤 것에 기인하는 것이라면, 우리는 고통의 원천으로부터 우리 자신을 분리시킴으로써 고통에서 벗어날 수 있을 것이다.

속박은 프라크리티에 속하며, 푸루샤에게 돌려진다. "비록 고통에 대한 인식의 형태를 띠는 속박, 그리고 기능의 형태를 띠는 분별과 무분별은 내적 기관(citta)에 속한다 할지라도, 그럼에도 불구하고 푸루샤의 즐거움과 고통은 단지 자기 속에 고통을 반영한다는 사실에 기인한다."[원주285] 푸루샤의 속박은 내적 기관에 대한 그 자체의 근접에 기인하는, 일종의 허구이다.[원주286] 그러므로 그것은 우연적인(aupādhika) 것

[원주284] 『상키야 카리카』, 2.
[역주22] 베다에서 명령되는 동물 희생제의와 일반적인 덕목으로 강조되는 불살생 사이에는 서로 조화되기 어려운 측면이 있으며, 인도철학의 각 학파들에서는 이 문제에 대한 다양한 해석이 시도된다. 상키야는 희생제의에서 야기되는 살생은 공덕이 아니라고 주장한다. 한편 라마누자에 의하면, 희생제의에서 제물이 되는 동물은 죽은 것이 아니라 천계로 간다.
[원주285] 『상키야프라바차나 바쉬야』, i.58.
[원주286] Vāṇmātram. 『상키야프라바차나 수트라』, Vṛtti, i.58.

으로 말해진다. 만일 고통과 푸루샤의 관련이 실재적이라면, 그것은 분리될 수 없을 것이다. 이와 같은 취지에서 비갸나비크슈는 『쿠르마 푸라나』(*Kūrma Purāṇa*)로부터 한 구절을 인용한다.[원주287] “만일 자아가 본질적으로 불순, 부정, 변화 가능하다면, 설사 수백 번 태어난다 해도 자아에게 해탈은 실로 불가능할 것이다.”[원주288]

   속박은 시간이나 공간, 체화 혹은 카르마 때문이 아니다.[원주289] 이 모든 것은 비아(not-self)에 속한다. 어떤 하나에 속하는 특성은 다른 어떤 것에서 변화를 생성할 수 없다. 왜냐하면 만일 그렇게 되면 모두가 즐거움을 향수하거나 고통을 겪을 것이기 때문이다.[원주290] 속박은 푸루샤와 프라크리티의 결합을 통하여 일어나며, 푸루샤는 본질적으로 영원 청정이며, 무한이다.[원주291] 뿐만 아니라 단순한 프라크리티의 존재는 경험의 원인이 아니다. 왜냐하면 그와 같은 입장에서는 해탈된 영혼 또한 경험을 지닐 수 있을 것이기 때문이다. 그것의 원인은 “해탈상태에 있지 않은 경험의 대상들”[원주292]이다. 무분별(aviveka)이 속박의 원인(bandhahetu)이다. 비록 이 무분별은 푸루샤를 그 대상으로 지닌다 할지라도, 그것은 붓디에 속한다. 그것은 오직 우리 자신의 무분별이 끝날 때, 우리의 고통과 불행도 종식된다는 결론이 된다. 지식과 무지는 해탈과 속박에 대한 유일한 결정 요인이다.[원주293]

[원주287] ii.2.12.

[원주288] Yady ātmā malino 'svaccho vikārī syāt svabhāvataḥ, Na hi tasya bhaven muktir janmāntaraśatair api(『상키야프라바차나 바쉬야』, i.7). 만일 고통이 푸루샤에 본질적인 것이라면, 그것의 제거에 대한 가르침은 아무런 의미도 없을 것이다(『상키야프라바차나 수트라』, i.8~11).

[원주289] 『상키야프라바차나 수트라』, i.12~16.

[원주290] 『상키야프라바차나 수트라』, Vṛtti, i.17.

[원주291] 『상키야프라바차나 수트라』, Vṛtti, i.19.

[원주292] 『상키야프라바차나 수트라』, Vṛtti, vi.44.

[원주293] 『상키야프라바차나 수트라』, ii.7. 이와 같은 취지로 아니룻다는 자신의 『상키야프라바차나 수트라』, Vṛtti에서 한 구절을 인용한다. “사물들의 본질(vastus-thityā)에는 아무런 속박도 있을 수 없으며, 또한 그것의 비존재에 따르는 당연한 결과로서 해탈이 얻어지는 것도 아니다. 오류로 이루어진 이 둘 모두는 결코 실재

푸루샤는 영원히 자유롭다. 그것은 어떤 것을 욕망하거나 증오하지 않으며, 지배하거나 종속되지 않으며, 충동질하거나 옥죄지도 않는다. 윤리적인 삶은 생에서 생으로 푸루샤와 함께하는 미세신(微細身)에 부여되며, 고통은 육체를 지닌 존재의 본질이다.[원주294] 영혼이 홀로 남겨질 때, 그것은 정화된다고 말해진다. 경험적인 자아가 목적하며 추구하는 지고선은 푸루샤의 완전을 실현하는 것이다. 윤리적인 모든 행위는 우리 속에 있는 푸루샤를 보다 완전하게 실현하기 위한 것이다. 윤회의 순환은 서로에 대하여 무관하고 외적인 부분들로 이루어진 갈등과 변화의 순환이다. 끝없는 거듭남을 겪는 지바는 그 자체와의 합일, 즉 푸루샤의 상태를 획득하기 위하여 추구와 실패를 끊임없이 거듭하고 있다. 푸루샤는 영원히 그 자체와 하나이며, 그 자체로 완전하며, 그것에 대하여 외적인 것과 어떤 필수적인 관계를 필요로 하지도 않는다.

개개의 모든 지바는 자신 속에 보다 고차적인 푸루샤를 지니며, 따라서 자신의 참된 본질을 실현하기 위하여 자신의 바깥으로 나아갈 필요는 없으며, 단지 자신의 참된 본질을 의식하게 될 뿐이다. 윤리적인 과정은 새로운 어떤 것의 발달이 아니라, 우리가 잊고 있는 것을 다시 회복하는 것이다. 해탈은 자기의 본래 자아로 돌아가는 것이며, 지바가 자신에게 씌운 멍에로부터 벗어나는 것이다. 그것은 우리의 눈으로부터 자신의 참된 본질을 가리는 환영을 제거하는 것이다. "나는 없다"(nāsmi), "아무것도 나의 것이 아니다"(na me), "에고는 존재하지 않는다"(nāham)는 지식은 우리를 해탈로 인도한다.[원주295]

자유는 지식에 의하여 일어나지만, 이 지식은 단지 이론적인 것은 아니다. 그것은 덕행, 요가 등의 실천을 통하여 생겨난다.[원주296] 속박은 그릇된 지식에서 그 원인을 추적할 수 있는데, 이 그릇된 지식은 그릇

적인 존재를 지니지 않는다"(i.7).
[원주294] 『상키야 카리카』, 55.
[원주295] 『상키야 카리카』, 64.
[원주296] 『상키야프라바차나 바쉬야』, iii.77 및 78.

된 인식(avidyā)뿐만 아니라, 이기심(asmitā), 욕망(rāga), 증오(dveṣa), 그리고 공포(abhiniveśa)를 포함한다.[원주297] 이러한 것들은 28종의 무능력—이 중에서 11종은 감각 기관에 그리고 17종은 붓디에 속한다—때문에 야기된다.[원주298] 사심없는 행위는 구원에 이르는 간접적인 수단이다.[원주299] 그것은 그 자체만의 힘으로 우리를 해탈로 인도할 수 없다. 그것은 우리를 신성한 영역에 태어나게 할 수도 있을 것이지만, 해탈과는 다른 차원이다.[원주300]

분별적인 지식의 발생에 뒤따르는 무집착(vairagya)은 그 이전의 상태와 완전히 다르다.[원주301] 무집착을 통하여 프라크리티 속으로 귀입이 일어난다.[원주302] 프라크리티 속으로의 이러한 귀입은 궁극적인 자유가 아니다. 왜냐하면 그와 같이 프라크리티 속에 귀입된 영혼들은, 그들의 잘못은 지식에 의하여 완전히 소멸되지 않으므로, 이슈와라(Īśvara, 主)로 다시 나타나기 때문이다. "이전의 창조에서 원인(prakṛti) 속으로 귀입된 자는 다른 창조에서 제1푸루샤(ādipuruṣa), 즉 이슈와라의 속성을 지니며, 전지 전능한 존재가 된다."[원주303] 윤리적인 덕행은 우리가 보다 심원한 의식을 실현하게 하지만, 이에 비하여 악행은 이러한 의식을 더욱 어둡게 하는 작용을 한다. 악행에 탐닉함으로써 영

[원주297] 『상키야프라바차나 수트라』 및 『상키야프라바차나 바쉬야』, iii.37.
[원주298] 『상키야프라바차나 수트라』, iii.38 ; 『상키야 카리카』, 49.
[원주299] 『상키야프라바차나 수트라』, i.82, 85.
[원주300] 『상키야프라바차나 수트라』, iii.52~53.
[원주301] 『탓트와카우무디』, 23에서는 4종의 무집착이 구별된다.
[원주302] Vairāgyāt prakṛtilayaḥ(『상키야 카리카』, 45 ; 『상키야프라바차나 수트라』, iii.54).
[원주303] 『상키야프라바차나 바쉬야』, iii.56. 바차스파티에 의하여 여러 종류의 속박이 자연적인 것(prākṛtika), 우연적인 것(vaikṛtika), 그리고 인간적인 것(dākṣiṇaka)으로 구분된다. 첫번째 유형은 프라크리티를 절대 영혼으로 간주함에 비하여, 두번째 유형은 프라크리티의 산물들을 절대 영혼으로 간주한다. 그리고 세번째 유형은 인간적인 목적으로 획득하기 위하여 탐닉하는 세속의 일상 속에서 영혼의 참다운 본질을 망각한다(『탓트와카우무디』, 44 ; 『탓트와사마사』(Tattva-samāsa), p.19).

446

혼은 점점 더 완전하게 물질적인 몸에 잦아든다.

『카리카』에서는 아니라 할지라도, 『상키야 수트라』에서 요가 수행은 매우 중요한 위치를 차지한다. 오직 우리의 감정적인 동요가 잠잠해지고 지적인 행위가 제어될 때, 우리는 분별지를 얻을 수 있다. 감각들이 조절되고 마음이 평온함을 얻을 때, 붓디는 투명해지며 푸루샤의 순수한 빛을 반영한다. 붓디는 그 고유한 본질에서 삿트와 측면이 현저하지만, 이미 축적된 충동과 성향(vāsanā)들 때문에, 그것은 자체의 본래적인 청정함에서 벗어났다. 명상(dhyāna)에 의하여 외부 대상에서 기인한 내적 기관(citta)의 오염이 제거된다.[원주304] 내적 기관이 그 본래의 상태를 회복하고 자체의 욕망을 제거할 때, 대상들은 더 이상 사랑 혹은 증오를 불러일으키지 않는다. 대상들이 우리의 이기적인 관심을 자극하지 않고 그 본래의 본질을 드러낼 때, 우리는 정신적인 침착과 평정을 획득해야 한다. 이와 같은 절대적인 무집착은 보통 사람들의 능력을 초월하므로, 그들은 수련에 몰두함으로써 초인적인 조망을 발달시키려 했다. 수행은 자연 세계로부터 일시적인 해방을 가져다준다.

구나(guṇa)[원주305] 이론은 중요한 윤리적 의미를 지닌다. 세계의 존재들은 그 속에 있는 각 구나들의 우세한 정도에 따라서 분류된다. 데바(deva, 神)들의 경우에는 삿트와 요소가 현저한 반면에, 라자스와 타마스가 줄어든다. 인간에게서 타마스는 데바들의 경우보다는 덜한 정도로 줄어든다. 동물계에서 삿트와는 상당할 정도로 줄어든다. 식물계에서는 타마스가 다른 구나들보다 현저하다. 보다 고차적인 존재로의 상승은 삿트와 요소의 점증과 타마스의 점감에 놓여 있다. 왜냐하면 고통은 라자스의 성질에서의 특별한 변형이기 때문이다.[원주306] 엄격히 말하

[원주304] 『상키야프라바차나 수트라』, iii.30 ; 『상키야프라바차나 바쉬야』, iii.30.
[원주305] 상키야에서 구나들은 전적으로 지력을 지니지 않는 존재로 규정되는 데 비하여, 베단타에서 구나들은 지력의 특성을 반영한다.
[원주306] Duḥkhaṁ rajaḥpariṇāmaviśeṣaḥ.

여, 구나들은 우리 존재의 세포 하나 하나에 섞이고 결합되어 있으며 서로 경쟁한다.

구나들의 상대적인 세력은 우리의 정신적 성격을 결정한다. 우리는 고매한 영성과 열정적인 힘과 의기소침한 무관심을 지닌다. 타마스가 만일 현저하다면 태만, 무지, 나약, 무능, 불신, 무기력을 낳는다. 그것은 조잡하고 굼뜨며 무지한 유형의 인간성을 생성한다. 자신 속에 라자스가 현저한 사람은 용맹하며 활동적이다. 삿트와는 비판적이고 조화로우며 사려깊은 인간성을 증장시킨다. 3구나는 모든 사람에게 다양한 비율로 존재하지만, 리쉬와 성현들은 지극히 발달된 삿트와를 지니며, 전사와 정치가 그리고 행동력이 강한 사람은 매우 발달된 라자스를 지닌다. 또한 구나들은 우리 존재의 각 부분에 영향을 미친다 할지라도, 상대적으로 말하여 3구나는 각기 다른 구성 부분들, 즉 마음, 생명, 그리고 육체에서 가장 강력한 영향력을 지닌다. 상키야는 희생제의에 아무런 공덕도 인정하지 않는다. 그것은 슈드라를 고차적인 학습에서 배제하지 않는다. 스승은 반드시 바라문일 필요는 없으며, 자유를 얻은 자라면 스승이 될 수 있다. 훌륭한 스승을 만나는 것은 전생의 공덕에 달려 있다.

17. 해탈

상키야 철학에서 해탈은 단지 현상적일 뿐이다. 왜냐하면 속박은 푸루샤에 속하지 않기 때문이다. 속박과 해탈은 무분별과 분별에서 결과되는 푸루샤와 프라크리티의 결합과 분리에 달려 있다.[원주307] 프라크리티는 푸루샤가 아니라 여러 양태의 그 자체를 속박한다.[원주308] 푸루샤는 공덕과 죄과의 대립들로부터 완전히 자유롭다.[원주309] 속박은 분별력

[원주307] 『상키야프라바차나 수트라』, iii.72.
[원주308] 『상키야 카리카』, 62.
[원주309] 『상키야프라바차나 수트라』, iii.64 ; 『요가 수트라』, ii.22.

을 지니지 않는 행위를 향한 프라크리티의 행위인 반면에, 해탈은 분별력을 지니는 행위를 향한 프라크리티의 무활동이다.[원주310] 프라크리티가 활동적일 때, 그것은 푸루샤의 반영을 잡으며, 푸루샤에 그것의 그림자를 드리운다. 그럼에도 불구하고 푸루샤에 나타나는 변화는 비실재적이며 허구적이다.[원주311] 푸루샤와 미세신의 결합은 윤회의 원인이며, 해방은 푸루샤와 프라크리티의 차별에 대한 지식에 의하여 그 둘의 결합을 분리함으로써 얻어진다. 프라크리티가 스스로를 푸루샤로부터 거두어들일 때, 푸루샤는 프라크리티의 온갖 사건들을 자신의 것으로 귀속시키는 터무니없음을 깨닫게 된다. 푸루샤는 영원한 분리에 머물며, 프라크리티는 무활동으로 되돌아간다.

영혼의 참된 본질을 가리는 대상들이 있는 한, 해탈은 실현될 수 없다. 프라크리티가 행위를 멈추면, 붓디의 변형들이 끝나며, 푸루샤는 그 본래의 형태를 띠게 된다.[원주312] "해탈자에 관하여 프라다나(pradhāna)에 의한 창조의 중지는 단지 이것, 즉 경험의 원인의 생성 중지에 불과하다. 그것은 출생이라고 불리는, 우리 자신의 우유적인 한정 조건(upādhi)이 더 이상 생산되지 않는 것이다."[원주313] 자유를 얻을 때, 푸루샤는 아무런 관계도 유지하지 않고, 자신 이외에 아무것도 바라보지 않으며, 어떤 이질적인 생각도 지니지 않는다.[원주314] 그것은 더 이상 프라크리티 혹은 그 산물의 처분대로 휩쓸리지 않으며, 세속적인 애착에 의하여 흔들리지 않는 초연한 별로 빛난다.

사실상 속박된 자와 해탈자 사이에 아무런 차별도 없다.[역주23] 왜냐하

[원주310] 『상키야 카리카』, 61.

[원주311] 『상키야프라바차나 수트라』, ii.8. 또한 『상키야프라바차나 바쉬야』, i.164와 비교하라.

[원주312] 『상키야프라바차나 수트라』, ii.34 ; 『요가 수트라』, ii.3.

[원주313] Muktam prati pradhānasṛṣṭyuparamo yat tadbhogahetoḥ svopādhi pariṇā-maviśeṣasya janmākhyasyānutpādanam(『상키야프라바차나 바쉬야』, vi.44).

[원주314] 프라크리티와 관계를 끊는 것이 곧 해탈이다(Prakṛtiviyogo mokṣaḥ). 하리바드라(Haribhadra)의 말이다.

[역주23] 자아가 해탈을 실현할 때, 어떤 새로운 속성이 자아에게 부가되는 것은 아니

면 자유는 장엄한 푸루샤의 완전한 현현을 가리는 장애의 제거에 놓여
있기 때문이다.[원주315] 삼매상태(samādhi), 숙면상태(suṣupti), 그리고
해탈상태에서 푸루샤는 붓디의 변형들과의 분리를 통하여 그 자신의
브라흐만 형태로 머문다.[원주316] 숙면과 삼매상태에서는 과거의 경험들
에 대한 흔적이 존재하지만, 해탈상태에서는 이러한 흔적들이 전혀 없
다.[원주317] 분별지는 해탈이 실현되는 순간에 사라진다. 왜냐하면 그것은
마치 질병을 없애줄 뿐만 아니라 그 자체도 녹아 없어지는 약과 같은
것이기 때문이다. 구원은 고통에서 벗어나는 것이지만, 그럼에도 불구
하고 그것은 모든 존재에서 벗어나는 것이 아니다. 상키야는 푸루샤의
존속에 대한 확고한 믿음을 지니며, 따라서 염세적인 것으로 간주될 수
없다. 프라크리티의 유희가 멎을 때, 그것의 전개물들은 미현현상태로
돌아간다.

　푸루샤는 바라보는 아무런 대상도 지니지 않는 현자, 반영하는 아무
것도 없는 거울이 될 것이며, 프라크리티와 그 오염에서 벗어나 순수
지성의 상태로 존속하게 된다. 해탈의 상태에서 "부동의 푸루샤는 관
조자로서 전개를 멈춘 프라크리티를 정관(靜觀)한다."[원주318] 상키야가
이상으로 추구하는 자유는 공(空) 혹은 자아의 소멸에 대한 불교의 이
상,[원주319] 또는 아드와이타의 브라흐만 속으로 녹아듦,[원주320] 또는 초자
연적인 힘에 대한 요가적 성취[원주321]와 혼동되어서는 안된다. 또한 해
탈은 지복(ānanda)의 현현이 아니다.[역주24] 왜냐하면 푸루샤는 모든 속

　　다. 다시 말하여 자아의 해탈은 덜 완전한 자아에서 완전한 자아로의 전환을 의미
　　하지 않는다.
[원주315] 『상키야프라바차나 수트라』, vi.20.
[원주316] 『요가 수트라』, i.4.
[원주317] 『상키야프라바차나 수트라』, v.117.
[원주318] 『상키야 카리카』, 65.
[원주319] 『상키야프라바차나 수트라』, v.77~79.
[원주320] 『상키야프라바차나 수트라』, v.81.
[원주321] 『상키야프라바차나 수트라』, v.82.
[역주24] 베단타에 의하면 해탈은 지복의 상태이다.

성들로부터 자유롭기 때문이다.[원주322] 지복을 말하는 경전 구절들은 단지 해탈의 상태가 고통에서 자유로운 상태라는 것을 의미하기 위한 것일 뿐이다.[원주323] 푸루샤가 속성을 지니는 한, 그것은 자유롭지 않다.[원주324]

분별이 일어날 때, 프라크리티가 즉시 푸루샤를 자유롭게 하지는 않는다. 왜냐하면 과거 습관의 타성 때문에 그것의 작용은 얼마 동안 지속된다.[원주325] 그러나 육신은 더 이상 푸루샤에 장애가 되지 않는다. 작용 중인 카르마(prārabdhakarma)의 영향력에 의하여 육신은 지속한다. 물론 이 경우에는 비록 육신이 존속한다 할지라도 어떤 새로운 카르마가 축적되는 것은 아니다. 비록 생해탈자(jīvanmukta)는 모든 무분별에서 자유롭다 할지라도, 그럼에도 불구하고 그의 지난 잠재 인상(saṁskāra)들은 그가 몸을 지니도록 만든다.[원주326] 속박으로부터의 해방과 육신의 지속은 양립 가능하다.[역주25] 왜냐하면 그 둘은 각기 다른 원인들에 의하여 결정되기 때문이다. 죽음과 함께 생해탈자는 완전한 해탈, 즉 사해탈(videhakaivalya)을 얻는다.[원주327] 생해탈자들은 우리에게 자유의 본질과 그것을 얻는 방법에 대하여 가르친다.[원주328]

만일 프라크리티의 유희가 멈춘다면, 푸루샤는 더 이상 구경꾼이 아니다. 왜냐하면 바라볼 아무것도 없기 때문이다. 그럼에도 불구하고 해

[원주322] 『상키야프라바차나 수트라』, v.74.
[원주323] 『상키야프라바차나 수트라』, v.67.
[원주324] 자유에 대한 상키야의 견해는 아리스토텔레스의 행복(blessedness) 개념과 다르다. 아리스토텔레스에 따르면 행복은 모든 행위가 결여된 영원한 사유(eternal thinking)이다.
[원주325] 『상키야 카리카』, 67.
[원주326] 『상키야프라바차나 수트라』, iii.82~83.
[역주25] 『상키야 수트라』를 주석하면서 비갸나비크슈는 오직 사해탈(死解脫)만 진정한 의미의 해탈이라고 말한다. 육체와 결합되어 있는 한, 자아는 육체와 관련된 변화 등의 영향에서 자유로울 수 없다고 보기 때문이다. 이 견해는 베단타를 유신론적으로 해석하는 라마누자의 해탈관과 동일하다.
[원주327] 『찬도기야 우파니샤드』, viii.12.1.
[원주328] 『상키야프라바차나 수트라』, iii.79.

탈된 영혼은 전체 우주에 대한 지식을 지닌다고 말한다.[원주329] 우리는 해탈된 영혼들이 그들 사이에 사회적인 상호 교제를 지니는지에 대해서는 알 수 없다. 목표는 인격의 고양이 아니라 개별성의 소멸인 것으로 보인다. 프라크리티와 다른 영혼들로부터 분리의 최고 상태는 아무런 감정이나 행위도 없는 수동적인 상태이다. 그것은 비의식적인 존재 상태와 혼동될 가능성이 있다. 프라샤스타파다는 본질적으로 활동적인 프라크리티가 비활동적인 상태로 된다는 것은 불가능하다는 이유로 상키야의 해탈론을 반박한다. 만일 프라크리티가 지력을 지니지 않는다면, 어떻게 그것은 푸루샤가 진리를 깨달았는지 아닌지를 알 수 있는가?[원주330] 만일 상키야가 주장하는 것처럼 단지 사물들의 사라짐만이 있고, 파괴가 없다면, 무지, 열정 등의 완전한 파괴 가능성은 있을 수 없다. 다시 말하여 이러한 요소들이 해탈된 영혼에 다시 튀어나올 기회는 얼마든지 있을 것이다.[원주331]

18. 내생

상키야는 영혼이 삼세를 통하여 영속적으로 존재한다고 주장한다. 만일 영혼이 영원으로부터 존재하지 않는다면, 그것이 미래 영겁하도록 존재해야 할 아무런 이유도 없을 것이다. 그러므로 영혼은 창조되지 않는다. 우리가 영혼의 영원성을 인식하면 할수록, 우리는 창조자 신을

[원주329] 『상키야프라바차나 수트라』, Vrtti, vi.59.
[원주330] "사실 우리는 그것(프라크리티)이 예를 들어 소리에 대한 어떤 지각을 합당하게 생성한 경우에도 여전히 동일한 지각을 위한 기능을 지속한다는 것을 발견한다. 이와 마찬가지로 그것이 분별지를 생성하게 되는 이후에도 이와 동일한 목적을 위한 기능을 계속할 것이다. 그것의 활동적인 본질은 (앞에서 말한 지식에 의하여) 소멸되지 않았을 것이기 때문이다"(『파다르타다르마상그라하』, p.7).
[원주331] 우다야나(Udayana)의 『파리슛디』(*Pariśuddhi*), ii.2.13 ; 『샤스트라디피카』(*Śāstradīpikā*), pp.323 ff.

452

발견해낼 필요가 점점 더 줄어든다.[원주332] 상키야에 따르면 푸루샤와 프라크리티의 차별에 대한 무분별이 윤회의 원인이다. 이와 같은 무분별은 내적 기관에 잠재 인상을 남기며, 내적 기관에 각인된 잠재 인상은 내생에서 이와 동일한 숙명적인 결함을 생성한다. 연속적인 삶을 통하여 하나의 조대신(粗大身)에서 다른 하나의 조대신으로 옮겨가는 미세신(liṅgadeha)은 붓디, 아함카라, 마나스, 5종의 지각 기관, 5종의 행동 기관, 5종의 미세한 요소(tanmātra), 그리고 미발달상태의 조대한 요소들로 이루어지며, 이들은 물질적인 몸이 성장하는 배아로 기여한다. 조대한 요소들의 미세한 부분들은 심리적 장치에 필수적이다. 이것은 마치 그림이 있기 위해서는 캔버스가 있어야 하는 것과 같다.[원주333]

이 무형의 미세한 몸은 그것의 온갖 윤회 재생의 과정에서 행해진 행위들에 의하여 만들어지는 잠재 인상을 받는다. 새로운 체화의 형태는 그것에 의하여 결정된다. 그것은 즐거움과 고통의 진정한 토대이다.[원주334] 미세신은 비록 푸루샤와 다르다 할지라도, 그것은 어떤 사람의 성격과 본질적인 존재를 구성한다. 그것 속에 잠재 인상 혹은 성향이 담긴다. 미세신은 여러 역할을 하는 배우에 비유된다. 그것은 프라크리티에 속하는 편재성을 나누어 가지기 때문에, 이와 같은 힘을 지닌

[원주332] 맥타거트(Mctaggart)와 같은 몇몇 사상가들은 전능하지 않으며 세계를 창조하지도 않는 신을 주장한다.

[원주333] 『상키야 카리카』, 41. 그러므로 우리는 단지 붓디, 아함카라, 마나스만으로 충분하다고 말할 수 없다. 왜냐하면 이 기관들은 미세신의 지탱을 필요로 하기 때문이다. 어떤 사람들은 이 구절을 조대신의 존재를 필요로 하는 것으로 해석하기도 한다. 그러나 이와 같은 해석은 하나의 생에서 다른 하나의 생으로 옮겨가는 동안에 미세신은 조대신 없이 존속한다는 명백한 사실에서 보면 만족스러운 해석이라고 말하기 어렵다. 비갸나비크슈는 토대신(土臺身, adhiṣṭhānaśarīra)이라고 불리는 제3유형의 몸을 주장한다. 토대신은 조대한 요소들의 미세한 요소들로 형성되어 있으며, 미세신을 담는 그릇으로 기여한다(『상키야프라바차나 바쉬야』, iii.12).

[원주334] 『상키야프라바차나 수트라』, iii.8.

다. 미세신과 푸루샤의 결합은 고통의 원인이며, 참된 통찰이 일어날 때까지 지속한다. 미세신은 지속적인 데 비하여, 부모로부터 생성되는 몸은 죽음과 함께 소멸한다.[원주335] 우리가 일반적으로 출생이라고 부르는 것은 미세신과 조대신의 결합이며, 그 둘의 분리가 곧 죽음이다. 자유를 얻은 자들의 경우를 제외하고, 미세신의 존재와 재생은 전체 세계 주기를 통하여 지속하며, 세계 주기의 끝에서는 잠잠해지지만, 창조가 다시 시작될 때 그것은 자체의 생애를 재개한다.

잇달아 일어나는 출생의 틀과 위상은, 미세신과 조대신 없이는 불가능한 행위의 결과들인 기질(bhāva)에 의하여 결정된다.[원주336] 이와 같은 상호 의존은 씨앗과 새싹의 관계처럼 무시(無始)이며, 결함으로 간주될 필요는 없다.[원주337] 붓디, 아함카라, 미세신, 그리고 조대신의 전개는 물질적인 과정이며, 그 결과 또한 물질적인 것이다. 그럼에도 불구하고 이 산물들 중에서 어떤 것들은 매우 미세한 구조를 지니기 때문에 일반적인 감각으로는 지각되지 않는 경우도 있다. 물질적인 조직은 푸루샤와 결합될 때, 생물, 신, 인간, 혹은 동물이 된다.

공덕과 죄과는 프라크리티의 산물이며, 내적 기관의 속성이다.[원주338] 그것은 발달의 정도와 위상에 따라서 각 존재물에 적합한 특정한 몸과 감각의 형성에 기여한다. 카르마(業)의 법칙은 붓디의 경향과 기질

[원주335] 『상키야 카리카』, 39.
[원주336] 『상키야 카리카』, 52. 바차스파티와 나라야나(Nārāyaṇa)는 미세신과 기질의 관계를 경험하는 것과 경험하는 대상의 관계로 해석함에 비하여, 비갸나비크슈는 그것을 지력과 그것의 상태들의 관계로 간주한다.
[원주337] 이리하여 세 종류의 창조가 있다. ① 물질로 이루어진 창조(bhautikasarga)는 조대한 몸을 지니는 영혼들로 구성되어 있으며, 여기에는 8종의 고차적 신계(神界), 5종의 저급한 동·식물계, 그리고 인류가 있다. 이들은 삼계(三界)에 흩어져 있는 14가지 차원의 존재계를 구성한다. ② 미세한 몸들로 이루어진 창조(tan-mātrasarga). ③ 지력 혹은 성향으로 이루어진 창조(pratyayasarga 혹은 bhā-vasarga)는 지적인 성향들과 지성의 정서 및 기능들로 구성되며, 이 요소들이 이해를 방해, 불가능, 만족 혹은 완전하게 하는가에 따라서 4종으로 분류된다.
[원주338] 『상키야프라바차나 수트라』, v.25 ; 『상키야 카리카』, 43.

(bhāva)을 통하여 작용한다.[원주339] 각 영혼은 그것의 유기체에 상대적이며, 그것의 공덕에 따라서 최하에서 최상까지[원주340] 14종으로 이루어진 모든 존재의 차원을 관통할 수 있다. 우리는 자신의 삶이 미천한 감각이나 동물의 본능 혹은 식물의 무의식적인 활동에 한정되는 신체 기관을 지닐 수도 있을 것이다. 식물계 역시 경험의 장(場)이다.[원주341] 프라크리티의 이 모든 산물들은 단지 그 속에 있는 푸루샤의 발현을 방해할 뿐이며, 그것을 사멸시킬 수는 없다.

19. 상키야는 무신론인가

우리는 우파니샤드와 『바가바드기타』에서 어떻게 상키야의 요소들이 관념론적 유신론에 종속되는가를 살펴보았다. 서사시의 철학은 우주론과 푸루샤의 절대적인 수동성에 대한 이론은 상키야로부터 차용하고 있지만, 그럼에도 불구하고 그것은 푸루샤와 프라크리티를 자존적인 실재로 간주하는 것이 아니라, 궁극적인 브라흐만의 양태들로 본다. 그러나 고전적인 형태의 상키야는 유신론을 지지하지 않는다. 무지와 영혼의 속박의 관계에 대한 이론뿐만 아니라 절대 정신의 최상에 대한 무관심에서, 상키야는 우리로 하여금 오히려 불교와 유사하다는 생각이 들게 한다. 체계적인 형태에서 상키야의 시도는 합리적인 방법의 엄격한 적용은 우리를 자아들의 실재에 대한 반박으로 인도하지 않는다는 것을 언명하기 위한 것이었다.

창조의 난점들이 지적된다. 모든 행위는 자신이나 타인의 이익을 위한 동기를 지닌다. 자신의 모든 욕망이 완수된 신은 더 이상의 이기적

[원주339] 『상키야 카리카』, 40, 43, 55 ; 『바가바드기타』, vii.12 ; x.4, 5. 세 종류의 몸
　　에 대해서는 『상키야프라바차나 수트라』, v.124를 보라.
[원주340] 『상키야 카리카』, 44.
[원주341] 『상키야프라바차나 수트라』, v.12.

인 욕망을 지닐 수 없다. 만일 신이 이기적인 동기나 욕망을 지닌다면, 그는 자유롭지 않을 것이며, 만일 그가 자유롭다면, 그는 창조의 행위에 스스로를 연루시키지 않을 것이다.[원주342] 신은 자유롭지도 않고 속박되지도 않는다고 말하는 것은, 논증에 대한 모든 토대를 제거해버리는 것이다. 세계의 창조는 자비의 행위로 간주될 수 없다. 왜냐하면 창조가 일어나기 이전에 영혼들은 스스로가 벗어나야 할 아무런 고통도 없기 때문이다. 만일 신의 창조가 선한 의지에 의하여 일어난다면, 그는 단지 행복한 피조물을 창조했을 것이다. 만일 행위에서의 차이가 신으로 하여금 이러한 차이에 따라서 사람들을 다루도록 말한다면, 그것은 카르마의 법칙으로도 충분하며 신의 도움은 전혀 필요하지 않다고 대답할 것이다.[원주343]

또한 물질적인 것들이 비물질적인 영혼으로부터 나온다는 것은 있을 수 없다. 푸루샤의 영원한 존재는 신의 무한 및 불멸성과 모순된다. 유신론은 불멸에 대한 믿음을 약화시키는 것 같다. 왜냐하면 만일 우리가 영혼들의 창조자를 지닌다면, 영혼들은 시작을 지닐 것이며 반드시 불멸일 필요는 없다. 엄격한 지식의 한계에서 벗어나지 않으려고 애쓰는 상키야는 신의 존재는 논리적인 증거에 의하여 확립될 수 없다고 주장한다.[원주344] 이슈와라에 대한 어떤 감각적인 증거나 추론적인 지식 혹은 경전의 증언도 없다. 상키야는 스스로 신이 없다는 것을 확립한다는 의미에서의 무신론은 아니다. 상키야는 다만 신이 있다고 생각될 수 있는 아무런 이유도 없다는 것을 보여줄 뿐이다.[원주345] 경전들에서 외견상 유신론적인 것처럼 보이는 구절들은 사실 해탈된 영혼들에 대한 찬

[원주342] 『상키야프라바차나 수트라』, i.93~94.
[원주343] 『상키야프라바차나 수트라』, v.1. 『탓트와카우무디』, 57을 보라.
[원주344] 『상키야프라바차나 수트라』, v.12. 다윈의 견해와 비교하라. "모든 존재의 시작은 우리에게 알려지지 않는 신비이며, 나 개인으로서는 불가지론에 머물러 만족할 수밖에 없다"(*Life and Letters of Charles Darwin*).
[원주345] 상키야는 이슈와라가 존재하지 않는다는 것이 아니라, 단지 이슈와라는 논증될 수 없다는 것을 말할 뿐이다.

456

사이다.[원주346]

베다 찬가의 고대 신들은 실재론적인 상키야의 방패 아래 명맥을 유지한다. 그러나 그들은 본질적으로 영원하지 않다. 상키야는 창조시에 프라크리티의 연속적인 전개를 조정하는 이슈와라(vyavasthāpaka) 이론을 수용한다. 쉬바와 비슈누 등은 현상적인 것으로 간주된다.[원주347] 상키야는 이전의 세계 주기가 끝날 때 프라크리티에 녹아들었다가 다시 출현하는 이슈와라의 존재를 인정한다.[원주348] 마하트 등에 대한 집착을 버리는 수행을 통하여 프라크리티에 흡수되는 영혼들은 전지 전능한 것으로 말해진다.[원주349] 이러한 속성들은 우리가 일반적으로 신에게 귀속시키는 것들이다. 그러나 상키야는 프라크리티가 언제나 다른 어떤 것의 통제 하에 있다고 주장하기 때문에,[원주350] 이 신들은 독립적이 아니다.

라이프니츠의 선재적인 조화 개념을 연상하게 하는, 프라크리티의 비의식적이지만 내재적인 목적론은 상키야 철학의 수수께끼이다. 프라크리티의 전개가 영혼들의 필요에 부합되는 일이 어떻게 일어나는가? 푸루샤가 없다면 프라크리티는 속수무책이며, 프라크리티의 도움이 없다면 푸루샤 또한 자유를 얻을 수 없다. 그 둘을 완전히 다른 것으로 간주하는 것은 어렵다. 절름발이와 소경의 비유는 부적절하다. 왜냐하면 그 둘은 모두 의식적이며 서로 상의할 수 있기 때문이다. 그러나 프라크리티는 의식적이 아니다.[원주351] 또한 궁극적으로 푸루샤만이 속박을 벗어난다고 말할 수 있으며, 프라크리티는 아니다. 자석과 쇠붙이의 비유 또한 쓸모없다. 왜냐하면 프라크리티에 대한 푸루샤의 근접의 영

[원주346] 『상키야프라바차나 수트라』, i.95 ; iii.54~56.
[원주347] 『상키야프라바차나 수트라』, iii.57.
[원주348] Prakṛtilīnasya janyeśvarasya siddhiḥ(『상키야프라바차나 바쉬야』, iii.57).
[원주349] Sarvavit, sarvakartā(『상키야프라바차나 수트라』, iii.56).
[원주350] 『상키야프라바차나 수트라』, Vṛtti ;『상키야프라바차나 바쉬야』, iii.55 ;『요가 수트라』, iv.3.
[원주351] 『브라흐마 수트라』, ii.2.7에 대한 샹카라의 주석.

원함은 끊임없는 전개를 의미할 것이기 때문이다. "지력이 없는 프라다나와 무관심한 푸루샤, 그리고 그 둘을 잇는 제3의 원리는 없다. 그러므로 그 둘의 결합은 있을 수 없다."[원주352] 관객들에게 자신의 춤을 보인 후에 그것을 그만두는 무희의 비유는 타당한 것으로 간주될 수 없을 것 같다. 푸루샤는 잘못으로 프라크리티와의 혼동에 빠지는데, 이에 대한 처방은 오히려 그 혼동을 더욱 악화시키는 것으로 보인다. 다시 말하여 악한 행위는 그것을 통하여 충분히 즐김으로써 제거된다고 주장된다. 푸루샤는 자신이 프라크리티의 행위에 싫증이 날 때 해방된다.

후기의 사상가들은 푸루샤의 필요와 프라크리티의 행위 사이에 이러한 조화를 설명할 수 없다는 것을 알았으며, 따라서 장애를 제거함으로써 프라크리티의 전개를 인도하는 기능을 신에게 귀속시킨다.[원주353] 이로써 그들은 상키야 철학의 원안을 개선시킨다. 상키야는 여러 푸루샤에 그들 각자의 조직을 할당하는 하나의 포괄적인 생명을 필요로 한다. 바차스파티는 프라크리티의 전개가 어떤 전지한 영혼에 의하여 주관된다고 주장한다.

비갸나비크슈의 견해에 의하면, 이슈와라에 대한 카필라의 부정은 일종의 조정 원리이다. 다시 말하여 카필라가 이슈와라를 부정한 것은, 사람들이 영원한 신에 대하여 지나치게 생각하고 의존해서 분별지가 일어나는 것이 방해될 수도 있다는 것을 염려했기 때문이라는 것이다. 그는 또한 무신론은 상키야 철학이 유신론적인 가정을 필요로 하는 입장에 서 있지 않다는 것을 보여주기 위한, 불필요하게 지나친 선언으로 간주한다. 그는 가끔씩 상키야의 부신론을 대중적인 견해들에 대한 양보[원주354]로 설명하기도 하며, 또한 악한 사람들을 오해시켜서 그들이 참된 지식을 얻지 못하게 하기 위한 목적으로 제시된 것이라는 아주

[원주352] 『브라흐마 수트라』, ii.2.7에 대한 샹카라의 주석.
[원주353] 바차스파티, 비갸나비크슈, 나게샤(Nāgeśa)가 이 경우에 해당한다.
[원주354] Abhyupagamavāda(『상키야프라바차나 바쉬야』, 서론).

단순한 견해를 보이기도 한다.[원주355] 그는 신에 대한 상키야의 입장을 해명하려고 노력한다. 여러 곳에서[원주356] 비갸나비크슈는 상키야의 견해를 베단타의 견해와 조화시키기 위하여 노력한다.[원주357] 그는 보편적 푸루샤의 실재를 인정한다. "지고한 자, 즉 보편적인 집합적 푸루샤, 그는 전지 전능하며, 마치 천연 자석인 것처럼 단순한 근접에 의한 행위에서 운동자이다."[원주358] 그러나 상키야는 충분하게 철저하지 못함으로써 형이상학의 근본 문제를 간과한다. 그것은 물음이 그 목적에 적절하지 못했던 그릇된 견해를 지니고 있었다.

20. 상키야 철학에 대한 일반적인 평가

철학 사상의 역사를 공부하는 사람은, 철학사를 통하여 아무리 다양한 언급들이 나타나고, 또한 사상가들 사이에 시공간적인 차이가 아무리 광범위하다 할지라도, 근본적인 문제들이 끊임없이 거듭 나타난다는 것을 발견한다. 문제들은 바뀌지 않으며, 심지어는 그 대답도 크게 다르지 않다. 과학적 진화론이 가장 미성숙된 생명의 배아로부터 인간이라는 만개한 꽃에 이르기까지의 질서적인 진화 과정을 발견했을 때, 사실 새로운 것은 그 이론의 가설이 아니다. 왜냐하면 그것은 인도의 우파니샤드나 그리스의 아낙시만드로스, 헤라클레이토스, 그리고 엠페도클레스만큼이나 오래된 것이기 때문이다. 오히려 과학적 진화론에서 새로운 것은 세부 사항에 대한 경험적인 연구와 현대 과학에 의한 이

[원주355] Pāpināṁ jñānapratibandhārtham.

[원주356] 『상키야프라바차나 바쉬야』, i.122 ; v.61, 65 ; vi.52, 66.

[원주357] 세계의 질료인인 프라크리티는 브라흐만에서 분리되지 않는다고 말해지며, 브라흐만은 영혼들과 다르다(『상키야프라바차나 바쉬야』, i.69 ; iii.66).

[원주358] Sa hi paraḥ puruṣasāmānyaṁ sarvajñānaśaktimat sarvakartṛtāśaktimac ca(『상키야프라바차나 바쉬야』, iii.57). 또한 『상키야프라바차나 바쉬야』, v.12를 보라.

론의 검증이다.

인간의 마음이 경험하는 필요에 어떤 만족을 주는 상키야의 이론은 객관적인 존재의 관찰에 대한 과학적인 동기가 아니라, 오히려 형이상학적인 성향의 영향 하에서 도달된 철학적 개념이다. 그러나 푸루샤와 프라크리티의 이원론과 다수의 무한한 푸루샤, 그리고 이 푸루샤들은 각기 다른 푸루샤들에 대하여 외적이고 독립적이며, 무한하지만 그럼에도 불구하고 다른 푸루샤들의 무한성을 간섭하지 않는다는 점을 강조하는 상키야의 철학적 견해는 철학의 주요 문제에 대한 만족스러운 해법으로 간주될 수 없다. 이원론적 실재론은 그릇된 형이상학의 결과이다. 우선 우리가 푸루샤와 프라크리티는 경험의 사실들이 아니라 추상물들일 뿐이라는 것을 이해해야 할 것이다.

상키야 이론에 의하여 의도되는 가장 근본적인 진리는 의식은 운동, 열, 전기와 같은 에너지의 형태가 아니라는 것이다. 최첨단 과학은 단지 어떤 신경 과정들이 어떤 의식적 사건들과 협력하는 관계를 확립했을 뿐이다. 우리는 물질적 존재로부터 의식을 도출할 수 없지만, 그 반면에 경험적인 형태의 후자는 언제나 전자에 의하여 매개된다. 이 본질적인 관계를 간과하는 것은 잘못이다. 푸루샤는 정신적 상태들의 연속체 이상의 어떤 것으로 말해진다. 그와 같은 푸루샤는 결코 경험될 수 없으며, 경험적 형이상학의 견해로 확립될 수 없다. 만인 우리가 푸루샤로부터 물질적인 모든 것을 분리시키고 그것으로부터 경험적 대상들의 모든 속성을 제거한다면, 우리는 그것을 적극적으로 특징지을 수 있는 모든 것을 상실하는 결과가 될 것이다.

푸루샤는 '변화성 혹은 변전(變轉)의 그림자가 없는,' 영원하고 나누어질 수 없으며, 영원히 순수한 자기 동일성에 머물러 있다는 부정적인 정의를 내릴 수밖에 없다. 그것은 심지어 관념 작용조차도 박탈되며, 그것은 단지 순수 의식의 가능성이 된다. 그것은 우리의 인격 속에서 심적인 과정들을 비추는 한 요소로 상정되며, 심적인 과정들은 물질 조직의 산물이다. 그것은 그 자체가 목격하는 연극의 등장 인물 가운데 나타나지 않는다. 비록 영혼은 모든 경험의 함축으로 말해진다 할지라도, 프라크리티의 예술이 기여하는 그것은 결코 무대 위에 없다. 우리가 관찰하는 것은 지바(jīva), 즉 순수한 푸루샤가 아니라 프라크리티에 의하여 한정된 푸루샤이다. 우리에게 알려지는 모든 영혼은 체화된 영혼이다. 우리가 지바를 그 자체로 완전하며 외부 사물들 및 의식적인 존재들과 단지 우연적인 관계에 있는 푸루샤의 병렬로 간주할 때, 우리는 지바의 통일성을 파괴하고 있다. 만일 우리가 경험의 사실들에 충실하다면, 우리는 모든 내용을 결여한 순수 자아는 단지 상상의 허구에 불과한 것으로 간주해야 할 것이다.

푸루샤의 존재에 대한 상키야의 논증들은 초월적인 주체들이 아니라 경험적인 개아들의 존재에 대한 증거에 불과한 것으로 판명된다. 이 사실은 다수의 푸루샤에 대한 상키야의 이론에서 더욱 명백하게 드러난다. 다수의 푸루샤에 대한 주장의 핵심은, 만일 하나의 푸루샤가 있다면 그것의 붓디가 미혹에서 벗어날 때 세계 과정은 끝나야 하지만, 사실은 그렇지 않다는 것이다. 우주적 유희는 소수의 영혼들이 해탈을 얻을 때조차도 다수의 속박된 영혼들에 대하여 지속한다. 만일 푸루샤가 다수가 아니라 하나뿐이라면 몸 속에 존재하는 모든 개별 영혼들은 동시에 태어나고 동시에 죽어야 할 것이라는 주장은, 태어남과 죽음이 영원한 푸루샤에 적용된다는 것을 상정하며, 이것은 상키야 철학에서 원천적으로 용납될 수 없는 것이다.

우리는 단지 체화된 영혼들이 다수라는 것을 추론할 수 있을 뿐이다. 왜냐하면 그들은 일시에 함께 태어나고 함께 죽지 않기 때문이다. 만일 한 사람이 어떤 특정한 대상을 보는 순간에 다른 사람들은 동시에 그것을 보지 못한다면, 그것은 단지 각 지바가 그 자체의 독립적인 기관과 관심을 지닌다는 이유 때문이다.[원주359] 모든 철학자들이 인정하는 다수의 경험적인 영혼들에서 상키야가 주장하는 다수의 영원한 자아들

[원주359] 『사르바싯단타사라상그라하』, xii.68~69.

로 넘어가야 할 어떤 이유도 있을 것 같아 보이지 않는다. 상키야의 푸루샤는 프라크리티와 완전히 다르다. 우리는 푸루샤에 인격 혹은 창조력과 같은 어떤 모습도 귀속시킬 수 없다. 푸루샤에 대한 한정적인 모든 특징지음은 혼동 때문이다. 자아는 무속성이며, 부분이 없으며, 불멸이며, 움직임이 없으며, 완전히 비활동적이고 무감동적이며, 고통이나 기쁨 혹은 다른 어떤 감정에 의해서도 영향받지 않는다. 모든 변화와 모든 특성은 프라크리티에 귀속된다. 푸루샤에 차별이 있다고 말할 수 있는 아무런 토대도 없는 것 같다. 만일 각각의 푸루샤가 동일한 의식의 측면들을 지니며 편재적이라면, 만일 푸루샤들은 모든 차별상을 여의어 있으므로 하나의 푸루샤와 다른 하나의 푸루샤 사이에 지극히 미세한 차이도 없다면, 우리가 다수의 푸루샤를 상정할 수 있는 근거는 아무것도 없다. 차별 없는 다수는 불가능하다.

가우다파다와 같은 상키야의 주석자들이 하나의 푸루샤에 대한 이론을 지향하게 되는 것도 바로 이런 이유 때문이다.[원주360] 사물들에 대한 향수자가 있는 것이 틀림없다는 것은, 수동적인 푸루샤가 아니라 향수하는 영혼이 있다는 것을 보여준다. 형태, 출생, 죽음, 거소, 그리고 행운에 대한 개별적인 운명들은 단지 경험적인 다수의 지바들로 인도할 뿐이다. 세 가지 양태의 서로 다른 조건들로부터 우리는 극단적인 다원론을 추론할 수 없다. 왜냐하면 그와 같은 상태들은 단지 프라크리티의 변형들일 뿐이기 때문이다. 푸루샤의 향수와 해탈을 위하여 움직이는 것으로 말해지는 프라크리티에 대한 상키야의 견해는 다수의 푸루샤가 있어야 한다는 것을 뜻한다. 만일 오직 하나의 푸루샤가 있다면 오직 하나의 붓디가 있을 것이다.

그러나 우리는 순수 푸루샤가 불멸·무감동이며 아무것도 갈망하지 않는 것으로 말해진다는 사실을 기억할 필요가 있다. 프라크리티의 유희는 영원히 자유로운 푸루샤들을 위해서가 아니라 반영된 에고들을

[원주360] 『상키야 카리카』, 11 및 14에 대한 가우다파다의 견해를 보라.

위한 것이다. 후자의 다수에 대해서는 아무런 논란의 여지가 없다. 감독과 해탈에 대한 열망은 분별의 결여를 겪고 있는 자아들에게 효력이 있다. 여러 논증들은 우리가 추상에 의하여 도달하는 다수의 푸루샤가 아니라, 프라크리티와 관련을 맺고 있는 현실적인 다수의 영혼들을 증명하고 있을 뿐이다. 다수는 한정을 포함할 것이며, 절대·불멸·영원·무한의 푸루샤는 다수일 수 없다. 만일 푸루샤의 존재가 프라크리티의 유희에서 필수적인 것이라면, 하나의 푸루샤만으로도 충분할 것이다.[원주361]

분명히 상키야는 설명적인 가치 때문에 푸루샤의 실재를 받아들이지 않을 수 없다. 각각의 모든 의식상태는 의식적인 개별자에게 속한다. 우리는 어떤 방식으로 느끼고 있는 자아의 느낌 이외에는 아무런 느낌도 지닐 수 없다. 그러나 우리가 푸루샤의 자아를 그것의 경험으로부터 어떻게 구별할 수 있는가? 만일 우리가 정신적인 주체를 상정하지 않는다면, 우리는 정신적인 사실들을 설명할 수 없는 반면에, 만일 우리가 그 주체를 특정 사실들과는 전혀 관계없는 비물질적인 실체 혹은 불변적인 보편 원리의 빈 초점으로 간주한다면, 우리는 그 사실들을 적절하게 설명할 수 없게 된다. 푸루샤의 존재를 통하여 우리의 의식적인 경험들의 일관성을 설명하는 것은, 경험적인 사실의 특성을 재언급하고 그것을 그 자체의 존재에 대한 원인적 전제조건으로 간주하는 것이다. 푸루샤는 의식적인 모든 경험에서 취하는 일종의 초자연적인 잡동사니 주머니가 아니다.

[원주361] 아무런 속성도 지니지 않는 편재적인 자아들의 다수에 대하여 상카라는 말한다. "모든 자아들은 본질적으로 지성이며, (프라크리티에 대한) 근접 (그리고 자아들의 비활동) 등에서 그들 사이에 아무런 차이도 없다는 것은, 만일 하나의 자아가 즐거움이나 고통과 관련된다면 모든 자아들이 그와 같이 관련된다는 것을 의미한다"(『브라흐마 수트라』, ii.3.50에 대한 상카라의 주석). "다수의 편재적인 자아들이 있다고 주장하는 것은 불가능하다. 왜냐하면 그와 같은 예는 결코 없기 때문이다"(같은 책, ii.3.53에 대한 상카라의 주석). 만일 자아들이 하나같이 편재적이어서 두루 미치지 않는 곳이 없다면, 그들은 모두 동일한 영역을 차지할 것이다.

상키야 사상 전체를 통하여 푸루샤와 지바 사이의 혼동이 있다. 만일 푸루샤가 영원 불변이며 아무런 움직임도 없으며 분리되어 있다면, 가탁(假託, adhyāsa)에 존재하는 오류에 지배되는 인식자 혹은 향수자일 수 없다.[원주362] 그러나 이러한 속성들은 프라크리티에 귀속될 수 없다. 왜냐하면 그 속성들은 지력을 지닌 존재의 속성이기 때문이다. 가탁은 어떤 지적인 존재에 의하여 한 대상의 속성들이 다른 하나의 대상으로 돌려지는 것을 의미한다. 이에 지바의 개념이 전개된다. 지바들은 개별자로 존재하지만, 우리는 푸루샤들이 공간과 시간을 초월하는 다른 세계에서 그들 자신의 분리된 존재를 지닌다고 결론지을 수 없다. 푸루샤는 개별적인 인간 영혼과는 혼동될 수 없는 완전한 영혼이다. 푸루샤는 분명히 내 자신, 이 개별적인 내 속에 나의 핵심과 실체로서 있으며, 지바, 즉 불합리한 변덕과 이기적인 목적을 지닌 경험적인 자아는 단지 푸루샤의 왜곡일 뿐이다. 개개의 모든 지바가 자신의 푸루샤를 실현하기 위하여 노력한다는 것은, 개개의 모든 지바가 잠재적으로 푸루샤이며, 모든 인간은 잠재적으로 신적인 존재라는 것을 의미한다.

프라크리티 또한 경험으로부터의 추상이다. 대상 측면에 대한 한정 개념이며, 대상 세계의 알 수 없는 가정적인 원인에 대한 이름이다. 만일 실재란 경험되는 것이라면, 프라크리티는 순수 대상에 대한 이해할 수 없는 추상이다. 프라크리티의 이와 같은 속성은 그것이 '미현현자'(avyakta)라는 말로 지칭될 때 인정된다. 그것은 모든 사물의 형태 없는 토대인 단순한 공(空)이다. 대상 세계의 가장 일반적인 측면들이 프라크리티의 개념 속에 요약된다. 물질적·정신적인 본질의 모든 부분은 작용을 야기하는 어떤 속성과 그 반대 사이의 긴장[원주363]을 상징한다. 만일 변화가 잠재적인 것으로부터 실제적인 것으로의 추이라면, 그것은 어떤 형태가 그 자체의 실현에 대한 장애를 극복함으로써 그

[원주362] 『상키야 카리카』, 20~21.
[원주363] viṣamatva. 『마이트라야니 우파니샤드』, v.2를 보라.

자체를 실현하고자 하는 투쟁일 수도 있을 것이다. 3구나는 모든 존재의 3순간을 나타내며, 3구나의 평형상태로 말해지는 프라크리티는 단지 모든 존재의 근본 틀에 지나지 않는다. 마하데바(Mahadeva)의 주장처럼, 그것은 구나들의 근저에 놓인 어떤 것이 아니라 구나들의 3중 결합이다.[원주364] 구나들은 프라크리티의 속성(dharma)들이 아니라 그것의 형태(rūpa)들이다. 사실상 개념적 추상인 것이 경험적으로 고찰될 때 모든 존재의 가능태들을 담고 있는 분화되지 않은 다자(多者)가 된다.

프라크리티와 구나들에 대한 상키야의 설명은 프라크리티와 그것의 전개가 궁극적인 의미에서 실재적인 것이 아니라는 생각이 들게 한다. 3구나는 모든 존재의 필수 조건을 의미한다. 프라크리티의 전개에서 모든 단계는 이상 혹은 목적(sattva)과 그것을 실현하고자 하는 노력(rajas), 그리고 물질성(tamas)을 지니며, 비갸나비크슈의 견해에 따르면 이 셋은 추상물이 아니라 명백하고 적극적인 현존이다. 이 셋 없이 존재할 수 있는 것은 아무것도 없다. 상키야에 따르면, 이 셋은 자연적인 갈등상태에 있다. 프라크리티는 반작용력을 지닌다. 그것은 행위하려는 경향뿐 아니라, 행위에 역행하려는 반대 경향도 지닌다. 타마스는 저항력이다. 행위에 대한 저항을 제공하기 때문에, 그것은 또한 행위의 토대가 된다. 존재, 즉 3구나를 지니는 것은 실재가 아니라 기껏해야 상태를 나타낼 뿐이다. 삿트와·라자스·타마스를 갈등의 상태에서 존속하는 것으로 간주하는 동시에 대상의 구성 요소로 간주하는 것은, 오직 우리가 구나들이 참여하는 모든 대상들은 단지 하나의 갈등, 즉 그 자체를 초월하려고 애쓰는 비실재적인 존재에 불과하다는 것을 인정할 경우에만 가능하다.

[원주364] 『상키야프라바차나 수트라』, Vṛttisāra, i.61. 또한 vi.39를 보라. 『요가바릇티카』(Yogavārttika, ii.18)의 견해와 비교하라. "구나는 실로 프라크리티의 색조라고 말해지며, 프라크리티와 다른 것이 아니다"(Guṇā eva prakṛtiśabdavācya na tu tadatiriktā prakṛtir asti).

프라크리티의 세계에서는 완전하고 조화로운 개체는 있을 수 없다. 왜냐하면 그것은 언제나 다른 구나들을 압도하고 있는 한 구나의 문제이기 때문이다. 심지어 삿트와가 압도적인 경우에도, 거기에는 타마스가 있다. 전개는 한 구나 혹은 다른 한 구나의 지배, 또는 한 구나 혹은 다른 한 구나의 억제에 지나지 않는다. 그러나 억제는 대체가 아니다. 어떤 한 구나가 다른 한 구나를 제거하는 것은 있을 수 없다. 우리는 삿트와, 라자스, 타마스가 각기 다른 구나들을 극복하고 홀로 존재하거나, 혹은 이 셋이 서로 조화로운 상태로 존재하는 것을 상상할 수 없다. 프랄라야(pralaya, 대파괴) 동안에 그 셋은 절대적인 조화상태에 있는 것처럼 보이지만, 그것은 단지 겉모습에 지나지 않는다. 왜냐하면 프랄라야에서 프라크리티는 긴장상태에 있는 것으로 말해지기 때문이다. 그것은 세 구나를 지니지만, 각 구나는 모두 강력하기 때문에 아무런 전개도 일어나지 않을 뿐이다. 세 구나 가운데 하나가 더욱 지배적인 힘을 발휘하게 될 때 전개가 일어난다. 조화가 우세하지 않은 한, 전개는 멈추지 않을 것이다.

상키야 철학은 세 구나가 조화로운 상태에 도달하는 완전의 상태를 생각하지 않는다. 프라크리티의 원래 상태는 조화라고 말할 수 없다. 사실 그것은 이도저도 아닌 미결정상태, 즉 프라크리티가 활동적이라고 말할 수도 없고 비활동저이라고 할 수도 없는 상태이기 때문이다. 양립 불가능한 것들이 완전히 대립하고 있는 것처럼 보인다. 그것은 가능성이라기보다는 그것의 한계, 즉 가능한 것들이 반대되는 것들로 나누어지는 불가능성이다. 아무튼 프라크리티는 통일 혹은 조화로 간주될 수 없다. 그것은 다양한 존재들을 함께 묶는 구체적인 보편자 혹은 그 모든 존재들을 특정짓는 순수 단일의 유(有)가 아니다. 그것은 구나들의 긴장상태이다.

푸루샤는 프라크리티의 세계에 어떤 질서와 의미를 도입하기 위하여 필수적이다. 푸루샤의 영향은 미결정상태가 사라지게 만든다. 하나 혹은 다른 하나의 구나가 다른 구나들을 억제하면서 지배적인 것이 된다.

결코 완전의 상태는 있을 수 없다. 구나들에 관해서 조화는 불가능하다. 완전의 상태가 없는 곳에는 변화나 전개 혹은 귀입이 나타나게 마련이다. 프라크리티의 세계는 실재 그 자체가 아니다. 그것은 세 구나를 지니므로, 이의 결과로 자기 모순성을 지닌다. 완전 혹은 실재는 세 구나의 반대와 대립이 극복되고 초월되는 것이며, 그와 같은 상태는 프라크리티의 속성이 아니므로, 그것은 실재가 아니다. 프라크리티의 과정이 지니는 무종성(無終性)은 그것을 비실재적이고 상대적인 영역으로 떨어지게 만든다. 아드와이타 베단타는 이 결론에 대면하여, 프라크리티의 세계를 마야(māyā, 幻影)로 간주한다.

만일 우리가 프라크리티에 대한 상키야의 견해, 특히 푸루샤에 대한 프라크리티의 완전한 의존을 받아들인다면, 프라크리티의 전개를 설명하는 것은 불가능할 것이다. 우리는 잠재적인 가능태들이 어떻게 그들을 감독하는 어떤 의식 없이도 실제적인 결과로 나타날 수 있는지 이해할 수 없다. 상키야 학파가 말하는 것처럼, 지력을 지닌 원리가 존재하지 않는 곳에서는 어떤 행위도 있을 수 없다. "상키야의 세 구나는 균형상태에 있을 때, 프라다나(pradhāna)를 형성한다. 프라다나 이외에는 프라다나를 행위하게 하거나 그것이 행위를 거두어들이게 할 수 있는 어떤 외적인 원리도 있을 수 없다. 푸루샤는 무관심하며, 행위하기 위하여 움직이거나 행위를 억제하지도 않는다. 프라다나는 어떤 관계에도 서 있지 않기 때문에, 왜 그것이 때로는 마하트(mahat, 大)로 전변되기도 하고, 또한 때로는 그렇지 않은지를 아는 것은 불가능하다."[원주365] "또한 마치 풀이 우유로 변형되는 것처럼 프라다나가 그 자체를 마하트 등으로 변형시킨다고 말할 수도 없다. 왜냐하면 풀은 오직 암소에게만 있고 황소에게는 없는 다른 원인들을 필요로 하기 때문이다."[원주366]

[원주365] 『브라흐마 수트라』, ii.2.4에 대한 샹카라의 주석. 『프라슈나 우파니샤드』, vi.3에 대한 샹카라의 주석을 보라.
[원주366] 『브라흐마 수트라』, ii.2.5에 대한 샹카라의 주석.

유한한 결과들로부터 무한한 원인이 추론될 수 있다는 논증이 반드시 세 구나로 구성된 프라크리티의 실재를 증명하는 것은 아니다. 구나들은 서로를 제한하며, 따라서 결과들이다. 만일 구나들이 한정되지 않는다면, 어떤 차별도 일어날 수 없으며, 따라서 어떤 결과도 생겨날 수 없다.[원주367] 만일 균형상태의 세 구나들이 프라다나를 형성한다면, 그리고 만일 그들이 상호 우월 혹은 열등의 관계에 서 있지 않다면, 그들은 상호 공헌의 관계에 돌입하지 않을 것이다. 왜냐하면 만일 그렇게 되면 그들은 절대적인 독립을 상실하게 될 것이기 때문이다. 구나들이 불안정한 상태에 빠지도록 하는 어떤 외적인 원리가 없기 때문에, 행위는 불가능하다.[원주368] 의식 없는 프라크리티는 자동적으로 푸루샤의 목적에 소용되는 결과들을 생산할 수 없다. 지성은 프라크리티에게 귀속될 수 없다. 왜냐하면 그것은 상키야의 핵심적인 교의에 모순될 것이기 때문이다.[원주369] 지성에 의하여 통제되지 않은 프라크리티가 세계 전개의 원인이라고 말하는 경전 구절은 없다. 상키야 이론은 전개에서 계획 혹은 의도의 존재를 인정한다. 왜냐하면 프라크리티의 행위의 목적인(目的因)은 푸루샤가 자유를 얻을 수 있게 하는 것이기 때문이다.

의식 없는 프라크리티라는 가정 하에서 동력인과 목적인 모두를 프라크리티에 귀속시키는 것은 상상할 수 없다. 때로는 프라크리티의 행

[원주367] 『브라흐마 수트라』, ii.2.1에 대한 라마누자의 주석.

[원주368] 『브라흐마 수트라』, ii.2.8에 대한 샹카라의 주석. 라마누자는 말한다. "만일 상키야가 세계의 생성은 주된 실체와 종속적인 실체 사이의 어떤 관계(aṅgāṅgibhāva)로부터 야기되는 것이라면, 그리고 이 관계는 여러 구나들이 머무르는 곳의 차이에 따른, 구나들이 상대적인 열등성 혹은 우월성에 달려 있다고 말한다면(『상키야 카리카』, 16), 프랄라야의 상태에서는 세 구나가 균형상태에 있으므로 그들 중 어떤 것도 다른 것에 비하여 우월하거나 열등하다고 볼 수 없고, 상키야가 말하는 우월 혹은 열등의 관계는 존재할 수 없으며, 따라서 세계는 생성될 수 없다. 만일 심지어 프랄라야 상태에서조차도 어떤 차별성이 있다고 주장된다면, 그것은 결국 창조는 영원하다는 결론이 되고 말 것이다(『브라흐마 수트라』, ii.2.6에 대한 라마누자의 주석).

[원주369] 『브라흐마 수트라』, ii.2.9에 대한 샹카라의 주석.

468

위가 자동적 혹은 습관적이라고 말해지기도 한다. 마부는 단지 말의 움직임을 지켜보기만 할 뿐이지만, 말은 습관적으로 마차를 끈다. 그러나 습관은 과거의 행위들을 전제로 한다. 말은 지력을 지닌 사람에 의하여 조련된다. 그러나 푸루샤의 안내는 상키야의 이론에 허용되지 않는다. 송아지의 영양을 위하여 우유가 무의식적으로 흘러나온다는 비유는 부적절하다. 왜냐하면 가까운 원인과 제1원인 사이에 구분이 만들어져야 하기 때문이다.[원주370] 단지 하나의 사실을 말하는 것은 신비의 장막을 제거하는 것이 아니다. 우리는 사물들이 따르는 어떤 법칙들을 발견하지만, 이 모든 법칙들의 궁극적인 원천을 상정하지 않는다면 설명은 불완전하다. 절름발이와 소경의 비유는 잘못된 것이다. 왜냐하면 그 둘 모두는 그들의 공동 목적을 실현하기 위한 수단을 고안해낼 수 있는 지적이고 활동적인 행위자이기 때문이다. 프라크리티와 푸루샤는 어떤 공통된 목적도 지니지 않는다. 의식 없는 프라크리티는 고통을 감수할 수 없으며, 이에 비하여 비활동적인 푸루샤는 고통을 경험할 수 없다. 그 둘이 어떻게 세계의 구제를 위하여 협력할 수 있겠는가? 상키야가 보다 고차적인 어떤 통일을 받아들이지 않는 한, 물음은 대답될 수 없다.[원주371]

주체와 대상은 보다 차원 높은 통일의 두 측면, 즉 하나의 전체 속에 있는 차별상들이다. 만일 우리가 경험적인 차원에 있다면, 심지어 이 경우에도 우리는 모든 의식은 어떤 대상에 대한 의식이며, 모든 존재는 의식의 대상이라고 말하지 않을 수 없을 것이다. 우리가 조금이라도 자아를 아는 것은, 단지 대상 세계로부터 우리 자신을 구별하고 우리 자신을 대상 세계와 관련짓는 것에 있을 뿐이다. 우리는 세계에 대한 경

[원주370] 『브라흐마 수트라』, ii.2.3에 대한 샹카라의 주석. 또한 "지력을 지닌 존재인 암소는 그렇게 하고자 하는 스스로의 바람에 의하여 우유가 흘러나오게 만들며, 우유는 또한 송아지가 빠는 것에 의하여 흘러나온다."
[원주371] 유신론자였던 비갸나비크슈는 푸루샤와 프라크리티의 결합 행위를 설명할 수 있었다(『비갸나므리타』(*Vijñānāmṛta*), i.1.2).

험을 넓히는 과정 속에서 자아에 대한 우리의 의식을 깊게 한다. 만일 우리가 주체와 대상의 본질적인 무관함을 상정한다면, 전자에서 후자로 나아가는 것은 불가능할 것이다. 그 둘의 통일은 그 둘의 차이에 대한 전제이다. 주체와 대상의 궁극적인 하나됨을 인식하지 못하는 것은, 단지 경험의 본질과 조건들에 대한 우리의 무지 혹은 이에 대한 반성의 결핍에 기인한다.

마음과 대상에 대한 이원적인 개념이 우리의 마음에 자연스럽다는 것은 분명한 사실이다. 그러나 조금만 깊이 생각해보면, 만일 그 둘이 독립적이라면 그 둘을 연결하는 제3의 요소가 요청된다는 사실이 분명해진다. 우리가 이 제3의 요소 가정에 대한 전적인 불만족을 깨닫게 되는 순간, 우리는 사실 그 둘이 모든 존재와 지식의 토대가 되는 하나의 궁극적인 의식의 두 측면이라는 견해를 받아들이지 않을 수 없게 된다. 이 궁극적인 하나됨에 대한 인식의 실패는 상키야 이론의 근본적인 잘못이다.

우리가 지닌 모든 증거는, 이원론은 절대적이 아니라는 것, 그리고 푸루샤와 프라크리티는 우연히 관련되지 않는다는 것을 보여준다. 여기서 우리는 이러한 입장을 견지하는 상키야의 몇몇 세부 사항에 대하여 살펴보고자 한다. 프라크리티는 푸루샤 속에 그 자체의 참된 존재에 대한 지식뿐만 아니라 그것이 사는 세계에 대한 지식을 생성시킨다. 이것은 그 둘의 차이의 근저에 놓인 통일성에 대한 증거가 되는 것이 아닌가? 프라크리티는 오직 그것이 주체와 관련될 때만 현현하게 된다. 그것이 주체와 관련되지 않을 때는 현현하지 않는다.[원주372] 만일 프라크리티가 그것이 행하는 것이라면,[원주373] 그것은 푸루샤에 의하여 알려질 것이다. 다시 말하여 푸루샤에 독립적인 프라크리티의 개념은 생각할 수 없는 자기 모순적인 것이다.

상키야는 프라크리티가 본래적이고 독립적인 푸루샤와 마찬가지로

[원주372] 『상키야프라바차나 수트라』, i.79.
[원주373] Prakarotīti prakṛtiḥ.

원초적이라고 말한다. 만일 우리가 정확한 입장이 되고자 한다면, 우리는 푸루샤와 프라크리티가 비록 실재 내의 상호 의존적인 요소들이라 할지라도 그 둘은 상반된다고 말해야 할 것이다. 그 둘은 창조적인 전개의 필수적인 전제들이다. 만일 프라크리티라는 영원한 토대의 자궁이 푸루샤에 의하여 수태되지 않는다면, 아무것도 존재할 수 없을 것이다. 만일 프라크리티가 그것의 산물들로 전개되고자 한다면, 프라크리티의 티끌이라도 반드시 푸루샤에 의하여 고취되지 않으면 안될 것이다. 또한 프라크리티의 전개에서 내재적인 목적론은 푸루샤의 영향에서 추적된다. 프라크리티의 전개는 영혼의 자유의 실현을 위한 수단으로 간주된다.

상키야는 프라크리티가 의식적으로 어떤 계획을 의도하고 실행한다는 것을 받아들이지 않지만, 그럼에도 불구하고 상키야는 프라크리티의 전개가 영혼의 목적에 적합하도록 의도된 어떤 계획의 실행이라고 주장한다. 대상들의 순수 가능태인 프라크리티가 무엇이 되느냐 하는 것은, 푸루샤의 어떤 형태 혹은 목적이 그것에 각인되느냐에 달려 있다. 잠재적으로 모든 것인 프라크리티는 푸루샤들에 의하여 결정되는 형태의 획득에 의하여 이런 것 혹은 저런 것이 된다. 비록 푸루샤는 프라크리티의 연쇄 어디에도 없다 할지라도, 그것은 그 모든 연쇄들과 동등하게 관련된다. 푸루샤의 영향은 프라크리티의 전개를 시작할 뿐만 아니라, 끊임없이 그것을 유지하기도 한다. 만일 어떤 판단 착오가 푸루샤를 극장으로 떠밀지 않았다면, 만일 우리의 미혹된 마음이 프라크리티의 공연을 지켜보지 않았다면, 프라크리티의 행위는 전혀 없었을 것이다.

푸루샤와 프라크리티의 이원론은 인간 본질의 다른 요소들로부터 인간의 의식의 구분을 포함하며, 이것은 지식과 삶과 윤리를 이해할 수 없는 신비로 만들어버리지만, 그럼에도 불구하고 의식 이외의 다른 본질적 요소들은 단지 상키야가 스스로 공언하는 것에 정반대되는 것, 즉 인간 본질의 통일을 상정한다는 이유 때문에 이해 가능한 것으로 된다.

만일 붓디가 물질적이고 비의식적인 것이라면, 그것은 심지어 의식을 반영할 수도 없다는 것을 우리는 이미 지적한 적이 있다. 존재의 두 가지 다른 차원에 속하는 사물들은 본질적인 것으로 그리고 반영으로 작용할 수 없다. 푸루샤는 붓디의 단계들을 경험한다고 말할 수 없다. 왜냐하면 붓디 속에 그것의 반영은 비실재이기 때문이다.

푸루샤와 붓디의 관계에 대한 상키야의 설명은 그 둘 사이의 전적인 반대가 아니라, 오히려 유사성을 시사한다. 푸루샤와 프라크리티가 접촉하는 가장 가까운 점은 붓디에 있으며, 붓디는 우주적 에너지의 작용들을 식별하고 통합하며, 아함카라의 도움으로 자아를 생각이나 감각 혹은 행위의 이러한 작용들과 동일시한다. 분별지를 위하여 노력해야 하는 것은 바로 삿트와 측면이 현저한 붓디이다. 붓디가 동일시는 잘못이라는 것을 깨닫고, 모든 것은 구나들의 균형에 대한 단순한 교란일 뿐이라는 것을 지각할 때, 붓디는 그것이 지속시켜왔던 거짓 쇼를 외면하게 된다. 푸루샤는 우주의 춤과 그 자신의 관련을 멈추며, 프라크리티는 푸루샤 속에 그 자체를 반영하는 힘을 상실한다. 아함카라의 산물들이 소멸하기 때문에, 붓디는 무관심하게 되며, 구나들은 균형상태에 돌입한다. 만일 붓디가 혼란에 빠져 있다면 푸루샤는 곤란한 처지에 있는 것으로 말해지며, 만일 붓디가 그 혼란을 깨끗이 해소한다면 푸루샤는 구제된다고 말해진다. 붓디는 사실상 푸루샤로 기능하는 것처럼 보인다. 따라서 그것은 대상보다 주체에 너욱 가깝다.[원주374]

견해의 윤리적인 결과들도 똑같이 중요하다. 만일 프라크리티가 완전히 기계적이라면, 의지의 자유는 환상에 불과할 것이다. 왜냐하면 의

[원주374] 비디야라니야(Vidyāraṇya)는 자신의 『비바라나프라메야상그라하』(*Vivaraṇa-prameyasaṁgraha*), p.63에서 다음과 같이 말한다. "만일 사물들이 상키야 학자들이 설명하는 것과 같다면, 아함카라 및 그것에 의존하는 모든 것, 모든 행위, 모든 즐김 등은 순수하게 객관적인 형태, 즉 '이것은 행위자이다' '이것은 향수자이다'라는 형태로 그 자체를 의식에 드러낼 것이며, 자아에 가탁된 어떤 것으로 나타나지 않을 것이다. 그러므로 의식의 실제적인 형태, 즉 '나는 행위자이다' '나는 향수자이다'라는 형태는 결코 일어나지 않을 것이다"(*Indian Thought*, vol.i, p.376).

지는 프라크리티의 산물이기 때문이다. 죄악과 미덕은 황산이나 설탕과 마찬가지의 산물들이므로, 윤리적인 구분들은 무의미하게 된다. 그러나 상키야는 사람을 죽이는 것이 돌을 파괴하는 것과 마찬가지로 비난의 대상이 될 수 없다는 것은 인정하지 않을 것이다. 사람에게는 돌이나 식물에는 없는 어떤 것이 있다. 프라크리티에는 기계 작용 이상의 어떤 것이 있다. 만일 그렇지 않다면, 그것은 우리를 위하여 자유를 획득할 수 없다. 상키야는 구제하는 지식이 프라크리티의 선물이라고 주장한다.

무분별(aviveka)에서 기인하는 푸루샤와 프라크리티의 상상적인 관련은, 만일 그 둘이 서로 관련되지 않는다면 불가능할 것이다. 어떻게 서로 어떤 관련도 지니기를 거부하는 두 실체 사이의 관련에 대한 거짓된 개념이 일어날 수 있는가를 이해하는 것은 어렵다. 그 관련은 프라크리티의 전개를 진행시키기에 충분할 정도로 실재적이어야 할 것이며, 그것은 푸루샤가 프라크리티의 도움으로 자신의 순수함과 분리를 인식할 수 있기에 충분하도록 실재적이어야 할 것이다. 푸루샤가 도움을 받는 것은, 단순히 푸루샤에 외적인 것일 수 없다. 상키야는 이원론에 대한 주장으로 우리를 설득하기보다는, 푸루샤와 프라크리티를 서로 보다 가까이 가져다놓는 것이 설득력있을 것이다. 푸루샤와 프라크리티의 상호 적응은 단순히 믿기 어렵다. 예를 들자면, 프라크리티는 이른바 그 자체의 무의식적인 욕망의 압박에 의하여 기계적인 작은 장난감들을 전개하며, 이 장난감들을 통하여 푸루샤는 세계의 광경을 볼 수 있다. 의식적인 영혼과 비의식적인 물질은 하나의 전개에서의 두 단계들이다. 해탈을 위하여 노력하는 것은 지바이다. 왜냐하면 유한한 의식은 프라크리티의 본질에 의하여 유한화되는 무한한 의식을 전제로 하기 때문이다. 유한한 영혼은 자기 안에 있는 무한한 의식을 발견함으로써 자기의 참된 존재를 실현한다.

상키야가 실재의 과정을 기계적인 물질과 자유로운 영혼으로 분리할 때, 이 두 실재들은 역사적이 아니라 개념적인 것으로 간주된다. 상키야는 우리에게 경험의 세계에서 우리는 불가분적으로 관련된 두 가지 다른 경향을 지닌다고 말한다. 프라크리티와 푸루샤는 모든 경험의 두 가지 측면이다. 만일 푸루샤가 그 본질에서 의식적이라면, 프라크리티는 비의식적이며 푸루샤의 본질에 반대된다. 의식과 비의식, 이 둘은 하나의 생성에 있는 두 측면들이다. 실재는 순수 푸루샤도 아니고 순수 프라크리티도 아니다. 이 둘은 비존재이다. 왜냐하면 존재하는 모든 것은 이름과 형태를 지니기 때문이다. 물질 없는 형태와 형태 없는 물질은 존재의 범위에서 상한과 하한일 뿐이며, 그 둘은 모두 존재가 아니다. 최초의 존재는 마하트이며, 이로부터 다른 모든 존재들이 전개되어 나온다고 말한다. 이 마하트는 순수 물질이 아니라 형태를 띠는 물질이다. 마하트는 비한정적인 프라크리티의 한정적인 현현이다. 만일 푸루샤와 프라크리티가 협력하지 않는다면 우리는 마하트를 지닐 수 없다. 그것은 프라크리티가 푸루샤에 의하여 인식될 때 일어나는 최초의 산물 혹은 최초의 경험적 산물이다.

상키야가 인정하는 신은 순수 주체가 아니라 그 속에 잠재적인 객체를 지닌다. 만일 우리가 세계의 산물들이 기인하는 궁극적인 범주를 추적한다면, 우리는 모든 사물들의 가능태를 포함하는 의식적인 자아, 즉 주체-객체의 범주에 도달하게 될 것이다. 세계를 구성하는 모든 사물들은 주체-객체이다. 신 속에서뿐만 아니라 가장 낮은 차원의 물질 속에서도 우리는 푸루샤와 프라크리티의 두 경향을 지닌다. 자체 속에 물질이 현저한 것들은 아래로 내려가고, 형태가 현저한 것들은 위로 상승한다. 영혼의 성공에 비례하여, 결과로 생기는 존재는 창조의 여러 차원에서 높은 지위에 선다. 물질의 최하 단계에서 우리는 사물들에 대한 사물들의 순수 외면성을 지닌다.

그러나 자연의 이 영역조차도 영혼들의 목적에 소용된다. 우리는 식물, 동물, 그리고 인간에서 점차적인 상승을 지닌다. 식물은 생물계에서 낮은 위상을 차지하며, 이에 비하여 감각적인 부분을 지니는 동물은 그보다 상위에, 그리고 합리적이고 의지적인 본질을 지니는 인간은 그보다 더 높은 위치에 서게 된다. 모든 것들은 점점 더 높은 위치로 오르기 위하여 끊임없이 노력한다. 상키야의 전개론은 개체를 하나의 영원한 결과물이 아니라, 궁극적으로 완전한 푸루샤의 현현에 이르게 되기까지 나아가는 일시적인 단계로 간주한다. 이 대립물들은 하나의 구체적인 생성의 상반되는 운동들을 통하여 상호 의존적이다. 만일 우리가 푸루샤를 프라크리티로부터 분리한다면, 그것은 비실재적인 것이 된다. 푸루샤로부터 분리된 프라크리티 또한 마찬가지이다. 모든 사물들은 푸루샤와 프라크리티를 결합하며, 푸루샤를 보다 분명하고 완전하게 드러내기 위하여 분투하며, 이러한 분투가 세계의 과정이다.

상키야 사상가들이 경험의 최고 산물은 궁극적이 아니라고 주장할 때, 그들은 두 경향들이 하나에 대한 다른 하나의 지배를 위하여 몸부림치는 경험의 세계가 그 자체의 논리적인 토대로서 다른 어떤 원리를 필요로 한다는 것을 의미한다. 이 투쟁의 세계 너머에 그리고 그 근저에 있는 것이 한편으로 푸루샤이며 다른 한편으로 프라크리티——즉 영원히 서로 대립하는 가능한 주체들과 가능한 대상들——라는 그들의 주장은 경험의 사실들이나 상키야의 원리들 모두를 정당하게 취급하지 않는다. 만일 우주적 영혼(mahat)이 다수의 개별 주체들(ahaṃkāra)과 개별 대상들(tanmātrāṇi)을 낳는다면, 마하트의 배후에 다수의 주체들과 대상들을 상정하는 것은 불필요할 것이다. 만일 모든 대상들이 하나의 프라크리티로 환원될 수 있다면, 주체들 또한 하나의 보편적 영혼으로 환원될 수 있을 것이며, 그렇다면 보편적 영혼은 세계의 경험적 개별자들 속에서 물질의 온갖 장애들과 싸우지 않을 수 없을 것이다.

만일 푸루샤의 무감각한 의식과 프라크리티의 끊임없는 활동이 서로 독립적인 것으로 간주된다면, 철학의 문제는 해결될 수 없을 것이다. 그러나 상키야 철학은 단지 그 둘의 여러 관계들을 마치 한 영혼의 영원한 에너지의 여러 측면들인 것처럼 묘사하기 때문에, 철학 자체가 그럴 듯하게 된다. 그 둘이 서로 돕는 놀라운 방식은 그 두 대립물들이 하나의 전체 속에 포함된다는 것을 보여준다. 명백한 이원성은 그것 자체 이상의 어떤 통일성에 의존한다. 만일 어떤 것이 모든 경험의 전제로 간주될 수 있다면, 그것은 푸루샤와 프라크리티의 경향 모두가 의존하는 보편적 영혼일 것이다. 왜냐하면 그 둘, 즉 푸루샤와 프라크리티는 서로 맞서서 대립하는 관계를 보이지 않기 때문이다. 세계의 생성 과정에서 모순과 대립은 해소된다. 그것은 그 둘이 어떤 하나의 근본적인 동일에 의존한다는 것을 보여준다.

지바와 혼동되지 않은 상태의 푸루샤에 대한 상키야의 주장은 결과적으로 순수 완전한 존재에 대한 인식, 즉 사물들의 구분에 의하여 나누어지지 않고 우주적 현현의 압박과 분투에 의하여 영향받지 않는 존재, 그럼에도 불구하고 그 모든 것보다 탁월한 존재에 대한 인식에 지나지 않는다. 절대적 자아는 너무 탁월하기 때문에 그것이 지탱하고 있는 시공간 속의 운동에 의하여 제한될 수 없다. 그러나 세계는 그것에 달려 있다. 헤겔의 용어를 빌리자면, 프라크리티는 세계를 존재하게 하는 '부정의 놀라운 힘'(the portentous power of the negative)이다. 만일 우리가 본래의 극복될 수 없는 깊고 넓은 틈으로 시작한다면, 세계의 통일성은 이해할 수 없을 것이다. 절대적 영혼이 대상을 의식하게 되는 순간에, 그것은 마하트라고 불리는 대상에 행위하는 지고한 주체가 된다.[원주375]

비갸나비크슈는 변화하는 프라크리티는 무지(avidyā)이며 모든 변화로부터 벗어나 있는 푸루샤는 명지(vidyā)라고 인명하는 『마하바라나』의 한 구절[원주376]을 인용하고 있나.[원주377] 비실재적인 실체는 실재적

[원주375] 『마트시야 푸라나』(*Matsya Purāṇa*)에 의하면, 브라흐마, 비슈누, 마헤슈와라(Maheśvara)는 마하트로부터 생성된다. 마하트가 라자스 구나에 지배될 때 브라흐마가 생성되며, 삿트와 구나에 의하여 지배될 때는 비슈누, 그리고 타마스 구나에 의하여 지배될 때는 마헤슈와라가 각각 생성된다. *Indian Philosophical Review*, vol.ii.fn. to p.200을 보라. 또한 『바가바타』(*Bhāgavata*), i.3.223을 보라.
[원주376] 12.11419.
[원주377] 『상키야프라바차나 바쉬야』, i.69.

476

인 속박을 생성할 수 없으므로,[원주378] 상키야는 프라크리티가 주관적이거나 비실재적인 어떤 것이 아니라는 것을 입증하기 위하여 고심한다. 아무리 그렇다 할지라도, 프라크리티는 푸루샤의 부정(negative), 자아의 비아(not-self)이다. 비아에 대한 자아의 목격은[원주379] 비아, 즉 프라크리티에 대한 자아의 긍정이다. 이 긍정은 프라크리티에게 그것이 지니는 모든 존재를 부여한다. 대상의 생성은 주체의 일어남과 상호 관련을 지닌다. 마하트의 생성과 상관되는 이 자의식적인 영혼은 이런 저런 지바가 아니다. 왜냐하면 아무리 많은 지바들이 해탈을 얻는다 할지라도 그것은 계속하여 프라크리티가 행위하도록 영향력을 행사하기 때문이다. 지고한 주(主)의 통제를 통하여 프라크리티는 점차로 다수로 전개된다. 이것은 마치 베르그송이 말하는 '생의 비약'(élan vital)의 한 박동이 자연 속에서 다수의 방향으로 나누어지는 것과 같다.

비갸나비크슈는 창조의 시작에 생성되는 지고 인격에 대하여 언급하고 있다. 지고 인격은 자신의 외피(外皮, upādhi)로 마하트의 원리를 지닌다.[원주380] 이 지고 인격은 자신 속에 한편으로 푸루샤의 평화와 지복, 고요함과 침묵을, 그리고 다른 한편으로는 프라크리티의 조화되지 않은 다양성, 분투, 고통을 조합한다. 지고 인격은 그 자체 속에 모든 생명들과 육체들을 담고 있으며,[원주381] 각각의 분리된 개별자들은 이 거대한 바다의 파도 혹은 우주 영혼의 편린들에 지나지 않는다. 이슈와라-마하트는 처음에는 두 가지 다른 성향들이 하나로 혼융된 통일체이다. 그러므로 푸라나 문헌들뿐만 아니라 베단타 학자들은 프라크리티를 궁극적 실재에 의존적인 것으로 간주한다.[원주382] 오직 그와 같은 입

[원주378] 『상키야프라바차나 바쉬야』, i.20을 참조하라. Na hi svāpnarajjvā ban-
dhanaṁ dṛṣṭam.
[원주379] Prakṛtim paśyati puruṣaḥ(『상키야 카리카』, 65).
[원주380] 『상키야프라바차나 바쉬야』, v.12.
[원주381] 상키야의 마하트는 『바유 푸라나』의 제4장에서 이슈와라 혹은 브라흐마
(Brahmā)와 동일시된다. 그것은 창조적인 기분의 신의 마음이며, 우주의 원천
(jagadyoni)이다.

장만이 상키야 철학을 보다 일관성있게 할 수 있다.

　상키야는 일원적 관념론의 진리로 떠오르는 것이 아니라, 단순한 이해의 차원에 머무르는 것으로 만족한다. 이에 상키야는 존재와 비존재의 차이를 견지하며, 그 둘 사이의 대립을 실재적인 것으로 그리고 그 둘 사이의 동일을 비실재로 간주한다. 상키야는 그 자체가 제기한 문제 속에 내포된 모든 것을 인식할 수 없었으며, 더욱이 이에 대한 만족한 대답에 도달할 수 없었다. 그럼에도 불구하고 그것은 실재의 어떤 요소도 억압되거나 은폐되지 않은 우주에 대한 포괄적인 견해에 도달하려는 인간 정신의 위대한 노력이다. 사물들의 다양한 측면들의 관계가 파악되기 이전에 우선 그 측면들이 명백하게 정의되고 구분되어야 한다. 경험에 대한 상키야의 분석은 보다 적합한 철학을 위한 토대를 마련했다.

[원주382] 『비슈누 푸라나』(i.2)에서 그것은 '결과와 원인적인 힘의 결합'(Kāryakā-raṇaśaktiyukta)으로 묘사된다. 즉 그것은 지고한 주(主)의 결과인 동시에 나머지 우주의 원인이다. 『출리카 우파니샤드』(*Cūlikā Upaniṣad*)는 프라크리티를 'Vi-kārajananīm māyām aṣṭarūpām ajām dhruvām'이라고 말한다. 또한 『상키야 프라바차나 바쉬야』, i.26을 보라.

제5장

파탄잘리의 요가 철학

1. 서론

이른바 심리적인 현상에 대한 심리연구회(the Psychical Research Society)의 탐구는 지금까지 과학이라는 이름으로 받아들여진 견고한 믿음, 즉 지성과 기억은 뇌 조직의 보전에 의존하며, 따라서 이러한 기능은 뇌 조직의 쇠뇌와 함께 사라진다는 믿음을 흔들어놓기 시작했나. 이제 어떤 사상가들은 뇌는 결코 의식작용에 필수적인 것이 아니라고 믿기도 한다. 심리학자들은 인간의 정신은 오관에 의한 감각기능 이외의 다른 지각 기능을 지닌다고 말하며, 철학자들은 우리가 뇌에 의하여 조건지어지는 추론이나 기억 이외의 다른 정신적인 힘을 지니고 있다는 견해를 점차 받아들이고 있다.

인도의 고대 사상가들은 이른바 형이상학에 대한 훌륭한 기초 지식을 지니고 있었으며, 초감각적 인식(cryptesthesia) 및 이와 유사한 다른 힘들에 대하여 정통하고 있었다. 그들은 우리가 외적 감관의 도움

없이도 보고 알 수 있는 힘을 지닐 수 있으며, 우리가 신체적인 감관과 뇌를 통하여 행하는 행위에 독립적이 될 수 있다고 말한다. 그들은 우리가 일상적으로 파악할 수 있는 것보다 넓은 세계가 있다고 생각한다. 어느 날 이에 대하여 우리의 눈이 열릴 때, 우리는 마치 소경이 눈을 뜨고 처음으로 세상을 보는 것처럼 우리의 지각에 놀라운 확장이 있을 것이다. 이와 같은 광범위한 시야를 획득하고 잠재력을 일깨우는 법칙들이 있다. 집중력을 강화하는 등의 요가 원리들을 따르고, 우리의 주의를 힘의 가장 깊은 원천에 잡아매어 마음의 일렁임을 제어함으로써, 우리는 마치 운동 선수가 자기의 몸을 단련하는 것처럼 우리의 마음을 닦을 수 있다.

요가는 일상적인 인간 경험에 부과된 한계들을 뛰어넘게 하는 심리 기관의 변형을 통하여 우리가 보다 고차적인 의식의 상태에 도달할 수 있게 한다. 우리는 요가에서 물질에 대한 정신의 우월, 침묵과 고독, 명상과 엑스터시에 대한 찬미와 같은 인도사상의 핵심 개념들을 발견할 수 있으며, 이러한 개념들은 삶에 대한 인도인들의 전통적인 자세가 오늘날 사람들에게 매우 생소하고 기이한 것으로 보이게 만든다. 그러나 요가는 이에 정통한 많은 사람들에 의하여 우리의 현재 의식상태, 즉 외부 사물들로 과도하게 짐지워져 있고 일상적인 노고와 물질적인 탐욕 그리고 감각적인 자극 때문에 참된 영적인 삶에서 멀어져버린 우리의 의식상태에 대한 필수적인 교정으로 간주된다.

요가라는 말은 다양한 의미로 사용된다.[원주1] 넓은 의미에서 그것은 단순히 '방법'을 의미한다.[원주2] 그것은 종종 잡아맨다는 의미로 사용되기도 한다.[원주3] 우파니샤드와 『바가바드기타』에서는 세속적이고 죄있

[원주1] 『인도철학사 Ⅱ』, pp.407~409를 보라.
[원주2] 『바가바드기타』, iii.3.
[원주3] 『인도철학사 Ⅱ』, pp.407~409를 보라. 또한 『리그 베다』, i.34.9 ; vii.67.8 ; iii.27.11 ; x.30.11 ; x.114.9 ; iv.24.4 ; i.5.3 ; i.30.7 ; 『샤타파타 브라흐마나』, xiv.7.1, 2를 보라. 야갸발키야에 의하면, 개아와 지고한 영혼들의 결합이 요가라고 불린다. Saṁyogo yoga ity ukto jīvātmaparamātmanor iti(『사르바다르샤나상그라하』, xv).

는 상태의 영혼은 지고한 영혼으로부터 분리되고 소외되어 산다고 말한다. 모든 죄악과 고통의 뿌리는 분리, 분열, 소외이다. 고통과 죄악에서 벗어나기 위하여 우리는 정신 통일을 획득해야 한다. 파탄잘리에게서 요가는 결합을 의미하는 것이 아니라 단지 노력, 혹은 보자(Bhoja)가 말하는 것처럼 푸루샤와 프라크리티의 분리를 의미할 뿐이다. 그것은 노발리스(Novalis)가 '우리의 초월적인 나'(our transcendental me)라고 말한, 우리의 존재 가운데 신적이고 영원한 부분에 대한 탐구이다. 그것은 또한 정진, 불굴의 노력을 의미하기도 하며, 따라서 감각과 마음을 제어하는 체계를 지칭하는 말로 사용되었다.[원주4] 때로는 요가라는 말이 삼매의 절정에 대한 동의어로 사용되기도 하지만, 그것은 삼매에 도달하는 방법을 가리키는 말로 보다 빈번하게 사용된다. 그것이 신의 지고한 힘을 의미하는 말로 사용되는 경전 구절 또한 적지 않다.[원주5]

　파탄잘리에 의하면, 요가는 인간 본질의 신체적·정신적인 여러 요소들에 대한 제어를 통하여 완전을 얻고자 하는 방법적인 노력이다. 물질적인 몸, 활동적인 의지, 그리고 지각적인 정신은 제어되지 않으면 안된다. 파탄잘리는 불안정한 육체를 치유하고 불순한 상태에서 벗어날 수 있도록 의도된 어떤 실천 수행들을 주장한다. 우리가 이러한 실천들을 통하여 생기를 증장하고 젊음과 장수를 실현할 때, 이러한 것들은 정신적인 자유를 위하여 채택된다. 의식을 정화하고 잠잠하게 하기 위하여 여러 다른 방법들이 채택된다. 파탄잘리의 주된 관심은 형이상학적인 이론을 정립하는 것이 아니라, 해탈이 어떻게 수행에 의하여 실현될 수 있는가를 보여주고자 하는 실천적인 동기이다.[원주6]

[원주4] 『요가 수트라』, i.1.

[원주5] 『바가바드기타』, ix.5. 또한 발라데바(Baladeva)의 『프라메야라트나발리』(*Pra-meyaratnāvali*), p.14를 보라.

[원주6] 『요가탓트와 우파니샤드』(*Yogatattva Upaniṣad*)는 4종의 요가, 즉 만트라요가(Mantrayoga), 라야요가(Layayoga), 하타요가(Haṭhayoga), 라자요가(Rājayoga)를 언급한다. 파탄잘리의 요가는 마음을 고요하게 하고 삼매를 얻는 과정을 상세

2. 요가 사상의 역사

수행에 의하여 우리는 보통 사람들에게는 발견되지 않는 여러 신체적 · 정신적인 힘을 획득할 수 있다는 것, 신체적인 행위나 정신 작용에 대한 제어는 우리가 고통으로부터 벗어날 수 있게 한다는 것은 인도에서 오래된 견해이다.[역주1] 엑스터시 및 최면상태의 무아경에 대한 개념들의 맹아는 이미 『리그 베다』에서 발견되고 있으며, 또한 '무니'(muni, 賢者)라는 말이 언급된다.[원주7] 그것에 따르면, 신의 빛에 대한 명상은 신애(信愛)의 거룩한 행위이다.[원주8] 『아타르바 베다』에서는 초자연력이 엄격한 수행의 실천을 통하여 얻어질 수 있다는 생각이 아주 일반적이다.[원주9] 곧 고행(tapas)의 개념이 나타나며, 이로써 수행에

하게 다루고 있으므로, 위의 네 가지 요가 중에서 마지막 유형, 즉 라자요가에 해당한다. 하타요가는 신체적인 행위들은 제어될 수 있다고 주장한다. 신체적인 제어는 파탄잘리 요가의 일부이다. 만트라요가는 믿음에 의한 치유(faith-healing)에 근거를 두고 있다. 이 방법을 실천하는 기독교 사상가들은 그 기원을 기독교의 믿음과 봉사에 있다고 주장하지만, 믿음에 의한 치유가 어떤 한 형태의 종교에 국한되는 것이 아니라는 증거가 있다. 쿠에(M. Coué)는 우리에게 고대의 주술사를 상기시킨다. 믿음에 의한 치유는 신의 직접적인 손길에 의한 자연 질서의 방해 혹은 어떤 2차적인 초자연적 실체의 침투에 의한 자연 질서의 방해가 아니다. 만트라 혹은 주문(呪文)에 의한 치유는 오직 질병이 신경성일 때, 그리고 정신이 좌절된 의지나 저항하기 어려운 확신 혹은 어떤 정신적인 충격에서 오는 강박관념 때문에 어지럽혀진 경우에만 가능하다. "부러진 팔이 믿음으로 금방 다시 붙는 경우를 보여달라. 그러면 내가 당신의 주장에 귀를 기울일 것이다"라고 비웃는 사람이 아주 터무니없는 것은 아니다.

[역주1] 요가는 아리아인들이 인도로 들어오기 이전에 이미 인도에서 행해지고 있었던 것으로 알려지며, 인더스 문명의 유물들에서도 요가의 흔적이 발견된다.

[원주7] x.136.4~5. 또한 『인도철학사 I』, pp.163~164를 보라.

[원주8] 가야트리(Gayatrī)*가 『리그 베다』, iii.3.9, 10에서 언급된다. 또한 『슈크라 야주르 베다』(*Śukra Yajur Veda*), iii.35 ; 『사마 베다』(*Sāma Veda*), ii.8.12를 보라.

    * 가야트리는 베다의 만트라 중에서 가장 성스러운 것으로 간주되는 만트라이다 (옮긴이).

[원주9] 『인도철학사 I』, pp.176~178.

윤리적인 성격이 보다 강조된다.

우리는 자신의 마음을 영원한 것에 잡아매기 위하여 세속적인 모든 즐거움을 포기하지 않으면 안된다. 우파니샤드는 의식적인 내면 성찰 혹은 실재에 대한 참된 지식의 추구라는 의미에서 요가를 받아들인다. 주체로서 자아에 대한 직접적인 지식은 불가능하기 때문에, 명상과 정신 집중이 강조된다.[원주10] 우파니샤드는 고행과 금욕(brahmacarya)을 위대한 힘의 원천이 되는 공덕으로 간주한다.[원주11]

상키야의 이론에 대하여 말하는 우파니샤드들은 요가 수행 또한 언급한다. 『카타 우파니샤드』, 『슈웨타슈와타라 우파니샤드』, 그리고 『마이트라야니 우파니샤드』는 상키야의 이론적인 탐구와는 구별되는 것으로 종교적 실현의 실천적인 측면에 대하여 언급한다. 기술적인 용어로서 요가는 『카타 우파니샤드』, 『타잇티리야 우파니샤드』, 『마이트라야니 우파니샤드』[원주12]에서 나타나지만, 여기서 언급되는 요가가 파탄잘리의 요가와 동일하다고 말하는 것은 불가능하다. 삼매의 개념은 절대자의 실현 혹은 경험적인 삶으로부터의 자유를 꿈 없는 숙면에 비유하는 우파니샤드의 교의에서 발전되었을 것이다. 『카타 우파니샤드』는 의근 및 지성과 함께 감각들이 멎는 상태로서 요가의 최고 상태를 말하고 있다.[원주13] 『마이트리 우파니샤드』는 여섯 단계로 이루어지는 요가를 말하며,[역주2] 파탄잘리의 체계에서 사용되는 기술적인 용어들이

[원주10] 『브리하드아란야카 우파니샤드』, iv.14 ; iii.5 ; iv.4 ; 『타잇티리야 우파니샤드』, i ; 『키다 우파니샤드』, iii.12 ; 『프라슈나 우파니샤드』, v.5.

[원주11] 『찬도기야 우파니샤드』, iii.17.4 ; 『브리하드아란야카 우파니샤드』, i.2.6 ; iii.8.10 ; 『타잇티리야 우파니샤드』, i.9.1 ; iii.2.1 ; iii.3.1 ; 『타잇티리야 브라흐마나』, ii.2.3.3 ; 『샤타파타 브라흐마나』, xi.5.8.1.

[원주12] vi.10.

[원주13] 또한 『찬도기야 우파니샤드』, vi.8.6을 보라.

[역주2] 1) 조식(調息, prāṇayāma), 2) 제감(制感, pratyāhāra), 3) 선정(禪定, dhyāna), 4) 응념(凝念, dhāraṇa), 5) 참구(參究, tarka), 6) 삼매(三昧, samādhi)의 여섯 단계를 말한다. 파탄잘리의 8단계 가운데 제계(制戒, yama), 내제(內制, niyama), 좌법(坐法, āsana)이 없는 대신에 참구가 있다.

484

언급된다.[원주14][역주3] 비록 우리는 후기 우파니샤드에서 파탄잘리 요가의 점진적인 발달을 본다 할지라도, 그것이 초기 우파니샤드 시대에는 아직 완성된 형태가 아니었다는 것은 분명하다.

붓다는 두 가지 의미 모두에서 요가를 수행했다. 그는 금욕적 고행뿐만 아니라, 고도의 내적 성찰을 실천했다. 『랄리타비스타라』(Lalita-vistara)에 의하면 붓다의 시대에는 온갖 형태의 금욕적 고행이 유행하고 있었다.[원주15] 알라라(Ālāra)와 같은 붓다의 몇몇 스승들은 요가에 정통했다. 불교 경전들은 요가의 정신 집중 방법을 잘 알고 있다. 불교에서 선(禪, dhyāna)의 네 단계는 대체로 고전 요가에서 의식적인 정신 집중의 네 단계에 상응한다.[원주16] 불교에 따르면, 믿음, 정력, 견해, 정신 집중, 그리고 지혜의 다섯 가지를 지니면 요가의 목적을 실현할 수 있다.[원주17] 요가는 이 견해를 받아들인다.[원주18] 불교의 유가행파는 공공연하게 불교의 가르침과 요가의 세부 사항들을 결합한다. 후기 불교 문헌들은 발달된 요가 기법을 수용하고 있다.[원주19]

『마하바라타』에서 상키야와 요가는 하나의 전체에 대한 보완적인 두 측면, 즉 이론과 실천 혹은 철학과 종교를 의미하는 말로 사용된다. 요가는 신이라는 제26원리를 인정한다고 말한다. 그 외에도 절대자와의 동일화로 간주되던 해탈이 프라크리티로부터 영혼의 분리로 이해된다. 『마하바라타』에는 응념(凝念, dhāraṇa), 호흡 조절(調息, prāṇā-yāma)에 대한 언급들이 있다.[원주20] 서사시의 고행자들 가운데 다수는

[원주14] vi.18.
[역주3] vi.25에는 요가란 '잡아매는 것'이라는 해석이 있다. "우리가 호흡, 옴(Om), 그리고 다양한 이 모든 세계를 결합하기 때문에, 혹은 이 모든 것들이 결합되기 때문에, 이것(명상의 과정)은 요가라고 불린다."
[원주15] 『인도철학사 II』, p.150의 [원주29] 참조.
[원주16] 『요가 수트라』, i.17. 또한 『인도철학사 II』, pp.236~237을 보라.
[원주17] 『맛지마 니카야』, i.16.
[원주18] 『요가 수트라』, i.33.
[원주19] 이에 대한 상세한 설명은 Hopkins, *Yoga Technique in the Great Epic, Journal of the American Oriental Society*, xxii를 참조하라.

『마하바라타』에서 자주 언급되는[원주21] 주술적인 힘의 획득 수단으로서 요가에 의존한다.[원주22]

우파니샤드, 『바가바드기타』를 포함한 『마하바라타』, 자이나교, 그리고 불교는 요가 수행을 받아들인다. 요가의 교의는 브라흐마만큼이나 오래된 것으로 말해진다. 파탄잘리의 요가는 당시에 다소 불명확하고 미성숙된 형태로 존재하던 고행과 명상에 대한 개념들의 구체화이다. 그는 삶과 경험의 차원에서 전승되어온 막연한 전통을 성문화했다. 그의 사상체계는 그것이 형성된 시대의 흔적들을 담고 있다. 우리는 그의 철학 속에서 고도의 정제된 신비주의를 발견할 수 있는가 하면, 또한 우리는 여기서 당시 널리 성행하던 종교들에서 도출된 여러 신앙 요소들을 만날 수 있다.[역주4]

바트시야야나는 영혼의 카르마에 기인하는 세계 창조의 교의를 주장하는 초기 형태의 요가를 말한다. 영혼의 카르마는 또한 애증의 악과 행위에 대한 충동의 원인이며, 비존재가 존재로 되고 존재가 소멸하게 되는 원인이기도 하다.[원주23] 이 요가는 인간 행위의 중요성을 강조하며, 인중유과론과 영혼의 궁극성을 주장하는 상키야보다는 카르마 미망사에 더욱 가깝다. 그러므로 바트시야야나에 따르면, 상키야와 요가 사이에는 영혼의 본질, 행위, 인과론과 같은 근본적인 문제에 대해서도 본질적인 차이가 있다. 행위에 대한 강조가 상키야 철학에 부가될 때,

---

[원주20] xii.11683~4.
[원주21] xii.340~55 ; xii.303.163 ; xiii.14.420.
[원주22] xii.326.8.
[역주4] 바차스파티와 비갸나비크슈에 의하면, 파탄잘리는 요가 철학의 창시자라기보다는 단지 이미 전해지고 있던 요가에 관한 여러 이론들을 체계화하고 『요가 수트라』를 편집한 사람에 불과하다(S. Das Gupta, *A History of Indian Philosophy*, vol.i, p.229).
[원주23] Puruṣakarmā dinimitto bhūtasargaḥ, karmahetavo doṣāḥ pravṛttiś ca, svaguṇaviśiṣṭāś cetanā, asad utpadyata utpannaaṁ nirudhyata iti yogānām(『니야야 바쉬야』, i.1.29). 웃디요타카라는 이 요가에 따르면 감각기관들이 요소들(bhūtas)로 이루어져 있다는 것을 부언한다.

우리는 고전 요가를 지니게 된다.

3. 연대와 문헌

파탄잘리의 『요가 수트라』는 요가 학파의 가장 오래된 문헌이다. 그것은 네 편으로 되어 있다. 이 중에서 제1편(三昧品, samādhipāda)은 삼매의 본질과 목적을 다루며, 제2편(實修品, sādhanapāda)은 이 목적을 실현하는 수단을 설명하며, 제3편(神通品, vibhūtipāda)은 요가 수행을 통하여 얻어질 수 있는 초자연력에 대한 설명이며, 제4편(獨存品, kaivalyapāda)은 해탈의 본질에 대하여 설명하고 있다.[원주24] 『야갸 발키야 스므리티』(*Yājñavalkya Smṛti*)에 의하면, 히란야가르바(Hiraṇ-yagarbha)는 요가 철학의 창시자이며, 마다바(Mādhava)는 이것이 파탄잘리가 『요가 수트라』의 저자라는 사실과 모순되지 않는다고 말한다. 왜냐하면 파탄잘리는 자신의 저술을 '아누샤사나'(Anuśāsana, 訓示)라고 칭할 때, 여기서 전치사 '아누'(anu)는 그의 언급이 근본적인 계시를 따르며, 그 자체로 요가 철학의 제1원리가 아니라는 것을 의미한다.[원주25] 『요가 수트라』의 저자와 동일인이라는 것이 입증되지는 않는다 할지라도,[원주26] 문법학자 파탄잘리는 기원전 2세기 중엽의 인물로

[원주24] 다른 학파들에 대한 비판이 『요가 수트라』의 제4편에 나오며, 어떤 저술의 결론을 가리키는 '이티'(iti, 그러므로)라는 말이 제3편의 끝에 나온다는 사실로 미루어, 『요가 수트라』의 제4편은 후기에 부가된 것이라고 주장하는 사람들도 있다. S. Das Gupta, *A History of Indian Philosophy*, p.230을 보라.

[원주25] 『사르바다르샤나상그라하』, xv.

[원주26] 보자(Bhoja)는 『요가 수트라』에 대한 주석서 『라자마르탄다』(*Rājamārtaṇḍa*, 서론, p.5)에서, 자기는 문법, 요가, 의학에 대한 저술을 썼으며, 따라서 "파탄잘리처럼 우리의 말과 마음과 육체로부터 부정한 요소들을 제거했다"고 말한다. 이로써 그는 파탄잘리가 문법(언어), 요가(마음), 의학(육체)에 관한 저술을 남겼다는 것을 시사한다. 이것이 (파탄잘리가 『요가 수트라』의 저자라는 사실을 암시하는) 최초의 언급이다. 그러나 과연 보자 자신이 『라자마르탄다』의 서론을 썼느냐에 대해서는

추정된다.[원주27]

『요가 수트라』에 대한 비야사(Vyāsa)의 주석(4세기)은 요가 원리들에 대한 표준적인 설명을 담고 있다. 바차스파티(Vācaspati)는 비야사의 주석에 대한 용어 해설서로 『탓트와바이샤라디』(Tattvavaiśāradī, 9세기)를 남겼다. 보자(Bhoja)의 『라자마르탄다』는 상당한 가치를 지니는 문헌이다. 비갸나비크슈의 『요가바룻티카』는 『요가 바쉬야』와 『요가사라상그라하』(Yogasārasaṁgraha)에 대한 연달은 주석서로서 매우 유용한 입문서이다. 이 입문서의 저자는 몇 가지 사항에서 바차스파티의 견해를 비판하고 있으며, 요가 철학이 우파니샤드의 철학에 보다 근접할 수 있도록 노력한다.[원주28] 모든 사상 학파는 그 자체의 유익

의문의 여지가 있다. 우즈(Woods)는 *Introduction to the Yoga System*(Harvard Oriental Series)에서 『마하바쉬야』(Mahābhāṣya)의 저자로서의 문법학자 파탄잘리와 『요가 수트라』의 저자로서의 파탄잘리가 동일 인물이 아니라는 것을 입증해 보이고 있다. 위의 두 문헌 사이에는 언어나 교의에서 어떤 특별한 일치점도 보이지 않는다. 바르트리하리(Bhartṛhari), 카이야타(Kaiyaṭa), 바마나(Vāmana), 나게샤(Nāgeśa)와 같은 위대한 문법학자들은 『요가 수트라』의 저자와 문법학자의 동일성에 대하여 언급하지 않는다.

[원주27] 어떤 사람들은 파탄잘리의 『요가 수트라』의 연대를 4세기경으로 추정하기도 하지만, 기원전 2세기경의 작품으로 보는 것이 타당하다. 원자론(i.40), 시간을 순간들의 연쇄로 보는 경량부(Sautrāntika)의 이론(iii.52), 스포타 이론(sphoṭa-vāda, 『요가 바쉬야』, iii.17 참조), 그리고 불교 관념론(iv.15~17)이 『요가 수트라』에서 언급된다. 바수반두(Vasubandhu)의 관념론이 『바이셰쉬카 수트라』에서 비판된다고 가정하여, 우즈 교수는 『요가 수트라』 연내가 4세기 이전일 수 없다고 주장한다. 그의 견해는 나가르주나가 자신의 『카리카』(Kārikā)에서 언급하지 않는다는 사실에 의하여 뒷받침된다. 그러나 나가르주나의 『우파야카우샬리야흐리다야샤스트라』(Upāyakauśalyahṛdayaśāstra)의 중국어 번역이 요가를 8개 철학파의 하나로 간주하고 있으며, 불교 관념론이 바수반두와 아상가(Asaṅga)보다 앞설 수도 있다는 견지에서 본다면, 이 주장은 설득력이 약해진다. 야코비(Jacobi)는 요가 철학이 기원전 300년경에 이미 있었다고 본다. 우마스와티(Umāsvāti)의 『탓트와르타 수트라』(Tattvārtha Sūtra), ii.52는 『요가 수트라』, iii.22를 언급하고 있다. 우마스와티의 저술을 주석했던 싯다세나는 5세기경의 인물이었으며, 우마스와티는 대체로 3세기경의 인물로 추정된다. 따라서 파탄잘리의 연대는 A.D. 300년 이후일 수 없다.

을 위하여 요가의 방법들을 차용한다. 『마이트리 우파니샤드』, 『샨딜리야 우파니샤드』(*Śāndilya Upaniṣad*), 『요가탓트와 우파니샤드』, 『디야나빈두 우파니샤드』(*Dhyānabindu Upaniṣad*), 『함사 우파니샤드』(*Haṁsa Upaniṣad*), 『바라하 우파니샤드』(*Varāha Upaniṣad*), 그리고 『나다빈두 우파니샤드』(*Nādabindu Upaniṣad*)와 같은 몇몇 후기 우파니샤드들은 요가의 원리들에 큰 중요성을 부여한다.

4. 상키야와 요가

파탄잘리는 요가의 개념들을 체계화했으며, 상키야의 형이상학적 배경에서 이 개념들을 설명했다. 초기 문헌들에서 요가 원리들은 상키야의 개념들과 함께 나타난다.[원주29][역주5] 상키야의 25원리들은 요가에 의하여 받아들여지며, 요가는 이 원리들에 대한 논의에 큰 관심을 두지 않는다. 세계는 창조되지 않으며 영원하다. 그것은 변화를 겪는다. 본

[원주28] 나고지 밧타(Nāgoji Bhaṭṭa), 나라야나비크슈(Nārāyaṇabhikṣu), 그리고 마하데바(Mahādeva) 등의 저술처럼, 요가 철학에 대한 다른 저술들은 그들 자신의 선입견에 맞추기 위하여 파탄잘리의 입장을 수정한다.

[원주29] 『카타 우파니샤드』를 보라. 『요가 수트라』에 대한 비야사의 주석 또한 『상키야프라바차나 바쉬야』라고 불리며, 이 문헌은 상키야와 요가의 긴밀한 관계를 분명히 하고 있다.

[역주5] 상키야 교의에 대한 명백한 언급은 오직 흑야주르베다 계통의 『카타 우파니샤드』, 『슈웨타슈와타라 우파니샤드』, 『마이트라야니 우파니샤드』에서 볼 수 있으며, 또한 요가 기법에 대한 체계적인 설명이 시도되는 것도 이 세 우파니샤드에서이다. 물론 여기서 상키야와 요가가 서로 관련된 것으로 혹은 한 학파의 두 부분으로 나타나는 것은 아니라 할지라도, 『마이트라야니 우파니샤드』에서는 상키야 철학이 요가 기법의 타당성을 설명하기 위하여 사용된다. 다스 굽타에 의하면, 상키야의 형이상학이 요가의 기법과 서로 밀접한 관련을 맺는 것은 바로 흑야주르베다 계통의 학자들에 의한 작업일 가능성이 높으며, 파탄잘리는 이 전통에 따라서 요가 철학을 체계화한 것이다(*A History of Indian Philosophy*, vol. i, pp.227~229).

체의 상태에 있을 때 그것은 프라크리티라고 불리며, 언제나 동일하다. 무수히 많은 영혼들이 있으며, 이들은 살아 있는 존재들에게 생기와 활력을 불어넣으며, 본질적으로 순수, 영원, 불변이다. 그러나 세계와의 관련을 통하여 그들은 간접적으로 즐거움과 고통을 향수하는 자가 되며, 윤회의 과정에서 온갖 형태로 체화된다.

프라크리티의 전개에 관하여, 요가는 두 가지 방향으로 전개가 이루어진다고 주장한다. 즉 마하트로부터 시작하여 아함카라, 마나스, 5지각기관, 5행동기관으로 전개되는 한 방향과 마하트에서 시작하여 5탄마트라를 통하여 조대한 5요소들이 생겨나는 다른 한 방향이 있다. 비야사에 의하면, 조대한 5요소들은 5탄마트라로부터 생성되며, 11가지 기관들은 아함카라 혹은 아스미타(asmitā)로부터 생겨난다. 탄마트라들은 아스미타로부터 생성되는 것이 아니라, 그들은 아스미타와 함께 마하트에서 기인하는 약간 특화된 6가지(aviśeṣa)로 말해진다. 비갸나비크슈는 비야사가 단지 붓디의 변형을 두 갈래로 묘사하고 있을 뿐이며, 마하트로부터 탄마트라의 생성이 아함카라에 의존한다는 것을 시사하기 위한 것은 아니라고 생각한다.[원주30] 상키야에서 삿트와가 압도적인 아함카라(sāttvika)는 감관들을 생성하며, 타마스가 현저한 아함카라(tāmasa)는 탄마트라들을 생성한다. 그리고 이 둘 모두는 마하트 속에 들어 있으며, 따라서 전개에 대한 상키야와 요가의 설명 간의 이러한 차이는 심각한 것이 아니다. 우리는 요가 학파가 상키야의 3종 내적 기관을 마음(citta)의 범주에 포함시키고 있는 것을 볼 수 있다. 요가 학파는 아함카라와 마나스를 붓디에서 분리된 것으로 보지 않는다. 요가 학파는 또한 감각 기관들을 성격상 물질적인 것으로 간주하며, 따라서 미세신에 대한 필요를 느끼지 않는다.

사물의 참된 본질에 대한 무지는 욕망 등을 야기하며, 이것은 세계에서 육체적·정신적인 고통의 근거가 된다. 세계의 무시(無始)라는 관

[원주30] 『요가바룻티카』, i.45.

점에서 보면, 무지의 기원에 대한 물음은 무의미하다. 심지어 프랄라야에서도 푸루샤들의 개별적인 마음들은 프라크리티로 돌아가서 그들 자신의 무지와 함께 프라크리티 속에 잠들며, 새로운 세계 창조 혹은 전개가 일어날 때, 이 마음들은 개별적인 무지에 기인하는 변화와 같은 것을 통하여 새롭게 창조된다. 이와 같은 개별적인 무지는 마음속에 번뇌로 나타난다. 요가는 신과 무지(avidyā)의 두 작인(作因)에 의한 창조를 설명한다. 후자의 힘을 통하여 프라크리티의 영원히 순환하는 에너지는 정신적·물질적 세계로 전변하며, 다른 한편 신은 비록 프라크리티의 영역 밖에 있다 할지라도 후자에 의하여 제공되는 장애들을 제거한다.

무지는 의식력이 없으며, 따라서 수많은 푸루샤들의 욕망을 알지 못한다. 이에 비하여 신은 프라크리티의 변형들이 푸루샤의 목적에 부합할 수 있게 하는 지성이다. 지바는 물질에 연루되어 나타나며, 이것은 그가 스스로의 청정함과 순수성에서 멀어지는 요인이 된다. 요가에서 개아는 상키야에서만큼 프라크리티의 처분대로 내몰리지는 않는다. 그는 보다 위대한 자유를 누리며, 신의 도움으로 자신의 해방을 실현할 수 있다. 상키야의 경우처럼 요가에서도 온갖 고통을 수반하는 윤회는 벗어나야 하는 속박이며, 물질(pradhāna)과 자아의 결합은 윤회의 원인이다. 이 결합의 파괴는 속박에서 벗어남이며, 완전한 통찰력은 벗어남의 수단이다.[원주31] 자아는 보는 자이며, 프라다나는 인식의 대상이다.[원주32] 그리고 이 둘의 결합은 윤회의 원인이다.

해탈은 푸루샤와 프라크리티 사이의 분별에 의하여 얻어지는, 프라크리티로부터 푸루샤의 분리이다. 상키야는 지식이 해탈의 수단이라고 주장하는 데 비하여 요가는 정신 집중과 활동적인 노력을 강조한

[원주31] Duḥkhabahulaḥ saṁsāro heyaḥ, pradhānapuruṣayoḥ saṁyogo heya-hetuḥ. Saṁyogasyātyantikī nivṛttir hānaṁ hānopāyaḥ samyagdarśanam (『요가 바쉬야』, ii.15).
[원주32] 『요가 바쉬야』, ii.18.

다.[원주33] 이미 앞에서 본 것처럼, 『슈웨타슈와타라 우파니샤드』에서와 같이 『바가바드기타』에서 상키야는 지식을 통한 해탈의 방법이며, 이에 비하여 요가는 활동적인 노력 혹은 결과에 집착하지 않는 정신으로 행하는 의무에 충실한 행위이다.[원주34] 그러므로 상키야는 논리적인 탐구에 열심인 반면에 요가는 헌신적인 실천과 정신 수련의 본질에 대하여 논의한다. 따라서 후자는 신의 개념을 받아들이지 않을 수 없으며, 그 결과로 카필라의 니리슈와라(Nirīśvara, 無神) 상키야와는 구별되는 것으로서 세슈와라(Seśvara, 有神) 상키야라는 명칭을 얻게 된다. 요가의 목적은 개아가 물질의 손아귀에서 벗어나게 하는 것이다. 물질의 가장 고차적인 형태는 마음(citta)이며, 요가는 사람이 마음의 족쇄에서 벗어날 수 있는 과정을 확립한다. 마음을 그 본래의 기능으로부터 거두어들임으로써, 우리는 세계의 고통을 극복하고 윤회에서 벗어난다.

[원주33] 마두수다나 사라스와티(Madhusūdana Sarasvatī)는 요가와 지식(jñāna)이 해탈을 얻기 위한 두 가지 다른 방법이라고 말하며, 『바가바드기타』, vi.29에 대한 자신의 주석에서 『요가바쉬스타』로부터 인용한다. "요가와 지식은 이기심 등으로 물든 마음을 억제하기 위한 두 가지 방법이다. 요가는 정신 작용에 대한 제어이며, 지식은 참된 통찰력이다. 어떤 사람들에게는 요가가 불가능하며, 또 어떤 사람들에게는 지식이 불가능하다"(Dvau kramau cittanāśasya yogo jñānaṁ ca rāghava, Yogo vṛttinirodho hi jñānaṁ samyagavekṣaṇam, Asādhyaḥ kasyacid yogaḥ kasyacit tattvaniścayaḥ).

　　『바가바드기타』와 비교하라. "Nirvāṇānāṁ jñānayogo nyāsinām iha karmasu"(『바가바드기타』, v.5 ; 『요가사라상그라하』, i.7). 어떤 사람에게서 지식이냐 아니면 요가냐 하는 문제는 전적으로 그가 지닌 심리적인 성향에 달려 있다. 아마 내향적인 사람은 요가를 선호할 것이며, 이에 비하여 외향적인 사람은 상키야에 큰 매력을 느낄 것이다.

[원주34] 『바가바드기타』, xiii.24. 또한 『마하바라타』, xii.11679~11707을 보라. 또한 『사르바싯단타사라상그라하』, x.4~6을 보라. 여기서 단순한 지식은 요가 철학에 따르면 불충분한 것으로 언명된다.

5. 심리학

상키야가 '마하트'(mahat, 大)라고 부르는 것을 요가는 '칫타'(citta, 心)라고 부른다.[원주35] 비록 그것은 지성, 자아 의식, 그리고 의근(意根)을 포함하기 위하여 포괄적인 의미로 사용된다 할지라도,[원주36] 그것은 프라크리티의 첫 산물이다. 그것은 3구나에 지배되며, 각 구나들의 현저한 정도에 따라서 여러 가지 변형을 겪는다. 비록 그것은 자아의 반영에 의하여 의식적이 된다 할지라도, 그것은 본질적으로 비의식적이다. 그것은 감각들을 통하여 대상에 의하여 영향받을 때, 변형을 겪는다. 그것에 반영된 푸루샤의 의식은 그것이 경험하는 자라는 인상을 지니게 만든다. 사실 칫타는 자아가 반영을 통하여 목격자로 존재하는 광경이다. 원인으로서 칫타는 아카샤처럼 편재적이며, 우리는 푸루샤의 수와 마찬가지 수의 칫타를 지닌다. 왜냐하면 각 푸루샤는 그것과 연관된 하나의 칫타를 지니기 때문이다.

칫타는 연속적인 삶을 통하여 여러 종류의 거소에서 수축 혹은 확장된다. 그것은 푸루샤가 동물의 몸을 취할 때 수축되어 나타나며, 푸루샤가 인간의 몸을 취할 때는 상대적으로 확장된다. 이와 같이 확장 혹은 수축되는 칫타는 결과적인 칫타(kāryacitta)라고 불리며, 그것은 의식의 상태들로 나타난다. 원인적인 칫타(Kāraṇacitta)——항상 푸루샤들과 연관되어 있는——는 죽음의 순간에 과거의 공덕과 죄과 때문에 아푸라(apūra)에 의하여 형성된 새로운 육체 속에서 결과적인 칫타로 나타난다. 요가는 칫타가 담겨 있는 독립적인 미세신을 인정하지 않는다.[원주37] 원인적인 칫타는 항상 편재적인 상태로 머무르지만, 결과적인

[원주35] 베단타에서 칫타는 붓디(buddhi) 혹은 그것의 변형과 동의어로 사용된다. 『베단타사라』(*Vedāntasāra*)를 보라.
[원주36] '칫타'라는 말로 의근과 지성을 함의한다(Cittaśabdena antaḥkaraṇam buddhim upalakṣayati, 『요가 수트라』, i.1에 대한 바차스파티의 주석).
[원주37] 『탓트와바이샤라디』(*Tattvavaiśāradī*), iv.10을 보라.

칫타는 그것이 점유하는 몸에 따라서 수축 혹은 확장되어 나타난다.[원주38]

라자스와 타마스에 대한 제어를 통하여 칫타가 편재적인 칫타, 즉 원인적인 칫타 본래 위상으로 돌아가게 하는 것이 요가 수련의 목적이다. 칫타의 편재적인 상태가 회복될 때, 요가 수행자는 전지(全知)를 얻는다. 칫타가 푸루샤 자체만큼 청정하게 될 때, 푸루샤는 해탈을 얻는다. 자아(puruṣa)가 대상을 알고 세계와 관계를 맺게 되는 것은 칫타라는 방편을 통해서이다.[원주39] 칫타는 푸루샤를 위하여 존재하며, 푸루샤는 생각, 느낌, 의지보다 더 깊다.[원주40] 비록 푸루샤 혹은 자아는 지식의 토대로 말해진다 할지라도, 그것은 지식에서 변화되지 않는다.[원주41] 지성(caitanya)이 사고력 있는 실체(citta)에 반영될 때, 지식이 생겨난다. 칫타는 변형될 수 있으며, 그것에 제시되는 대상의 형태를 띠게 될 수도 있을 것이다.

그러나 칫타는 그 자체가 보는 것을 지각할 수 없다. 왜냐하면 그것은 본질적으로 지각력이 없기 때문이다.[원주42] 칫타가 그 자체에게 주어지는 것을 지각하게 하는 것은, 그것에 작용하는 자아의 반영이다. 대상적인 모든 지식의 경우에 칫타는 대상뿐만 아니라 주체에 의하여 영향받는다. 설사 칫타는 끊임없이 변한다 할지라도, 우리의 지식은 일정하다. 왜냐하면 진정한 인식자인 자아가 일정 불변하기 때문이다. 또한 칫타는 한순간에 오직 하나의 변형을 겪을 수 있으므로, 자아는 한순간

[원주38] 그러나 상키야는 칫타를 본질적으로 편재적인 것으로 산수하지 않는다. 『요가 수트라』, iv.10에 대한 비야사와 바차스파티의 주석을 보라. "상키야에서 칫타는 모두의 몸에 공통되는, 각 사람에게 하나씩 있는 것이며, 편재적인 것이 아니다"(Nāgeśa, 『차야비야키야』(*Chāyāvyakhyā*), iv.10을 참조하라).

[원주39] i.2 ; ii.6, 17, 20.

[원주40] 칫타는 자아와 직접 관련되는 것이 아니라 단지 그것에 가까이 있을 뿐이다. 이와 같은 근접은 자아와 그것의 공간적이거나 시간적인 상호 관련에 기인하지 않는다. 특징적인 측면은 자아가 칫타와 자연적인 조화의 상태(yogyatā)에 있다는 것이다. 자아는 경험할 수 있으며, 칫타는 경험될 수 있다.

[원주41] 『요가 수트라』, ii.20.

[원주42] 『요가 수트라』, iv.17~19.

494

에 오직 하나의 대상만을 알 수 있다. 그러므로 우리는 동일한 한순간에 대상과 칫타 모두에 대한 인식을 지닐 수 없다.[원주43] 지각되는 대상들은 우리의 지각에 독립적이다. 어떤 사물에 대한 지식을 야기하는 것은 대상 자체를 야기하지 않는다.[원주44] 두 가지 다른 개념들이 동시적으로 일어날 수 없다.[원주45] 칫타 속에 생성되는 인상들은 관심과 욕망, 새로운 태생과 더 이상의 경험들을 야기하는 어떤 찌꺼기들을 뒤에 남긴다. 칫타의 작용은 잠재적인 가능력을 생성하며, 또한 후자는 전자를 야기한다. 그러므로 윤회의 바퀴는 영속적으로 돌아간다.[원주46]

이와 같은 관계들로부터 열정과 욕망이 일어나며, 인간으로서의 존재에 대한 의식이 생성된다. 윤회의 삶은 욕망과 열정의 산물이다. 주체는 세계에 대한 경험에 의존적인 에고와 구별된다. 에고의 삶은 불안하고 불만족스러우며, 사실상 다섯 가지 번뇌에 지배된다. 다섯 가지 번뇌의 첫째는 무지(avidyā), 즉 무상한 것을 영원한 것으로 착각하고, 부정한 것을 청정한 것으로, 불쾌한 것을 즐거운 것으로, 그리고 자아가 아닌 것을 자아로 착각하는 것이다.[원주47] 둘째는 아집(asmitā), 즉 자기 자신을 도구에 불과한 육체 및 마음과 잘못 동일시하는 것이다.[원주48] 셋째는 유쾌한 것에 집착하는 것(rāga)이며, 넷째는 불쾌한 것을 싫어하는 것(dveṣa)이다. 그리고 마지막으로 다섯째는 생(生)에 대한 본능적인 의지와 죽음에 대한 공포(abhiniveśa)이다.[원주49] 해탈은 자아와 칫

[원주43] 『요가 수트라』, iv.20.
[원주44] 『요가 수트라』, iv.16.
[원주45] 『요가 수트라』, iv.19.
[원주46] Evaṁ vṛttisaṁskāracakram aniśam āvartate(『요가 바쉬야』, i.5).
[원주47] 『요가 바쉬야』, ii.5. 무지는 푸루샤와 붓디 간의 차별을 인식하지 못하는 것(akhyāti)일 뿐만 아니라, 그릇된 지각(anyathākhyāti), 즉 우리가 붓디를 자아로 착각하고 그것을 청정하고 영원하며 즐거움의 원천으로 간주하는 것이기도 하다. 무지는 끊임없는 연쇄(santāna), 장애(kleśa), 그리고 카르마의 잠재 인상(karmāśaya)의 뿌리이다(『요가 바쉬야』, ii.5).
[원주48] 『요가 바쉬야』, ii.6.
[원주49] 『요가 바쉬야』, ii.7~9.

타의 관계를 자르는 것에 놓여 있다. 자아가 칫타로부터 자유로워질 때, 자아는 그 본래의 토대로 물러나게 되며, 이로써 격정과 목적을 여의게 되며, 인격성을 떨쳐버린다. 본래 상태의 푸루샤는 단지 마음의 작용을 목격하는 자이다. 마음(citta)이 활동적일 때 자아는 여러 상태들을 경험하는 것처럼 보이며, 명상 속에서 마음이 잠잠해질 때 자아는 그 자체의 진정한 형태로 머문다.

요가는 분별을 통한 해탈에 대한 상키야의 이론을 용인하지만, 그럼에도 불구하고 강조점은 자유를 성취하는 다른 방법, 즉 정신 작용에 대한 제어에 있다. 정신 작용에 대한 제어는 숙면상태와 동일시되지 않는다. 요가 혹은 정신 집중을 통하여 우리는 피상적인 층(層)들을 배제하고 깊은 내면의 영혼에 도달한다. 정신 집중은 칫타의 다섯 가지 모든 상태에서 그것의 속성이다.[원주50] 칫타가 라자스로 충만하고 대상들에 의하여 동요할 때, 그것은 분주한 마음(kṣipta)이라고 불린다. 우리는 스스로의 열정과 관심 때문에 어떤 대상에 우리의 주의를 고정시킬 수 있을 것이다. 그러나 이런 유형의 정신 집중은 우리가 참다운 자유를 실현하는 데 도움이 되지 않는다. 칫타가 타마스로 충만하고 잠의 변형에 사로잡혀 있을 때, 그것은 맹목적인 마음(mūḍha)이라고 불린다. 흔히 있는 것처럼, 칫타가 선천적인 결함이나 우발적인 장애 때문에 불안정할 때, 그것은 산만한 마음(vikṣipta)이다. 일상적인 마음은 즐거운 것을 추구하고 싫은 것을 피하는 이러한 상태에 있다. 이 세 가지 마음 상태는 구나들과 관련을 지니므로, 불완전하다고 말해진다.

마음이 명상의 한 대상에 몰입되고 전적으로 삿트와로 충만해 있을 때, 그것은 전일된 마음(ekāgra)이라고 불린다. 이것은 마음의 가장 위대한 노력을 위하여 마음을 준비하는 것이다. 마음의 일어남이 저지되었을 때, 그것은 제어된 마음(niruddha)이다. 전일된 마음과 제어된 마

[원주50] 그것(정신 집중)은 마음의 모든 상태들에서 그 속성이다(Sa ca sārvabhau-
　　　maś cittasya dharmaḥ, 『요가 바쉬야』, i.1).

음 상태에서는 비록 잠재 인상은 여전히 남아 있다 할지라도,[원주51] 심리적 발현의 흐름은 억제된다. 비록 정신 집중은 삼매의 상태에서 최고조에 달한다 할지라도, 요가 심리학자들은 정신 집중이 모든 마음 상태에 공통적이라는 것을 인정한다. 개개의 모든 심리적 발현(vṛtti)은 잠재 인상(saṁskāra)을 남기며, 기회가 되면 의식적인 상태로 나타날 수도 있을 것이다. 유사한 심리적 발현들은 유사한 성향을 강화한다. 요가 수행자는 심리적 발현들을 제어해야 할 뿐만 아니라, 이미 형성된 성향들을 제거해야 한다. 만일 그렇게 하지 않는다면 그 성향들은 다시 발현할 것이다. 마음이 자체의 심리적 발현들을 모두 떨쳐버릴 때, 그것은 균형상태(samāpatti)에 있다고 말하며, 그것에게 주어지는 대상이 어떤 것이든, 그 대상이 인식자든 인식의 대상이든 아니면 인식행위든 그것의 형태를 띤다.[원주52] 균형상태의 마음은 마치 그 자체의 본질인 것처럼 대상의 본질을 띤다.

이런 균형상태보다 하위의 형태들이 있다. 깊은 사색을 수반하는 균형상태(savitarkasamāpatti)에서는 말과 대상과 의미(śabdārthajñāna)가 뒤섞인다.[원주53] 말과 의미가 사라질 때, 즉 기억이 말과 의미에서 벗어날 때, 그러면 대상은 그 본래의 독특한 본질로 마음에 그 모습을 드러내며, 우리는 비(非)사색적인 균형상태를 얻게 된다.[원주54] 비야사는 말한다. "기억(memory)이 말의 관습적인 사용에 대한 회상에서 벗어나 청정해질 때, 삼매의 반야(samādhiprajña)가 추론 혹은 들은 것에 대한 개념들의 관계들(vikalpa)에서 벗어날 때, 의도된 대상은 조금도 가감없이 그 자체로 남는다."[원주55] 이것은 보다 고차적인 지각(param

---

[원주51] 이 두 상태는 유상삼매(有想三昧, saṁprajñāta samādhi)와 무상삼매(無想三昧, asaṁprajñāta samādhi)에 상응한다. 앞의 세 가지 마음 상태 또한 요가의 범주에 포함된다. 왜냐하면 심지어 각성상태에서도 어느 정도의 정신 집중이 존재하기 때문이다. Yatkiṁcic cittavṛttnirodham(『요가사라상그라하』, v).

[원주52] 『요가 수트라』, i.41.

[원주53] 『요가 수트라』, i.42

[원주54] 『요가 수트라』, i.43.

pratyakṣam)이며, 모든 형태의 추론적인 지식과 언어상의 지식의 토대이다. 이 고차적인 지각으로부터 추론적인 지식과 언어상의 지식이 도출된다.[원주56] 이 지각은 추론에 대한 개념이나 언어상의 지식으로부터 생겨나지 않는다.[원주57]

우리는 또한 반성적인(savicāra) 균형상태와 비반성적인 균형상태를 지닌다. 전자는 그 형태가 현시되고 공간·시간·인과 관계의 경험으로 특징지어지는 미세한 요소들과 관련된다. 반성적인 균형상태에서 하나의 미세한 요소는 하나의 개념에 의하여 파악될 수 있으며, 통찰의 대상으로 기여하는 현시된 형태들에 의하여 특수화된다. 후자의 비반성적 균형상태는 잠재적이거나 현시적인 형태들로 특징지어지는 것에서 완전히 자유로운 미세한 요소들과 관련된다. 그럼에도 불구하고 이 요소들은 모든 형태들에 상응하며 그 형태들의 본질이다. 비반성적 균형상태에서 통찰은 의도된 대상이 되며, 그 외의 아무것도 아니다.[원주58] 반성적·비반성적 균형상태는 미세한 대상들을 다루고 있음에 비하여, 의도적인(deliberative) 것과 무의식적인(non-deliberative) 것은 조대한 대상들을 다루며, 이 모든 것들은 유종자(有種子, sabīja) 삼매의 형태들로 말해진다. 왜냐하면 정신 집중의 대상을 제공하기 때문이다. 푸루샤는 비록 미세하다 할지라도 이러한 형태의 정신 집중의 대상이 아니다.

우리의 마음은 어떤 통일성에 제어될 필요가 있는, 갈등하는 세력들의 전쟁터이다. 만족을 추구하는 욕망, 자기 보존과 자기 번식의 욕구와 같은 생명에 관한 충동들이 있으며, 이런 요소들은 쉽게 제어되기를 거부한다. 정신 집중에 대한 장애들은 여러 형태의 그릇된 생각,[원주59] 이

[원주55] 『요가 바쉬야』, i.43.
[원주56] Tac ca śrutānumānayor bījam. Tataḥ śrutānumāne prabhavataḥ(『요가 바쉬야』, i.43).
[원주57] Na ca śrutānumānajñānasahabhūtaṁ tad darśanam(『요가 바쉬야』, i.43).
[원주58] 『요가 바쉬야』, i.44.
[원주59] 『요가 바쉬야』, i.30.

른바 무지(avidyā), 이기심(asmitā), 집착(rāga), 혐오(dveṣa), 그리고
생(生)에 대한 애착 등으로 일컬어진다. 그 밖에도 건강하지 못함, 무
기력, 의심, 부주의, 나태, 속된 마음, 그릇된 지각, 집중하지 못함 등이
있다.[원주60] 그릇된 생각의 형태들은 정신 집중에 부적절한 일반적인 삶
의 태도를 언급함에 비하여, 그 외의 항목들은 정신 집중의 과정을 방
해하는 부수적인 일들을 말한다.

6. 올바른 지식수단

감각적 지각, 추론, 그리고 경전의 증언이 세 가지 올바른 지식수단
으로 받아들여진다.[원주61] 감관들을 통하여 칫타가 어떤 외부 대상에 의
하여 영향을 받을 때, 우리는 감각적 지각을 지닌다. 마음의 변형은 대
상과 직접 관련된다. 비록 대상은 그 자체 안에 유적(類的) 측면과 특
수한 측면을 지니고 있다 할지라도, 감각적 지각에서 우리는 후자에 보
다 큰 관심을 쏟는다. 외부 대상의 실재성이 요가에 의하여 인정된다.
모든 감각적 대상들은 영원한 원형 혹은 물자체(物自體)를 지니며, 이
러한 원형 혹은 물자체는 현상적인 변화를 겪지만 결코 완전히 파괴되
거나 소멸하지 않는다. 어떤 대상이 다른 어떤 대상으로 변할 때, 오직
그것의 형태만 변형될 뿐이며, 모든 형태들이 파괴될 때, 그 대상은 본
래적인 상태 혹은 물자체의 상태로 되돌아간다. 그러나 형태들은 환영
(幻影)이 아니다. 감관들을 자극하는 감각적 대상이 있는 경우에는 언
제나 감각이 일어난다. 그러나 비록 주어지는 대상이 동일하다 할지라
도, 그 결과로 나타나는 감각들은 다를 수 있다. 왜냐하면 칫타는 3구
나 중의 하나 혹은 다른 하나의 영향 하에서 주어진 대상들에 대한 인
상을 받기 때문이다.[원주62]

[원주60] 『요가 바쉬야』, ii.3. 또한 『요가 바쉬야』, i.8을 보라.
[원주61] 『요가 수트라』, i.7.

추론은 우리가 대상들의 유적(類的) 본질을 인지하는 마음의 변형이다. 불변적 수반에 대한 인식은 추론의 토대이다. 서로 불변적으로 관련된 두 사물 중에서 하나에 대한 지각은 다른 하나의 존재를 확립하는 과정에 기여한다.

신뢰할 수 있는 사람에 의하여 지각되거나 추론된 대상에 대한 지식은 언어로 다른 사람들에게 전달될 수 있을 것이다. 이것이 바른 지식의 세번째 수단이다.

타당한 인식은 네 가지 다른 유형의 마음의 변형들과 구별된다. 오해(viparyaya)는 인식 대상의 본질에 대하여 진실하지 않은 그릇된 개념이다.[원주63] 공상(vikalpa)은 그것에 상응하는 적극적인 사실을 전혀 지니지 않는 형태의 개념이다.[원주64] 수면(睡眠, nidrā)은 각성상태와 몽면상태의 변형들이 전혀 없는 마음의 변형이다.[원주65] 그럼에도 불구하고 그것은 마음의 변형(vṛtti)이다.[역주6] 왜냐하면 우리는 잠에서 깨어날 때 자기가 취한 수면의 형태에 대한 기억을 지니기 때문이다. 이에 비야사는 말한다. "잠에서 깨어난 직후 물론 그 사람은 잠자는 동안에 잠속에서 어떤 원인의 경험이 아니었던 이 관련된 기억을 지니지 않을 것이다. 또한 그는 잠에서 깨어날 때 그것에 의거한 기억들이나 그것과 일치하는 기억들도 지니지 않을 것이다."[원주66] 그러므로 잠은 특수한 형태의 현시된 정신상태(pratyaya)이며, 삼매상태에서는 이러한 변형도 제어되지 않으면 안된다. 기억(smṛti)은 어떤 대상에 대한 이전의 기억에 의하여 남겨진 잠재 인상들을 통하여 그 대상을 상기하는 것이다.

요가는 감각적 지각, 추론, 경전의 증언을 통하여 얻은 지식이 완전히

[원주62] 『요가 수트라』, iv.15~17.
[원주63] 『요가 수트라』, i.8.
[원주64] 『요가 수트라』, i.9.
[원주65] Abhāvapratyayāvalambanā vṛttir nidrā(『요가 수트라』, i.10).
[역주6] 단지 타마스(tamas)가 현저한 정신상태일 뿐이다.
[원주66] 『요가 바쉬야』, i.10.

500

절대적으로 타당한 것은 아니라고 주장한다. 왜냐하면 요가는 상키야와 마찬가지로 경험적 지식은 푸루샤와 붓디 사이의 그릇된 혼동의 산물이라고 생각하기 때문이다. 사물 그 자체에 대한 진실은 오직 요가의 실천을 통하여 획득될 수 있다. 비야사는 이러한 취지로 다음의 한 구절을 인용하고 있다. "경전을 통하여, 논리적인 추론을 통하여, 그리고 선정(禪定)의 실천에 대한 강한 열망을 통하여, 이 세 가지 방법에서 그는 자신의 통찰을 보다 심원하게 하며, 최상의 요가에 도달한다."[원주67]

7. 요가의 기법

자아의 실체는 마음의 객관적인 사용을 통하여 파악되는 것이 아니라, 우리의 일상적인 삶과 행위가 우리의 신성한 본질을 은폐하는 심리적인 토대 아래로 꿰뚫고 내려가서 마음의 작용들을 제어함으로써 파악된다. 비록 순수 영혼의 씨앗은 우리 각자 속에 있다 할지라도, 그것은 우리의 의식에 의하여 인지되지 않는다. 우리의 의식은 그 외의 다른 대상들을 따라 분주하게 움직이고 있기 때문이다. 이러한 의식의 방향 수정을 위하여 우리는 반드시 엄한 수련의 과정을 겪어야 한다. 요가 철학에 의하면, 마음 상태들에 대한 필수적인 제어는 욕망의 극기와 단련을 통하여 가능해진다.[원주68]

한편 욕망의 극기와 단련은 확고부동한 사유를 지향하는 노력과 관련되며,[원주69] 확고부동한 사유는 청정한 행위, 절제, 지식과 믿음에 의하여 얻어진다.[원주70] 무집착(vairāgya)은 보이는 혹은 나타난 대상들

[원주67] Āgamenānumānena dhyānābhyāsarasena ca, Tridhā prakalpayan pra-jñāṁ labhate yogam uttamam(『요가 바쉬야』, i.48). 바차스파티는 이 세 가지의 상응에 대하여, 그리고 들음(śravaṇa), 숙고(manana), 명상(nididhyāsana)에 대하여 언급한다.

[원주68] 『요가 수트라』, i.12.

[원주69] 『요가 수트라』, i.13~14.

에 대한 갈애를 떨쳐버린 자에 의하여 소유되는 의식이다.[원주71] 이러한 경지에 이른 사람은 천계의 즐거움에 대해서든 세속의 즐거움에 대해서든 전혀 무관심하다. 자아에 대한 통찰력이 생기는 최고 형태의 무집착에서는, 어떤 대상이나 그것이 지니는 속성에 대한 욕망에 지배당할 위험이 전혀 없다.[원주72] 이것은 궁극적인 자유로 인도한다. 이에 비하여 라자스의 흔적을 여전히 지니는 저급한 형태의 무집착은 프라크리티 속에 흡수되는 상태로 귀결된다.

인간 유기체에서 우리는 푸루샤 외에 물질적인 육체, 생명력, 심리적인 요소들을 발견한다.[원주73] 푸루샤는 썩어 없어지는 살과 부단히 움직이는 마음의 장막 뒤에 은폐되며, 이 모든 것들은 요가 수행에 장애로 작용한다. 몸과 마음의 긴밀한 연관이 강조된다. 왜냐하면 "고통, 낙담,

---

[원주70] 『요가 바쉬야』, i.14.
[원주71] 『요가 수트라』, i.15.
[원주72] 『요가 수트라』, i.16.
[원주73] 요가 학파는 나디(nāḍi), 차크라(cakra), 쿤달리니(kuṇḍalinī) 등과 관련된 생리학을 발전시켰다. 나디는 극미(極微)의 신경이며 그 수가 7억 개에 달한다. 차크라는 심리적 에너지의 센터들을 말한다. 쿤달리니로 알려지는 감추어진 에너지는, 일깨워졌을 때 차크라가 활동하도록 자극한다. 인간의 육체는 상체와 하체로 나누어진다. 머리, 몸통, 그리고 두 팔과 손은 상체를 구성하며, 두 다리와 두 발은 하체를 구성한다. 육체의 중심은 —특히 인간의 경우— 척추의 근저에 놓여 있으며, 이것은 육체의 두 부분을 지탱하고 통제한다. 신경들과 신경절(節)의 덩어리들은 중대한 두 체계, 즉 교감체계와 척수체계에 배열된다. 두개골 속에 들어 있는 뇌와 척수는 뇌척수체계의 중요한 센터들이다. 힌두 생리학의 브라흐마단나(Brahma-daṇḍa, rod of Brahmā) 혹은 메루단다(Merudaṇḍa)는 척추이다. 그것은 나디수슘나(nāḍīsuṣumṇā, 가장 으뜸된 나디)의 터전이며, 나디수슘나는 척추의 근저에 있는 물라다라(mūlādhāra) 차크라에서 정수리에 있는 사하스라라(sahasrāra) 차크라에 걸쳐 있다. 그 외의 네 차크라들은 스와디슈타나(svādhiṣṭhāna), 마니푸라(maṇipura), 아나하타(anāhata), 그리고 비슛다(viśuddha)이다. 척추는 특별한 중요성을 지니는 세 개의 요가나디(yoganāḍi), 이른바 이다(iḍā), 핀갈라(piṅgalā), 수슘나(suṣumṇā)를 지닌다. 이 세 가지 중에서 수슘나가 가장 중요하다. 핀갈라와 이다는 각각 수슘나의 오른쪽과 왼쪽에 위치한다. 이 나디는 파드마(padma, 蓮) 혹은 차크라라고 불리는 여섯 개의 미세한 센터들을 지닌다. 이 센터들은 우리의 감관에 지각되지 않으며, 요가의 눈을 통하여 경험될 수 있을 뿐이다.

육체의 허약, 들이마시는 숨과 내쉬는 숨은 주의 산만의 부속물이기 때문이다."[원주74] 비록 육체적인 건강이 인생의 목적은 아니라 할지라도, 그럼에도 불구하고 그것은 인생의 본질적인 조건들 중의 하나이다. 우리는 인간을 물리적인 기계로 간주할 수 없다. 육체는 정신적인 삶의 표현을 위한 도구이다. 그러므로 요가는 물질적인 기초를 포기하는 대신, 그것을 정신적인 문제의 일부로 수용한다. 장애들을 극복하기 위하여 요가는 제계(制戒, yama), 내제(內制, niyama), 좌법(坐法, āsana), 조식(prāṇāyāma : 호흡 조절), 제감(pratyāhāra : 감각들을 본래의 기능에서 거두어들이는 것), 응념(凝念, dhāraṇa), 선정(禪定, dhyāna), 삼매(三昧, samādhi)로 이루어진 8단계 실수법(實修法)을 제시한다.[원주75] 뒤의 세 단계는 직접적 혹은 내적인(antaraṅga) 수행이며, 이에 비하여 앞의 다섯 단계는 간접적 혹은 외적인(bahiraṅga) 준비 단계이다.[원주76]

8. 윤리적인 준비

8단계 실수법 중에서 앞의 두 가지, 즉 제계와 내제는 요가의 실천에

[원주74] 『요가 수트라』, i.31.

[원주75] 『요가 수트라』, ii.29.

[원주76] 파탄잘리의 요가는 이 모두를 하나의 체계 속에 포함시켰다. 이에 비하여 후대의 저술들에서는 구별이 생겨났다. 카르마요가(karmayoga)는 행위를 통한 해탈의 체계이며, 박티요가(bhaktiyoga)는 신애(信愛)를 통하여 완전에 이를 수 있다고 주장한다. 갸나요가(jñānayoga)는 지혜를 통한 완전을 말한다. 한편 라자요가(rājayoga)는 마음의 수련과 그것의 심리적인 힘들을 다룬다. 하타요가(hatha-yoga)는 육체적인 제어, 호흡 조절 그리고 만트라(mantra)의 방법들을 논의한다. 육체적인 작용들이 정신적인 결과들을 낳을 수 있다는 개념의 극단적인 발달은 라세슈와라 철학(Raseśvara darśana)*에서 발견된다(『사르바다르샤나상그라하』, ix).

* 이 학파는 "모든 철학파들에서 설해지는 해탈이 육체의 강건함에 달려 있다고 주장하며, 철학체계의 강화를 위한 수단으로 (육체의) 민활함이라는 덕목을 높이 평가한다"(같은 책, ix―옮긴이).

필수적인 윤리적 준비에 강조점을 둔다. 우리는 불살생, 진실, 정직, 금욕, 무소유를 실천해야 한다. 즉 우리는 생명을 죽이는 것을 억제하고, 거짓, 절도, 음란 그리고 탐욕을 억제해야 한다.[원주77] 이 모든 제계와 내제의 가장 중요한 것은 불살생이며, 다른 항목들은 모두 여기에 토대를 두고 있다. 넓은 의미에서 불살생은 어떤 경우에도 생명 있는 모든 것들에 대하여 악의를 품지 않는 것으로 해석된다.[원주78] 그것은 상해하지 않는 것일 뿐만 아니라 증오하지 않는 것(vairatyāgaḥ)이기도 하다.[원주79] 유쾌하거나 고통스러운 대상들 혹은 선하거나 악한 대상들에 대한 우호감, 동정심을 함양하고 유쾌한 감정과 한결같은 마음으로 대할 수 있는 자세를 갖추는 것은 마음의 고요함(cittaprasāda-nam)을 가능하게 한다.

우리는 시기 질투에서 벗어나야 하며, 다른 사람들의 고통에 대하여 무관심하거나 냉담해서는 안된다. 죄를 미워한다 할지라도, 우리는 죄인에게 너그러운 마음을 보여야 한다. 이 원칙들은 속성상 절대적이며, 이에 대한 어떤 예외도 있을 수 없다. "죽이지 말라"는 제계는 절대적인 명령이다. 우리는 나라의 적이나 군대에서 탈영한 병사를 죽일 수 있다고 말한다거나, 어떤 종교 단체에서 벗어난 배교자나 브라흐민을 모욕한 자는 죽일 수 있다고 말함으로써 불살생 제계가 지니는 절대성을 훼손할 수 없다. 심지어 자기 방어라 할지라도 살인을 정당화할 수 없다. 제계는 카스트나 국적 혹은 나이와 지위의 차이와 무관한 보편적인 타당성을 지닌다.[원주80] 비록 모든 사람들에게 고도의 명상 생활이 허용될 수는 없다 할지라도, 적어도 제계의 항목들은 모든 사람들에 의하여 실천되어야 한다. 내제(內制)는 내외의 청정, 만족, 고행, 학습, 최고신에 대한 전념이다.[원주81] 비록 요가에 전념하는 모든 사람들은 이 덕목들을 적당하게 실

[원주77] 『요가 수트라』, ii.30.
[원주78] Sarvathā sarvadā sarvabhūtānām anabhidrohaḥ(『요가 바쉬야』, ii.30).
[원주79] 『요가 수트라』, ii.35.
[원주80] 『요가 수트라』, ii.31.
[원주81] 『요가 수트라』, ii.32.

천해야 한다 할지라도, 이 덕목들은 임의적이다. 제계와 내제를 실천하는 것은 마음의 침착함 혹은 세속의 것들에 대한 욕망이든 천계의 즐거움이든 이러한 것들에 대한 집착에서 벗어나게 하는 효과가 있다.[원주82]

우리가 윤리적인 교훈을 어기고 싶은 욕망에 사로잡힐 때마다, 요가는 우리가 그 정반대로 생각하라고 요청한다.[원주83] 심리 분석가들은 우리의 근본적인 본능이 제어될 수 있는 세 가지 단계인 방어 반응, 대체(代替), 승화(昇華)를 말한다. 첫번째에 따르면, 마음은 충동에 정반대되는 태도를 취하고 그것이 못 들어오게 하려고 노력한다. 잠재의식적으로 어떤 특별한 충동의 강한 흐름이 있을 때, 마음은 의식적으로 이에 반대되는 충동을 취한다. 요가의 궁극적인 목표는 인간 속성의 실체에 대한 완전한 변화를 가져오는 것이다.

마음의 흐름은 선한 방향과 악한 방향 양쪽 모두에 대한 가능성을 지니고 있다. 그것이 자유와 지혜를 지향할 때, 그것은 선을 향한 흐름이라고 말해지며, 그것이 현존의 소용돌이에 휩쓸려 무분별을 향하여 떠내려갈 때, 그것은 악을 향하여 흘러간다.[원주84]

카르마의 작용들은 외적(bāhya)이거나 내적(mānasa)이며, 네 가지 유형으로 분류된다. 검은 것(kṛṣṇa)은 사악한 행위들이며, 남을 헐뜯는 행위처럼 외적이거나 불신(不信, aśraddhā)처럼 내적인 것이 있을 수 있다. 흰 것(śukla)은 덕행이며, 믿음, 지혜 등처럼 내적이다. 희고 검은 것(śukla-kṛṣṇa)은 선하다 할지라도 악한 요소가 전혀 없지는 않은 외적인 행위들이다. 심지어 베다에 규정된 행위들도 다른 존재들에 대한 상해를 수반한다. 희지도 않고 검지도 않은 것(aśukla-akṛṣṇa)은 모든 것을 포기한 이욕행자(離慾行者)들의 행위이다.[원주85] 최고의 행위는 마지막 유형에 속한다.

[원주82] 『요가 수트라』, i.15.
[원주83] 『요가 수트라』, ii.33.
[원주84] 『요가 바쉬야』, i.12.
[원주85] 『요가 수트라』, iv.7.

9. 육체의 수련

요가는 우리의 육체가 마음과 마찬가지로 그 자체의 존엄을 지닌다는 것을 인정한다. 좌법(āsana)은 정신 집중을 위한 신체적인 도움이다.[원주86] 우리는 달리고 있거나 잠자고 있을 때 어떤 대상에 우리의 주의를 집중할 수 없다. 명상을 시작하기 전에 우선 우리는 편안한 자세로 우리 자신을 안정시켜야 한다. 파탄잘리는 자세가 흔들림 없고 유쾌하며 편안해야 한다고 단순하게 언급한다. 주석자들은 여러 종류의 자세들에 대하여 상세하게 규정하고 있다. 인도 문화에 대한 최근의 어떤 비평가가 인도 사상가들은 가부좌로 앉아서 자신의 배꼽을 정관(靜觀)하는 것이야말로 심원한 우주의 이법을 헤아리는 최선의 방법으로 생각했다고 단언했을 때, 그는 요가 자세 중의 하나를 염두에 두고 있었다.

육체는 동물적인 음란의 토대가 되거니와 또한 거룩한 힘의 토대가 될 수도 있다. 우리는 자기가 섭취하는 음식에 주의를 기울이도록 요구된다. 우리는 신경을 마비시키거나 흥분시켜 날카롭게 하는 음식을 먹거나 마시지 말아야 한다. 일상의 저급한 만족들은 흔히 영혼의 참된 환희를 질식시킨다. 만일 지성적인 삶과 도덕적인 행위가 인간의 참된 목적이라면, 육체적인 욕구들은 이 목적에 종속되어야 한다. 요가의 나중 단계들은 육체적인 인내의 막대한 힘을 필요로 하며, 불굴의 정신적인 삶이 육체를 파열점(破裂點)까지 욱죄는 경우들노 적지 않으며, 이를 통하여 육체가 우선 제어되지 않으면 안된다. 하타요가(haṭhayoga)는 육체를 완전하게 하고, 피로하지 않게 하며, 늙고 쇠약해지는 것을 억제하기 위한 것이다.

요가는 우리가 육체를 죽여야 한다는 것이 아니라, 단지 그것을 제어해야 한다는 것을 가르치고 있을 뿐이다. 감각적인 탐닉의 절제는 육

[원주86] 『바가바드기타』, vi.10 ff ; ii.46~48을 보라.

체를 십자가에 못박아 죽이는 것이 아니다. 그러나 그 둘은 기독교의 유럽뿐만 아니라 힌두교의 인도에서도 흔히 혼동되어왔다.[원주87] 요가는 육체의 완전이 아름다움, 우아함, 강력함, 그리고 금강석 같은 견고함에 있다고 말한다.[원주88]

10. 호흡 조절

비록 파탄잘리는 호흡 조절을 하나의 선택적인 방법으로 언급하고 있다 할지라도, 그것은 상당히 강조된다.[원주89] 마음의 고요함은 미덕의 함양을 통하여 혹은 호흡 조절을 통하여 얻어질 수 있다.[원주90] 따라서 호흡 조절은 그것에 대한 믿음을 지닌 사람들에게 주어진 것이다. 호흡 조절은 마음에 대한 지속적인 영향력을 지니는 것으로 간주되며, 특히 하타요가에서 중요한 역할을 한다. 하타요가에서 호흡 조절은 신

[원주87] 수소(Suso)의 자서전에서 한 구절을 인용해보자. 여기서 그는 자신의 경험을 제3자의 입장으로 서술하고 있다. "그는 젊은 시절 불 같은 성격의 소유자였으며, 이것이 그에게 매우 심각한 고통의 원인이 된다는 자각이 일어나기 시작했을 때, 그는 자기 스스로 육체를 제압할 수 있는 장치들을 찾기 위하여 여러 가지로 고심했다. 그는 오랫동안 고행자가 입는 마모직(馬毛織)의 웃옷을 입고 쇠사슬을 감고 다녔으며, 결국 출혈이 심하여 그 옷과 쇠사슬을 벗지 않을 수 없었다. 그는 비밀리에 자신을 위한 내의를 주문했다. 내의 안쪽에 150개의 놋쇠 바늘이 고정된 가죽을 대고, 바늘 끝이 언제나 살갗을 향하도록 하였다. 그는 이 내의를 입고 밤에 잠을 자곤 했다"(*Life of the Blessed Henry Suso by Himself.* tr. by T. F. Knox). 이 책은 가슴 섬뜩한 다수의 무시무시한 실천 수행에 대하여 언급한다. 십자가에 못박혀 죽은 예수의 슬픔과 고통을 몸소 체휼하기 위하여 노력했던 기독교 성자들의 다른 경우들도 있다. 자신의 몸을 채찍질해서 죽음에 이른 성 버나드(St. Bernard), 고통으로 정신이 혼미한 중에서도 "고통받으리라, 그렇지 않다면 살지 않으리라"고 외쳤던 성 테레사(St. Teresa), 십자가에 매달려 순교했던 사도 요한 등은 주목할 만한 예들이다.
[원주88] Rūpalāvaṇyabalavajrasaṁhananatvāni kāyasampat(『요가 수트라』, iii.46).
[원주89] 『요가 수트라』, i.34.
[원주90] 『요가 수트라』, i.33~39.

비한 초능력의 생성에 큰 효과가 있는 것으로 높이 평가된다. 호흡 조절은 심지어 오늘날에도 건강 증진을 위하여 매우 유익한 것으로 간주된다.[원주91] 호흡에서의 단조로움은 때로는 최면상태를 야기하기도 한다. 신체적으로 허약한 사람이 호흡 조절의 어떤 방법들을 행할 때, 큰 위험이 따를 수도 있다. 정신 집중의 과학(yogavidyā)이 매우 은밀하게 행해져야 할 필요가 있는 것도 바로 이런 이유 때문이다.[원주92]

11. 감각의 제어

중국의 사상가 노자는 묻는다. "흙탕물을 맑게 할 수 있는 사람이 있는가?" 그리고 그는 대답했다. "만일 당신이 그것을 가만히 내버려둔다면, 그것은 스스로 맑아질 것이다."[원주93] 외계 대상으로 향하는 감각들의 기능을 거두어들이는 것은 현대 심리학에서 내향(內向, introversion)의 과정에 해당한다.[원주94] 마음은 외부로부터의 모든 인상들에 대하여 단호하게 닫혀야 한다. 찬송가 작자는 말했다. "잠잠하라. 그러면

[원주91] '수명 연장을 위한 방법들'이라는 웨버(Weber) 박사의 강연 중에서 발췌한 아래의 내용은 이 점에서 흥미로운 통찰을 보여주고 있다. "내가 보건대, 심장의 영양분 섭취와 활동에서의 괄목할 만한 증진은 등산, 특히 꾸준하고 지속적인 등산을 통하여 상당할 정도로 달성될 수 있다. 이러한 생각은 나로 하여금 호흡법에 대하여 특별한 관심을 지니게 했으며, 그 이후로 호흡 수련은 내 자신과 다른 많은 사람들, 특히 심장 근육이 허약한 사람들에게 유용했다……. 나는 대개 하루에 한두 번 3분에서 5분 동안 지속되는, 적당히 깊은 들이마시는 숨들과 내쉬는 숨들로 시작했으며, 점차로 이러한 수련을 10분에서 15분까지 증가시켰다……."(*British Medical Journal*, December 5, 1903).
[원주92] 친타마니(Cintāmani)의 『하타프라디피카』(*Haṭhapradīpikā*)를 보라.
[원주93] 『도덕경』.
[원주94] "마음이 그 자체 속으로 거두어들여지고, 소리나 보이는 것, 고통 혹은 어떤 즐거움, 어떠한 것도 마음을 성가시게 하지 않을 때, 그리고 마음이 가능한 한 육체나 감각 혹은 느낌과 아무런 관련도 지니지 않으며, 단지 존재 그 자체를 열망할 때, 생각은 최상의 상태가 된다"(Plato, *Phaedo*, Jowett's E.T.).

알 것이다." 수행은 우리가 길길이 날뛰는 충동들을 몰아내고 한결같은 생각을 지속할 것을 요구한다. 우리는 사도 요한이 감각의 밤(Night of Sense)이라고 묘사했던 상태에 도달해야 한다. 진리를 추구하는 자는 누구나 자신의 가슴속에 수도원의 독방을 만들고 매일 그 속으로 은거할 필요가 있다.

윤리적인 준비, 즉 제계(yama)와 내제(niyama), 좌법(āsana), 호흡 조절(prāṇāyāma), 감각들을 그 본래의 기능에서 거두어들이는 것(pra-tyāhāra)은 요가의 보조 수단이며, 그 자체가 요가의 구성 요소는 아니다.[원주95]

12. 응념과 선정

땅위의 비밀을 암중모색하며 하늘의 신비를 헤아리는, 끊임없이 움직이는 인간의 마음에 대하여, 요가는 진리란 외적인 행위뿐만 아니라 내면의 변화로부터 의식의 지속적인 거두어들임을 통하여 알려진다고 말한다. 응념(凝念, dhāraṇa)은 마음(citta)을 특정한 한 점에 고정하는 것이다. 그것은 마음의 견실함이다. 일상적인 삶 속에서는 관념들이 일어나고 스러지며 오랫동안 머무르지 않는다. 정신 집중은 대개 기껏해야 단지 아주 짧은 시간 동안 유지될 뿐이다. 선정(dhyāna)은 다른 것들에 의하여 교란되지 않은 생각의 한결같은 흐름의 상태이다. 그것은 명상이다. 선정은 합일에 대한 감각조차도 사라지는 삼매에서 절정에 달한다. 몸과 마음은 모든 외부 인상들에 대하여 완전히 무감각해지며, 단지 명상의 대상——그것이 무엇이든 간에—— 이 빛나고 있을 뿐이다. 이 셋이 하나의 대상을 지향할 때 결합된 수행(saṃyama)[역주7]

[원주95] 이 단계들은 정화의 단계이며, 이에 비하여 선정(禪定, dhyāna), 응념(凝念, dhrāṇa), 그리고 삼매(三昧, samādhi)는 합일의 단계이다.

[역주7] 라자요가에서 마지막 세 단계, 즉 응념, 선정, 삼매의 상호 결합적인 수행을 말

을 지닌다고 말해진다.[원주96] 이 결합된 수행이 내적이거나 외적인 대상들을 지향할 때, 초능력, 예를 들어 닫힌 문을 통하여 바깥을 보는 힘이나 갑자기 시야에서 사라지는 힘 혹은 다른 사람의 마음을 읽을 수 있는 힘 등이 일어난다. 해탈을 추구하는 자가 만일 이러한 힘들의 유혹에 압도되면, 그는 자신의 참된 목표를 잃어버릴 위험이 있다. 우리는 그러한 유혹에 저항해야 하며 마침내는 그 위로 떠오를 수 있어야 한다.[원주97]

13. 삼매 혹은 정신 집중

삼매는 해탈에 이르기 전에 통과되어야 하는 상태에 대한 명칭이다. 요가는 삼매를 통하여 자유를 얻는 것을 주장하기 때문에, 그것은 삼매로 정의된다.[원주98] 그것은 외부 세계와의 관련이 소멸하는 망아적인 상태이다. 그것은 요가 수련의 목표이다. 왜냐하면 그것은 영혼을 일시적이고 조건적이며 변화하는 현존으로부터 단순·영원·완전한 삶으로 고양시키기 때문이다.[원주99] 푸루샤는 그것을 통하여 영원한 위상을 되찾는다. 정신 집중 혹은 삼매는 정도에 따라서 유상삼매(saṁprajñāta)와 무상삼매(asaṁprajñāta)의 두 가지가 있다. 전자에서 마음은 대상

하다.

[원주96] 『요가 수트라』, iii.4.
[원주97] 『요가 수트라』, iii.51.
[원주98] 『요가 바쉬야』, i.1. Yogaḥ samādhiḥ.
[원주99] "나는 아주 어린 시절부터 혼자 있을 때 일종의 깨어 있는 무아지경을 종종 경험하곤 했다. 대개 이러한 상태는 조용히 나의 이름을 두세 번 혼자 반복하면 문득 일어났다. 순식간에 개별 의식이 사라지고 개체 자체는 녹아서 경계 없는 존재 속으로 사라져가는 듯했다. 이것은 혼동의 상태가 아니라, 가장 명료하고 가장 확실하며 너무나 불가사의한 상태여서 전혀 말로는 표현할 수 없으며, 죽음이란 있을 수 없는 일이며 개별성의 상실은 소멸이 아니라 단지 참된 삶인 것처럼 보인다"(*Life of Tennyson*, vol.i. p.320). 그의 *The Ancient Sage*를 보라.

510

을 의식하며 지속한다. 칫타(citta, 心)가 전일(專一)되어, 명료·실재적인 대상을 비추며, 번뇌를 제거하고 업의 속박을 끊으며, 그 자체의 목표로 모든 변형들에 대한 억제를 지니는 상태는 유상삼매(samprajñātasamādhi)라고 불린다.[원주100] 여기서는 인식자와 인식 대상이 하나로 합일되며, 이 경우에 인식자는 단지 그가 곧 인식 대상이기 때문에 대상을 인식한다고 말해질 수 있을 것이다.

생각과 생각의 대상은 동일하다. 이 상태는 숙고(vitarka), 반성(vicāra), 환희(ānanda), 그리고 개별의식(asmitā)을 동반한다.[원주101] 이러한 것들은 분명한 대상을 지니는 정신 집중의 형태들이다. 의식적인 삼매의 형태가 띠는 여러 종류에 따라서 유숙고(有熟考, savitarka), 유반성(有反省, savicāra), 유환희(有歡喜, sānanda), 유개별의식(有個別意識, sāsmita)과 같은 다양한 이름들이 부여된다. 우리가 선한 것 혹은 악한 것에 대하여, 있는 것과 없는 것에 대하여 주장하는 한, 우리가 환희의 감정을 느끼고 개별의식을 지니는 한, 우리는 의식적인 삼매를 지닌다. 환희의 느낌이 소멸하여 보다 고차적인 적정(寂靜) 속으로 사라질 때, 법운(法雲, dharmamegha)이라 불리는 상태가 일어난다. 이 상태에서는 영혼의 분리와 물질로부터 그것의 완전한 분별이 실현되며, 카르마는 더 이상 작용하지 않는다. 베단타에 따르면, 그것은 개념들이 가장 명료한 방식으로 흐르는 상태이다.

내면적인 고요함을 얻은 자는 사물의 진실상에 대한 직관적인 통찰을 지닌다. 이에 비야사는 다음과 같이 말한다. "빛(prakāśa)을 본질로 하며, 오염에 의한 불명료함에서 완전하게 벗어난, 삿트와(sattva)로 충만한 붓디는 라자스와 타마스에 의하여 지배되지 않는 투명하고 한결같은 흐름을 지닌다. 무반성적(無反省的, nirvicāra) 삼매에서 이런 명료함(vaiśāradya)이 일어날 때, 요가 수행자는 내면적인 고요함(adhy-

---

[원주100] 『요가 바쉬야』, i.1.
[원주101] 수면 중에 우리는 실재적이고 명료한 어떤 대상에 정신을 집중하지 않으므로, 수면은 정신 집중의 상태가 아니다. 바차스파티, i.1을 보라.

ātmaprasāda)과 통찰의 섬광(sphuṭa)에 의한 시야를 얻으며, 이러한 시야는 (경험에 대한 일상적이고 산만한 지식의 경우와는 달리) 일련의 순서를 연속적으로 관통하지 않으며, 그것의 의도된 대상으로 물자체(物自體)를 지닌다."[원주102] 이러한 통찰은 진리로 충만해 있으며, 진리를 품고 있다.[원주103] 그릇된 인식의 흔적은 전혀 없다.

파탄잘리는 이러한 통찰의 대상이 구체적인 실재이며 단순히 일반적인 개념이 아니라고 주장함으로써, 그것이 추론이나 경전의 증언을 통하여 도출되는 지식과는 다르다는 것을 보여준다.[원주104] 그것이 자체의 대상으로 특수한 실체(viśeṣārtha)를 지니는 한, 그것은 지각과 밀접한 관련을 지니며, 다만 직관되는 대상들은 너무 미세하기 때문에 조야한 지각으로는 포착할 수 없을 뿐이다.[원주105] 그것은 보다 차원 높은 지각(param pratyakṣam)이다.[원주106] 따라서 개별 대상, 그것이 미세한 요소들에 속하는 것이든 자아에 속하는 것이든, 오직 이와 같이 정신 집중된 통찰에 의하여 파악된다. 우리의 육체적인 눈이 닫힐 때, 그것은 영혼으로써 보고 있다. 일단 이러한 직관이 일어나기만 하면, 그것의 인상은 다른 모든 인상들을 몰아내며, 그 결과로 다른 인상들에 의한 개념들은 더 이상 일어나지 않는다.[원주107] 우리가 최고 단계의 직관지— 과거·현재·미래를 동시적으로 포착하며, 그 모든 상태들을 하나의 전체로 파악하는—를 얻을 때, 그것은 우리를 궁극적인 완전으로 인도한다.[원주108]

삼매는 그것이 지속하는 한, 단순한 일정 불변의 경험이 아니다. 오히려 그것은 점점 더 단순하게 되어서 마침내는 무의식으로 끝나는 정

[원주102] 『요가 바쉬야』, i.47. 또한 ii.45 ; iii.54를 보라.
[원주103] Ṛtambharā tatra prajñā(『요가 수트라』, i.48).
[원주104] 『요가 수트라』, i.49.
[원주105] 『요가 바쉬야』, i.49.
[원주106] 『요가 바쉬야』, i.43.
[원주107] 『요가 수트라』, i.50.
[원주108] 『요가 수트라』, iii.54.

신적인 상태들의 연속이다. 무상삼매(asaṁprajñāta samādhi)는 비록 잠재 인상들은 남아 있다 할지라도 심작용(cittavṛtti)은 전혀 없는 정신 집중이다.[원주109] 유상삼매에서는 인식 주체와는 다른 것으로 반영된 대상에 대한 명료한 의식이 있는 데 반해서 이러한 분별은 무상삼매에서는 사라진다.[원주110]

미래의 생에 대한 종자를 지니는 유종자삼매(有種子三昧, sabījasamādhi)와 그것을 지니지 않는 무종자삼매(無種子三昧, nirbījasamādhi)가 구분된다. 바차스파티에 따르면, 종자는 "출생에 대한 장애들, 수명, 그리고 향수(享受)의 종류들에 상응하는 카르마의 잠재적인 퇴적물(latent deposit)이다."[원주111] 이와 같은 근본 요소를 지니는 것은 유종자(有種子, sabīja)이며, 그것을 지니지 않는 것은 무종자(無種子, nirbīja)이다. 프라크리티의 다른 모든 산물들과 마찬가지로 칫타(citta)도 삿트와, 라자스, 타마스의 세 측면을 지닌다.

[원주109] 『요가 수트라』, i.18.

[원주110] "영혼은 더 이상 몸이나 마음을 의식하지 않으며, 다만 그 자체는 스스로가 바라는 것을 지니고 있다는 것, 어떤 속임도 있을 수 없는 곳에 있다는 것, 그리고 자신의 지복을 천국 중의 최고 천국과도 바꾸지 않을 것이라는 점을 안다" (Plotinus, *Enneads*, iv.7.34). 셸링(Schelling)은 자신의 *Philosophical Letters upon Dogmatism and Criticism*에서 다음과 같이 말한다. "우리 개개인 모두에게는 시간의 변화로부터 우리 자신을 벗어나게 하는 비밀스럽고 놀라운 힘이 있으며, 우리의 은밀하고 신비한 자아를 외부 사물들로부터 거두어들이는 힘이 있으며, 그래서 우리 속에 불변의 형태로 있는 영원한 요소를 우리 자신에게 드러내는 힘이 있다. 이와 같이 우리 자신에게 우리 자신을 드러내는 것은 우리가 초감각적인 세계를 아는 모든 것에 달려 있는, 참으로 가장 개인적인 경험이다. 이와 같은 드러냄은 우리에게 처음으로 실재적인 존재— 그 외의 다른 모든 것들은 단지 존재하는 것처럼 보일 뿐이다——를 보여준다. 이러한 지적인 드러냄은 우리가 자기 자신의 대상이기를 멈출 때 일어난다. 우리가 시간과 시간의 지속을 절멸하는 순간에, 우리는 더 이상 시간 속에 존재하지 않으며, 시간 또는 차라리 영원 자체가 우리 안에 있다. 영원한 세계는 더 이상 우리에게 대상이 아니며, 우리 속에서 사라진다." 오직 동양적인 사고방식의 소유자만이 이와 같은 유형의 감성적 사유(emotinal thinking)에 편안함을 느낀다고 주장하는 것은 명백히 잘못된 것이다.

[원주111] 『탓트와바이샤라디』, i.2.

비야사에 의하면, "실로 광휘를 특질로 하는 그것의 삿트와 측면은 라자스 및 타마스와 혼합될 때, 자재력과 감각의 대상들을 좋아하게 된다. 동일한 것의 삿트와 측면이 타마스에 가려질 때, 악, 무지, 무이욕(無離慾), 무자재력(無自在力)으로 향한다. 동일한 것의 삿트와 측면이 우매의 덮음이 소멸되어 모든 방향에서 빛을 발하고, 단지 라자스에 의하여 연하게 물들어 있을 때, 선, 이욕, 자재력으로 향한다. 동일한 삿트와가 라자스의 마지막 그림자까지도 떨쳐버리고 자기의 본성에 안주하고, 삿트와와 자아가 다르다는 것을 식별하는 지(知)만 남을 때, 법운선정(法雲禪定)으로 향한다. 그것은 법운(dharmamegha)이라고 불린다. 왜냐하면 그것은 법 혹은 진리로 충만하며, 낮은 차원의 영역에 축복의 비를 뿌리며, 사람 자신은 영원한 진리의 태양이 비추는 빛을 받고 있기 때문이다. 선정에 잠긴 자(dhyāyinaḥ)는 이것을 최고의 명상(prasaṁkhyānam)이라고 부른다. 그러나 순수 정신의 힘(citisakti)은 불변이며, 대상들과 하나로 결합될 수 없다. 그것은 대상을 지시할 뿐이며 오염에 물들지 않으며 끝이 없다. 한편 식별지(vivekakhyati)는 삿트와를 본성으로 하고 있으므로 순수 정신의 힘과는 정반대의 것이다."

비록 이 식별지는 가능한 최상의 지식이라 할지라도, 그것조차도 억제되어야 한다.[원주112] "따라서 이것으로 싫증이 난 마음(citta) 또한 이러한 통찰을 빙해한다. 이러한 상태의 마음은 잠재력(saṁskāra)을 지니다……. 놀라운 이해력을 제공하는 유종자삼매는 무종자삼매로 오르는 디딤돌로 사용되어야 한다. 그 상태에서는 어떤 대상에 대한 의식도 없으므로, 그것은 또한 무상삼매(無想三昧, asaṁprajñātaḥ)로 일컬어지기도 한다." 비록 약간의 잠재력이 남아 있다 할지라도 그 뿌리는 제거된다. 그러나 보자(Bhoja)는 완전한 무상삼매에서 모든 잠재인상들이 소멸된다는 견해를 피력한다.[원주113] 비야사와 바차스파티는

[원주112] 이러한 취지로 비야사(i.4)는 판차쉬카로부터 인용한다. "지식은 단지 하나이며, 오직 분별만이 지식이다"(Ekam eva darśanam khyātir eva darśanam).

514

그 상태에서 잠재 인상들이 남는다고 주장한다.[원주114] 그러나 이러한
잠재 인상들은 궁극적인 해탈을 위하여 제거되어야 한다. 왜냐하면
『요가 수트라』는 모든 것이 억제되어야 하므로 심지어 통찰의 잠재의
식까지도 억제될 때, 요가 수행자는 무종자삼매를 얻는다고 말하기 때
문이다.[원주115]

우리가 삼매에 도달할 때까지 우리의 노력은 프라크리티로부터 푸루
샤를 분별하는 부정적인(negative) 노력이다. 분별이 이루어질 때, 푸
루샤의 적극적인(positive) 본질이 그 자체를 드러낸다. 프라크리티와
의 혼동을 떨치고 푸루샤가 그 본래의 바탕을 드러내는 것, 그것이 최
고 형태의 삼매이다. 이 초의식적인 삼매에서 관자(觀者)는 그 자신 속
에 머문다.[원주116] 자아와 심작용(心作用) 간의 모든 혼동 가능성은 소
멸한다.[원주117]

요가 학파는 인간의 마음이 마치 맷돌과 같다고 생각한다. 만일 우
리가 맷돌 사이에 밀을 넣는다면, 그것은 밀을 갈아 밀가루로 만들어낼
것이며, 만일 우리가 맷돌 사이에 아무것도 넣지 않는다면, 맷돌은 그
자체를 갈아서 마침내 닳아 없어질 것이다. 우리가 칫타로부터 그 기능

[원주113] 『보자브릿티』(*Bhojavṛtti*), i.18.

[원주114] 라젠드라 랄 미트라(Rājendra Lāl Mitra)는 다음과 같이 언급한다. "이와
같은 불일치는, 파탄잘라 바쉬야(Pātañjala Bhāṣya)는 각성이 있는 명상을 염두
에 두고 있는 반면에 보자(Bhoja)는 더 이상 어떤 각성도 없는 최종적인 명상을
기술하고 있다고 생각함으로써 해명될 수 있을 것이다. 왜냐하면 그는 무의식적
명상의 이전 단계에서 이에 고유한 잠재 인상들이 있다는 것을 인정하고 있기 때
문이다. 요가 수행자들은 사람들이 무의식적 명상으로부터 깨어난다는 것을 인정
하며, 그 명상은 종종 실천되며, 이와 같은 경우에 잠재 인상(saṁskāra)이 반드
시 남아서, 각성에 적합한 자극에 의하여 되살아난다는 것을 인정한다. 파탄잘리
자신은 어떤 상태를 언급했는가에 대해서는 단정하기 어렵다. 다만 그가 '남겨진
것'(śeṣa)이라는 말을 사용했던 방식으로 미루어본다면, 그가 파탄잘라 바쉬야에
서 정확하게 해석되었다고 할 수 있을 것이다"(『요가 수트라』, p.23).

[원주115] 『요가 수트라』, i.51. Tasyāpi nirodhe sarvanirodhānnirbījaḥ samādhiḥ.

[원주116] 『요가 수트라』, i.3.

[원주117] 『요가 수트라』, i.3~4.

들을 제거해버린다면, 그것의 작용은 멈출 것이며, 그것은 절대적인 수
동성의 상태로 될 것이다. 그러면 우리는 외부 세계의 끊임없는 소음에
닿지 않는 침묵에 든다. 칫타는 고독하고 황량해졌지만, 자아는 지극히
편안하다. 그것은 강렬한 정신 집중의 결과로 일어나는 신비상태이다.
우리는 그것을 충분히 묘사할 수 없다. 이에 비야사는 말한다. "요가는
요가를 통하여 알려져야 하며, 요가는 요가를 통하여 현현된다. 요가에
대하여 진지한 자는 영구히 그 속에 머문다."[원주118] 삼매는 극소수의 사
람들이 얻을 수 있으며, 거의 모든 사람들은 오랫동안 유지할 수 없다.
왜냐하면 그것은 삶의 부름에 의하여 방해되고 파괴되기 때문이다. 그
러므로 궁극의 해탈은 육체를 떨쳐버리기 전까지는 불가능하다고 말해
진다.

　　망아적 상태들이 일어난다는 것은 의심의 여지가 없다. 플라톤은 '이
신성한 광희'(狂喜)를 '인간에게 허락된 가장 중요한 축복의 원천'으로
간주한다. 모세는 호렙 산에서 "나는 있다"는 영원한 영혼의 음성을 들
었다. 이사야는 "거룩하다, 거룩하다, 거룩하다"라는 말 속에서 실재의
신비를 지각했다. 베드로는 거리의 광경을 통하여 하나님이 모든 나라
와 모든 사람들의 하나님이라는 것을 알았다. 바울은 기독교로 개종할
당시 신비한 황홀경에 빠졌던 것으로 전해진다. 중세의 신비가들은 불
가사의한 환상과 음성을 아주 일반적인 것으로 말한다. 현대 시인들 가
운데 워즈워스(Wordsworth)와 테니슨(Tennyson)은 황홀한 망아상
태를 언급한다. 대개 이러한 환상과 음성은 분투하는 성자를 돕기 위한
신의 방문으로 간주된다. 따라서 신자들에게 망아상태는 신격화에 대
한 또 다른 하나의 이름이다.[원주119]

[원주118] Yogena yogo jñātavyo yogo yogāt pravartate, Yo'pramattas tu yo-
　　gena sa yoge ramate ciram(『요가 바쉬야』, iii.6).
[원주119] "그리스도 혹은 신이 그 원인으로 말해지는 무의식적 행위의 상태는 몇몇
　　위대한 기독교 신비가들에 의하여 신격화로 말해진다"(J. H. Leuba, *Journal of*
　　Philosophy, xxi, p.702).

그러나 요가는 이 입장을 받아들이지 않는다. 모든 영혼은 잠재적으로 신성하며, 내·외적인 충동과 욕구가 제어될 때 현시된다.[원주120] 요가에서는 신비한 환상과 음성이 인간 속에 창조적인 정신의 드러남으로 간주된다. 이러한 환상이나 음성이 믿을 만한 것인가의 여부는 이성의 빛에 의하여 판단된다.

14. 해탈

요가에서 자유 혹은 해탈은 절대적인 독존(kaivalya)이다. 그것은 단순한 부정이 아니라 푸루샤가 프라크리티의 족쇄에서 벗어날 때 도달되는, 푸루샤의 영원한 삶이다. 이 상태에서는 자아가 어떤 목적도 지니지 않는다는 점에서 혹은 지성(buddhi)의 세력이 그 자체의 본성에 머문다는 점에서, 그것은 속성(guṇāḥ)들의 소멸로 정의된다.[원주121] 푸루샤는 그 자신의 본바탕(svarūpa)으로 존재한다. 다른 인도사상 학파들의 경우와 마찬가지로, 요가 학파의 경우에도 또한 모든 욕망의 원인은 사물의 참된 실상에 대한 무지(avidyā)이다. 이러한 무지의 결과는 육체이며, 그것의 받침은 칫타이며, 그것의 대상은 세속적인 즐김이다. 무지가 남아 있는 한, 개아는 자기의 짐을 떨쳐버릴 수 없다. 무지는 분별지(vivekakhyāti)를 통하여 제거될 수 있다.[원주122] 개아가 지식

[원주120] 조지 버나드 쇼(George Bernard Show)의 *Saint Joan*, 서문을 보라.

[원주121] Puruṣārthaśūnyānāṁ guṇānām pratiprasavaḥ kaivalyaṁ svarūpa-pratiṣṭhā vā citiśaktir iti(『요가 수트라』, iv.34).

[원주122] 분별지는 일곱 단계로 나누어진다. 1) 피해야 하는 것이 지각되고, 이로써 다시 지각될 필요가 없게 된다. 2) 피해야 하는 것에 대한 이유들이 차츰 줄어들고 마침내 더 이상 줄여야 할 필요가 없게 된다. 3) 피함이 억제에 대한 정신 집중을 통하여 지각된다. 4) 분별적인 통찰 형태를 취하는 피함의 수단이 함양된다. 이 네 가지는 외적인 현상으로부터 벗어나는 것(kāryavimukti)에 해당한다. 이에 비하여 다른 세 가지는 최종적인 해탈과 관련되며, 다음과 같다. 1) 붓디의 권능이 끝난다. 2) 구나들이 잠잠해진다. 3) 구나들과 그 자체의 결합에 기여했던 자아는 자

을 얻을 때, 그릇된 모든 개념은 사라진다. 자아는 청정한 상태에 머물러 있으며, 마음(citta)의 조건들에 전혀 닿지 않는다. 구나들은 물러나 잠잠해지고 자아는 자기의 본성에 안주한다.[원주123]

지바의 목표는 무집착과 독존이다. 그것은 가정이나 사회 생활의 인간적인 관계들과 양립할 수 없으며, 따라서 요가는 비윤리적인 체계로 말해진다. 윤리적인 고려는 개아와 세계를 관련짓는 모든 결속의 파괴를 목적으로 하는 철학체계 속에 설 자리가 없다.[원주124] 이 비판은 우리가 자주 마주쳤던 것이다. 비록 완전은 선악을 초월하는 영역에 우리를 데려다놓는다 할지라도, 오직 윤리적인 실천만이 우리가 완전의 목표에 도달할 수 있도록 도울 수 있다. 구원은 온갖 불결함으로 희미해진 자아의 본성을 실현하는 것이다. 우리는 오직 노력과 실천을 통하여 이러한 오염을 제거할 수 있다. 다른 많은 학파들에 비하여 요가는 철학이 우리를 구제할 수 없다는 점을 매우 강조하고 있다. 우리에게 필요한 것은 철학의 사변이 아니라 의지의 제어이다. 우리는 반드시 감정과 격정의 내적인 혼란을 제압하지 않으면 안된다. 참다운 철학자는 영혼의 병을 치유하는 의사, 즉 우리가 욕망의 속박에서 벗어나게 하는 사람이다.

요가는 모든 사람이 요가의 실천을 감당할 수 있는 것은 아니라는 점을 인정한다. 현대 심리학에서 외향적이라고 부르는 사람들이 있으며, 이들에게는 행위의 요가(kriyāyoga)가 권장된다. 이 요가는 고행(tapas), 학습(svādhyāya), 신에 대한 헌신(Iśvaarpraṇidhāna)으로

기 혼자서 깨달음을 얻으며, 모든 오염에서 벗어나 독존(獨尊)하게 된다(『요가 바쉬야』, ii.27)

[원수123] 『요가 수트라』, iii.24~33.

[원주124] "논리적으로 볼 때, 윤리적인 목적과 실천은 요가의 목적에 부합하지 않는다. 왜냐하면 정직, 우호적인 관계 등은 전적인 무집착과 독존을 추구하는 사람에게 부적합하기 때문이다. 도덕적인 가치에 대한 관심과 인간적인 속성의 제압에 대한 욕망을 결합시키는 것은 이 철학체계가 겪는 사유의 혼동을 드러내는 부조화의 한 예이다"(*Journal of Philosophy*, xvi, No.8, p.200).

518

이루어진다.[원주125] 고행은 번뇌와 카르마의 결과인 잠재의식적 인상들로 뒤섞인 온갖 오염을 불태워 없애는 것이다. 요가 심리학은 의식적인 마음 외에 무의식적이지만 활동적인 영역이 있다는 것을 상정하고 있으며, 고행은 이 무의식적인 영역의 내용물에 대한 제어를 목적으로 한다.[원주126]

삼매의 능력을 얻은 요가 수행자는 카르마를 없애기 시작한다. 카르마에는 세 가지 유형이 있다. 1) 과거에 행해진 행위의 잠재력으로서, 그 결과가 현재의 삶 속에서 작용하기 시작한 것(prārabdha). 2) 전생에 행한 행위에 의하여 생성된 잠재력으로 그 결과가 현생에서는 보류되었다가 내생에서 나타나는 것(saṁcita). 3) 현생에서 행해진 행위들에 의하여 생성된 잠재력으로 그 결과가 현재의 삶 혹은 현생의 가까운 미래에 나타나는 것(āgami). 마지막 유형의 카르마는 신에 대한 헌신과 사회 봉사를 통하여 저지될 수 있다. 익은 카르마는 현재의 삶에서 속속들이 소모되며, 미래의 삶을 필요로 하는 덜 익은 카르마에 대하여, 요가 수행자는 묵은 빚을 청산하는 데 필요한 모든 유형의 육체들을 만들어낼 수 있다고 말해진다. 각각의 몸들은 인위적인 마음(nir-māṇa citta)이라 불리는 그 자체의 마음을 지닌다. 각각의 인위적인 마음을 지니는 인위적인 몸들은 일반적인 몸들과 구분된다. 왜냐하면 이 몸들은 그 작용과 행위에서 완전히 방편적이기 때문이다. 요가 수행자의 의식은 이 다양한 기계적 행위들을 조절하고 통제한다. 제각기 특정한 운명을 지니며, 소멸되어야 하는 축적된 카르마의 일부를 지니는 이 기계적인 몸들이 자체의 목적을 완수하는 순간, 요가 수행자는 이로부터 자신의 제어를 거두어들이며, 인위적으로 만들어진 '인간'은 즉각

[원주125] 『요가 수트라』, ii.1.
[원주126] 의식의 경계 위에서 일어나는 것은 그 근저에 놓인 활동적인 잠재력의 표상(表象)이다. 숙련된 요가 수행자들은 신경성 장애나 편집증의 경우에 최면적인 망아상태나 다른 방법을 통하여 일반적으로 무의식의 영역에 숨겨져 있는 것을 표면으로 끌어냄으로써 그것을 치유한다. 현대 심리학의 정신분석을 연상하게 하는 이와 같은 치유법은 인도에 널리 퍼져 있다.

죽는다. 보통의 마음과는 다르게 인위적인 마음의 경험들은 뒤에 아무런 흔적도 남기지 않는다.[원주127]

15. 카르마

무지(avidyā)가 극복되지 않는 한, 윤회(saṃsāra)의 삶이 있다. 카르마의 법칙은 타당한 것으로 상정되며, 우리의 삶, 그것의 성격과 길이는 모두 카르마에 의하여 결정된다.[원주128] 비록 우리는 자신의 전생들을 기억하지 못한다 할지라도, 우리는 현재 자기의 성향을 통하여 전생에 대한 자세한 내용들을 짐작할 수 있으며,[원주129] 이러한 성향들은 그 원인(hetu), 동기(phala), 토대(āśraya), 그리고 대상(ālaṁbana)들이 사라지는 순간 소멸한다. 비록 우리는 다른 근인(近因)들을 지닐 수 있다 할지라도, 가장 중요한 근본 원인은 무지이다. 동기는 어떤 의욕이 현재 작용하게 되는 목적을 말한다. 칫타는 남아 있는 가능성들의 토대이며, 대상은 이러한 가능성들을 자극하는 것이다.[원주130]

16. 초자연력

수술에 대한 대중적인 유행이 요가에서 구원에 대한 종교체계와 혼합된다. 어떤 신비적인 힘들이 요가 수행의 과정에서 획득될 수 있다는 것은 초기 불교 문헌들에서 인정된다. 그러나 붓다 자신은 이러한 힘들이 완전한 깨달음에 방해가 되는 것으로 간주한다. 힌두교 경전들은 엄

[원주127] 『요가 수트라』, iv.4~5.
[원주128] 『요가 수트라』, ii.12~14.
[원주129] 『요가 수트라』, iv.9.
[원주130] 『요가 바쉬야』, iv.11.

한 고행(tapas)의 힘에 의하여 불가사의한 힘들을 얻었던 사람들에 대하여 언급한다. 이러한 힘들의 획득은 요가체계에서 삼매의 중심 목표에 종속된다. 비록 최상의 목표는 얻어지지 않는다 할지라도, 하위 단계들이 그 자체의 가치를 상실하는 것은 아니다. 각 단계는 그 자체의 대가를 가져온다. 좌법을 통한 육체의 제어는 극도의 더위나 추위에도 아무런 어려움 없이 견딜 수 있게 한다.[원주131]

우리는 자신이 온 마음을 집중하는 것에 대한 직관지를 얻는다. 정신 집중(saṁyama)은 우리가 초감각적인 대상들에 대한 지식을 얻는 수단이다. 그것을 통하여 우리는 사물의 가장 내밀한 실상을 여실하게 알 수 있으며 위대한 지혜의 빛에 도달한다. 친절, 연민, 기쁨에 대한 강제에 의하여 이러한 속성들이 증장된다.[원주132] 만일 우리가 근력(筋力)에 집중한다면, 이에 상응하는 큰 힘을 얻게 될 것이다.[원주133] 요가 수행자들이 아주 먼 곳에 있는 것을 보고 듣는 것과 같은, 강화되고 향상된 감각의 힘들은 정신 집중의 결과에 따른 것이다.[원주134] 우리는 또한 잠재의식 속의 인상들에 대한 직접적인 지식을 지닐 수 있으며, 이를 통하여 자기의 전생을 알 수도 있다.[원주135]

나타난 생각에 대한 정신 집중의 결과로서, 다른 사람의 마음에 대한 지식이 일어난다.[원주136] 일상적인 의사 전달 절차의 개입 없이, 어떤 사람의 생각이 다른 사람에게 전달되는 것은 의심할 나위 없이 가능하다. 모든 대상들이 끊임없이 겪는 세 단계의 변형들에 대한 끊임없는 정신 집중을 통하여 우리는 과거, 현재, 미래를 알 수 있는 힘을 얻을 수 있다.[원주137] 요가 수행자는 자신의 몸을 보이지 않게 할 수 있다.[원주138] 두

[원주131] 『요가 수트라』, ii.48.
[원주132] 『요가 수트라』, iii.23.
[원주133] 『요가 수트라』, iii.24.
[원주134] 『요가 수트라』, iii.35.
[원주135] 『요가 수트라』, iii.18.
[원주136] 『요가 수트라』, iii.19.
[원주137] 『요가 수트라』, iii.16.
[원주138] 『요가 수트라』, iii.21. "다섯 권으로 된 고레스(Gorres)의 위대한 저술은 신,

종류의 카르마, 곧 결과를 생성하고 없어질 카르마와 먼 훗날에 결과를 생성할 카르마에 대한 정신 집중을 통하여, 그는 자신이 죽게 되는 순간을 안다. 그는 합당한 정신 집중을 통하여 아주 미세한 것, 감추어진 것, 우주 공간, 행성체계, 신체 구성을 알 수 있다. 파탄잘리에 의하면, 자아와 대상적인 존재의 차이를 분간하는 사람은 존재의 모든 상태들에 대한 권위와 전지(全知)를 얻는다.[원주139] 완전한 지식을 얻기 전에 우리는 가끔 진리에 대한 선행 직관을 지니며, 이것은 프라티바(pratibhā)라고 불린다.[원주140]

초자연력은 비록 우리가 그것을 얻었을 때는 완전한 것으로 간주된다 할지라도, 그것은 사실 삼매에 장애이다.[원주141] 그것은 보다 고차적인 삶의 부산물이다. 그것은 우리가 길을 가다가 우연히 따는 꽃에 불과하며, 진정한 구도자는 그것을 얻기 위하여 길을 떠나는 자가 아니다. 오직 이와 같은 과정적인 부산물들에 대한 무집착을 통하여 완전한 자유에 이를 수 있다.[원주142] 버니언(Bunyan)의 우화에서 천국으로 가는 순례자들은 심지어 천국의 문턱에서도 지옥에 이르는 길로 통하는 작은 문을 발견한다. 주술적인 힘에 사로잡히는 자는 순식간에 아래로 떨어져내린다.

요가 철학에서 이러한 초자연력들은 자연법칙에 대한 불가사의한 예외로 간주되지 않는다. 우리의 감각으로 파악되는 세계는 자연계 전체가 아니다. 물리 세계의 원리들에 위배되는 것처럼 보이는 것은 단지 우주 질서의 또 다른 한 부분을 나타낼 뿐이다. 물리 세계를 초월하는

자연, 그리고 악마적인 신비주의로 나누어진다. 첫 부분은 극도의 거룩함을 통하여 일어나는 통찰력, 청력, 후각 등의 놀라운 향상에 관한 이야기를 담고 있으며, 어떻게 한 성자가 자신의 몸을 보이지 않게 하는 힘을 지니며, 다른 한 성자는 닫힌 문들을 통하여 걸어가며, 또 다른 한 성자는 하늘을 날 수 있는가를 말하고 있다"(Dean Inge, *Christian Mysticism*, pp.264~265).

[원주139] 『요가 수트라』, iii.49.
[원주140] 『요가 바쉬야』, iii.33 ; iii.37.
[원주141] 『요가 수트라』, iii.37.
[원주142] 『요가 수트라』, iii.50~51.

세계는 그 자체의 과학과 법칙들을 지닌다. 무제한의 물리적이고 지적인 힘에 대한 매력은 아마 세속적인 사람들을 보다 고차적인 삶으로 인도하기 위하여 채택되었을 것이다. 어리석은 자들은 항상 이러한 상징들을 추구하고 집착한다.

"완전(siddhi)은 훌륭한 태생, 약물(oṣadhi), 주문(呪文, mantra), 고행(tapas), 혹은 정신 집중에 의하여 획득된다."[원주143] 어떤 사람들은 이미 태어나면서부터 뛰어난 능력을 지닌다. 왜냐하면 그들은 전생에 요가를 실천했기 때문이다. 이와 같은 선천적인 자질은 약간의 수련으로도 요가 수행자의 능력을 크게 향상시키는 원천이 된다. 어떤 경우에 고도의 정신력은 마취제와 같은 약물의 사용에 의해서도 얻어진다. 최면성의 흥분과 망아상태는 일반 대중들에 의하여 혼동된다. 비록 약물의 사용은 여러 형태의 완전을 얻는 방법 가운데 하나로 소개되기는 하지만, 그것이 파탄잘리의 요가에서 권장되고 있는 것은 아니다.[원주144] 그러므로 약물에 의한 도취 습관은 원시 종족들 사이에서 요가의 고매한 신비주의와 혼합되곤 하였다.

주문[원주145]이나 고행 또한 이러한 힘들을 얻는 과정에 도움이 된다. 그러나 중점은 항상 다른 것이 아니라 정신 집중에 있다. 약물 복용에 기인하는 환상 체험이나 교란된 신경상태는 비난된다. 요가 철학은 주변과의 모든 관련을 단절할 필요를 느끼지 않았으며, 따라서 그 자체의 핵심을 구성하지 않는 요소들도 체계 속에 편입시켰다. 이와 같은 적응과 조화의 정신은 요가 철학의 잡다한 성격과 관련을 지니며, 결과적으

[원주143] 『요가 수트라』, iv.1.

[원주144] 일산화질소는 황홀한 의식을 불러일으킨다. 윌리엄 제임스(William James)에 의하면, 알코올은 "취한 자를 냉냉한 말초에서 빛나는 속마음으로 데려간다. 그것은 그를 잠시 동안 진리와 하나되게 만든다"(*Varieties of Religious Experience*, p.387).

[원주145] 미국인의 새 사상(American New Thought)은 신중하게 선별된 단어나 리드미컬한 문구에 대한 정신 집중을 권장하고 있으며, 이것은 만트라의 낭송에 상응하는 것이다.

로 요가 철학 속에 저급한 자연주의와 고매한 관념론이 혼재하는 원인이 된다. 주변 환경으로부터 전혀 의도되지 않은 어떤 영향 같은 것이 있으며, 따라서 요가 철학은 그것이 일어나던 당시의 상황에 의하여 규정된 모습들이 보인다. 그러나 우리가 이와 같은 부차적이고 주변적인 요소들을 그 본래적인 핵심에서 분리하는 것은 어렵지 않다. 『요가 수트라』는 약물 복용이나 주문에 대한 더 이상의 어떤 언급을 피하고 있으며, 따라서 무지한 사람들이 추구하던 상징이나 기적 등은 아무런 정신적인 가치도 없다는 확신을 무언중에 시사하고 있다.

17. 신

파탄잘리는 인격신에 대한 헌신을 요가의 보조 수단 가운데 하나로 간주한다.[원주146] 신은 명상의 대상일 뿐만 아니라, 여러 가지 장애를 제거함으로써 목표의 실현에 도움이 되는 것으로 언급된다. 그러나 유신론은 파탄잘리의 철학체계에서 중심 부분은 결코 아니다. 인격신은 파탄잘리의 실천적인 목적에 소용될 뿐이며, 그 자신은 유신론에 대한 어떤 철학적인 관심이나 흥미를 보이지 않는다.

고전적인 의미의 존재론적 증명을 상기시키는 신 존재 증명이 비야사에 의하여 주어진다.[원주147] 신은 완전한 본질(prakṛṣṭasattva)을 지닌다. "그의 탁월함은 이에 비견할 만하거나 이를 능가하는 것을 지니지 않는다. 왜냐? 우선 그것을 능가하는 것처럼 보이는 것은 무엇이나 그 자체가 바로 그의 탁월함으로 판명되기 때문에, 다른 어떤 탁월함도 그의 탁월함을 능가할 수 없다. 그러므로 우리가 탁월함의 이 궁극적인 한계에 이르게 되는 것은 바로 이슈와라이다." 또한 그의 탁월함에 버금가는 탁월함도 있을 수 없다. "왜냐하면 하나의 물건에 동등한 두 사

[원주146] 『요가 수트라』, i.23.
[원주147] 『요가 바쉬야』, i.24.

524

람이 동시에 욕구를 가질 때, 그 중 한 사람이 장애를 이기고 욕구를 성취하면, 다른 한 사람은 자기의 욕구 성취에 실패하고 열등한 자가 된다. 그리고 동등한 두 사람은 똑같이 원하는 것을 동시에 얻을 수 없다. 왜냐하면 그것은 용어에서 모순이기 때문이다. 그러므로 우리는 동등하거나 능가하지도 않는 탁월함을 지닌 그 누구라도 그가 바로 이슈와라라고 주장한다."[원주148]

파탄잘리는 상한을 지닐 수밖에 없는 연속의 법칙을 통하여 신의 전지(全知)를 증명한다. 위대한 자와 보다 위대한 자가 있는 곳에는 반드시 가장 위대한 자가 있다. 탁월의 정도를 수용하는 모든 것은 최상의 한계에 도달할 수 있다. 전지는 탁월의 여러 정도를 수용한다. 순수 본질(sattva)을 덮고 있는 질료적 요소(tamas)가 제거되는 정도에 따라서 전지성은 점차 증가한다. 전지성의 맹아가 그 최상의 완전함에 도달할 때, 우리는 신의 전지를 얻는다. "그 속에서 전지의 씨앗은 완전하게 된다."[원주149]

의식 없는 프라크리티의 맹목적인 성향은 인간이 각자의 업에 따라 고통을 겪고 있는 이 세계의 질서와 조화를 낳을 수 없다. 신은 프라크리티의 세계 전개를 안내한다. 그는 프라크리티의 전개가 푸루샤의 이익에 기여할 수 있도록 끊임없이 배려하고 있다. 그러나 신은 세계의 창조자가 아니다. 왜냐하면 고통으로 가득 찬 세계는 무한한 자비의 존재에 의하여 창조된 것일 수 없기 때문이다. 그러나 이러한 증명은 순환논법의 경우라고 해야 한다. 왜냐하면 베다는 이슈와라가 그것을 지었다는 근거에 대한 권위로 말해지기 때문이다. 베다의 언명들은 사실에 부합하므로 베다는 타당한 것으로 언급된다.[원주150] 상키야는 베다의 타당성을 상정하고 있으면서도 이에 대한 어떤 정당화를 시도하지 않

[원주148] 『요가 바쉬야』, i.24.
[원주149] Tatra niratiśayaṁ sarvajñatvabījam(『요가 수트라』, i.25). 또한 이 구절에 대한 『요가 바쉬야』와 『요가바룻티카』를 보라.
[원주150] 『탓트와바이샤라디』, i.24.

는 반면에, 요가는 이슈와라를 베다의 원천으로 하는 것에 대한 약간의 정당화 작업을 보여주고 있다.

파탄잘리의 신은 묘사하기 쉽지 않다. 그는 특별한 유형의 자아, 즉 불완전에 전혀 오염되지 않으며 카르마의 법칙을 초월하여 있는 자아이다.[원주151] 물질적인 존재에 연루되지 않은 자유로운 존재로서, 신은 공덕이나 악업과 무관하며, 유한한 인간에게 지워진 고통의 짐을 지지 않는, 영원한 지복을 누리며 산다. 그는 전지하며, 고대 성현(ṛṣi)들의 스승이다. 만일 신이 고통받는 영혼들이 자유와 빛을 향하여 나아가는 길에 도움이 된다면, 그 자신 또한 어느 정도 윤회의 경험과 무관할 수 없지 않을 것이다. 그러므로 파탄잘리는 그를 진리의 스승으로 간주하는 경향이 있다. 스승으로서의 신은 플라톤 이래의 모든 위대한 사상가들의 심중에 거듭하여 나타나고 있다. 그는 시간으로 제한되지 않으며,[원주152] 무한히 자비로우며, 비록 충족해야 할 어떤 욕망도 지니지 않는다 할지라도, 그럼에도 불구하고 각 세계 기원의 처음에 경전들을 불러주어 받아쓰게 한다. 라자스나 타마스에 기인하는 어떤 불완전함도 없는 그의 완전한 성질의 삿트와 본질은 자기 표현의 수단이며, 그것은 완전히 스스로의 통제 하에 놓여 있다.[원주153] 그는 영원히 자유로우며, 따라서 한때 속박 속에 있다가 자유롭게 된 영혼이나 프라크리티에 빠져 있는 영혼, 즉 장차 속박될 수 있는 영혼들과는 전혀 다르다. 세상과 더 이상이 어떤 관련도 지니지 않는 해탈된 영혼들과는 다르게 그는 영속적으로 세상과 관련을 지닌다.

신은 물질의 가장 순수한 삿트와 측면과 영원하고도 불가분적인 관련을 지니며, 따라서 신은 영원히 지고한 힘과 지혜와 선성(善性)을 지닌다고 주장된다. 그는 자비의 마음에서 삿트와의 속성을 띠고 변화의 장(場)에 개입한다. 그는 분투하는 푸루샤들을 위하여 자율적으로 그와

[원주151] 『요가 수트라』, i.24.
[원주152] 『요가 수트라』, i.25~26.
[원주153] 『요가 바쉬야』, i.25.

같이 행하기 때문에, 카르마의 법칙에 의하여 속박되지 않는다. 프라크리티가 그 자체의 미현현상태로 귀입하는 대파괴의 순간에 이 임시 방편적인 형태는 허물어지며, 다음의 전개 순간에 다시 그 형태를 취한다. 마치 한 개인이 전날 밤중에 결심하고 다음날 아침 어떤 시간에 깨어나서 자기의 결심에 의하여 남겨진 잠재 인상의 힘을 통하여 그렇게 행하는 것처럼, 이와 마찬가지로 프라크리티가 새로운 전개를 시작하고 푸루샤들이 일어날 때, 이슈와라는 위대한 스승으로서의 성격을 다시 시작하고자 결심한다. 신비한 음절 '옴'(Aum)은 신을 나타내며, 그것에 대한 명상을 통하여 마음은 신에 대한 참다운 시야를 지니게 된다.[원주154]

요가 철학의 인격신은 이 체계의 다른 개념들과 아주 느슨하게 관련되어 있다. 인간이 열망하는 목표는 신과의 합일이 아니라, 프라크리티로부터 푸루샤의 완전한 분리이다. 신에 대한 헌신은 궁극적인 자유에 이르는 다른 여러 방법 가운데 하나일 뿐이다. 신은 단지 특별한 유형의 자아(puruṣaviśeṣa)일 뿐이며, 세계의 창조자도 유지자도 아니다. 그는 인간의 행위에 대하여 상이나 벌을 내리는 자가 아니다. 그러나 일단 그가 무대에 등장했을 때, 어떤 역할이 그를 위하여 고안되지 않을 수 없었다. 그는 자기에게 신애(信愛)를 바치는 자들이 정신적인 고양을 실현하는 과정에서 맞닥뜨리는 장애 요소들을 제거해주는 역할을 한다. 사심 없는 신애(bhakti)를 통하여 우리는 신의 은총에 선택될 수 있다. 이슈와라는 해탈의 획득에 유용하지만, 직접 그것을 허용하는 것은 아니다. 이와 같은 이슈와라의 개념은 당연히 불충분하며,[원주155] 우리는 요가 철학이 단지 당시의 유행에 부합하고 대중들의 마음을 끌기 위하여 신의 개념을 도입했을 뿐이라고 말하지 않을 수 없다.[원주156]

[원주154] 『요가 수트라』, i.27~28.
[원주155] 『브라흐마 수트라』, ii.2.38 및 41에 대한 샹카라의 주석을 보라.
[원주156] 가르베(Garbe)는 이에 대하여 다음과 같이 말한다. "결과적으로 요가 철학

　　상키야의 세계전계설과 요가의 실천 수행법을 널리 전하고자 열망하는 사람들은 아마 인간의 유신론적인 본능을 충족시키지 않고는 그들의 생각을 널리 펴는 것이 어렵다는 것을 발견하게 되었을 것이다. 후기 요가 철학에서는 인간의 심정적인 요소에 대한 보편적인 욕구와 필요가 보다 강력하다는 것이 입증되고 있으며, 신은 보다 핵심적인 위상을 차지하게 된다. 신의 실재는 정화된 인간의 마음속에 나타난다. 신에 대한 증거는 인간의 종교적인 체험이다. 신은 인간의 영혼에게 말하며, 진리를 추구하는 자들은 스스로의 가슴속에서 대답을 발견한다. 육체적인 단련과 도덕적인 절제를 수반하는 요가의 엄한 수련은 안내와 도움을 필요로 하며, 어둠과 고통으로부터의 구원자 혹은 진리의 스승을 필요로 한다. 이내, 신과의 합일이 인간 노력의 목표가 된다. 예를 들어 『바가바드기타』에서 이신론적(理神論的) 요가는 유신론적인 신애로 대체된다. 삼매상태에서 영혼은 신을 보며 그를 지닌다. 모든 감각적 대상들과 사유작용으로부터 자아의 완전한 분리에 의하여, 욕망의 제어를 통하여, 자아의식의 완전한 제거를 통하여, 우리는 신과 재결합하게 된다. 이러한 목표는 신에 대한 강렬한 정신 집중의 결과로서 얻어질 수도 있을 것이다. 비갸나비크슈는 말한다. "모든 유형의 의식적인 명상 중에서, 지고한 신성에 대한 명상이 최상이다."[원주157]

　　의 성격을 규정하는 데 결정적인 요소가 되는 인격신의 도입은, 파탄잘리의 『요가 수트라』의 입장에서 판단할 때, 일견 매우 느슨하고 피상적인 방식으로 행해졌으며, 따라서 이 철학체계의 내용과 목적은 이로 인하여 전혀 영향받지 않았다. 심지어 우리는 『요가 수트라』 중에서 인격신을 다루고 있는 i.23~27 및 ii.1.45는 그 외의 다른 부분과 무관하다고 말할 수 있으며, 어떤 의미에서는 요가 철학의 근본과 모순된다고 말할 수 있을 정도이다"(*The Philosophy of Ancient India*, p.15).

[원주157] 『요가사라상그라하』, i.

18. 결론

동서양을 막론하고 현대인들에게 완전을 획득하는 전체 요가체계는 단지 자기 최면의 정교한 과정으로 보일 것이다. 신체 단련과 좌법을 수반하는 강렬하고 고독한 명상은 우리의 마음이 특정한 틀 속에 빠지게 만든다. 이와 같은 견해는 요가체계에 대한 대중적인 혼동, 즉 정통 요가와 탄트라 전통의 몇몇 역겨운 실천 수행과의 혼동, 그리고 그것과 광적인 수행자들에 의하여 행해진 파탄잘리 요가에 대한 후기적 적용들과의 혼동에서 기인한다. 그러나 파탄잘리의 요가는 이와 같은 엉뚱하고 변태적인 요소들과 무관하다는 것을 명심할 필요가 있다. 파탄잘리의 요가는 우리의 심원한 기능적 차원들에 도달할 수 있는 방법들을 확립하고 있다. 요가 수련은 단지 신체·마음·영혼을 정화하고 이를 통하여 행복에 빛나는 통찰을 지니는 방법에 지나지 않는다.[원주158] 인간의 삶은 마음(citta)의 본질에 달려 있으므로, 마음을 제어함으로써 우리의 본질을 전환시키는 것은 언제나 우리의 능력 범위 안에 있다. 신념과 정신 집중을 통하여 우리는 심지어 자신의 질병을 극복할 수도 있다.[원주159]

인간의 시야가 지니는 일반적인 한계는 우주의 한계가 아니다. 우리의 감관들이 우리에게 드러낼 수 있는 것 이외의 다른 세계들이 있으며, 우리가 하등 동물들과 공유하는 감관 이외의 다른 감관들이 있으며, 물질적인 자연의 힘 이외의 다른 힘들이 있다. 만일 우리가 영혼에 대한 믿음을 지닌다면, 그러면 초자연적인 것 또한 자연적인 것의 일부이다. 우리 대부분은 반쯤 닫힌 눈과 무딘 마음 그리고 근심에 젖은 가

[원주158] "신랑을 맞이하는 신부처럼, 너 자신을 준비하라"고 그노시스파(Gnosis派)의 마르코스(Markos)는 말한다(*Irenaeous*, i.13.3).

[원주159] 쿠에(M. Coué)는 자신의 저서 *Self-Mastery*에서 다음과 같이 말한다. "당신이 원하는 것은 무엇이나 얻을 수 있다는 것을 확신하라. 그러면 당신은 그것이 이성에 부합하는 한, 그것을 얻을 수 있을 것이다." 오직 의심이 있을 때, 아무런 결과도 얻을 수 없다.

습으로 삶을 일관하며, 심지어는 통찰과 깨달음의 드문 순간들을 맛본 사람들조차도 곧장 비몽사몽 속으로 쓰러지고 만다. 고대의 사상가들이 고독과 침묵 속에서 영혼의 가능성들을 실현하고, 번쩍이고는 이내 사라지는 통찰의 순간들을 인생의 긴 여정을 밝힐 수 있는 흔들리지 않는 빛으로 전환시켜야 한다는 것을 우리에게 말하고 있다는 것, 이것을 깨닫는 것은 매우 중요하고 값진 것임에 분명하다.

● 참고문헌

제2장

Athalye, *Tarkasaṁgraha of Annaṁ Bhaṭṭa*, English Translation.
Cowell, *Udayana's Kusumāñjali*, English Translation.
Cowell and Gough, *Sarvadarśanasaṁgraha*, xi.
Gangānāth Jhā, *Nyāya Sūtras with Vātsyāyana's Bhāṣya and Uddyotakara's Vārttika*, English Translation.
Keith, *Indian Logic and Atomism.*
Seal, *The Positive Sciences of the Ancient Hindus.*
Vidyābhūṣaṇ, *History of Indian Logic.*

제3장

Chatterjee, *Hindu Realism.*
Cowell and Gough, *Sarvadarśanasaṁgraha*, x.
Gangānāth Jhā, *Praśastapāda's Padārthadharmasaṁgraha with Śrīdhara's Nyāyakandalī.*
Faddegon, *The Vaiśeṣika System.*
Keith, *Indian Logic and Atomism.*
Nandalal Sinha, *The Vaiśeṣika Sūtras of Kaṇāda.*
Roer, *Bhāṣāparriccheda and Siddhāntamuktāvali of Viśvanātha.*
Ui, *The Vaiśeṣika Philosophy.*

제4장

S.C. Banerjee, *Sāṁkhya Philosophy.*

Garbe, *Sāṁkhyapravacanabhāṣya.*
Garbe, *Sāṁkhyasūtravṛtti.*
Keith, *Sāṁkhya System.*
Nandalal Sinha, *The Sāṁkhya Philosophy.*
Madhava, *Sarvadarśanasaṁgraha*, chap.xiv 및 xv.
Seal, *Positive Sciences of the Ancient Hindus.*

제5장

Dās Gupta, *Yoga as Philosophy and Religion.*
*Patañjali's Yoga Sūtra with the Commentary of Vyāsa and the Gloss
    of Vācaspati*, S.B.H.
Rājendra Lāl Mitra, *Yoga Aphorisms with the Commentary of Bhoja*,
    Asiatic Society of Bengal.
Woods, *The Yoga System of Patañjali*, Harvard Oriental Series,
    xvii.

- ● 라다크리슈난 연보

1888년 9월 5일 사르베팔리 라다크리슈난은 남인도의 동부 타밀나두 주에 있는 유서깊은 도시 티루타니(Tirutani)에서 태어나 1896년(8세)까지 어린 시절을 이곳에서 보냈다. 그의 부모는 전통적인 힌두교도였다.

1896년(8세) 티루파티 루터 선교 고등학교(~1900년), 벨로르 부르히즈 칼리지(~1904년), 마드라스 크리스천 칼리지(~1908년) 등 12년 동안 기독교 계통의 학교에서 교육을 받았다.

1908년(20세) 『베단타의 윤리와 그 형이상학적 전제들』(*The Ethics of the Vedānta and Its Metaphysical Presuppositions,* 마드라스대학교 석사학위 논문)을 출판했다.

1909년(21세) 4월부터 7년 동안 마드라스 프레저던시 칼리지에서 철학을 가르쳤으며, 이 기간 동안 우파니샤드, 『바가바드기타』, 『브라흐마 수트라』에 대한 여러 스승들의 주석 등 힌두교 고전들뿐만 아니라, 불교와 자이나교의 주요 문헌들도 두루 섭렵했다.

1912년(24세) 『심리학의 정수』(*The Essentials of Psychology*)를 출판했다.

1916년(28세) 마드라스 프레저던시 칼리지의 정교수가 되어 이때부터 1952년(64세)까지 일관되게 철학교수로서의 삶을 영위한다.

1918년(30세) 마이소르 대학교로 옮겨 1921년(33세)까지 재직했다. 『라빈드라나트 타고르의 철학』(*The Philosophy of Rabindranath Tagore*)을 출판했다. 이 책에서 그는 생애를 통하여 천착하게 되는 대부분의 주제들, 예를 들어 인도의 영성, 종교의 윤리적인 의미, 철학적 직관 등에 대한 스스로의 입장을 시사하고 있다.

1920년(32세) 『현대철학에서 종교의 권능』(*The Reign of Religion in Contemporary of Philosophy*)을 출판했다. 여기에서 그는 철학에

대한 종교의 영향을 비판적으로 검토하고 있다.

1921년(33세) 마이소르 대학교에서 캘커타 대학교로 옮겨 1931년(43세)까지 재직했다.

1923년(35세) 『인도철학사』(*Indian Philosophy*) 제1권을 출판했다. 그의 주요 저술 가운데 하나로 평가되며, 베다와 우파니샤드, 불교와 자이나교, 유물론, 그리고『바가바드기타』의 사상을 담고 있다.

1924년(36세) 라빈드라나트 타고르의 서문이 붙은『우파니샤드의 철학』(*The Philosophy of the Upaniṣads*)을 출판했다.

1926년(38세) 『인도인의 인생관』(*The Hindu View of Life*)을 출판했다. 맨체스터 칼리지에서 했던 강의(1926년)를 정리하여 출간한 것으로, 인도 고유의 전통이 현대인의 삶 속에 부활될 수 있는 길을 모색하고 있으며, 또한 서양문명과의 대화를 시도하고 있다.

1927년(39세) 『인도철학사』(*Indian Philosophy*) 제2권을 출판했다. 상키야와 요가, 니야야와 바이셰쉬카, 미망사와 베단타의 철학이 논의된다.

1928년(40세) 『우리가 필요로 하는 종교』(*The Religion We Need*)라는 소책자를 출판했다. 현대인의 종교성과 참된 종교인의 삶, 보편적 인류애의 이상을 인도사상의 입장에서 소개한다. 또한 샹카라의 불이론과 라마누자의 한정불이론을 비교하는『샹카라와 라마누자에 의한 베단타』(*The Vedānta According to Śaṁkara and Rāmānuja*)를 출판했다.

1929년(41세) 『칼키 혹은 문명의 미래』(*Kalki-or the Future of Civilisation*)를 출판했다. 또한 그의 주요 저술 가운데 하나로 꼽히는『관념론자의 인생관』(*An Idealist View of Life*)을 출판했다. 관념론 철학과 보편종교 혹은 영성종교의 긴밀한 관계를 논의한다.

1931년(43세) 캘커타 대학교 교수직을 그만두고 안드라 대학교 부총장이 되어 1936년까지 재임한다.

1933년(45세) 『종교에서 동양과 서양』(*East and West in Religion*)을 출판했다.

1936년(48세) 동양인으로는 처음으로 옥스퍼드 대학교의 교수가 되었다. 여기서 그는 훗날 인도의 수상이 되는 인디라 간디 여사를 제자로 만나게 된다.『자유와 문화』(*Free and Culture*) 및『현대인도철학』(*Contemporary Indian Philosophy*)을 출판했다.

1938년(50세) 안드라 대학교 부총장직을 사임하고 베나레스 힌두 대학교 부총장이 되어 1948년(60세)까지 재임한다. 『가우타마 붓다』(*Gautama-The Buddha*)를 출판했다.

1939년(51세) 베나레스 힌두 대학교 부총장에 취임했다. 그의 주요 저술 가운데 하나로 꼽히는 『동양종교와 서양사상』(*Eastern Religion and Western Thought*)을 출판했다. 이 책은 그의 사상 전반에 흐르는 동양사상과 서양사상의 균형, 그리고 비교철학의 대가다운 역량이 돋보이는, 사실상 그의 대표작이다.

1944년(56세) 중국에서 행한 강의를 정리한 『인도와 중국』(*India and China*), 『교육, 정치 그리고 전쟁』(*Education, Politics and War*)을 출판했다.

1945년(57세) 『이것은 평화인가?』(*Is This Peace?*)를 출판했다.

1946년(58세) 유네스코 인도대사가 되어 1952년(64세)까지 재임한다.

1947년(59세) 베나레스 힌두 대학교와 캘커타 대학교에서 1942년 겨울에 행한 강의를 정리한 『종교와 사회』(*Religion and Society*)를 출판했다.

1948년(60세) 『바가바드기타』를 영어로 번역하고 주석하여 출판했다. 70여 쪽에 달하는 서론에서 '바가바드기타의 사상'을 논의하고 있다.

1949년(61세) 초대 주소련 인도대사로 임명되어 1952년까지 재임했다. 마하트마 간디, 바가완 슈리 라마나, 슈리 라마크리슈나, 라빈드라나트 타고르의 생애와 사상을 소개하는 『위대한 인도인들』(*Great Indians*)을 출판했다.

1950년(62세) 『담마파다』(*Dhammapada*, 법구경)를 영어로 번역하여 출판했다.

1952년(64세) 인도 부통령에 취임하여 1962년(74세)까지 재임한다.

1953년(65세) 델리 대학교 총장에 취임했다(~1962년).

1962년(74세) 인도 대통령을 지냈다(~1967년). 전문 철학자가 대통령이 된 보기드문 예로 평가된다.

1975년(87세) 마드라스의 아름다운 저택 '기리자'(Girija)에서 생을 마감했다.

HANGIL GREAT BOOKS 5

인도철학사 III

지은이 라다크리슈난
옮긴이 이거룡
펴낸이 김언호

펴낸곳 (주)도서출판 한길사
등록 1976년 12월 24일
주소 10881 경기도 파주시 광인사길 37
홈페이지 www.hangilsa.co.kr
전자우편 hangilsa@hangilsa.co.kr
전화 031-955-2000~3 **팩스** 031-955-2005

인쇄 오색프린팅 **제본** 경일제책사

제1판 제1쇄 1999년 11월 15일
제1판 제7쇄 2021년 3월 22일

값 28,000원

ISBN 978-89-356-3085-1 94150
ISBN 978-89-356-3087-5(전4권)

• 잘못 만들어진 책은 구입하신 서점에서 바꿔드립니다.

한길그레이트북스 인류의 위대한 지적 유산을 집대성한다